Auto-Reparaturanleitung Band 1301

Renault Clio II

1.2-, 1.4,- 1.6- und 2.0-Liter-Benzinmotor

(ab 2001)

bucheli verlag

Impressum

IMPRESSUM

ISBN 978-3-7168-2119-0

Auto-Reparaturanleitung
Band 1301

Die enthaltenen Tipps, Arbeitsschritte und Ratschläge werden nach bestem Wissen und Gewissen erteilt. Eine Haftung der Autoren oder des Verlags und seiner Beauftragten für Personen-, Sach- oder Vermögensschäden ist ausgeschlossen. Dieser Band entspricht dem Kenntnisstand zum Zeitpunkt der Drucklegung. Abweichungen durch Weiterentwicklung der Fahrzeuge, Werkzeuge und Arbeitstechniken sowie geänderte Anweisungen des Fahrzeugherstellers bzw. neue gesetzliche Bestimmungen sind möglich.

Redaktion, Texte und Abbildungen: Peter Russek Publications Ltd.,
High Wycombe,
Bucks, England

Lektorat:
Myrta Baumberger
Herstellung:
IPa, D-71665 Vaihingen/Enz
Druck:
Druck- & Medienzentrum
D-70839 Gerlingen

Bindung:
K. Dieringer
D-70839 Gerlingen

Gewerbestrasse 10
CH-6330 Cham
Postadresse:
Postfach 4161
CH-6304 Zug
Telefon: ++41 (0)41 741 77 55
Telefax: ++41 (0)41 741 71 15
www.bucheli-verlag.ch

1. Auflage 2009

Inhalt

Inhalt

Folgende Symbole verdienen im Laufe der Arbeit besondere Beachtung:

Sichtprüfung
Teil genau ansehen; besonders beachten.

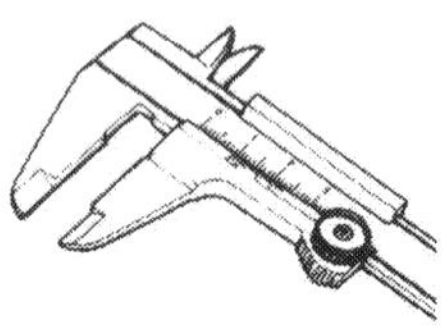

Messen
Schieblehre oder anderes Messwerkzeug nötig.

Achtung
Besondere Vorsicht geboten; Sicherheitshinweise beachten!

Tipp
Wertvoller Hinweis für einfacheres Schrauben; Erläuterung von Bauteilen und Begriffen.

1 Einleitung

Die folgenden Motoren sind in der Ausgabe behandelt:
1.2-Liter-Motor, 8 Ventile, 44 kW (60 PS), Motortyp D7F, bis Ende 2001
1.2-Liter-Motor, 8 Ventile, 42 kW (58 PS), Motortyp D7F, 2002 bis 2005
1.2-Liter-Motor, 16 Ventile, 55 kW (75 PS), Motortyp D4F, 2002 bis 2004
1.2-Liter-Motor, 16 Ventile, 48/55 kW (65/75 PS), Motortyp D4F, ab 2005
1.4-Liter-Motor, 16 Ventile, 72 kW (98/100 PS), Motortyp K4J, 2001 bis 2006
1.6-Liter-Motor, 16 Ventile, 79 kW (107 PS), Motortyp K4M, bis 2005
1.6-Liter-Motor, 16 Ventile,82 kW (110/112 PS), Motortyp K4M, ab 2006
2.0-Liter-Motor, 16 Ventile, 124 kW (169 PS), Motortyp F4R, 2001 bis 2003
2.0-Liter-Motor, 16 Ventile, 132 kW (179 PS), Motortyp F4R, 2004 bis 2005

Allgemeines und Wartung

Diese Reparaturanleitung befasst sich mit der Neulauflage des unter dem gleichen Namen laufenden Kompaktautos Clio, welches bereits auf dem Genfer Automobilsalon 1998 unter dem neuen Namen »Clio II« vorgestellt und mit einer Reihe verschiedener Motoren ausgeliefert wurde. In dieser Reparaturanleitung werden die oben angegebenen Motoren mit 16 Ventilen sowie der 1.2-Liter-Motor mit 8 Ventilen behandelt. Die Nachfolger des ursprünglichen Clios werden in vier- oder fünftüriger Version mit Schaltgetriebe und – je nach eingebautem Motor – mit Getriebeautomatik gebaut.
Die Buchstaben und Zahlen bei den Motorbezeichnungen weisen auf den Motortyp (erster Buchstabe), die Anordnung der Ventile und die Kraftstoffaufbereitung (Zahl) und den Hubraum (letzter Buchstabe) hin. Drei weitere Zahlen weisen auf den im Clio eingebauten Motor hin. Es würde zu weit führen alle Varianten anzugeben.

Die Motoren sind jedoch als Motorgruppen angegeben. Die in dieser Ausgabe behandelten Motoren fallen unter die Motorgruppen »D« (1.2-Liter-Motor mit 8 oder 16 Ventilen), »K« (1.4- und 1.6-Liter-Motor) und »F« (2.0-Liter-Motor). Aufgrund der vollkommen unterschiedlichen Bauweise werden der 1.2-Liter-Motor mit 8 oder 16 Ventilen, d. h. der zur Motorgruppe »D« gehörende Motor, sowie der 2.0-Liter-Motor getrennt behandelt.

Mit seinem Vorderradantrieb und dem quer eingebauten Vierzylinder-Reihenmotor folgt die Baukonzeption vielen der existierenden Merkmale anderer Renault-Modelle.
Das Fahrgestell setzt sich aus einer selbsttragenden Karosserie mit vorderem Hilfsrahmen und Einzelradabfederung der Vorder- und Hinterräder zusammen. Die Vorderradaufhängung, mit negativem Rollradius, besteht aus Federbeinen mit Schraubenfedern und koaxialen Stoßdämpfern, unteren Dreiecks-Querlenkern und einem Kurvenstabilisator. Bei der Hinterachse handelt es sich um eine so genannte Torsionskurbelachse mit Schraubenfedern und einem Kurvenstabilisator und Teleskopstoßdämpfern.
Die Bremsanlage ist als Zweikreisanlage mit einem serienmäßig eingebauten Bremskraftverstärker ausgelegt. Scheibenbremsen werden bei allen Modellen an den Vorderrädern verwendet, jedoch sind die Scheiben bei den Modellen mit den stärkeren Motoren belüftet. Je nach Modellausführung und Motorenstärke werden Trommelbremsen oder Scheibenbremsen an den Hinterrädern verwendet. Die Handbremse wirkt auf die Hinterräder. Eine Zahnstangenlenkung ist eingebaut, welche bei allen Fahrzeugausführungen mit Servounterstützung arbeitet.

Unterschiede zwischen den einzelnen Modellvarianten werden erwähnt, wenn sie wichtig sind. Abgesehen von den Unterschieden in den einzelnen Motoren, sind auch die Getriebe unterschiedlich, sodass es wichtig ist, beim Ersatzteilkauf die Fahrgestellnummer und die Motornummer anzugeben.
Um nochmals zusammenzufassen: Die Benzinmotoren in dieser Ausgabe haben die Bezeichnungen »D7F« oder »D4F« (1,2 Liter), »K4J« (1,4 Liter), »K4M« (1,6 Liter) und »F4R« (2,0 Liter).

Fahrzeugkennzeichnung und Erkennung

Die Fahrzeugkennzeichnung wird anhand von zwei Schildern im Motorraum und ein Schild am Motor durchgeführt. Ein rechtwinkliges Schild (Bild 1) kann an zwei verschiedenen Stellen angebracht sein. Einmal wird man das Schild im Motorraum an Stelle (1) in Bild 2 sehen, das Schild ist nochmals in der Nähe des Ersatzrades im Kofferraum (an der Pfeilstelle in Bild 3) sowie am Unterteil der Beifahrertür (Bild 4) angebracht. Alle Typenschilder enthalten verschiedene Linien mit Zahlen- und Buchstabenangaben, von welchen einige besonders wichtig sind. Die vierte Linie von oben in Bild 1 weist auf die Fahrgestellnummer hin (die ebenfalls auf der rechten Seite in den Federbeinturm eingeschlagen ist); unterhalb dieser Linie ist das zulässige Fahrzeuggewicht eingestanzt und unter dieser Zeile ist das zulässige Gesamtgewicht zusammen mit einem beladenen Anhänger angegeben. Wichtig sind auch die Angaben über das höchstzulässige Gewicht auf die Vorder- und Hinterachse.
Wir möchten darauf hinweisen, dass die in den Typenschildern angegebenen Einzelheiten nicht in allen Ländern vorgeschrieben sind, d. h. einige könnten fehlen.

Das Typenschild des Motors ist nicht bei allen in dieser Ausgabe behandelten Motoren an der gleichen Stelle angebracht. Da es wichtig ist, dass man die behandelten Motoren genau bestimmen kann, z. B. bei der Bestellung von Ersatzteilen, sollte man sich an die Abbildungen in Bildern 5 bis 8 halten. Die ersten drei Zahlen/Buchstaben weisen jeweils auf die Motorausführung, weitere Zahlen im Anschluss an diese Kennzeichnung auf eine bestimmte Bezeichnung des Motors hin. Weiterhin wichtig sind die letzten Zahlen in der unteren Reihe, da diese die Produktionsnummer

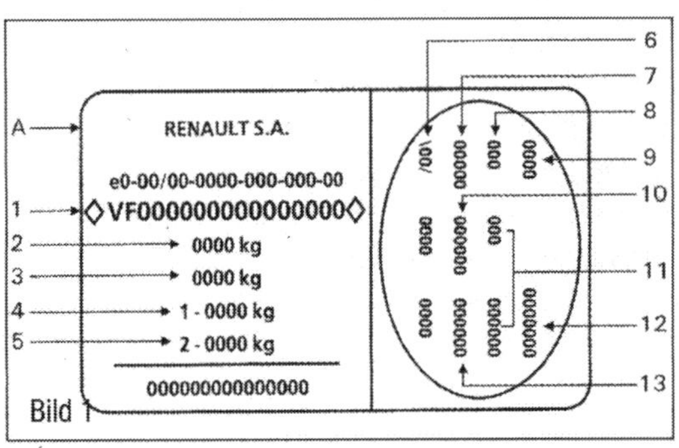

Bild 1

Bild 1
Das rechtwinklige Typenschild enthält die folgenden Angaben:
- *A Typenschild*
- *1 Franz. Baukennzeichnung*
- *2 Max. zulässiges Gesamtgewicht*
- *3 Max. zulässiges Gesamtgewicht mit Anhänger*
- *4 Max. zulässiges Gewicht auf Vorderachse*
- *5 Max. zulässiges Gewicht auf Hinterachse*
- *6 Code für technische Ausrüstung*
- *7 Referenz auf Lackierung*
- *8 Ausrüstungsstand*
- *9 Fahrzeugtyp*
- *10 Innenverkleidungs-Code*
- *11 Sonderwunschausrüstung*
- *12 Herstellungswerk/Produktionsnummer*
- *13 Innenausstattungs-Code*

des Motors angeben. Andere in diesem Schild angeführten Angaben sind nicht so wichtig, da sie auf interne Renault-Identifizierungen und/oder auf französische Zulassungsgesetze hinweisen.
Diese Codebuchstaben und -zahlen müssen beim Bestellen von Teilen stets angegeben werden. Die wichtigen Nummern aufschreiben und zum Ersatzteilhändler mitnehmen. Dies erspart Ihnen Zeit und verhindert außerdem den Einbau von falschen Teilen.

Beim Abklemmen der Batterie wird der Sicherheits-Code des Autoradios gelöscht. Nach Anschließen der Batterie muss der Code wieder eingegeben werden.

Allgemeine Anweisungen bei Reparaturen

Die Beschreibungen in dieser Reparaturanleitung sind in einfacher Weise und allgemein verständlich gehalten. Wenn dem Text und den Abbildungen bei der Arbeit Schritt für Schritt gefolgt wird, dürften keine Schwierigkeiten auftreten.
Die Maß- und Einstelltabelle am Ende des Buches ist hierbei ein wichtiger Teil und muss bei allen Reparaturarbeiten am Fahrzeug hinzugezogen werden. Innerhalb der einzelnen Anleitungen werden die notwendigen Maßangaben oder Einstellwerte nicht immer angeführt, weshalb in der genannten Tabelle nachzuschlagen ist. Es sei besonders darauf hingewiesen, dass man unter dem in Frage kommenden Modell nachlesen muss, um jegliche Fehler zu vermeiden. Dies bezieht sich besonders auf den Motor und die Bremsanlage an den Hinterrädern, da man, im Allgemeinen gesagt, hier die meisten Unterschiede innerhalb der in der Ausgabe behandelten Baureihe finden wird.

Clio II-Modelle sind mit Werkskennzeichnungen versehen, welche aus verschiedenen Buchstaben bestehen. In allen Fällen beziehen sich die beiden letzten Buchstaben auf den eingebauten Motor.

Einfache Handgriffe, wie z. B. »Motorhaube öffnen« vor Arbeiten im Motorraum oder »Radmuttern lösen« vor Arbeiten an den Radbremsen werden nicht immer erwähnt, da diese als selbstverständlich vorausgesetzt werden. Falls es also »Räder abschrauben« heißt, bedeutet dies, dass das Fahrzeug bereits auf Unterstellböcken steht. Dagegen befasst sich der Text ausführlich mit schwierigen Arbeiten, die in allen Einzelheiten so gut wie möglich beschrieben sind. Auch wenn Spezialwerkzeuge erforderlich sind, versuchen wir eine Ausweichmethode zu geben oder Sie können anhand von gezeigten Abbildungen ein entsprechendes Werkzeug herstellen.

Eine Reihe wichtiger Hinweise, die bei jeder Reparaturarbeit beachtet werden sollten, werden im folgenden Text angegeben:

- Schrauben und Muttern sind in sauberem Zustand und leicht eingeölt zu verwenden. Mutternflächen und Gewindegänge immer auf Beschädigung untersuchen und vorhandene Grate entfernen. Im Zweifelsfall neue Schrauben oder Muttern verwenden. Einmal gelöste, selbstsichernde Muttern sollten immer erneuert werden. Auf keinen Fall dürfen Muttern und Schrauben entfettet werden.
- Stets die in der Anzugsdrehmoment-Tabelle oder im Verlauf der Arbeitsbeschreibungen angeführten Anzugsdrehmomente beachten. Diese Werte sind nahezu in den gleichen Gruppen zusammengefasst, die auch die Kapitel dieser Reparaturanleitung bilden und lassen sich somit leicht auffinden. Besonders sind dabei angeführte Winkelanzüge zu beachten, die man genau einhalten muss.
- Alle Dichtscheiben, Dichtungen, Sicherungsbleche, Sicherungsscheiben, Splinte und O-Dichtringe (Rundschnurringe) sind beim Zusammenbau zu erneuern. Öldichtringe (Radialdichtringe, Simmerringe) sollten ebenfalls erneuert werden, sofern die Welle aus dem Dichtring genommen wurde. Die Lippe eines Dichtringes ist vor dem Zusammenbau mit Fett einzuschmieren. Man muss darauf achten, dass sie beim Einbau in die Richtung weist, aus welcher Öl oder Fett austreten kann.
- Bei Hinweisen auf die linke oder rechte Seite des Fahrzeuges wird angenommen, dass man aus der Fahrtrichtung bei Vorwärtsfahrt die Seitenbezeichnung ableiten kann, analog der Begriffe »vorn« und »hinten«. Im Zweifelsfall wird im Text nochmals eine Erläuterung gegeben.
- Ganz besonders ist darauf zu achten, dass zu Arbeiten an den Bremsen, an der Radaufhängung oder allgemein an der Unterseite des Fahrzeuges für eine sichere Abstützung des hochgebockten Wagens gesorgt ist.

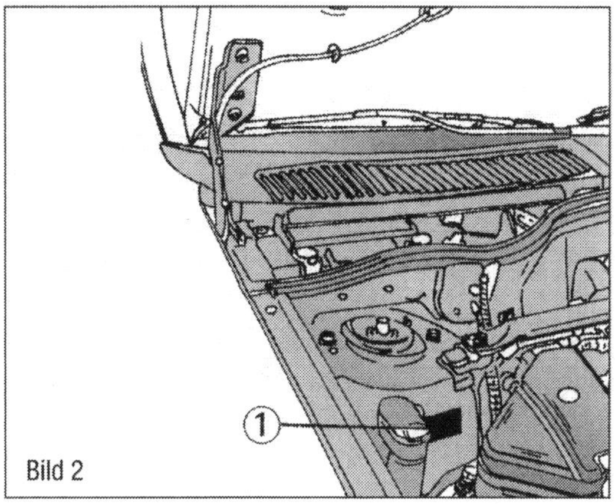

Bild 2
Die Lage des Typenschilds (1) im Motorraum auf der rechten Seite unterhalb des Federbeinturms.

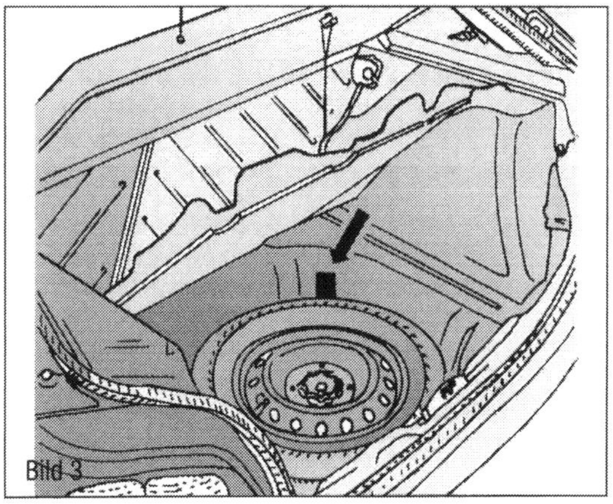

Bild 3
Nach Entfernen des Ersatzrades wird man ein Typenschild an der gezeigten Stelle (Pfeil) finden.

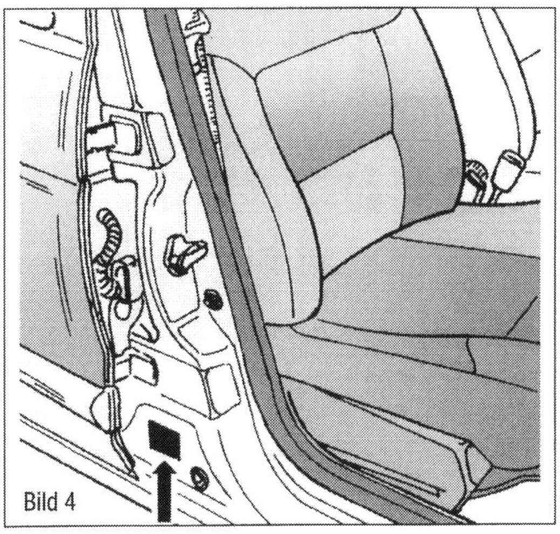

Bild 4
Das Typenschild ist nochmals an der gezeigten Stelle der Türöffnung auf der Beifahrerseite angebracht.

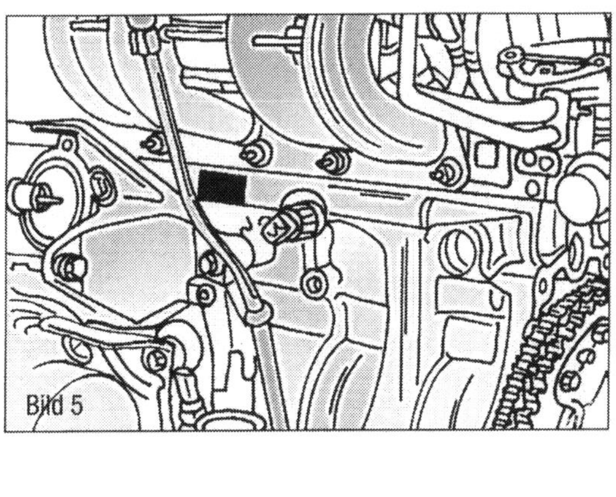

Bild 5
Die Lage der Motornummer bei einem Motor der Gruppe »D« (D7F und D4F).

Bild 6
Die Lage der Motornummer bei einem Motor der Gruppe »K« (1,4 und 1,6 Liter).

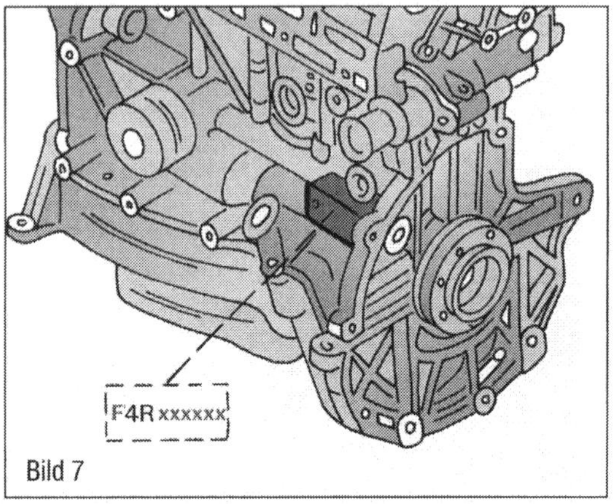

Bild 7
Die Lage der Motornummer beim 2.0-Liter-Motor (F4R).

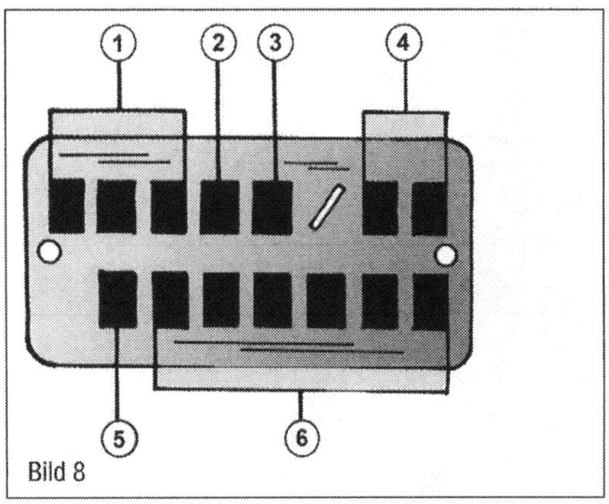

Bild 8
Erklärung der Angaben im Typenschild der Motornummer bei den Benzinmotoren.
1 Motortyp
2 Homologierungs-Buchstabe des Motors
3 Renault-Identifizierung
4 Motornachbuchstaben
5 Hinweis auf Motorenwerk
6 Motorseriennummer

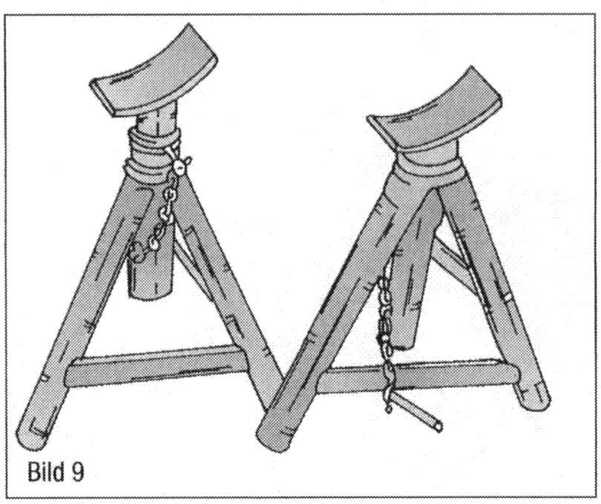

Bild 9
Ansicht der dreibeinigen Unterstellböcke. Der Feststellbolzen, normalerweise an einer Kette befestigt, darf nicht durch eine beliebige Schraube ähnlichen Durchmessers ersetzt werden (Ketten reißen gern ab), da es sein könnte, dass diese das Gewicht des Fahrzeuges nicht hält.

■ Der dem Fahrzeug beiliegende Wagenheber ist nur für den Radwechsel unterwegs vorgesehen. Falls er dennoch bei Reparaturen zur Hilfe genommen wird, ist lediglich der Wagen damit anzuheben und dann auf geeignete Montageböcke abzulassen. Derartige, dreibeinige Unterstellböcke, wie sie in Bild 9 gezeigt sind, sollen zur Sicherheit auch unter dem Fahrzeug platziert werden, wenn ein Garagenwagenheber zur Verfügung steht. Ziegelsteine sollten zum Unterbauen nicht verwendet werden, allenfalls Hohlblocksteine wegen ihren größeren Auflageflächen, doch sind dann zwischen Fahrzeug und Steine noch genügend starke Holzbretter zu legen. Das Anheben des Fahrzeuges wird getrennt weiter hinten in diesem Abschnitt beschrieben.

■ Fette, Öle, Unterbodenschutz und alle mineralischen Substanzen wirken auf die Gummiteile des Fahrwerks und der Bremsanlage aggressiv. Besonders von Teilen der hydraulischen Anlage sind solche Mittel, zu denen auch Kraftstoff gehört, fern zu halten. Für Reinigungsarbeiten an der Bremsanlage soll nur Bremsflüssigkeit oder Spiritus verwendet werden. Hierbei sei aber darauf verwiesen, dass Bremsflüssigkeit giftig ist und z. B. auf lackierte Flächen ätzend wirkt – Lackschäden könnten die Folge sein.

■ Zur Erzielung der besten Reparaturergebnisse ist die Verwendung von Original-Ersatzteilen Voraussetzung. Um späteren Schwierigkeiten aus dem Wege zu gehen, muss der Einbau irgendwelcher Fremdprodukte unterbleiben. Ausnahmen sind nur bei Teilen der elektrischen Anlage gegeben oder falls das Herstellerwerk entsprechende Freigaben macht.

■ Beim Bestellen von Ersatz- und Austauschteilen müssen die genaue Modellbezeichnung mit Fahrgestellnummer, gegebenenfalls die Motornummer und das Baujahr angegeben werden. Hier sei besonders wieder der Motor erwähnt. Damit beschleunigt man die Bestellung und das Beziehen von falschen Teilen wird verhindert.

■ Alle Arbeiten am Fahrzeug, besonders solche an der Bremsanlage und an der Lenkung sowie Radaufhängung, sind mit Sorgfalt und Umsicht durchzuführen. Die Verkehrssicherheit des Fahrzeuges muss nach jeder Reparatur gewährleistet sein. Keine Arbeiten durchführen, wenn man mit der Baugruppe nicht vollkommen vertraut ist.

Arbeitsbedingungen und Werkzeuge

Um Reparaturarbeiten durchzuführen, benötigt man einen sauberen, gut beleuchteten Arbeitsplatz, der mit einer Werkbank und Schraubstock versehen ist. Es soll auch genügend Raum vorhanden sein, um die verschiedenen Teile auszulegen und zu ordnen, ohne dass man sie immer wieder wegräumen muss. In einer gut ausgerüsteten Werkstatt lässt sich gemütlich und ohne Hast arbeiten, die Maschine kann in einer sauberen Umgebung zerlegt und wieder zusammengebaut werden. Leider verfügt aber nicht jeder über einen solchen idealen Arbeitsplatz und dementsprechend muss auch da und dort improvisiert werden. Um diesen Nachteil auszugleichen, muss besonders viel Zeit und Sorgfalt aufgewendet werden.
Als Weiteres benötigt man unbedingt einen möglichst vollständigen Satz Qualitätswerkzeuge. Qualität ist hier oberstes Gebot, da billiges Werkzeug auf lange Sicht teuer werden kann, falls man damit abrutscht oder es zerbricht und dabei teuren Schrott baut. Ein gutes Qualitätswerkzeug wird sich lange verwenden lassen und rechtfertigt in jedem Falle die Anschaffungskosten. Die Grundlage des Werkzeugsatzes ist ein Satz Gabelschlüssel, die sich an jedem gut zugänglichen Teil des Fahrzeuges ansetzen lassen. Ein Satz Ringgabelschlüssel stellt einen wünschenswerten Zusatz dar, die sich besonders bei festsitzenden Schrauben und Muttern verwenden lassen, oder wo die Platzverhältnisse ungünstig sind.
Um die Kosten tief zu halten, kann man sich auch mit einem Satz kombinierter Ringgabelschlüssel behelfen, diese tragen an einem Ende eine Gabelöffnung und am anderen einen Ring von der gleichen Weite. Bild 10 zeigt derartige Schlüssel zusammen mit dem bereits genannten Gabelschlüssel, auch Maulschlüssel genannt. Stecknüsse (-einsätze) stellen ebenfalls eine lobenswerte Investition dar. Vorausgesetzt, dass der Außendurchmesser der Nüsse nicht allzu groß ist, können auch sehr versteckt oder in Vertiefungen sitzende Muttern und Schrauben gelöst werden.
Weitere benötigte Werkzeuge sind ein Satz Kreuzschlitzschraubendreher, Zangen und ein Hammer. Im Automobilbau werden mehr und mehr Schrauben mit so genannten

Bild 10

Bild 10
Ansicht eines doppelseitigen Gabelschlüssels (oben) und eines Ringgabelschlüssels (unten). Immer darauf achten, dass die Schlüsselweite der Größe der Mutter oder des Schraubenkopfes entspricht.

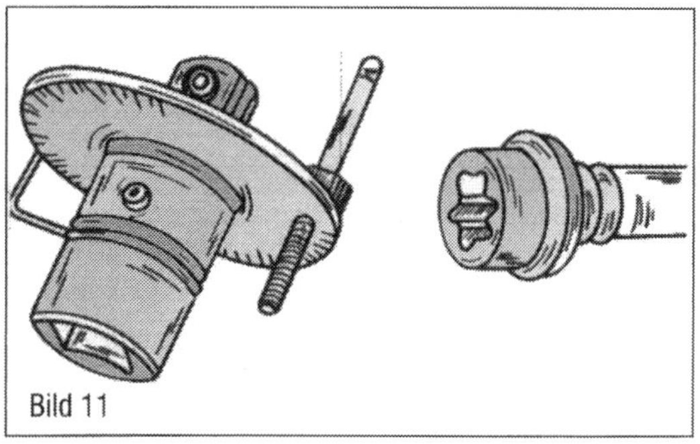
Bild 11

Bild 11
Eine Gradscheibe (links) wird zum Winkelanzug von Schrauben und Muttern benutzt. Schrauben mit Torx-Köpfen haben das rechts gezeigte Aussehen.

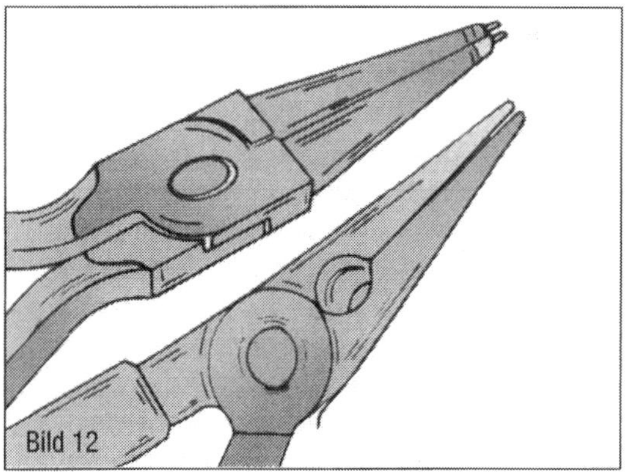
Bild 12

Bild 12
Seegerringzangen sehen wie im oberen Bild gezeigt aus. Die gezeigte Ausführung öffnet Außensprengringe. Das untere Bild zeigt eine manchmal erwähnte Spitzzange.

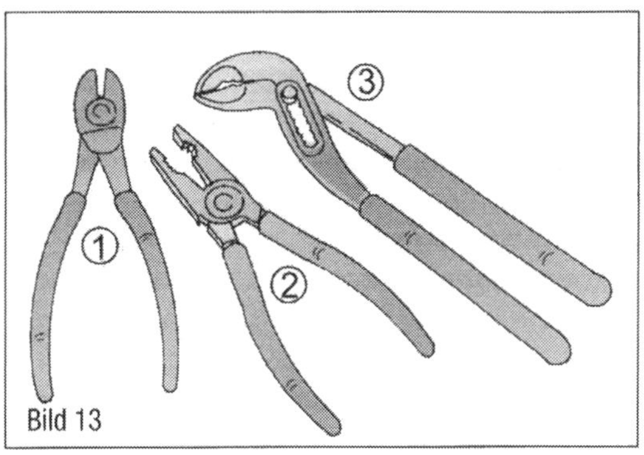

Bild 13

Bild 13
Ohne die gezeigten Zangen werden Sie kaum in der Lage sein, irgendwelche Arbeiten am Fahrzeug durchzuführen.
1 Seitenschneider
2 Kombizange
3 Wasserpumpenzange

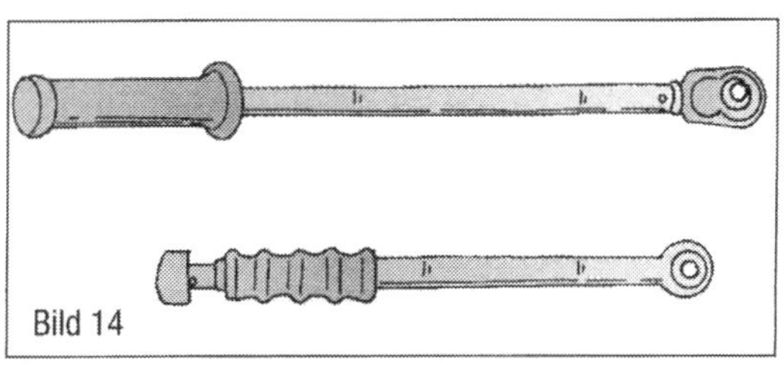
Bild 14

Bild 14
Drehmomentschlüssel können das gezeigte Aussehen haben.

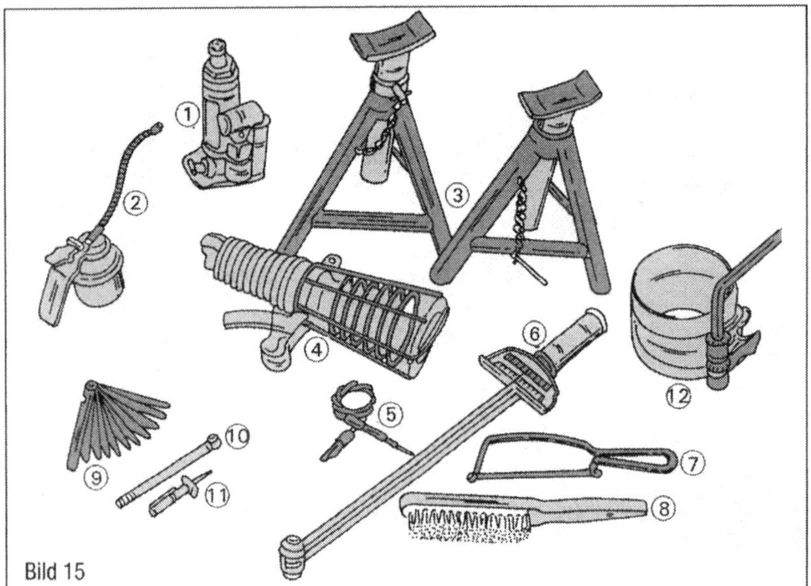

Bild 15

Bild 15
Vorgeschlagene Werkzeuge und Hilfswerkzeuge zur Pflege und Reparatur Ihres Fahrzeuges.
1 Hydraulischer Heber
2 Ölkanne
3 Unterstellböcke
4 Elektrische Handlampe
5 Prüflampe (12 Volt)
6 Drehmomentschlüssel
7 Mini-Säge
8 Drahtbürste
9 Blattfühlerlehren
10 Reifendruckprüfer
11 Reifenprofilmesser
12 Kolbenringspannband

Torx-Köpfen verwenden. Falls Ihnen der Name »Torx« kein Begriff ist, können Sie anhand von Bild 11 erkennen, wie die Köpfe dieser Schrauben aussehen. Zum Lösen derartiger Schrauben wird ein spezieller Stecknusssatz benutzt, der wie normale Sechskant-Stecknusssätze Einsätze verschiedener Größe hat, die vor der Größenangabe den Buchstaben »T« tragen.
Zusätzlich zur Grundausrüstung kann man sich noch ein paar speziellere Werkzeuge beschaffen, die sich meistens als unschätzbare Hilfe erweisen, besonders wenn man gewisse Reparaturen immer wieder durchführen muss. Damit lässt sich recht viel Zeit ersparen. Als Beispiel sei hier einmal der Schlagschraubendreher erwähnt, ohne den sich die maschinell angezogenen Kreuzschlitzschrauben kaum lösen lassen, ohne dass man sie dabei beschädigt. Selbstverständlich kann er auch zum Anziehen verwendet werden, um einen gasdichten Sitz zu gewährleisten. Ebenfalls oft benötigt werden Seegerringzangen, da Getrieberäder, Wellen und ähnliche Teile meist durch Sicherungsringe gehalten werden, die sich mit einem Schraubendreher nur schwer entfernen lassen. Es sind zwei Typen von Seegerringzangen erhältlich: einer für die Außensicherungsringe, welche mit der in Bild 12 gezeigten Zange geöffnet werden, und einer für Innensicherungsringe. Sie sind mit geraden oder abgewinkelten Klauen erhältlich. Abgesehen von diesen Zangen, schaffen Sie sich Zangen der in Bild 13 gezeigten Ausführungen an.

Eines der nützlichsten Werkzeuge ist der Drehmomentschlüssel, eigentlich eine Art Schraubenschlüssel, der so eingestellt werden kann, dass er durchrutscht, wenn ein gewisses Anzugsdrehmoment einer Schraube oder Mutter erreicht ist. Derartige Schlüssel sind ebenfalls mit einem Zeiger erhältlich, welcher das erreichte Drehmoment anzeigt. Anzugsdrehmomente werden in jedem modernen Werkstatthandbuch oder jeder Reparaturanleitung aufgeführt, sodass auch besonders komplexe Baugruppen oder Komponenten, wie z. B. ein Zylinderkopf, angezogen werden können, ohne dass man Beschädigungen oder Lecks infolge Verzugs befürchten muss. Es gibt verschiedene Ausführungen. Zwei davon sind in Bild 14 gezeigt.
In diesem Zusammenhang soll auch eine Gradscheibe erwähnt werden. Eine solche hat das in Bild 11 gezeigte Aussehen. Viele Schrauben und Muttern müssen um einen bestimmten Winkel nachgezogen werden (man spricht von einem Winkelanzug). Um den genauen Winkel zu erhalten, eignet sich eine Gradscheibe am besten, jedoch können Nachzugswinkel von 90° (Viertelumdrehung) oder 180° (halbe Umdrehung) ohne eine solche hergestellt werden.
Je höher entwickelt ein Automodell ist, desto mehr Werkzeuge benötigt man, um es im Do-it-yourself-Verfahren immer im bestmöglichen Zustand zu halten. Leider lassen sich aber einige ganz spezielle Arbeiten nicht ohne die richtige Ausrüstung durchführen. Hier ist auch eine gewisse Vorsicht am Platz: Es gibt nun einfach verschiedene Arbeiten, die man am besten einem Fachmann überlässt. Obwohl ein Vielfachmessgerät zum Aufspüren von elektrischen Schäden eine große Hilfe darstellt, kann es in ungeübten Händen enormen Schaden anrichten.
Wenngleich in dieser Reparaturanleitung gezeigt wird, wie sich verschiedene Komponenten auch ohne Spezialwerkzeuge aus- und wieder einbauen lassen, empfiehlt es sich die Anschaffung der gebräuchlichsten Spezialwerkzeuge in Betracht zu ziehen. Dies wird sich besonders dann lohnen, wenn man das Auto über längere Zeit behalten will. In Bild 15 sind einige der gebräuchlichsten Werkzeuge und Hilfswerkzeuge gezeigt, die man immer wieder brauchen wird. Man sollte sich diese im Laufe der Zeit anschaffen, wenn man die Absicht hat sein Auto selbst zu pflegen.

Auch mit den vorgeschlagenen, improvisierten Methoden und Werkzeugen lassen sich verschiedene Teile ohne Gefahr von Beschädigung aus- und einbauen. In jedem Fall lässt sich mit den Spezialwerkzeugen, die vom Hersteller produziert und verkauft werden, eine Menge Zeit (und Ärger) sparen.

Ehe Sie irgendwelche Arbeiten an einem Fahrzeug durchführen, raten wir Ihnen, die folgenden Hinweise gründlich durchzulesen und einzuprägen, damit Sie vor allen Verletzungen, gleich welcher Art, bewahrt werden:

- Auf einen einzelnen Wagenheber kann man sich nie hundertprozentig verlassen. Immer zusätzliche Böcke unterstellen. Zwei übereinandergelegte, abgeschraubte Räder kann man z. B. auf der Seite der Reparatur entweder vorn oder hinten unterlegen, falls keine Böcke zur Verfügung stehen. Ein abrutschender Wagen wird dann wenigstens auf den Rädern landen.
- Niemals die Räder oder Achsmuttern anziehen, wenn das Fahrzeug aufgebockt ist.
- Niemals den Verschluss der Kühlanlage bei heißem Motor öffnen. Falls es unumgänglich ist, einen dicken Lappen um den Deckel legen und diesen bis zur ersten Raste lösen, damit der Dampf entweichen kann.
- Niemals das Motoröl ablassen, wenn das Fahrzeug bis zum letzten Moment gefahren wurde. Motoröl nur entsprechend der geltenden Vorschriften entsorgen, auf keinen Fall wegschütten.
- Keine Bremsflüssigkeit oder Frostschutzmittel auf Lackstellen tropfen lassen. Die hinterlassenen Flecke lassen sich nur schwer oder nicht entfernen.
- Keinen Bremsstaub einatmen. Obwohl Beläge und Bremsklotzmaterial jetzt asbestfrei hergestellt sind, schadet dies trotzdem Ihrer Gesundheit. Falls Sie Pressluft zum Ausblasen von Bremsen benutzen, den Kopf von der Staubstelle wegdrehen. Erkundigen Sie sich über die Erhältlichkeit von Sprays, mit denen man die Bremsteile absprüht, um die Staubentwicklung zu vermeiden (Autozubehörgeschäft oder Werkstatt).
- Öl- oder Fettreste sofort vom Boden abwischen, ehe Sie selbst oder andere Leute darauf ausrutschen.
- Keine Schlüssel falscher Schlüsselweite oder ausgeweitete Schlüssel zum Lösen von festsitzenden Muttern oder Schrauben benutzen. Ein Abrutschen bedeutet in den meisten Fällen eine Verletzung. Offene Wunden auf jeden Fall »verpflastern« lassen, ehe Schmutz oder Öl usw. eindringen kann.
- Krawatten haben bei Arbeiten am Auto keinen Platz. Ebenfalls lange Hemdsärmel oder andere lose Kleidungsstücke fern von sich bewegenden Teilen halten. Lange Haare zusammenbinden. Fingerringe und Armbanduhren am besten ausziehen. Abgesehen davon, dass man damit hängenbleiben kann, bieten sie auch einen Leiter für die elektrische Anlage.
- Den Arbeitsplatz von unnötigen Teilen befreien. Ein Stolpern wird dadurch offensichtlich weitgehend verringert.
- Arbeiten Sie möglichst niemals allein an einem Fahrzeug. Familie oder Freunde können öfters mal kurz nachschauen, ob alles in Ordnung ist.
- Niemals eine Arbeit überhastet zu Ende führen. Viele Radmuttern wurden lose gelassen, um das Fahrzeug wieder schnell zum Fahren zu bringen.
- Niemals in der Nähe des Fahrzeuges rauchen oder andere rauchende Personen in die Nähe lassen. Die Batterie abklemmen, wenn Kraftstoffleitungen abgeschlossen werden (besonders bei Benzinmotoren). Mit Metallgegenständen hergestellte Kurzschlüsse könnten zu Funkenbildung führen. Sicherheitshalber sollten Sie einen Handfeuerlöscher bereit haben.
- Eine Handlampe niemals auf den Motor auflegen, um besser zu sehen. Bestimmte Handlampen entwickeln große Wärme und könnten Teile am Motor verbrennen, obwohl man annimmt, dass sie durch den Drahtkäfig geschützt werden. Am besten ist es, wenn man eine Handlampe bei Arbeiten im Motorraum an der geöffneten Motorhaube »anhängt«.

Falls Sie die angeführten Hinweise sorgfältig beachten, sollten bei den im Buch beschriebenen Arbeiten keine Verletzung Ihrer Person oder Beschädigung des Fahrzeuges auftreten.

Schlechtes Werkzeug führt in den meisten Fällen zu Verletzungen oder Beschädigung von Muttern, Schrauben usw. – unbedingt vermeiden. Die Anschaffung einer hochwertigen Werkzeugausrüstung ist ein guter Anfang zur Selbstpflege des Autos.

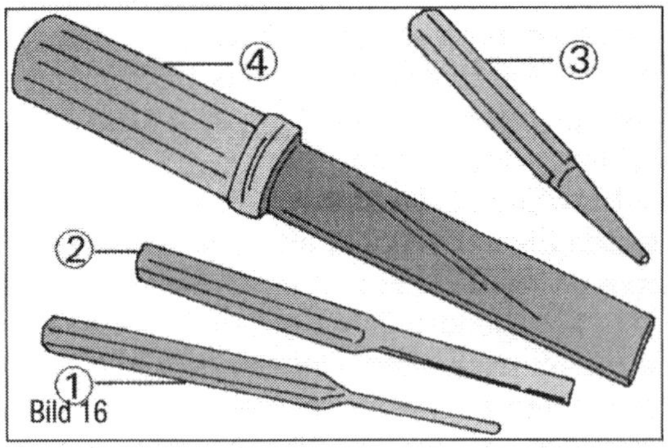

Bild 16

Bild 16
Zum Schlagen, Ausschlagen und Abschlagen gehören diese Werkzeuge in den Kasten.
1 Durchschlag (vorgeschlagen ca. 3 mm Schaft)
2 Durchschlag (vorgeschlagen ca. 6 mm Schaft)
3 Körner für Bohrungsarbeiten (auch zum Zeichnen von Teilen)
4 Flachmeißel mit gehärteter Schneide

Falls Sie sich die unten genannten Werkzeuge und/oder Hilfswerkzeuge besorgen, werden Sie bald zum Profi:

■ Ein Sortiment Schraubendreher mit rutschfestem Griff für Schlitz-, Kreuzschlitz- und Torxschrauben.

■ Innensechskantschlüssel (Inbusschlüssel), am Ring in den Größen 2-8 Millimeter. Wir möchten darauf hinweisen, dass sich diese Schlüssel gern an den Kanten abnutzen. Wenn der Schlüssel mehr als einmal abrutschen sollte, ohne dass er seinen Zweck verrichtet, wird es Zeit, dass man sich einen neuen Satz anschafft.

■ Mit einem Radkreuzschlüssel für Pkw lösen Sie auch fest sitzende Radschrauben.

■ Kombizange, Wasserpumpenzange (Länge mindestens 240 mm) und Seitenschneider biegen, halten, drehen und trennen so ziemlich alle Materialien an Ihrem Fahrzeug. Die entsprechenden Zangen wurden bereits in Bild 13 gezeigt.

■ Der Schlosserhammer (empfohlenes Gewicht ca. 300 g) wird als Schlagwerkzeug benutzt, um beispielsweise mit einem Durchschlag festsitzende Bolzen aus Verbindungen zu lösen. Empfindliche Bauteile wie Lager, gegossene oder gehärtete Teile sollten dagegen nur mit einem Kunststoff- oder Gummihammer bearbeitet werden. Bei Richtarbeiten an der Blechstruktur hilft ein Ausbeulhammer.

■ Ein Körner hilft bei Bohrarbeiten an Metallen. Bringen Sie die gehärtete Spitze exakt an die gewünschte Bohrstelle. Mit einem leichten Hammerschlag auf den Schaft des Körners erzeugen Sie an der Oberfläche eine kleine Vertiefung, an der Sie den Metallbohrer ansetzen.

■ Ein Durchschlag (Durchmesser 3 und 6 mm) ist bei Montage- und Demontagearbeiten an Fahrwerk, Motor und Bremsen universell einsetzbar. Wenn Sie damit Haltebolzen entfernen: Achten Sie darauf, dass die Auflagefläche des Durchschlags etwa der Größe der Bolzen entspricht, da diese sich sonst verformen. In Bild 16 geben wir Ihnen weitere Beispiele von Teilen, die im Werkzeugsatz unerlässlich sind. **Hier ein Wort der Warnung:** Nach mehrmaliger Benutzung eines Durchschlags bilden sich durch das Aufschlagen mit dem Hammer Grate, welche wie Ausfransungen aussehen. Ohne Vorwarnung kann es also passieren, dass sich ein Stück des breit geschlagenen Materials löst und in die Augen springt. Arbeiten Sie also nur mit Durchschlägen, welche auf der Aufschlagseite noch einwandfrei aussehen. Als Abhilfe kann man einen solchen Dorn kurz nachschleifen lassen. Abgesehen davon spricht nichts gegen das Tragen einer Schutzbrille.

■ Mit einem Flachmeißel (gehärtete Schneide, siehe Bild 16) werden Sie zur Not auch mit deformierten oder festgerosteten Schraubverbindungen fertig, indem sie die Mutter mitsamt dem Gewindebolzen abmeißeln. An »weichen« Stellen sollten Sie jedoch von einem Helfer einen Hammer an der Schlagstelle unterhalten lassen, damit es keine Verbiegungen gibt. Lassen Sie keine Grate an der Aufschlagstelle »wachsen«, da Splitter in die Augen springen können.

■ Für Arbeiten im Motorraum und unter dem Fahrzeug empfiehlt sich die Anschaffung eines Steckschlüsselsatzes mit den Einsätzen 10-32 Millimetern und einer Umschaltknarre mit 1/2-Zoll-Antrieb. Ein komplettes Set ist billiger als der Kauf der jeweils benötigten Einzeleinsätze. Hier gehören auch die bereits genannten Sets der Torx-Einsätze dazu.

■ Für Arbeiten im Innenraum ist ebenfalls ein Steckschlüsselsatz sinnvoll, allerdings mit kleinerem 1/4-Zoll-Antrieb. Neben Kreuz-, Torx-, Schlitzschrauben und Kunststoffclips verbauen die Hersteller hier oft Schrauben mit SW 6 bis 13 Millimeter.

■ Für Arbeiten an der Elektrik sind zu empfehlen: eine isolierte Kombizange, eine Quetschzange für Steckeranschlüsse und Kabelverbindungen, ein isolierter Schraubendreher und eine Phasenprüflampe mit Nadelspitze und separatem Massekabel.

☞ Überprüfen Sie Ihr Bordwerkzeug. Die beste Grundausstattung in der Garage nützt nichts, wenn Ihnen bei einer Panne unterwegs die Hilfsmittel fehlen. Sind Wagenheber, Radkreuz und Schraubendreher an

Bord? Bei einem Wackelkontakt oder einer gelösten Kabelverbindung helfen Elektrokombizange, ein paar Drähte und Isolierband. Ebenfalls sinnvoll: ein Lampenset und Ersatzsicherungen, Abschleppseil, Starthilfekabel und Taschenlampe. Und vergessen Sie nicht, dass man bei Reparaturen schmutzige Hände bekommt. Papierhandtücher sollten immer einen Platz im Kofferraum haben, falls Sie eine Reise antreten.

⚠ Nachdem die Motorhaube geöffnet ist, könnten einige Teile im Motorraum sehr heiß sein. Wenn der Motor läuft oder der Zündschlüssel steht in Stellung »2«, besteht Gefahr von den drehenden Teilen des Motors oder hohen elektrischen Spannungen von Teilen der elektrischen Anlage.

Abklemmen der Batterie

Bei allen mit der elektrischen Anlage verbundenen Arbeiten muss man die Batterie abklemmen. Im modernen Automobilbau ist dies jedoch mit einigen Vorsichtsmaßnahmen verbunden, um elektronische Bauteile nicht zu stören. Bei jeglichen Arbeiten ist deshalb zu beachten:

- Die Plus- und Minusleitung der Batterie kann man leicht verwechseln. Im Zweifelsfall die Polarität bis zur Batterie verfolgen und die Leitung kennzeichnen.
- Als Erstes das Minuskabel der Batterie abschrauben.
- Falls ein Autoradio mit Diebstahl-Code eingebaut ist, sollten Sie den Code zur Hand haben, ehe die Batterie abgeklemmt wird. Der zum Betrieb des Radios wichtige Code wird durch das Abklemmen der Batterie gelöscht und muss neu eingegeben werden. Denken Sie ebenfalls daran, dass gespeicherte Sender nach Wiederanschließen der Batterie neu abgespeichert werden müssen.
- Bestimmte Alarmeinrichtungen ertönen beim Abklemmen der Batterie. Aus diesem Grund sollten Sie wissen, wie Sie den Alarm neutralisieren können, ehe Sie bei irgendwelchen Arbeiten die Batterie aus dem Stromkreis nehmen.
- Das elektronische Steuergerät der Einspritzmotoren muss nach Wiederanschließen der Batterie neu »lernen«. Dies geschieht, nachdem der Motor eine Weile läuft.
- Eine eingebaute elektrische Zeituhr verliert ihre Daten.

Aufbocken des Fahrzeugs

Der zum Anheben benutzte Wagenheber muss dem Gewicht des Fahrzeuges genügen. Überzeugen Sie sich deshalb vorher von der Tauglichkeit eines solchen Wagenhebers. Vor dem Aufbocken des Fahrzeuges kontrollieren, dass keine zusätzlichen Lasten im Kofferraum oder im Heckraum des Fahrzeuges liegen.
Um keine Schäden an der Unterseite des Fahrzeuges anzurichten, dürfen ein Wagenheber sowie die zum Aufbocken verwendeten Dreieckböcke nur an den dafür bestimmten Stellen angesetzt werden.
An der Vorderseite des Wagens darf ein Wagenheber nur mit Hilfe eines Holzklotzes angehoben werden, welchen man unter den vorderen Nebenrahmen ansetzt, wie man es in Bild 17 sehen kann. Dabei darauf achten, dass der Holzbalken nicht das Auspuffrohr oder das Getriebe berühren kann. Auf keinen Fall das Fahrzeug unter den Querlenkern oder unter dem Querträger zwischen den Seitenträgern oder an der Rückseite unter der Hinterachse ansetzen.
Zum Anheben der Vorder- oder Rückseite des Fahrzeuges den Wagenheber unter den Ihnen bekannten Ansatzstellen für den Bordwagenheber untersetzen. Dabei ist es

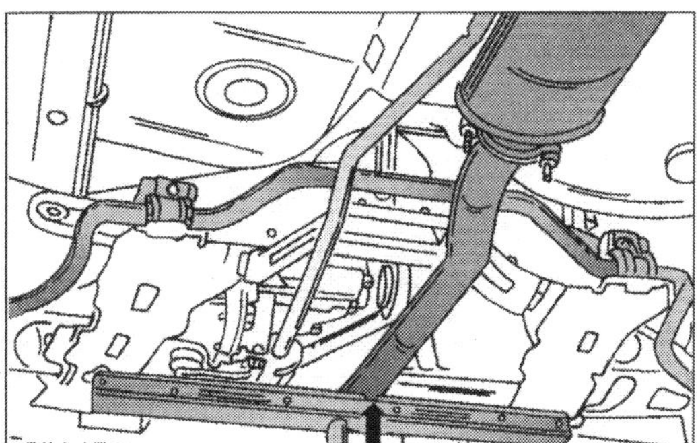
Bild 17

Bild 17
Anheben des Fahrzeuges an der Vorderseite. Der gezeigte Querbalken muss durch einen geeigneten Holzbalken ersetzt werden. Dabei nicht das Auspuffrohr zusammendrücken.

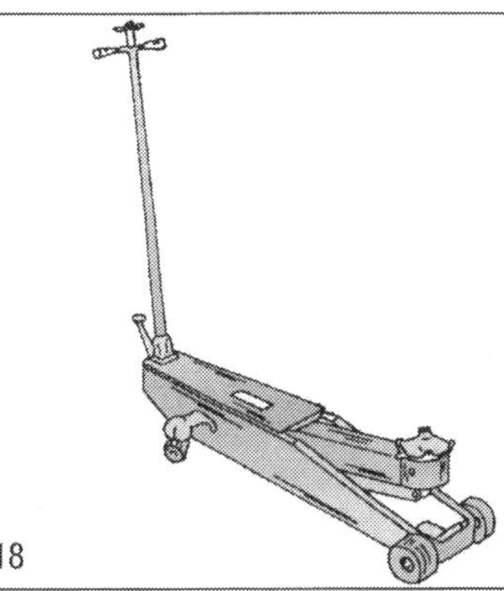
Bild 18

Bild 18
Ein Rollwagenheber gehört zur Heimwerkerausrüstung, falls Wartungs- und Reparaturarbeiten selbst durchgeführt werden sollen.

besonders wichtig, dass das Fahrzeug hinten nicht zu schwer ist. Zum Anheben eignet sich am besten ein so genannter Rollwagenheber, wie er in Bild 18 gezeigt ist, oder ein Scherenwagenheber (Bild 19).
Falls nur eine Seite des Fahrzeuges aufgebockt werden soll, setzt man einen Wagenheber unter die am Wagenboden befindlichen Ansatzstellen. Ebenfalls ist es möglich, dass man einen Wagenheber wie in Bild 20 gezeigt benutzt. Dazu einen Holzblock benutzen und unter der Einstiegkante ansetzen. In den Holzblock sollte man eine Nut einschneiden, die sich um den Falz des Einstiegs anlegen kann. Das Bild zeigt den in einer Werkstatt benutzten Balken, welcher durch einen Holzbalken ersetzt werden kann.

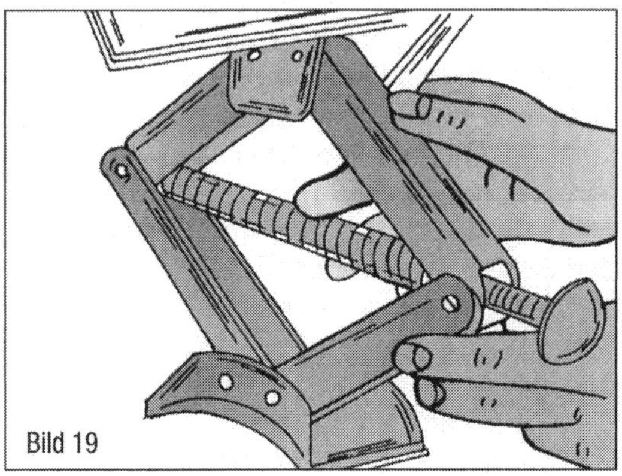
Bild 19

Bild 19
Ein Scherenwagenheber eignet sich vortrefflich zum Anheben einer Seite.

Bild 20

Bild 20
Anheben des Fahrzeuges auf einer Seite. Einen Holzklotz zwischen Wagenheberkopf und Einstieg unterlegen, um das Gewicht zu verteilen.

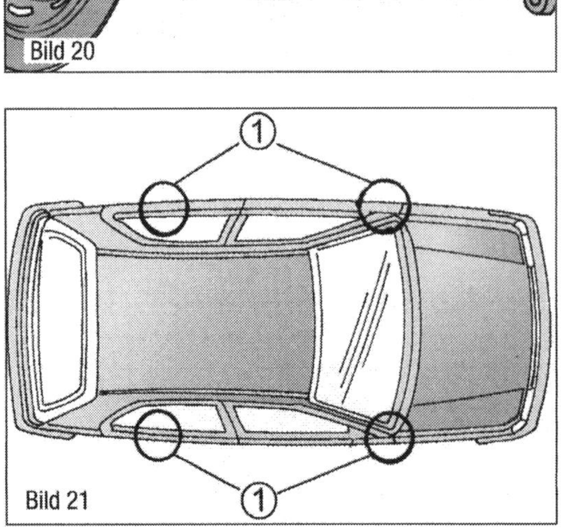

Bild 21

Bild 21
Unterstellböcke nur an den im Bild gezeigten Stellen (1) untersetzen.

Vor Aufbocken der Fahrzeugrückseite bei eingebautem Schaltgetriebe den Rückwärtsgang oder bei eingebauter Getriebeautomatik den Wählhebel in die Parkstellung schalten, damit der Wagen nicht von den Böcken rollen kann. Beim Anheben der Vorderseite des Fahrzeuges die Handbremse anziehen.
Unbedingt darauf achten, dass die Bodenfläche, auf welcher das Fahrzeug aufgebockt werden soll, nicht zu weich ist, damit der Wagenheber oder die Böcke nicht in den Boden einsinken können.
Unterstellböcke können an den in Bild 21 gezeigten Stellen unter die Seite der Karosserie untergestellt werden, ohne dabei die Lackierung zu beschädigen.
Nur sichere Unterstellböcke zum Aufbocken des Fahrzeuges benutzen. Bei diesen handelt es sich um dreibeinige Böcke, deren Höhe verstellbar ist. Zur zusätzlichen Sicherheit kann man das abgeschraubte Rad unter die aufgebockte Seite unterlegen.

Schmiermittel, Dichtungsmasse, Loctite

Jeder Autohersteller empfiehlt die Verwendung von bestimmten Schmiermitteln, die während der Produktion auf das Fahrzeug abgestimmt wurden. Dies trifft ebenfalls auf Renault zu und aus diesem Grund halten wir uns bei Reparaturen an die von Renault angegebenen Schmieröle, Fette und dergleichen.
Oft wird »Loctite« erwähnt. Bei diesem handelt es sich um eine Sicherungsflüssigkeit für Muttern- und Schraubengewinde, die ein Lösen von angezogenen Verbindungen verhindert. Obwohl im Text nur auf »Loctite« eingegangen wird, sollten Sie wissen, dass verschiedene Ausführungen zur Verfügung stehen. Ihr Renault-Ersatzteillager wird Sie über die Erhältlichkeit dieser Sicherungsmittel unterrichten.
Oftmals kommt es jedoch vor, dass andere, ebenfalls geeignete Mittel zum Sichern von Gewindeverbindungen benutzt werden. Auch hier sollten Sie in der Lage sein, dies in der Werkstatt zu erfahren.
Das Gleiche trifft auch auf Graphit-Fett und Dichtungsmasse zu. Erkundigen Sie sich, welche Fettart und Dichtungsmasse örtlich verwendet wird, um zu gewährleisten, dass die Arbeiten einwandfrei durchgeführt werden können.

Umgang mit Gewinden, Schrauben, Muttern

Bei einem ziemlich neuen Fahrzeug, bzw. Motor wird man keine Schwierigkeiten mit dem Lösen von Schrauben, Muttern, Stiftschrauben, usw. haben. Ist das Fahrzeug jedoch älter, kommen schon mal Probleme beim Lösen von Gewindeverbindungen vor, insbesondere, wenn die Teile längere Zeit dem Straßenschmutz ausgesetzt waren. Die folgenden Hinweise sollten Ihnen helfen, diese Probleme aus dem Weg zu räumen.

- Beim Lösen von Muttern auf Stiftschrauben immer das herausstehende Gewinde mit einer Drahtbürste reinigen, um Schmutz oder auch Rost zu entfernen. Man erspart sich dadurch, dass die Mutter über die Schmutzstellen geschraubt werden muss. Die Verbindungsstelle jetzt mit einem Rostlösesprühmittel behandeln. Hier gibt es verschiedene Produkte, d. h. man muss den Gebrauchsanweisungen folgen.
- Falls eine in eine Schweißmutter eingedrehte Schraube gelöst werden soll (meistens in der Karosserie), möglichst die Gewindestelle von der Rückseite mit dem Rostlösemittel einsprühen. Schraubenköpfe derartiger Verbindungen reißen gern ab oder man löst die Schweißmutter.
- Schrauben mit Schlitz- oder Kreuzschlitzköpfen lassen sich manchmal nur sehr schwer lösen. Kreuzschlitzschraubendreher rutschen gern aus dem Kreuzschlitz heraus und beschädigen diesen dabei. Um diesem vorzubeugen, kann man einen Schraubendreher oder Kreuzschlitzschraubendreher mit einem durchgehenden Schaft an der Schraube ansetzen und durch einen kurzen Schlag mit einem Hammer »behandeln«. In den meisten Fällen löst sich der Schraubenkopf von der Verbindung und die Schraube kann leicht herausgedreht werden.
- Im modernen Automobilbau werden mehr und mehr Schrauben mit Spezialköpfen verwendet, die ähnlich wie Kreuzschlitzköpfe aussehen, aber keine sind. Diese als Torx-Kopf bezeichneten Schraubenköpfe werden mit speziellen Einsätzen gelöst, die man in einem Satz erstehen kann. In Bild 11 kann man sehen, wie eine solche Schraube aussieht. Auf diese Torx-Stecknüsse kann man dann in normaler Weise eine Ratsche, Verlängerung, usw. ansetzen.
- Innensechskantschrauben (der bekannte »Inbuskopf«) oder Schrauben mit »Polygon«-Kopf (Vielverzahnung, meistens 12 Ecken) können ebenfalls Schwierigkeiten beim Lösen bringen. Als Erstes die Öffnung des Innensechskants einwandfrei reinigen (mit einem kleinen Schraubendreher zum Beispiel), um den Innensechskantschlüssel oder Vielzahnschlüssel anzusetzen. Falls

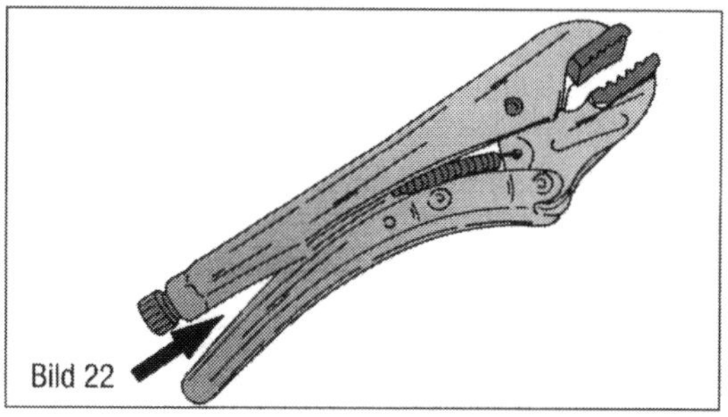

Bild 22

Bild 22
Die Gripzange. Nicht die Finger an den Pfeilstellen einquetschen, wenn die Zange geschlossen wird.

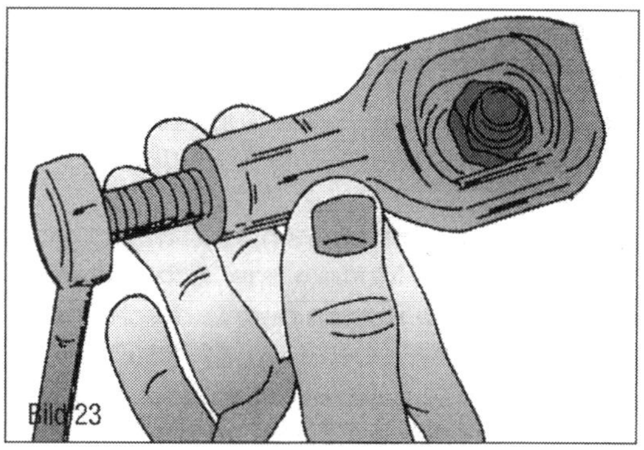

Bild 23

Bild 23
Benutzung eines Mutternspalters. Durch Anziehen der Schraube wird die Mutter in zwei Teile gespalten und kann abgenommen werden.

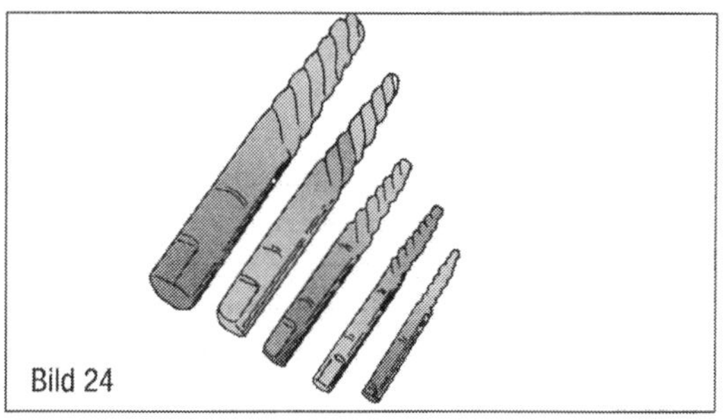

Bild 24

Bild 24
Ansicht von Linksgewindeausziehern zum Entfernen von abgescherten Schrauben oder Stehbolzen aus der Gewindebohrung.

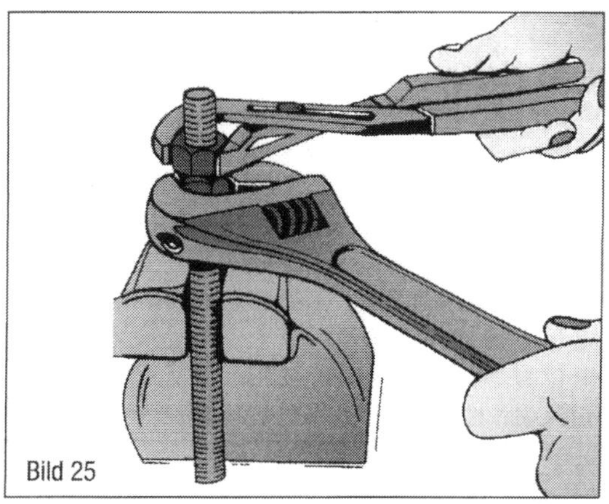

Bild 25

Bild 25
Ausschrauben und Einschrauben von Stiftschrauben (Stehbolzen).

möglich sollte man hier auch einen Steckeinsatz benutzen. Vor Lösen der Schrauben kann man einen Hammerschlag auf den Steckeinsatz geben, um das Beharrungsvermögen der Schraube zu lösen. Manchmal ist jedoch ein abgewinkelter Inbusschlüssel erforderlich. Durch dessen Winkelstellung wird das Lösen oftmals zum Problem. Wir schlagen vor: Den Schlüssel in die Schraube einsetzen und einen kleinen Ringschlüssel über das lange Ende des Inbusschlüssels schieben. Den Inbusschlüssel jetzt gut gerade halten und die Schraube durch Druck auf den Ringschlüssel lösen. Dadurch vermeidet man, dass sich der Winkelschlüssel bei festsitzenden Schrauben innerlich verdreht.

■ Kleine jedoch zugängliche Inbusschraubenköpfe kann man auch mit einer Gripzange erfassen (Bild 22) und auf diese Weise die Schraube herausdrehen, vor allem, wenn das Innensechskant abgerundete Kanten erhalten hat. Beim Zusammendrücken der Gripzange nicht die Finger einquetschen.

■ Schwierigkeiten können auch manchmal beim Lösen von Muttern oder Schrauben auftreten, deren Kanten bereits durch unvorschriftsmäßige Verwendung der falschen Schlüsselgröße abgerundet sind (aus Erfahrung gesprochen bei Zweithandwagen manchmal anzutreffen). Mit der bereits erwähnten Gripzange kann man versuchen die Mutter oder Schraube zu lösen. Je nach Lage der Mutter kann man diese auch aufmeißeln oder am Gewinde entlang aufsägen. In diesem Zusammenhang möchten wir auch den Mutternspalter erwähnen, falls man zu dessen Benutzung genügend Arbeitsraum hat. Das Werkzeug arbeitet in der in Bild 23 gezeigten Weise: Man zieht die Schraube an, bis die Mutter platzt. Ein Vorteil ist dabei, dass man das Gewinde der Schraube nicht beschädigt.

■ Im Text werden oftmals selbstsichernde Muttern erwähnt. Wie der Name besagt, werden diese durch ihre eigene Sicherungsfähigkeit gesichert, welche nach dem Lösen meistens zerstört wird. Wenn selbstsichernde Muttern erwähnt werden, sollte man diese immer erneuern.

■ Manchmal passiert es und eine Schraube reißt am Kopf ab. Um das verbleibende Gewindestück aus der Bohrung zu bekommen, bohrt man ein Loch in der Mitte der »Schraube« und benutzt einen so genannten »Linksgewindezieher«. Diese sind in Autozubehörgeschäften erhältlich und werden wie eine Schraube in das gebohrte Loch eingesetzt. Durch Anziehen schneidet sich das Werkzeug in das Schraubenstück ein und hoffnungsvoll zieht man es heraus. Bild 24 zeigt, wie diese Gewindeauszieher aussehen. Die einzige andere Lösung ist ein Aufbohren auf den ungefähren Gewindedurchmesser der Schraube (etwas weniger) und das Nachschneiden mit einem Gewindeschneider.

■ Stehbolzen werden mit zwei gegeneinander gekonterten Muttern herausgedreht. Beim Herausdrehen den Schlüssel an der inneren Mutter ansetzen, zum Hineinschrauben den Schlüssel an der äußeren Mutter ansetzen. Bild 25 zeigt, wie man Bolzen aus- und einschrauben kann.

■ In Aluminiumteile eingearbeitete Gewinde werden manchmal beim Anziehen von Schrauben beschädigt. In Ihrer Werkstatt erhalten Sie Gewindeeinsätze unter der Markenbezeichnung »Heli-Coil«. Diese können entsprechend den Anweisungen in der Schachtel in das alte Gewindeloch eingezogen werden oder man bringt das beschädigte Teil zur Erneuerung des Gewindes in eine Werkstatt.

Anzugsdrehmomente

Die Anzugsdrehmomente werden für die Schrauben und Muttern der wichtigsten Teile angegeben. Um die Anzugsdrehmomente einzuhalten, muss man eine Stecknuss der passenden Schlüsselweite sowie einen Drehmomentschlüssel, manchmal mit einer Verlängerung, benutzen. In vielen Fällen ist es aber einfach nicht möglich an eine Schraube oder Mutter heranzukommen, um einen Drehmomentschlüssel anzusetzen oder das Drehmoment ist zu klein, um es am Drehmomentschlüssel abzulesen. Hier heißt es, dass man das Drehmoment schätzen muss. Unter Berücksichtigung des Gewindedurchmessers der Schraubenverbindung heißt dies in der Mechanikersprache »gut anziehen«, wobei Gefühl eine wichtige Rolle spielt, besonders bei Gewindedurchmessern von 6 oder 7 mm.

2 Der Motor

Die Bauteile des Motors

Um Ihnen einen kurzen Überblick über das Innenleben des Motors zu geben, führen wir die Hauptteile des Motors kurz an:
Motorblock oder Zylinderblock. Hier sind die beweglichen Teile gelagert. Der Motorblock trägt auch Aggregate wie Lichtmaschine, Anlasser und Zündanlage, Teile der Einspritzanlage, usw. Auch als Kurbelgehäuse bekannt. Alle Motoren haben Trockenlaufbüchsen, d. h. sie sind in den Zylinderblock eingearbeitet.
Zylinderkopf. Schließt den Zylinder nach oben ab. Er enthält Kanäle für Frisch- und Abgas, Ventilsitze, Lager und Führungen für Teile der Ventilsteuerung, Wasserkanäle und Brennraum. Die Zylinderkopfdichtung zwischen den Metallflächen von Zylinderkopf und Zylinderblock verhindert, dass an dieser Stelle Luft und Kühlwasser in den Zylinder gelangen. Die Nockenwelle ist ebenfalls in den Zylinderkopf eingebaut.
Zylinder. Bilden zusammen mit dem Zylinderkopf den Verbrennungsraum. Sie sind glatt ausgeschliffen (gehont) und exakt auf den Kolbendurchmesser abgestimmt. Für die Kühlung sorgt Wasser, das durch Kanäle in der Zylinderwand fließt.
Kolben. Nehmen den Verbrennungsdruck auf und geben ihn über die Pleuel an die Kurbelwelle weiter. Die Hauptbestandteile sind Kolbenboden, Ringzone mit Kolbenringen, Schaft und Bolzenaugen. Die beiden oberen Kolbenringe (Verdichtungsringe) verhindern, dass Gas aus dem Verbrennungsraum ins Kurbelgehäuse entweicht. Der untere Ring (Ölabstreifring) führt überschüssiges Schmieröl von der Zylinderwand in die Ölwanne zurück.
Pleuel. Verbinden den Kolben mit der Kurbelwelle. Ihre Bestandteile: Pleuelkopf (umschließt den Kolbenbolzen), Pleuelschaft, Pleuelund Pleueldeckel (umschließen den Kurbelzapfen).
Kurbelwelle. Wandelt das Auf und Ab der Kolben in eine Drehbewegung um. Ihre Teile: Wellenzapfen (für Lagerung im Kurbelgehäuse), Kurbelzapfen, Kurbelwangen (verbinden Kurbelzapfen und Wellenzapfen). Bei allen Motoren ist die Kurbelwelle an mehreren Stellen im Motorblock in auswechselbaren Gleitlagerschalen gelagert.
Ventile. Lassen Frischgas ein- und Abgas ausströmen. Sämtliche Teile, die am Öffnen und Schließen der Ventile beteiligt sind, nennt man zusammenfassend »Ventiltrieb«. Die in dieser Ausgabe behandelten Motoren haben 8 Ventile (1,2 Liter DF7-Motor) oder 16 Ventile.
Nockenwellen. Öffnet(n) und schließt (schließen) die Ventile im richtigen Zeitpunkt. Jedes Ventil wird über Tassenstößel von einer Nocke betätigt. Die Nockenwelle oder die Nockenwellen wird/werden bei allen behandelten Motoren über einen Zahnriemen von der Kurbelwelle angetrieben.

Aufgrund der vielen Unterschiede wird der Aus- und Einbau des Motors getrennt für die einzelnen Motorgruppen beschrieben, d. h. man muss unter der entsprechenden Überschrift nachlesen.

Die folgenden Hinweise geben nochmals die in der Ausgabe behandelten Motoren an.
1.2-Liter-Motor mit 8 Ventilen, Motortyp D7F. Ursprüngliche Leistung 60 PS (44 kW). Ab Baujahr 2002 auf 58 PS (43 kW) reduziert. Nicht länger ab Baujahr 2006 eingebaut.
1.2-Liter-Motor mit 16 Ventilen, Motortyp D4F mit einer Leistung von 75 PS (55 kW). Dieser Motor kann ab Baujahr 2002 eingebaut sein.
1.4-Liter-Motor mit 8 Ventilen, Motortyp K4J mit einer Leistung von 98 PS (72 kW). Auch mit 100 PS. Dieser Motor wurde von Baujahr 2000 bis 2006 in den Clio eingebaut.
1.6-Liter-Motor mit 16 Ventilen, Motortyp K4M. Ursprünglich 107 PS (79 kW), 112 PS (82 kW) ab Baujahr 2006.
2.0-Liter-Motor mit 16 Ventilen, Motortyp F4R. Ursprünglich mit einer Leistung von 169 PS (124 kW). Ab Baujahr 2004 mit 179 PS (132 kW) ab Baujahr 2004. Ab Baujahr 2005 nicht länger eingebaut.

Ausbau und Einbau 1.2-Liter Motor (8 und 16 Ventile)

Die folgende Beschreibung behandelt den Ausbau des Motors zusammen mit dem Getriebe. Wir möchten darauf hinweisen, dass man den Motor mit dem Getriebe sowie mit dem vorderen Querträger ausbauen muss, d. h. man sollte sich die nachfolgende Beschreibung gut durchlesen, ehe man mit den Ausbauarbeiten beginnt. Der Ausbau ist ziemlich kompliziert.

☞ Falls eine Klimaanlage eingebaut ist, kann man den Motor nicht selbst ausbauen, da die Anlage geöffnet werden muss, was nur in einer Werkstatt durchgeführt werden kann.

Der Einbau wird im Anschluss an die Ausbauanweisungen beschrieben.
»Loctite« und Graphitfett (Molykote BR2) müssen zum Einbau zur Verfügung stehen. Außerdem sollte man sich vor Beginn der Arbeiten die folgenden Spezialwerkzeuge bzw. geeignete Hilfswerkzeuge besorgen. In der folgenden Aufstellung werden jeweils die von Renault zugeteilten Ersatzteilnummern angegeben:

- Spezialzange (Mot. 1202-1, Mot. 1202) zum Lösen von Schlauchschellen der Kühlmittelschläuche.
- Das Messgerät zum Einstellen der Riemenspannung (siehe betreffende Beschreibung).
- Ein Werkzeug zum Abschließen der Kraftstoffleitungen (Mot. 1311-06).

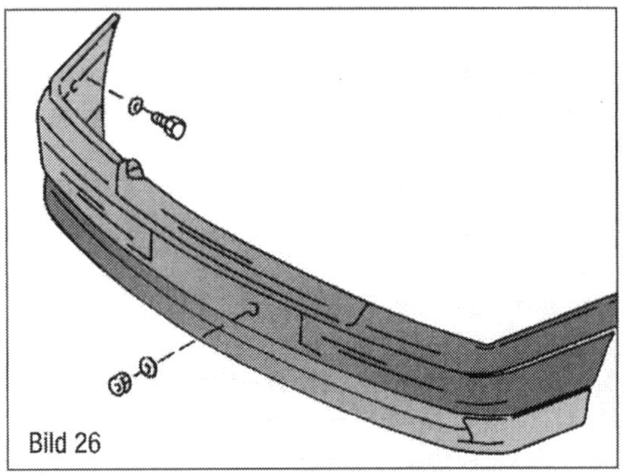
Bild 26

Bild 26
Die Verkleidung an der Vorderseite abschrauben, um an alle Befestigungsstellen heranzukommen.

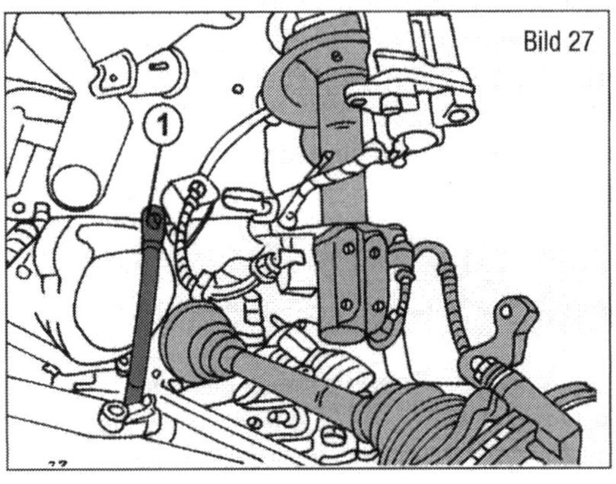

Bild 27

Bild 27
Die Schraube (1) der Stützstreben an der gezeigten Stelle herausdrehen und danach den Achsschenkel wie gezeigt nach außen abkippen.

- Ein Werkzeug zum Halten des Motors am Nebenrahmen (Mot. 1379).
- Ein Kugelbolzenabzieher beliebiger Ausführung zum Trennen der Spurstangenkugelgelenke von den Hebeln am Achsschenkel.
- Einen geeigneten Schlagdorn zum Trennen der rechten Antriebswelle von der Abtriebwelle des Differentials.

☞ Das Getriebe kann getrennt ausgebaut werden. Der Motor verbleibt in diesem Fall im Fahrzeug (siehe Kapitel »Getriebe«).

Beim Ausbau folgendermaßen vorgehen:

- Fahrzeug vorn auf Böcke setzen, die beiden Räder abschrauben.
- Das Massekabel der Batterie abklemmen und die Batterie ausbauen. Den Eingabecode für das Radio muss man beim späteren Einbau bereit haben. Die eingestellten Radiosender gehen verloren, die Uhr muss ebenfalls gestellt werden.
- In folgender Reihenfolge sind auszubauen: die Motorabdeckungen, die Spritzbleche in der Innenseite der Radkästen, das Unterschutzblech unter dem Motor. Falls Nebelleuchten eingebaut sind, die Kabelstecker von den Anschlüssen abziehen.
- Motorhaube ausbauen. Die Umrisse der Scharniere am Motorhaubenblech mit einem Bleistift anzeichnen, um die Ausfluchtung der Haube bei der Montage zu erleichtern. Ein Helfer sollte beim Abheben der Haube hinzugezogen werden um Lackschäden zu vermeiden.
- Die Kühlanlage ablassen. Die Kühlanlage durch Abschließen des unteren Kühlerschlauchs vom Kühler entleeren. Dazu ist die oben erwähnte Spezialzange erforderlich. Das Fahrzeug zum Ablassen des Kühlmittels über eine geeignete Fläche schieben, um den Arbeitsplatz nicht zu verschmutzen, und möglichst viel des Kühlmittels auffangen. Da das Kühlmittel chemische Mittel enthält, muss man es umweltfreundlich entsorgen.
- Das Motoröl sowie das Getriebeöl ablassen. Das Motoröl kann man in der Ölwanne lassen, jedoch ist es von Vorteil es abzulassen, falls der Motor später an der Unterseite geöffnet werden soll. Das Getriebeöl muss abgelassen werden, damit das Öl nicht nach Abschließen der Antriebswellen aus der Seite des Getriebes auslaufen kann.

■ Das Kühlergitter und die in Bild 26 gezeigte Verkleidung ausbauen. Dazu je eine Schraube an der Seite und die Mutter in der Mitte lösen.
■ Den vorderen Stoßfänger ausbauen.
■ Den Ausgleichsbehälter der Kühlanlage ausbauen und auf einer Seite des Motors ablegen und festbinden.
■ Verbindung zwischen dem Auspuffrohr (Abgasrohr) und dem Krümmer trennen.
■ Die Kugelbolzenverbindung der Spurstangenverbindung am Lenkhebel trennen, wie es im Kapitel »Lenkung« beschrieben ist.
■ Die beiden Achswellen ausbauen, wie es im betreffenden Abschnitt beschrieben ist.
■ Die beiden Bremssättel ausbauen und mit einer Drahtschlinge an den Schraubenfedern befestigen. Nicht an den Bremsschläuchen herunterhängen lassen.
■ Die beiden Befestigungsschrauben der unteren Stoßdämpferbefestigung entfernen, die oberen Befestigungen des Kurvenstabilisators entfernen und die unteren Befestigungen lockern. Den Achsschenkel jetzt nach außen kippen, wie man es in Bild 27 sehen kann. Die Schrauben (1) der Stützstreben zwischen Nebenrahmen und Seitenträger im Bild herausdrehen.
■ Falls ABS eingebaut ist, den Kabelstecker für den Geber für die Raddrehzahl an der in Bild 28 gezeigten Stelle (1) trennen.
■ Bei den nächsten Arbeiten muss man Bild 29 hinzuziehen. Den Kabelstecker (1) vom Steuergerät der Einspritzanlage abziehen, den Sensor (2) an der gezeigten Stelle ausbauen und einen weiteren Stecker (3) des Kabelstrangs abziehen. Die Batterieschutzplatte wird jetzt zusammen mit dem Steuergerät ausgebaut.
■ Massekabel vom Getriebe abschließen.
■ Die beiden in Bild 30 gezeigten Versteifungsplatten (1) vom Nebenrahmen abschrauben. Unter der rechten Versteifung die Kraftstoffleitungen (2) abschließen. Enden der Leitungen in geeigneter Weise verschließen.
■ Die nächste Arbeit muss unter Bezug auf Bild 31 durchgeführt werden, um die Anschlussstelle zu finden. Den Stecker vom Aktivkohlebehälter (1) abziehen und die Leitung (2) abschließen.
■ Den Katalysator ausbauen und die beiden Wärmeschutzbleche des Katalysators abmontieren.

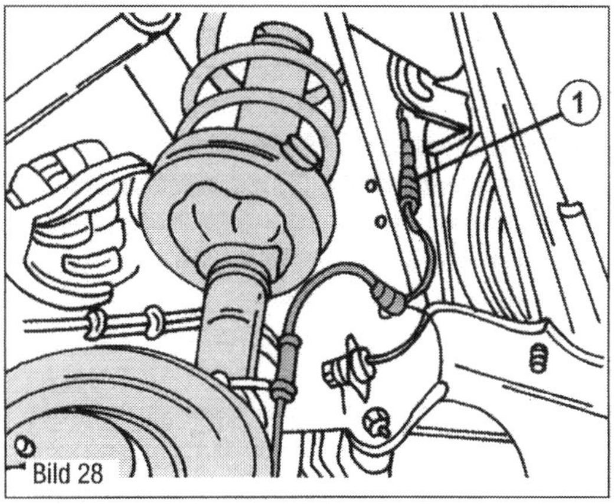

Bild 28
Falls ABS eingebaut ist, den Steckverbinder für den Raddrehzahlfühler an der gezeigten Stelle (1) trennen.

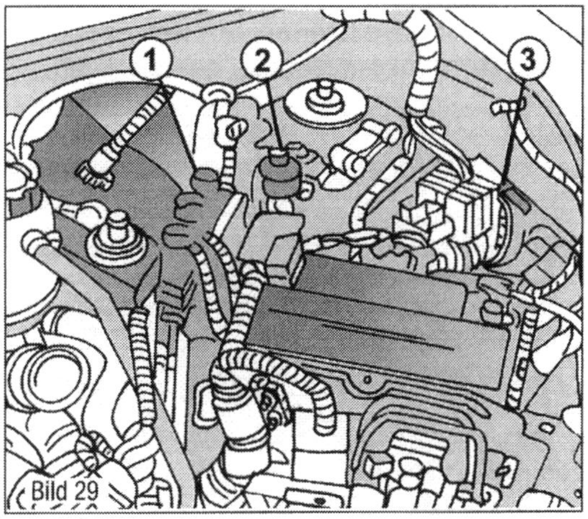

Bild 29
Die Kabelsteckerverbindungen 1 bis 3 an den gezeigten Stellen trennen.

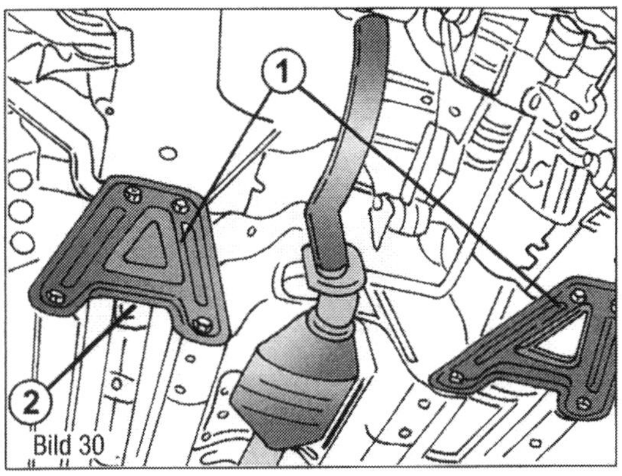

Bild 30
Die Platten (1) vom Nebenrahmen abschrauben. Die Kraftstoffleitungen (2) sind an der gezeigten Stelle abzuschließen.

Bild 31
Die Leitung (2) vom Aktivkohlebehälter (1) abschließen.

■ Das Schaltgestänge von der Seite des Getriebes abschließen. Bild 32 zeigt die Anschlussweise des Schaltgestänges. Ehe man die Schraube und die Mutter löst, muss man die Gummimanschette (2) zurückschieben,um an die Schraubenverbindung (1) heranzukommen. Das Gestänge zur Seite drücken und mit einem Stück Draht festbinden, sodass es beim weiteren Ausbau nicht im Wege ist.

☞ Das Kreuzgelenk der Lenksäule muss getrennt werden. Vor Durchführung der Arbeit das Lenkrad in die Geradeausstellung bringen und in dieser Stellung in geeigneter Weise sperren, um den Schalter unter dem Lenkrad nicht zu beschädigen.

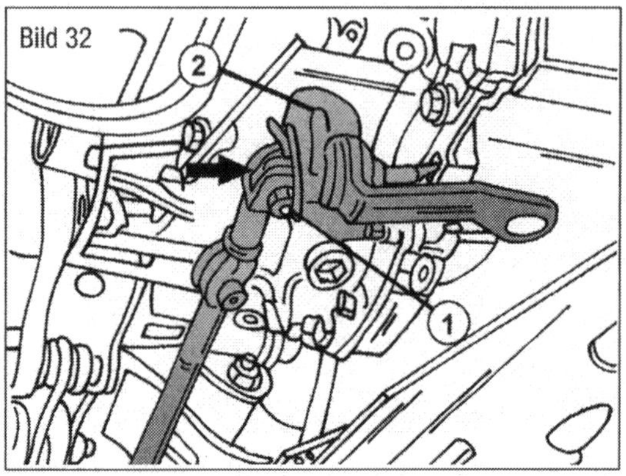
Bild 32

Bild 32
Befestigung der Schaltstange am Getriebe. Nach Zurückziehen der Gummiabdeckung (1) den Verbindungsbolzen (2) ausbauen.

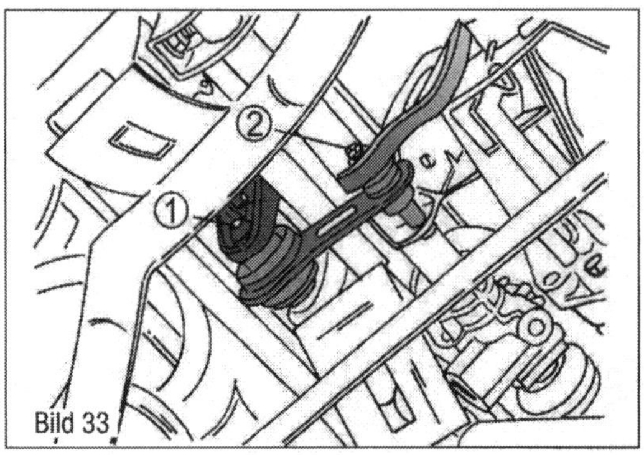
Bild 33

Bild 33
Einzelheiten zum Aus- und Einbau der Drehmomentstütze. Die Schraube (1) wird nur gelockert, die Schraube (2) herausgedreht.

■ Die Schutzabdeckung am Lenkungskreuzgelenk zurückschieben, die Mutter der Lenkwellenverbindung entfernen und die Exzenterschraube entfernen.
■ Die Drehmomentstütze unter Bezug auf Bild 33 ausbauen. Dazu die Schraube (1) lockern, ohne sie herauszuziehen. Danach die Schraube (2) lockern, die Mutter abschrauben und die Schraube herausziehen. Die Strebe von der Verbindung abdrücken.
■ Den Niederdruckschlauch der Servolenkung mit einer geeigneten Zwinge am Eingang der Lenkhilfspumpe zusammendrücken, den Anschluss der Hochdruckleitung am Ausgang der Pumpe öffnen und abschließen. Dabei auf auslaufende Flüssigkeit achten. Die Befestigungsschraube der Leitung am Zylinderblock abschrauben.
■ Kupplungsseil vom Getriebe, Unterdruckschlauch vom Bremskraftverstärker, den Luftansaugschlauch und den Gaszug abschließen.
■ Das Dehngefäß und den Vorratsbehälter für das Kühlmittel von der Halterung abmontieren.
■ Die beiden Heizungsschläuche von der Stirnwand des Motorraums abschließen. Zu beachten ist die unterschiedliche Anschlussweise (Bild 34). Zum Abschließen des oberen Schlauchs in der linken Ansicht von Bild 34 den Schnellverschluss nach links verdrehen (Pfeil 1) und den Schlauch vom Anschluss abziehen (Pfeil 2). Der Schlauch kann auch in der in Bild 34 in der rechten Ansicht gezeigten Weise angeschlossen sein. In diesem Fall den Schnellverschluss entsprechend den Pfeilen (1) zusammendrücken, den Anschluss nach innen drücken (Pfeil 2) und danach abziehen.
■ Der Motor muss jetzt aus den Aufhängungen gehoben werden. In der Werkstatt wird

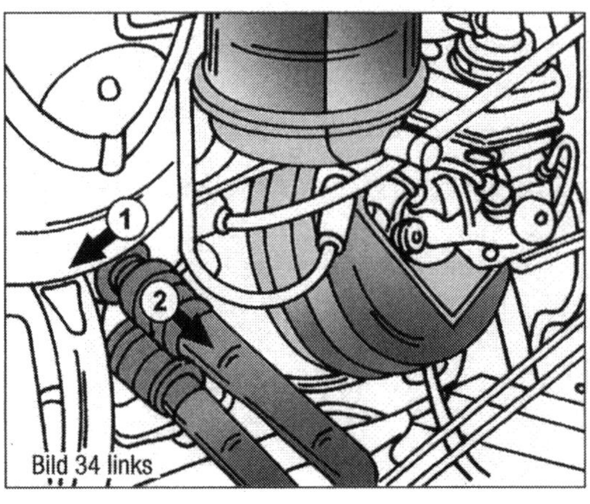
Bild 34 links

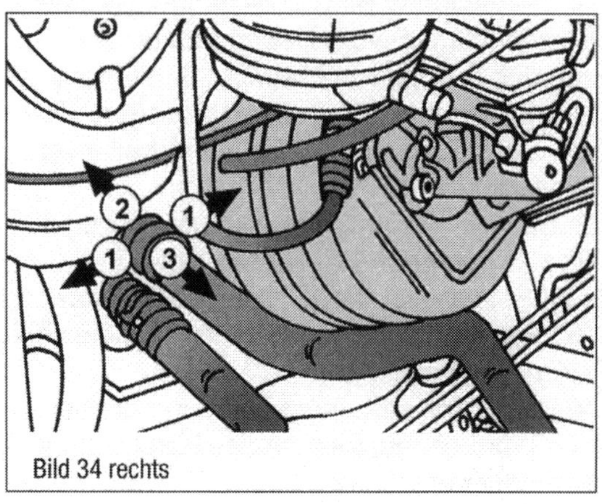
Bild 34 rechts

Bild 34
Lösen der Heizungsschläuche an der Stirnwand im linken Bild. Anschlussverbindungen aus Kunststoff entsprechend der Pfeilangaben trennen. Die rechte Ansicht zeigt das Lösen der Heizungsschläuche an der Stirnwand. Anschlussverbindungen aus Metall entsprechend der Pfeilangaben trennen. An Stelle (1) wird die Anschlussverbindung zusammengedrückt.

dazu eine Spezialvorrichtung benutzt, die wie in Bild 35 gezeigt angesetzt wird. Man kann jedoch wie im Bild gezeigt eine Eisenstange quer über die Vorderseite des Fahrzeuges auflegen (Kotflügel gut schützen) und mit einer Spannvorrichtung, am Motorhebebügel auf der Steuerseite angebracht, das Triebwerk anheben. Andernfalls geeignete Ketten oder Seilschlingen anhängen, welche an den Hebeösen an der Oberseite des Motors angebracht werden. Das Triebwerk leicht aus den Aufhängungslagern heben, bis diese nicht länger unter Spannung stehen.

- Die Schrauben der Abdeckung der Motoraufhängung herausdrehen. Die Lage der Schrauben ist in Bild 36 (links) mit (1) gezeigt. Die Schraube in der Mitte der Motoraufhängung entfernen (Bild 36 rechts) und die frei werdende Stiftschraube mit einem Kupferhammer ausschlagen.
- Die Hochdruckleitung von der Lenkhilfspumpe entfernen.
- In der Werkstatt wird der Nebenrahmen jetzt von unten mit einer Spezialhebevorrichtung abgestützt. Die Schrauben des Nebenrahmens herausdrehen und den Motor zusammen mit dem Getriebe frei machen, indem man die Karosserie entsprechend anhebt, bis das Triebwerk herausgezogen werden kann. Darauf achten, dass keine anderen Teile im Motorraum oder des Triebwerks beschädigt werden und dass alle Anschlüsse gelöst wurden. Dabei Unfälle vermeiden.
- Nochmals allen Kabelverbindungen zwischen dem Motor und der Karosserie folgen und die Kabel motorseitig abschließen, falls man einige davon vergessen hat. Falls man nicht sicher ist, wo die Kabel hinkommen, kann man sie in geeigneter Weise kennzeichnen. Besonders darauf achten, dass man den Kühlerblock beim Ausbau des Triebwerks nicht beschädigt.

Der Einbau des Motors geschieht in umgekehrter Reihenfolge wie der Ausbau. Genauere Einzelheiten über den Einbau des Getriebes und der Antriebswellen sind in den betreffenden Kapiteln angegeben.

Die folgenden Punkte müssen jedoch besonders beachtet werden:

- Die folgenden Teile müssen immer erneuert werden: Die Befestigungsschrauben des Nebenrahmens, die Schraube der Befestigung des Lenkungskreuzgelenks (Exzenterschraube) und alle ausgebauten Dichtringe.

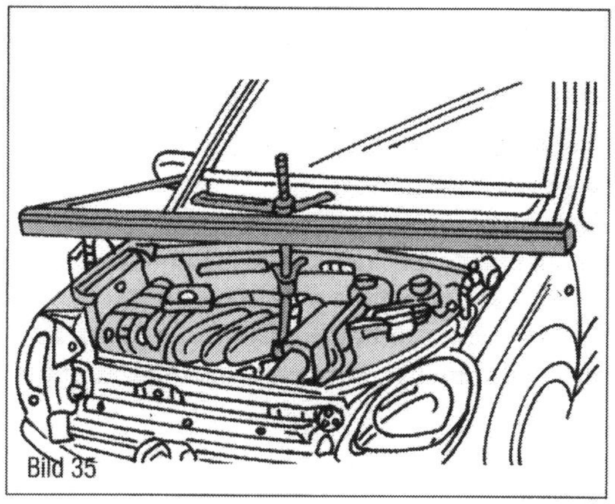

Bild 35
Der Motor wird in der Werkstatt mit der gezeigten Vorrichtung aus den Aufhängungen gehoben. Eine ähnliche Vorrichtung kann man sicht leicht herstellen.

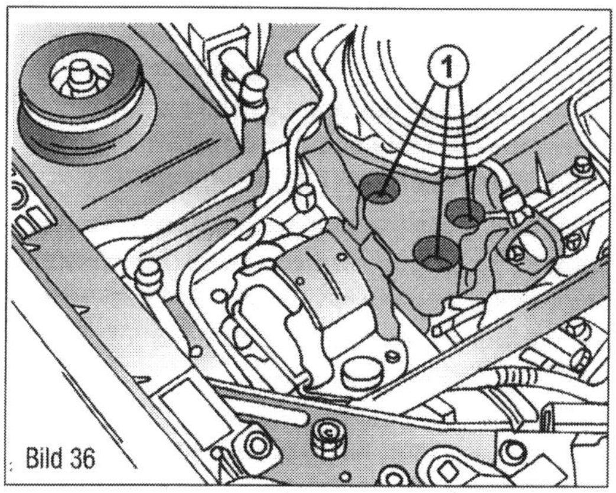

Bild 36
Die Abdeckung der Motoraufhängung. Die Schrauben (1) herausdrehen, um die Abdeckung, eine Art Deckel, abzunehmen.

- Den Nebenrahmen unbedingt wieder in die ursprüngliche Lage zurückbringen.
- Verzahnungen der Kupplungswelle und der Antriebswellen mit Graphitfett (Molykote BR2) einschmieren, ehe der Motor am Getriebe angeflanscht wird.
- Die Schrauben der Bremssattelbefestigung vor Einschrauben mit »Loctite«-Gewindesicherungsmittel einschmieren.

Die folgenden Anzugsdrehmomente beim Einbau beachten:

- Vordere Schrauben des Nebenrahmens 62 Nm
- Hintere Schrauben des Nebenrahmens 105 Nm
- Triebwerkaufhängung auf der Getriebeseite 62 Nm
- Schrauben der Abdeckung der Triebwerkaufhängung 62 Nm
- Schrauben an der Unterseite der Stoßdämpfer 180 Nm
- Muttern der Spurstangenkugelgelenke 37 Nm
- Führungsbolzen der Bremssättel 40 Nm
- Stützstreben zwischen Nebenrahmen und Seitenträger, oben und unten, 21 Nm
- Exzenterschraube (Mutter) des Lenkungskreuzgelenks 25 Nm

■ Drehmomentstütze auf der Motorseite 105 Nm (D4F-Motor)
■ Drehmomentstütze auf der Nebenrahmenseite 62 Nm (D4F-Motor)
■ Radbolzen 90 Nm

Abschließend den Motor und das Getriebe mit Öl füllen, Kühlanlage auffüllen und entlüften, Lenkungsanlage füllen und bei laufendem Motor entlüften. Dazu das Lenkrad aus einem Einschlag in den anderen drehen.

Aus- und Einbau 1.6- und 2.0-Liter-Motor

☞ Die generellen Angaben beim 1.2-Liter-Motor gelten ebenfalls bei diesen Motoren. Bei Hinweisen auf bestimmte Abbildungen verweisen wir auf die beim 1.2-Liter-Motor gezeigten Bilder. Falls eine Klimaanlage eingebaut ist, kann man den Motor nicht selbst ausbauen, da die Anlage geöffnet werden muss, was nur in einer Werkstatt durchgeführt werden kann.

■ Fahrzeug vorn auf Böcke setzen, die beiden Räder abschrauben.
■ Das Massekabel der Batterie abklemmen und die Batterie ausbauen.
■ In folgender Reihenfolge sind auszubauen: die Motorabdeckungen, die Spritzbleche in der Innenseite der Radkästen, das Unterschutzblech unter dem Motor. Falls Nebelleuchten eingebaut sind, die Kabelstecker von den Anschlüssen abziehen.
■ Den vorderen Stoßfänger ausbauen.
■ Die Befestigung des Kühlers an der Oberseite lösen und den Kühler mit Draht am Motor befestigen. Die Kühlanlage durch Abschließen des unteren Kühlerschlauchs vom Kühler entleeren. Dazu ist die oben erwähnte Spezialzange erforderlich. Das Fahrzeug zum Ablassen des Kühlmittels über eine geeignete Fläche schieben, um den Arbeitsplatz nicht zu verschmutzen und möglichst viel des Kühlmittels auffangen. Da das Kühlmittel chemische Mittel enthält, muss man es umweltfreundlich entsorgen.
■ Das Motoröl sowie das Getriebeöl ablassen. Das Motoröl kann man in der Ölwanne lassen, jedoch ist es von Vorteil es abzulassen, falls der Motor später an der Unterseite geöffnet werden soll. Das Getriebeöl muss abgelassen werden, damit das Öl nicht nach Abschließen der Antriebswellen aus der Seite des Getriebes auslaufen kann.
■ Den Ausgleichsbehälter der Kühlanlage ausbauen und auf einer Seite des Motors ablegen und festbinden.
■ Die Kugelbolzenverbindung der Spurstangenverbindung am Lenkhebel trennen, wie es im Kapitel »Lenkung« beschrieben ist.
■ Die beiden Achswellen ausbauen, wie es im betreffenden Abschnitt beschrieben ist.
■ Die beiden Bremssättel ausbauen und mit einer Drahtschlinge an den Schraubenfedern befestigen. Nicht an den Bremsschläuchen herunterhängen lassen.
■ Die beiden Befestigungsschrauben der unteren Stoßdämpferbefestigung entfernen, die oberen Befestigungen des Kurvenstabilisators entfernen und die unteren Befestigungen lockern. Den Achsschenkel jetzt nach außen kippen, wie man es in Bild 27 sehen kann. Die Schrauben (1) der Stützstreben zwischen Nebenrahmen und Seitenträger herausdrehen.
■ Falls ABS eingebaut ist, den Kabelstecker für den Geber für die Raddrehzahl an der in Bild 28 gezeigten Stelle trennen.
■ Die beiden in Bild 37 gezeigten Versteifungsplatten (1) vom Motor und vom Nebenrahmen abschrauben. Unter der rechts gezeigten Versteifung die Kraftstoffleitungen (2) abschließen. Enden der Leitungen in geeigneter Weise verschließen.
■ Die nächste Arbeit unter Bezug auf Bild 31 durchgeführt werden, um die Anschlussstelle zu finden. Den Stecker vom Aktivkohlebehälter (1) abziehen und die Leitung (2) abschließen. Bei allen Motoren sieht es ähnlich aus (gezeigt beim 1.6-Liter-Motor).
■ Bei den nächsten Arbeiten muss man Bild 29 hinzuziehen. Den Kabelstecker (1) vom Steuergerät der Einspritzanlage abziehen, den Sensor (2) an der gezeigten Stelle ausbauen und einen weiteren Stecker (3)

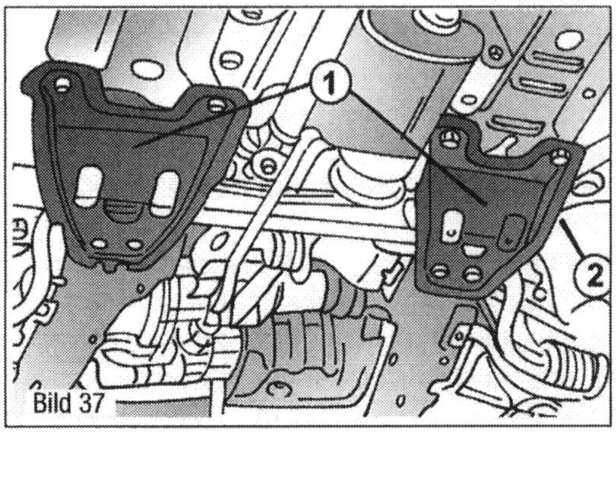

Bild 37

Bild 37
Die Versteifungsplatten (1) vom Nebenrahmen abschrauben. Die Kraftstoffleitungen (2) sind an der gezeigten Stelle angeschlossen.

des Kabelstrangs abziehen. Die Batterieschutzplatte wird jetzt zusammen mit dem Steuergerät ausgebaut.

- Massekabel vom Getriebe abschließen.
- Den Katalysator ausbauen und eingebaute Wärmeschutzbleche des Katalysators abmontieren.
- Das Schaltgestänge von der Seite des Getriebes abschließen. Bild 32 zeigt die Anschlussweise des Schaltgestänges. Ehe man die Schraube und die Mutter löst, muss man die Gummimanschette (2) zurückschieben, um an die Schraubenverbindung (1) heranzukommen. Das Gestänge zur Seite drücken und mit einem Stück Draht festbinden, sodass es beim weiteren Ausbau nicht im Wege ist.
- Das Kupplungsseil abschließen, wie es im Kapitel »Kupplung« beschrieben wird.

Tipp: Das Kreuzgelenk der Lenksäule muss getrennt werden. Vor Durchführung der Arbeit das Lenkrad in die Geradeausstellung bringen und in dieser Stellung in geeigneter Weise sperren, um den Schalter unter dem Lenkrad nicht zu beschädigen.

- Die Schutzabdeckung am Lenkungskreuzgelenk zurückschieben, die Mutter der Lenkwellenverbindung entfernen und die Exzenterschraube entfernen.
- Die Drehmomentstütze unter Bezug auf Bild 33 ausbauen. Dazu die Schraube (1) lockern, ohne sie herauszuziehen. Danach die Schraube (2) lockern, die Mutter abschrauben und die Schraube herausziehen. Die Strebe von der Verbindung abdrücken.
- Den Niederdruckschlauch der Servolenkung mit einer geeigneten Zwinge am Eingang der Lenkhilfspumpe zusammendrücken, den Anschluss der Hochdruckleitung am Ausgang der Pumpe öffnen und abschließen. Dabei auf auslaufende Flüssigkeit achten. Die Befestigungsschraube der Leitung am Zylinderblock abschrauben.
- Kupplungsseil vom Getriebe, Unterdruckschlauch vom Bremskraftverstärker, den Luftansaugschlauch und den Gaszug abschließen.
- Das Dehngefäß und den Vorratsbehälter für das Kühlmittel von der Halterung abmontieren.
- Die beiden Heizungsschläuche von der Stirnwand des Motorraums abschließen. Zu beachten ist die unterschiedliche Anschlussweise. Zum Abschließen des oberen Schlauchs in der linken Ansicht von Bild 34 den Schnellverschluss nach links verdrehen (Pfeil 1) und den Schlauch vom Anschluss abziehen (Pfeil 2). Der Schlauch kann auch in der in Bild 30 in der rechten Ansicht gezeigten Weise angeschlossen sein. In diesem Fall den Schnellverschluss entsprechend Pfeilen (1) zusammendrücken, den Anschluss nach innen drücken (Pfeil 2) und danach abziehen.
- Der Motor muss jetzt aus den Aufhängungen gehoben werden. In der Werkstatt wird dazu eine Spezialvorrichtung benutzt, die wie in Bild 35 gezeigt angesetzt wird. Man kann jedoch wie im Bild gezeigt eine Eisenstange quer über die Vorderseite des Fahrzeuges auflegen (Kotflügel gut schützen) und mit einer Spannvorrichtung, am Motorhebebügel auf der Steuerseite angebracht, das Triebwerk anheben. Andernfalls geeignete Ketten oder Seilschlingen anhängen, welche an den Hebeösen an der Oberseite des Motors angebracht werden. Das Triebwerk leicht aus den Aufhängungslagern heben, bis diese nicht länger unter Spannung stehen.

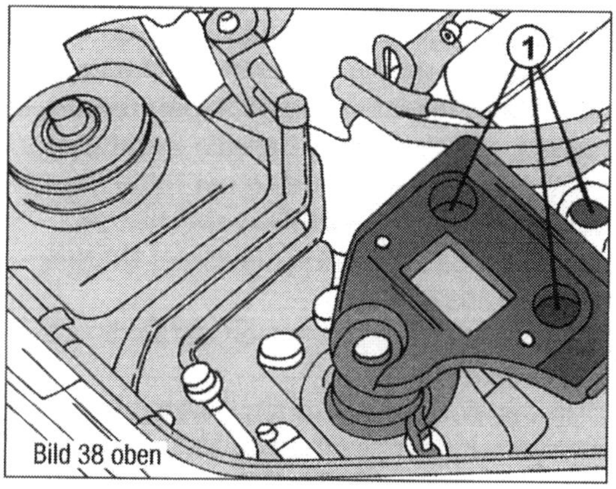

Bild 38 oben

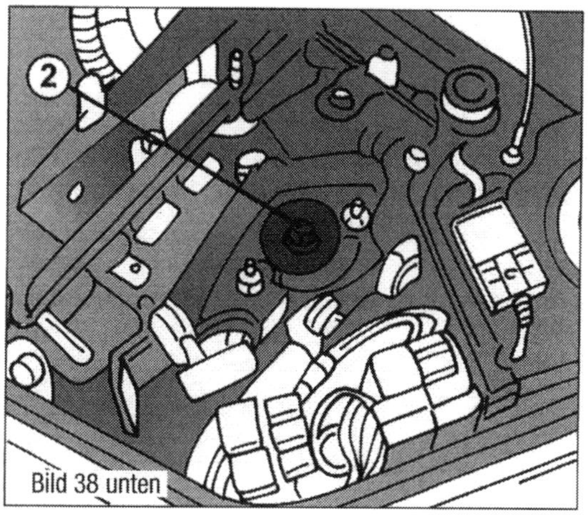

Bild 38 unten

Bild 38
Die obere Ansicht zeigt die Befestigungsschrauben (1) der Abdeckung der rechten Motoraufhängung. Die untere Ansicht zeigt mit (2), welche Mutter zu lösen ist.

■ Die Schrauben der Abdeckung der Motoraufhängung herausdrehen. Die Lage der Schrauben ist in Bild 38 in der oberen Ansicht mit (1) gezeigt. Danach die Mutter (2) in der unteren Ansicht in der Mitte der Motoraufhängung entfernen und die frei werdende Stiftschraube mit einem Kupferhammer ausschlagen.

■ Die Hochdruckleitung von der Lenkhilfspumpe entfernen.

■ In der Werkstatt wird der Nebenrahmen jetzt von unten mit einer Spezialhebevorrichtung abgestützt. Die Schrauben des Nebenrahmens herausdrehen und den Motor zusammen mit dem Getriebe frei machen, indem man die Karosserie entsprechend anhebt, bis das Triebwerk herausgezogen werden kann. Darauf achten, dass keine anderen Teile im Motorraum oder des Triebwerks beschädigt werden und dass alle Anschlüsse gelöst wurden.

■ Nochmals allen Kabelverbindungen zwischen dem Motor und der Karosserie folgen und die Kabel motorseitig abschließen, falls man einige davon vergessen hat. Falls man nicht sicher ist, wo die Kabel hinkommen, kann man sie in geeigneter Weise kennzeichnen. Besonders darauf achten, dass man den Kühlerblock beim Ausbau des Triebwerks nicht beschädigt.

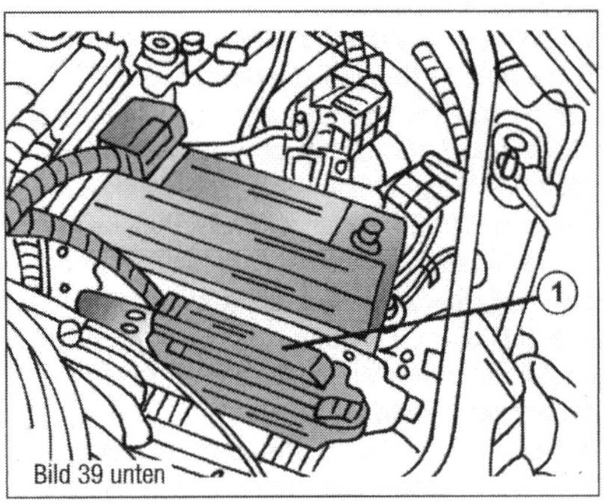

Bild 39
Die Kabelstecker im oberen Bild vom elektronischen Steuergerät abziehen. Falls eine Getriebeautomatik eingebaut ist, den Kabelstecker im unteren Bild vom Steuergerät des Getriebes abziehen.

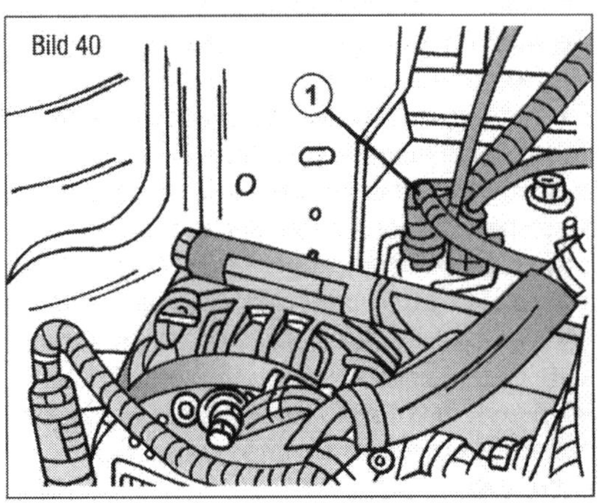

Bild 40
Die Leitung (1) an der gezeigten Stelle vom Aktivkohlebehälter abschließen.

Der Einbau des Motors geschieht in umgekehrter Reihenfolge wie der Ausbau. Einzelheiten über den Einbau des Getriebes und der Antriebswellen sind in den betreffenden Kapiteln angegeben. Die beim 1.2-Liter-Motor angegebenen Anzugsdrehmomente gelten auch bei diesen Motoren, es sei denn sie wären spezifisch für den 1.2-Liter-Motor angegeben. Daran denken, dass man bei diesen Motoren die Kupplungsanlage füllen und entlüften muss.

Aus- und Einbau 1.4-Liter-Motor

☞ Die generellen Angaben beim 1.2-Liter-Motor gelten ebenfalls bei diesen Motoren. Bei Hinweisen auf bestimmte Abbildungen verweisen wir auf die beim 1.2-Liter-Motor gezeigten Bilder. Falls eine Klimaanlage eingebaut ist, kann man den Motor nicht selbst ausbauen, da die Anlage geöffnet werden muss, was nur in einer Werkstatt durchgeführt werden kann.

■ Fahrzeug vorn auf Böcke setzen, die beiden Räder abschrauben.

■ Das Massekabel der Batterie abklemmen und die Batterie ausbauen.

■ In folgender Reihenfolge sind auszubauen: die Motorabdeckungen, die Spritzbleche in der Innenseite der Radkästen, das Unterschutzblech unter dem Motor. Falls Nebelleuchten eingebaut sind, die Kabelstecker von den Anschlüssen abziehen.

■ Den vorderen Stoßfänger ausbauen.

■ Die Befestigung des Kühlers an der Oberseite lösen und den Kühler mit Draht am Motor befestigen. Die Kühlanlage durch Abschließen des unteren Kühlerschlauchs vom Kühler entleeren. Dazu ist die oben erwähnte Spezialzange erforderlich. Das Fahrzeug zum Ablassen des Kühlmittels über eine geeignete Fläche schieben, um den Arbeitsplatz nicht zu verschmutzen, und möglichst viel des Kühlmittels auffangen. Da das Kühlmittel chemische Mittel enthält, muss man es umweltfreundlich entsorgen.
■ Die in Bild 39 gezeigten Kabelstecker des elektronischen Steuergeräts abschließen, bei eingebauter Getriebeautomatik den Stecker (1) in der unteren Ansicht von Bild 39 vom Steuergerät für das Getriebe trennen.
■ Das Motoröl sowie das Getriebeöl ablassen. Das Motoröl kann man in der Ölwanne lassen, jedoch ist es von Vorteil es abzulassen, falls der Motor später an der Unterseite geöffnet werden soll. Das Getriebeöl muss abgelassen werden, damit das Öl nicht nach Abschließen der Antriebswellen aus der Seite des Getriebes auslaufen kann.
■ Die Kugelbolzenverbindung der Spurstangenverbindung am Lenkhebel trennen, wie es im Kapitel »Lenkung« beschrieben ist.
■ Die beiden Achswellen ausbauen, wie es im betreffenden Abschnitt beschrieben ist.
■ Die beiden Bremssättel ausbauen und mit einer Drahtschlinge an den Schraubenfedern befestigen. Nicht an den Bremsschläuchen herunterhängen lassen.
■ Die beiden Befestigungsschrauben der unteren Stoßdämpferbefestigung entfernen, die oberen Befestigungen des Kurvenstabilisators entfernen und die unteren Befestigungen lockern. Den Achsschenkel jetzt nach außen kippen, wie man es in Bild 27 sehen kann. Die Schrauben (1) der Stützstreben zwischen Nebenrahmen und Seitenträger (1) herausdrehen.
■ Falls ABS eingebaut ist, den Kabelstecker für den Geber für die Raddrehzahl an der in Bild 28 gezeigten Stelle trennen.
■ Massekabel vom Getriebe abschließen.
■ Die beiden in Bild 30 gezeigten Versteifungsplatten (1) vom Nebenrahmen abschrauben. Unter der rechten Versteifung die Kraftstoffleitungen (2) abschließen. Enden der Leitungen in geeigneter Weise verschließen.

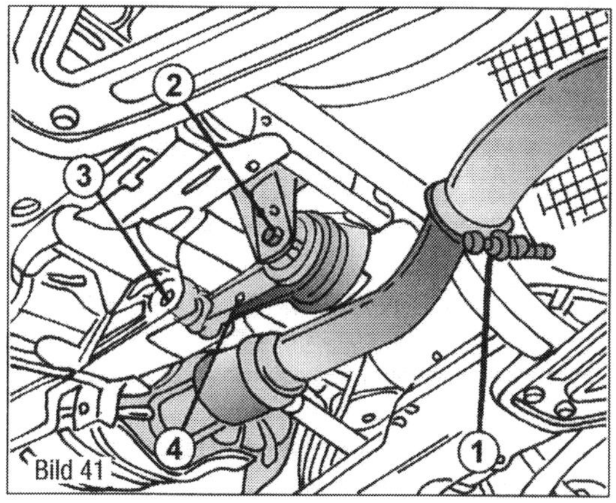

Bild 41
Unter dem Fahrzeug durchzuführende Arbeiten. Die Zahlen werden in der Beschreibung erwähnt.

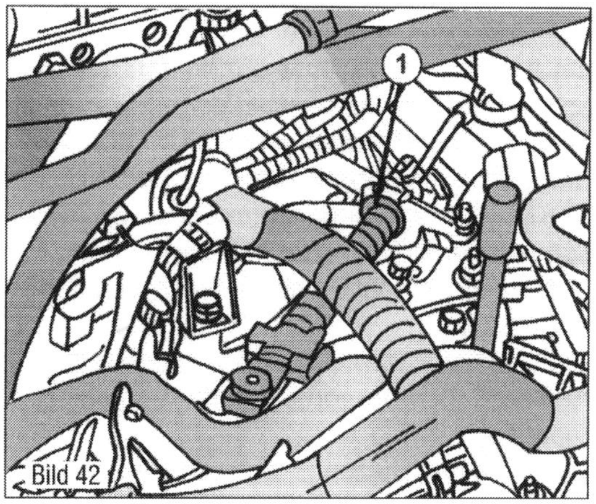

Bild 42
Bei eingebauter Getriebeautomatik das Kugelgelenk des Schaltseils abschließen und das Seil von der Halterung lösen, indem man den Clip (1) zusammendrückt.

■ Die nächste Arbeit muss unter Bezug auf Bild 40 durchgeführt werden, um die Anschlussstelle zu finden. Den Stecker vom Aktivkohlebehälter abziehen und die Leitung (1) abschließen.
■ Unter Bezug auf Bild 41 die Klemmschelle des Auspuffrohres (1) lösen. Die Drehmomentstütze ausbauen. Dazu die Schraube (2) lösen und entfernen und die Schraube (3) lockern, bis man die Drehmomentstütze (4) vom Motor wegkippen kann.
■ Bei eingebautem Schaltgetriebe das Schaltgestänge von der Seite des Getriebes abschließen. Bild 32 zeigt die Anschlussweise des Schaltgestänges. Ehe man die Schraube und die Mutter löst, muss man die Gummimanschette (2) zurückschieben, um an die Schraubenverbindung (1) heranzukommen. Das Gestänge zur Seite drücken und mit einem Stück Draht festbinden, sodass es beim weiteren Ausbau nicht im Wege ist.
■ Bei eingebauter Getriebeautomatik das Kugelgelenk des Schaltseils unter Bezug auf Bild 42 abdrücken und das Seil von der Halterung lösen, indem man den Clip (1) zusammendrückt.

Das Kreuzgelenk der Lenksäule muss getrennt werden. Vor Durchführung der Arbeit das Lenkrad in die Geradeausstellung bringen und in dieser Stellung in geeigneter Weise sperren, um den Schalter unter dem Lenkrad nicht zu beschädigen.

■ Die Schutzabdeckung am Lenkungskreuzgelenk zurückschieben, die Mutter der Lenkwellenverbindung entfernen und die Exzenterschraube entfernen.
■ Den Niederdruckschlauch der Servolenkung mit einer geeigneten Zwinge am Eingang der Lenkhilfspumpe zusammendrücken, den Anschluss der Hochdruckleitung am Ausgang der Pumpe öffnen und abschließen. Dabei auf auslaufende Flüssigkeit achten. Die Befestigungsschraube der Leitung am Zylinderblock abschrauben.
■ Kupplungsseil vom Getriebe, Unterdruckschlauch vom Bremskraftverstärker, den Luftansaugschlauch und das Gaszugseil abschließen.
■ Das Dehngefäß und den Vorratsbehälter für das Kühlmittel von der Halterung abmontieren.
■ Die beiden Heizungsschläuche von der Stirnwand des Motorraums abschließen. Zu beachten ist die unterschiedliche Anschlussweise. Zum Abschließen des oberen Schlauchs in der linken Ansicht von Bild 34 den Schnellverschluss nach links verdrehen (Pfeil 1) und den Schlauch vom Anschluss abziehen (Pfeil 2). Der Schlauch kann auch in der in Bild 30 in der rechten Ansicht gezeigten Weise angeschlossen sein. In diesem Fall den Schnellverschluss entsprechend Pfeilen (1) zusammendrücken, den Anschluss nach innen drücken (Pfeil 2) und danach abziehen.
■ Der Motor muss jetzt aus den Aufhängungen gehoben werden. In der Werkstatt wird dazu eine Spezialvorrichtung benutzt, die wie in Bild 35 gezeigt angesetzt wird. Man kann jedoch wie im Bild gezeigt eine Eisenstange quer über die Vorderseite des Fahrzeuges auflegen (Kotflügel gut schützen) und mit einer Spannvorrichtung, am Motorhebebügel auf der Steuerseite angebracht, das Triebwerk anheben. Andernfalls geeignete Ketten oder Seilschlingen anhängen, welche an den Hebeösen an der Oberseite des Motors angebracht werden. Das Triebwerk leicht aus den Aufhängungslagern heben, bis diese nicht länger unter Spannung stehen.
■ Die Schrauben der Abdeckung der Motoraufhängung herausdrehen.
■ Die Schraube in der Mitte der Motoraufhängung (Bild 38, unten) entfernen und die frei werdende Stiftschraube mit einem Kupferhammer ausschlagen.
■ Die Hochdruckleitung von der Lenkhilfspumpe entfernen.
■ In der Werkstatt wird der Nebenrahmen jetzt von unten mit einer Spezialhebevorrichtung abgestützt. Die Schrauben des Nebenrahmens herausdrehen und den Motor zusammen mit dem Getriebe frei machen, indem man die Karosserie entsprechend anhebt, bis das Triebwerk herausgezogen werden kann. Darauf achten, dass keine anderen Teile im Motorraum oder des Triebwerks beschädigt werden und dass alle Anschlüsse gelöst wurden.
■ Nochmals allen Kabelverbindungen zwischen dem Motor und der Karosserie folgen und die Kabel motorseitig abschließen, falls man einige davon vergessen hat. Falls man nicht sicher ist, wo die Kabel hinkommen, kann man sie in geeigneter Weise kennzeichnen. Besonders darauf achten, dass man den Kühlerblock beim Ausbau des Triebwerks nicht beschädigt.

Der Einbau des Motors geschieht in umgekehrter Reihenfolge wie der Ausbau. Einzelheiten über den Einbau des Getriebes und der Antriebswellen sind in den betreffenden Kapiteln angegeben. Die beim 1.2-Liter-Motor angegebenen Anzugsdrehmomente gelten auch bei diesen Motoren (mit Ausnahme der spezifischen Werte beim 1.2-Liter-Motor).

Zerlegung 1.2-Liter-Motor

Vor Beginn der Arbeiten alle Außenflächen des Motors gründlich reinigen. Alle Öffnungen des Motors vorher mit einem sauberen Putzlappen abdecken, damit keine Fremdkörper in die Innenseite des Motors gelangen können.
Das Zerlegen des Motors wird in Einzelheiten im nachfolgenden Text beschrieben. Außerdem werden Arbeiten beschrieben, die entweder bei eingebautem Motor oder ausgebautem Motor durchgeführt werden können. Falls eine komplette Zerlegung durchgeführt werden soll, braucht man nur die

einzelnen Arbeitsgänge miteinander zu kombinieren, und zwar in der angeführten Reihenfolge.

Im Allgemeinen sollte man beim Zerlegen daran denken, dass alle sich bewegenden oder gleitenden Teile vor dem Ausbau zu zeichnen sind, um sie wieder in der ursprünglichen Lage einzubauen. Dies ist besonders bei Kolben, Ventilen, Lagerdeckeln und Lagerschalen wichtig. Die Teile so ablegen, dass man sie nicht durcheinander bringen kann. Lager- und Dichtflächen auf keinen Fall mit einer Reißnadel oder gar Schlagzahlen zeichnen. Viele Teile sind aus Aluminium hergestellt und sind entsprechend zu behandeln. Falls Hammerschläge zum Trennen bestimmter Teile erforderlich sind, nur einen Gummi-, Plastik- oder Hauthammer verwenden.
Die Zerlegung kann wesentlich erleichtert werden, wenn man einen geeigneten Montagestand hat, welcher an der Oberseite einen Schwenkkopf besitzt. Andernfalls den Motor auf eine Werkbank aufsetzen und ihn seitlich abstützen, damit er nicht umfallen kann.

Das Getriebe zuerst vom Motor abflanschen. Zuerst das Abdeckblech des Schwungradgehäuses abschrauben. Die folgenden Punkte müssen beim Trennen des Getriebes vom Motor beachtet werden:

- Anlasser abschrauben und herausziehen.
- Das Getriebe nach Lösen der Schrauben abziehen, ohne dass man das Gewicht des Getriebes auf der Kupplungswelle ruhen lässt, da andernfalls die Kupplungsmitnehmerscheibe oder die Kupplungswelle beschädigt werden kann.

Aufgrund der Unterschiede zwischen den einzelnen Motoren, werden die einzelnen Motorengruppen getrennt beschrieben.

Zerlegung des 1.2-Liter-Motors mit 8 Ventilen (D7F-Motor)

Obwohl die komplette Zerlegung beschrieben ist, gehen wir davon aus, dass man die Erneuerung der Kurbelwelle einer Motorenwerkstatt überlässt. Auch den Einbau neuer Kolben sollten Sie einer Werkstatt überlassen.
Um die Kurbelwelle beim Ausbau der Steuerungsteile auf den oberen Totpunkt zu arretieren, wird in der Werkstatt ein Arretierbol-

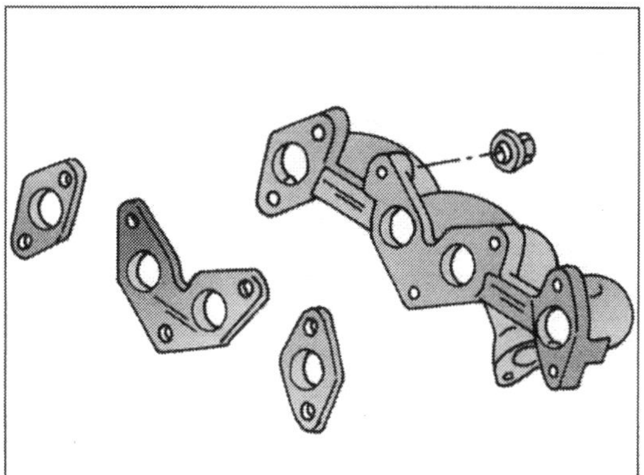
Bild 43

Bild 43
Auspuffkrümmer zusammen mit den Dichtungen.

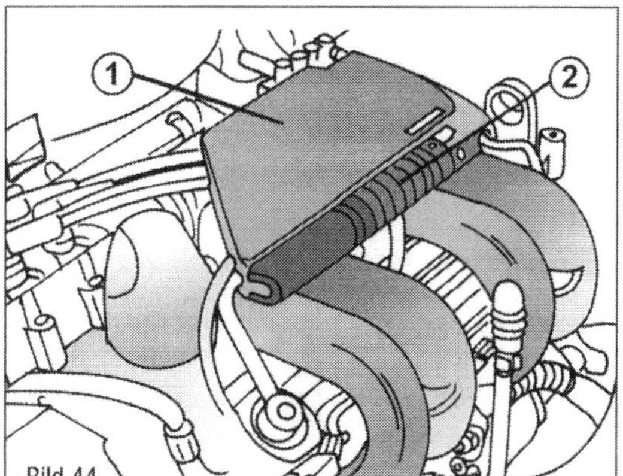

Bild 44

Bild 44
Das am Motor angebrachte Werkzeug (2) zum Abziehen der Zündkerzenstecker befindet sich in der Kunststoffabdeckung (1).

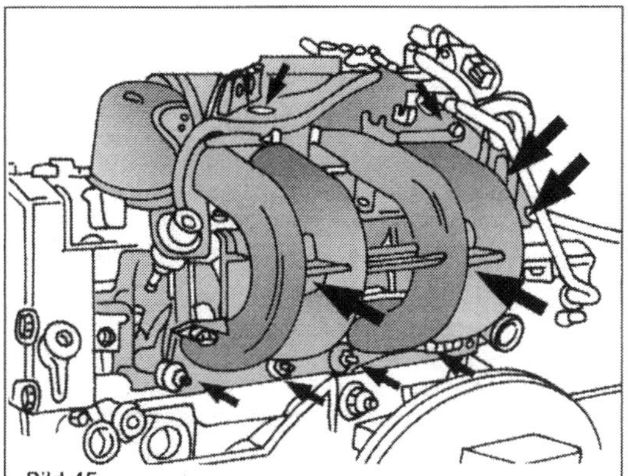
Bild 45

Bild 45
Nach Lösen der Befestigungen das Ansaugsammelrohr mit Drosselklappengehäuse und Einspritzverteilerrohr abnehmen.

Bild 46

Bild 46
Einsetzen einer Schwungradsperre.

Bild 47
Der Arretierbolzen zum Sperren der Kurbelwelle, in diesem Fall der Spezialbolzen gezeigt, wird an der gezeigten Stelle eingeschoben.

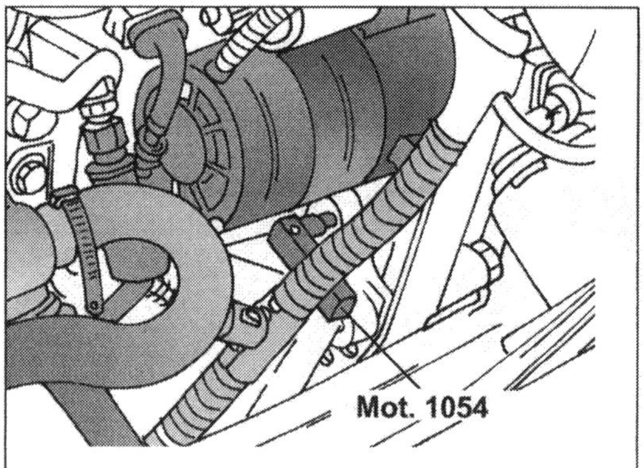

Bild 47

Bild 48
Das Steuerrad der Nockenwelle hat beim 1.2-Liter-Motor mit 8 Ventilen (D7F-Motor) die gezeigten Kennzeichnungen. Nur die rechtwinklige Kennzeichnung wird zum Ausrichten der Steuerzeichen benutzt.

Bild 48

Bild 49
Ansicht des eingebauten Zahnriemens beim 1.2-Liter-Motor (8 Ventile).
1 Schraube des Steuerrades der Nockenwelle (immer erneuern)
2 Mutter des Zahnriemenspanners

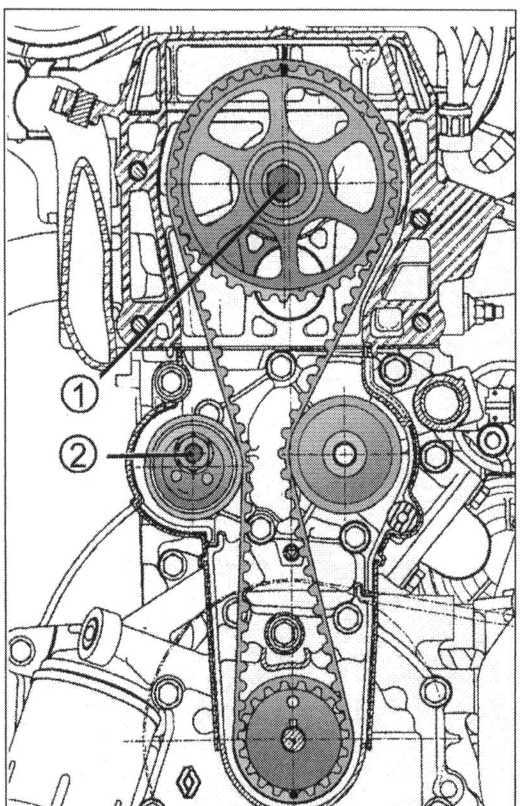

Bild 49

zen benutzt. Bei diesem handelt es sich um einen an einem Griff angebrachten Bolzen, welcher in den Zylinderblock eingeschoben wird und bei richtiger Kurbelwellenstellung in eine Bohrung der Kurbelwelle hineinrutscht. In einer der Abbildungen wird das Werkzeug gezeigt.

- Motoröl ablassen. Ablassstopfen wieder einschrauben und sofort festziehen, falls keine Arbeiten an der Ölwanne durchgeführt werden.
- Alles im Zylinderblock befindliche Kühlmittel ablassen. Ablassstopfen für das Kühlmittel wieder einschrauben.
- Den Luftfilter ausbauen.
- Den in Bild 43 gezeigten Auspuffkrümmer abschrauben und die Dichtungen abnehmen. Dichtungen immer erneuern.
- Die Zündkerzenkabel abziehen. Das Spezialwerkzeug befindet sich in dem am Motor angebrachten Kunststoffdeckel. Bild 44 zeigt wo man das Werkzeug finden kann.
- Ansaugsammelrohr, Drosselklappengehäuse und Kraftstoffverteilerrohr zusammen abschrauben. Die Befestigungsstellen sind in Bild 45 gezeigt.
- Drehstromlichtmaschine abbauen und den Antriebsriemen abnehmen.
- Schwungrad gegen Mitdrehen gegenhalten und die Schraube der Kurbelwellenriemenscheibe lösen. Falls man eine Schwungradsperre hat, wird diese entsprechend Bild 46 eingesetzt. Die Riemenscheibe mit zwei an gegenüberliegenden Stellen untergesetzten Reifenhebeln abdrücken.
- Kupplungsdeckel und Schwungrad an gegenüberliegenden Stellen mit einem Körner kennzeichnen und die Kupplungsschrauben gleichmäßig über Kreuz lockern, bis der Deckel abgenommen werden kann.
- Bei weiterhin blockiertem Schwungrad die Schwungradschrauben lösen und das Schwungrad abnehmen. Ein festsitzendes Schwungrad mit einem Gummi- oder Kunststoffhammer abschlagen, aber darauf achten, dass es nicht herunterfallen kann.
- Die Riemenscheibe der Kurbelwelle ausbauen.
- Den unteren Zahnriemenschutzdeckel abschrauben und die verbleibenden Deckel ausbauen. Als Nächstes wird der Zahnriemen ausgebaut.
- Den Arretierbolzen an der in Bild 47 gezeigten Stelle in den Zylinderblock einschieben (oder man benutzt einen Metallstab von

8 mm Durchmesser und schiebt diesen ein). Der Bolzen lässt sich einschieben, wenn die Steuerzeichen an den Steuerrädern der Kurbelwelle und Nockenwelle fluchten.

Das Steuerrad der Nockenwelle hat fünf Steuerzeichen, jedoch zeigt nur die rechtwinklige Kennzeichnung den oberen Totpunkt an. Die anderen Zeichen dienen zur Einstellung der Ventile. Bild 48 zeigt das Steuerrad mit Lage der Kennzeichnungen.

- Auf die Vorderseite des Motors gesehen, unter Bezug auf Bild 49 die Spannrolle für den Zahnriemen (2) auf der linken Seite lockern. Die Spannrolle ist mit einer Mutter befestigt und kann nach innen oder außen bewegt werden, um den Zahnriemen zu spannen. Zum Ausbau des Riemens die Mutter lockern und die Rolle so weit wie möglich nach außen drücken. Die Mutter der Spannrolle in der neuen Stellung wieder anziehen und den lockeren Zahnriemen abnehmen. Die Schraube des Steuerrades der Nockenwelle (1) kann ebenfalls gelöst werden. Dabei das Steuerrad in geeigneter Weise gehen Mitdrehen halten.
- Die Zylinderkopfhaube abmontieren.
- Die Kipphebelwelle ausbauen. Die Befestigungsweise erfolgt entsprechend Bild 50, die gezeigten Schrauben müssen gelöst werden.
- Das Steuerrad der Nockenwelle herunterziehen. Den Öldichtring für die Nockenwelle aus der Bohrung im Zylinderkopf herausziehen. In der Werkstatt wird dazu ein Spezialauszieher benutzt. Wir schlagen vor zwei Blechschrauben in den Dichtring einzudrehen und den Ring dann mit einer Zange und Schraubenziehern herauszuziehen.
- Die Befestigungsschrauben der Halteplatte der Nockenwelle herausdrehen und die Nockenwelle aus dem Zylinderkopf herausziehen. Die Befestigung der Halteplatte geschieht an der gegenüberliegenden Seite, wie es Bild 51 zeigt.
- Thermostatgehäuse abschrauben. Dies ist das in Bild 52 gezeigte Teil am Zylinderkopf.
- Den Zylinderkopf ausbauen. Die Schrauben werden in umgekehrter Reihenfolge von Bild 53 von außen nach innen gelockert und herausgedreht. Zylinderkopfschrauben müssen mit einem passenden Schlüssel mit Torx-Kopf gelöst werden (siehe auch Bild 11).

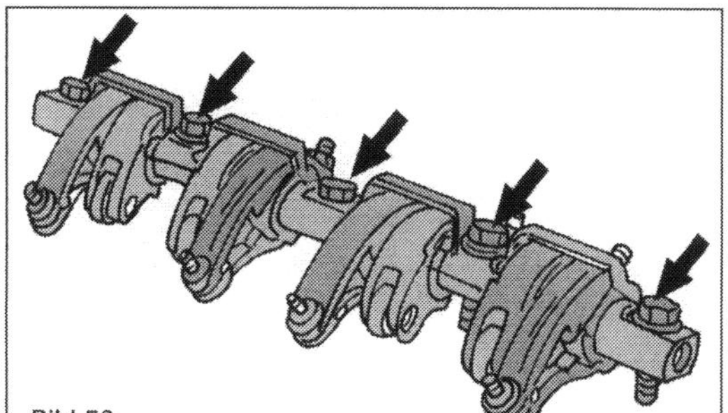
Bild 50

Bild 50
Zum Ausbau der Kippelwelle.

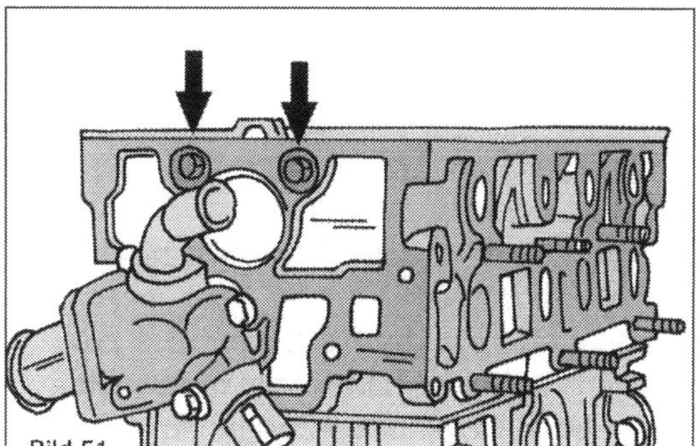
Bild 51

Bild 51
Die Pfeile weisen auf die Halteplatte der Nockenwelle (1.2-Liter, 8 Ventile).

Bild 52

Bild 52
Das Thermostatgehäuse ist am Zylinderkopf verschraubt (1.2-Liter, 8 Ventile).

Bild 53

Bild 53
Anzugsreihenfolge der Zylinderkopfschrauben. Beim Lösen in umgekehrter Reihenfolge vorgehen (1.2-Liter, 8 Ventile).

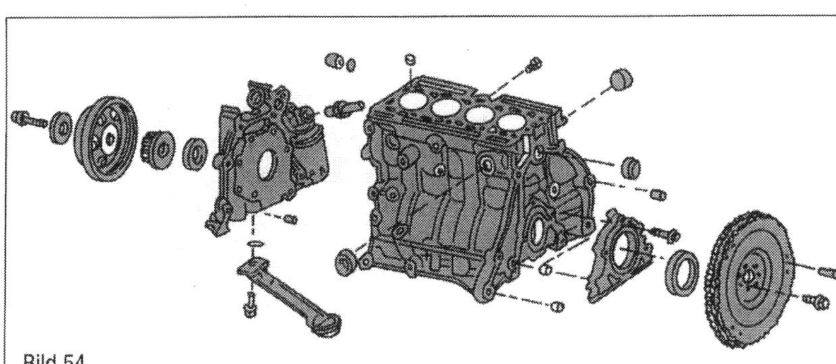
Bild 54

Bild 54
Der Zylinderblock des 1.2-Liter-Motors mit den daran befestigten Teilen.

Bild 55
Die zerlegte Ölpumpe. Die Pumpe nur zur Überprüfung zerlegen. Sie kann nicht repariert werden.

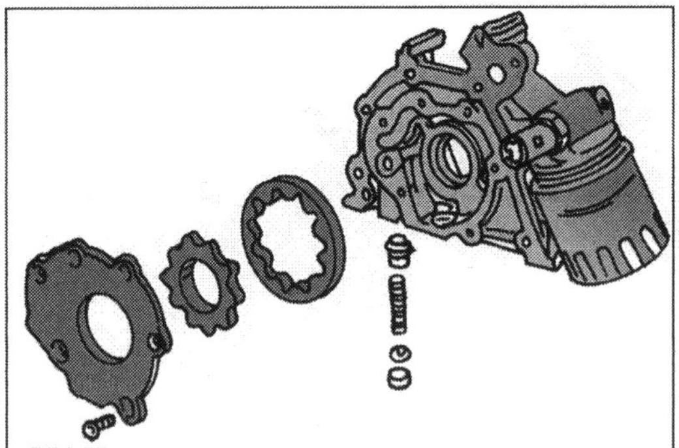

Bild 55

■ Den Motor auf die Zylinderkopffläche aufsetzen und die Ölwanne abschrauben. Die Dichtung abnehmen, falls eine eingebaut ist.

■ Das Steuerrad der Kurbelwelle herunterziehen. Normalerweise wird dazu ein Abzieher benutzt, d. h. der Abzieher muss zwei Ausziehschrauben haben, die man in entsprechende Gewindebohrungen im Steuerrad einschrauben kann. Durch Anziehen der Mittelschraube kommt das Steuerrad herunter. Nach Herunterziehen des Steuerrades die Scheibenfeder aus der Kurbelwelle herausziehen (Seitenschneider).

■ Bei den nächsten Arbeiten wird Bild 54 helfen. An der Vorderseite sitzt die Ölpumpe zusammen mit dem daran angebrachten Ölfilter. Zuerst den Öldichtring aus dem Ölpumpengehäuse herausziehen (ähnlich wie es beim Dichtring der Nockenwelle vorgeschlagen ist) und das Ölansaugrohr mit dem Ölsieb an der Unterseite abschrauben. Die Ölpumpe danach abschrauben. Die Pumpe sitzt auf Passstiften. Sie kann in die in Bild 55 gezeigten Teile zerlegt werden, lässt sich aber nicht reparieren.

Bild 56
Oberen Steuergehäusedeckel (1), Kurbelwellenriemenscheibe (2) und mittleren Deckel (3) in Reihenfolge abmontieren.

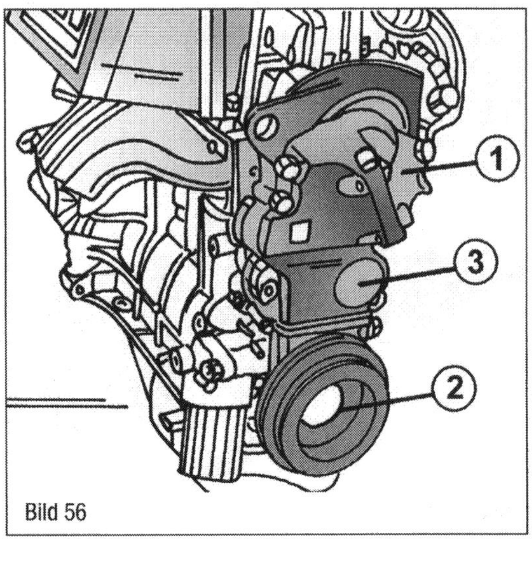

Bild 56

■ Die Spannrolle für den Zahnriemen und die Wasserpumpe abschrauben.

Zylinderblock umkehren, sodass die Kurbelwelle an der Oberseite liegt, und die Kennzeichnungen an Pleuelstangen und Pleuellagerdeckel kontrollieren. Falls keine sichtbar sind, die Deckel mit Farbe oder einem Körner kennzeichnen. Pleuelstange Nr. 1 liegt auf der Schwungradseite.

■ Der Reihe nach die Muttern der Pleuellagerdeckel abschrauben. Die Lagerdeckel abnehmen und zusammen mit den Lagerschalen in Einbaureihenfolge ablegen. Die Lagerschalen aller Pleuel sind gleich, ursprüngliche Schalen müssen jedoch gezeichnet werden (Filzstift auf dem Rücken der Schalen).

■ Der Reihe nach die Schrauben der Hauptlagerdeckel lösen. Dabei von der Mitte nach außen vorgehen. Die Schrauben in gleichmäßigen Stufen lockern, bis sie alle frei sind. Ein Kunststoff- oder Gummihammer wird zum Abschlagen der Lagerdeckel erforderlich. Die Deckel der Reihe nach abnehmen und sofort die darunterliegende Lagerschale in den Deckel einlegen. Die Lagerschale Nr. 3 im Zylinderblock hat Flansche zur Aufnahme des Kurbelwellenaxialspiels an der Seite. Die dazugehörige Lagerschale im Lagerdeckel ist eine einfache Lagerschale ohne Ölschmiernut.

Nur die Lagerschalen der Lager Nr. 1, 2, 4 und 5 im Kurbelgehäuse haben Ölschmiernuten. Schalen ohne Ölschmiernut, jedoch mit einem Ölschmierloch, werden in den Hauptlagerdeckel eingebaut.

■ Kurbelwelle vorsichtig herausheben und die Lagerschalen aus dem Kurbelgehäuse herausnehmen. Die Hauptlagerdeckel und die beiden Lagerschalen mit einem Stück Schnur zusammenbinden, um sie nicht zu verwechseln.

Zerlegung des 1.2-Liter-Motors mit 16 Ventilen (D4F-Motor)

Das Kurbelgehäuse, d. h. der Zylinderblock ist in ähnlicher Weise wie beim Motor mit 8 Ventilen aufgebaut. Die folgende Beschreibung befasst sich aus diesem Grund in der Hauptsache mit dem Zylinderkopf und dem Steuerantrieb. Obwohl der Motor 16 Ventile hat, ist nur eine Nockenwelle eingebaut.

■ Motoröl ablassen. Ablassstopfen wieder einschrauben und sofort festziehen, falls keine Arbeiten an der Ölwanne durchgeführt werden.

■ Alles im Zylinderblock befindliche Kühlmittel ablassen. Ablassstopfen für das Kühlmittel wieder einschrauben.
■ Schwungrad gegen Mitdrehen gegenhalten und die Schraube der Kurbelwellenriemenscheibe lösen. Falls man eine Schwungradsperre hat, wird diese entsprechend Bild 46 eingesetzt. Die Riemenscheibe mit zwei an gegenüberliegenden Stellen untergesetzten Reifenhebeln abdrücken.
■ Den oberen Steuerriemendeckel (1), die Kurbelriemenscheibe (2) und den mittleren Steuerriemendeckel (3) in Bild 56 abmontieren. Nach Ausbau der Teile ebenfalls den unteren Deckel abschrauben.
■ Kurbelwelle nach rechts verdrehen, bis das Steuerzeichen (1) in Bild 57 am Steuerrad der Kurbelwelle gegenüber der Marke (2) am Ölpumpengehäuse steht.
■ Den Arretierbolzen an der in Bild 47 gezeigten Stelle in den Zylinderblock und das Schwungrad einschieben (oder man benutzt einen Metallstab von 8 mm Durchmesser und schiebt diesen ein). Die Kurbelwelle dazu etwas hin- und herdrehen, bis man fühlen kann, dass der Bolzen eingegriffen hat.
Kontrollieren, dass das Steuerzeichen am Steuerrad der Nockenwelle senkrecht an der Oberseite steht, wie es durch (1) in Bild 58 angegeben ist, die Mutter (2) in der Mitte der Spannrolle lockern, die Spannrolle nach außen drücken und den Zahnriemen abheben.
■ Von der Oberseite des Motors die Zündspule und die Zündkerzenkabel abmontieren. An der Oberseite des Ansaugkrümmers vier Schrauben (1, Bild 59) ausschrauben. Unbedingt beachten: Nicht an dem mit (2) im Bild gezeigten Kabelstrang ziehen, da dieser zwischen Zylinderkopfhaube und Krümmer gehalten wird. Acht Schrauben des Krümmers vom Zylinderkopf lösen. Den Kabelstrang jetzt vom Ansaugkrümmer lösen.
■ Zylinderkopfhaube ausbauen und die Zylinderkopfschrauben in umgekehrter Reihenfolge von Bild 60 lockern. Der Zylinderkopf kann jetzt heruntergehoben werden. Zylinderkopfdichtung abnehmen. Ein festsitzender Kopf kann mit einem Stück Holz von unten abgeschlagen werden.
■ Die weitere Zerlegung geschieht in ähnlicher Weise, wie es beim Motor mit 8 Ventilen beschrieben wurde.

Bild 57

Bild 57
Steuerrad der Kurbelwelle verdrehen, bis die Markierungen (1) im Zahnrad und (2) am Ölpumpengehäuse fluchten.

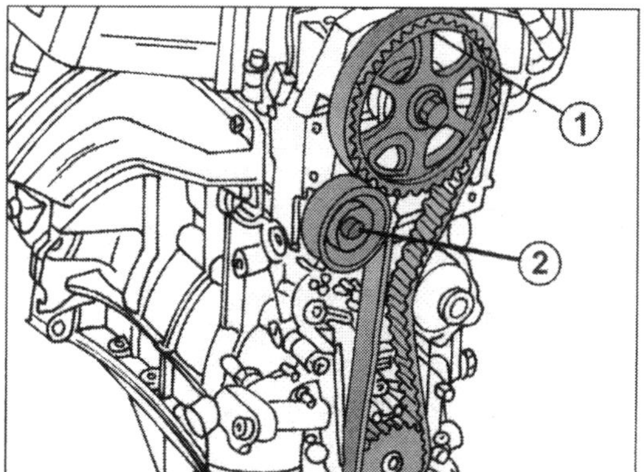

Bild 58

Bild 58
Steuerzeichen des Nockenwellenrades (1) senkrecht nach oben bringen und danach die Mutter (2) der Spannrolle für den Zahnriemen lockern.

Bild 59

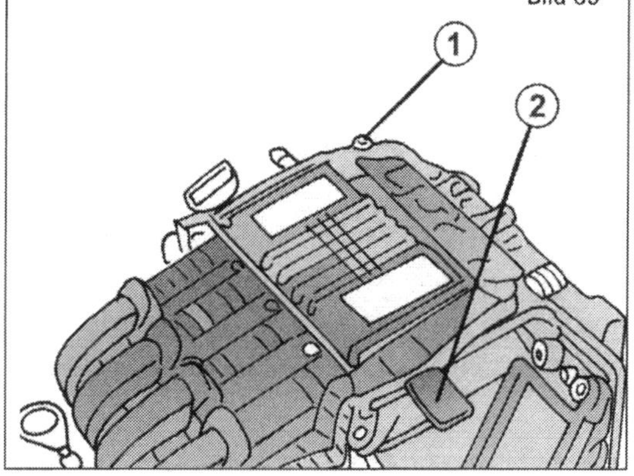

Bild 59
Lösen der Schrauben (1) an der Oberseite des Ansaugkrümmers. Nicht am Kabelstrang (2) ziehen, ehe der Krümmer ausgebaut ist.

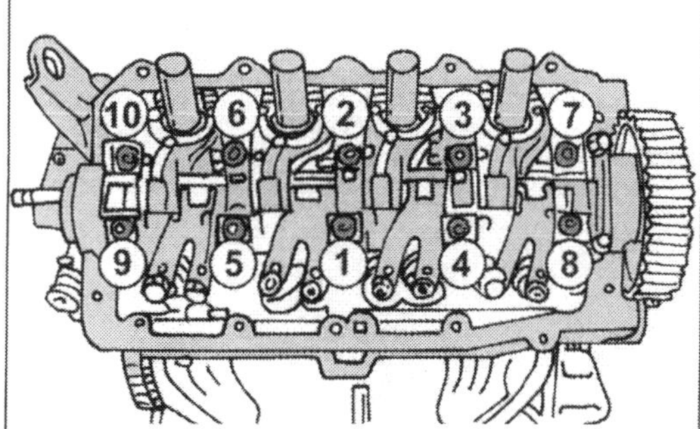

Bild 60

Bild 60
Reihenfolge zum Anziehen der Zylinderkopfschrauben. In umgekehrter Reihenfolge lockern.

Sichtprüfung Messen

Zerlegung 1.4- und 1.6-Liter-Motor (Typ K)

Bei diesen Motoren wird in der Werkstatt ein Messgerät zur Einstellung der Zahnriemenspannung benutzt. Wir raten Ihnen, sich deshalb die entsprechenden Beschreibungen durchzulesen, ehe mit der Zerlegung des Motors begonnen wird. Andernfalls die Spannung des Zahnriemens einprägen und beim Zusammenbau wieder herstellen.

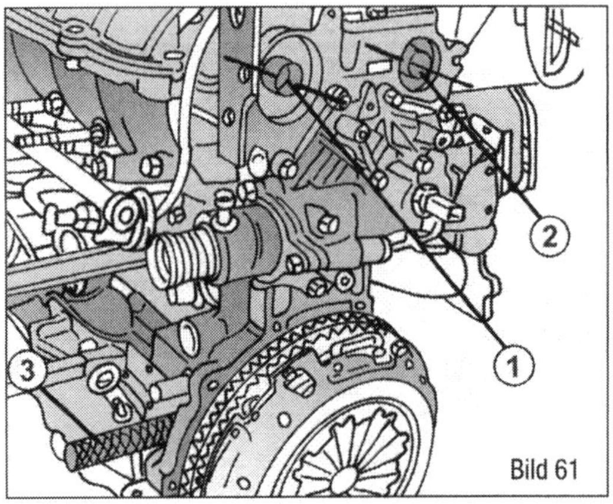

Bild 61

Bild 61
Die beiden Stopfen (1) und (2) aus der Rückseite der Nockenwellenlagerung ausschrauben. Den Stopfen ausschrauben, um den Arretierbolzen (3) einzusetzen.

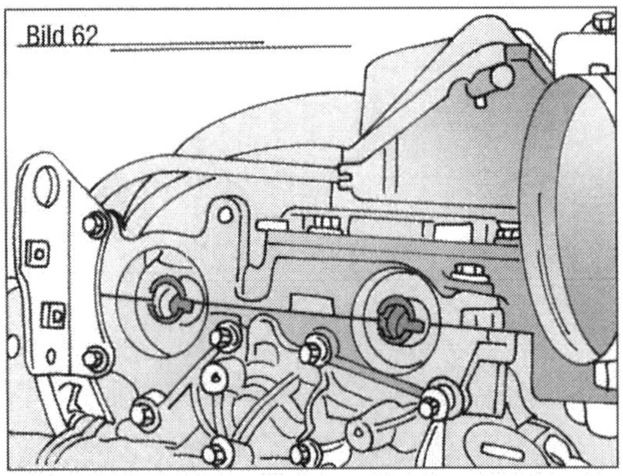
Bild 62

Bild 62
Die Schlitze in den Enden der Nockenwellen müssen in waagerechter Stellung stehen, mit der größeren Seite der Mitnehmer an der Unterseite.

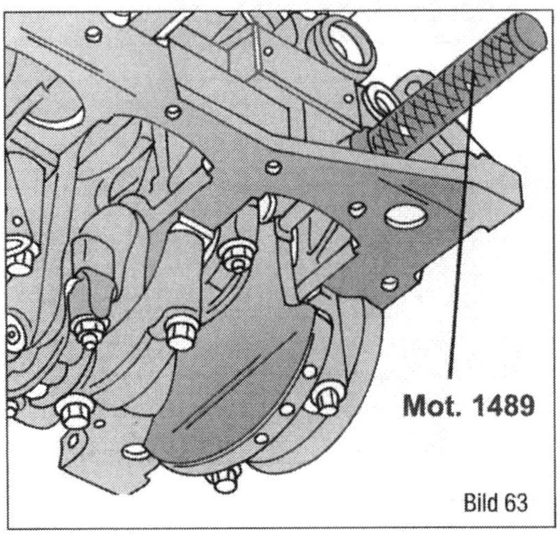

Bild 63

Bild 63
Der Arretierbolzen greift an der gezeigten Stelle durch den Zylinderblock in eine entsprechende Bohrung in der Kurbelwelle ein.

Viele Arbeiten, z. B. der Aus- und Einbau des Zahnriemens und des Zylinderkopfes, sind unter getrennten Überschriften beschrieben. Bei der folgenden Beschreibung wird davon ausgegangen, dass der Zylinderkopf und der Zahnriemenantrieb bereits ausgebaut wurden (siehe betreffende Kapitel).

- Motoröl ablassen. Alles im Zylinderblock befindliche Kühlmittel ablassen und als Erstes den Arbeitsplatz gut reinigen. Die Ablassstopfen für das Öl und das Kühlmittel wieder eindrehen und festziehen.
- Den Motor in einen Montagestand einspannen und die beiden Einsteller (1) und (2) in Bild 61 aus den Enden der Nockenwellen ausbauen. An der Unterseite des Zylinderblocks den Stopfen (3) ausschrauben, da die Öffnung zum Arretieren der Kurbelwelle auf OT gebraucht wird.
- Die Kurbelwelle auf den oberen Totpunkt für den ersten Zylinder stellen. Dazu die beiden Nockenwellen durchdrehen, bis die Mitnehmernuten in den Enden der beiden Nockenwellen in der in Bild 62 gezeigten Lage stehen. Die Mitnehmernuten sind außer Mitte gesetzt und die größere Hälfte muss an der Unterseite stehen. In dieser Stellung einen Arretierdorn an der Pfeilstelle in Bild 61 in den Zylinderblock und die Kurbelwelle einsetzen. Da der Spezialdorn nicht zur Verfügung stehen wird, benutzt man einen Bolzen von 8 mm Durchmesser und schiebt ihn an der gezeigten Stelle ein. In Bild 63 kann man sehen, wie der Bolzen eingreift, wenn man ihn richtig eingesetzt hat.
- Den Antriebsriemen an der Stirnseite des Motors ausbauen (siehe entsprechendes Kapitel).
- Ölmessstab herausziehen und das Führungsrohr abschrauben.
- Den Öldruckschalter ausschrauben.
- Schwungrad gegen Mitdrehen gegenhalten und die Schraube der Kurbelwellenriemenscheibe lösen. Falls man eine Schwungradsperre hat, wird diese entsprechend Bild 64 eingesetzt. Die Riemenscheibe mit zwei an gegenüberliegenden Stellen untergesetzten Reifenhebeln abdrücken.
- Kupplungsdeckel und Schwungrad an gegenüberliegenden Stellen mit einem Körner kennzeichnen und die Kupplungsschrauben gleichmäßig über Kreuz lockern, bis der Deckel abgenommen werden kann.
- Bei weiterhin blockiertem Schwungrad

die Schwungradschrauben lösen und das Schwungrad abnehmen. Ein festsitzendes Schwungrad mit einem Gummi- oder Kunststoffhammer abschlagen, aber darauf achten, dass es nicht herunterfallen kann.

- Riemenscheibe der Kurbelwelle abmontieren.
- Den mittleren Zahnriemenschutzdeckel (1), gefolgt vom oberen Deckel (2) in Bild 65 abschrauben.
- Den Zahnriemen und die beiden Riemenräder der Nockenwellen jetzt ausbauen, wie es unter getrennter Überschrift beschrieben ist.
- Alle Teile an der Oberseite des Motors abmontieren, bis der Motor das in Bild 66 gezeigte Aussehen hat. Die Schrauben der Zylinderkopfhaube gleichmäßig von der Außenseite nach innen zu lockern und herausdrehen (entgegengesetzt der Reihenfolge von Bild 66). Die Zylinderkopfhaube nach oben abheben. Die Haube wird festsitzen. Aus diesem Grund sind an den Pfeilstellen kleine Nasen angebracht, gegen welche man mit einem Gummihammer schlagen kann, bis die Haube frei ist.
- Die beiden Nockenwellen liegen jetzt frei und können herausgehoben werden. Darunterliegende Kipphebel und die hydraulischen Ausgleichselemente, deren Anordnung in Bild 67 gezeigt ist, aus dem Zylinderkopf herausziehen.
- Lambda-Sonde aus dem Auspuffkrümmer ausschrauben, das Wärmeschutzblech abschrauben und den Auspuffkrümmer nach Abschrauben der 8 Befestigungsschrauben abnehmen.
- Das Kühlmittelgehäuse vom Ende des Zylinderkopfs abschrauben und den unteren Ansaugverteiler abbauen.
- Zylinderkopf ausbauen (siehe getrennte Überschrift).

Die folgenden Arbeiten unter Bezug auf die entsprechenden Abbildungen durchführen:

- Den Motor auf die Zylinderkopffläche aufsetzen und die Ölwanne abschrauben (Bild 68, links).
- Den in Bild 68, Mitte gezeigten Riemenspanner ausbauen (Schraube lösen, Spannrolle herunterziehen) und die daneben liegende Wasserpumpe entsprechend der rechten Ansicht abschrauben.
- Das Steuerrad der Kurbelwelle herunterziehen. Normalerweise wird dazu ein Abzie-

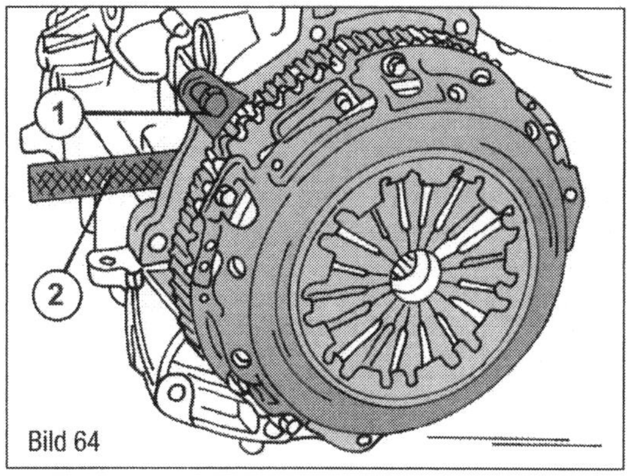

Bild 64
Sperren des Schwungrades mit einer Schwungradbremse (1, Mot. 581-02) beim Lösen der Kupplung, des Schwungrades und der Kurbelwellenriemenscheibe. Nicht den Arretierbolzen (2) zum Gegenhalten benutzen.

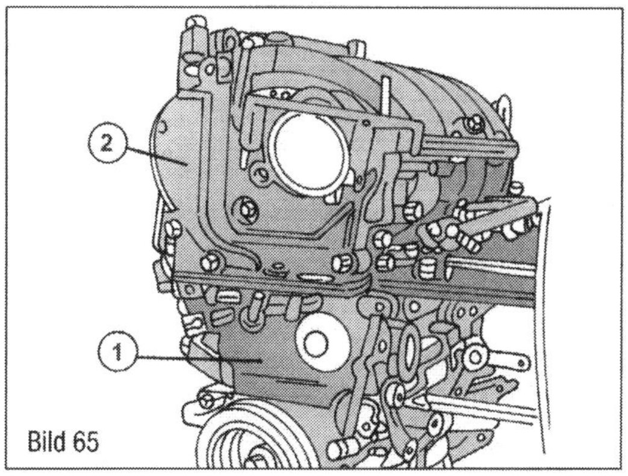

Bild 65
Zahnriemenschutzdeckel an der Vorderseite des Motors. Den unteren Deckel (1) sowie den oberen Deckel (2) abschrauben.

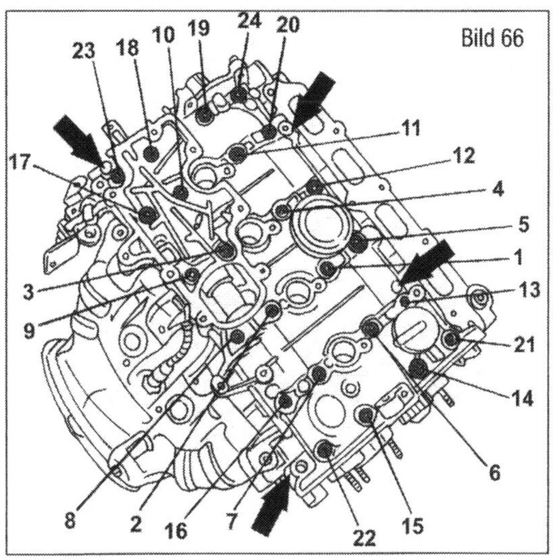

Bild 66
Zum Aus- und Einbau der Zylinderkopfhaube. Die Zahlen geben die Anzugsreihenfolge an. Beim Lösen in umgekehrter Reihenfolge vorgehen. An den Pfeilstellen muss man mit einem Gummihammer dagegenschlagen, um die Haube zu lösen.

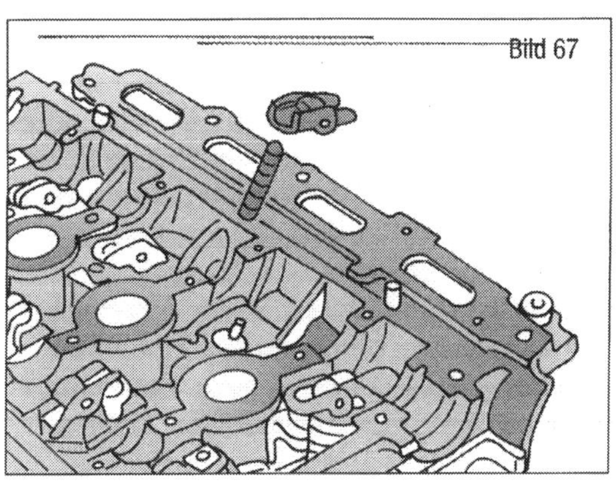

Bild 67
Nach Ausbau der Nockenwellen werden die Stößel und Schwinghebel in der gezeigten Weise ausgebaut.

Bild 68

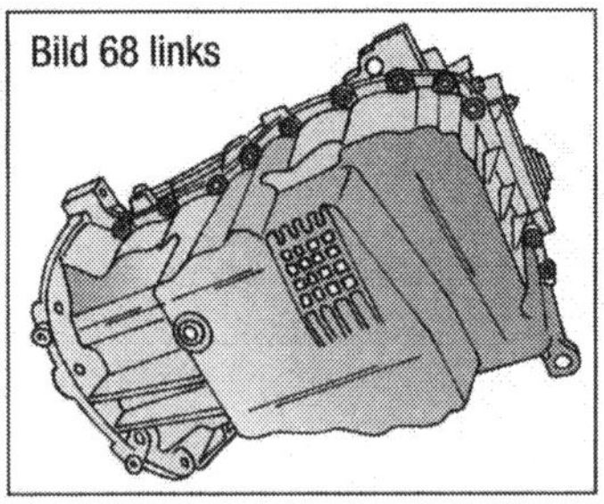
Bild 68 links

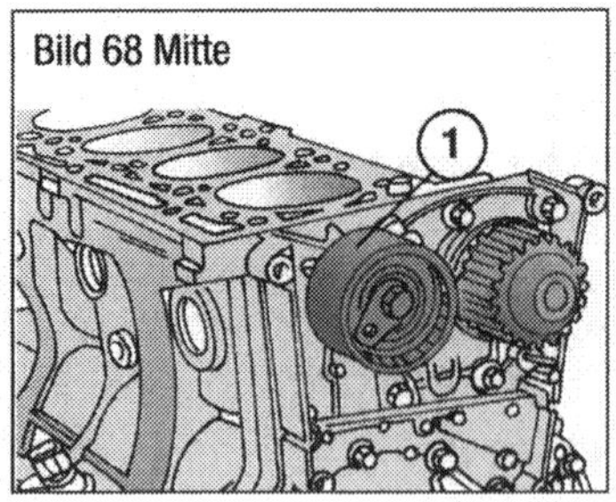

Bild 68 Mitte

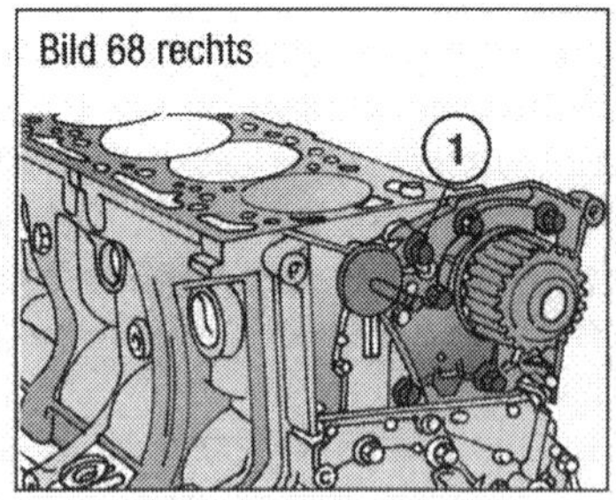

Bild 68 rechts

Bild 69

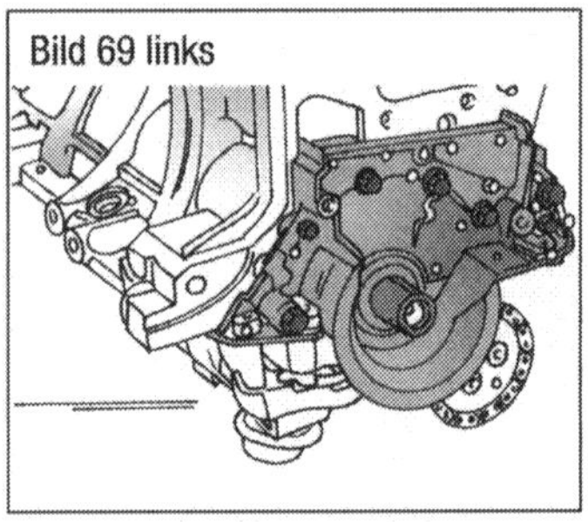
Bild 69 links

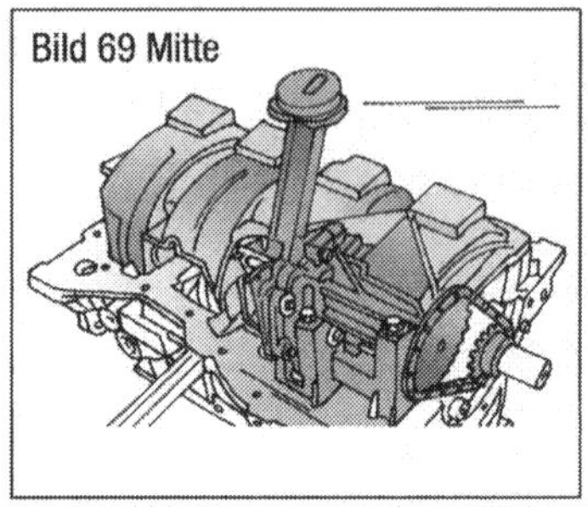
Bild 69 Mitte

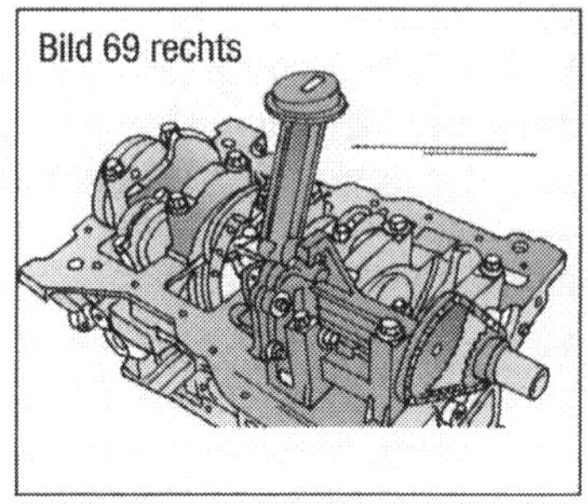
Bild 69 rechts

Bild 70
Wenn die Kurbelwelle in der gezeigten Stellung steht, können alle Pleuellagerdeckel gelöst werden.

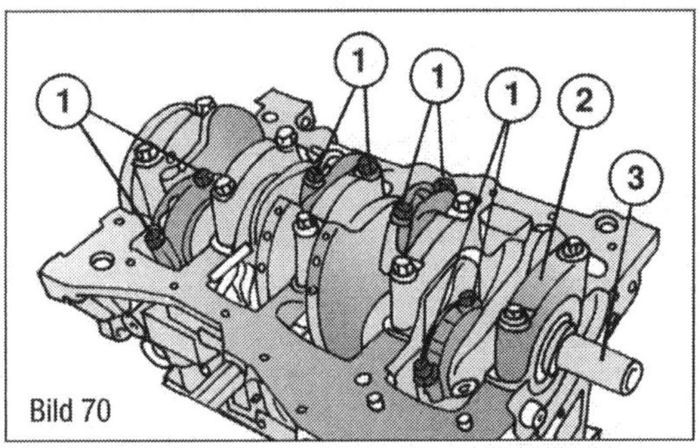

Bild 70

Bild 71
Ansicht des Kurbelgehäuses von der Unterseite nach Ausbau der Ölwanne. Die Schrauben der Kurbelwellenlagerdeckel in der gezeigten Reihenfolge anziehen. Beim Lösen von außen nach innen vorgehen.

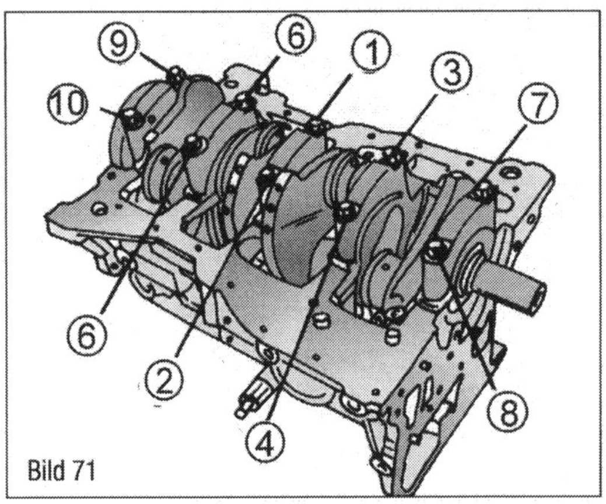

Bild 71

her benutzt, d. h. der Abzieher muss zwei Ausziehschrauben haben, die man in entsprechende Gewindebohrungen im Steuerrad einschrauben kann. Nach Herunterziehen des Steuerrades die Scheibenfeder aus der Kurbelwelle herausziehen (Seitenschneider).

■ Die nächsten Arbeiten an der Vorderseite des Motors durchführen. An der Unterseite wird der vordere Deckel abgeschraubt (Bild 69, links). Den Deckel vorsichtig mit einem Schraubendreher abdrücken. Die Flächen von Deckel und Zylinderblock sofort von alter Dichtungsmasse reinigen (beim Einbau werden die Flächen mit dieser eingeschmiert).

■ Ölleitblech vom Kurbelgehäuse abschrauben (Bild 69, Mitte) und die Ölpumpe unter Bezug auf die rechte Ansicht von Bild 69 ausbauen.

■ Das Antriebsrad der Ölpumpe zusammen mit der Kette vom Zylinderblock abnehmen.

Zylinderblock umkehren, sodass die Kurbelwelle an der Oberseite liegt, und die Kennzeichnungen an Pleuelstangen und Pleuellagerdeckel kontrollieren. Falls keine Zahlen an den Pleuellagerdeckeln und Pleuelstangen sichtbar sind (auf der Seite des Ansaugsammelrohres), die Deckel mit Farbe kennzeichnen. Pleuelstange Nr. 1 liegt auf der Schwungradseite.

■ Der Reihe nach die Muttern der Pleuellagerdeckel abschrauben. Die Lagerdeckel abnehmen und zusammen mit den Lagerschalen in Einbaureihenfolge ablegen. Wenn man die Kurbelwelle in die in Bild 70 gezeigte Stellung dreht, kommt man an alle Lagerdeckel heran. Die Lagerschalen aller Pleuel sind gleich, ursprüngliche Schalen müssen jedoch gezeichnet werden (Filzstift auf dem Rücken der Schalen).

Bis zu einem bestimmten Baudatum haben die Pleuellagerschalen kleine Führungsnasen an der Unterseite, welche in entsprechende Aussparungen der Pleuellagerdeckel eingreifen. Diese wurden später weggelassen. Zum Einbau der neuen Pleuellagerschalen sind jedoch Spezialwerkzeuge erforderlich. Da diese bestimmt nicht zur

Verfügung stehen, kann man im Notfall Pleuel und Pleuellagerdeckel in eine Motorenwerkstatt bringen und die neuen Lagerschalen da »einpressen« lassen.

- Der Reihe nach die Schrauben der Hauptlagerdeckel lösen. Die Schrauben in gleichmäßigen Stufen lockern, bis sie alle frei sind. Bild 71 zeigt die Reihenfolge zum Anziehen der Schrauben. Beim Lösen in umgekehrter Reihenfolge vorgehen. Ein Kunststoff- oder Gummihammer wird zum Abschlagen der Lagerdeckel erforderlich. Die Deckel der Reihe nach abnehmen und sofort die darunterliegende Lagerschale in den Deckel einlegen. Ebenfalls die Halbscheiben für das Axialspiel der Kurbelwelle herausnehmen.

Nicht alle Lagerschalen haben Ölschmiernuten. Darauf wird später bei der Beschreibung des Motorzusammenbaus noch eingegangen. Am besten ist es, wenn man sich notiert, wo die Schalen mit den Ölschmiernuten sitzen. Außerdem kann jedes Lager eine Lagerschale unterschiedlicher Größeneinteilung haben.

- Kurbelwelle vorsichtig herausheben und die Lagerschalen aus dem Kurbelgehäuse herausnehmen. Die Hauptlagerdeckel und die beiden Lagerschalen mit einem Stück Schnur zusammenbinden, um sie nicht zu verwechseln. Die Anlaufscheiben herausnehmen.

Zerlegung 2.0-Liter-Motor (F4R)

Die bei den anderen Motoren angegebenen Vorsichtsmaßnahmen sind ebenfalls bei diesem Motor zu beachten. Vor jeglicher Reparatur die bereits gegebenen Anweisungen durchlesen.

Die Zerlegung des Motors folgt dem für die anderen Motoren beschriebenen Schema. Die Unterschiede liegen im Ausbau des Zahnriemens, des Zylinderkopfes und der Nockenwellen und die entsprechenden Anweisungen sind den nachfolgenden Kapiteln zu entnehmen.

Wie bei den anderen Motoren wird in der Werkstatt ein Messgerät zur Einstellung der Zahnriemenspannung benutzt. Wir raten Ihnen, deshalb die Beschreibungen im betreffenden Kapitel genau durchzulesen, ehe mit der Zerlegung des Motors begonnen

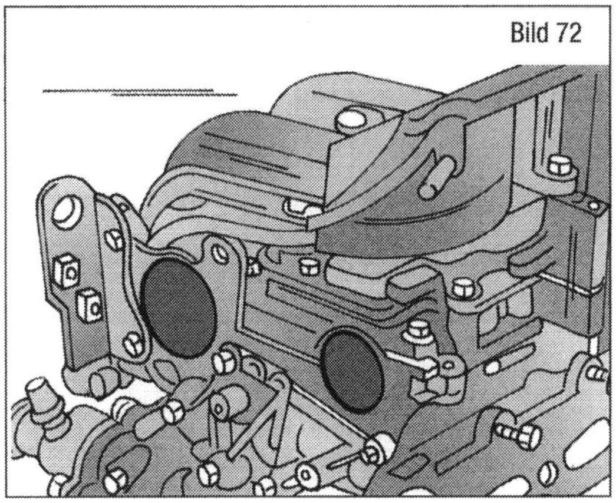

Bild 72
Verschlussstopfen sind in die beiden Enden der Nockenwellen in den Zylinderkopf eingesetzt.

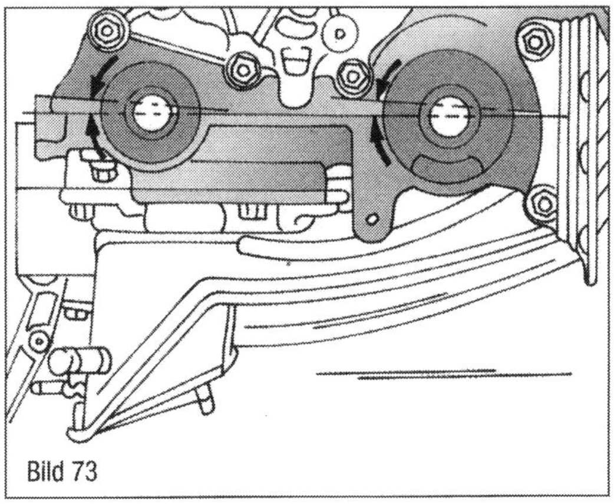

Bild 73
Die Schlitze in den Enden der Nockenwellen müssen leicht versetzt in waagerechter Lage stehen.

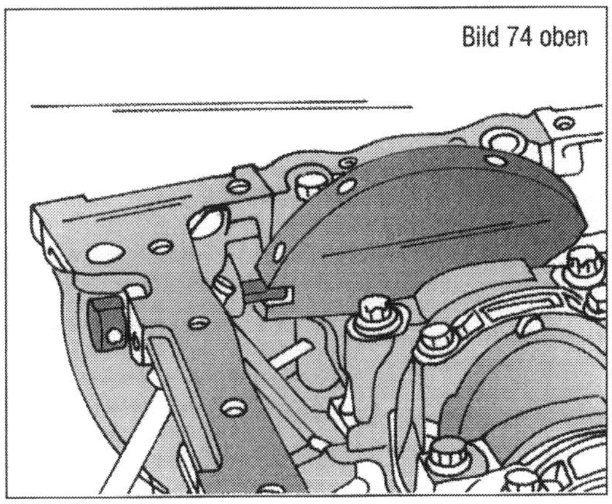

Bild 74 oben

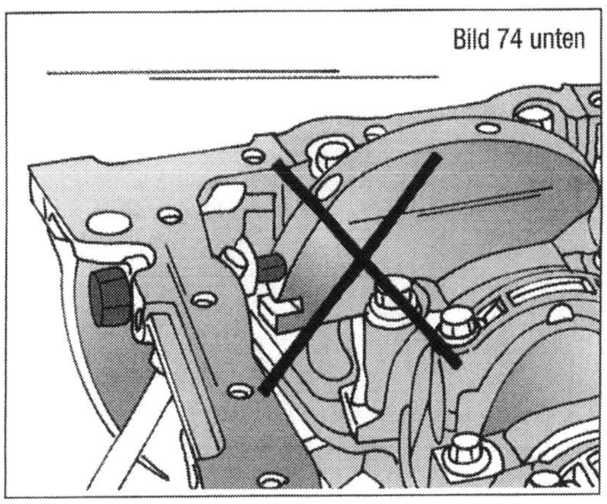

Bild 74 unten

Bild 74
Der Arretierbolzen wird wie in der oberen Ansicht gezeigt in Kurbelgehäuse und Schwunggewicht der Kurbelwelle eingeschoben. Darauf achten, dass er nicht in die Auswuchtbohrung eingreift, wie es in der unteren Ansicht dargestellt ist.

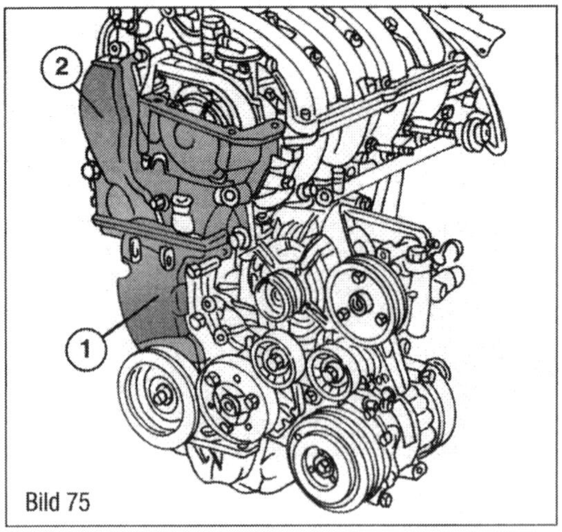
Bild 75

Bild 75
Abschrauben der Zahnriemenschutzdeckel (1) und (2) an der Ober- und Unterseite.

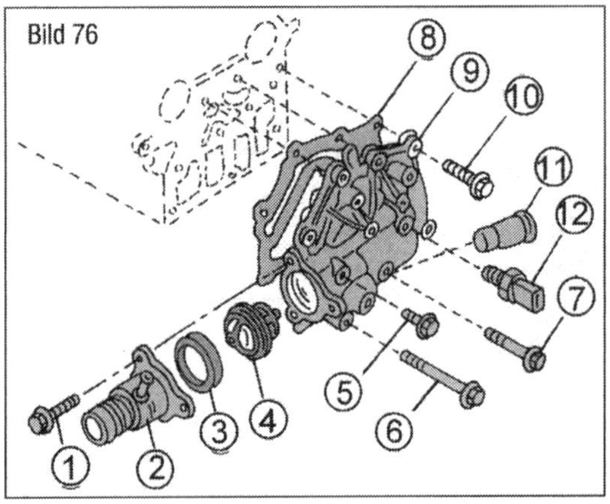
Bild 76

Bild 76
Die Teile des Kühlmittelgehäuses am Zylinderblock.
1 Schraube, Thermostatgehäusedeckel
2 Thermostatgehäusedeckel
3 Dichtring
4 Thermostat
5 Schraube, kurz
6 Schraube, lang
7 Schraube
8 Dichtung
9 Kühlmittelgehäuse
10 Schraube
11 Temperaturschalter
12 Temperaturschalter

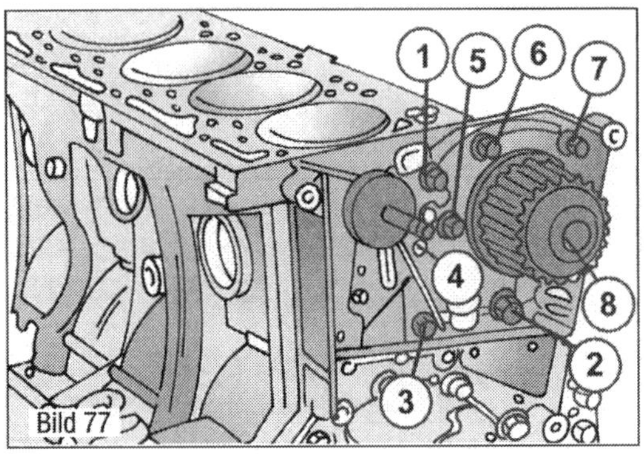
Bild 77

Bild 77
Befestigung der Wasserpumpe. Die Zahlen weisen auf die Anzugsreihenfolge der Schrauben hin. Links auf dem Zapfen ist die Riemenspannrolle montiert.

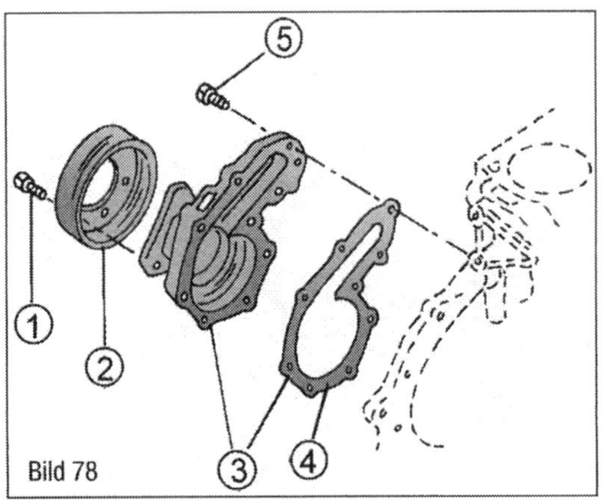
Bild 78

Bild 78
Die Teile der Wasserpumpe.
1 Schraube für Antriebsrad (Riemenscheibe)
2 Distanzring
3 Wasserpumpe mit Dichtung (Reparatursatz)
4 Wasserpumpendichtung
5 Wasserpumpenschraube

wird. Andernfalls die Spannung des Zahnriemens einprägen und beim Zusammenbau wieder herstellen. Im folgenden Text wird nochmals eine kurze Zusammenfassung der Zerlegungsarbeiten gegeben.

■ Motoröl ablassen. Alles im Zylinderblock befindliche Kühlmittel ablassen und als Erstes den Arbeitsplatz gut reinigen. Die Ablassstopfen für das Öl und das Kühlmittel wieder eindrehen und festziehen.
■ Den Motor in einen Montagestand einspannen und die beiden Einsätze aus der Endfläche des Zylinderkopfes über den Enden der Nockenwellen ausbauen. Diese sitzen an der in Bild 72 gezeigten Stelle. An der Unterseite des Zylinderblocks den Stopfen neben dem Ölmessstab aus dem Kurbelgehäuse ausschrauben, da die Öffnung zum Arretieren der Kurbelwelle auf OT gebraucht wird.
■ Die Kurbelwelle auf den oberen Totpunkt für den ersten Zylinder stellen. Dazu die beiden Nockenwellen durchdrehen, bis die Mitnehmernuten in den Enden der beiden Nockenwellen in der in Bild 73 gezeigten Lage stehen. Sie müssen fast waagerecht liegen, aber auf der gezeigten Seite etwas nach unten geneigt sein.
■ In dieser Stellung einen Arretierdorn in die Öffnung des ausgeschraubten Stopfens in den Zylinderblock und die Kurbelwelle einsetzen. Hier muss man jedoch darauf achten, dass der Dorn nicht in eine Bohrung des Gegengewichts der Kurbelwelle eingesetzt wird. Bild 74 zeigt, wie der Bolzen (Pfeil) einzusetzen und nicht einzusetzen ist. Dreht man die Welle zu weit, kommt eine dieser Bohrungen. Da der Spezialdorn nicht zur Verfügung stehen wird, benutzt man einen Bolzen von 8 mm Durchmesser und schiebt in an der gezeigten Stelle ein.
■ Den Antriebsriemen an der Stirnseite des Motors ausbauen (siehe entsprechendes Kapitel).
■ Ölmessstab herausziehen und das Führungsrohr abschrauben.
■ Den Öldruckschalter ausschrauben.
■ Schwungrad gegen Mitdrehen gegenhalten und die Schraube der Kurbelwellenriemenscheibe lösen. Falls man eine Schwungradsperre hat, wird diese entsprechend Bild 46 eingesetzt. Die Riemenscheibe mit zwei an gegenüberliegenden Stellen untergesetzten Reifenhebeln abdrücken.

■ Kupplungsdeckel und Schwungrad abschrauben.
■ Riemenscheibe der Kurbelwelle abmontieren.
■ Den Motor in die in Bild 75 gezeigte Stellung bringen und den unteren Zahnriemenschutzdeckel (1), gefolgt vom oberen Deckel (2) abschrauben.
■ Den Zahnriemen und die beiden Riemenräder der Nockenwellen jetzt ausbauen, wie es unter getrennter Überschrift beschrieben ist.
■ Alle Teile an der Oberseite des Motors abbauen und die Zylinderkopfhaube ausbauen, wie es beim Ausbau des Zylinderkopfes beschrieben wird. Die Schrauben in der angegebenen Reihenfolge lockern. Die Zylinderkopfhaube nach oben abheben. Die Haube wird festsitzen. Aus diesem Grund sind an bestimmten Stellen kleine Nasen angebracht, gegen welche man mit einem Gummihammer schlagen kann, bis die Haube frei ist.
■ Die beiden Nockenwellen liegen jetzt frei und können herausgehoben werden. Darunterliegende Kipphebel und die hydraulischen Ausgleichselemente herausziehen, deren Anordnung Bild 67 entspricht.
■ Lambda-Sonde aus dem Auspuffkrümmer ausschrauben, das Wärmeschutzblech abschrauben und den Auspuffkrümmer nach Abschrauben der 8 Befestigungsschrauben abnehmen.
■ Das Kühlmittelgehäuse vom Ende des Zylinderkopfs abschrauben (siehe auch Bild 76) und den unteren Ansaugverteiler abmontieren.
■ Zylinderkopf ausbauen (siehe getrennte Überschrift).
■ Den Motor auf die Zylinderkopffläche aufsetzen und die Ölwanne abschrauben.
■ Den in Bild 77 gezeigten Riemenspanner ausbauen (Schraube lösen, Spannrolle herunterziehen) und die daneben liegende Wasserpumpe entsprechend dem Bild abschrauben. Das Bild zeigt die Anzugsreihenfolge der Schrauben, welche beim Einbau zu berücksichtigen ist.
■ Das Steuerrad der Kurbelwelle herunterziehen. Normalerweise wird dazu ein Abzieher benutzt, d. h. der Abzieher muss zwei Ausziehschrauben haben, die man in entsprechende Gewindebohrungen im Steuerrad einschrauben kann. Nach Herunterziehen des Steuerrades die Scheibenfeder aus der Kurbelwelle herausziehen (Seitenschneider).
■ Die nächsten Arbeiten an der Vorderseite des Motors durchführen. An der Unterseite wird der vordere Deckel abgeschraubt. Den Deckel vorsichtig mit einem Schraubendreher abdrücken. Die Flächen von Deckel und Zylinderblock sofort von alter Dichtungsmasse reinigen (beim Einbau werden die Flächen mit dieser eingeschmiert).
■ Ölleitblech vom Kurbelgehäuse abschrauben und die Ölpumpe ausbauen (siehe auch Bild 68, ähnlich bei diesem Motor).
■ Die Spannrolle für den Zahnriemen und die Wasserpumpe ausbauen (siehe auch Bild 78).
■ Das Antriebsrad der Ölpumpe zusammen mit der Kette vom Zylinderblock abnehmen.

Zylinderblock umkehren, sodass die Kurbelwelle an der Oberseite liegt, und die Kennzeichnungen an Pleuelstangen und Pleuellagerdeckel kontrollieren. Falls keine Zahlen an den Pleuellagerdeckeln und Pleuelstangen sichtbar sind (auf der Seite des Ansaugsammelrohres), die Deckel mit Farbe kennzeichnen. Pleuelstange Nr. 1 liegt auf der Schwungradseite.

■ Der Reihe nach die Muttern der Pleuellagerdeckel abschrauben. Die Lagerdeckel abnehmen und zusammen mit den Lagerschalen in Einbaureihenfolge ablegen. Die Lagerschalen aller Pleuel sind gleich, ursprüngliche Schalen müssen jedoch gezeichnet werden (Filzstift auf dem Rücken der Schalen).
■ Der Reihe nach die Schrauben der Hauptlagerdeckel lösen. Dabei von der Mitte nach außen vorgehen, in der in Bild 71 gezeigten Reihenfolge. Die Schrauben in gleichmäßigen Stufen lockern, bis sie alle frei sind. Ein Kunststoff- oder Gummihammer wird zum Abschlagen der Lagerdeckel erforderlich sind. Die Deckel der Reihe nach abnehmen und sofort die darunterliegende Lagerschale in den Deckel einlegen. Ebenfalls die Halbscheiben für das Axialspiel der Kurbelwelle herausnehmen.

Nicht alle Lagerschalen haben Ölschmiernuten. Darauf wird später bei der Beschreibung des Motorzusammenbaus noch eingegangen. Am besten ist es, wenn man sich notiert, wo die Schalen mit den Ölschmiernuten sitzen. Außerdem kann jedes Lager eine Lagerschale unterschiedlicher Größeneinteilung haben.

■ Kurbelwelle vorsichtig herausheben und die Lagerschalen aus dem Kurbelgehäuse

Sichtprüfung Messen

herausnehmen. Die Hauptlagerdeckel und die beiden Lagerschalen mit einem Stück Schnur zusammenbinden, um sie nicht zu verwechseln. Die Anlaufscheiben herausnehmen.

Zusammenbau 1.2-Liter-Motor

Dieses Kapitel beschreibt den allgemeinen Zusammenbau des Motors. Einzelheiten über Reparatur und Überholung der einzelnen Baugruppen wird in späteren Kapiteln beschrieben. Die untenstehenden, allgemeinen Anweisungen sollten beim Zusammenbau eines Motors immer beachtet werden.

Der Zusammenbau der einzelnen Motorengruppen wird aufgrund der Konstruktionsunterschiede getrennt beschrieben. Wir möchten nochmals darauf hinweisen, dass zur Neulagerung der Kurbelwelle oder Erneuerung von Kolben eine Motorenwerkstatt hinzuzuziehen ist. In diesem Fall wird der Zylinderblock fertig zum endgültigen Zusammenbau zurückerhalten.

- Kontrollieren, ob alle Teile sauber und frei von Fremdkörpern sind, ehe sie zusammengebaut werden.

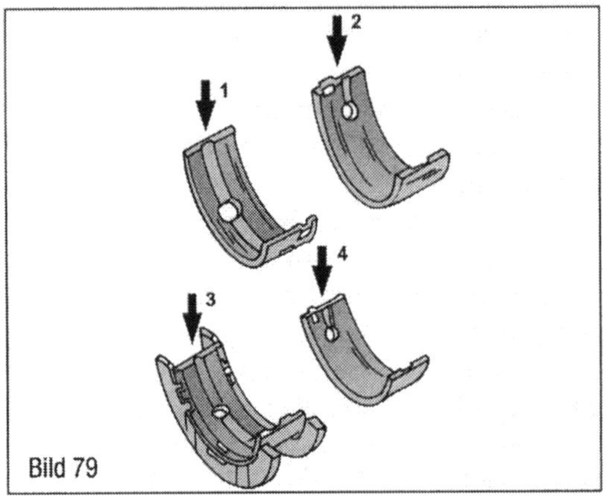

Bild 79

Bild 79
Ansicht der Hauptlagerschalen beim 1.2-Liter-Motor. Die Schale (1) kommt in den Zylinderblock, Schale (2) in den Lagerdeckel (mit Ölschmiernuten). Schale (3) mit Ölschmiernut kommt in den Zylinderblock, Schale (4) ohne Ölschmiernut in den Lagerdeckel.

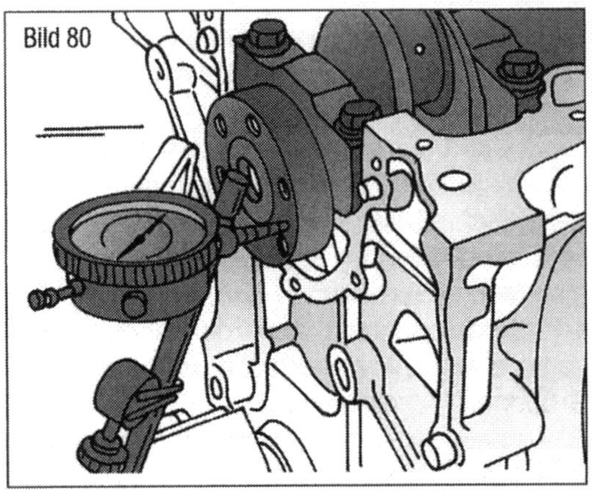
Bild 80

Bild 80
Ausmessen des Axialspiels der Kurbelwelle.

- Einen Ölschmierfilm an alle Teile, die sich drehen oder die gleiten, auftragen. Dies ist vor dem Zusammenbau durchzuführen und nicht, nachdem die Teile bereits zusammengebaut sind, da sonst das Öl nicht an die eigentlichen Lagerstellen heran kann. Es ist besonders wichtig, dass Kolben, Kolbenringe und Zylinderwandungen vor dem Zusammenbau reichlich mit Motoröl geschmiert werden.
- Alle Teile des Zylinderblocks gründlich reinigen, wenn der Motor vollkommen zerlegt wurde. Bei teilweiser Zerlegung darauf achten, dass keine Fremdkörper in die nicht zerlegten Teile des Motors oder in Hohlräume fallen können. Alle Öffnungen entweder abkleben oder mit Lappen abdecken, um dies zu verhindern.
- Ölkanäle und -bohrungen am besten mit Pressluft ausblasen. Falls diese nicht zur Verfügung steht, die Kanäle oder Bohrungen mit einem Stück Holz durchstoßen, aber niemals mit Metallgegenständen.
- Dichtringe, Dichtungen, usw. sollten immer erneuert werden. Auf keinen Fall an diesen Teilen sparen und ursprünglich beschädigte Teile wieder verwenden.
- In der Maß- und Einstelltabelle sind die Verschleißgrenzen der meisten beweglichen Teile angegeben. Falls Zweifel über ein Teil bestehen, oder die Verschleißgrenze ist bald erreicht, erneuert man das Teil, um sich eine baldige Wiederzerlegung zu ersparen.

Zusammenbau des 1.2-Liter-Motors (D7F) mit 8 Ventilen

Der Zusammenbau erfolgt nach dem folgenden Schema, zuerst wird die Kurbelwelle eingebaut:

- Zylinderblock in einen Montagestand einspannen oder auf eine Werkbank aufsetzen.
- Den Zylinderblock so ausrichten, dass die offene Seite nach oben steht, und die Hauptlagerschalen **mit Ölschmiernuten** in die Lagerbohrungen 1, 2, 4 und 5 im Zylinderblock und die Lager **ohne Ölschmiernuten** in die entsprechenden Hauptlagerdeckel einlegen. Die Lagerschalen gut einölen. Da man hier keine Fehler machen darf, muss man sich unbedingt an Bild 79 halten.
- Die Lagerschale Nr. 3 (3, Bild 79) mit den Anlaufflanschen an beiden Seiten in den Zylinderblock einlegen, die einfache Schale (4) in den entsprechenden Hauptlagerdeckel einlegen.

■ Die Hauptlagerzapfen und Kurbelzapfen der Welle einölen und die Kurbelwelle vorsichtig in die Lager heben. Die Welle einige Male durchdrehen, damit sich die Zapfen gut in den Schalen einspielen können.

■ Die Hauptlagerdeckel entsprechend ihrer Kennzeichnung aufsetzen. Die Deckel gut mit einem Gummihammer anschlagen. Die Schrauben gleichmäßig und über Kreuz auf 20 Nm anziehen und aus der Endstellung um weitere 80° im Winkelanzug nachziehen.

■ Die Kurbelwelle einige Male durchdrehen, um Klemmstellen festzustellen. Die Welle kann frei gemacht werden, indem man mit einem Gummihammer einige Male auf die Lagerdeckel schlägt.

Das Axialspiel der Kurbelwelle mit einer Messuhr ausmessen, welche in ähnlicher Weise wie in Bild 80 gezeigt am Zylinderblock montiert wird. Den Taststift gegen den Flansch der Kurbelwelle anlegen und die Welle mit einem Hammerstiel, zwischen der ersten Kurbelkröpfung und dem Kurbelgehäuse eingesetzt, hin- und herbewegen. Der an der Messuhr angezeigte Wert muss zwischen 0,06 - 0,235 mm liegen, falls die alte Welle wieder eingebaut wird. Wird das Höchstmaß überschritten, haben sich höchstwahrscheinlich die Anlageflächen der Flansche am mittleren Lager abgenutzt. Falls nötig die Schalen erneuern.

■ Die Kolben montieren und die Pleuellagerdeckel an den Pleuelstangen anschrauben, wie es im betreffenden Kapitel beschrieben ist. Die Lagerdeckel der Pleuelstangen sind mit einer Zahl und einem Pfeil versehen. Der Pfeil in den Deckeln muss jeweils zur Schwungradseite weisen. Die Schrauben werden zuerst mit 14 Nm und beim zweiten Durchgang im Winkelanzug 39° weiter angezogen. Diesen »ungeraden« Winkel kann man mit einer Gradscheibe herstellen. Gewinde der Schrauben und Unterseite der Schraubenköpfe einölen.

■ Die Dichtfläche der Wasserpumpe an den in Bild 81 gezeigten Stellen mit einer Wulst Dichtungsmasse versehen (in der Werkstatt wird Rhodorseal 5661 benutzt) und die Pumpe montieren.

■ An der Stirnseite des Motors einen neuen O-Dichtring in die Ölbohrung einsetzen und die Ölpumpe montieren. Die Pumpe wird durch zwei Mitnehmer an der Kurbelwelle angetrieben und muss entsprechend aufgesteckt werden. Zuerst wird jedoch wieder

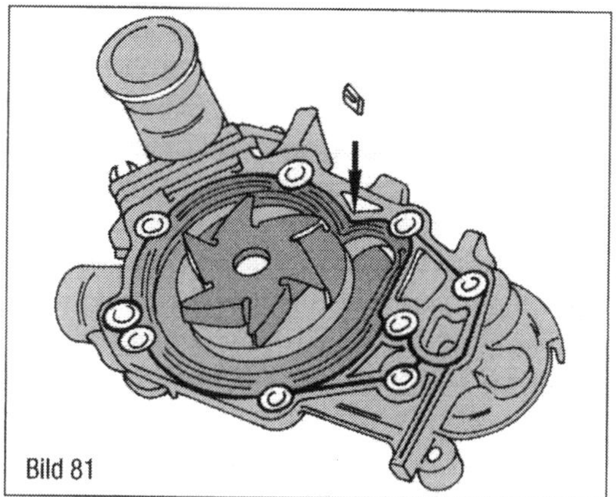

Bild 81

Bild 81
Die Dichtfläche der Wasserpumpe in der gezeigten Weise mit einer Wulst Dichtungsmasse versehen, ehe sie wieder angeschraubt wird.

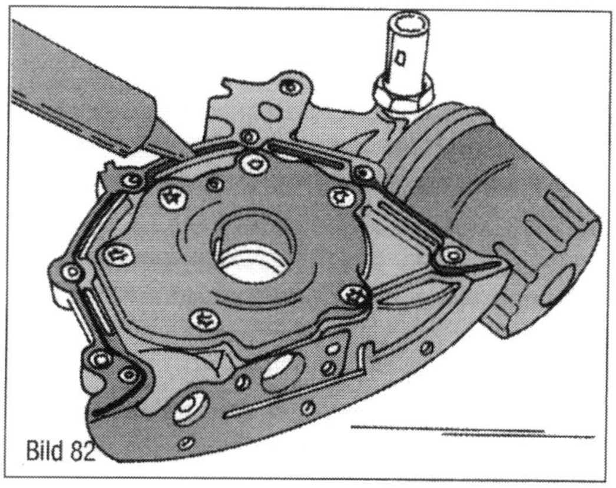

Bild 82

Bild 82
Die Dichtfläche der Ölpumpe in der gezeigten Weise mit einer Wulst Dichtungsmasse versehen, ehe sie wieder angeschraubt wird.

die Dichtfläche mit einer Wulst Dichtungsmasse versehen (Rhodorseal 5661), dieses Mal jedoch wie es in Bild 82 gezeigt ist. Die Pumpe gegen den Zylinderblock ansetzen (auf einwandfreien Eingriff achten) und die Schrauben mit 9 Nm anziehen.

■ Einen neuen Öldichtring vorsichtig in die Bohrung des Ölpumpengehäuses und über die Kurbelwelle schlagen. Eine Einziehhülse, in der Form eines Rohrstücks, wird zum Einziehen benutzt, d. h. man kann ein entsprechendes Rohr geeigneten Durchmessers benutzen. Das Rohr wird über den Dichtring gesetzt und der Dichtring wird eingeschlagen.

■ An der Rückseite des Zylinderblocks den Flansch für den hinteren Öldichtring anbringen. Die Dichtfläche wiederum mit der bereits oben genannten Dichtungsmasse einschmieren und den Deckel ansetzen. Die Schrauben gleichmäßig ringsherum mit 9 Nm anziehen. Einen neuen Öldichtring an der Außenseite mit Fett und an der Dichtlippe mit Öl einschmieren und vorsichtig in den Zylinderblock und über die Kurbelwelle schlagen. Hier eignet sich ein Schlagdorn zur Montage, welcher jedoch gut auf der Außenseite des Dichtringes aufsitzen muss. Die

Bauweise des von Renault benutzten Dorns ist jedoch so geschaffen, dass der Dichtring auf eine gewisse Tiefe eingeschlagen wird, sodass die Dichtlippe auf einer unterschiedlichen Fläche des Kurbelwellenzapfens laufen kann. Man sollte also die Lauffläche vorher kontrollieren: Sind Verschleißerscheinungen erkennbar, treibt man den Dichtring etwas weiter in den Lagerdeckel. Alles überschüssige Öl abwischen. Den Dichtring beim Einbau nicht beschädigen.

- Einen neuen O-Dichtring in die Öffnung des Ölansaugrohres einsetzen (gut eingeölt), das Ansaugrohr ansetzen und anschrauben.
- Die Ölwanne montieren. Obwohl die Ölwanne ursprünglich mit Dichtungsmasse montiert war, muss man bei der Neumontage eine Dichtung verwenden. Die Dichtflächen von Ölwanne und Zylinderblock gut reinigen, Dichtung mit etwas Fett ankleben und die Ölwanne ansetzen. Die Schrauben der Reihe nach ringsherum mit 10 Nm anziehen.
- Das Schwungrad montieren. Neue Schrauben gleichmäßig ringsherum mit 17 Nm anziehen und aus der Endstellung ringsherum im Winkelanzug um weitere 110° anziehen. Eine Gradscheibe sollte benutzt werden. Andernfalls muss man den Winkel, von einer Viertelumdrehung ausgegangen (90°), entsprechend schätzen. Der Schlag des Schwungrades kann ausgemessen werden, wie es im Verlauf der nachfolgenden Beschreibung gezeigt wird.
- Mitnehmerscheibe und Kupplungskörper montieren (siehe betreffendes Kapitel).
- Den zusammengebauten Zylinderkopf jetzt montieren, wie es später unter getrennter Überschrift beschrieben wird.
- Als Nächstes wird der Steuerriemen eingebaut. Auch diese Arbeit wird später getrennt beschrieben.

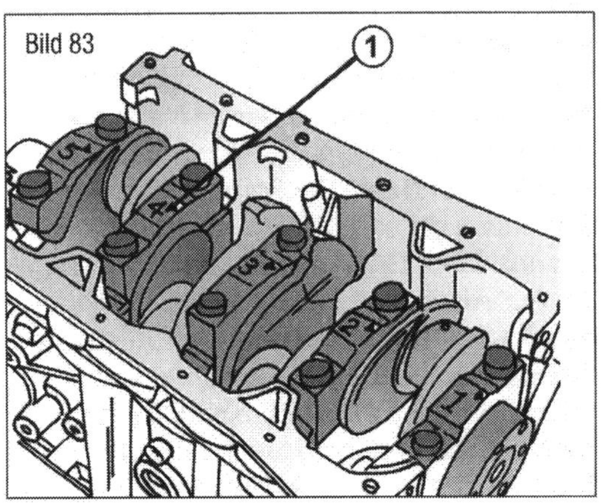

Bild 83 Hauptlagerdeckel sind an Stellen (1) mit der Deckelnummer gezeichnet.

- Den Zahnriemenschutzdeckel montieren.
- Drehstromlichtmaschine und Antriebsriemen einbauen.
- Ventile einstellen, wie es später für diesen Motor beschrieben ist.
- Alle anderen Arbeiten in umgekehrter Reihenfolge wie beim Zerlegen durchführen.

Zusammenbau des 1.2-Liter-Motors (D4F) mit 16 Ventilen

Wir müssen darauf hinweisen, dass zum einwandfreien Einbau der Kurbelwellenlagerschalen in den Zylinderblock und auch in die Hauptlagerdeckel in der Werkstatt Spezialwerkzeuge benutzt werden. Mit etwas Geschick wird man jedoch in der Lage sein die Schalen einzubauen.

- Zylinderblock in einen Montagestand einspannen oder auf eine Werkbank aufsetzen.
- Den Zylinderblock so ausrichten, dass die offene Seite nach oben steht, und die Hauptlagerschalen **mit Ölschmiernuten** in die Lagerbohrungen und die Lager **ohne Ölschmiernuten** in die entsprechenden Hauptlagerdeckel einlegen. Die Endflächen der Lagerschalen müssen an der Zylinderblockfläche und der Lagerdeckelfläche genau bündig abschneiden.
- Die Hauptlagerzapfen und Kurbelzapfen der Welle einölen und die Kurbelwelle vorsichtig in die Lager heben. Die Welle einige Male durchdrehen, damit sich die Zapfen gut in den Schalen einspielen können.
- Die Hauptlagerdeckel entsprechend ihrer Kennzeichnung aufsetzen. Dabei muss man auch die eingezeichneten Pfeile beachten, welche in Bild 83 mit (1) bezeichnet sind. Die Deckel gut mit einem Gummihammer anschlagen. Die Schrauben gleichmäßig und über Kreuz auf 20 Nm anziehen und aus der Endstellung um weitere 80° im Winkelanzug nachziehen.
- Die Kurbelwelle einige Male durchdrehen, um Klemmstellen festzustellen. Die Welle kann frei gemacht werden, indem man mit einem Gummihammer einige Male auf die Lagerdeckel schlägt.

Das Axialspiel der Kurbelwelle mit einer Messuhr ausmessen, welche in ähnlicher Weise wie in Bild 80 gezeigt am Zylinderblock montiert wird. Axialspiel wie beim obigen Motor beschrieben ausmessen. Der an der Messuhr angezeigte Wert muss in diesem Fall zwischen 0,045 - 0,235 mm liegen.

■ Die Kolben montieren und die Pleuellagerdeckel an den Pleuelstangen anschrauben, wie es im betreffenden Kapitel beschrieben ist. Die Lagerdeckel der Pleuelstangen entsprechend der eingezeichneten Markierungen aufsetzen. Die Schrauben werden zuerst mit 14 Nm und beim zweiten Durchgang im Winkelanzug 39° ± 6° weiter angezogen. Diesen »ungeraden« Winkel kann man mit einer Gradscheibe herstellen. Gewinde der Schrauben und Unterseite der Schraubenköpfe einölen.

■ Den Deckel des hinteren Dichtringes ringsherum an der Dichtfläche mit einer 1,3 mm breiten Wulst Dichtungsmasse einschmieren (in der Werkstatt wird Rhodorseal 5661 benutzt), den Deckel am Zylinderblock anbringen und die Schrauben eindrehen und anziehen. Dabei ist unbedingt die in Bild 84 gezeigte Reihenfolge einzuhalten.

■ Die Dichtfläche der Wasserpumpe ähnlich wie in Bild 81 gezeigt mit einer 1,3 mm breiten Wulst Dichtungsmasse einschmieren (Rhodorseal 5661) und die Pumpe montieren. Schrauben mit 9 Nm anziehen. Auf die Pumpe gesehen die oberen Schrauben (Ölwannenseite liegt unten) von links nach rechts und danach die unteren Schrauben von rechts nach links anziehen.

■ Falls ausgeschraubt den Öldruckschalter mit neuem Dichtring einschrauben.

■ An der Stirnseite des Motors die Ölpumpe montieren. Die Pumpe wird durch zwei Mitnehmer an der Kurbelwelle angetrieben und muss entsprechend aufgesteckt werden. Zuerst wird jedoch wieder die Dichtfläche mit einer Wulst Dichtungsmasse versehen (Rhodorseal 5661), dieses Mal jedoch wie es in Bild 82 gezeigt ist. Die Pumpe gegen den Zylinderblock ansetzen (auf einwandfreien Eingriff achten) und die Schrauben mit 9 Nm anziehen. Schrauben über Kreuz anziehen.

■ Einen neuen Öldichtring vorsichtig in die Bohrung des Ölpumpengehäuses und über die Kurbelwelle schlagen. Eine Einziehhülse, in der Form eines Rohrstücks, wird zum Einziehen benutzt, d. h. man kann ein entsprechendes Rohr geeigneten Durchmessers benutzen. Das Rohr wird über den Dichtring gesetzt und der Dichtring wird eingeschlagen.

■ Einen neuen Öldichtring an der Außenseite mit Fett und an der Dichtlippe mit Öl einschmieren und vorsichtig in den Zylinderblock und über die Kurbelwelle schlagen. Hier eignet sich ein Schlagdorn zur Montage.

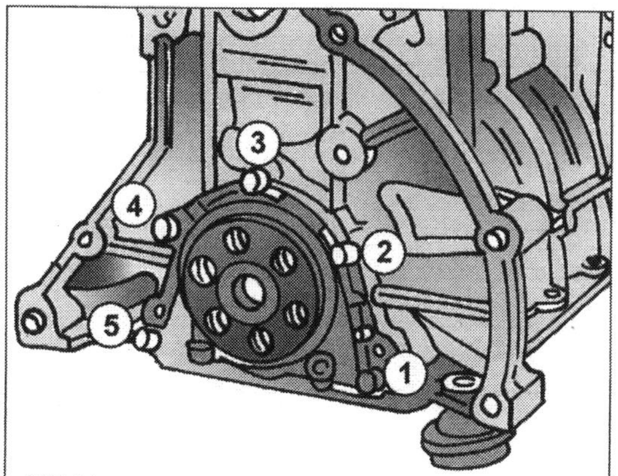

Bild 84

Bild 84
Die Schrauben des Öldichtringträgers in gezeigter Nummernreihenfolge anziehen.

■ Einen neuen O-Dichtring in die Öffnung des Ölansaugrohres einsetzen (gut eingeölt) und das Ansaugrohr ansetzen und anschrauben (9 Nm).

■ Die Ölwanne montieren. Obwohl die Ölwanne ursprünglich mit Dichtungsmasse montiert war, muss man bei der Neumontage eine Dichtung verwenden. Die Dichtflächen von Ölwanne und Zylinderblock gut reinigen, Dichtung mit etwas Fett ankleben und die Ölwanne ansetzen. Die Schrauben der Reihe nach ringsherum und gleichmäßig mit 10 Nm anziehen.

■ Das Schwungrad montieren. Neue Schrauben gleichmäßig ringsherum mit 18 Nm anziehen und aus der Endstellung ringsherum im Winkelanzug um weitere 110° ± 6° anziehen. Eine Gradscheibe sollte benutzt werden. Andernfalls muss man den Winkel, von einer Viertelumdrehung ausgegangen (90°), entsprechend schätzen. Der Schlag des Schwungrades kann ausgemessen werden.

■ Mitnehmerscheibe und Kupplungskörper montieren (siehe betreffendes Kapitel).

■ Den zusammengebauten Zylinderkopf jetzt montieren, wie es später unter getrennter Überschrift beschrieben wird.

■ Als Nächstes wird der Steuerriemen eingebaut. Auch diese Arbeit wird später getrennt beschrieben.

■ Den Zahnriemenschutzdeckel montieren.

■ Drehstromlichtmaschine und Antriebsriemen einbauen.

■ Ventile einstellen, wie es später für diesen Motor beschrieben ist.

■ Alle anderen Arbeiten in umgekehrter Reihenfolge wie beim Zerlegen durchführen.

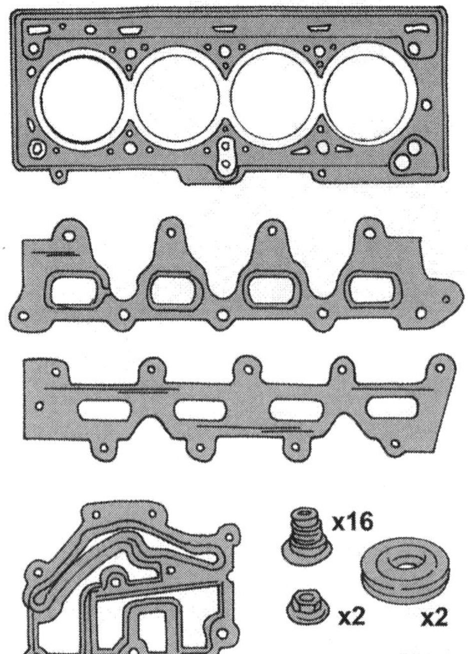

Bild 85

Bild 85
Den gezeigten Dichtungssatz vor Zusammenbau des Motors besorgen.

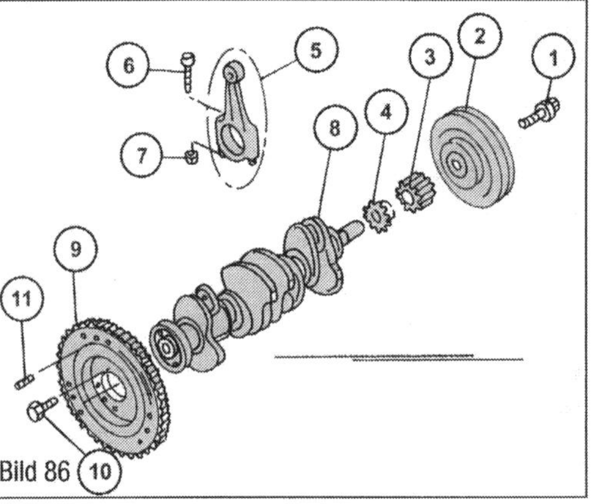
Bild 86

Bild 86
Der Kurbeltrieb eines »K«-Motors.
1 *Schraube, Riemenscheibe und Steuerrad der Kurbelwelle*
2 *Kurbelwellenriemenscheibe*
3 *Kurbelwellensteuerrad*
4 *Antriebsrad der Ölpumpe*
5 *Pleuelstange*
6 *Pleuelschraube*
7 *Mutter, Pleuellager*
8 *Kurbelwelle*
9 *Schwungrad*
10 *Schwungradschraube*
11 *Passstift*

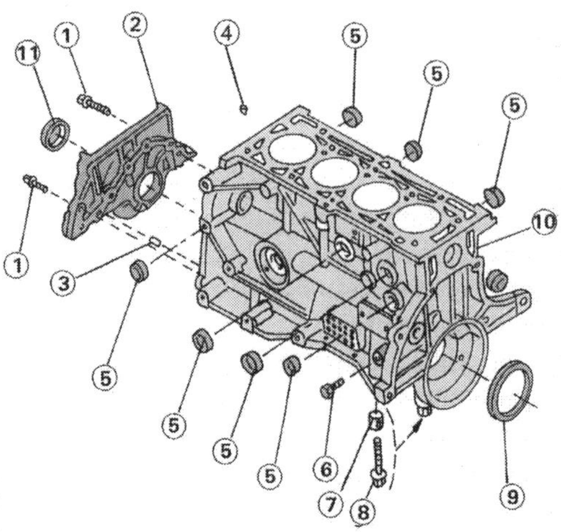
Bild 87

Bild 87
Die Teile an der Außenseite des Zylinderblocks.
1 *Schraube, vorderer Deckel*
2 *Vorderer Deckel*
3 *Passstift, vorderer Deckel*
4 *Passstift, Zylinderkopfführung*
5 *Kernlochstopfen*
6 *Schraube*
7 *Abstandsstück*
8 *Schraube*
9 *Hinterer Kurbelwellendichtring*
10 *Zylinderblock*
11 *Vorderer Kurbelwellendichtring*

Zusammenbau 1.4- und 1.6 Liter-Motor (Typ K)

Die folgenden Hinweise gelten für diese Motoren, falls größere Reparaturen durchgeführt wurden:

- Alle Dichtringe, die Schwungradschrauben, die Zylinderkopfschrauben und die Schrauben der Hauptlagerdeckel müssen immer erneuert werden.
- Die Durchmesser der Kurbelwellenhauptlager sind in der Außenseite des Zylinderblocks angegeben. Die Erkennung der Durchmesser ist jedoch eine Arbeit für eine Werkstatt, auf welche nicht weiter eingegangen werden soll.
- Falls der ursprüngliche Zylinderblock wieder zusammengebaut wird, müssen die Vorbereitungs- und Reparaturarbeiten entsprechend den bereits angegebenen Anweisungen durchgeführt werden.
- Ehe man mit dem Zusammenbau des Motors beginnt, muss man sich einen Satz der erforderlichen Dichtungen besorgen, welcher aus den in Bild 85 gezeigten Teilen besteht.
- Die im folgenden Text genannten Dichtungsmassen muss man sich vor Zusammenbau des Motors besorgen. Besonders wichtig ist, dass man beim Einbau der Nockenwellen die richtige Dichtungsmasse benutzt.
- Die folgende Beschreibung setzt voraus, dass der Motor vollkommen zerlegt ist. Falls neue Kolben eingebaut werden sollen, muss man unter der entsprechenden Überschrift darüber nachlesen.

Der Zusammenbau erfolgt nach dem folgenden Schema: Zuerst wird die Kurbelwelle eingebaut, deren Lagerung in Bild 86 zu sehen ist. In Bild 87 sind die Teile des Zylinderblocks gezeigt. Mit Hilfe der beiden Abbildungen werden Sie durchaus in der Lage sein, den Motor wieder zusammenzubauen.

☞ Zu beachten sind die Unterschiede beim Einbau der Pleuelstangen und der Kurbelwelle, welche untenstehend getrennt beschrieben sind.

Zylinderblock in einen Montagestand einspannen oder auf eine Werkbank aufsetzen. Als Erstes die Hauptlagerschalen auf der Rückseite kontrollieren. Die Lagerschalen bestimmen den Einbau:

Falls die Lagerschalen mit Führungsnasen versehen sind (vor allem beim 1.4-Liter-Motor)

■ Den Zylinderblock so ausrichten, dass die offene Seite nach oben steht, und die Hauptlagerschalen **ohne Ölschmiernuten** in die Lagerbohrungen 1, 3 und 5 und die Lager **mit Ölschmiernuten** in die Lagerbohrungen 2 und 4 einlegen. Die Lagerschalen gut einölen.

■ Die Anlaufhalbscheiben links und rechts am Lager Nr. 3 anlegen. Die Schmiernuten der Scheiben kommen zur Seite der Kurbelwellenwange.

■ Die Hauptlagerzapfen und Kurbelzapfen der Welle einölen und die Kurbelwelle vorsichtig in die Lager heben. Die Welle einige Male durchdrehen, damit sich die Zapfen gut in den Schalen einspielen können.

■ Die Lagerschalen **ohne Ölschmiernuten** in die Hauptlagerdeckel der Deckel 1, 3 und 5 einlegen, die Schalen **mit Ölschmiernuten** in die Lager 2 und 4. Die Schalen gut einölen.

■ Die Hauptlagerdeckel entsprechend ihrer Kennzeichnung aufsetzen. Die Deckel sind von 1 bis 5 gezeichnet. Die Deckel gut mit einem Gummihammer anschlagen. Beim Einbau ist jedoch zu beachten, dass der Lagerdeckel Nr. 1 an der Auflagefläche mit Dichtungsmasse eingeschmiert werden muss, wie es in Bild 88 gezeigt ist. In der Werkstatt wird eine spezielle Dichtungsmasse benutzt (Rhodorseal 5661). Die Schrauben gleichmäßig und über Kreuz auf 25 Nm anziehen und aus der Endstellung um weitere 47° ± 5° nachziehen. Zum Anziehen wird ein Torx-Kopf-Schlüsseleinsatz mit einem Durchmesser von 14 mm benutzt.

■ Die Kurbelwelle einige Male durchdrehen, um Klemmstellen festzustellen. Die Welle kann frei gemacht werden, indem man mit einem Gummihammer einige Male auf die Lagerdeckel schlägt.

Axialspiel der Kurbelwelle mit einer Messuhr ausmessen, welche in ähnlicher Weise wie in Bild 89 gezeigt am Zylinderblock montiert wird. Den Taststift gegen den Flansch der Kurbelwelle anlegen und die Welle mit einem Hammerstiel, zwischen der ersten Kurbelkröpfung und dem Kurbelgehäuse eingesetzt, hin- und herbewegen. Der an der Messuhr angezeigte Wert muss zwischen 0,045 - 0,85 mm liegen, falls die alte Welle wieder eingebaut wird. Werden

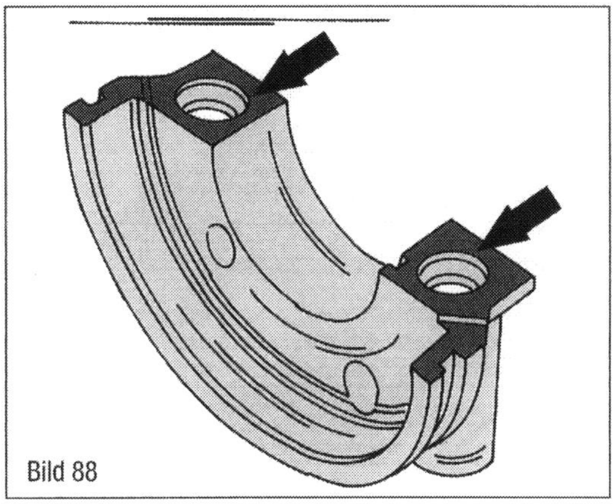
Bild 88

Bild 88
Die gezeigten Flächen mit der im Text erwähnten Dichtungsmasse einschmieren.

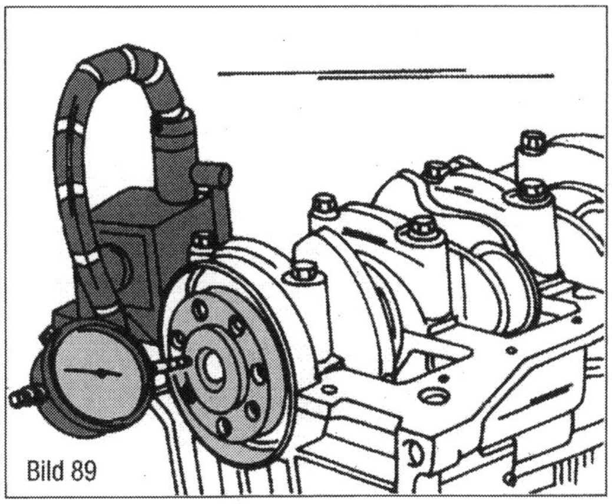
Bild 89

Bild 89
Kontrolle des Axialspiels der Nockenwellen mit einer Messuhr.

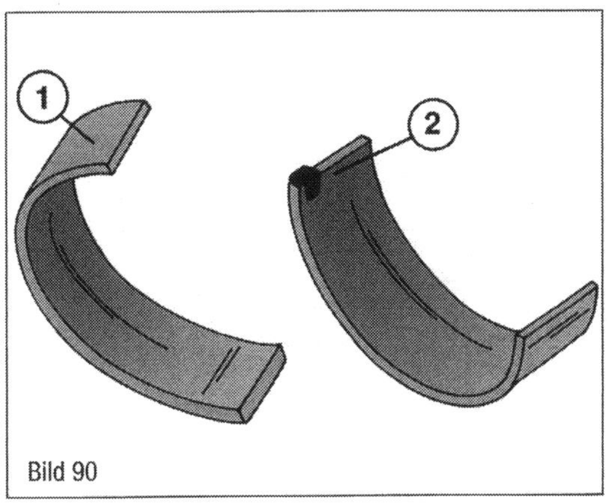

Bild 90

Bild 90
Ansicht der Lagerschalen mit und ohne Führungsnasen.

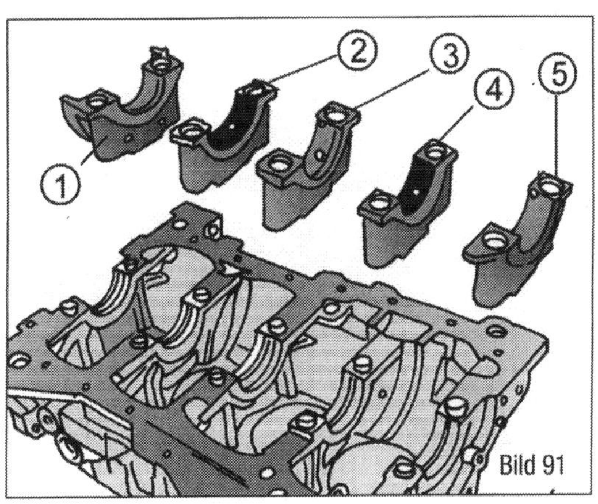

Bild 91

Bild 91
Ansicht der Hauptlagerdeckel 1 bis 5. Die Lagerschalen entsprechend einlegen.

Neuteile verwendet, darf die Höchstgrenze 0,25 mm nicht überschreiten. Falls nötig die beiden Anlaufhalbscheiben am zweiten Hauptlager in ihrer Stärke verändern, um das Axialspiel herzustellen. Scheiben stehen in mehreren Stärken zur Verfügung, und die entsprechende Stärke ist zu bestimmen.

Falls keine Führungsnasen auf der Rückseite der Lagerschalen zu sehen sind (siehe auch Bild 90)

Falls Lagerschalen erneuert werden müssen, empfehlen wir, dass man den Zylinderblock zusammen mit der Kurbelwelle in eine Werkstatt bringt, um die Welle einbauen zu lassen. Eine Art Spannwerkzeug, mit welchem die Schalen in die Bohrungen gedrückt werden, wird zu der Arbeit gebraucht. Zu beachten ist jedoch zuerst die Einbauweise der Lagerschalen, falls die alten Schalen benutzt werden:

- Lagerschalen **mit Ölschmiernuten** kommen in alle Lagerbohrungen des Zylinderblocks.
- Lagerschalen **mit Ölschmiernuten** kommen in die Hauptlagerdeckel Nr. 2 und Nr. 4, Lagerschalen **ohne Ölschmiernuten** kommen in die Hauptlagerdeckel Nr. 1, 3 und 5. Nr. 1 befindet sich am Schwungradende (siehe Bild 91).
- Die Kolben montieren und die Pleuellagerdeckel an den Pleuelstangen anschrauben, wie es im betreffenden Kapitel beschrieben ist.

Darauf achten, dass die V-Zeichen in den Kolbenböden zur Schwungradseite des Motors weisen. Falls man die Pfeile nicht sehen kann, muss die Ölkohle vorsichtig abgekratzt werden (beim Einbau der ursprünglichen Kolben). Die Schrauben werden zuerst mit 10 Nm und beim zweiten Durchgang mit 43 Nm angezogen. Gewinde der Schrauben und Unterseite der Schraubenköpfe einölen.

- Die Ölpumpe montieren (siehe betreffendes Kapitel).
- Den Deckel an der Stirnseite des Motors montieren. Die Deckelfläche muss mit »Loctite 518« abgedichtet werden, jedoch darf die Wulst der Dichtungsmasse nicht breiter als 1,0 mm sein. Bild 92 veranschaulicht, wie man die Dichtungsmasse um die Schraubenlöcher herum aufträgt. Die Außenseiten beider Seiten des Deckels werden an Stellen (2) mit Dichtungsmasse Rhodorseal 5661 eingeschmiert.

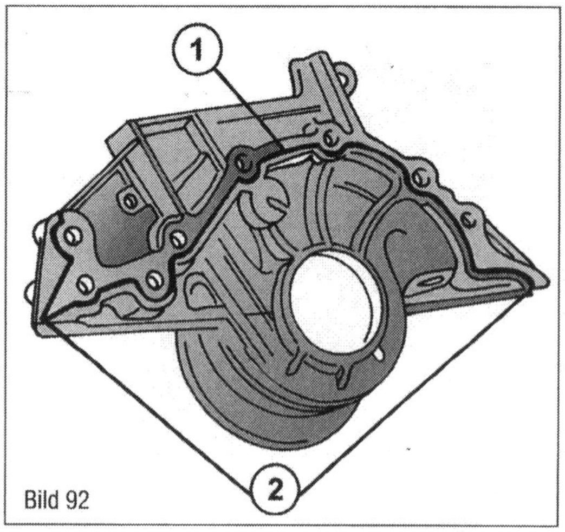

Bild 92
Eine Wulst Dichtungsmasse (1) in der gezeigten Weise auf den Dichtringträger an der Vorderseite des Zylinderblocks auftragen (Loctite 518). An Stellen (2) wird eine unterschiedliche Dichtmasse aufgetragen (siehe Text).

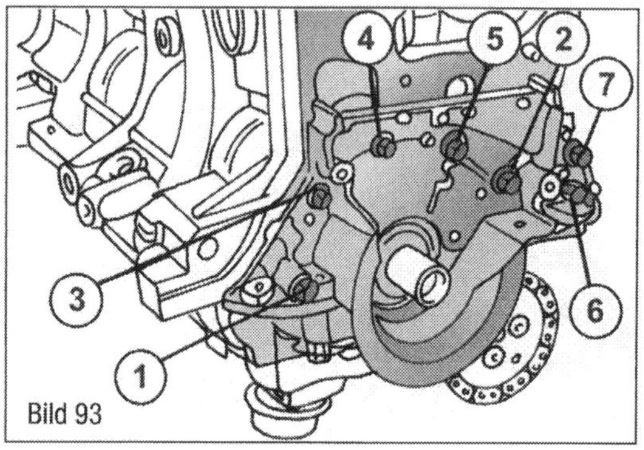

Bild 93
Anzugsreihenfolge des Dichtringträgers an der Vorderseite der Kurbelwelle.

Bild 94
Einschlagen des Öldichtringes an der Vorderseite des Motors mit dem Spezialwerkzeug. Aus dem Bild kann man ersehen, wie ein guter Schlagdorn angesetzt werden kann.

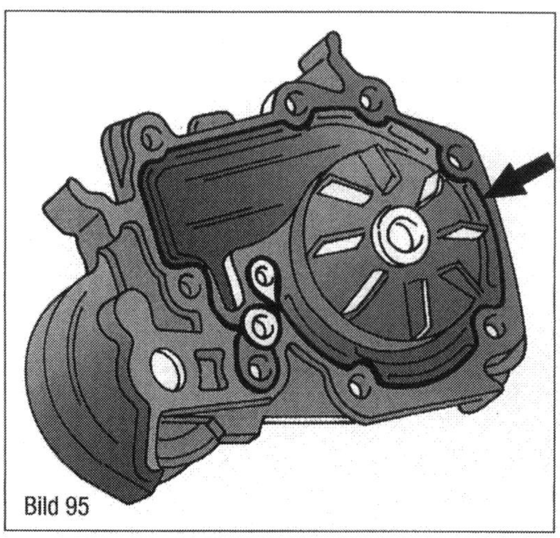

Bild 95
Dichtungsmasse in der gezeigten Weise auf die Dichtfläche der Wasserpumpe auftragen.

■ Nach Aufsetzen des Deckels die Schrauben eindrehen und in der in Bild 93 gezeigten Reihenfolge mit 11 Nm anziehen.
■ Den vorderen Dichtring montieren. Die Dichtlippe und die Außenseite des Dichtringes mit Motoröl einschmieren und den Ring gerade einschlagen. Normalerweise wird ein Spezialschlagdorn dazu verwendet. Dieser hat die Form eines Rohrstücks, welches auf die Außenseite des Dichtringes aufgesetzt wird, wie man es in Bild 94 sehen kann. Den Dichtring beim Einschlagen nicht beschädigen.
■ Den hinteren Dichtring der Kurbelwelle einziehen. Wiederum wird als Werkzeug ein Spezialdorn verwendet, kann jedoch durch einen entsprechenden Schlagdorn ersetzt werden. Alles überschüssige Öl abwischen.
■ Ölwanne montieren, wie es im betreffenden Kapitel beschrieben wird.
■ Das Schwungrad montieren. Neue Schrauben gleichmäßig ringsherum mit 50 - 55 Nm anziehen.
■ Mitnehmerscheibe und Kupplungskörper montieren (siehe betreffendes Kapitel).
■ Wasserpumpe montieren. Wiederum wird »Loctite 518« gebraucht. Die Wulst der Dichtungsmasse wird in diesem Fall wie in Bild 95 aufgetragen (nicht breiter als 0,6 bis 1,0 mm).
■ Die M6- und M8-Schrauben der Wasserpumpe zuerst auf 8 Nm anziehen. Danach die kleinen Schrauben mit 11 Nm und die großen Schrauben mit 22 Nm anziehen. Dabei ist die in Bild 96 gezeigte Reihenfolge zu beachten. Außerdem müssen die Gewinde der Schrauben 1 und 4 der Wasserpumpe mit »Loctite«-Gewindesicherungsmittel eingeschmiert werden. Nach Einbau der Pumpe die Spannrolle für den Zahnriemen auf den neben der Pumpe sitzenden Lagerzapfen montieren. Den Geber für den Ölstand in der Ölwanne einschrauben. Ansichten der Teile können Bildreihe 71 entnommen werden.
■ Das Steuerrad der Kurbelwelle aufschlagen.
■ Den zusammengebauten Zylinderkopf jetzt unter Verwendung neuer Schrauben montieren, wie es im betreffenden Kapitel für diesen Motor beschrieben ist. Nach Einbau des Kopfes den unteren Einlassverteiler aufsetzen und mit 20 Nm anziehen. Dies ist das in Bild 97 gezeigte Teil. Dabei ist auf einwandfreie Flucht zwischen dem Verteilergehäuse und dem Zylinderkopf auf der Steuerseite und der Oberfläche des Verteilergehäuses und dem Zylinderkopf zu achten. Erst dann die Schrauben anziehen.

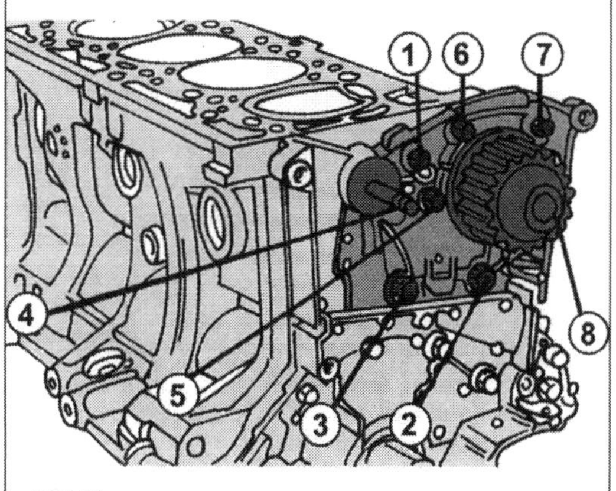

Bild 96

Bild 96
Befestigung der Wasserpumpe. Die Zahlen geben die Anzugsreihenfolge der Schrauben an. Links auf den Zapfen wird die Zahnriemenspannrolle montiert.

Bild 97

Bild 97
Das gezeigte Teil ist der untere Ansaugluftverteiler.

Bild 98
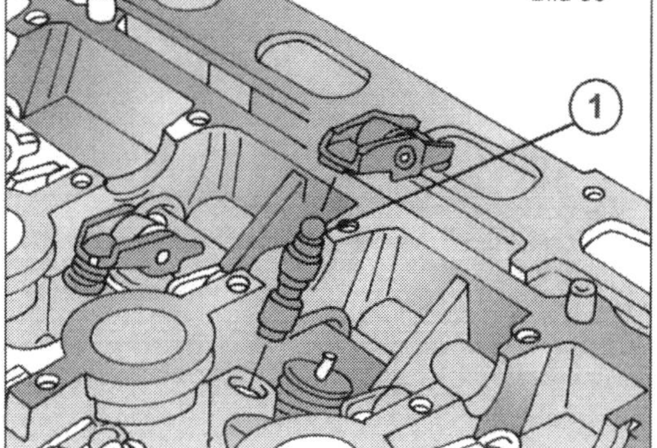

Bild 98
Zum Einbau der hydraulischen Stößel (1) und Kipphebel.

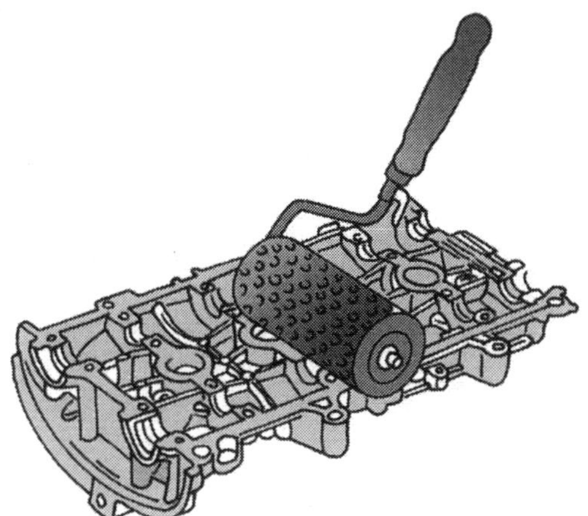
Bild 99

Bild 99
Die im Text genannte Dichtungsmasse wird in der gezeigten Weise aufgetragen.

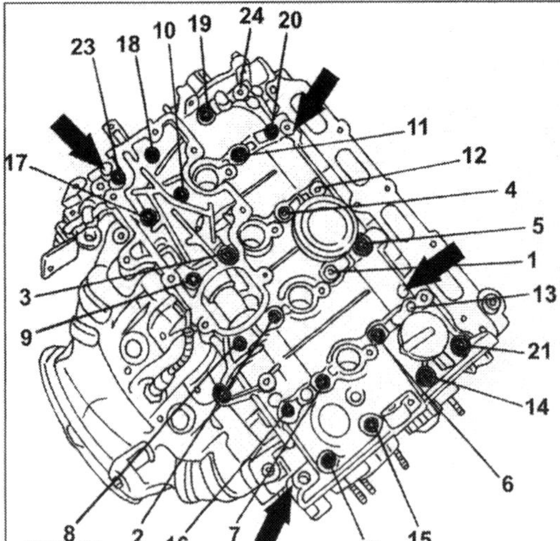

Bild 100

Bild 100
Zum Aus- und Einbau der Zylinderkopfhaube. Die Zahlen geben die Anzugsreihenfolge an. Beim Lösen in umgekehrter Reihenfolge vorgehen. An den Pfeilstellen muss man mit einem Gummihammer dagegenschlagen, um die Haube zu lösen.

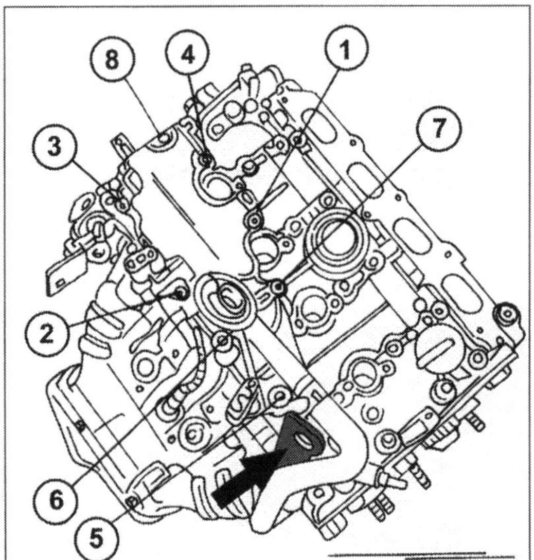

Bild 101

Bild 101
Montage des Ölabscheiders. Die Schrauben in der Zahlenreihenfolge festziehen und die Hebeöse (Pfeil) anschrauben.

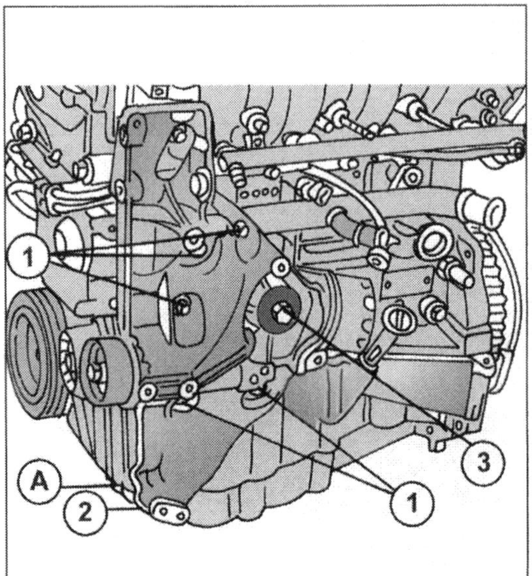

Bild 102

Bild 102
Montage des Aggregateträgers. Der Träger muss an der Stelle A gegen die Ölwanne anliegen. Unterschiedliche Anzugsdrehmomente sind zu beachten.
1 53 Nm
2 21 Nm
3 11 Nm

■ Das Kühlmittelgehäuse mit einer neuen Dichtung auf der Schwungradseite des Zylinderkopfes anschrauben.

■ Auspuffkrümmer montieren. Die Schrauben von innen nach außen in mehreren Stufen auf 18 Nm anziehen. Neue Dichtung verwenden. Das Wärmeschutzblech anschrauben (10 Nm) und die Lambda-Sonde in den Krümmer einschrauben (45 Nm). Die Stütze zwischen dem Auspuffkrümmer und dem Zylinderblock und das Abstandsstück auf der gleichen Seite montieren.

■ Die hydraulischen Stößel der Reihe nach in die Bohrungen einsetzen und die Kipphebel montieren, wie es in Bild 98 zu sehen ist. Zu beachten ist, dass die Stößel nach einer bestimmten Zeit ihr Öl verlieren. Um die Stößel zu kontrollieren, kann man mit dem Daumen auf das Kugelende an der Oberseite drücken. Falls sich der Kolben sofort nach unten bewegt, kann man die Stößel in Dieselöl einlegen, um sie für den späteren Betrieb wieder fertig zu machen.

■ Die beiden Nockenwellen an den Lagerstellen gut einölen und in den Zylinderkopf einlegen. **Hierbei beachten:** Kein Öl darf dabei auf die Dichtfläche für die Zylinderkopfhaube kommen. Die Nockenwellen, welche beide gleich aussehen, kann man verwechseln. In der Nähe des Endes mit dem Mitnehmerschlitz ist eine Kennzeichnung zu sehen. Wichtig dabei sind die beiden letzten Buchstaben. Die Kennzeichnung »AM« bedeutet Einlassnockenwelle, die Kennzeichnung »EM« Auslassnockenwelle. Die beiden Nockenwellen durchdrehen, bis die beiden Mitnehmerschlitze waagerecht in der in Bild 72 gezeigten Stellung stehen. Die Dichtfläche auf der Oberseite des Zylinderkopfes muss vollkommen frei von Fett oder Öl sein. Nach Reinigung auch keine Fingerflecken hinterlassen.

■ Die Dichtungsmasse Loctite 518 muss jetzt auf die Dichtfläche der Zylinderkopfhaube aufgetragen werden. Das Auftragen erfolgt in der in Bild 99 gezeigten Weise. Laut Renault ändert sich die Farbe der Dichtungsmasse ins Rötliche. Die Zylinderkopfhaube aufsetzen und mit einem Gummihammer anschlagen. Die Schrauben der Haube werden jetzt unter Bezug auf Bild 100 angezogen:

– Die Schrauben 22, 23. 20 und 13 mit 8 Nm anziehen.

– Die Schrauben 1 bis 12, 14 bis 19 und 21 und 24 mit 12 Nm anziehen.

– Die Schrauben 22, 23, 20 und 13 lockern.
– Die Schrauben 22, 23, 20 und 13 mit 12 Nm anziehen.

■ Den Ölabscheider unter Bezug auf Bild 101 montieren. Die Dichtflächen müssen wieder frei von Öl oder Fett sein. Dichtungsmasse Loctite 518 ähnlich wie in Bild 99 gezeigt auftragen, bis sie wieder rötlich wird. Den Ölabscheider schnell aufsetzen, die Schrauben eindrehen und alle Schrauben in der gezeigten Zahlenreihenfolge mit 13 Nm anziehen. Nach Einbau die Hebeöse (Pfeil) anschrauben.

■ Zündspulen montieren (13 Nm) und das Ansaugsammelrohr anschrauben (9 Nm). Das Sammelrohr von innen nach außen in mehreren Durchgängen anziehen. Drosselklappengehäuse (13 Nm), Luftfiltereinheit (9 Nm) anschrauben.

■ Neue Dichtringe für die Nockenwellen einziehen. Dazu kann man ein Stück Rohr verwenden, dieses über die Gewindezapfen auflegen, eine große Scheibe auf das Rohr legen und die alten Muttern auf die Gewindezapfen schrauben und festziehen, bis der Dichtring in der richtigen Lage sitzt. Beide Radialdichtringe in dieser Weise montieren.

■ Als Nächstes wird der Steuerriemen eingebaut und gespannt. Die Anweisungen werden unter getrennter Überschrift beschrieben.

■ Kühlmittelleitung mit einer neuen Abdichtung anbringen und den Aggregateträger an der Vorderseite montieren. Da die Schrauben ein unterschiedliches Anzugsdrehmoment verlangen, muss man sich an Bild 102 halten. Vor Anziehen der Schrauben kontrollieren, dass der Träger die Ölwanne an der Stelle A berührt. Die Anzugsdrehmomente sind in der Bildlegende angegeben.

■ Kompressor montieren (21 Nm), Lichtmaschine anschrauben (21 Nm), Lenkhilfspumpe anschrauben (21 Nm) und den Antriebsriemen anbringen, wie es unter der betreffenden Überschrift beschrieben wird.

Zusammenbau 2.0-Liter-Motor

Alles was beim Zusammenbau der anderen Motoren gesagt wurde, gilt ebenfalls für diesen Motor.

■ Ehe man mit dem Zusammenbau des Motors beginnt, muss man sich die für den Motor passenden Dichtungen besorgen. Diese sehen ähnlich wie in Bild 85 gezeigt aus.

■ Die im folgenden Text genannten Dichtungsmassen muss man sich vor Zusammenbau des Motors besorgen. Besonders wichtig ist, dass man beim Einbau der Nockenwellen die richtige Dichtungsmasse benutzt.

■ Die folgende Beschreibung setzt voraus, dass der Motor vollkommen zerlegt ist. Falls neue Kolben eingebaut werden sollen, muss man unter der entsprechenden Überschrift darüber nachlesen.

Der Zusammenbau erfolgt nach dem folgenden Schema: Zuerst wird die Kurbelwelle eingebaut, deren Teile in Bild 103 zu sehen sind. Soweit der Zylinderblock betroffen ist, können Sie sich an Bild 87 halten. Mit Hilfe der beiden Abbildungen werden Sie durchaus in der Lage sein, den Motor wieder zusammenzubauen.

■ Zylinderblock in einen Montagestand einspannen oder auf eine Werkbank aufsetzen.

■ Den Zylinderblock so ausrichten, dass die offene Seite nach oben steht, und die Hauptlagerschalen **ohne Ölschmiernuten** in die Lagerbohrungen 1, 3 und 5 und die Lager **mit Ölschmiernuten** in die Lagerbohrungen 2 und 4 einlegen. Die Lagerschalen gut einölen.

■ Die Anlaufhalbscheiben links und rechts am Lager Nr. 3 anlegen. Die Schmiernuten der Scheiben kommen zur Seite der Kurbelwellenwange.

■ Die Hauptlagerzapfen und Kurbelzapfen der Welle einölen und die Kurbelwelle vorsichtig in die Lager heben. Die Welle einige Male durchdrehen, damit sich die Zapfen gut in den Schalen einspielen können.

■ Die Lagerschalen **ohne Ölschmiernuten** in die Hauptlagerdeckel der Deckel 1, 3 und 5 einlegen, die Schalen **mit Ölschmiernuten** in die Lager 2 und 4. Die Schalen gut einölen.

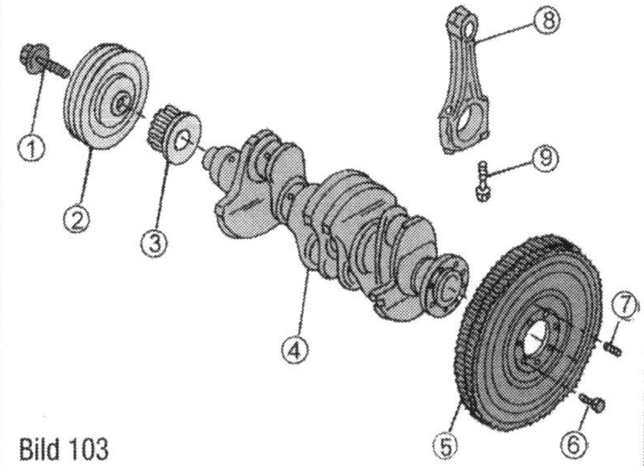

Bild 103

Bild 103
Die Teile der Kurbelwelle.
1 Schraube für Steuerrad
2 Kurbelwellenriemenscheibe
3 Steuerrad der Kurbelwelle
4 Kurbelwelle
5 Schwungrad
6 Schwungradschrauben
7 Passstift
8 Pleuelstange
9 Pleuellagerschraube

■ Die Hauptlagerdeckel entsprechend ihrer Kennzeichnung aufsetzen. Die Deckel sind von 1 bis 5 gezeichnet. Die Deckel gut mit einem Gummihammer anschlagen. Beim Einbau ist jedoch zu beachten, dass der Lagerdeckel Nr. 1 an der Auflagefläche mit Dichtungsmasse eingeschmiert werden muss, wie es in Bild 88 zu sehen ist. In der Werkstatt wird eine spezielle Dichtungsmasse benutzt (Rhodorseal 5661). Die Schrauben gleichmäßig und über Kreuz auf 25 Nm anziehen und aus der Endstellung um weitere 47° ± 5° nachziehen. Zum Anziehen wird ein Torx-Kopf-Schlüsseleinsatz mit einem Durchmesser von 14 mm benutzt.

■ Die Kurbelwelle einige Male durchdrehen, um Klemmstellen festzustellen. Die Welle kann frei gemacht werden, indem man mit einem Gummihammer einige Male auf die Lagerdeckel schlägt.

Das Axialspiel der Kurbelwelle mit einer Messuhr ausmessen (siehe Bild 89 und entsprechende Beschreibung). Bei diesem Motor beträgt das Axialspiel 0,07 bis 0,23 mm. Werden Neuteile verwendet, darf die Höchstgrenze 0,25 mm nicht überschritten werden. Falls nötig die beiden Anlaufhalbscheiben am zweiten Hauptlager in ihrer Stärke verändern, um das Axialspiel herzustellen. Scheiben stehen in mehreren Stärken zur Verfügung, und die entsprechende Stärke ist zu bestimmen.

■ Die Kolben montieren und die Pleuellagerdeckel an den Pleuelstangen anschrauben, wie es im betreffenden Kapitel beschrieben ist. Darauf achten, dass die V-Zeichen in den Kolbenböden zur Schwungradseite des Motors weisen. Falls man die Pfeile nicht sehen kann, muss die Ölkohle vorsichtig abgekratzt werden (beim Einbau der ursprünglichen Kolben). Die Schrauben werden zuerst mit 10 Nm und beim zweiten Durchgang mit 43 Nm angezogen. Gewinde der Schrauben und Unterseite der Schraubenköpfe einölen.

■ Die Ölpumpe montieren (siehe betreffendes Kapitel). Die Schrauben mit 22 - 27 Nm anziehen.

■ Den Deckel an der Stirnseite des Motors montieren. Die Deckelfläche muss mit »Loctite 518« abgedichtet werden, jedoch darf die Wulst der Dichtungsmasse nicht breiter als 1,0 mm sein. Wie in Bild 92 gezeigt, muss man die Dichtungsmassen um die Schraubenlöcher herum auftragen. Die Außenseiten des Deckels werden an Stellen (2) mit Dichtungsmasse Rhodorseal 5661 eingeschmiert.

■ Nach Aufsetzen des Deckels die Schrauben eindrehen. Die Schrauben werden in einer bestimmten Reihenfolge angezogen, für welche Bild 93 gilt. In Bild 104 sind der untere Deckel sowie der Deckel an der Vorderseite des Zylinderkopfes gezeigt.

■ Den vorderen Dichtring montieren (siehe Bild 94 und entsprechende Beschreibung bei den anderen Motoren des Typs »K«).

■ Den hinteren Dichtring der Kurbelwelle einziehen (siehe entsprechende Beschreibung bei den anderen Benzinmotoren des Typs »K«).

■ Ölwanne montieren, wie es im betreffenden Kapitel beschrieben wird.

■ Das Schwungrad montieren. Neue Schrauben gleichmäßig ringsherum mit 50 - 55 Nm anziehen. Der Schlag des Schwungrades kann ausgemessen werden.

■ Mitnehmerscheibe und Kupplungskörper montieren (siehe betreffendes Kapitel).

■ Wasserpumpe montieren. Wiederum wird »Loctite 518« gebraucht. Die Wulst der Dichtungsmasse wird in diesem Fall wie in Bild 95 gezeigt aufgetragen (nicht breiter als 0,6 bis 1,0 mm). Die M6- und M8-Schrauben zuerst auf 8 Nm anziehen. Danach die kleinen Schrauben mit 11 Nm und die großen Schrauben mit 22 Nm anziehen. Dabei ist die in Bild 77 gezeigte Reihenfolge zu beachten. Außerdem müssen die Gewinde der Schrauben 1 und 4 der Wasserpumpe mit »Loctite«-Gewindesicherungsmittel eingeschmiert werden. Bild 78 zeigt, wie die Wasserpumpe am Motor montiert ist. Nach Einbau der Pumpe

Bild 104
Die Teile an der Vorderseite der Kurbelwelle.

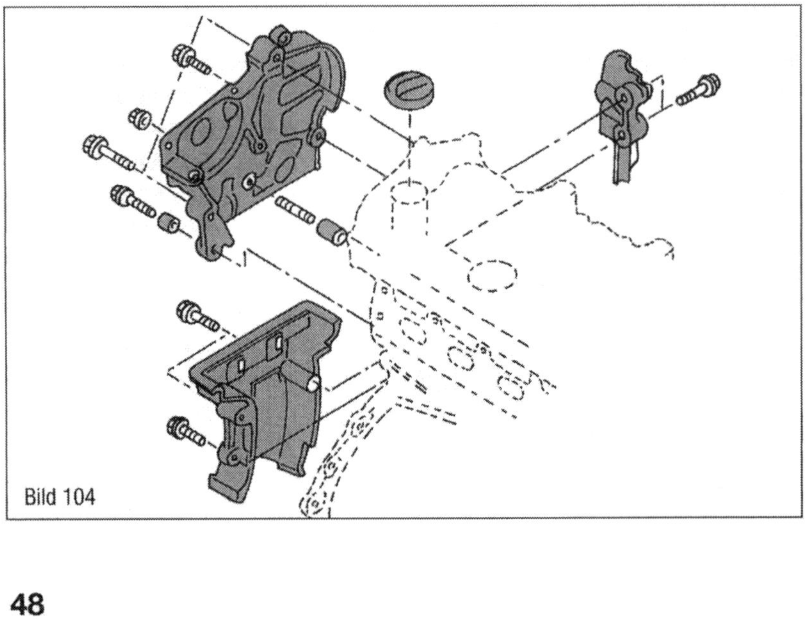
Bild 104

die Spannrolle für den Zahnriemen auf den neben der Pumpe sitzenden Lagerzapfen montieren. Den Geber für den Ölstand in der Ölwanne einschrauben.

- Das Steuerrad der Kurbelwelle aufschlagen.
- Den zusammengebauten Zylinderkopf jetzt unter Verwendung neuer Schrauben montieren, wie es im betreffenden Kapitel beschrieben ist. Nach Einbau des Kopfes den unteren Einlassverteiler aufsetzen und mit 20 Nm anziehen. Beim Einbau des Verteilergehäuses die später angegebenen Anweisungen beachten.
- Das bereits in Bild 76 gezeigte Kühlmittelgehäuse mit einer neuen Dichtung auf der Schwungradseite des Zylinderkopfes anschrauben.
- Den Auspuffkrümmer montieren. Die Schrauben von innen nach außen in mehreren Stufen auf 18 Nm anziehen. Neue Dichtung verwenden. Das Wärmeschutzblech anschrauben (10 Nm) und die Lambda-Sonde in den Krümmer einschrauben (45 Nm). Die Stütze zwischen dem Auspuffkrümmer und dem Zylinderblock und das Abstandsstück auf der gleichen Seite montieren.
- Die hydraulischen Stößel der Reihe nach in die Bohrungen einsetzen und die Kipphebel montieren (siehe Einbau des Zylinderkopfes).
- Die beiden Nockenwellen an den Lagerstellen gut einölen und in den Zylinderkopf einlegen (siehe Einbau des Zylinderblocks).
- Die Zylinderkopfhaube montieren (siehe Einbau des Zylinderkopfes).
- Den Ölabscheider montieren (siehe Einbau des Zylinderkopfes).
- Zündspulen montieren (13 Nm) und das Ansaugsammelrohr anschrauben (9 Nm). Das Sammelrohr von innen nach außen in mehreren Durchgängen anziehen. Drosselklappengehäuse (13 Nm), Luftfiltereinheit (9 Nm) anschrauben.
- Neue Dichtringe für die Nockenwellen einziehen. Dazu kann man ein Stück Rohr verwenden, dieses über die Gewindezapfen auflegen, eine große Scheibe auf das Rohr legen und die alten Muttern auf die Gewindezapfen schrauben und festziehen, bis der Dichtring in der richtigen Lage sitzt. Beide Radialdichtringe in dieser Weise montieren.
- Als Nächstes wird der Steuerriemen eingebaut und gespannt. Die Anweisungen werden unter getrennter Überschrift beschrieben.
- Kühlmittelleitung mit einer neuen Abdichtung anbringen und den Aggregateträger an der Vorderseite montieren. Da die Schrauben ein unterschiedliches Anzugsdrehmoment verlangen, muss man sich an Bild 77 halten. Vor Anziehen der Schrauben kontrollieren, dass der Träger die Ölwanne an der Pfeilstelle berührt. Die Anzugsdrehmomente sind in der Bildlegende angegeben.
- Kompressor montieren (21 Nm), Lichtmaschine anschrauben (21 Nm), Lenkhilfspumpe anschrauben (21 Nm) und den Antriebsriemen anbringen, wie es unter der betreffenden Überschrift beschrieben wird.

Zylinderkopf und Ventile

Aus- und Einbau

Der Ausbau des Zylinderkopfes wurde bereits beim Zerlegen des Motors beschrieben worden, nachdem der Motor ausgebaut wurde. Im folgenden Text wird eine kurze Beschreibung gegeben, wenn es nur erforderlich ist den Zylinderkopf auszubauen, wie dies zum Beispiel beim Erneuern der Zylinderkopfdichtung oder beim Überholen des Zylinderkopfes der Fall ist. Die Arbeiten sind bei allen Motoren unterschiedlich.

1.2-Liter-Motor mit 8 Ventilen (D7F)

Das Fahrzeug sollte vorn auf Unterstellböcke gesetzt werden, um an bestimmte Teile heranzukommen. Das Rad auf der Steuerseite des Motors muss abgeschraubt werden, da man an den Steuermechanismus kommen muss. Eine Gradscheibe zum Anziehen der Zylinderkopfschrauben und eine Zange zum Öffnen der Schlauchschellen sollten zur Verfügung stehen. Folgende Arbeiten durchführen:

- Massekabel der Batterie abklemmen und die Batterie ausbauen.
- Fahrzeug vorn auf Böcke setzen, die Schutzverkleidung an der Unterseite des Motors abschrauben. Ebenfalls die Motorhaube ausbauen (siehe Ausbau des Motors).
- Kühlanlage ablassen (Kapitel »Kühlanlage«).
- Einen Rollwagenheber unter den Motor untersetzten (Holzplanke zwischen Wagenheberkopf und Motor) und den Motor anheben, bis die Aufhängungen soeben unter Spannung stehen.

Sichtprüfung Messen

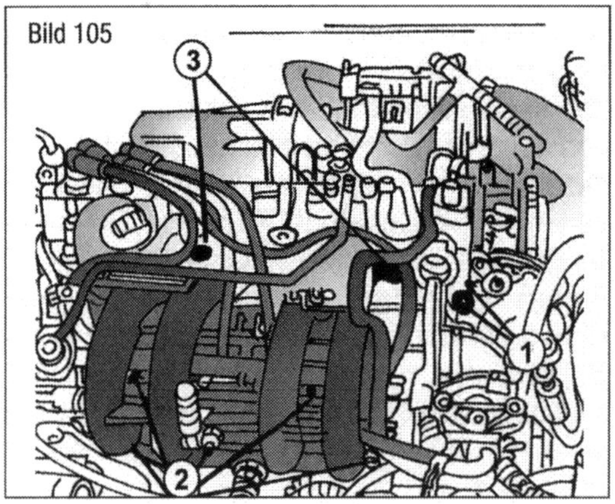

Bild 105
Ausbau des Zylinderkopfes eines 1.2-Liter-Motors mit 8 Ventilen. Teile 1 bis 3 entsprechend lösen.

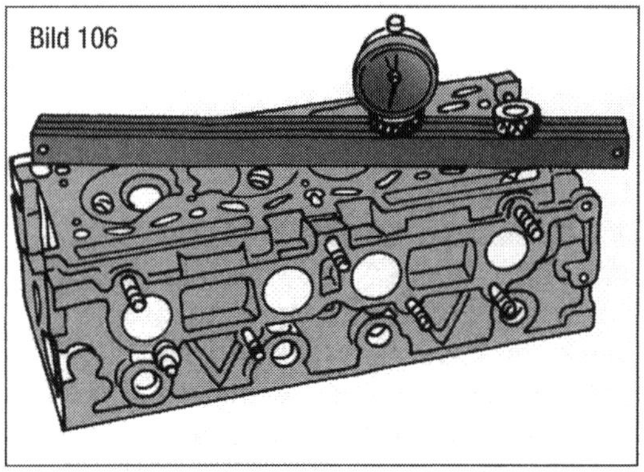

Bild 106
Kontrolle eines Zylinderkopfes auf Verzug.

■ Den Steuerriemen ausbauen, wie es später für diesen Motor beschrieben wird.
■ Den Ölmessstab herausziehen und den Luftfilter ausbauen. Den Unterdruckschlauch vom Ansaugkrümmer abschließen.
■ In folgender Reihenfolge der Reihe nach abschließen: den Gaszug, Kraftstoffzufuhr- und Rücklaufschläuche vom Zylinderkopf (auf ausspritzenden Kraftstoff achten), die Zündkerzenkabel unter Verwendung des am Motor angebrachten Werkzeugs (siehe Bild 44), die Belüftungsleitung zum Aktivkohlebehälter und die Leitungen vom Schaltventil, Kabelstecker vom Zündmodul, von den Einspritzventilen, vom Drosselklappengehäuse, vom Lufttemperaturgeber, vom Kühlmitteltemperaturgeber (am Dehngefäß).
■ Schlauch zwischen der Wasserpumpe und dem Heizungskühler abschließen.
■ Wärmeschutzblech des Kabelstrangs von der Zylinderkopfhaube abbauen.
■ Vorderes Auspuffrohr vom Krümmer abschrauben.
■ Die nächsten Arbeiten unter Bezug auf Bild 105 durchführen. Abzuschrauben sind die Schrauben (1) der Drosselklappengehäusehalterung, die Befestigungsmuttern (2) des Ansaugkrümmers am Zylinderkopf und die Schrauben (3) der Zylinderkopfhaube am Ansaugkrümmer. Ansaugkrümmer/Drosselklappe/Kraftstoffverteilerrohr als ein Teil abnehmen.
■ Schläuche vom Zylinderkopf abschließen.
■ Zylinderkopfhaube ausbauen und die Zylinderkopfschrauben entsprechend den Anweisungen beim Zerlegen dieses Motors lösen und den Kopf herunterheben.
Eventuell notwendige Arbeiten am Zylinderkopf überlassen Sie am besten einer Fachwerkstatt.
Soll der ursprüngliche Kopf wieder montiert werden, ihn vorher einwandfrei reinigen. Dabei nicht die Aluminiumflächen beschädigen oder Reinigungsflüssigkeit in die Ölbohrungen oder andere Bohrungen kommen lassen. Alle Zylinderkopfschrauben müssen erneuert werden. Schrauben ohne Öleinschmierung einsetzen.

Die Zylinderkopffläche kann auf Verzug kontrolliert werden. Mit einem Stahllineal und Fühlerlehren die Zylinderkopffläche auf Verzug kontrollieren. Gemessen wird diagonal, in Längsrichtung und quer zum Kopf (siehe Bild 106). Der Lichtspalt darf nicht mehr als 0,05 mm betragen. Der Kopf kann nicht nachgeschliffen werden, d. h. man muss ihn erneuern.
Auch die Zylinderkopfhöhe hat einen bestimmten Wert. Falls Sie Zweifel haben, wird Ihnen die Werkstatt bestimmt mitteilen, ob der Kopf noch zu retten ist oder ein neuer Kopf fällig ist.

Beim Einbau des Kopfes folgendermaßen vorgehen:
■ Um ein vorschriftsmäßiges Anziehen der Schrauben zu gewährleisten, muss man das Öl aus den Schraubenführungen entfernen. Zylinderkopf- und Zylinderblockfläche müssen sauber sein.
■ Kurbelwelle durchdrehen, bis sich die Kolben in der Mitte des Hubs befinden, und die Zylinderkopfdichtung über die im Block eingesetzten Passstifte auflegen.
■ Den Zylinderkopf aufsetzen und entsprechend der in der Zusammenfassung für diesen Motor angegebenen Weise festziehen.
■ Zahnriemen entsprechend der Beschreibung montieren.
■ Alle anderen Arbeiten in umgekehrter Reihenfolge wie beim Ausbau durchführen. Dazu gehören der Antriebsriemen an der Stirnseite und das Füllen der Kühlanlage.

1.2-Liter-Motor – 16 Ventile (Typ D4F)
Bei diesem Motor ist es nicht erforderlich den Motor aus den Aufhängungen zu heben. Der Zylinderkopf kann ausgebaut werden, wenn das Fahrzeug auf Böcken ruht. Die Räder braucht man nicht abschrauben. Der Ansaugkrümmer ist jedoch auszubauen. Wiederum sind die durchzuführenden Arbeiten in Stichworten gegeben.

- Massekabel der Batterie abklemmen.
- Kühlanlage ablassen (Kapitel »Kühlanlage«).
- Antriebsriemen an der Stirnseite des Motors ausbauen.
- Den Steuerriemen ausbauen, wie es später für diesen Motor beschrieben wird.
- Ölmessstab herausziehen, den Luftfilter ausbauen und die Abdeckung des Motors abmontieren.
- Die in Bild 107 gezeigten Teile der Reihe nach abschließen. Dies sind die Befestigung eines Kondensators (1), die Kabelstecker 2, 3 und 4 und die beiden Leitungen 5 und 6. Diese führen zum Aktivkohlebehälter.
- Der Reihe nach auffinden und abschließen: die Leitungen der Zündspule, die Kraftstoffleitung vom Kraftstoffverteilerrohr, den Kabelstecker des Temperatursensors vom Ansaugkrümmer, den Kabelstrang vom Klopfsensor, einen Kabelstecker vom Drosselklappengehäuse, einen Kabelstecker vom Lufttemperatursensor und die Kabelstecker von den Einspritzventilen. In allen Fällen vermerken, wo die Stecker aufgesteckt sind.
- Schrauben des Ansaugkrümmers herausdrehen.
- Ansaugluftverteiler ausbauen, Schrauben der Zylinderkopfhaube lösen und die Haube herunternehmen.
- Alle Kühlmittelschläuche vom Zylinderkopf abschließen.
- Auspuffrohrflansch vom Auspuffkrümmer trennen.
- Die Zylinderkopfschrauben in umgekehrter Reihenfolge der Zahlen in Bild 60 lockern und den Zylinderkopf herunterheben. Zylinderkopfdichtung abnehmen.

Alles was beim bereits beim beschriebenen Motor gesagt wurde, gilt ebenfalls bei diesem Motor (siehe 1.2-Liter-Motor, weiter vorn). Die Zylinderkopffläche kann nicht nachgeschliffen werden. Den Zylinderkopf aufsetzen und entsprechend der in der Zusammenfassung für diesen Motor angegebenen Weise festziehen.

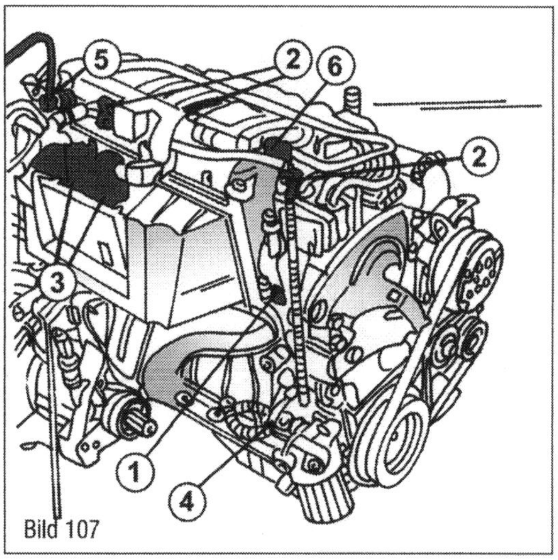

Bild 107
Zylinderkopfausbau beim 1.2-Liter-Motor mit 16 Ventilen. Nummerierte Teile ausbauen.

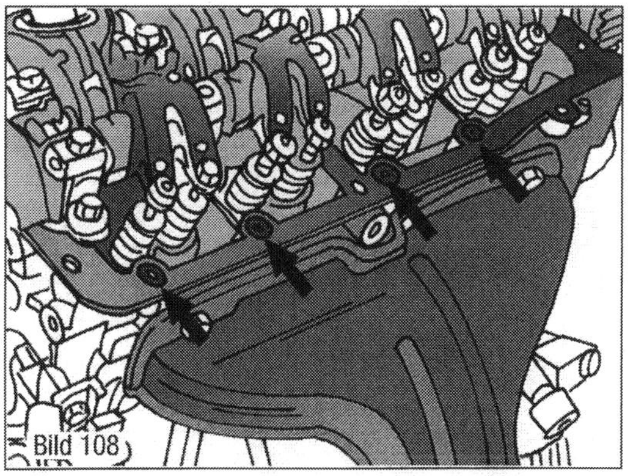

Bild 108
Zylinderkopfeinbau beim 1.2-Liter-Motor mit 16 Ventilen. Die mit den Pfeilen gezeigten Stellen mit der genannten Dichtungsmasse einschmieren.

Bild 109
Zylinderkopfeinbau beim 1.2-Liter-Motor mit 16 Ventilen. Anzugsreihenfolge der Zylinderkopfhaube. Schrauben mit 12 Nm anziehen.

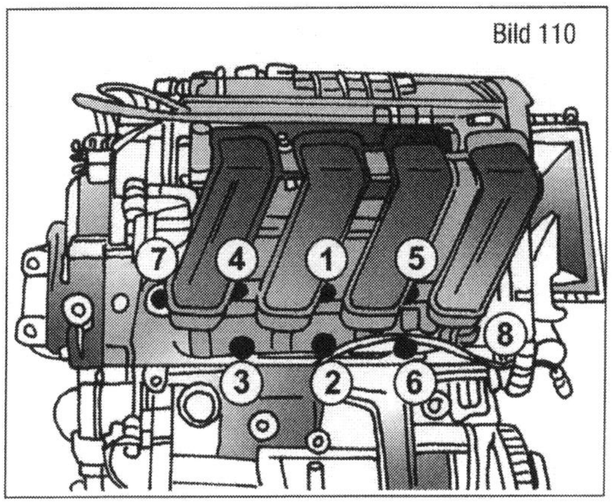

Bild 110
Zylinderkopfeinbau beim 1.2-Liter-Motor mit 16 Ventilen. Anzugsreihenfolge des Ansaugkrümmers.

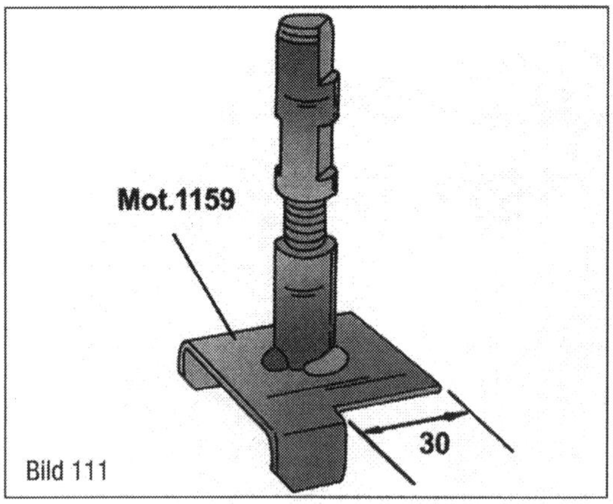

Bild 111

Bild 111
Werkzeug zum Anheben des Motors beim Ausbau des Zylinderkopfes und anderen Arbeiten, bei denen das Motorlager ausgebaut werden muss.

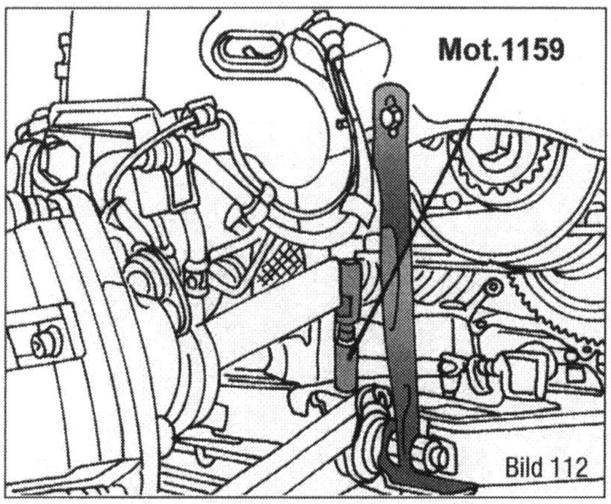

Bild 112

Bild 112
Das in Bild 111 gezeigte Werkzeug wird an der im Bild sichtbaren Stelle angesetzt, um den Motor aus den Aufhängungen zu heben.

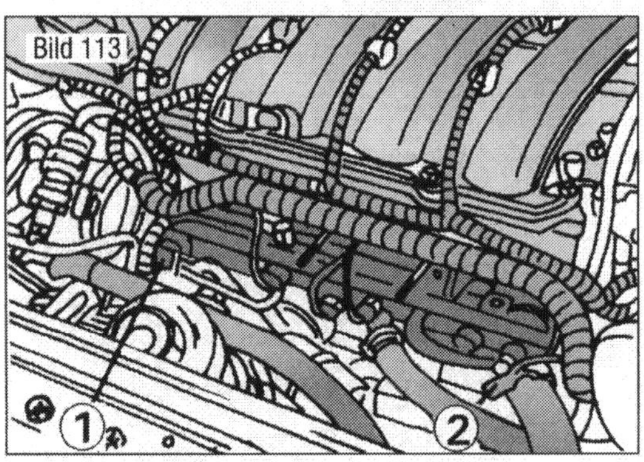

Bild 113

Bild 113
Die Anschlussstellen der Kraftstoffzufuhrleitung (1) und Kraftstoffrücklaufleitung (2). Die Leitungen sind mit Schnellverschlüssen angeschlossen.

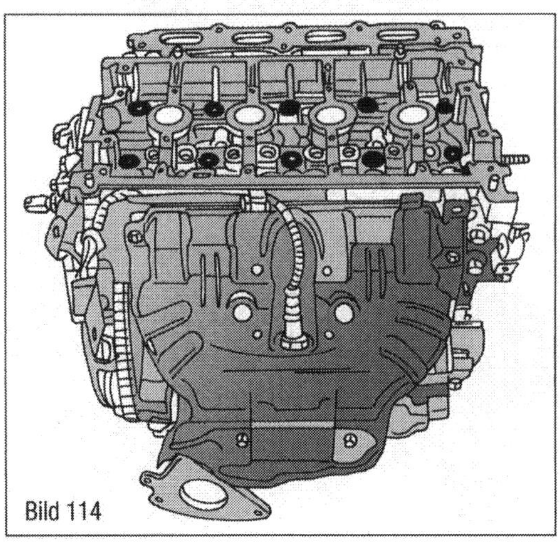
Bild 114

Bild 114
Die Lage der Zylinderkopfschrauben. Die Schrauben werden von außen nach innen gleichmäßig und über Kreuz gelockert.

Unbedingt die richtige Dichtung verwenden. Nur eine Dichtung wird bei diesem Motor verwendet. Das Ventilspiel muss nach Montage des Zylinderkopfes kontrolliert und ggf. eingestellt werden. Nach Einbau des Kopfes muss die Zylinderkopfhaube in folgender Weise montiert werden:

- Beide Nockenwellenlager an den Enden des Zylinderkopfes mit Rhodorseal 5661 oder einer entsprechenden Dichtungsmasse einschmieren und außerdem etwas Dichtungsmasse um die Schraubenlöcher für die Zylinderkopfhaube schmieren, wie es auf einer Seite in Bild 108 gesehen werden kann. Die Zylinderkopfhaube danach aufsetzen (auf gute Verbindung achten) und die Schrauben eindrehen. Die Schrauben entsprechend der Anzugsreihenfolge von Bild 109 mit einem Anzugsdrehmoment von 12 Nm anziehen.
- Der Ansaugkrümmer wird als Nächstes eingebaut. Kontrollieren, dass die Kabelstränge gut verlegt sind und neue Abdichtungen auflegen. Den Krümmer jetzt ansetzen und alle Kabelstecker aufstecken.
- Die acht Schrauben des Krümmers am Gewinde mit »Loctite« einschmieren und handfest einschrauben. Das Anziehen erfolgt nach einem bestimmten Schema in der in Bild 110 gezeigten Reihenfolge. Zuerst die beiden Schrauben (4) und (5) mit 0,6 Nm anziehen und danach beide Schrauben wieder vollkommen lockern. Alle acht Schrauben danach in der Zahlenreihenfolge mit 10 Nm anziehen.
- Zahnriemen und Antriebsriemen wieder montieren (siehe entsprechende Beschreibung) und alle anderen Arbeiten in umgekehrter Reihenfolge durchführen.

1.4- und 1.6-Liter-Motor – 16 Ventile (Typ K)

Der Ausbau des Zylinderkopfes ist bei diesen Motoren ziemlich kompliziert und außerdem sind verschiedene Werkzeuge zur Einstellung des Zahnriemens und zum Ausbau der Nockenwellensteuerräder erforderlich. Dies schließt die in Bildern 111 und 112 gezeigten Werkzeuge ein. Wir schlagen vor, dass Sie die Arbeitsanweisungen durchlesen, ehe Sie mit dem Ausbau beginnen.

- Fahrzeug vorn auf Böcke setzen und das Vorderrad auf der Seite der Steuerung abschrauben. Das Schutzblech unter dem Motorraum ausbauen.

■ Batterie abklemmen.
■ Kühlanlage durch Abschließen des unteren Kühlerschlauchs entleeren. Frostschutzmittel umweltfreundlich entsorgen.
■ Zahnriemen ausbauen, wie es unter der betreffenden Überschrift beschrieben wird.
■ Die beiden Halterungen der Lenkflüssigkeitsleitung auf der rechten Seite des Nebenrahmens abschrauben. Den Behälter für die Lenkungsflüssigkeit ausbauen und auf einer Seite ablegen.
■ Das in Bild 111 gezeigte Werkzeug zwischen Nebenrahmen und Zylinderblock einsetzen, wie man es in Bild 112 sehen kann, oder den Motor in geeigneter Weise von unten abstützen, und die Motoraufhängung ausbauen.
■ Die folgenden Teile abschließen: Gaszugseil, Schutzabdeckung des Einspritzverteilers und die beiden Nockenwellenräder ausbauen. Die Steuerräder müssen dabei in geeigneter Weise gegengehalten werden. Beim Ausbau der Steuerteile wird diese Arbeit in weiteren Einzelheiten beschrieben.
■ Kraftstoffleitungen abschließen (Schnellverschlüsse, siehe unter »Kraftstoffeinspritzanlage«) und auf eine Seite schieben. Darauf achten, dass kein Kraftstoff über die Lichtmaschine tropfen kann. Die Leitungen befinden sich an der Vorderseite des Motors an der in Bild 113 gezeigten Stelle.
■ Alle Kabelstecker am Kopf ausfindig machen und abziehen.
■ Hinter dem Ansaugsammelrohr die Schrauben der Luftverteilerkammer lösen. Dazu das Ausgleichsgefäß der Kühlanlage ausbauen und auf einer Seite ablegen.
■ Bei allen Ausführungen den Luftfilter ausbauen, wie es beim Ausbau dieses Motors beschrieben wurde.
■ Aufhängungen des Katalysators ausbauen, den Katalysator vom Auspuffkrümmer abschließen und an der Unterseite des Fahrzeuges festbinden. Ebenfalls die Stütze vom Auspuffkrümmer abschrauben.
■ Drosselklappengehäuse abschrauben, den Stecker von der Lambda-Sonde abziehen (auf der linken Seite des Auspuffkrümmers) und die Hebeöse abschrauben (auf der rechten Seite des Auspuffkrümmers).
■ Ansaugsammelrohr, Zündspulen und Ölabscheider ausbauen (siehe Bild 101).
■ Alle Teile an der Oberseite des Motors abbauen, bis der Motor das in Bild 100 gezeigte Aussehen hat. Die Schrauben der Zylinderkopfhaube gleichmäßig von der Außenseite nach innen zu lockern (entgegengesetzt der Zahlenreihenfolge) und herausdrehen. Die Zylinderkopfhaube nach oben abheben. Die Haube wird festsitzen. Aus diesem Grund sind an den Pfeilstellen auf der linken Seite kleine Ansätze angebracht, gegen welche man mit einem Gummihammer schlagen kann, bis die Haube frei ist. An den Pfeilstellen auf der rechten Seite eine mit einem Lappen umwickelte Schraubendreherklinge einschieben und die Haube vorsichtig trennen.
■ Die beiden Nockenwellen liegen jetzt frei und können herausgehoben werden. Darunterliegende Kipphebel und die hydraulischen Ausgleichselemente aus dem Zylinderkopf herausziehen.
■ Den Zylinderkopf abschrauben und herunterheben. Die Schrauben von der Außenseite zur Innenseite zu in mehreren Durchgängen lockern. Die Lage der einzelnen Schrauben ist Bild 114 zu entnehmen.

Beim Einbau ist Folgendes zu beachten:
■ Den Motor durchdrehen, sodass alle Kolben ungefähr in der Mitte der Bohrungen stehen.
■ Die Zylinderkopfschrauben können wieder benutzt werden, falls sie nicht länger als 117,7 mm sind. Falls auch nur eine Schraube länger ist, alle Schrauben erneuern.
■ Öl aus den Bohrungen für die Zylinderkopfbohrungen entfernen. *Neue Schrauben werden nicht eingeölt, die ursprünglichen Schrauben werden eingeölt.*
■ Die hydraulischen Stößel entleeren sich nach einer gewissen Zeit. Vor Aufsetzen des Zylinderkopfes mit dem Daumen auf die Oberseite des Stößels (1) in Bild 99 drücken. Falls sich der Kolben nach unten bewegen lässt, den Stößel herausnehmen und in einen **mit Dieselkraftstoff** gefüllten Behälter einlegen, damit er sich wieder füllen kann.
■ Die Zylinderkopfdichtung richtig herum auflegen (unbedingt den richtigen Sitz beachten) und den Zylinderkopf in der in Bild 115 gezeigten Weise auf den Block aufsetzen und mit einem Gummihammer anschlagen. Alle Schrauben einsetzen und handfest anziehen.
■ Zylinderkopfschrauben anziehen, wie es im Anschluss für diesen Motor beschrieben ist.

Bild 115

Bild 115
Zylinderkopf in der gezeigten Weise auf die aufgelegte Dichtung und den Zylinderblock auflegen.

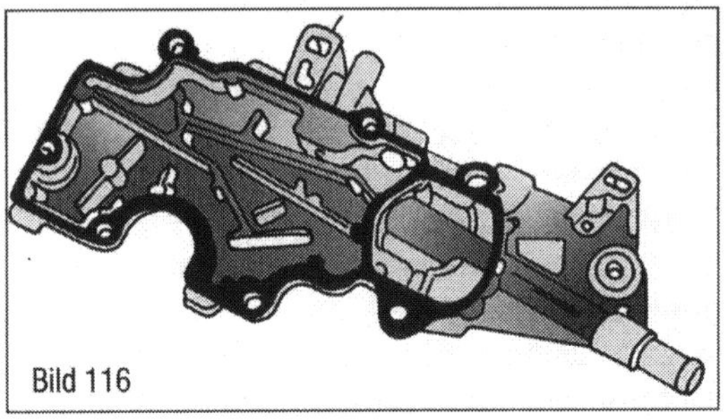

Bild 116

Bild 116
Vor dem Aufsetzen des Ölabscheiders die dunkel angegebenen Flächen mit Dichtungsmasse »Loctite 518« einschmieren. Erst montieren, nachdem die Dichtungsmasse rötlich erscheint.

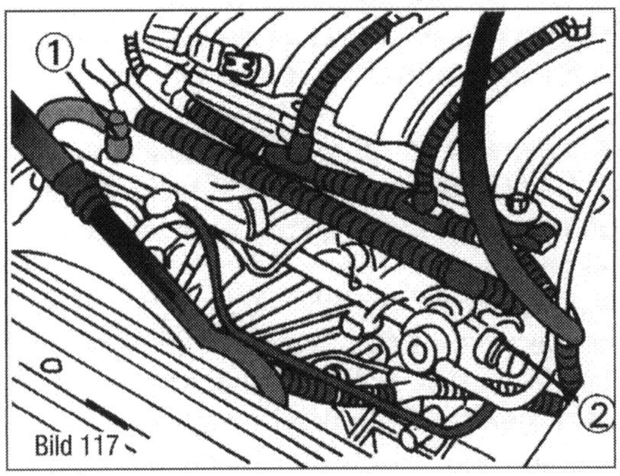

Bild 117

Bild 117
Die Kraftstoffleitung (1) und die Rücklaufleitung (2) sind an der Vorderseite des Motors zu finden. Beim Abschließen darauf achten, dass der unter Druck stehende Kraftstoff nicht herausspritzen kann.

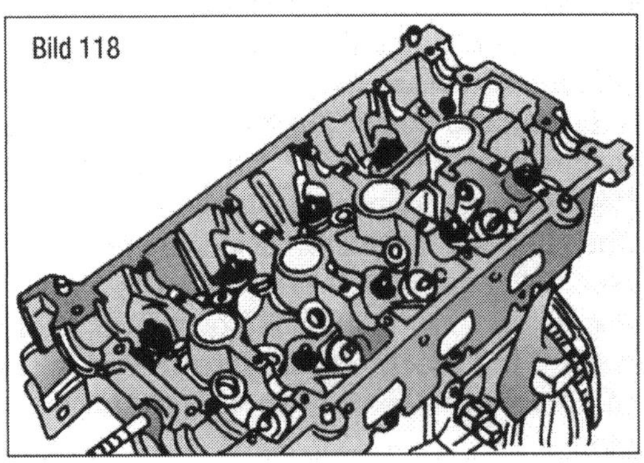

Bild 118

Bild 118
Die Lage der Zylinderkopfschrauben. Die Schrauben von außen zur Mitte zugehend über Kreuz lockern.

Bild 119

Bild 119
Anzugsreihenfolge der Zylinderkopfschrauben beim 1.2-Liter-Motor mit 8 Ventilen.

■ Alle weiteren Arbeiten in umgekehrter Reihenfolge durchführen, d. h. Nockenwellen, Zylinderkopfhaube, Zahnriemen, usw. unter den betreffenden Überschriften nachlesen. Das Anziehen der Zylinderkopfhaube wird beim Zusammenbau des »K4M«-Motors beschrieben. Der Ölabscheider wird unter Bezug auf Bild 101 eingebaut. Vor dem Aufsetzen die in Bild 116 gezeigten Flächen mit Dichtungsmasse »Loctite 518« einschmieren, ähnlich wie es in Bild 100 gezeigt wurde, bis die Dichtungsmasse rötlich wird.

2.0-Liter-Motor (Typ F4R)

Der Ausbau des Zylinderkopfes geschieht in fast gleicher Weise wie bei den anderen Benzinmotoren. Auch bei diesem Motor sind verschiedene Werkzeuge zur Einstellung des Zahnriemens und zum Ausbau der Nockenwellensteuerräder erforderlich. Hier noch einige Hinweise:

■ Die Kraftstoffleitungen befinden sich an der Vorderseite des Motors an der in Bild 117 gezeigten Stelle.

■ Alle Kabelstecker am Kopf ausfindig machen und abziehen.

■ Die Schrauben für den Zylinderkopf befinden sich an den in Bild 118 gezeigten Stellen. Schrauben in mehren Durchgängen von außen nach innen lockern, bis sie frei sind und herausgezogen werden können. Danach den Zylinderkopf herunterheben.

Zylinderkopfschrauben anziehen

Nachdem der Zylinderkopf in der beschriebenen Weise eingebaut wurde, muss er entsprechend der nachstehenden Anweisungen angezogen werden. Lesen Sie unter dem in Frage kommenden Motor nach. Dem entsprechenden Anzugsdiagramm muss gefolgt werden. *Ein Nachziehen der Schrauben nach einer bestimmten Fahrstrecke ist nicht erforderlich.*

1.2-Liter-Motor mit 8 Ventilen (Typ D7J)

Eine Gradscheibe wird zum Anziehen der Schrauben empfohlen (siehe Bild 12). Nachdem die Schrauben angezogen sind, brauchen sie später nicht nachgezogen werden.

■ Die Zylinderkopfschrauben in der in Bild 119 gezeigten Reihenfolge mit einem Anzugsdrehmoment von 20 Nm anziehen.

■ Ohne Verwendung des Drehmomentschlüssels alle Schrauben in Reihenfolge um weitere 90° ± 6° (Viertelumdrehung) nachziehen. Nachdem alle Schrauben angezogen sind 3 Minuten lang warten.

- Zylinderkopfschrauben (1) und (2) vollkommen lockern, bis man sie mit den Fingern ausschrauben kann. Danach die beiden Schrauben wieder einschrauben und mit 20 Nm anziehen und um weitere 200°, plus oder minus 6°, nachziehen.
- Die Schrauben (3), (4), (5) und (6) vollkommen lockern und danach mit 20 Nm anziehen. Aus der Endstellung die Schrauben um 200° nachziehen.
- Die Schrauben (7), (8), (9) und (10) vollkommen lockern und danach mit 20 Nm anziehen. Aus der Endstellung die Schrauben um 200° nachziehen.

1.2-Liter-Motor mit 16 Ventilen (Typ D4F)

Eine Gradscheibe wird zum Anziehen der Schrauben empfohlen (siehe Bild 12). Nachdem die Schrauben angezogen sind, brauchen sie später nicht nachgezogen werden. Der herzustellende Winkelanzug beträgt 230°. Wenn man davon ausgeht, dass eine Dreiviertelumdrehung 270° bedeutet, kann man eventuell auch ohne Gradscheibe auskommen.

- Die Zylinderkopfschrauben in der in Bild 120 gezeigten Reihenfolge mit einem Anzugsdrehmoment von 20 Nm anziehen und ca. 3 Minuten lang warten. Dadurch wird die Dichtung zusammengedrückt.
- Schraube (1) vollkommen lockern, wieder mit 20 Nm anziehen und dann ohne Verwendung des Drehmomentschlüssels um weitere 230° ± 6° nachziehen.
- Alle anderen Schrauben von (2) bis (10) in der gleichen Weise behandeln.

K-Motoren (1.4- und 1.6-Liter)

Eine Gradscheibe wird zum Anziehen der Schrauben empfohlen (siehe Bild 12). Nachdem die Schrauben angezogen sind, brauchen sie später nicht nachgezogen werden. Der herzustellende Winkelanzug beträgt 240°. Wenn man davon ausgeht, dass eine Dreiviertelumdrehung 270° bedeutet, kann man eventuell auch ohne Gradscheibe auskommen.

- Die Zylinderkopfschrauben in der in Bild 121 gezeigten Reihenfolge mit einem Anzugsdrehmoment von 20 Nm anziehen.
- Aus der Endstellung alle Schrauben in Zahlenreihenfolge mit einem Winkelanzug von 240° ± 6° anziehen.

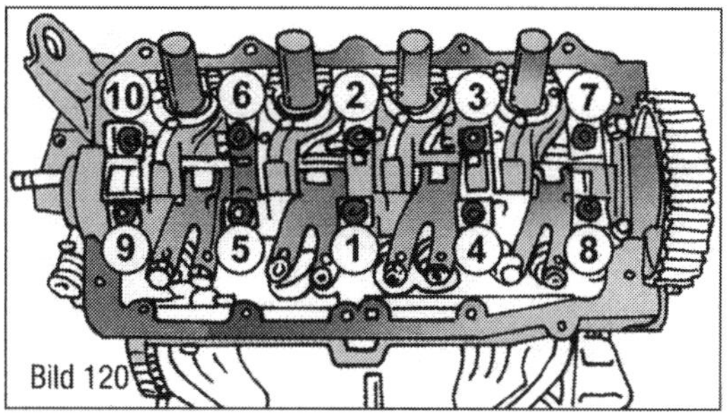

Bild 120

Bild 120 Reihenfolge zum Anziehen der Zylinderkopfschrauben beim 1.2-Liter-Motor mit 16 Ventilen.

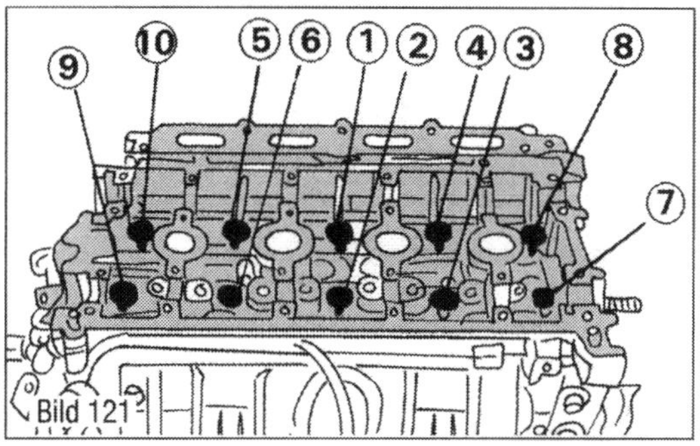

Bild 121

Bild 121 Anzugsreihenfolge der Zylinderkopfschrauben (»K«-Motoren).

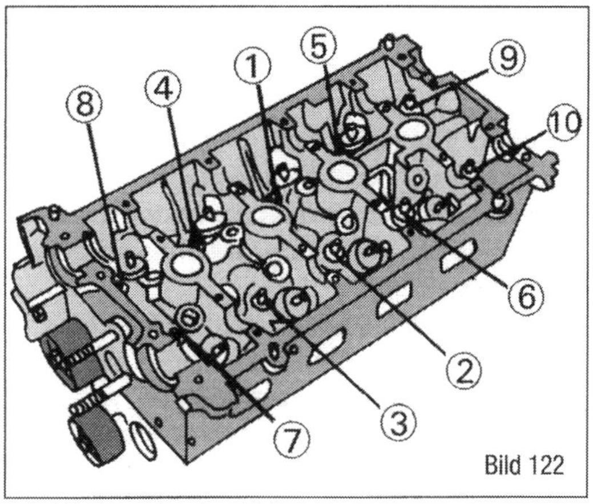

Bild 122

Bild 122 Anzugsreihenfolge der Zylinderkopfschrauben (2.0-Liter-Motor).

2.0-Liter-Motor (F4R)

Beim Einbau ist Folgendes zu beachten. Die Anweisungen beziehen sich nur auf das Anziehen der Zylinderkopfschrauben:

- Den Motor durchdrehen, sodass alle Kolben ungefähr in der Mitte der Bohrungen stehen.
- Die Zylinderkopfschrauben können wieder benutzt werden, falls sie nicht länger als 118,5 mm sind. Falls auch nur eine Schraube länger ist, alle Schrauben erneuern.
- Öl aus den Bohrungen für die Zylinderkopfbohrungen entfernen. *Neue Schrauben werden nicht eingeölt, die ursprünglichen Schrauben werden eingeölt.*
- Das Anzugsdiagramm für diesen Motor ist in Bild 122 gezeigt.
- Alle Schrauben in der gezeigten Reihenfolge auf ein Anzugsdrehmoment von 20 Nm anziehen und aus der Endstellung

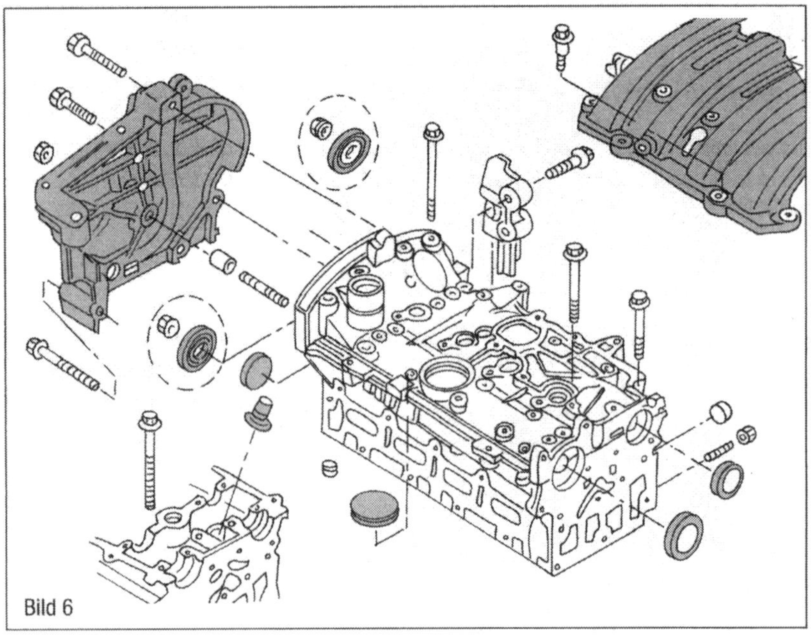

Bild 123
Montagebild des Zylinderkopfes eines »K«-Motors ohne Nockenwellen und Ventile.

wiederum in Reihenfolge im Winkelanzug um weitere 165°, plus oder minus 6° anziehen. Ohne Gradscheibe ist dies natürlich durch den ungewöhnlichen Winkel ziemlich schwierig. Die einzige Hilfe ist, dass eine halbe Umdrehung 180° entspricht.

■ Die Schrauben sind jetzt vorschriftsmäßig angezogen und keine weiteren Arbeiten sind erforderlich.

■ Alle weiteren Arbeiten in umgekehrter Reihenfolge durchführen, d. h. Zylinderkopfhaube, Nockenwellen, Zahnriemen, usw. unter den betreffenden Überschriften nachlesen.

Bild 124
Am Zylinderkopf montierte Teile.

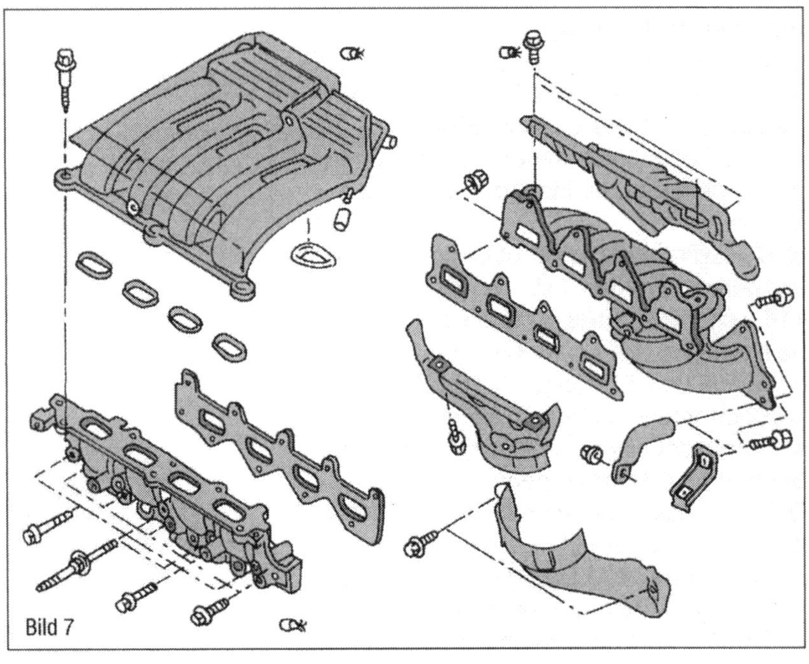

Zylinderkopf zerlegen

Um den Zylinderkopf vollkommen zu zerlegen, ist der betreffenden Abbildung zu folgen. Die Teile der Nockenwellen und der Ventile sind im Zusammenhang mit dem Steuerantrieb des Motors gezeigt.

Wir empfehlen Ihnen, die Überholung eines Zylinderkopfes einer Fachwerkstatt zu überlassen. Falls man nach dem unten beschriebenen Ausbau der Ventile feststellen kann, dass die Ventilsitze nachgefräst werden müssen, schlagen wir vor, dass Sie den ausgebauten Zylinderkopf zur Überholung in eine Motorenwerkstatt bringen.

Ehe die Ventile ausgebaut werden, sind die folgenden Vorarbeiten zu treffen.

Die Nockenwellen, Kipphebel und hydraulischen Stößel wurden bereits beim Ausbau des Zylinderkopfes ausgebaut. Die weitere Zerlegung kann unter Bezug auf Bild 123 durchgeführt werden (K-Motoren) oder im Falle des 2.0-Liter-Motors unter Bezug auf Bild 124. Die Ventile ausbauen, wie es untenstehend beschrieben ist.

Ausbau der Ventile

■ Die Ventile der Reihe nach mit einem passenden Ventilheber ausbauen. Dabei die Federn zusammendrücken, bis die Ventilkegelhälften herauskommen und mit einer Spitzzange abgenommen werden können. Den Ventilheber zurücklassen und den Ventilfederteller, die Ventilfedern und den Ventilfedersitz der Reihe nach herunterheben. Alle Teile nummernmäßig zusammenhalten (in kleinen Schachteln oder Plastiktüten).

■ Die Ventile der Reihe nach aus den Ventilführungen herausziehen und in Einbaureihenfolge ablegen, falls es sein könnte, dass man sie wieder einbauen kann. Am besten kann man die Ventile durch den Boden einer umgekehrten Pappschachtel stoßen und die Nummer dagegenschreiben. Ebenfalls einen Vermerk machen, wo vorn und hinten liegt. Besonders bei einem 16V-Motor ist es aufgrund der vielen Ventile wichtig, links und rechts liegende Ventile auseinanderzuhalten. Auf den Ventilführungen sind Ventilschaftdichtringe aufgesetzt. Diese kann man mit einem unter die Anlaufscheiben untergesetzten Schraubendreher abdrücken. Die Anlaufscheiben kommen dabei mit herunter.

Falls kein Ventilheber zur Verfügung steht, ist es möglich, dass man ein Stück Rohr zum Ausbau der Ventile verwendet. Das Rohr auf den Ventilteller setzen und mit einem kurzen Schlag auf das Rohr die Feder zusammendrücken. Die Ventilkegelhälften werden in der Innenseite des Rohres aufgefangen. Die Teile können danach abgenommen werden.

Zylinderkopf überholen
Wir empfehlen, dass man einen Zylinderkopf in einer Motorenwerkstatt überholen lässt oder einen Austauschzylinderkopf einbaut. Mit einiger Erfahrung auf diesem Gebiet kann man die folgenden Arbeiten durchführen.

Ventile
Ventile lassen sich am besten mit einer maschinen-betriebenen Drahtbürste reinigen. Die Ventilflächen auf Abbrand, Verschleiß oder eingearbeitete Rillen kontrollieren. Falls der Verschleiß nur leicht erscheint, kann man die Ventile in einer Ventilschleifmaschine nachschleifen lassen, jedoch muss noch genügend Material verbleiben, um eine ausgeprägte Ventiltellerkante zu bilden.
Den Durchmesser der Ventilschäfte und in diesem Zusammenhang den Innendurchmesser der Führungen ausmessen. Falls diese Maße von den Sollwerten abweichen, könnte eine Erneuerung der Ventilführungen erforderlich sein (siehe unten). Ebenfalls die Enden der Ventilschäfte kontrollieren. Kein bedeutsamer Verschleiß sollte an diesen Stellen feststellbar sein.

Ventilsitze
Ventilsitze können mit den entsprechenden Fräsern wieder auf die ursprünglichen Winkel geschnitten werden. Mit Korrekturfräsern muss man die Sitzfläche für die Ventile in die Mitte bringen. Dies erzielt man durch Verwendung von Fräsern mit unterschiedlichen Winkeln. Wir schlagen vor, dass man den Zylinderkopf in eine Motorenwerkstatt bringt, um ihn renovieren zu lassen.

Ventilfedern
Zur einwandfreien Kontrolle der Ventilfedern sollte ein vorschriftsmäßiges Federprüfgerät verwendet werden. Falls dieses nicht zur Verfügung steht, kann eine gebrauchte Feder mit einer neuen Feder verglichen werden. Dazu beide Federn in einen Schraubstock einspannen und diesen langsam schließen. Falls beide Federn um den gleichen Wert zusammengedrückt werden, ist dies eine sichere Anzeige, dass sie ungefähr die gleiche Spannung haben. Lässt sich die alte Feder jedoch weitaus kürzer als die neue Feder zusammendrücken, so ist dies ein Zeichen von Ermüdung, und die Federn sollten im Satz erneuert werden.
Federn der Reihe nach so auf eine glatte Fläche aufstellen (Glasplatte), dass sich die geschlossene Wicklung an der Unterseite befindet. Einen Stahlwinkel neben der Feder aufsetzen. Den Spalt zwischen der Feder und dem Winkel an der Oberseite ausmessen, welcher nicht mehr als ca. 2,0 mm betragen darf. Andernfalls ist die Feder verzogen.

Ventilführungen
Die Ventilführungen reinigen, indem man einen in Benzin getränkten Lappen durch die Führungen hin- und herzieht. Ventilschäfte lassen sich am besten reinigen, indem man eine Drahtbürste in eine elektrische Bohrmaschine einspannt und den Schaft gegen die rotierende Drahtbürste hält.
Die Ventilführungen werden normalerweise mit einem Innenmikrometer auf Verschleiß kontrolliert. Falls kein Mikrometer zur Verfügung steht, kann man das Ventil in die Führung einsetzen und herausziehen, bis es ca. bündig mit der Zylinderkopffläche abschneidet. Das Ventil hin- und herbewegen und das Spiel ermitteln. Obwohl keine festen Werte vorhanden sind, kann man annehmen, dass das Spiel nicht mehr als 1,0 - 2,0 mm betragen darf.
Reparatur-Ventilführungen stehen mit Übergröße-Außendurchmessern zur Verfügung und die Bohrungen im Zylinderkopf müssen entsprechend ausgebohrt oder ausgerieben werden, um die neuen Führungen einzuschlagen. Da bei der Erneuerung der Führungen Schwierigkeiten auftreten können, sollte man die Führungen in einer Werkstatt erneuern lassen.

Zylinderkopffläche überprüfen
Mit einem Stahllineal und Fühlerlehren die Zylinderkopffläche auf Verzug kontrollieren. Gemessen wird diagonal, in Längsrichtung und quer zum Kopf (siehe Bild 125). Der Lichtspalt darf nicht mehr als 0,05 mm be-

Bild 125
Zylinderkopffläche auf Verzug kontrollieren. Die Pfeile geben die Messrichtungen an.

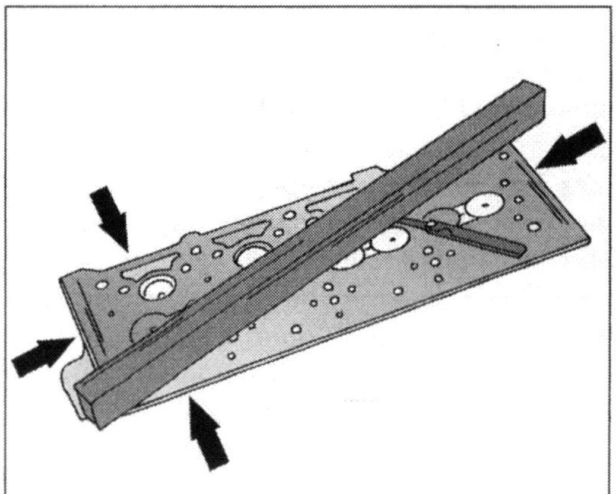

Bild 125

Bild 126
Einbau der Ventilschaftdichtringe. Unbedingt ein dem Bild entsprechendes Werkzeug verwenden.

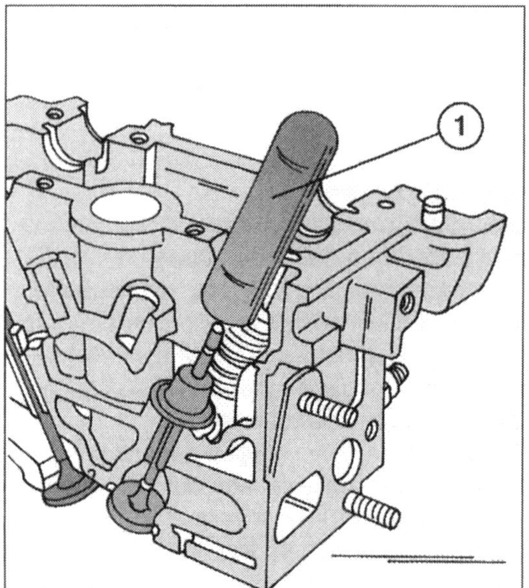

Bild 126

Bild 127
Die Nockenwellen sind in der gezeigten Weise in den Zylinderkopf einzulegen.

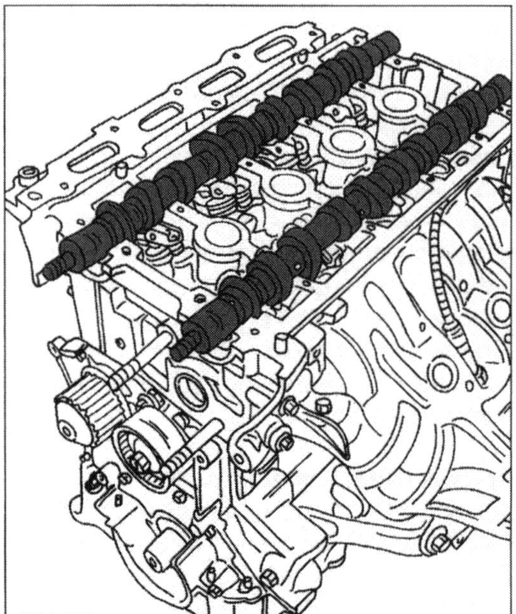

Bild 127

tragen. Der Kopf kann vielleicht nachgeschliffen werden, erkundigen Sie sich in der Werkstatt. Im Allgemeinen ist ein Nachschleifen nicht möglich.
Auch die Zylinderkopfhöhe hat einen bestimmten Wert. Falls Sie Zweifel haben, wird Ihnen die Werkstatt mitteilen, ob der Kopf noch zu retten ist oder ein neuer Kopf ist fällig.

Zylinderkopf zusammenbauen
Beim Einbau der Ventile sind die folgenden Punkte zu beachten:

- Die Ventilfedern so aufsetzen, dass die flache Seite der Wicklungen auf dem Zylinderkopf aufsitzt.
- Die Ventilschaftabdichtungen dürfen nicht vergessen werden. Ventilschaftdichtringe werden in der in Bild 126 gezeigten Weise über das eingesetzte Ventil und die Führung geschoben.
- Die Ventilkegelstücke des Motors sind bei Einlass- und Auslassventilen gleich, sollten aber wieder an den ursprünglichen Ventilen montiert werden, falls diese wieder einzubauen sind.

Beim Zusammenbau müssen Nockenwellen und die verbleibenden Teile montiert werden, wie es bereits beim Zusammenbau dieser Motoren beschrieben wurde. Bild 127 zeigt, wie die beiden Wellen in die Lagerbohrungen eingelegt werden (beim Motor mit zwei Nockenwellen). Siehe ebenfalls Bilder 98 bis 101. In Bild 100 ist die Anzugsreihenfolge der Schrauben für die Zylinderkopfhaube (Nockenwellengehäuse) bei den »K«-Motoren gezeigt, welche bei allen Motoren gültig ist. Bild 128 zeigt die Einzelteile des Gehäuses bei einem Motor mit zwei Nockenwellen.

Ventile einstellen
Falls die Einstellung bei eingebautem Motor vorgenommen wird, muss die Zylinderkopfhaube vom Motor abmontiert werden. Zum Auswechseln der Einstellscheiben benötigt man ein Spezialwerkzeug und wir empfehlen, diese Arbeit einer Renault-Werkstatt zu überlassen, falls das Ventilspiel nicht stimmen sollte. Die meisten Motoren haben hydraulische Stößel, d. h. die Einstellung ist nur bei Motoren ohne diese erforderlich.
Die Einstellung erfolgt im kalten Zustand. Hat der Motor Betriebstemperatur, muss man ihn mindestens 2 Stunden stehen lassen, ehe man mit der Kontrolle beginnt.

Wo liegen die Ventile? Die näher zur Vorderseite liegenden Ventile sind die Auslassventile, die anderen Ventile sind die Einlassventile. In Fahrtrichtung gesehen befindet sich der erste Zylinder auf der linken Seite. Ehe man mit der Kontrolle oder Einstellung beginnt, sind die folgenden Vorarbeiten zu treffen:

- Den Belüftungsschlauch und die Zündkabel von der Zylinderkopfhaube abschließen.
- Bei einem 1.4-Liter-Motor den Luftfilterkasten ausbauen und das Gasbetätigungsseil vom Drosselklappengehäuse abschließen. Das Widerlager des Seils von der Zylinderkopfhaube abschrauben.
- Die Zylinderkopfhaube abmontieren.
- Den Motor durchdrehen, bis das Auslassventil des ersten Zylinders vollkommen geöffnet ist. Zum Durchdrehen des Motors ein Vorderrad anheben und den fünften Gang einschalten. Das Rad dann durchdrehen, bis der Motor richtig gestellt ist. Die Zündkerzen können ausgeschraubt werden, um das Durchdrehen zu erleichtern.
- In dieser Stellung das Einlassventil des dritten Zylinders und das Auslassventil des vierten Zylinders einstellen. Dies sind die beiden geschlossenen Ventile.
- Den Motor durchdrehen, bis das nächste Auslassventil öffnet und die Einstellung entsprechend der folgenden Tabelle durchführen:

Auslassventil geöffnet	Einlassventil einstellen	Auslassventil einstellen
1	3	4
3	4	2
4	2	1
2	1	3

Ebenfalls kann man die Ventile einstellen, indem man den Motor durchdreht, bis beide Ventile des ersten Zylinders geschlossen sind, d. h. beide Kipphebel müssen ein leichtes Spiel aufweisen. Einlass- und Auslassventil dieses Zylinders einstellen und den Motor durchdrehen, bis das nächste Ventilpaar geöffnet ist. Die Ventile schließen in der Reihenfolge der Zündfolge und wenn man sich an diese hält, wird man die geschlossenen Ventile leicht finden.
Das Ventilspiel kontrollieren, indem man eine Fühlerlehre der entsprechenden Stärke (siehe Maß- und Einstelltabelle) zwischen den Ventilschaft und den Kipphebel einschiebt, wie es in Bild 129 bei einem 1.2-Liter-Motor gezeigt ist (8 und 16 Ventile). Beim 1.4-Liter-Motor sieht es ähnlich aus. Die Fühlerlehre sollte eine gleitende Passung haben. Eine gute Anzeige wird erhalten, wenn sich die Fühlerlehre ohne zu klemmen einschieben lässt, sich leicht durchbiegt und dann in den Spalt hineinschnellt. Alle Ventile werden im kalten Zustand eingestellt.
Nach fertiger Einstellung die ausgebauten Teile wieder montieren.

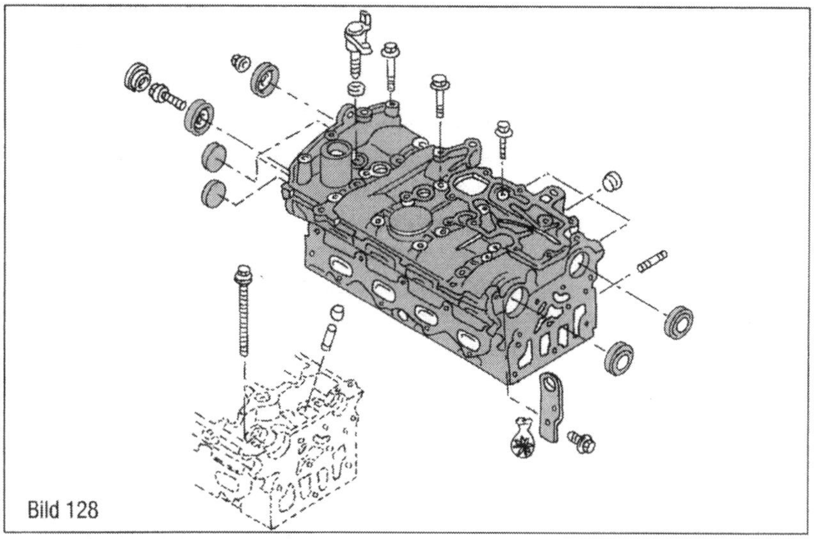
Bild 128

Bild 128
Die Zylinderkopfhaube mit den daran angebrachten Teilen beim 2.0-Liter-Motor. Oben links ist die Befestigung der beiden Nockenwellensteuerräder zu sehen, rechts die beiden Verschlussstopfen auf der gegenüberliegenden Seite.

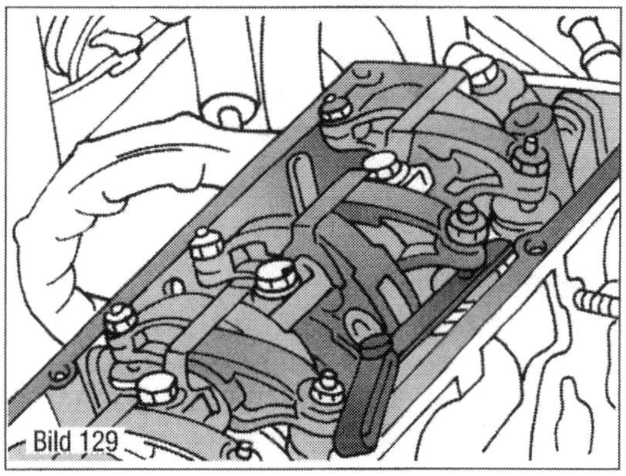
Bild 129

Bild 129
Kontrolle der Ventilspiele bei einem 1.2-Liter-Motor.

Kolben und Pleuelstangen

Der Motor muss ausgebaut werden, um die Kolben zu erneuern. Bei allen Motoren sind die Zylinderbohrungen direkt in das Kurbelgehäuse eingearbeitet. Der Zylinderblock muss aufgebohrt werden, wenn neue Kolben fällig sind. Neue Zylinderblöcke werden zusammen mit Kolben, Kolbenbolzen, Kolbenringen, Hauptlagerschalen, dem Rohr für den Ölmessstab und der Ölabscheideleitung geliefert.

Sichtprüfung Messen

Alle Kolben sind mit zwei Kompressionsringen und einem Ölabstreifring versehen. Der obere Verdichtungsring ist an der Außenfläche verchromt, während der zweite Kolben einen Trapezquerschnitt besitzt. Die Kennzeichnungen müssen nach dem Einbau von oben sichtbar sein.
Bei der Erneuerung der Kolben eines »F«-Motors ist zu beachten, dass der Kolbendurchmesser nicht bei allen Motoren dieser Ausführung gleich ist, obwohl es sich nur um kleinste Abmessungen handelt. Aus diesem Grund muss man die genaue Motornummer, einschließlich der Endnummer angeben.

Wichtiger Hinweis: Bereits im Jahr 1999 wurde die Lagerung der Pleuellagerschalen abgeändert. Die neue Ausführung hat keine Führungsnasen auf der Rückseite. Zum Einbau neuer Schalen wird deshalb eine Spezialvorrichtung benötigt, welche wir im Verlauf der Beschreibung erwähnen.

Ausbau der Kolben

»K«-Motoren und »F«-Motor

Die folgenden Anweisungen gelten nur für jene »K«-Motoren, deren Pleuellagerschalen eine Führungsnase an der Rückseite der Schalen haben, die in eine entsprechende Aussparung in Pleuelstangenbohrung und Pleuellagerdeckel eingreift. Andernfalls muss man sich an die nachfolgenden Hinweise beim Zusammenbau halten. Eine andere Lösung ist, dass man die ausgebauten Pleuelstangen und Pleuellagerdeckel zur Erneuerung der Lagerschalen in eine Motorenwerkstatt bringt. Man erhält sie dann einbaufertig zurück. Beim »F«-Motor trifft dies nicht zu.

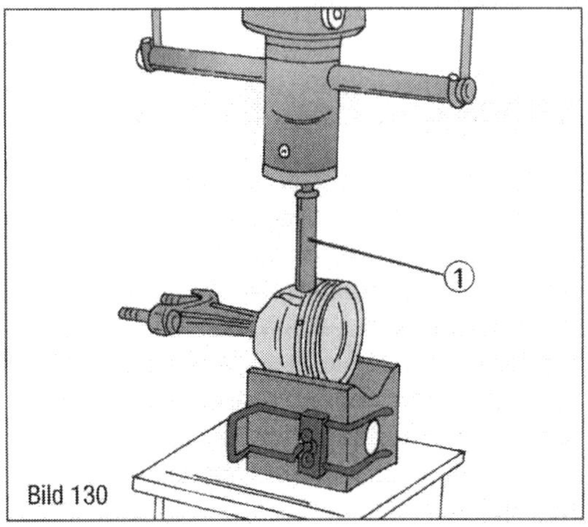

Bild 130

Bild 130 Auspressen eines Kolbenbolzens. Eine ähnliche Vorrichtung kann man sich vielleicht selbst herstellen.

Steuerungsteile, Zylinderkopf, Ölwanne und Ölpumpe müssen ausgebaut werden, um an die Pleuelstangen zu kommen. Die folgenden Anweisungen gelten nur, falls man annimmt, dass es ausreicht nur einen Kolben zu erneuern. Die Erneuerung aller Kolben sollte man einer Werkstatt überlassen, es sei denn, man kann improvisieren, um das Trennen von Kolben und Pleuelstangen zu besorgen.

- Die Oberseite der Kolben entsprechend den Zylinderbohrungen kennzeichnen. Ein kleiner Schraubendreher kann verwendet werden, um die Nummer in die Ölkohle zu kratzen, jedoch dabei nicht die Kolbenböden beschädigen. Zylinder Nr. 1 befindet sich auf der Schwungradseite.
- Pleuellagerdeckel und Pleuelstangen mit der Zylindernummer kennzeichnen. Nr. 1 liegt auf der Schwungradseite. Die Teile mit Farbe zeichnen. Körnerschläge könnten die Teile verziehen.
- Die Pleuellagerschrauben entfernen und die Deckel abnehmen. Jeweils die zwei an der Unterseite liegenden Pleuelstangen zuerst vornehmen.
- Lagerschalen entfernen (falls sie am Kurbelzapfen festklebt) und in den Lagerdeckel einlegen.
- Mit einem Hammerstiel die Einheit Kolben/Pleuelstange zur Oberseite des Zylinders herausstoßen. Falls sich ein Ölkohlering an der Oberkante der Zylinderbohrung geformt hat, kann man diesen vorsichtig mit einem Schaber abkratzen. Den Deckel wieder an die betreffende Pleuelstange anschrauben.

Der Einbau der Pleuel/Kolben-Einheiten wird später für diese Motoren beschrieben.

Kolben und Pleuelstangen trennen

»D« und »K«-Motoren

Zum Trennen der Kolben von den Pleuelstangen sind auf jeden Fall Spezialwerkzeuge erforderlich. Falls diese nicht besorgt werden können, sollte man die Arbeiten in einer Motorenwerkstatt durchführen lassen. Auch wenn die Kolben erneuert werden sollen, werden die gleichen Werkzeuge zum Einziehen des Kolbenbolzens benötigt. Eine Kochplatte muss zur Verfügung stehen, sodass man das Pleuelauge (nicht den gesamten Pleuel) auf eine Temperatur von 250 °C erwärmen kann. Ein Schmelzstift, welcher bei dieser Temperatur erweicht, ist bei der Kontrolle erforderlich. Folgende Arbeiten durchführen:

Kolbenringe der Reihe nach mit einer Kolbenringzange abnehmen. Falls die Ringe wieder verwendet werden sollen, sind sie entsprechend zu zeichnen. Falls keine Kolbenringzange zur Verfügung steht, können Metallstreifen an gegenüberliegenden Stellen an den Seiten des Kolbens unter den Ring geschoben werden. Einen Streifen unbedingt unter das Ende des Ringes unterlegen, um Kratzer zu vermeiden.

Das in Bild 130 gezeigte Spezialwerkzeug oder eine ähnliche Vorrichtung wird jetzt zum weiteren Zerlegen benötigt. Den Kolben wie im Bild gezeigt auf das Werkzeug unter einer Presse auflegen und den Bolzen mit dem Pressstempel herausdrücken. Falls die Vorrichtung nicht zur Verfügung steht, ist es möglich, dass man einen ähnlichen »V«-Block benutzt und den Kolben mit einem Dorn des passenden Durchmessers herauspresst.

Alle Teile gründlich reinigen. Falls Teile Anzeichen von Fressern, Kratzern oder Verschleiß aufweisen, müssen sie erneuert werden. Es ist möglich, dass man nur einen Kolben erneuert oder erneuern lässt. Die Kolben sind in Klassen eingeteilt und ein Kolben der richtigen Klasse muss eingebaut werden. In die Seite des Zylinderblocks sind Bohrungen eingearbeitet, aus welchen die Motorenwerkstatt die eingebaute Größenklasse ableiten kann. Es würde zu weit führen auf die einzelnen Motoren einzugehen.

»F«-Motor

Das Zerlegen der Kolben und Pleuelstangen ist eine einfache Angelegenheit, da die Kolbenbolzen vollschwimmend gelagert sind, d. h. sie haben im Pleuelauge und im Kolbenauge eine Spielpassung. Zum Zerlegen die Sicherungsringe in der in Bild 131 gezeigten Weise mit einem spitzen Gegenstand heraushebeln und danach den Kolbenbolzen mit einem passenden Dorn ausschlagen. Den Kolben dazu in die hohle Hand legen. Ein Anwärmen des Kolbens vereinfacht vielleicht den Ausbau. In Bild 132 sind die Teile des Kolbens nach der Zerlegung gezeigt.

Kolbenringe der Reihe nach mit einer Kolbenringzange abnehmen. Falls die Ringe wieder verwendet werden sollen, sind sie entsprechend zu zeichnen. Falls keine Kolbenringzange zur Verfügung steht, können Metallstreifen an gegenüberliegenden Stellen an den Seiten des Kolbens unter den Ring geschoben werden. Einen Streifen unbedingt unter das Ende des Ringes unterlegen, um Kratzer zu vermeiden.

Die Kolben können einzeln erneuert werden. Kolben- und Zylinderbohrungsgrößen sind äußerlich gekennzeichnet. Da die Anpassung von Kolben und Zylinderbohrungen ziemlich kompliziert ist, möchten wir nicht weiter darauf eingehen. Zu erwähnen wäre, dass die Außenseite des Zylinderblocks mit Bohrungen versehen ist, aus welchen die Motorenwerkstatt die Größe ableiten kann. Die Kolben sind in der Oberseite mit »2« oder »B« bzw. »3« oder »C« gezeichnet.

Kolben und Pleuelstangen überprüfen

Alle Teile gründlich reinigen. Falls Teile Anzeichen von Fressern, Kratzern oder Verschleiß aufweisen, müssen sie erneuert werden. Die Teile sollte man folgendermaßen kontrollieren, falls man sie wieder verwenden will:

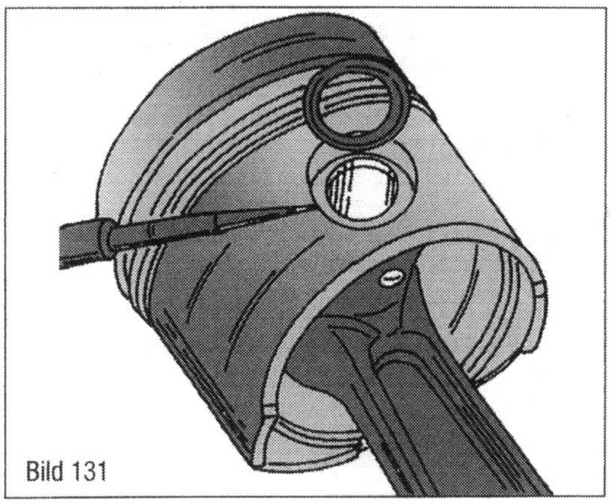

Bild 131

Bild 131
Ausbau eines Sicherungsringes aus dem Kolben.

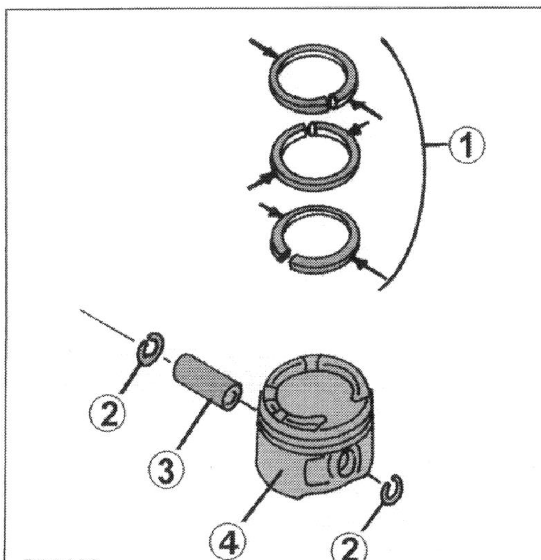

Bild 132

Bild 132
Die Teile eines Kolbens.
1 Kolbenringe
2 Kolbensicherungsringe
3 Kolbenbolzen
4 Kolben

Das Höhenspiel der Kolbenringe in den Nuten des Kolbens ausmessen, indem man die Kolbenringe der Reihe nach in die jeweilige Nut einsetzt (Bild 133). Mit einer Fühlerlehre den Spalt zwischen der Ringfläche und der Kolbennutfläche ermitteln. Falls der Spalt eines Ringes mehr als 0,15 mm beträgt, sind entweder die Ringe oder der Kolben abgenutzt.

■ Als Nächstes der Reihe nach alle Kolbenringe von der Oberseite in die Laufbüchse oder die Zylinderbohrung einsetzen. Mit einem umgekehrten Kolben den Ring nach unten stoßen, bis er ca. 15 mm von der Unterkante der Bohrung entfernt steht. Zylinderblock dazu auf eine Seite legen. Eine Fühlerlehre in den Spalt zwischen den beiden Ringenden einschieben, um das Kolbenringstoßspiel auszumessen. Die Stoßspiele können nicht eingestellt werden und die Ringe sind nicht länger verwendungsfähig, falls sie zu groß erscheinen. Werden neue Kolbenringe eingebaut, darf man die Ringenden in keiner Weise bearbeiten, da sie »einbaufertig« geliefert werden.

Zum Prüfen des Kolbenlaufspiels den Durchmesser der Bohrung ausmessen. Bohrungen werden in Längs- und Querrichtung gemessen und in drei Tiefen der Laufbüchsen. Auf diese Weise werden der größte und kleinste Durchmesser gefunden. Die Werte aufschreiben.

■ Den Kolbendurchmesser jetzt von den Bohrungsdurchmessern abziehen. Die Messung erfolgt in unterschiedlicher Weise, je nach Motor:

– **Beim »K«-Motor** muss man das Mikrometer in der in Bild 134 gezeigten Weise ansetzen. Dabei ein Maß »A« von 42 mm beim K4M-Motor bzw. 45,7 mm beim K4J-Motor anstreben.

– **Beim »F«-Motor** muss man das Mikrometer in der in Bild 135 gezeigten Weise ansetzen. Das Maß zwischen den Pfeilen muss 53,5 mm betragen.

■ Der Unterschied ist das Laufspiel der Kolben, welches den Angaben in der Maß- und Einstelltabelle entsprechen muss. Falls das Laufspiel größer ist, müssen neue Kolbensätze eingebaut werden, bzw. die Zylinderbohrungen müssen ausgeschliffen werden. Bei einigen Motoren ist es möglich, dass man auch nur einen Kolben erneuert. Erkundigen Sie sich in der Werkstatt.

■ Kolbenbolzen und -bohrungen auf Verschleiß oder Beschädigung kontrollieren. Bolzen werden nur zusammen mit den Kolben geliefert.

■ Die Kolben sind in Klassen eingeteilt und ein Kolben der richtigen Klasse muss eingebaut werden. In die Seite des Zylinderblocks sind Bohrungen eingearbeitet, aus welchen die Motorenwerkstatt die eingebaute Größenklasse ableiten kann.

Falls man irgendwelche Zweifel bei der Durchführung der obigen Arbeiten hat, sollte man den Zylinderblock zusammen mit den Kolben in eine Werkstatt bringen, um Block und Kolben vermessen zu lassen.

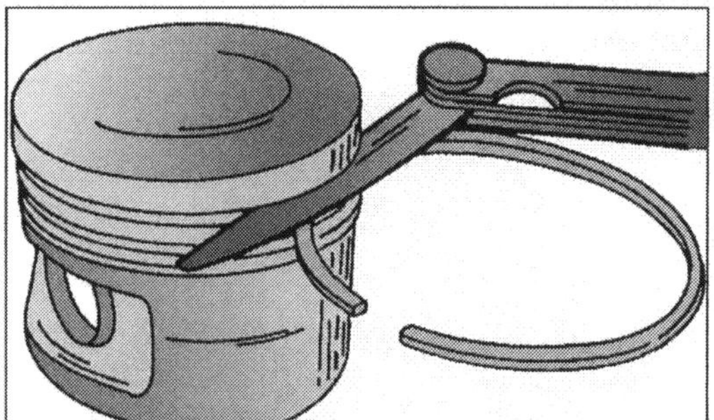

Bild 133

Bild 133
Ausmessen des Höhenspiels der Kolbenringe in den Nuten des Kolbens.

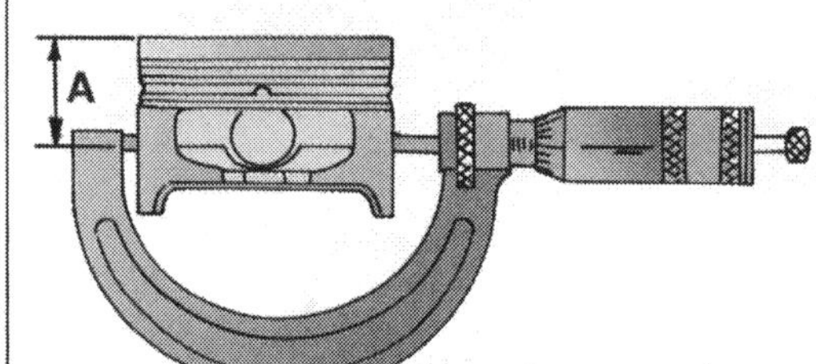

Bild 134

Bild 134
Ausmessen des Kolbendurchmessers bei einem »K«-Motor. Auf die angegebenen Maße der beiden Motoren achten (Maß »A«).

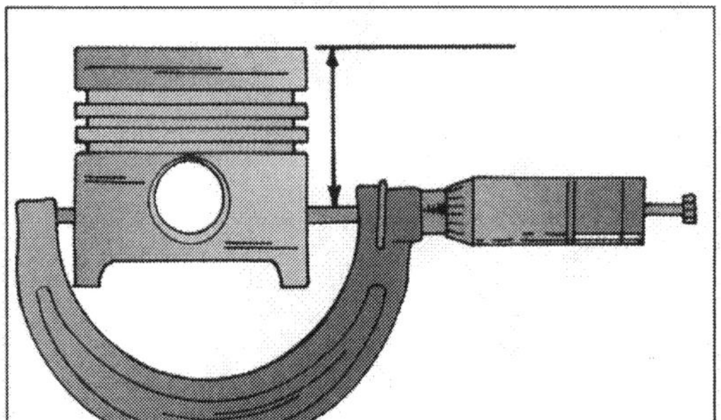

Bild 135

Bild 135
Ausmessen des Kolbendurchmessers beim 2.0-Liter-Motor.

Kolben und Pleuelstangen zusammenbauen

Es wird angenommen, dass die Teile kontrolliert und überholt worden sind.

»D«- und »K«-Motoren

Die folgende Beschreibung geht davon aus, dass die in den Abbildungen gezeigten Werkzeuge benutzt werden. Andernfalls muss man Kolben und Pleuelstangen in einer Motorenwerkstatt zusammenbauen lassen.

- Pleuelstangen in einem Pleuelprüfgerät auf Verdrehung oder Verbiegung kontrollieren. Dies sollte man am besten in einer Motorenwerkstatt durchführen lassen, da verbogene oder in sich selbst verdrehte Pleuelstangen keinen einwandfreien Lauf des Motors herstellen können.
- Pleuelstangen auf eine Kochplatte auflegen. Dazu die Pleuelaugen sternförmig auf die Platte auflegen (Bild 136). Der Pleuelfuß jeder einzelnen Stange ist entsprechend unterzulegen, damit die Pleuelstangen in waagerechte Lage kommen. Mit dem Schmelzstift laufend kontrollieren, ob die vorgeschriebene Temperatur von 250 °C erreicht ist. Die Pleuellagerdeckel müssen so aufgeschraubt werden, dass ein Spalt von 1,0 mm zwischen den Anlageflächen von Pleuel und Pleuellagerdeckel verbleibt.

Die Kolben und die Pleuelstangen zur Vorbereitung in Montagerichtung zusammen auslegen. Kontrollieren, dass das in den Kolbenboden eingebaute »V«-Zeichen (1) in Bild 137 im richtigen Verhältnis zur Nut für die Aufnahme der Lagerschale im Pleuelfuß steht.

- Den Kolbenbolzen auf den Montagedorn stecken und das konische Führungsstück am anderen Ende anschrauben, ohne es aber festzuziehen. Sowohl den Bolzen als auch den Dorn gut einölen.
- Den Kolben auf das Spezialwerkzeug auflegen, mit der Kolbenbolzenbohrung über das Loch, und mit der Federspange festklemmen, wie es in Bild 138 gezeigt ist. Einen Distanzring unter den Kolben unterlegen, damit der Bolzen hindurchgeführt werden kann.
- Den Montagedorn des Werkzeugsatzes in den Kolbenbolzen einschrauben.
- Die Montagearbeiten müssen so schnell wie möglich durchgeführt werden, damit sich das Pleuelauge nicht wieder abkühlen kann.
- Pleuelstange mit einer Wasserpumpenzange schnell von der Kochplatte nehmen und in die Innenseite des Kolbens einführen.
- Bolzen mit der Hand und dem Montage-

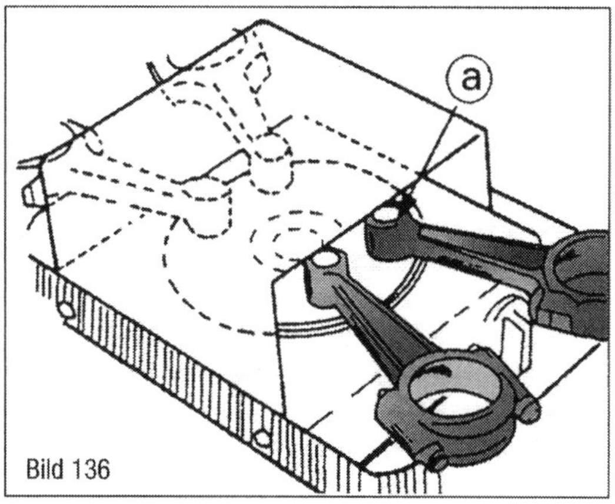

Bild 136

Bild 136
Anwärmen der Pleuelstangen. Nur die Enden »a« dürfen auf die Heizplatte aufgelegt werden.

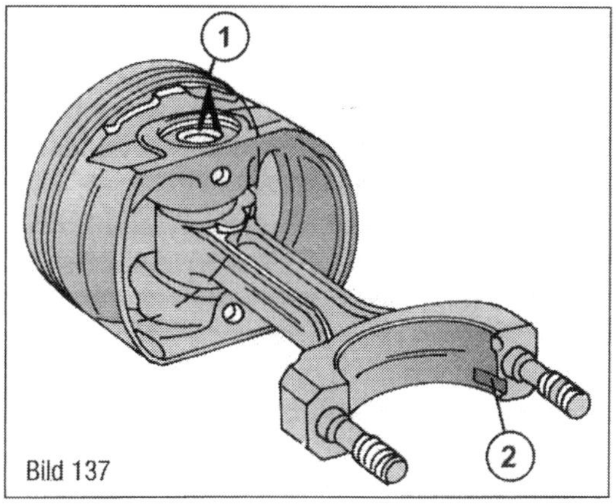

Bild 137

Bild 137
Vorschriftsmäßiger Zusammenbau von Kolben und Pleuelstange. Die »V«-Marke (1) muss an der Oberseite liegen, wenn die Aussparung (2) an der Unterseite steht (nur bei Pleuellagerschalen mit Führungsnasen).

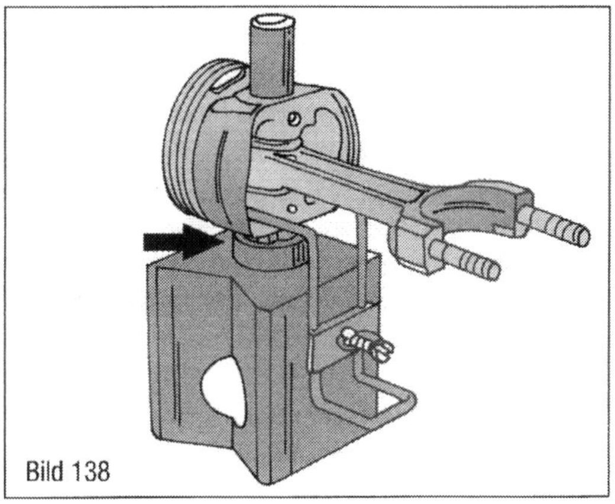
Bild 138

Bild 138
Zusammenbauen von Kolben und Pleuelstangen. An der Pfeilstelle ist ein Ring unterzulegen.

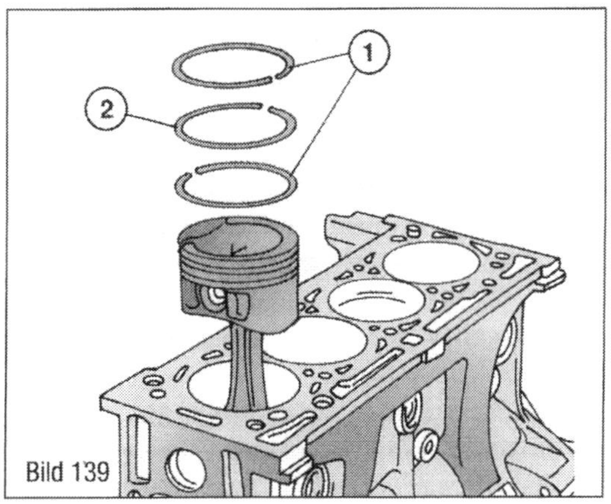

Bild 139

Bild 139
Einbau der Kolbenringe. Die Einbaustellung der Ringstöße unbedingt beachten.

dorn eindrücken. Die Pleuelstange wie erforderlich hin- und herbewegen, damit die Flucht zustande kommt. Den Kolbenbolzen bis zum Anschlag eindrücken. Das Spezialwerkzeug gewährleistet, dass der Kolbenbolzen in die genaue Lage eingepresst wird. Nach einigen Sekunden den Kolben von der Auflage befreien und kontrollieren, dass sich der Kolben frei auf dem Pleuelauge bewegen lässt, nachdem er abgekühlt ist.

- Den Montagedorn aus dem Kolben ausschrauben und die anderen Kolben in gleicher Weise montieren. Abwarten bis alle Kolben/Pleuelstangen abgekühlt sind.
- Mit einer Ölkanne Öl in die Lagerstelle des Bolzens spritzen.
- Der Reihe nach die Kolbenringe am Kolben anbringen. Die beiden oberen Ringe müssen mit der Markierung »Top« nach oben weisen. Vor dem Einsetzen jeden Ring nochmals kontrollieren, da man leicht Fehler machen kann. Eine Kolbenringzange sollte zum Aufsetzen der Kolbenringe verwendet werden, jedoch kann man drei dünne Metallstreifen (z. B. Blattfühlerlehren) um den Kolben legen und die Ringe über die Metallstreifen schieben. Die Streifen herausziehen, wenn der Ring in Höhe der betreffenden Nut ist. Ringe können leicht brechen und beim Einbau ist mit größter Sorgfalt vorzugehen.
- Die Ringstöße müssen in Abständen von je 120° versetzt werden. Die Kolbenringe entsprechend Bild 139 montieren, wobei zu beachten ist, dass die oberen Kolbenringe mit »Top« (oben) markiert sind. Die Beschriftung muss nach Aufsetzen der Ringe sichtbar sein.

»F«-Motor (2.0-Liter)

Um die Kolben und Pleuelstangen zusammenzubauen, könnte es von Vorteil sein, wenn man die Kolben und die Enden der Pleuelstangen etwas anwärmt. Den Kolbenbolzen und die Bohrungen und Kolben gut einölen, die Kolben richtig zusammensetzen und den Kolbenbolzen mit Daumendruck einschieben. Darauf achten, dass die Einbaurichtung von Kolben und Pleuel stimmt, d. h. die »Vorn«-Markierung in beiden Teilen muss zur Steuerseite weisen. Beide Sicherungsringe einwandfrei in die Rillen des Kolbenauges einsetzen.

Der Reihe nach die Kolbenringe am Kolben anbringen. Die beiden oberen Ringe müssen mit der Markierung »Top« nach oben weisen. Vor dem Einsetzen jeden Ring nochmals kontrollieren, da man leicht Fehler machen kann. Eine Kolbenringzange sollte zum Aufsetzen der Kolbenringe verwendet werden, jedoch kann man drei dünne Metallstreifen (z. B. Blattfühlerlehren) um den Kolben legen und die Ringe über die Metallstreifen schieben. Die Streifen herausziehen, wenn der Ring in Höhe der betreffenden Nut ist. Ringe können leicht brechen und beim Einbau ist mit größter Sorgfalt vorzugehen. Kolbenringe gut einölen und auf dem Außenumfang des Kolbens verdrehen, um die Ringstöße vorschriftsmäßig anzuordnen. Die Ringstöße müssen in Abständen von je 120° versetzt werden.

Kolben und Pleuelstangen einbauen

Falls die Rückseite der Pleuellagerschalen keine Führungsnasen hat, wie man sie in Bild 140 sehen kann (mit »2« bezeichnet), sind die in der nachfolgenden Beschreibung angegebenen Spezialwerkzeuge erforderlich. Andernfalls verbleibt nur der Zusammenbau in einer Werkstatt.

»D«- und »K«-Motoren

- Kolben mit Motoröl einschmieren und in die Zylinderbohrungen einsetzen. Auf die Nummerierungen achten. Ein Kolbenringspannband muss zum Einbau benutzt werden, um die Kolbenringe in die Nuten zu drücken. Nach dem Einbau kontrollieren, dass das »V«-Zeichen in den Kolbenböden zur Schwungradseite weist.
- Die Pleuellagerdeckel an den Pleuelstangen montieren. Die Schrauben der Pleuellagerdeckel werden mit 43 Nm angezogen. Das Gewinde der Schrauben und Unterseite der Schraubenköpfe einölen.

»F«-Motor

- Kolben mit Motoröl einschmieren und in die Zylinderbohrungen einsetzen. Auf die Nummerierungen achten. Ein Kolbenringspannband muss zum Einbau benutzt werden, um die Kolbenringe in die Nuten zu drücken. Nach dem Einbau kontrollieren, dass das »V«-Zeichen in den Kolbenböden zur Schwungradseite weist.
- Die Pleuellagerdeckel an den Pleuelstangen montieren. Die Schrauben der Pleuellagerdeckel werden mit 43 Nm angezogen. Das Gewinde der Schrauben und Unterseite der Schraubenköpfe einölen.

»K«-Motoren, Pleuellagerschalen ohne Führungsnasen

Falls die Lagerschalen das auf der linken Seite in Bild 140 gezeigte Aussehen haben, wird ein Spezialwerkzeug gebraucht, um die Schalen in die Pleuelstangenbohrung und den Pleuellagerdeckel »einzupressen«. Das Werkzeug trägt die Nummer Mot. 1492 und setzt sich aus den in Bild 141 gezeigten Teilen zusammen. Die Lagerführungen (1) sind an Stelle (2) mit der Bezeichnung des Motors gezeichnet. Beim Einpassen der Schalen wird die entsprechende Führung in die Rille der Grundplatte (3) eingeschoben. Falls man einige Erfahrung hat, kann man die Lagerschalen natürlich mit Hilfsmitteln in die richtige Lage drücken, jedoch ist es wichtig, dass sie genau mittig sitzen, was durch die Benutzung des Werkzeuges gewährleistet wird. Beim Einbau unter Bezug auf Bild 142 folgendermaßen vorgehen:

- Die Pleuelstange auf den Zapfen der Grundplatte auflegen, wie es in der linken Ansicht gezeigt ist. Das Pleuelauge in Pfeilrichtung gegen den Zapfen drücken.
- Die Lagerschale (1) in Bild 142 (Mitte) gegen die Lagerschalenführung ansetzen und die Führung entsprechend der Pfeilrichtung fest gegen die Pleuelbohrung drücken. Die Schalenführung herausnehmen und die anderen Pleuelstangen in gleicher Weise behandeln.
- Zum Einbau der Lagerschalen in die Pleuellagerdeckel den Lagerdeckel gegen die beiden Anschlagstifte (4) in Bild 141 anlegen, wie es in der rechten Ansicht von Bild 142 gezeigt ist und die Pleuellagerschale an der Führung anlegen. Die Schalenführung fest gegen den Pleuellagerdeckel drücken und danach die Führung herausnehmen.
- Pleuellagerdeckel und Pleuelstange sind jetzt einbaufertig. Die Pleuellagerschrauben werden unverändert mit 43 Nm angezogen.

Zylinderblock

Bei jeder Überholung des Motors muss der Zylinderblock gründlich gereinigt werden, wobei besondere Aufmerksamkeit auf die Ölbohrungen zu legen ist. Der Ausbau und Einbau der Kolben und Pleuelstangen wurde bereits in den vorausgegangenen Kapiteln beschrieben.
Neue Zylinderblöcke werden zusammen mit angepassten Kolben, Kolbenringen, Kolbenbolzen, Hauptlagerschalen, dem Führungsrohr des Ölmessstabes und dem Ölabscheiderohr geliefert.
Kontrollieren, dass alle Gewindelöcher frei von Reinigungsflüssigkeit sind, um die Bildung von Hydraulikpolstern zu vermeiden, wenn man die Schrauben später anzieht (dadurch werden falsche Anzugsdrehmomente erhalten).

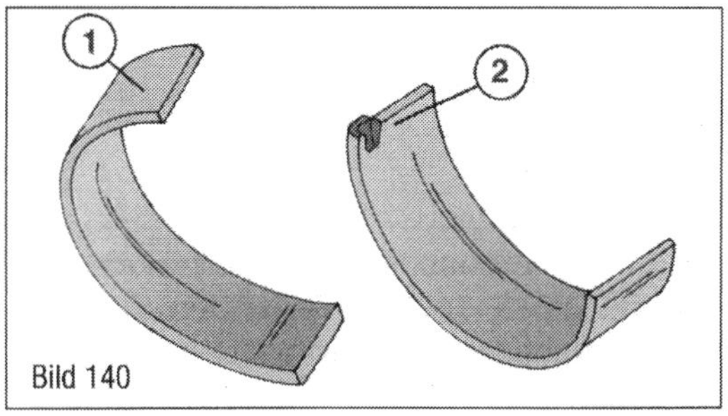

Bild 140
Ansicht der Pleuellagerschalen mit und ohne Führungsnase an der Rückseite.

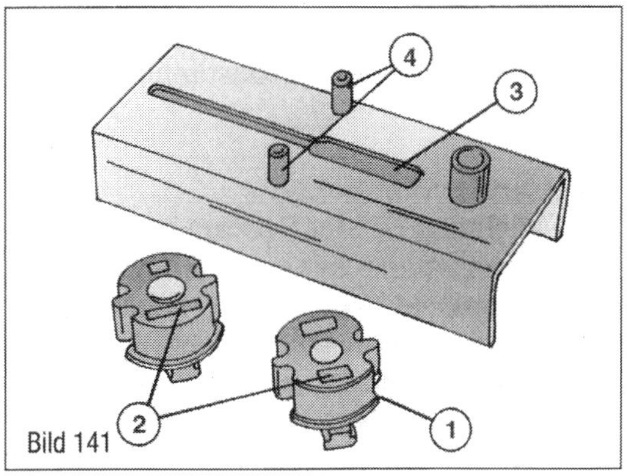

Bild 141
Benutzung des Spezialwerkzeuges. Die Zahlen werden im Text erwähnt.

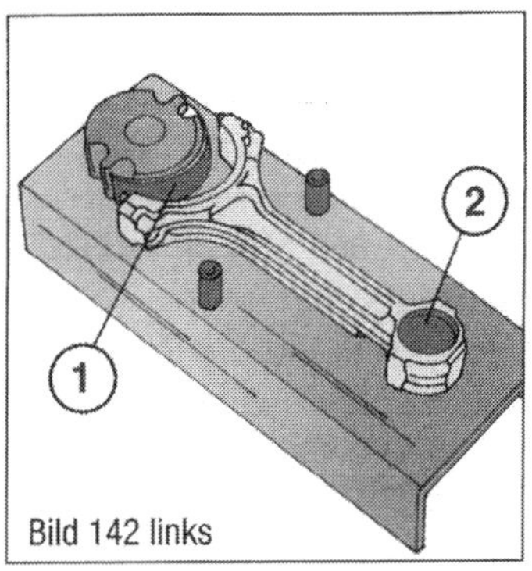

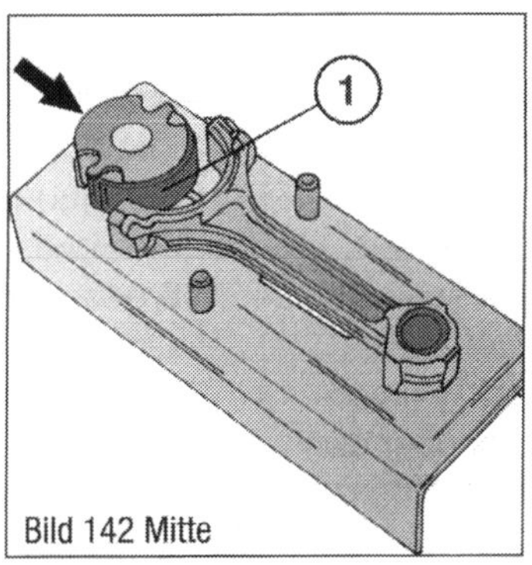

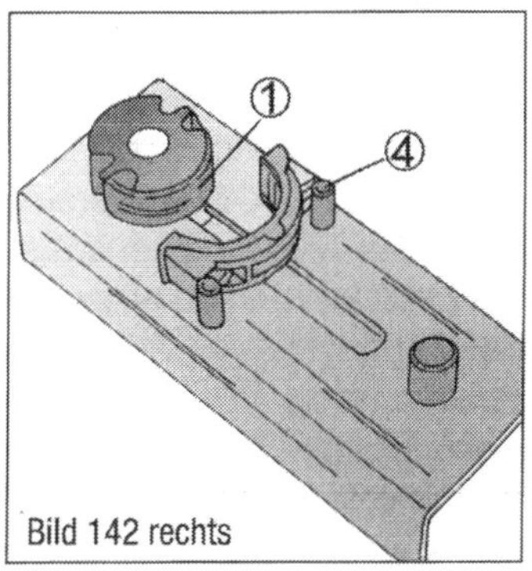

Bild 142

Kurbelwelle und Lager

Irgendwelche Reparaturen an der Kurbelwelle überlässt man einer Werkstatt. Die Welle kann entsprechend den Anweisungen beim Zerlegen des Motors ausgebaut und danach zusammen mit dem Zylinderblock in eine Werkstatt gebracht werden. In den meisten Fällen werden Sie den Zylinderblock vollkommen zusammengebaut zurückerhalten. Auch das Ausmessen der Lagerzapfen ist eine Sache für die Spezialwerkstatt.
Falls erforderlich das Führungslager aus dem Ende der Kurbelwelle herausziehen. Dazu kann man einen Linksgewindeschneider des passenden Durchmessers einschrauben und die Büchse damit herausziehen. Die neue Büchse mit einem geeigneten Durchschlag einschlagen.
Der Einbau der Kurbelwelle wird beim Zusammenbau des Motors für alle Motorengruppen beschrieben. Das Axialspiel der Welle muss ausgemessen werden, ehe die Hauptlagerdeckel endgültig angezogen werden.

Schwungrad
Die Schwungradschrauben müssen an den Gewinden mit »Loctite«-Gewindesicherungsmittel eingeschmiert werden. Da sie selbstsichernd sind, muss man sie erneuern, wenn das Schwungrad abgeschraubt wurde. Die Schrauben des Schwungrades mit dem zutreffenden Anzugsdrehmoment anziehen.

Kurbelwellendichtringe
Der Öldichtring auf der Schwungradseite kann wie in beim Zusammenbau des Motors bei den verschiedenen Motorgruppen beschrieben erneuert werden. Diese Anweisungen gut durchlesen, um den Dichtring nicht zu beschädigen. Das Getriebe und das Schwungrad müssen ausgebaut werden, um an den Dichtring zu kommen.
Der Öldichtring im vorderen Dichtringträger aller Motoren wird ebenfalls erneuert, wie es beim Zusammenbau des Motors beschrieben ist. Alle an der Vorderseite des Motors sitzenden Teile müssen ausgebaut werden, um den Dichtring zu erneuern. Dies schließt den Zahnriemen ein (siehe nachstehend). Wiederum die Anweisungen sorgfältig durchlesen, um den Dichtring einwandfrei über der Kurbelwelle zu zentrieren und den Dichtringträger vorschriftsmäßig zu montieren.

Zahnriemen

Erneuerung des Zahnriemens bei eingebautem Motor
Der Zahnriemen aller behandelten Motoren kann bei eingebautem Motor erneuert werden. Zahnriemen halten nur eine gewisse Zeit, d. h. man kann die Erneuerung des Riemens sozusagen als Wartungsarbeit ansehen. Intervalle zwischen den empfohlenen Wechselzeiten werden durch laufende technische Entwicklung und Verbesserung manchmal verlängert und wir empfehlen Ihnen, dass Sie die geltenden Wechselzeiten anhand Ihres Wartungs-Scheckhefts feststellen. Andernfalls können Sie sich in der Werkstatt erkundigen.
Die Erneuerung des Riemens geschieht bei allen Motoren in ähnlicher Weise, jedoch werden die Arbeiten getrennt beschrieben.

Zahnriemen 1.4- und 1.6-Liter-Motor

Bild 143 zeigt den Ventiltrieb zusammen mit den Teilen der Ventile und der Ventilbetätigung.

- Fahrzeug vorn auf Böcke setzen und die Batterie abklemmen.
- Das rechte Vorderrad abschrauben und die Verkleidung in der Innenseite des Radkastens abschrauben. Ebenfalls das Schutzblech unter dem Motorraum ausbauen.
- Seilschlingen oder Ketten an den beiden Hebeösen an Motor und Getriebe befestigen und das Triebwerk an einen Handkran oder sonstiges Hebezeug anhängen. Das Triebwerk anheben, bis es soeben unter Spannung steht. Dazu muss man den Motor mit einem Spezialbügel aus dem Motorraum herausheben, wie es in Bild 144 gezeigt ist. Eine ähnliche Vorrichtung kann man sich bestimmt herstellen, welche mit einer Hebeöse des Motors verbunden wird.
- Die Abdeckung der »hängenden« Motoraufhängung ausbauen und die Motoraufhängung danach ausbauen. Nur die in Bild 145 gezeigten Befestigungen lösen.
- Drehmomentstütze des Motors lösen.

Zwei verschiedene Versionen werden eingebaut, wie man in Bild 146 sehen kann. Ist eine senkrecht eingesetzte Schraube (1) zu sehen, wird sie gelöst und ausgeschraubt, während die Schraube (2) am anderen Ende gelockert wird. Bei der zweiten Ausführung die Schraube (3) am Gummilager lösen und entfernen und die Schraube (4) am anderen Ende lockern.

■ Den Antriebsriemen an der Stirnseite des Motors ausbauen (siehe entsprechendes Kapitel).

■ An der Rückseite des Motors einen Kabelstecker und einen Schlauch abschließen, den Kabelstrang vom oberen Zahnriemenschutzdeckel lösen und auf eine Seite drücken.

■ An der Vorderseite des Motors einen Halter abschrauben und den Kabelstrang trennen.

■ Die Kraftstoffleitungen vom unteren Zahnriemenschutzdeckel lösen.

■ Den Luftresonanzkasten ausbauen.

■ Die beiden Verschlussstopfen der Nockenwellen in Bild 147 mit einem spitzen Schraubendreher heraushebeln. Ebenfalls den im gleichen Bild gezeigten Stopfen (unten links, Pfeil) herausdrehen (zum Einsetzen des Arretierbolzens für die Kurbelwelle).

■ Den Motor auf den oberen Totpunkt für den ersten Zylinder stellen. Dazu die beiden Nockenwellen durchdrehen, bis die Mitnehmernuten in den Enden der beiden Nockenwellen in der in Bild 148 gezeigten Lage stehen. Die Mitnehmernuten sind außer Mitte gesetzt und die größere Hälfte muss an der Unterseite stehen. In dieser Stellung einen Arretierdorn an der Pfeilstelle in Bild 63 in den Zylinderblock und die Kurbelwelle einsetzen. Da der Spezialdorn nicht zur Verfügung stehen wird, benutzt man einen Bolzen von 8 mm Durchmesser und schiebt ihn an der gezeigten Stelle ein. In Bild 67 kann man sehen, wie der Bolzen eingreift, wenn man ihn richtig eingesetzt hat.

■ Kurbelwellenriemenscheibe ausbauen. Die Welle dabei gegenhalten (z. B. einen Gang einlegen oder Schwungrad freimachen und einen Schraubendreher in die Zähne des Zahnkranzes einsetzen).

■ Oberen und unteren Zahnriemenschutzdeckel abschrauben (siehe Bild 65).

■ Die Spannrolle für den Zahnriemen lösen, um den Zahnriemen zu lockern. Um den Riemen auszubauen, braucht man eine Torx-Kopf-Stecknuss (Größe T50). Die Riemenscheibe lösen und den Riemen abnehmen.

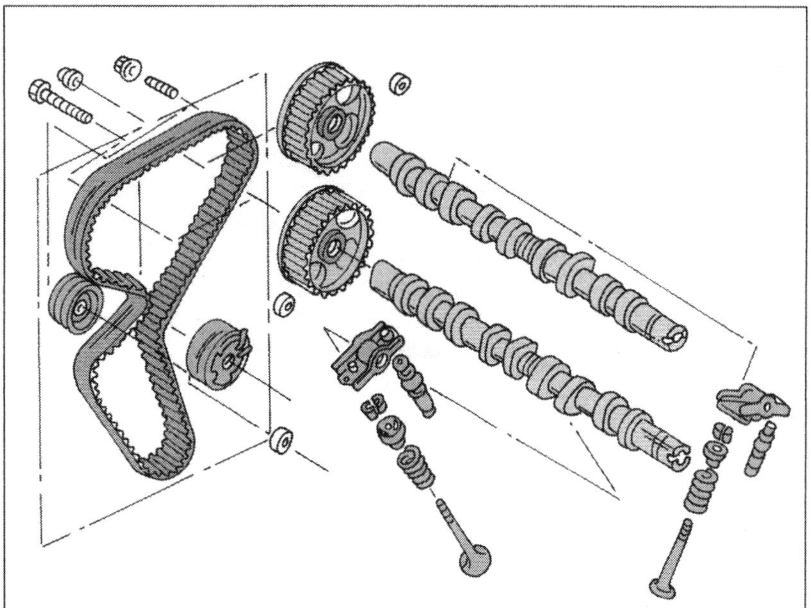
Bild 143

Bild 143
Der Ventiltrieb eines »K«-Motors (1,4- und 1,6 Liter).

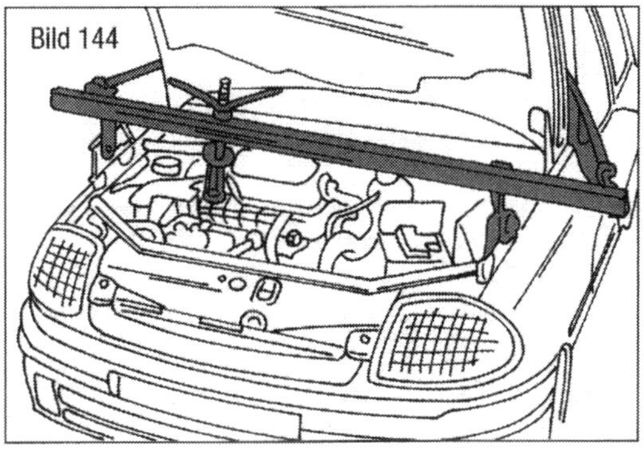
Bild 144

Bild 144
Das Triebwerk kann mit der gezeigten Vorrichtung aus den Aufhängungen gehoben werden, bis die Triebwerklager spannungsfrei sind.

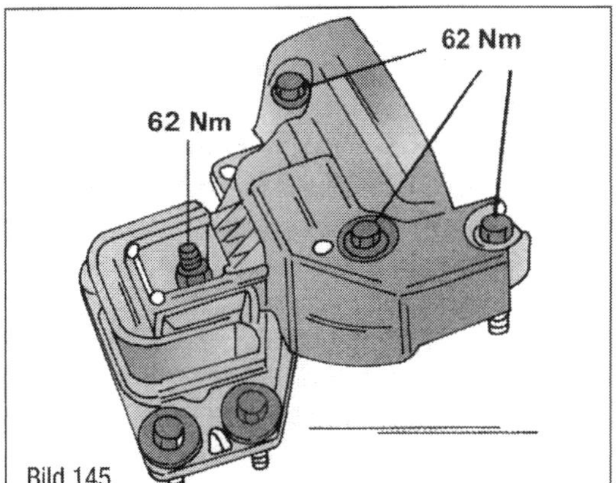

Bild 145

Bild 145
Die Befestigungsstellen des Triebwerklagers. Anzugsdrehmoment beachten.

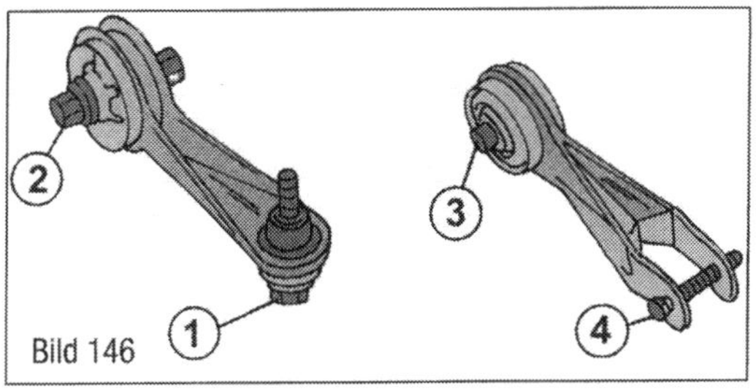

Bild 146

Bild 146
Ansicht der Drehmomentstützen beim 1.6-Liter-Motor. Je nach Motor werden unterschiedliche Stützen eingebaut.

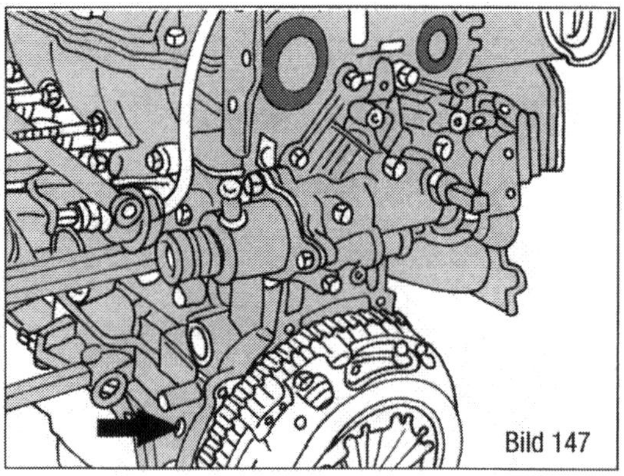

Bild 147

Bild 147
Die beiden Versteller (Stopfen) aus der Rückseite der Nockenwellenlagerung ausbauen. Den Stopfen (Pfeil, unten) ausschrauben, um dem Arretierbolzen einzusetzen.

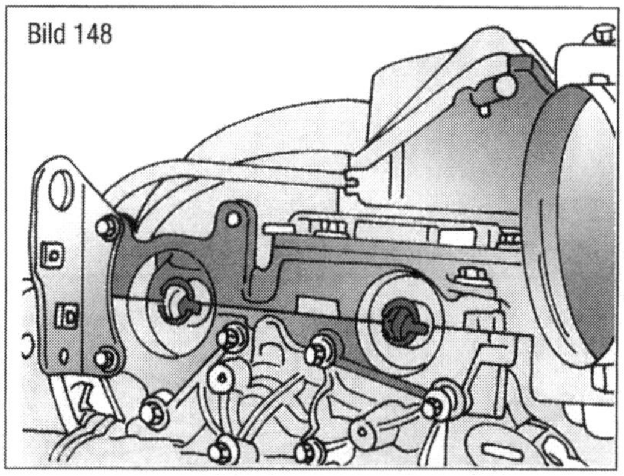

Bild 148

Bild 148
Die Mitnehmernuten in den Enden der Nockenwellen müssen in die gezeigte Lage gebracht werden.

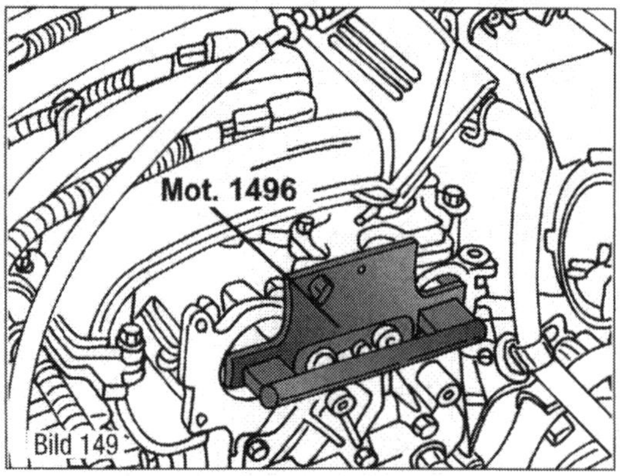

Bild 149

Bild 149
Spezialwerkzeug Mot. 1496 zum Arretieren der Nockenwellen in der gezeigten Lage. Andernfalls unbedingt darauf achten, dass sich die Wellen nicht verstellen können.

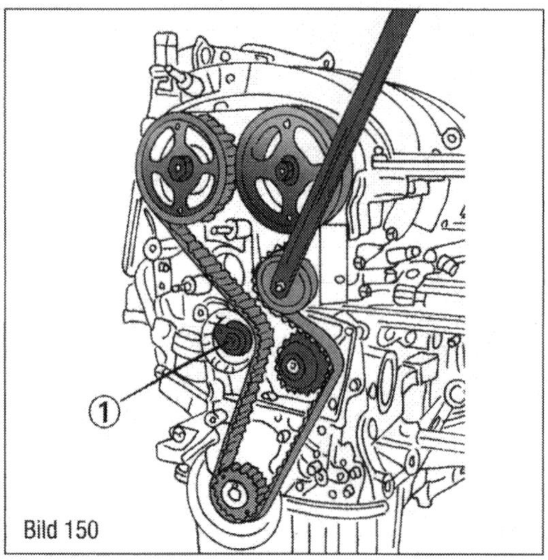

Bild 150

Bild 150
Zum Einbau des Zahnriemens. Die Mutter (1) hält die Riemenspannrolle.

■ Falls erforderlich das Steuerrad der Kurbelwelle abziehen.

Beim Einbau der Teile folgendermaßen vorgehen. Zu beachten ist, dass unterschiedliche Anweisungen gelten, je nachdem, ob die Nockenwellensteuerräder gelöst wurden oder nicht.

Ohne Lösen der Nockenwellensteuerräder

☞ Das Ende der Kurbelwelle, die Innenseite des Steuerrades der Kurbelwelle und die Bohrung der Kurbelwellenriemenscheibe gründlich von Öl reinigen, um ein Durchrutschen der montierten Teile zu vermeiden (Motorschäden!). *Falls ein neuer Riemen eingebaut wird, müssen die Spannrolle und die Riemenlaufrolle ebenfalls erneuert werden.*

■ Die Mitnehmernuten in den Enden der Nockenwellen waagerecht ausrichten (siehe bereits gezeigtes Bild) und die Nockenwellen in dieser Lage halten. Vorschriftsmäßig wird dazu das in Bild 149 gezeigte Arretierwerkzeug benutzt. Andernfalls muss man darauf achten, dass sich die Wellen nicht verdrehen können.

■ Kontrollieren, dass der Arretierbolzen eingeschoben ist (Bild 63). Die Nut in der Kurbelwelle muss an der Oberseite stehen.

■ Beim Aufstecken der Spannrolle darauf achten, dass die Nase an der Rolle in die entsprechende Nut eingreift.

■ Den Zahnriemen entsprechend Bild 150 um die einzelnen Steuerräder legen und die gezeigte Rolle mit einem Drehmoment von 45 Nm anziehen (zwecks Stecknuss siehe unter der Ausbaubeschreibung).

■ Die Schraube der Kurbelwellenriemenscheibe mit einem Anzugsdrehmoment von 20 Nm anziehen und dann im Winkelanzug um weitere 135° nachziehen (plus oder minus 15°).

■ Die Riemenspannung jetzt einstellen. Hierbei ist zu beachten, dass während der Produktion zwei verschiedene Spannrollen eingebaut wurden. Bei den behandelten Motoren wird man meistens die zweite Ausführung vorfinden, jedoch soll auch die ursprüngliche Ausführung erwähnt werden.

Erste (ältere) Ausführung

■ Unter Bezug auf Bild 151 die bewegliche Nase (1) der Spannrolle 7 bis 8 mm an der feststehenden Nase (2) vorbei bewegen, bis sie in die durch (3) angegebene Stellung kommt. Dazu einen Inbusschlüssel (6 mm) an Stelle (4) einsetzen. Die Spannrolle in dieser Stellung mit einem Voranzug von 7 Nm anziehen.

Zweite (neue) Ausführung

■ Unter Bezug auf Bild 152 einen 6-mm-Inbusschlüssel in das Sechskant (4) einsetzen und die bewegliche Nase (1) gegenüber die feststehenden Nase (2) bringen, indem man den Exzenter (3) verdreht. Die Mutter der Spannrolle in dieser Stellung mit 7 Nm anziehen.

■ Die Kurbelwellenriemenscheibe montieren. Die Mutter mit 40 Nm anziehen und danach im Winkelanzug um weitere 115° (Gradscheibe).

■ Die Arretierung für die Nockenwellen entfernen und den Arretierbolzen aus dem Zylinderblock herausziehen.

■ Die Kurbelwelle von vorn gesehen zweimal in Drehrichtung durchdrehen. Ehe die zweite Umdrehung erhalten wird, den Arretierbolzen wieder in den Zylinderblock einsetzen und die Welle langsam weiter durchdrehen, bis das Bolzenende in die Kurbelwellenbohrung hineinrutscht. Den Bolzen jetzt wieder herausziehen.

■ Die Mutter der Riemenspannrolle um eine Umdrehung lockern, während die Rolle durch Einsetzen eines 6-mm-Innensechskantschlüssels gegengehalten wird. Bei der ersten Ausführung wird die bewegliche Nase (1) in Bild 110 jetzt in eine Linie mit der feststehenden Nase (2) gebracht. Bei der zweiten Ausführung kontrollieren, dass die Nase (1) in Bild 152 gegenüber der Nase (2) steht. Andernfalls den Exzenter (3) entsprechend nach rechts verdrehen. In beiden Fällen die Mutter in dieser Stellung mit 27 Nm angezogen.

Falls die Nockenwellensteuerräder gelöst wurden

Das Ende der Kurbelwelle, die Innenseite des Steuerrades der Kurbelwelle und die Bohrung der Kurbelwellenriemenscheibe, die Nockenwellenenden auf der Steuerseite und die Bohrungen der Nockenwellensteuerräder gründlich von Öl reinigen, um ein Durchrutschen der montierten Teile zu vermeiden (Motorschäden!). *Falls ein*

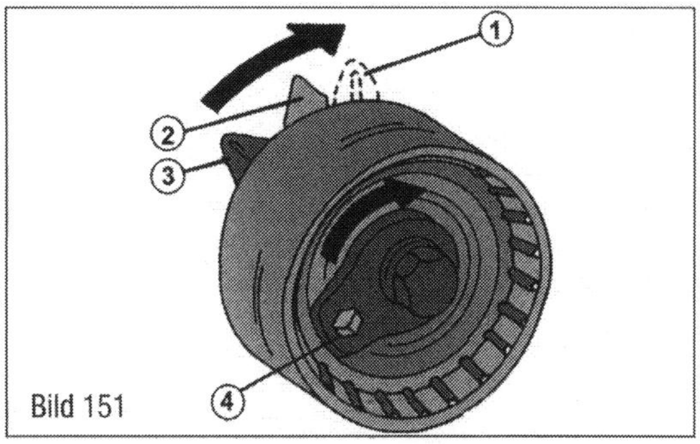

Bild 151

Bild 151
Zur Einstellung der Riemenspannrolle bei der älteren Ausführung (siehe Text).

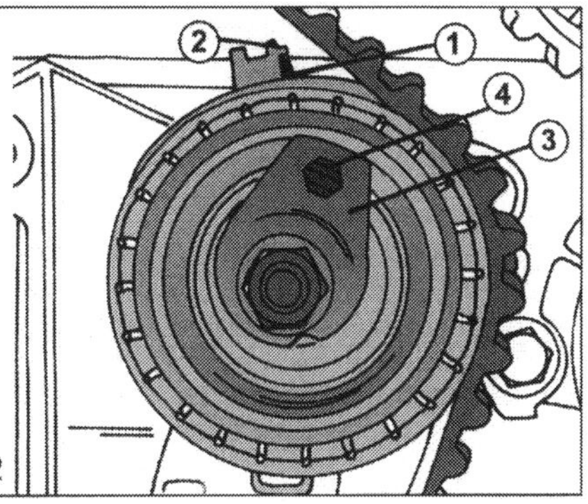

Bild 152

Bild 152
Zur Einstellung der Riemenspannrolle bei der neueren Ausführung (siehe Text).

Bild 153

Bild 153
Die beiden Steuerräder der Nockenwellen sind an den Stellen (1) mit einem Renault-Zeichen versehen. Diese Speichen müssen senkrecht nach oben stehen. Die Nut in der Kurbelwelle (2) muss senkrecht an der Oberseite liegen.

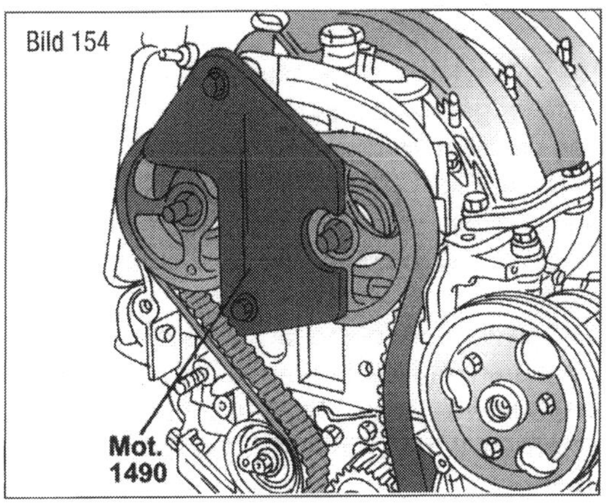

Bild 154

Bild 154
Sperren der beiden Nockenwellensteuerräder. Die gezeigte Platte wird an den Befestigungsstellen für den Zahnriemenschutzdeckel angeschraubt.

Bild 155
Einschlagen der Dichtstopfen in die Enden der Nockenwellen.
1 Steuerrad der Auslassnockenwelle (größerer Durchmesser)
2 Steuerrad der Einlassnockenwelle

neuer Riemen eingebaut wird, müssen die Spannrolle und die Riemenlaufrolle ebenfalls erneuert werden.

■ Die Mitnehmernuten in den Enden der Nockenwellen waagerecht ausrichten (siehe bereits gezeigtes Bild) und die Nockenwellen in dieser Lage halten. Vorschriftsmäßig wird dazu das in Bild 149 gezeigte Arretierwerkzeug benutzt. Andernfalls muss man darauf achten, dass sich die Wellen nicht verdrehen können.

■ Beide Nockenwellenräder aufstecken und mit den ALTEN Muttern mit 15 Nm anziehen. *Beim endgültigen Zusammenbau müssen die Muttern immer erneuert werden.*

■ Kontrollieren, dass der Arretierbolzen eingeschoben ist (Bild 63). Die Nut in der Kurbelwelle muss an der Oberseite stehen.

■ Beim Aufstecken der Spannrolle darauf achten, dass die Nase an der Rolle in die entsprechende Nut eingreift.

■ Die mit dem Renault-Zeichen versehenen Speichen der Nockenwellenräder nach oben weisend ausrichten, wie man es in Bild 153 sehen kann. Den Zahnriemen entsprechend Bild 150 um die einzelnen Steuerräder legen und die beiden Nockenwellenräder in der gezeigten Stellung arretieren. In der Werkstatt wird dies mit dem Spezialwerkzeug Mot. 1490 durchgeführt, wie man es in Bild 154 sehen kann. Ohne Verwendung des Werkzeuges muss man darauf achten, dass sich die Steuerräder nicht verdrehen können.

■ Die in Bild 149 gezeigte Rolle mit einem Drehmoment von 45 Nm anziehen (zwecks Stecknuss siehe unter der Ausbaubeschreibung).

■ Die Riemenscheibe für die Nebenantriebe montieren und die Schraube eindrehen, bis ein Spalt von 2 bis 3 mm zwischen dem Schraubenkopf und der Riemenscheibe verbleibt.

■ Die Riemenspannung jetzt einstellen. Die beiden Steuerräder der Nockenwellen müssen immer noch lose sein, d. h. ein Spalt von 0,5 bis 1 mm muss zwischen Mutter und Steuerrad verbleiben. Unter Bezug auf Bild 150 die bewegliche Nase (1) der Spannrolle 7 bis 8 mm an der feststehenden Nase (2) vorbei bewegen, bis sie in die durch (3) angegebene Stellung kommt. Dazu einen Inbusschlüssel (6 mm) an Stelle (4) einsetzen. Die Spannrolle in dieser Stellung mit einem Voranzug von 7 Nm anziehen. Das Arretierwerkzeug für die Nockenwellenräder (falls verwendet) wieder abmontieren. Falls eine Spannrolle der zweiten Ausführung eingebaut ist, unter Bezug auf Bild 152 einen 6-mm-Inbusschlüssel in das Sechskant (4) einsetzen und die bewegliche Nase (1) gegenüber die feststehenden Nase (2) bringen, indem man den Exzenter (3) verdreht. Die Mutter der Spannrolle in dieser Stellung mit 7 Nm anziehen.

■ Die Kurbelwelle sechsmal durchdrehen (Arretierung der Nockenwelle in Bild 154 vorher abschrauben).

■ Die Mutter der Riemenspannrolle um eine Umdrehung lockern, während die Rolle durch Einsetzen eines 6-mm-Innensechskantschlüssels gegengehalten wird. Bei der ersten Version wird die bewegliche Nase (1) in Bild 151 jetzt in eine Linie mit der feststehenden Nase (2) gebracht. Bei der zweiten Ausführung mit dem eingesetzten Inbusschlüssel die verstellbare Nase (1) gegenüber die Nase (2) bringen, indem der Exzenter (3) nach rechts verdreht wird. In beiden Fällen die Mutter in der Mitte in dieser Stellung mit 27 Nm anziehen.

■ Kurbelwellenriemenscheibe ausbauen, um den unteren Schutzdeckel aufzusetzen (ohne festzuschrauben). Die Riemenscheibe wieder aufstecken und die Schraube lose eindrehen. Vor Wiederverwendung dieser Schraube muss man sie in der Länge ausmessen. Ist sie länger als 49,10 mm, muss sie erneuert werden. Eine neue Schraube uneingeölt einschrauben, eine ursprüngliche Schraube einölen.

■ Das in Bild 154 gezeigte Werkzeug wieder anbringen und den Arretierbolzen in den Zylinderblock einschieben.

■ Die Schraube der Kurbelwellenriemenscheibe mit einem Anzugsdrehmoment von 30 Nm anziehen und dann im Winkelanzug um weitere 115° nachziehen (plus oder minus 15°).

■ Die neuen Muttern der beiden Steuerräder der Nockenwellen mit einem Anzugsdrehmoment von 30 Nm anziehen und aus der Endstellung um weitere 84° nachziehen (soeben etwas weniger als eine Viertelumdrehung). Renault schreibt vor, dass man mit dem Steuerrad der Auslassnockenwelle beginnt. Alle angebrachten Spezialwerkzeuge bzw. Arretiervorrichtungen jetzt abmontieren.

■ Die Kurbelwelle von vorn gesehen zweimal in Drehrichtung durchdrehen. Ehe die zweite Umdrehung erhalten wird, den Arretierbolzen wieder in den Zylinderblock einsetzen und die Welle langsam weiter durchdrehen, bis das Bolzenende in die Kurbelwellenbohrung hineinrutscht. Den Bolzen jetzt wieder herausziehen und kontrollieren, dass alle Steuerzeichen fluchten.

■ Oberen Zahnriemenschutzdeckel wieder montieren. Muttern und Schrauben mit 40 Nm anziehen.

■ Neue Dichtstopfen in das Ende der beiden Nockenwellen einschlagen. Dazu werden in der Werkstatt Spezialschlagdorne benutzt. Da beide Dichtstopfen einen unterschiedlichen Durchmesser haben, muss man entsprechende Rohrstücke benutzen. Bild 155 zeigt wie dies aussieht.

■ Antriebsriemen montieren.

■ Die Drehmomentstütze unter Bezug auf Bild 146 montieren und festziehen. Bei einem Motor mit der Bezeichnung K4M 750 wird sie mit 62 Nm angezogen. Die Befestigung am Nebenrahmen mit 62 Nm anziehen.

■ Alle anderen Arbeiten in umgekehrter Reihenfolge durchführen.

Zahnriemen 1.2-Liter-Motor

1.2-Liter-Motor mit 8 Ventilen (Typ D7F)

In der Werkstatt wird ein Messinstrument wird zur Einstellung der Zahnriemenspannung benutzt. Man sollte sich jedoch das gesamte Kapitel durchlesen, um eine Ausweichlösung zu finden.

■ Vorderseite des Fahrzeuges auf der rechten Seite Unterstellböcke setzen, das Vorderrad abschrauben, das Spritzblech in der Innenseite des Radkastens abmontieren und das Unterschutzblech ausbauen.

■ Massekabel der Batterie abklemmen.

■ Antriebsriemen der Lenkhilfspumpe und den Riemen der Drehstromlichtmaschine ausbauen (siehe betreffendes Kapitel).

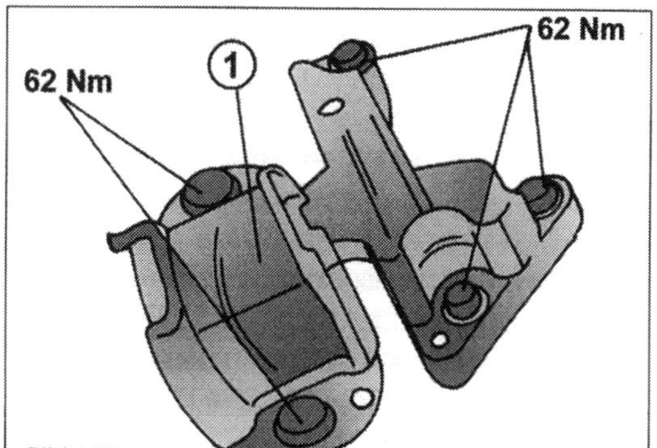

Bild 156

Bild 156
Die Aufhängung auf der Motorseite zusammen mit den Anzugsdrehmomenten.

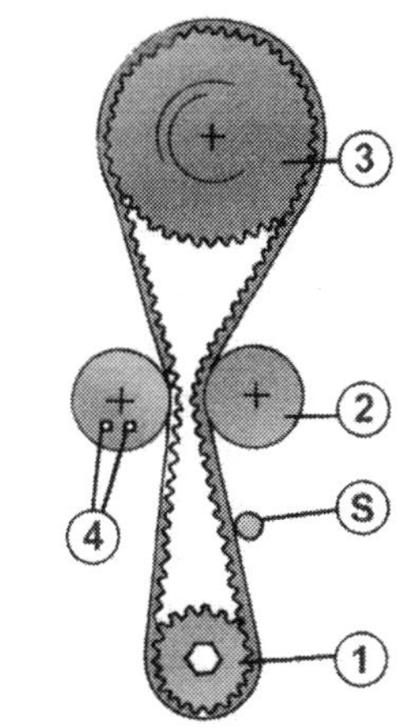

Bild 157

Bild 157
Zum Spannen des Zahnriemens. Auf die Zahlen wird im Text eingegangen.

■ Riemenscheibe der Kurbelwelle und das Steuerrad abmontieren. Da die Schraube sehr fest angezogen ist, muss man die Kurbelwelle gegenhalten. Dazu entweder einen Gang einschalten oder besser noch das Abdeckblech unter dem Schwungradgehäuse abschrauben und die Klinge eines kräftigen Schraubendrehers in die Zähne des Anlasserzahnkranzes einsetzen. Dazu ist natürlich ein Helfer erforderlich. Das Steuerrad mit einem Abzieher oder zwei untergesetzten Reifenhebeln abdrücken.

■ Triebwerk aus den Aufhängungen heben, wie es in bereits gezeigt wurde, oder einen Wagenheber unter den Motor untersetzen (mit Holzunterlage auf dem Wagenheberkopf) und den Motor etwas anheben, bis man die in Bild 156 gezeigte Motoraufhängung abschrauben und herausnehmen kann.

■ Die Abdeckkappe aus dem Sichtfenster im oberen Zahnriemenschutzdeckel ausbauen.

■ Unteren und oberen Zahnriemenschutzdeckel danach abschrauben.

■ Kurbelwelle durchdrehen, bis die Markierung an der Oberseite des Nockenwellensteuerrades (schwarze Punkte, oben) in einer Linie stehen und den Absteckbolzen wie in Bild 47 gezeigt einschieben.
■ Die Befestigungsmutter (2) in Bild 49 lockern und den Riemenspanner nach außen bewegen, bis man den Zahnriemen abnehmen kann. Ebenfalls die Spannrolle ausbauen. Der Riemen muss immer erneuert werden.

Beim Einbau folgendermaßen vorgehen. Bestimmte Steuermarken an den Steuerrädern der Nockenwelle und der Kurbelwelle müssen dazu ausgefluchtet werden, um das richtige Verhältnis zwischen Nockenwelle und Kurbelwelle herzustellen. Die Arbeiten müssen gewissenhaft durchgeführt werden, um keine Fehler zu machen.
Der Zahnriemen muss nach dem Einbau gespannt werden. In der Werkstatt wird dazu ein Spezialinstrument benutzt, jedoch sollte man in der Lage sein, das Spannen auch ohne dieses Instrument durchzuführen, wenn man den Anweisungen genau folgt. Die Anweisungen sind nach bestem Wissen und Gewissen ohne die genannten Spezialwerkzeuge gegeben. Nachdem die Steuerung einwandfrei eingestellt wurde, den Motor wieder auf den oberen Totpunkt des ersten Zylinders bringen und alle Steuerzeichen nochmals auf Flucht kontrollieren.
■ Die Nockenwelle und die Kurbelwelle langsam durchdrehen, bis die Steuerzeichen an der Kurbelwelle und an der Nockenwelle gegenüber dem feststehenden Zeichen stehen (siehe Bild 49). Dieses ist das Steuerzeichen.
■ Neue Spannrolle anbringen und den Zahnriemen auflegen. Den Riemen so ausrichten, dass die Markierungen im Riemen mit den Steuerzeichen an den Steuerrädern ausgerichtet sind. Den Riemen über das Steuerrad der Nockenwelle, die Führungsrolle, das Steuerrad der Kurbelwelle und über die Innenseite der Riemenspannrolle auflegen. Die Spannrolle muss so weit wie möglich nach außen verschoben und in dieser Stellung festgezogen werden, um den Riemen leicht aufzulegen. Der Riemen darf nicht mit einem Schraubendreher oder Ähnlichem aufgehebelt werden.
■ Die Mutter der Spannrolle lockern und die Rolle nach innen drücken, bis der Riemen ziemlich stramm ist.
■ Der Riemen wird jetzt gespannt. Wie bereits erwähnt, wird in der Werkstatt ein Messinstrument (Mot. 1505) dazu benutzt, dessen Anzeige die Spannung in Hertz angibt. Das Instrument wird gegen die Außenseite des Riemens zwischen Kurbelwellenrad (1) und Führungsrolle (2) angesetzt und ein Druckstück gegen den Riemen gedrückt, um die richtige Spannung anzuzeigen, wie es durch »S« (für Spannung) in Bild 157 zu sehen ist. Falls das Werkzeug nicht zur Verfügung steht, ein Stück gerades Eisen oder ein Messlineal an der Stelle »S« auf den Riemen auflegen. Der Riemen ist einwandfrei gespannt, wenn man ihn mit einem Druck von 3 kg nach innen drückt und der Ausschlag dabei ca. 6,0 mm beträgt. Eine Toleranz von 0,5 mm ist dabei zulässig. Die Arbeit muss durch mehrere Versuche durchgeführt werden. Zur Herstellung der Spannung wird die Spannrolle (4) nach links verdreht. Ein Zapfenschlüssel (Mot. 1135-01) wird dazu in der Werkstatt benutzt. Wird das Messinstrument benutzt muss die Anzeige 139 Hz ± 3 Hz betragen.
■ Die Mutter der Spannrolle dabei jedes Mal mit 50 Nm anziehen und die Spannung nachprüfen. Falls mehr Spannung erforderlich ist, die Mutter wieder lockern, die Spannrolle nach innen drücken und die Mutter wieder festziehen. Ist der Riemen zu fest gespannt, die Mutter lockern und die Spannrolle etwas nach außen verschieben. Die Mutter abschließend wieder mit 50 Nm anziehen.
■ Den Motor um genau vier Umdrehungen in Drehrichtung durchdrehen und kontrollieren, dass alle Steuermarken entsprechend Bild 49 ausgerichtet sind. Falls dies nicht der Fall ist, könnte es sein, dass sich der Riemen um einen Zahn verschoben hat, und die Einstellung muss von vorn begonnen werden. Abschließend nochmals das Anzugsdrehmoment der Mutter an der Spannrolle nachprüfen.
■ Die Kurbelwellenriemenscheibe montieren. Die Schraube bei blockiertem Schwungrad mit 40 Nm anziehen und aus dieser Stellung im Winkelanzug mit 65° bis 70° nachziehen.
■ Den Zahnriemenschutzdeckel montieren. Die Schrauben des oberen Deckels werden mit 33 Nm angezogen. Schrauben des unteren Deckels mit 22 Nm anziehen.
■ Antriebsriemen einbauen.

■ Ventile einstellen, wie es bereits beschrieben wurde.
■ Alle anderen Arbeiten in umgekehrter Reihenfolge wie beim Zerlegen durchführen. Die Motoraufhängungen entsprechend Bild 156 anziehen.

1.2-Liter-Motor mit 16 Ventilen (Typ D4F)

Die Spannung wird bei richtiger Montage automatisch hergestellt. Die Spannrolle muss zusammen mit einem neuen Zahnriemen erneuert werden. Ebenso die Schraube der Kurbelwellenriemenscheibe erneuern.
■ Beim D7F-Motor beschriebene Arbeiten durchführen, bis das Unterschutzblech ausgebaut wurde.
■ Die Drehmomentstütze ausbauen (siehe Bild 146, links) und den Motor wie oben anheben, bis man die rechte Motoraufhängung ausbauen kann.
■ Antriebsriemen ausbauen.
■ Kurbelwellenriemenscheibe und Zahnriemenschutzdeckel entsprechend Bild 56 ausbauen.
■ Den Arretierbolzen an der in Bild 47 gezeigten Stelle in den Zylinderblock und das Schwungrad einschieben (oder man benutzt einen Metallstab von 8 mm Durchmesser und schiebt diesen ein). Die Kurbelwelle dazu etwas hin- und herdrehen, bis man fühlen kann, dass der Bolzen eingegriffen hat.
■ Kurbelwelle durchdrehen, bis die Markierung am Steuerrad der Kurbelwelle (1) mit der Markierung an der Unterseite (2) fluchtet, wie man es in 57 sehen kann.
■ Kontrollieren, dass das Steuerzeichen am Steuerrad der Nockenwelle senkrecht an der Oberseite steht, wie es durch (1) in Bild 68 angegeben ist, die Mutter (2) in der Mitte der Spannrolle lockern, die Spannrolle nach außen drücken und den Zahnriemen abheben.

Beim Einbau des Zahnriemens folgendermaßen vorgehen:
■ Die neue Riemenspannrolle anbringen und verdrehen, bis die Rippe (1) in Bild 158 (links) in der Mitte zwischen den beiden »Nasen« an der Spannrolle liegt. Der Stift (3) muss entsprechend in die Spannrolle eingeschoben werden.
■ Die Mutter anziehen, bis sie soeben die Spannrolle berührt. Kontrollieren, dass der Absteckstift noch eingeschoben ist (Bild 47)

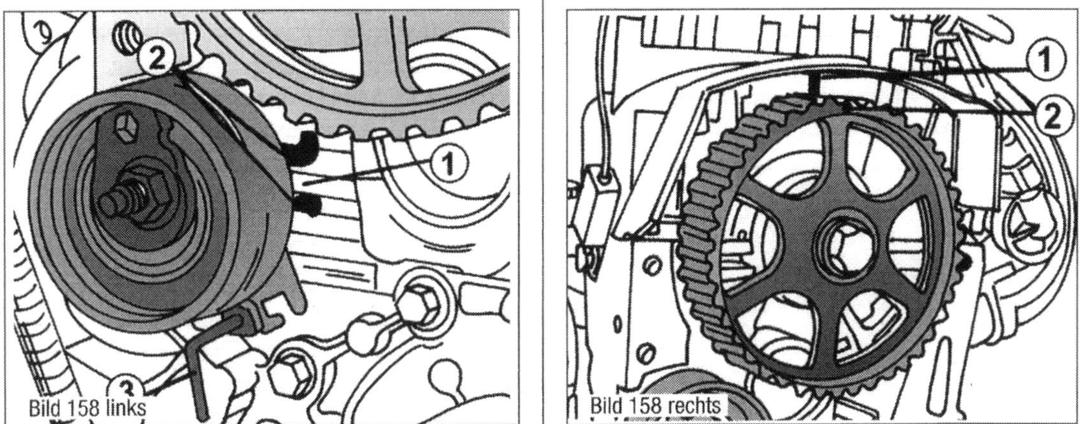

Bild 158
Einbau des Zahnriemens beim 1.2-Liter-Motor mit 16 Ventilen. Links wird die Rippe (1) am Zylinderkopf in die Mitte der beiden Ansätze (2) an der Spannrolle gebracht, rechts wird die Markierung (1) an der Zylinderkopfhaube mit dem Steuerzeichen im Nockenwellenrad ausgefluchtet.

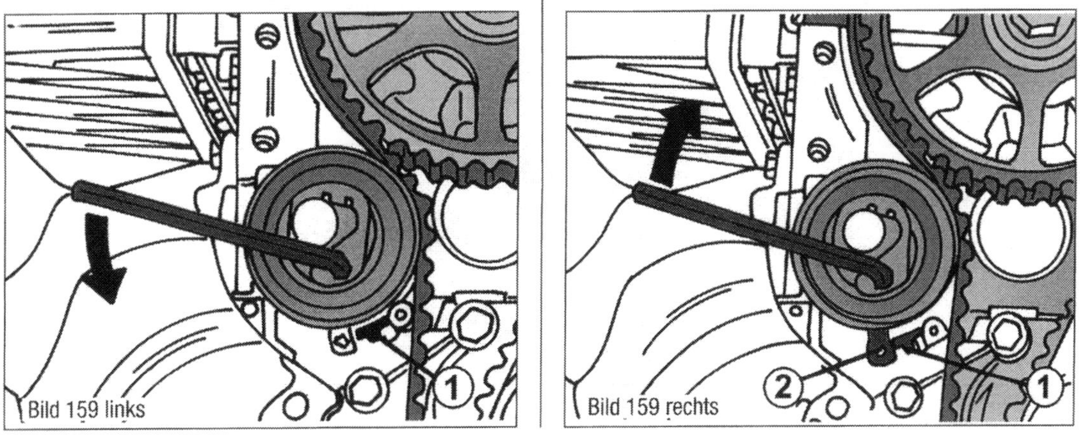

Bild 159
Zum Spannen des Zahnriemens beim 1.2-Liter-Motor mit 16 Ventilen. Zwecks Beschreibung siehe Text.

Sichtprüfung Messen

und die Markierungen in Bild 57 stimmen. Am Nockenwellensteuerrad müssen die beiden Zeichen (1) und (2) in der rechten Ansicht von Bild 158 gegenüberliegen. Wenn alles stimmt, die Kurbelwellenriemenscheibe mit der Scheibe und der alten Schraube aufbringen und einstweilen mit 15 Nm anziehen.

■ Zahnriemen auflegen. Die Zeichen im Riemen mit den Steuermarken der beiden Steuerräder ausfluchten. Absteckbolzen und den Stift aus der Spannrolle herausziehen.

■ Einen 6-mm-Inbusschlüssel entsprechend Bild 159 (links) in die Spannrolle einsetzen und den Schlüssel in Pfeilrichtung verdrehen, bis die verstellbare »Nase« (1) in der gezeigten Stellung steht. Die Mutter in der Mitte mit 24 Nm anziehen.

■ Kurbelwelle genau sechs Umdrehungen nach rechts durchdrehen und den Absteckbolzen einschmieren. Die Steuerzeichen am Nockenwellenrad und Kurbelwellenrad müssen wieder stimmen. Den Absteckbolzen wieder herausziehen.

■ Mutter der Spannrolle um eine Umdrehung lockern, während die Spannrolle mit dem Inbusschlüssel gegengehalten wird und die verstellbare Nase (1) in der in der rechten Ansicht von Bild 159 in der Mitte des Sichtfensters (2) steht. Mutter in dieser Stellung mit 24 Nm anziehen, ohne dass sich die Spannrolle verdrehen kann.

■ Kurbelwellenriemenscheibe wieder ausbauen und den unteren Zahnriemenschutzdeckel montieren. Schrauben des mittleren Deckels (3) in Bild 56 mit 10 Nm anziehen, die Schrauben des oberen Deckels (1) mit 33 Nm anziehen.

■ Kurbelwellenriemenscheibe aufschlagen und die neue Schraube mit 40 Nm anziehen und aus der Endstellung um weitere 70° ± 5° nachziehen.

■ Motoraufhängung montieren. Schraube mit 62 Nm anziehen.

■ Drehmomentstütze montieren. Schraube am Motor mit 105 Nm, Schraube am Nebenrahmen mit 62 Nm anziehen.

■ Alle anderen Arbeiten in umgekehrter Reihenfolge durchführen.

Zahnriemen 2.0-Liter-Motor

Bild 160 zeigt die Teile des Zahnriemens, der verschiedenen Rollen und der beiden Nockenwellenräder. Vor der Erneuerung des Zahnriemens oder anderer Arbeiten an der Steuerung sind die folgenden Hinweise zu beachten:

1. Falls die Erneuerung von Teilen ein Lockern des Steuerrades der Auslassnockenwelle und des Phasenverstellers der Einlassnockenwelle einschließt, gelten unterschiedliche Anweisungen. In diesem Fall die

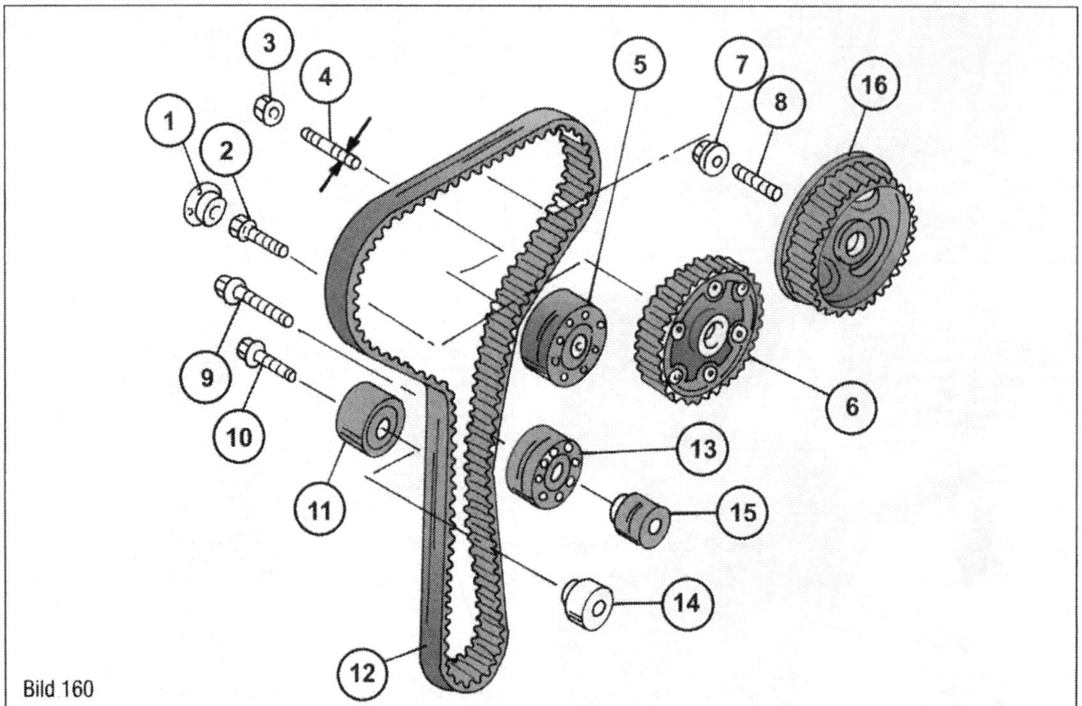

Bild 160

Bild 160
Die Teile der Nockenwellensteuerräder und des Zahnriemens mit den Spann- und Laufrollen.
1 Verschlussstopfen
2 Schraube des Steuerrades der Auslassnockenwelle
3 Mutter der Laufrolle
4 Stiftschraube für Spannrolle
5 Riemenspannrolle
6 Steuerrad der Auslassnockenwelle
7 Mutter des Steuerrades der Einlassnockenwelle
8 Stiftschraube
9 Schraube für Riemenlaufrolle
10 Schraube für Riemenlaufrolle
11 Riemenlaufrolle
12 Zahnriemen
13 Riemenlaufrolle auf Seite der Spannrolle
14 Verschlussstopfen
15 Verschlussstopfen
16 Steuerrad der Einlassnockenwelle mit Phasenversteller

Mutter des Steuerrades der Auslassnockenwelle, die Schraube des Phasenverstellers der Einlassnockenwelle und den Dichtring des Phasenverstellers erneuern.
2. Falls die Erneuerung von Teilen keine Lockerung der oben genannten Teile einschließt, gelten unterschiedliche Anweisungen.

Ganz gleich welche Arbeiten erforderlich sind, gelten alle Vorarbeiten, bis der Zugang zu den Teilen geschaffen wurde.
Beim Ausbau folgendermaßen vorgehen:
- Fahrzeug vorn auf Böcke setzen und die Batterie abklemmen.
- Den Antriebsriemen an der Stirnseite des Motors ausbauen. Dazu einen Ringschlüssel an der in Bild 161 gezeigten Spannrolle ansetzen (13 mm Schlüsselweite) und den Schlüssel in Pfeilrichtung bewegen, bis man an der Pfeilstelle rechts einen abgewinkelten Inbusschlüssel (1) mit einer Schlüsselweite von 6 mm einschieben kann, um die Spannrolle in dieser Stellung zu sperren. Der Riemen kann danach abgenommen werden.
- Rechtes Vorderrad abschrauben und die Verkleidung im Radkasten abmontieren.
- Das Triebwerk aus den Aufhängungen heben, wie es beim »K«-Motor beschrieben wurde (siehe auch Bild 144).
- Die Motoraufhängung auf der rechten Seite ausbauen (siehe Bild 162).
- An der Rückseite des Motors einen Kabelstecker und einen Schlauch abschließen, den Kabelstrang vom oberen Zahnriemenschutzdeckel lösen und auf eine Seite drücken.
- Die Kraftstoffleitungen vom unteren Zahnriemenschutzdeckel lösen.
- Den Luftresonanzkasten ausbauen.
- Die beiden Verschlussstopfen der Nockenwellen (in Bild 72 gezeigt) mit einem spitzen Schraubendreher heraushebeln. Den in Bild 163 gezeigten Stopfen (unten rechts, Pfeil) herausdrehen (zum Einsetzen des Arretierbolzens für die Kurbelwelle).
- Den Motor auf den oberen Totpunkt für den ersten Zylinder stellen. Dazu die beiden Nockenwellen durchdrehen, bis die Mitnehmernuten in den Enden der beiden Nockenwellen in der bereits in Bild 73 gezeigten Lage stehen. Die Mitnehmernuten sind außer Mitte gesetzt und die größere Hälfte muss an der Unterseite stehen. In dieser Stelle einen Arretierdorn an der Pfeilstelle in Bild

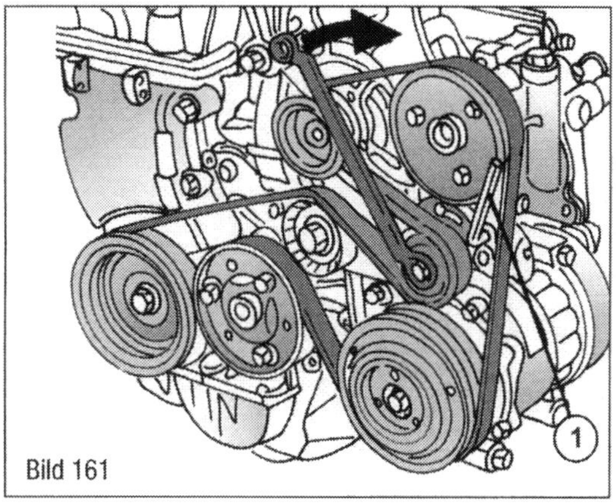

Bild 161
Ausbau des Keilrippenriemens beim 2.0-Liter-Motor (siehe Text).

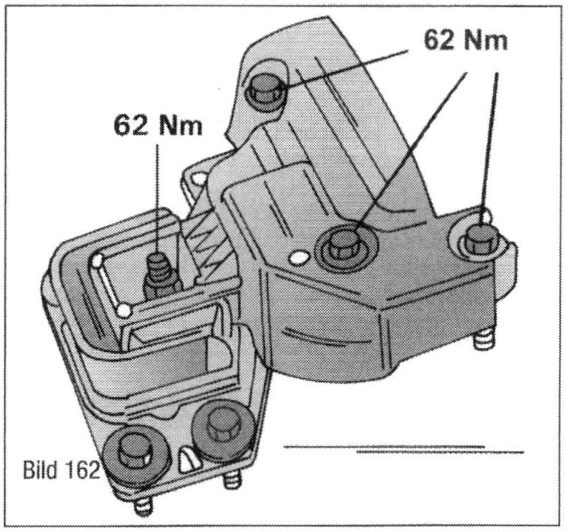

Bild 162
Die Befestigungsstellen des Triebwerklagers. Anzugsdrehmomente beachten.

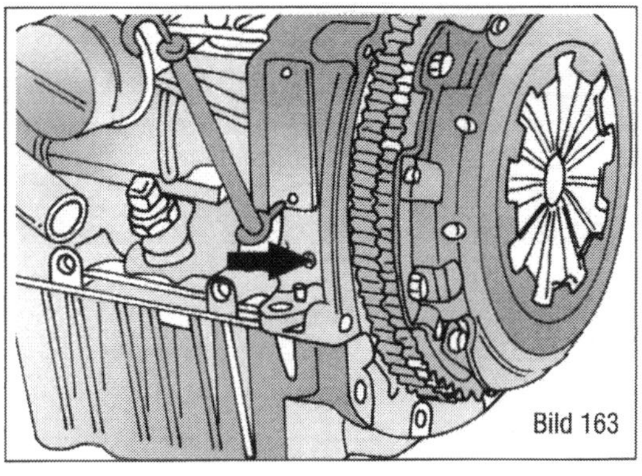

Bild 163
Den mit dem Pfeil bezeichneten Stopfen herausdrehen, um den Arretierbolzen für die Kurbelwelle einzusetzen.

163 in den Zylinderblock und die Kurbelwelle einsetzen. Da der Spezialdorn nicht zur Verfügung stehen wird, benutzt man einen Bolzen von 8 mm Durchmesser und schiebt ihn an der gezeigten Stelle ein. In Bild 74 ist dargestellt, wie der Bolzen eingreift, wenn man ihn richtig eingesetzt hat.
- Kurbelwellenriemenscheibe ausbauen. Die Welle dabei gegenhalten (z. B. einen Gang einlegen). Andernfalls den Anlasser ausbauen und den Zahnkranz des Schwungrades mit einem kräftigen Schraubenzieher gegenhalten lassen.

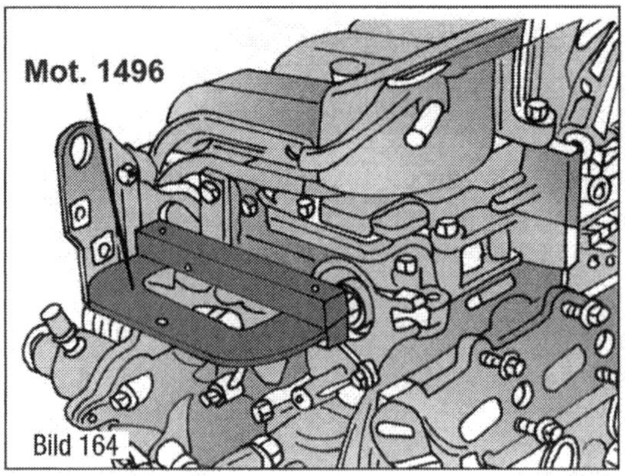

Bild 164
Bild 164
Arretierung der Nockenwellen mit dem Spezialwerkzeug.

Bild 165
Bild 165
Ausrichtung der Scheibenfeder (1) in der Kurbelwelle mit den beiden Rippen (2) am vorderen Deckel.

Bild 166
Bild 166
Das Zahnrad des Phasenverstellers der Einlassnockenwelle darf sich nicht bewegen lassen.

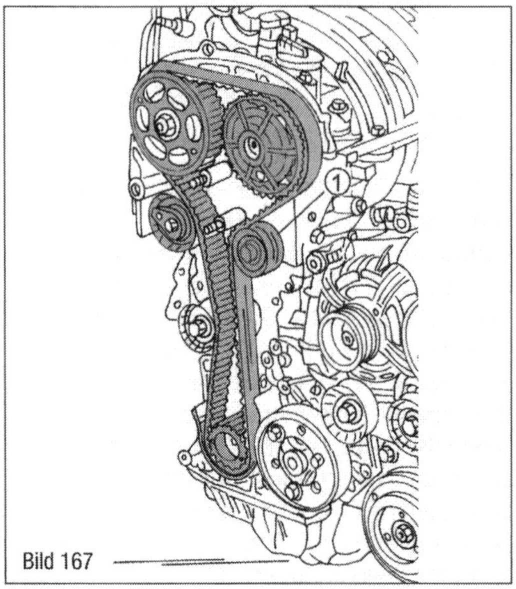

Bild 167
Bild 167
Vorschriftsmäßig aufgelegter Zahnriemen. Die genannte Führungsrolle ist mit (1) bezeichnet.

■ Oberen und unteren Zahnriemenschutzdeckel abschrauben (siehe auch Bild 65).
■ Die Spannrolle für den Zahnriemen lösen, um den Zahnriemen zu lockern. Um den Riemen auszubauen, braucht man eine Torx-Kopf-Stecknuss (Größe T50). Die Riemenscheibe lösen und den Riemen abnehmen. Auf der gegenüberliegenden Seite die Laufrolle abschrauben. Die beiden Rollen sind in Bild 160 zu sehen.
■ Falls erforderlich das Steuerrad der Kurbelwelle abziehen.

Beim Einbau der Teile folgendermaßen vorgehen. Zu beachten ist, dass unterschiedliche Anweisungen gelten, je nachdem, ob die Nockenwellensteuerräder gelöst wurden oder nicht.

☞ Falls das Steuerrad der Auslassnockenwelle oder der Phasenversteller der Einlassnockenwelle erneuert werden sollen, kann man der weiter unten gegebenen Beschreibung folgen.

Ohne Lösen der Nockenwellensteuerräder

☞ Das Ende der Kurbelwelle, die Innenseite des Steuerrades der Kurbelwelle und die Bohrung der Kurbelwellenriemenscheibe gründlich von Öl reinigen, um ein Durchrutschen der montierten Teile zu vermeiden (Motorschäden!). *Falls ein neuer Riemen eingebaut wird, müssen die unter 1) oben erwähnten Teile sowie die Spannrolle und die Riemenlaufrollen ebenfalls erneuert werden.*
■ Die Mitnehmernuten in den Enden der Nockenwellen waagerecht ausrichten (siehe bereits gezeigtes Bild 73) und die Nockenwellen in dieser Lage halten. Vorschriftsmäßig wird dazu das in Bild 164 gezeigte Arretierwerkzeug benutzt. Andernfalls muss man darauf achten, dass sich die Wellen nicht verdrehen können.
■ Kontrollieren, dass der Arretierbolzen eingeschoben ist. Die Nut in der Kurbelwelle (1) in Bild 165 muss an der Oberseite zwischen den beiden Rippen des vorderen Deckels stehen, wie es durch (2) im Bild gezeigt ist.
■ Kontrollieren, dass das Zahnrad des Phasenverstellers der Einlasswelle vollkommen arretiert ist, d. h. die in Bild 166 gezeigte Hin- und Herbewegung darf nicht möglich sein. Beim Aufstecken der Spannrolle darauf achten, dass die Nase an der Rolle in die entsprechende Nut eingreift.

■ Den Zahnriemen entsprechend Bild 167 um die einzelnen Steuerräder, die Spannrolle und die Laufrollen legen.

■ Die Riemenscheibe für die Nebenantriebe montieren und die Schraube eindrehen, bis ein Spalt von 2 bis 3 mm zwischen dem Schraubenkopf und der Riemenscheibe verbleibt. Vor Wiederverwendung dieser Schraube muss man sie in der Länge ausmessen. Ist sie länger als 49,10 mm, muss sie erneuert werden. Eine neue Schraube uneingeölt einschrauben, eine ursprüngliche Schraube einölen.

■ Die Riemenspannung jetzt einstellen. Dazu unter Bezug auf Bild 168 die Spannrolle verdrehen **(auf keinen Fall nach links drehen),** bis die beiden Markierungen (2) und (3) gegenüber stehen. Zum Verdrehen wird ein 6-mm-Inbusschlüssel in die Sechskantöffnung (1) eingesetzt. Die Mutter der Spannrolle vorübergehend mit 7 Nm anziehen, nicht mehr.

■ Die Schraube der Kurbelwellenriemenscheibe jetzt mit 20 Nm anziehen. Da der Arretierbolzen noch im Block sitzt, entsprechend vorsichtig vorgehen.

■ Unter Bezug auf Bild 169 an Stellen (1) eine Markierung mit einem Filzstift einzeichnen. Zu zeichnen sind das Steuerrad der Auslassnockenwelle (2), der Phasenversteller der Einlassnockenwelle (3) und der Lagerdeckel der Nockenwelle.

■ Die Arretierung für die Nockenwellen entfernen und den Arretierbolzen aus dem Zylinderblock herausziehen.

■ Die Schraube der Kurbelwellenriemenscheibe mit einem Anzugsdrehmoment von 20 Nm anziehen und dann im Winkelanzug um weitere 115° nachziehen (plus oder minus 15°).

■ Die Kurbelwelle von vorn gesehen zweimal in Drehrichtung durchdrehen. Ehe die zweite Umdrehung erhalten wird, den Arretierbolzen wieder in den Zylinderblock einsetzen und die Welle langsam weiter durchdrehen, bis das Bolzenende in die Kurbelwellenbohrung hineinrutscht. Den Bolzen jetzt wieder herausziehen.

■ Kontrollieren, dass die Fluchtzeichen in Bild 168 noch stimmen. Falls dies nicht der Fall ist, die Einstellung von vorn beginnen. In diesem Fall die Mutter der Riemenspannrolle um eine Umdrehung lockern, während die Rolle durch Einsetzen eines 6-mm-Innensechskantschlüssels gegengehalten wird (Sechskantöffnung 1 in Bild 168). Die beiden Zeichen in eine Linie bringen und die Mutter in dieser Stellung mit 28 Nm anziehen.

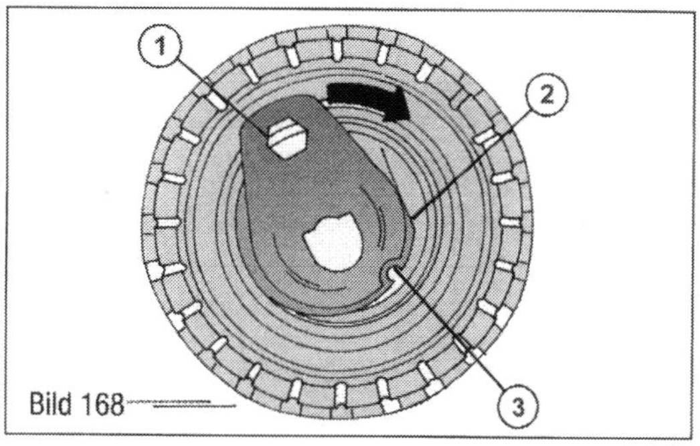

Bild 168
Zur Einstellung der Zahnriemenspannung (siehe Text).

Bild 169
Kennzeichnung der Steuerräder im Verhältnis zum Lagerdeckel der Nockenwelle.

Falls die Nockenwellensteuerräder gelöst wurden

Das Ende der Kurbelwelle, die Innenseite des Steuerrades der Kurbelwelle und die Bohrung der Kurbelwellenriemenscheibe, die Nockenwellenenden auf der Steuerseite und die Bohrungen der Nockenwellensteuerräder gründlich von Öl reinigen, um ein Durchrutschen der montierten Teile zu vermeiden (Motorschäden!). *Falls ein neuer Riemen eingebaut wird, müssen die Spannrolle und die Riemenlaufrollen ebenfalls erneuert werden.*

Der Aus- und Einbau der Steuerräder der Nockenwelle wird unter getrennter Überschrift beschrieben. Bei der folgenden Beschreibung wird davon ausgegangen, dass die Steuerräder bereits wieder montiert sind.

■ Die Mitnehmernuten in den Enden der Nockenwellen waagerecht ausrichten (siehe bereits gezeigtes Bild) und die Nockenwellen in dieser Lage halten. Vorschriftsmäßig wird dazu das in Bild 164 gezeigte Arretierwerkzeug benutzt. Andernfalls muss man darauf achten, dass sich die Wellen nicht verdrehen können.

Bild 170
Der Ansatz (1) an der Spannrolle muss beim Aufsetzen der Rolle in die Nut (2) eingesetzt werden.

Bild 170

Bild 171
Einbau der Nockenwellendichtringe. Die Spezialdorne (1) und (2) haben unterschiedliche Durchmesser.

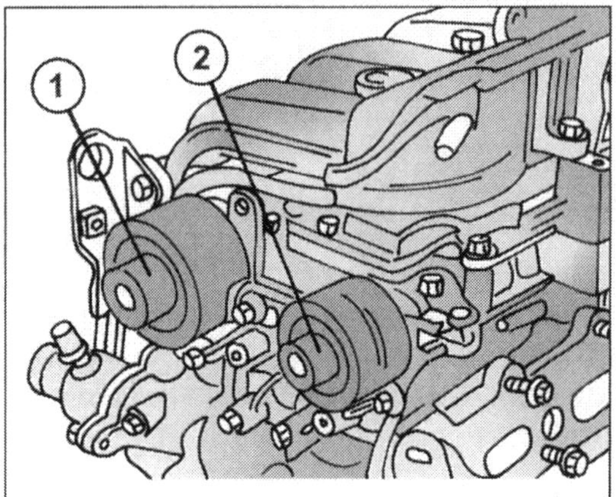

Bild 171

■ Kontrollieren, dass der Arretierbolzen eingeschoben ist. Die Nut in der Kurbelwelle (1) in Bild 165 muss an der Oberseite zwischen den beiden Rippen des vorderen Deckels stehen.
■ Kontrollieren, dass das Zahnrad des Phasenverstellers der Einlasswelle vollkommen arretiert ist, d. h. die in Bild 166 gezeigte Hin- und Herbewegung darf nicht möglich sein. Beim Aufstecken der Spannrolle darauf achten, dass die Nase an der Rolle in die entsprechende Nut eingreift. Bild 170 zeigt, was damit gemeint ist.
■ Den Zahnriemen entsprechend Bild 167 um die einzelnen Steuerräder, die Spannrolle und die Laufrollen legen. Die Laufrolle (1) montieren und die Schraube mit 50 Nm anziehen.
■ Unteren Zahnriemenschutzdeckel anbringen ohne die Schrauben anzuziehen.
■ Die Riemenscheibe für die Nebenantriebe montieren und die Schraube eindrehen, bis ein Spalt von 2 bis 3 mm zwischen dem Schraubenkopf und der Riemenscheibe verbleibt. Vor Wiederverwendung dieser Schraube muss man sie in der Länge ausmessen. Ist sie länger als 49,10 mm, muss sie erneuert werden. Eine neue Schraube uneingeölt einschrauben, eine ursprüngliche Schraube einölen.
■ Die Riemenspannung jetzt einstellen. Dazu unter Bezug auf Bild 168 die Spannrolle verdrehen **(auf keinen Fall nach links drehen),** bis die beiden Markierungen (2) und (3) gegenüber stehen. Zum Verdrehen wird ein 6-mm-Inbusschlüssel in die Sechskantöffnung (1) eingesetzt. Die Mutter der Spannrolle vorübergehend mit 7 Nm anziehen, nicht mehr.

Wichtiger Hinweis: Kontrollieren, dass die Mutter und die Schraube der Nockenwellensteuerräder nicht in Berührung mit dem betreffenden Antriebsrad stehen. Außerdem die beiden Nockenwellenräder ab und zu gegen die Nockenwellen drücken.

■ Die Kurbelwelle sechs Umdrehungen nach rechts durchdrehen (von der Steuerseite aus gesehen nach rechts). Der Arretierbolzen muss dazu natürlich aus dem Kurbelgehäuse gezogen werden. Falls erforderlich, die Markierungen (2) und (3) in Bild 168 erneut in Flucht bringen. In diesem Fall die Mutter der Riemenspannrolle um eine Umdrehung lockern, während die Rolle durch Einsetzen eines 6-mm-Innensechskantschlüssels gegengehalten wird (Sechskantöffnung 1 in Bild 168). Die beiden Zeichen in eine Linie bringen und die Mutter in dieser Stellung mit 28 Nm anziehen.
■ Die Schraube der Riemenscheibe jetzt mit 20 Nm anziehen. Da der Arretierbolzen noch im Block sitzt, entsprechend vorsichtig vorgehen.
■ Unter Bezug auf Bild 169 an Stellen (1) eine Markierung mit einem Filzstift einzeichnen. Zu zeichnen sind das Steuerrad der Auslassnockenwelle (2), der Phasenversteller der Einlassnockenwelle (3) und der Lagerdeckel der Nockenwelle.
■ Die Arretierung für die Nockenwellen entfernen und den Arretierbolzen aus dem Zylinderblock herausziehen.
■ Die Schraube der Kurbelwellenriemenscheibe mit einem Anzugsdrehmoment von 20 Nm anziehen und dann im Winkelanzug um weitere 115° nachziehen (plus oder minus 15°).
■ Den Arretierbolzen wieder in den Zylinderblock einsetzen. Er muss sich einschie-

ben lassen, wenn die Markierungen an den Nockenwellensteuerrädern entsprechend Bild 169 fluchten.

- Das Steuerrad der Auslassnockenwelle und das Steuerrad der Einlassnockenwelle mit dem Phasenversteller montieren, wie es untenstehend beschrieben wird.
- Arretierwerkzeuge für Nockenwellen und die Kurbelwelle abmontieren, bzw. herausziehen.
- Kontrollieren, dass die Fluchtzeichen in Bild 168 noch stimmen. Falls dies nicht der Fall ist, die Einstellung nochmals wiederholen, wie es oben beschrieben wurde, d. h. die Mutter der Spannrolle wird um eine Umdrehung gelockert und dann verdreht. Mutter abschließend wieder mit 28 Nm anziehen.
- Nochmals kontrollieren, dass die Markierungen an der Riemenspannrolle stimmen, wenn der Arretierbolzen in das Kurbelgehäuse und die Kurbelwelle eingeschoben wird. Die Mitnehmernuten in den Enden der Nockenwellen müssen waagerecht ausgerichtet sein.
- Den Verschlussstopfen in das Steuerrad mit dem Phasenversteller der Einlassnockenwelle mit einem neuen Dichtring in die Öffnung einschrauben und mit 25 Nm anziehen.
- Keilrippenriemen wieder montieren.
- Abschließend neue Dichtstopfen in das Ende der Einlassnockenwelle und der Auslassnockenwelle einschlagen. Dazu werden in der Werkstatt Spezialschlagdorne benutzt. Da beide Dichtringe einen unterschiedlichen Durchmesser haben, muss man entsprechende Rohrstücke benutzen (siehe Bild 171).
- Alle anderen Arbeiten in umgekehrter Reihenfolge durchführen.

Aus- und Einbau der Nockenwelle

Der Aus- und Einbau der Nockenwelle verlangt den Ausbau und die Zerlegung des Zylinderkopfes. Diese Arbeiten sind im entsprechenden Kapitel beschrieben.
Die verbleibenden Arbeiten werden in gleicher Weise durchgeführt, wie während der Motorzerlegung erwähnt. Die Steuerungsteile und den Zahnriemen wieder montieren, wie es bereits oben beschrieben wurde.
Da der Aus- und Einbau beim 2.0-Liter-Motor etwas unterschiedlich durchgeführt wird, soll besonders aus diesen eingegangen werden.

2.0-Liter F4R-Motor
Um die beiden Steuerräder auszubauen, werden in der Werkstatt Spezialwerkzeuge zum Gegenhalten der beiden Riemenzahnräder beim Lösen und Anziehen der Mutter bzw. Schraube benutzt. Da man diese bestimmt nicht zur Verfügung hat, muss man das betreffende Steuerrad in geeigneter Weise gegen Mitdrehen gegenhalten. Bei der folgenden Beschreibung wird davon

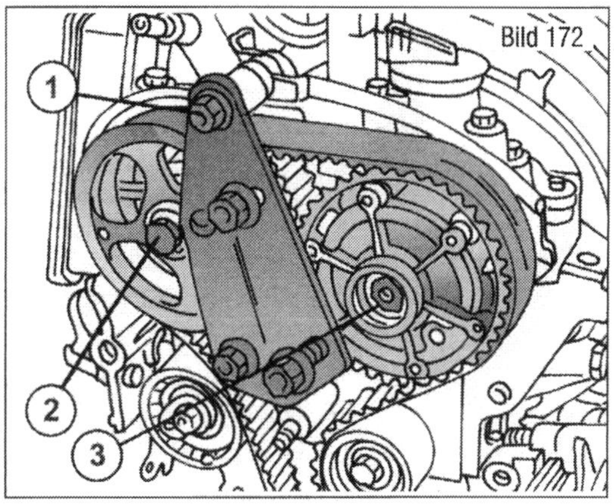

Bild 172
Angebrachter Halter zum Sperren der Nockenwellensteuerräder.
1 Befestigungsmuttern des Halters
2 Verschlussstopfen in Einlassnockenwelle (Schraube sitzt darunter)
3 Mutter des Steuerrads der Auslassnockenwelle

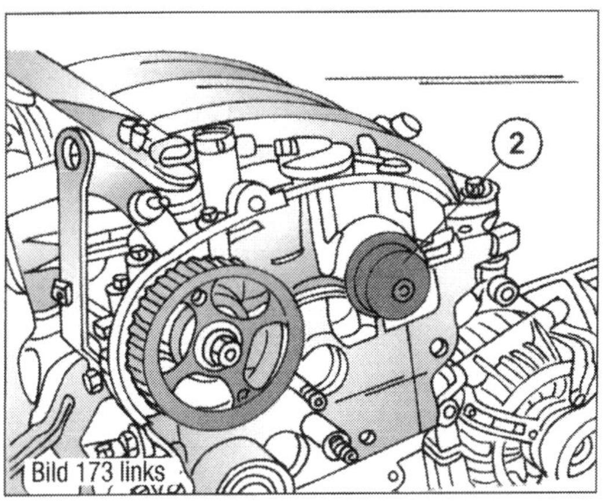

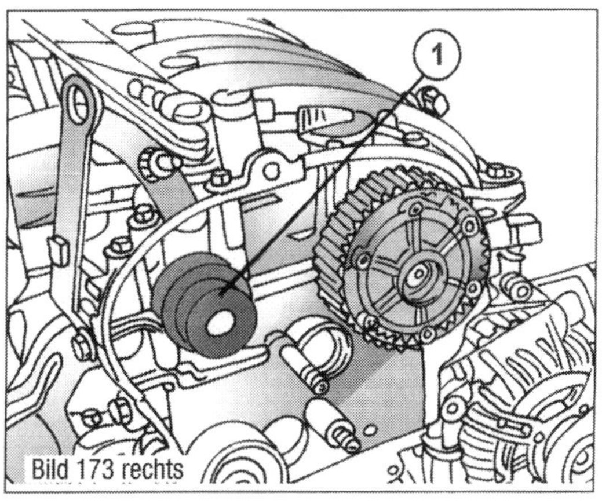

Bild 173
Einziehen des Dichtringes der Einlassnockenwelle (1) in der rechten Ansicht und der Auslassnockenwelle (2) in der linken Ansicht. Beide Dichtringe können auch getrennt erneuert werden.

ausgegangen, dass man dies erfolgreich durchführen kann. Wie das Werkzeug angeschraubt wird, zeigt Bild 172. In der Innenseite ist ein Sperrrad angebracht, welches die beiden Steuerräder gleichzeitig gegen Weiterdrehen sperrt.

Ausbau der Steuerräder

- Den Verschlussstopfen (2) in Bild 172 mit einem Inbusschlüssel mit S/W 14 mm aus dem Ende des Steuerrades der Einlasswelle ausschrauben. Die darunterliegende Schraube des Steuerrades abschrauben (siehe auch Bild 160).
- Die Mutter (3) vom Steuerrad der Auslassnockenwelle abschrauben.
- Beide Steuerräder von den Wellen ziehen. Auf dem Rad der Einlassnockenwelle ist der Phasenversteller angebracht.

Erneuerung der Öldichtringe unter den Steuerrädern

- Die Dichtringe vorsichtig aushebeln. Neue Dichtringe werden mit einem Rohrstück und einer großen Scheibe eingezogen. Beim Steuerrad der Auslassnockenwelle muss man eine Stiftschraube in die Bohrung der Nockenwelle einschrauben und die alte Mutter zum Einziehen benutzen. Beim Einziehen des Dichtringes des Steuerrads der Einlassnockenwelle die alte Befestigungsschraube zum Einziehen benutzen. Bild 173 zeigt, wo wie beiden Dichtringe sitzen.

Bild 174

Bild 174
Ausmessen des Axialspiels der Nockenwellen bei Motoren mit zwei Nockenwellen.

Einbau der Steuerräder

- Die Steuerräder auf die beiden Nockenwellen aufschieben und in geeigneter Weise gegen Mitdrehen halten (siehe ebenfalls Bild 172).
- Eine neue Schraube in den Phasenversteller der Einlassnockenwelle einschrauben und mit einem Anzugsdrehmoment von 100 Nm anziehen.
- Eine neue Mutter auf die Stiftschraube des Steuerrades der Auslassnockenwelle aufschrauben und mit einem Anzugsdrehmoment von 30 Nm anziehen. Aus der Endstellung um eine weitere Viertelumdrehung nachziehen (ohne Drehmomentschlüssel).
- Der Zahnriemen kann jetzt wieder eingebaut werden, wie es oben beschrieben wurde.

Teile der Steuerung überprüfen

Kontrollieren, dass die Nockenwelle nicht verzogen ist, indem man sie mit den äußeren Lagerzapfen in Prismen einlegt und eine Messuhr an den mittleren Lagerzapfen ansetzt. Die Messuhrnadel darf beim Durchdrehen der Welle nicht ausschlagen.
Um das Axialspiel der Nockenwelle zu kontrollieren:

Eine Messuhr mit einem geeigneten Halter in der in Bild 174 gezeigten Weise am Zylinderkopf anbringen und die Nockenwelle/n in den Lagern hin- und herbewegen. Das Bild zeigt einen Motor mit zwei Nockenwellen. Falls der Wert die Verschleißgrenze von 0,15 mm erreicht hat, müssen Nockenwelle/n und Zylinderkopf kontrolliert werden, da die Anlaufflächen verschlissen sein könnten.

3 Die Motor-schmierung

Wissenswertes über die Motorschmierung

Das Öl soll die Reibung vermindern, damit Kolben und Zylinder nebst Kurbelwellenlagern, Ventiltrieb und sonstige Lagerstellen mit möglichst geringem Verschleiß ihren Betrieb verrichten können. Das Motoröl muss aber auch abdichten: Zwischen Kolben und Zylinderwand bleibt trotz der Kolbenringe noch ein gewisser, nur Tausendstelmillimeter breiter Spalt. Das Öl muss hier die Feinabdichtung schaffen zwischen Kolben, Kolbenringen und Zylinderlaufflächen. Weiter wird das Öl zur Kühlung herangezogen. Bei der Verbrennung kann nur etwa ein Drittel der anfallenden Energie für die Fortbewegung nutzbar gemacht werden, ein Teil verlässt den Motor als Wärme durch den Auspuff und ein weiterer Teil Wärmeenergie muss über das Kühlwasser und Öl abgeführt werden. So kann z. B. ein Kolben nur durch das Motoröl gekühlt werden. Zum einen wird die Wärme vom Kolben über die Kolbenringe und das abdichtende Öl an die Zylinderlaufflächen und weiter an das Kühlmittel geleitet, zum anderen kühlt das im Kurbelgehäuse umherspritzende Öl den Kolben direkt. Aber auch jedes einzelne Lager von Kurbelwelle, Nockenwelle usw. wird durch das Öl gekühlt. Die vom Motoröl aufgenommene Wärme wird über die Ölwanne an den Fahrtwind abgeleitet.
Die Motoren-Konstrukteure haben noch spezielle Wünsche an das Öl: Es soll bei den hohen Temperaturen, wie sie an den Zylinderlaufbahnen auftreten, nicht verdampfen. Es darf bei diesen ungünstigen Bedingungen den Schmierfilm nicht abreißen lassen. Wenn es verbrennt, soll dies ohne Rückstände geschehen – Ölverbrauch bedeutet im Grund genommen, dass das Öl verbrannt wird. Das Öl soll Ruß und Schmutz binden, damit sie sich nicht im Motor ablagern. Es soll alterungsbeständig sein, im Motor eine Schlammbildung verhindern und noch einiges mehr.

Prüfen des Motorölstandes
Der Motorölstand wird am besten bei jedem Volltanken kontrolliert. Den Ölmessstab finden Sie seitlich vorn am Motor. Bei der folgenden Beschreibung gehen wir davon aus, dass Sie das Motoröl das erste Mal wechseln.

- Wagen auf waagrechtem Boden abstellen.
- Nach dem Abstellen des vorher warm gefahrenen Motors mindestens fünf Minuten warten, damit alles Öl in die Ölwanne abtropfen kann. Besser ist die Kontrolle vor dem ersten Start bei noch kaltem Motor.
- Den Peilstab ziehen – Vorsicht bei heißem Motor. Mit einem fusselfreien Lappen oder Papiertuch abwischen, bis zum Anschlag wieder hineinschieben, kurz warten und erneut herausziehen.
- An der Peilstabspitze können Sie nun den Ölstand ablesen: Der Pegel muss sich zwischen den Markierungen befinden; dann ist alles in Ordnung.
- Reicht die Schmiermittelmenge nur noch bis zur unteren Markierung, muss Motoröl nachgefüllt werden.

Falls Öl nachgefüllt werden muss, gelten die folgenden Hinweise, bzw. Vorschriften:

- Die Ölmenge zwischen der oberen und unteren Peilstabmarke beträgt ca. 1 Liter. Es passt also eine handelsübliche 1-Liter-Dose Öl in den Motor, wenn sich der Ölstand im unteren Peilstabdrittel befindet. Zum Nachfüllen aus einem 5-Liter-Kanister besorgen Sie sich eine Einfüllkanne. Das Motoröl wird über die Zylinderkopfhaube in den Motor gegossen. Dazu den in den Bildern gezeigten Verschlussdeckel abnehmen. Noch Folgendes beachten:
- Bei gemäßigtem Fahrstil genügt Nachfüllen, wenn sich der Ölstand im unteren Peilstabdrittel befindet. Bei rasanter Fahrweise empfiehlt es sich, den Ölstand nahe der oberen Peilstabmarke zu halten. Die größere Ölmenge kann die Kühlungsaufgaben besser erfüllen.
- Sie erweisen dem Motor keinen Gefallen, wenn Sie zu viel Öl einfüllen. Die MAX-Marke am Peilstab darf nicht überschritten werden. Deshalb besser erst gar nicht versuchen, möglichst genau bis zur Markierung aufzufüllen. Zu viel eingefülltes Öl wird schneller verbraucht und bildet mehr Verbrennungsrückstände und schadet außerdem dem Katalysator.

Ölwechsel
Die folgenden Hinweise sollen Ihnen bei Durchführung eines Ölwechsels helfen:

- Manche Ölhersteller haben inzwischen dem Öl Zusätze beigemischt, welche die Schlammbildung verhindern und verschleißmindernd wirken. Ihre Werkstatt hat ein Verzeichnis mit besonders untersuchten und geeigneten Ölen, und wir raten Ihnen, den Empfehlungen der Werkstatt zu folgen.
- In den Werkstätten kostet der Ölwechsel nach unseren Erfahrungen das meiste Geld, weil nur sehr teure Ölsorten vorrätig sind. Außerdem ist der Motor oft schon wieder kalt, bis das alte Öl abgelassen wird, sodass nicht aller Schmutz herausgeschwemmt wird. Manche Werkstätten berechnen die Arbeit für den Ölwechsel zusätzlich zum Ölpreis. Vorteilhaft ist allerdings, dass die neuesten Betriebsstoff-Vorschriften des Herstellers vorliegen.
- An Tankstellen kommt der Wagen dagegen meist sofort dran, Sie können auch ein billigeres Öl aus dem Tankstellenverkaufsprogramm auswählen, und im Ölpreis ist die Arbeit des Tankwarts inbegriffen.
- Ölwechsel zu Hause lohnt sich nur dann, wenn Sie das Öl sehr billig einkaufen können und Spaß an dieser Arbeit haben.

☞ Bei jedem Ölwechsel auch den Ölfilter erneuern. Dies ist für die Lebensdauer des Motors von entscheidender Bedeutung! Die entsprechende Beschreibung erfolgt später in diesem Abschnitt.

Beim Ölwechsel folgendermaßen vorgehen:

- Vor dem Beginn der Arbeit den Motor warm fahren (ca. 10 Minuten Fahrt).
- Das Fahrzeug vorn etwas anheben.
- Den Öleinfülldeckel von der Zylinderkopfhaube abnehmen.
- Die Ölablassschraube unten in der Ölwanne etwas lösen. Dazu wird ein Vierkantschlüssel (8 mm) gebraucht.
- Eine kleine Wanne unterschieben und Schraube vollends herausdrehen. Vorsicht, das heiße Öl kommt im Bogen schwungvoll herausgeflossen!
- Wenn das Öl ausgelaufen ist, Ablassschraube zusammen mit einem neuen Dichtring in die Ölwanne hineinschrauben. Behutsam festdrehen (25 Nm).
- Nun den Ölfilter erneuern, wie es im betreffenden Kapitel beschrieben ist.
- Den Motor mit der vorgeschriebenen Menge des empfohlenen Öls füllen und den Verschlussdeckel aufschrauben. Nach einer Weile den Ölstand wie oben beschrieben kontrollieren. Folgende Ölmengen gelten:
- **Für den 1.2-Liter-Motor:** 4,0 Liter Motoröl. Sollte der Ölfilter aus irgendwelchen Gründen einmal nicht gewechselt werden, genügen ca. 3,9 Liter. Das Öl sollte alle 10 000 km gewechselt werden.
- **Für den 1.4-Liter-Motor:** 5,0 Liter Motoröl. Sollte der Ölfilter aus irgendwelchen Gründen einmal nicht gewechselt werden, genügen ca. 4,6 Liter. Das Öl sollte alle 10 000 km gewechselt werden.
- **Für den 1.6-Liter-Motor:** 4,8 Liter Motoröl. Sollte der Ölfilter aus irgendwelchen Gründen einmal nicht gewechselt werden, genügen ca. 4,6 Liter. Das Öl sollte alle 10 000 km gewechselt werden.
- **Für den 2.0 Liter-Motor:** 5,3 Liter Motoröl. Sollte der Ölfilter aus irgendwelchen Gründen einmal nicht gewechselt werden, genügen ca. 4,9 Liter. Das Öl sollte alle 10 000 km gewechselt werden.
- Anschließend den Motor starten und den Ölstand sowie Dichtheit an Ölablassschraube und am Ölfilter kontrollieren. Evtl. Ölfilter etwas nachziehen.

Da die Schmierung des Motors einen wichtigen Faktor während der Lebenszeit Ihres Fahrzeuges bildet, möchten wir untenstehend auf einige Besonderheiten eingehen.

Kann ich Motoröl mischen?
Die Ölsorten aller Hersteller lassen sich ohne Gefahr untereinander mischen, auch Einbereichs- mit Mehrbereichsölen. Diese Mischbarkeit ohne schädliche Folgen ist eine Grundforderung der internationalen Ölnormen. Zwar werden spezifische Eigenschaften eines bestimmten Öls durch die Vermischung mit anderem Motoröl möglicherweise leicht beeinträchtigt, da jede Ölmarke ihre eigene Additivkombination besitzt. Die Schmierwirkung ist jedoch nie gefährdet.

Ölverbrauch
Muss nach hoher Laufleistung oft Öl nachgekippt werden, sollten Sie sich einmal die Mühe machen und den Ölverbrauch genau ermitteln:

- Mit Geduld genau bis zur oberen Marke Öl einfüllen.

■ Nach 500 oder 1000 km Fahrstrecke Motoröl aus einem Messbecher nachgießen und den Verbrauch auf 1000 km feststellen.

Ein Teil des Motoröls verbrennt bei seiner Schmiertätigkeit. Ölverbrauch ist also völlig natürlich. Gut eingefahrene Motoren kommen mit 0,2 Liter je 1000 km aus. Wie viel Öl Ihr Fahrzeug braucht, hängt von folgenden Umständen ab:

■ Ölüberfüllung bewirkt höheren Verbrauch, denn die Kurbelgehäuseentlüftung bläst das Zuviel wieder zum Motor hinaus.

■ Dünnflüssiges Öl verbrennt schneller als dickflüssiges. Einbereichsöl wird in heißem Zustand dünn wie Wasser, Mehrbereichsöl bleibt dickflüssiger. Letzteres kann vor allem bei Langstreckenfahrten den Ölverbrauch senken.

■ Motoröl – vor allem Mehrbereichsöl –, welches zu lange im Motor bleibt, muss öfters ergänzt werden.

■ Scharfe Fahrweise treibt außer dem Kraftstoffkonsum auch den Ölverbrauch in die Höhe. Besonders stark wirkt sich aus, wenn der neue Motor sofort voll belastet wurde.

■ In der Einlaufzeit braucht der Motor etwas mehr Schmiermittel.

■ Verschleiß in den Teilen des Motors, z. B. Ventilschaftabdichtungen defekt, Spiel zwischen Ventilführung und Ventilschaft zu groß, Kolbenringe falsch eingebaut (falls man diese erneuert hat) oder schadhaft, beschädigte Zylinderwand durch Kolbenfresser.

Trotz öfterer Kontrolle verbraucht der Motor wenig oder kein Öl

Im winterlichen Kurzstreckenbetrieb kann es vorkommen, dass der Ölstand zwischen den Messungen überhaupt nicht abnimmt oder gar ansteigt. Das ist kein Grund zur Freude, denn dann ist das Motoröl durch Kraftstoff und Kondenswasser verdünnt. Diese in ihrer Schmiereigenschaft wesentlich beeinträchtigte Ölfüllung sollte durch eine regelmäßige, längere Fahrt »aufgekocht« werden, damit die Kondensate verdunsten. Sofort anschließend den Ölstand kontrollieren, da der Pegel durch die verdunsteten Benzin/Wasseranteile erheblich absinkt! Bei extremem Stadtbetrieb ohne zwischenzeitliche Langstreckenfahrt sollten Sie das Öl vor den üblichen Intervallen wechseln. Das eigentliche Wartungsintervall wird man nach Erfahrungen ermitteln, falls Sie das Fahrzeug längere Zeit haben.

Welches Öl soll ich einfüllen?

Beim Öleinkauf müssen Sie grundsätzlich auf zweierlei achten:

■ Die Ölqualität: Alle Fahrzeughersteller haben eine eigene Schmierstoff-Versuchsabteilung, wo ständig alle erhältlichen Motoröle untersucht werden. Erfüllt das untersuchte Produkt alle Anforderungen, wird es namentlich in einer Freigabeliste aufgeführt. Die Listen sind sehr lang. Für Auskünfte bzw. Einblicke wenden Sie sich an die Renault-Vertragswerkstatt. Die Qualität des Motoröls wird mit unterschiedlichen Systemen bezeichnet. Neben der verbreiteten Bezeichnung vom Amerikanischen Petroleum Institut (API) gibt es noch die der europäischen Autohersteller (CCMC), eine vom US-Militär (MIL) und noch einige mehr.

■ Das Fließverhalten des Öls, also die Dick- bzw. Dünnflüssigkeit bestimmt, ob der Anlasser den kalten Motor durchdrehen kann, alle Schmierstellen nach dem Kaltstart sofort versorgt werden und bei hohen Temperaturen und Drehzahlen der Schmierfilm nicht abreißt. Die amerikanische Society of Automotive Engineers (SAE) hat die Öle entsprechend ihrer Zähflüssigkeit in Klassen eingeteilt. Die reichen vom dünnflüssigen Winteröl SAE 5 W, 10 W, 15 W über die Zwischenstufe SAE 20 W/20 zu den dickflüssigen Sommerölen SAE 30, 40 und 50. Mehrbereichsöl besitzt Viskositätsindex-(V1)Verbesserer – lange Molekülketten, die beim Erhitzen quellen und beim Abkühlen wieder schrumpfen. Das Öl kann sich damit den Temperaturen elastisch anpassen und mehrere Viskositätsklassen überspannen. Ein Öl SAE 15 W-50 entspricht bei einer Temperatur von -15 °C der Zähflüssigkeitsklasse 15 W und bei 100 °C der Klasse 50. Problematisch ist bei manchen Mehrbereichsölen, dass die Molekülketten ihrer Viskositäts-Verbesserer mit der Zeit regelrecht klein gehackt (abgeschert) werden können. Dann ist die obere Zähflüssigkeitsklasse nicht mehr voll erhalten, das Öl also nicht mehr so temperaturbeständig. Aus diesem Grund sind Mehrbereichsöle der Klassen SAE 10 W-30 und 5 W-20 in der warmen Jahreszeit nicht freigegeben.

Sichtprüfung Messen

Ich habe Ölschlammbildung im Motor festgestellt

Mit der Einführung moderner Einspritzsysteme und dem Katalysator kommt es in den Motoren aller Hersteller verstärkt zur Ölschlammbildung. Verdichteter Ölschlamm behindert die Motorschmierung durch verstopfte Ölkanäle, und der Motor kann so recht schnell zerstört werden. Die Ölschlammbildung erkennen Sie auf der Innenseite der ausgebauten Zylinderkopfhaube oder wenn Sie bei herausgedrehter Ölablassschraube mit dem Finger über den Boden der Ölwanne streifen.

Die Ursachen für die Schlammbildung sind unter anderem:

- Die Gemischaufbereitung arbeitet in allen Lastbereichen des Motors möglichst »mager« (viel Sauerstoff), um Kraftstoff zu sparen. Hierbei entstehen zwangsläufig mehr Stickoxide, welche das Motoröl belasten.
- Die Motorölwechselintervalle sind inzwischen so groß, dass die Motoröle eher bis an ihre Leistungsgrenze belastet werden. Daher unbedingt den Ölwechsel pünktlich ausführen. Bei überwiegendem Kurzstreckenverkehr den Ölwechsel eher durchführen.

Kurze Beschreibung der Anlage

Der Motor wird mit einer Druckumlaufschmierung durch eine Zahnradpumpe mit Öl versorgt. Die folgenden Unterschiede liegen bei den behandelten Motoren vor:

- Der Antrieb der Ölpumpe bei den »K«-Motoren und dem 2.0-Liter-Motor geschieht durch eine Kette vom Ende der Kurbelwelle, bei beiden behandelten 1.2-Liter-Motoren (8 und 16 Ventile) durch den Zahnriemen.
- Der Ölfilter ist in der Seite des Zylinderblocks angeschraubt. In der Werkstatt wird ein Spezialschlüssel zum Lösen des Filters benutzt. Beim Filter handelt es sich um eine Wegwerf-Filterpatrone.
- Das Anzugsdrehmoment des Ölablassstopfens beträgt 25 Nm. Die Ölwanne kann bei eingebautem Motor ausgebaut werden, jedoch ist es erforderlich, dass man den vorderen Nebenrahmen absenkt, um die Ölwanne herauszubekommen.

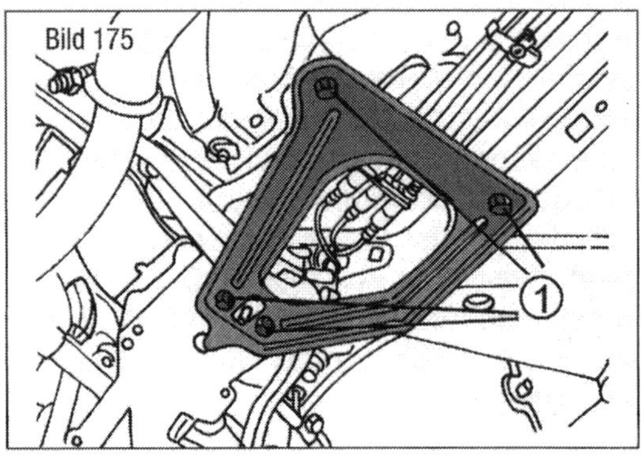

Bild 175
Die gezeigten Versteifungen nach Lösen der Schrauben (1) abmontieren. Auf beiden Seiten ist eine derartige Versteifung angebracht.

Die Ölwanne – Aus- und Einbau

Da sich die Arbeiten bei den verschiedenen Motoren unterscheiden, ist es wichtig, dass man unter dem in Frage kommenden Motor nachliest.

Bei allen Motoren ist der Ausbau der Ölwanne eine komplizierte Arbeit, da der gesamte Nebenrahmen, einschließlich von Teilen der Vorderradaufhängung ausgebaut werden müssen. Abgesehen davon, muss man natürlich die Lenksäulenwelle trennen. Da dies mit Arbeiten am Airbag verbunden ist, müssen die Vorderräder genau in die Geradeausstellung gebracht werden, damit sich der Drehschalter unter dem Lenkrad nicht verdrehen kann. Nur wenn man etwas Erfahrung hat, sollte man sich an diese Arbeit herantrauen. Zum Absenken des Nebenrahmens muss man sich lange Stiftschrauben herstellen, welche in der unten beschriebenen Weise zu benutzen sind.

1.4-/1.6 Liter-Motor (Typ K) und 2.0-Liter-Motor

- Fahrzeug vorn auf Böcke setzen oder auf eine Hebebühne auffahren. Batterie abklemmen, Schutzblech unter dem Motorraum ausbauen und das Motoröl ablassen.
- Vorderräder abschrauben und das Abdeckblech im rechten Radkasten auf beiden Seiten des Fahrzeuges abmontieren.
- Die Mutter und Exzenterschraube des Kreuzgelenks der Lenkwelle entfernen, nachdem die Schutzabdeckung zurückgeschoben wurde. Das Lenkrad muss unbedingt in der Mittelstellung stehen.
- In der genannten Reihenfolge die Kugelgelenke der Querlenker und Spurstangen trennen (Kapitel »Vorderradaufhängung«).
- Die Schrauben der Stützstreben am Seitenträger lösen und entfernen (siehe Bild 27). Eine Strebe ist auf jeder Seite des Nebenrahmens eingebaut.

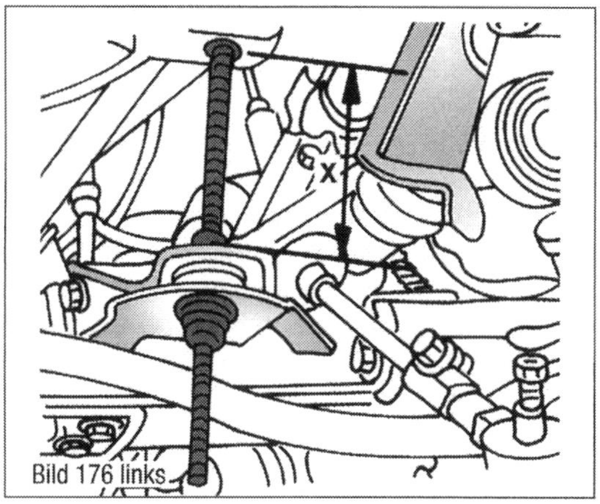

Bild 176 links

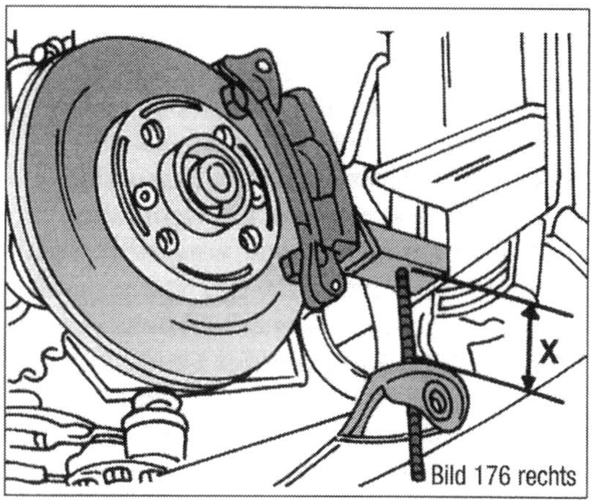

Bild 176 rechts

Bild 176
Einschrauben von langen Stiftschrauben (in der Werkstatt werden natürlich Spezialbolzen verwendet) neben der Spurstange in der linken Ansicht und unterhalb der Bremsscheibe in der rechten Ansicht. Die Muttern lösen, bis das Maß »X« auf beiden Seiten dem angegebenen Wert entspricht.

- Das Schaltgestänge vom Getriebe abschließen (Bild 32).
- Eine Schraube (4) der Drehmomentstütze lockern und die andere (3) lösen und ausschlagen. Bild 146 zeigt die beiden Versionen. Bei diesem Motor ist die Stütze mit dem Gabelende eingebaut.
- Die Spannstreben zwischen Nebenrahmen und Karosserie ausbauen. Bild 175 zeigt die Befestigungsstellen auf einer Seite. Beide Versteifungen ausbauen.
- Von der Unterseite des Motors die Schrauben des Nebenrahmens ausfindig machen. Nach Lösen der ersten Schraube eine lange Stiftschraube des entsprechenden Gewindes einschrauben, mit einer Mutter auf dem Ende der Stiftschraube. Die Mutter anziehen, sodass der Nebenrahmen in seiner Lage bleibt. Diese Arbeit an allen Nebenrahmenschrauben (3 Stück) durchführen. Den Kabelstrang vom Nebenrahmen lösen (Clips).
- Den Ölmessstab herausziehen, die Befestigung des Kabelstrangs an der Ölwanne und der Lenkflüssigkeitsleitung unter dem Getriebe lösen, falls man annimmt, dass diese im Wege ist.
- Nach Lösen aller Schrauben die Muttern auf den eingeschraubten Stiftschrauben lösen, bis die im Bild 176 gezeigten Maße an den gezeigten Stellen 9 cm betragen, d. h. der Nebenrahmen muss um dieses Maß gesenkt werden. Ebenfalls die rechte Abbildung anschauen, welche das Maß nochmals zeigt.
- Die Ölwanne abschrauben und nach unten absenken. Dichtflächen sofort reinigen.

Beim Einbau der Ölwanne folgende Punkte beachten:

- Dichtflächen von Zylinderblock und Ölwanne müssen sauber sein.

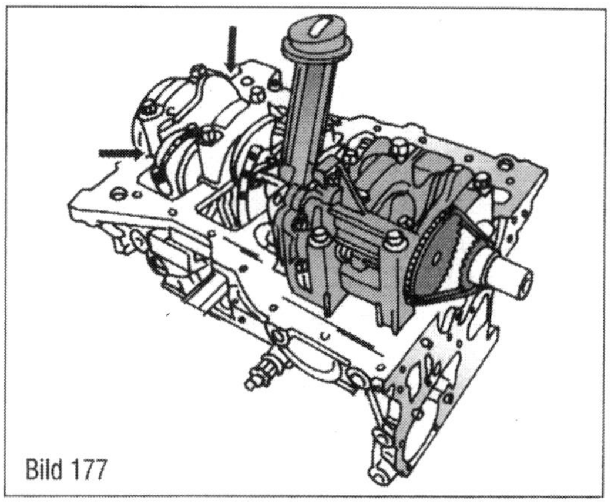
Bild 177

Bild 177
Eingebaute Ölpumpe. An den Pfeilstellen wird die genannte Dichtungsmasse aufgeschmiert.

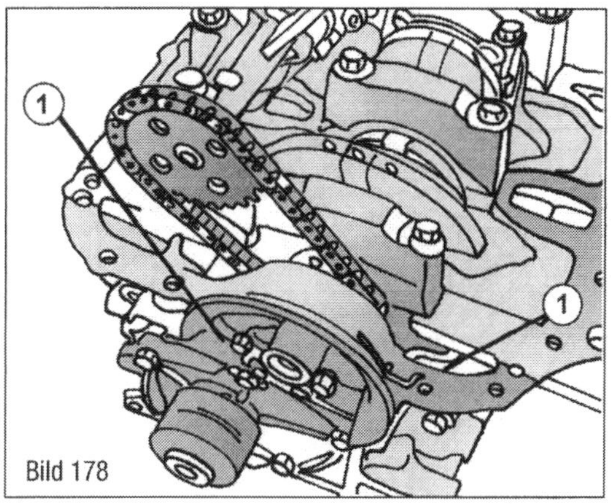

Bild 178

Bild 178
Eingebaute Ölpumpe. An den Trennstellen (1) wird die genannte Dichtungsmasse aufgeschmiert.

- Die Schrauben des Lenkungskreuzgelenks und die Schrauben des Nebenrahmens müssen immer erneuert werden.
- Etwas Dichtungsmasse (in der Werkstatt wird Rhodorseal 5661 benutzt) links und rechts des ersten Lagerdeckels auf die Zylinderblockfläche (siehe Pfeilstellen in Bild 177) und auf der anderen Seite auf die in Bild 178 gezeigte Verbindungsfuge (1) zwischen vorderem Deckel und Zylinderblock aufschmieren.
- Ölwanne mit einer neuen Dichtung montieren und die Schrauben gleichmäßig von

der Innenseite nach außen vorgehend mit einem Drehmoment von 8 Nm anziehen. Im zweiten Durchgang alle Schrauben gleichmäßig über Kreuz mit 14 Nm anziehen.
■ Alle anderen Arbeiten in umgekehrter Reihenfolge durchführen. Die Schrauben des Nebenrahmens (immer erneuern) vorn mit 62 Nm und hinten mit 105 Nm anziehen. Weitere Anzugsdrehmomente: Lenkwellengelenk 25 Nm, Schraube der Motorstützstrebe 62 Nm, Stützstrebe an Nebenrahmen (oben) 21 Nm, Querlenkerkugelgelenk 60 Nm, Radbolzen 90 Nm.
■ Abschließend den Motor mit Öl füllen.

1.2-Liter-Motor (Typ D4F) und 1.2-Liter-Motor (Typ D7F)

■ Fahrzeug vorn auf Böcke setzen oder auf eine Hebebühne auffahren. Batterie abklemmen, Schutzblech unter dem Motorraum ausbauen und das Motoröl ablassen.
■ Rechtes Vorderrad abschrauben und das Abdeckblech im rechten Radkasten abmontieren.
■ Den rechten Bremssattel ausbauen und mit einem Stück Draht an der Vorderradaufhängung »aufhängen«.
■ An einem Fahrzeug mit ABS den Sensor für die Raddrehzahl ausbauen.

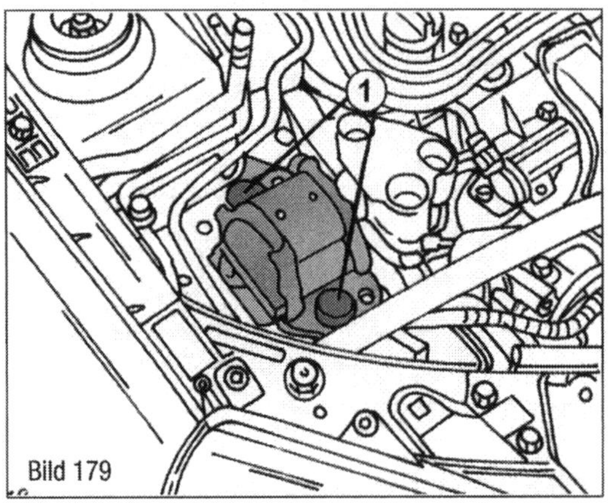

Bild 179

Bild 179
Die beiden Schrauben (1) der Motoraufhängung beim D4F- und D7F-Motor ausschrauben.

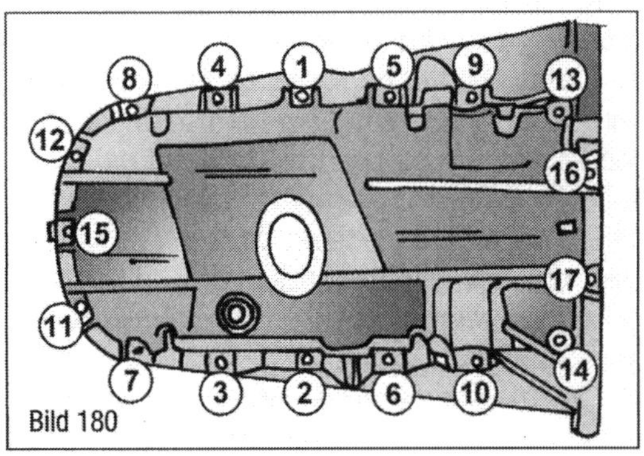

Bild 180

Bild 180
Reihenfolge zum Anziehen der Ölwanne beim D4F- und D7F-Motor.

■ Die unteren Befestigungsschrauben des Federbeins am Achsschenkel lösen.
■ Das Kugelgelenk der Spurstange auf der rechten Seite trennen (Kapitel »Vorderradaufhängung«).
■ Die Schauben der Drehmomentstütze lösen und die Stütze ausbauen (Bild 146).
■ Motor mit einem geeigneten Hebezeug aus den Aufhängungen heben und die beiden Schrauben der Motoraufhängung in Bild 179 herausdrehen.
■ Den Ölmessstab herausziehen und das Führungsrohr für den Stab vom Motor abschrauben.
■ Die Schrauben des Getriebegehäuses in der Nähe der Ölwanne entfernen, den Halter des unteren Schlauchs von der Ölwanne abschrauben und die Befestigungsschrauben der Ölwanne lösen. Der Motor muss entsprechend angehoben werden, um die Ölwanne abzusenken. Je nach Motor ist eine Dichtung eingebaut (D7F) oder die Ölwanne wird mit Dichtungsmasse abgedichtet (DF4).

Beim Einbau der Ölwanne folgende Punkte beachten:
■ Dichtflächen von Zylinderblock und Ölwanne müssen sauber sein.
■ Entweder eine neue Dichtung auflegen oder die Dichtfläche der Ölwanne mit Dichtungsmasse einschmieren. Rhodorseal 5661 wird in der Werkstatt benutzt.
■ Ölwanne am Zylinderblock ansetzen und alle Schrauben handfest anziehen. Die drei Schrauben der Ölwanne an der Kupplungsgehäuseverbindung einschrauben und handfest anziehen. In beiden Fällen muss es noch möglich sein die Ölwanne zu verschieben, da man die Fläche der Wanne gegen das Kupplungsgehäuse drücken muss.
■ Die Ölwannenschrauben werden jetzt mit 10 Nm angezogen, die drei Schrauben auf der Getriebeseite mit 40 Nm. Zu beachten ist jedoch die in Bild 180 gezeigte Anzugsreihenfolge, welche unbedingt einzuhalten ist.
■ Alle anderen Arbeiten in umgekehrter Reihenfolge durchführen. Die Schrauben der Federbeinverbindung mit 180 Nm anziehen, Schrauben des Bremssattels mit 100 Nm, Spurstangengelenk 37 Nm, Schraube der Drehmomentstütze (Bild 146) mit 62 Nm am Nebenrahmen, am Motor mit 105 Nm beim D4F-Motor oder 62 Nm beim D7F-Motor, Radschrauben mit 90 Nm anziehen.
■ Abschließend den Motor mit Öl füllen.

Die Ölpumpe – Aus- und Einbau

1.4-/1.6-Liter-Motor (Typ K) und 2.0-Liter-Motor

- Fahrzeug vorn auf Böcke setzen, die Batterie abklemmen und die Ölwanne ausbauen, wie es für den betreffenden Motor beschrieben wurde. Bei allen genannten Motoren ergibt sich jetzt das in Bild 181 gezeigte Bild.
- Die Schraube (1) lösen und, falls eingebaut, das Wallungsblech ausbauen.
- Schrauben der Ölpumpe (2) lösen und die Ölpumpe abnehmen.

Der Einbau findet in umgekehrter Reihenfolge statt. Die Pumpe gegen das Kurbelgehäuse drücken und die Schrauben der Ölpumpe mit 25 Nm anziehen. Ölwanne einbauen, wie es für den in Frage kommenden Motor beschrieben wurde.

D7F- und D4F- und Benzinmotor (1.2-Liter)

Bei diesen Motoren muss der Zahnriemen ausgebaut werden, wie es im Kapitel »Motoren« beschrieben wurde. Arbeitsreihenfolge:

- Fahrzeug vorn auf Böcke setzen, auf eine Hebebühne oder über eine Montagegrube fahren, je nachdem, welche Möglichkeiten vorhanden sind.
- Massekabel der Batterie abklemmen.
- Zahnriemen ausbauen, wie es getrennt für die beiden Motoren beschrieben wurde.
- Den Motor aus den Aufhängungen heben, wie es bereits weiter vorn gezeigt ist.
- Ölwanne ausbauen, wie es bereits für den betreffenden Motor beschrieben wurde.
- Steuerrad der Kurbelwelle ausbauen und den Öldichtring aus dem Pumpendeckel ausziehen.
- Ölansaugrohr (1) an der in Bild 182 gezeigten Stelle abschrauben und die Ölpumpe abschrauben.

Beim Einbau:

- Dichtflächen des Pumpengehäuses und Zylinderblocks einwandfrei reinigen. Immer einen neuen Dichtring für die Kurbelwelle und das Ölansaugsieb einbauen.
- Das Pumpengehäuse mit einer Wulst Dichtungsmasse (Rhodorseal 5661) versehen. Diese ähnlich wie in Bild 183 gezeigt auftragen. Die Breite der Wulst muss 1,3 mm betragen.

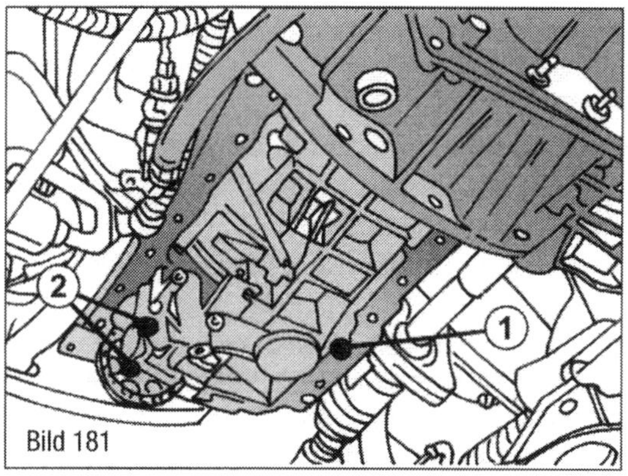

Bild 181

Bild 181
Bei den in Frage kommenden Motoren die Schraube (1) und die Schrauben (2) zum Ausbau der Ölpumpe entfernen.

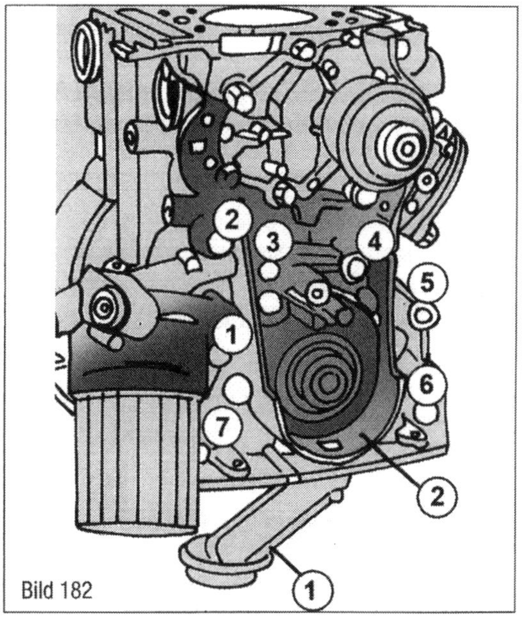

Bild 182

Bild 182
Das Ölansaugrohr (1) muss vor Ausbau der Ölpumpe (2) ausgebaut werden. Die Schrauben werden beim Einbau in gezeigter Reihenfolge mit 9 Nm angezogen.

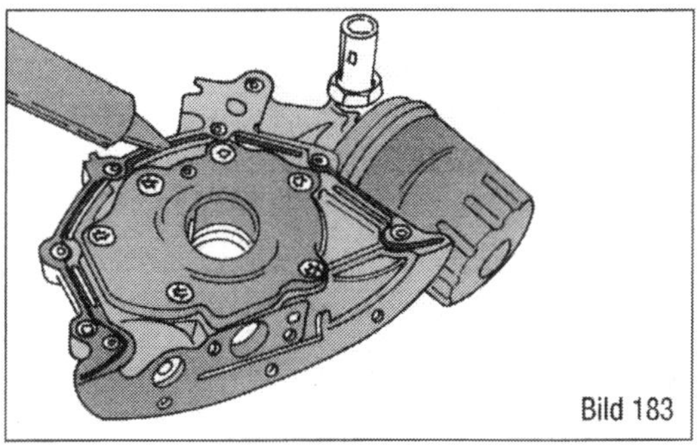

Bild 183

Bild 183
Die Dichtfläche der Ölpumpe in der gezeigten Weise mit einer Wulst Dichtungsmasse versehen, ehe sie wieder angeschraubt wird.

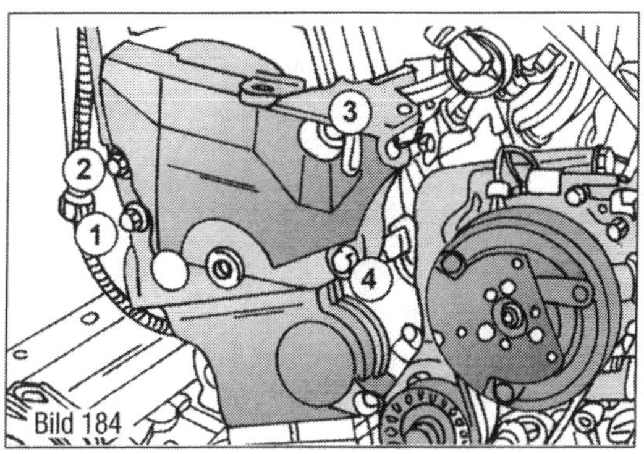

Bild 184

Bild 184
Die Anzugsreihenfolge des oberen Zahnriemenschutzdeckels bei Motoren D4F und D7F. Schrauben mit 33 Nm anziehen.

■ Pumpe am Motor ansetzen, die Schrauben eindrehen und in der in Bild 182 gezeigten Reihenfolge mit 9 Nm anziehen.
■ Einen neuen Dichtring mit einem Rohrstück in das Gehäuse einschlagen, ohne ihn dabei zu beschädigen.
■ An der Unterseite das Ölansaugrohr mit einem neuen Dichtring anbringen.
■ Ölwanne wieder einbauen.
■ Zahnriemen montieren, wie es für den betreffenden Motor beschrieben wurde, und den Zahnriemenschutzdeckel wieder montieren. Die vier Schrauben mit 33 Nm anziehen, aber in der in Bild 184 gezeigten Reihenfolge.
■ Motor mit Öl füllen und alle anderen Arbeiten in umgekehrter Reihenfolge durchführen.

Reparatur der Ölpumpe
Eine Reparatur der Ölpumpe wird nicht empfohlen. Falls sie ihre Funktion nicht mehr erfüllt, muss man eine neue Pumpe einbauen.

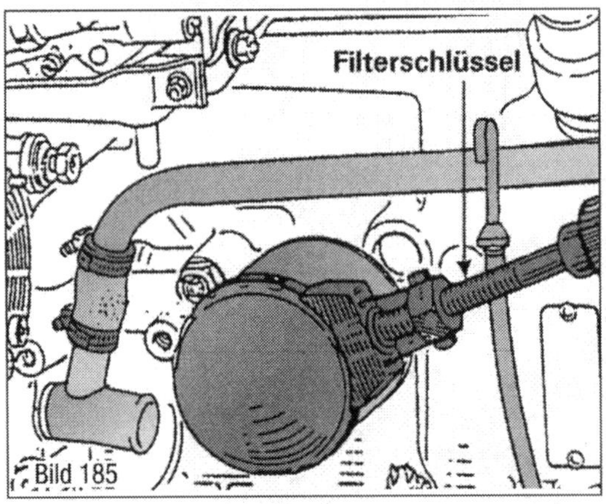

Bild 185

Bild 185 Verwendung eines Spannbandes zum Ausbau des Ölfilters. Dazu kann man auch einen anderen Filterschlüssel benutzen.

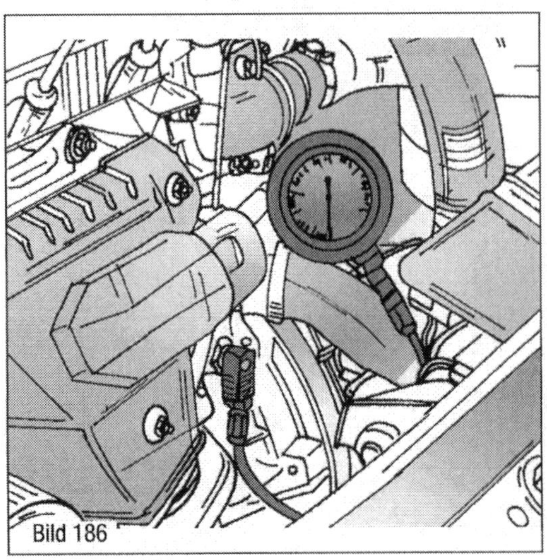
Bild 186

Bild 186 Anschlussweise des Öldruckmessers, gezeigt bei einem 1.4- oder 1.6-Liter-Motor.

Ölfilter erneuern

Zum Ausbau des Filters ist ein Filterspannband erforderlich, wie es in Bild 185 gezeigt ist. In der Abbildung wird eine bestimmte Ausführung gezeigt, jedoch sind verschiedene andere Schlüssel erhältlich, die auf dem gleichen Prinzip arbeiten. Andernfalls ein Stück Schmirgelleinwand um den Filter legen, mit der Schmirgelseite gegen den Filter, den Filter mit beiden Händen erfassen und abschrauben. Vor dem Ausbau des Filters die Batterie abklemmen. Der Filter ist entweder direkt am Zylinderblock oder am eingebauten Ölkühler (2.0-Liter-Motor) angeschraubt
Den Dichtring eines neuen Filters einölen und den Filter anziehen, bis er soeben gegen den Zylinderblock ansitzt. Aus dieser Stellung den Filter mit den Händen um eine weitere Viertelumdrehung anziehen.
Den Filter nochmals lösen und erneut anziehen, bis der Gummidichtring den Zylinderblock berührt, Aus dieser Stellung die Filterpatrone um eine Viertelumdrehung anziehen und wieder lockern. Den Filter nochmals anziehen, bis er den Gummiring berührt und dann um eine weitere Dreiviertelumdrehung anziehen. Falls erforderlich zusätzliches Öl in den Motor einfüllen.
Beim Kauf eines neuen Filters immer den Motor angeben, damit man nicht den falschen Filter einbaut. Das Gewinde für den Filteranschluss ist nicht unbedingt bei allen Filtern gleich.
Nach Einbau des neuen Filters den Motor anlassen und auf Betriebstemperatur bringen. Die Filteranschlussstelle auf eine öldichte Verbindung überprüfen.

Öldruck prüfen

Falls ein geeignetes Anschlussstück zur Verfügung steht, welches man mit einem Manometer in die Bohrung für den Öldruckschalter einschrauben kann, lässt sich der Öldruck bei laufendem Motor kontrollieren. Der Gewindedurchmesser ist nicht bei allen Motoren gleich. Motor laufen lassen, bis eine Temperatur von 80 °C erhalten wird, d. h. das Fernthermometer zeigt einen betriebswarmen Motor an.
■ Motor abstellen, den Öldruckschalter abklemmen und herausdrehen. Der Schalter befindet sich im Zylinderblock.

■ Anschlussstück einschrauben und das Manometer anschließen. Bild 186 zeigt, wo man den Druckmesser anschließt.
■ Den Motor anlassen und im Leerlauf laufen lassen. Die Anzeige am Manometer sollte mindestens 1,0 bar betragen.
■ Die Drehzahl auf 3000/min erhöhen (alle Motoren) und kontrollieren, ob der Öldruck auf 3,0 bar ansteigt. Falls der Motor längere Zeit in Betrieb war, ist es möglich, dass der Öldruck im Leerlauf etwas weniger beträgt.
■ Das Manometer abschließen und den Öldruckschalter wieder mit der Kupferscheibe einschrauben. Den Schalter mit 20 Nm anziehen.

Ölkühler

Der 2.0-Liter-Motor hat einen Ölkühler zwischen dem Ölfilter und dem Zylinderblock, welcher durch das Kühlmittel der Kühlanlage umspült wird. Nach Ablassen der Kühlanlage und Abschließen der am Ölkühler angeschlossenen Schläuche kann der Ölkühler unter Bezug auf Bild 187 ausgebaut werden. Dazu einen Schlüssel am Sechskant des Verbindungsstücks (2) ansetzen. Der Einbau findet in umgekehrter Reihenfolge statt. Untergelegte Dichtringe immer erneuern.

Störungen in der Motorschmierung

Die einzigen Probleme in der Motorschmierung liegen in überhöhtem Ölverbrauch, niedrigem Öldruck oder einer Erhellung oder Nichtausschalten der Öldruckkontrollleuchte.
■ Erhöhter Ölverbrauch kann durch verschlissene Zylinder, Kolben und/oder Kolbenringe, verschlissene Ventilführungen oder Ventilführungsdichtringe, undichte Kurbelwellendichtringe oder leckende Dichtungen an anderen Stellen des Motors hervorgerufen werden. In den meisten Fällen bedeutet dies, dass eine Zerlegung des Motors fällig ist, um die Schäden zu beheben.
■ Niedriger Öldruck kann durch den Öldruckschalter oder dessen Verkabelung, ein schadhaftes Ölüberdruckventil, niedrigen Ölstand, ein verstopftes Ölansaugsieb im Kurbelgehäuse, eine defekte Ölpumpe oder beschädigte Haupt- oder Pleuellager verursacht werden. Als Erstes kontrolliert man den Ölstand. Alle anderen Schäden ziehen eine Zerlegung des Motors nach sich.
■ Um nochmals zu wiederholen: Falls die Öldruckkontrollleuchte nicht sofort abschaltet, den Motor SOFORT abschalten. Nicht erst warten, ob das Erlöschen etwas später stattfindet. Verzögerung könnte zum sofortigen Festfressen des Kurbeltriebs führen.
■ In Autozubehörgeschäften gibt es bestimmte Mittel, die man durch die Kerzenbohrungen in die Zylinder einfüllen kann. Diese bilden bei richtigem Gebrauch eine »zweite Haut« auf den Zylinderbohrungen und werden den Ölverbrauch etwas eindämmen, falls dieser durch heftigen Verschleiß der Bohrungen zustande gekommen ist. Wir möchten Ihnen jedoch raten, dass Sie derartige Probleme vorher mit Ihrem Werkstattfachmann besprechen.

Bild 187

Bild 187
Die Teile des Ölkühlers.
1 Ölfilter
2 Verbindungsstück
3 Ölkühler
4 Dichtring
5 Anschlussstücke für Kühlmittelschläuche

4 Die Kühlanlage

Das Kühlmittel wird ständig von der Wasserpumpe vorn am Motor durch die Kanäle und Schläuche gepumpt. Angetrieben wird die Wasserpumpe bei allen Motoren durch den Zahnriemen der Steuerung.
Geregelt wird das Kühlsystem vom Thermostat. Er hat im so genannten Thermostatgehäuse an der Stirnseite des Zylinderkopfes seinen Platz. Je nach erforderlicher Kühlleistung wird der Kühlmitteldurchfluss durch den Kühler vom Thermostat gesteuert. Man unterscheidet Warmlaufphase (Kühlmittelweg durch den Kühler gesperrt), Normalbetrieb (unterschiedlicher Durchfluss des Kühlers) und Maximalkühlung (das gesamte Kühlmittel muss durch den Kühler). Um die Abkühlung des Kühlmittels beim Durchfluss durch den Kühler noch zu verbessern, sitzt hinter dem Kühler ein großer Lüfterflügel. Dieser unterstützt den Fahrtwind, indem er zusätzlich kräftig Luft durch den Kühler saugt. Der Lüfter aller Motoren wird elektrisch betrieben. Um nicht unnötig Motorleistung zu verbrauchen, wird der Lüfter nur dann zugeschaltet, wenn es wirklich erforderlich ist. Ihr Renault besitzt ein Kühlsystem mit separatem Ausgleichsbehälter rechts im Motorraum. Durch die Ausgleichsleitung unten am Behälter wird entweder Kühlmittel abgesaugt oder zurückgedrückt; je nach dem Kühlmittel-Volumen im restlichen System. Die obere Leitung ist die Entlüftungsleitung. Das Kühlsystem entlüftet sich nicht selbstständig. Aus diesem Grund sind an bestimmten Stellen Entlüftungsschrauben in die Anlage eingesetzt, welche beim Auffüllen der Kühlanlage geöffnet werden müssen. Die Entlüftungsschrauben sitzen jedoch nicht bei allen Motoren an der gleichen Stelle, wie man es später im Text feststellen wird. Der Verschlussdeckel auf dem Ausgleichsbehälter regelt den Druck im Kühlsystem.
Die Anlage ist mit Frostschutzmittel gefüllt, je nach Motor oder eingebauter Klimaanlage sind die Füllmengen der Anlage unterschiedlich (siehe Maß- und Einstelltabelle).
Die Wasserpumpe ist am Kurbelgehäuse angeschraubt und wird, je nach Motor, mit einer Dichtung oder mit Dichtungsmasse abgedichtet und durch Schrauben gehalten. Die Wasserpumpe sollte nicht zerlegt werden. Auf den folgenden Seiten ist das Diagramm der Kühlanlage gezeigt, aus welchen man auch die Lage der Entlüftungsschrauben beim Auffüllen der Kühlanlage entnehmen kann.

Der Öffnungsdruck der Verschlusskappe des Ausgleichsbehälters ist nicht bei allen Motoren gleich. Falls der Deckel erneuert wird, muss man den Motortyp angeben.

Kühlmittel

Ablassen und Auffüllen der Kühlanlage

⚠ Den Verschlussdeckel auf dem Ausgleichsbehälter (Dehngefäß) nur bei einer Kühlmittel-Temperatur unter 90 °C öffnen. Zuerst den Druckabbau abwarten und dann den Deckel vollends abnehmen.

Zum Ergänzen kleiner Kühlmittelverluste normales Wasser verwenden. Mit völlig kalkfreiem Wasser, Regenwasser, destilliertem oder entsalztem Wasser tun Sie der Kühlanlage keinen Gefallen, weil diese Wasserarten korrosiver wirken.
Falls Sie unterwegs erhebliche Wassermengen aus dem Kühlsystem verloren haben, soll bei heißer Maschine kein kaltes Wasser nachgegossen werden, denn der Zylinderkopf kann sich verziehen oder gar Spannungsrisse bekommen. Kleinere Wassermengen dürfen aber auch bei warmem Motor nachgegossen werden.

Das Kühlmittel des Motors sollte alle 60 000 km erneuert werden.

■ Den unteren Wasserschlauch vom Kühler abschließen. Die Verschlusskappe sollte abgeschraubt und die Entlüftungsschraube geöffnet werden, damit das Kühlmittel ablaufen kann. Das Frostschutzmittel in der Anlage kann durch Unterstellen eines Behälters aufgefangen werden. Die Arbeiten jedoch im Freien durchführen und auslaufendes Kühlmittel umweltfreundlich entsorgen.

■ Falls das Frostschutzmittel lange in der Anlage war, diese durchspülen. Dazu einen Wasserschlauch in die Ausgleichsbehälteröffnung einhängen. Das Wasser durchlaufen lassen, bis es klar aus den Öffnungen für die Stopfen oder aus dem unteren Kühlerstutzen herausläuft.

■ Frostschutzmittel entsprechend den zu erwartenden Temperaturen zusammenmischen. Eine Mischung von 35% Frostschutz und 65% Wasser eignet sich für normale Temperaturen unter Null (bis ca. minus 23 °C. 50% Frostschutz und 50% Wasser schützt die Kühlanlage bis minus 40 °C. Beim Kauf des Frostschutzmittels muss man angeben, dass es sich um einen Motor mit Aluminiumteilen handelt.

Beim Auffüllen der Kühlanlage folgendermaßen vorgehen:

■ Den Kühlerschlauch anschließen. Unbedingt eine gute Abdichtung herstellen.

■ Die Entlüftungsschraube öffnen. Je nach Motor befindet sich diese an verschiedenen Stellen des Motors, d. h. an der Oberseite des Kühlers, im Kühlmittelschlauch oder im Ausgleichsbehälter. Die Kühlmittelkreislaufdiagramme in Bildern 188 bis 191 werden Ihnen zeigen, wo sich die Schraube(n) bei Ihrem Motor befinden. Bei einigen eingebauten Motoren kann ebenfalls eine Schraube in einer Ecke des Kühlers sitzen. Zur Hilfestellung sind die Schrauben in den Diagrammen ebenfalls mit Pfeilen bezeichnet. Dazu noch einen Hinweis: Eine Entlüftungsschraube befindet sich bei den meisten Motoren im Wasserauslassstutzen am Zylinderkopf.

Wichtiger Hinweis: Die Entlüftungsschraube darf bei laufendem Motor nicht geöffnet sein.

■ Die Kühlanlage durch die Öffnung des Ausgleichsbehälters füllen. Diese sofort schließen, wenn man sehen kann, dass Flüssigkeit ohne Luftblasen ausläuft. *Entlüftungsschraube(n) nicht bei laufendem Motor öffnen.*

■ Den Motor anlassen und mit einer Drehzahl von 2500/min laufen lassen. Den Kühlmittelstand auf die »Maxi«-Marke am Dehngefäß bringen und die Kappe aufschrauben.

■ Um ein vorschriftsmäßiges Entlüften der Kühlanlage zu gewährleisten, lässt man den Motor 20 Minuten lang mit einer Drehzahl von 2500/min laufen, bis der Lüfter automatisch einschaltet. Kontrollieren, dass der Kühlmittelstand stimmt. Andernfalls berichtigen. Beim Öffnen der Verschlusskappe jedoch mit Vorsicht vorgehen.

■ Den Verschlussdeckel des Ausgleichsbehälters bei warmem Motor aufschrauben.

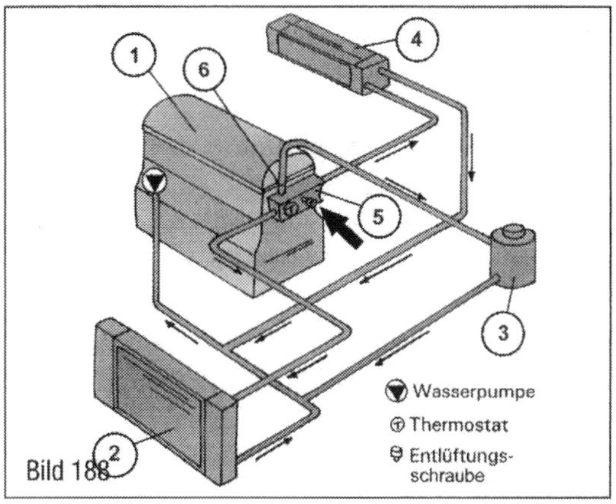

Bild 188

Bild 188
Kühlmittelkreis – 1.4-/1.6-Liter-Motor (Typ »K«).
1 Motor
2 Kühler
3 Ausgleichsbehälter
4 Heizungskühler
5 Thermostatgehäuse
6 Drosselstelle, 3 mm

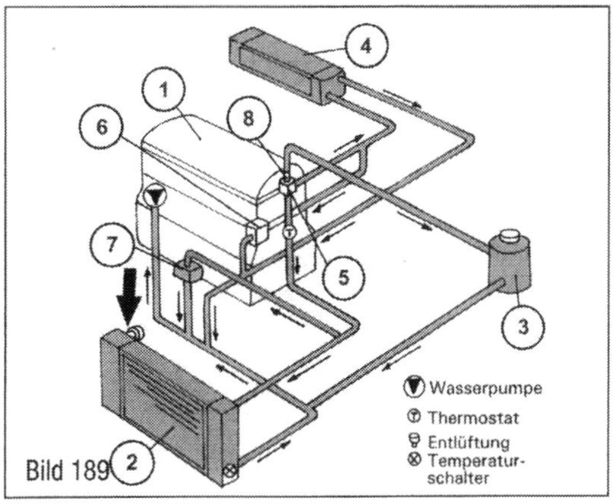

Bild 189

Bild 189
Kühlmittelkreis – 2.0-Liter-Motor (F4R).
1 Motor
2 Kühler
3 Ausgleichsbehälter
4 Heizungskühler
5 Thermostatgehäuse
6 Drosselklappengehäuse
7 Ölkühler
8 Drosselstelle, 3 mm
Öffnungsdruck des Verschlussdeckels 1,6 bar, blau

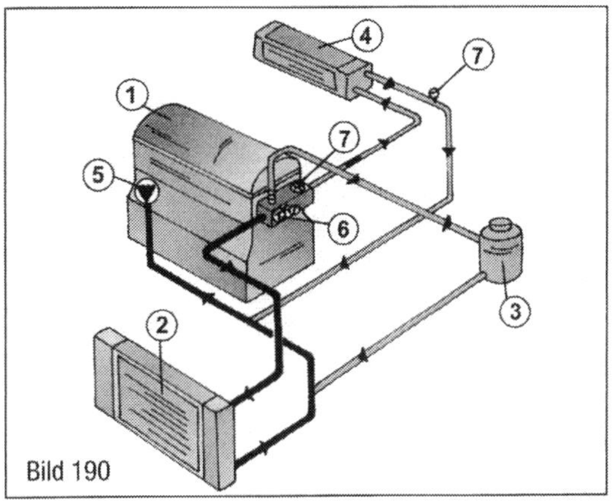

Bild 190

Bild 190
Kühlmittelkreis – 1.2-Liter-Motor (D4F).
1 Zylinderblock
2 Kühler
3 Dehngefäß
4 Heizungskühler
5 Wasserpumpe
6 Thermostat
7 Entlüftungsschraube

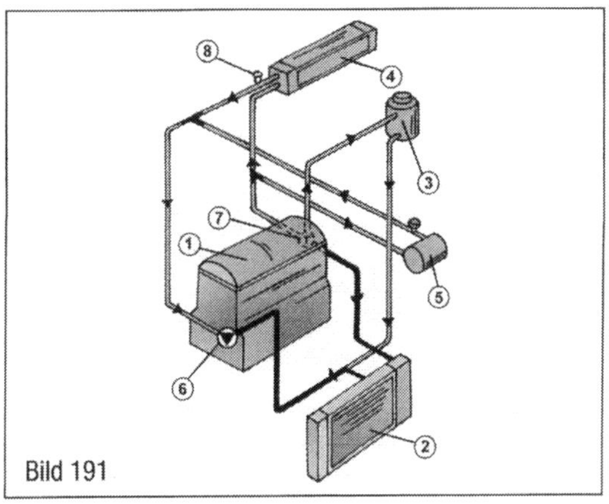

Bild 191

Bild 191
Kühlmittelkreis – 1.2-Liter-Motor (D7F).
1 Zylinderblock
2 Kühler
3 Dehngefäß
4 Heizungskühler
5 Dehnungsventil
6 Wasserpumpe
7 Thermostat
8 Entlüftungsschraube

Sichtprüfung Messen

Frostschutzmittel
Die Kühlanlage wird werkseitig mit Frostschutzmittel gefüllt und dieses sollte während des ganzen Jahres in der Anlage gelassen werden. Falls Frostschutzmittel gemischt wird, sind die Mischungsverhältnisse zwischen Frostschutz und Wasser zu beachten. Wir empfehlen, das von Renault gehandelte Frostschutzmittel »Glaceol AL« zu verwenden, da dessen chemische Zusammensetzung speziell für den Motor hergestellt wurde. Die Mischungszusammensetzungen für die zu erwartenden Temperaturen wurden bereits weiter vorn gegeben und sind entsprechend zu beachten. Nicht mit Frostschutzmittel sparen. Auf die unterschiedlichen Füllmengen der einzelnen Motoren achten.

Kühler – Aus- und Einbau

Der Aus- und Einbau des Kühlers geschieht, abgesehen von einigen Unterschieden, bei allen Fahrzeugen in ähnlicher Weise. In Bild 192 ist eine typische Ansicht eines eingebauten Kühlers zusammen mit den verschiedenen Verkleidungen gezeigt. Bei eingebauter Klimaanlage gibt es jedoch einige Probleme, da man den Kühlkreis der Kühlanlage in einer Werkstatt entleeren lassen muss. ***Unter keinen Umständen den Kühlkreis selbst öffnen.*** Die Arbeiten sind ziemlich umfangreich.

F- und K-Motoren mit Klimaanlage

⚠ Beachten ist, dass man den Kühlungskreis der Klimaanlage nicht in Heimarbeit öffnen und unter Druck setzen kann. Diese Arbeit muss man in einer Werkstatt durchführen lassen.

- Fahrzeug vorn auf Böcke setzen und das Massekabel der Batterie abschließen. Das Unterschutzblech unter dem Vorderwagen ausbauen.
- Kühlanlage ablassen, wie es bereits beschrieben wurde.
- In folgender Reihenfolge ausbauen: den vorderen Stoßfänger, das Kühlergitter, die Motorhaube und die beiden Scheinwerfer.
- Die Befestigung der beiden Kotflügel an Stellen (1) in Bild 193 (links) entfernen und beide Kotflügel in Pfeilrichtung nach außen bewegen. Leitung der Klimaanlage an Stelle (2) lösen, die Befestigung der Batterieschutzplatte an Stelle (3) lösen, den Luftansaugschlauch ausbauen und die Befestigungsschrauben (4) des Kühlers aus dem oberen Querträger ausschrauben.
- Das vordere Blech muss an Stellen (1) in Bild 194 abgeschraubt und in Pfeilrichtung herausgezogen werden.
- An der Unterseite des Kühlers zwei Clips zusammendrücken und das Luftleitblech herausnehmen.
- Auf einer Seite des Kühlers an der Oberseite die Schrauben der Einlassleitung des

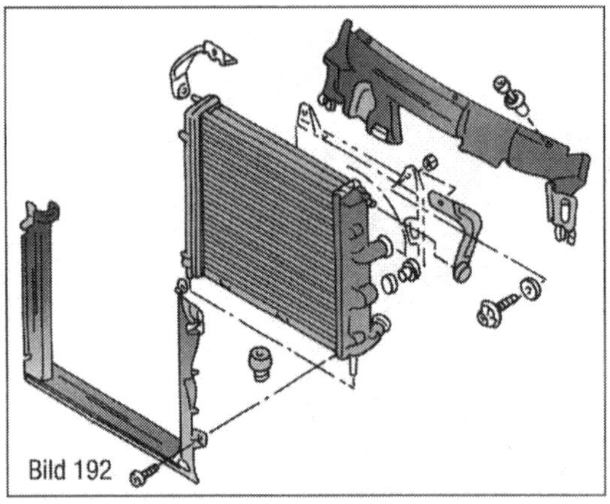

Bild 192
Der eingebaute Kühler zusammen mit den damit verbundenen Teilen.

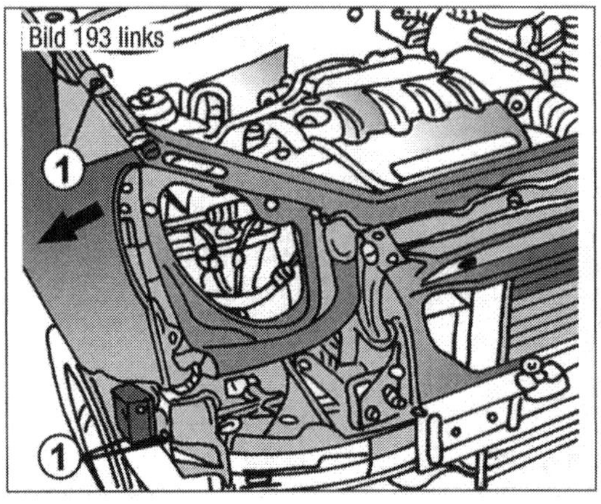

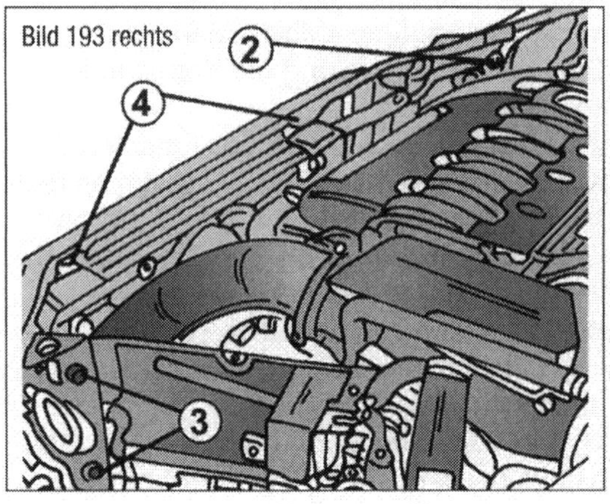

Bild 193
Zum Ausbau des Kühlers. Schrauben (1) und (2) des Kotflügels lösen und den Kotflügel nach außen ziehen.

Kondensapparats und unmittelbar darunter die Schraube der Auslassleitung herausdrehen. Die Leitungen abschließen.

- Kabelstecker vom Kühlungslüfter abziehen. Dabei nicht den Kühlerblock beschädigen.
- Oberen Kühlmittelschlauch abschließen und den Kühler zusammen mit dem Kondensapparat herausnehmen.

Der Einbau findet in umgekehrter Reihenfolge statt. Kühlanlage auffüllen, wie es bereits beschrieben wurde. Die Klimaanlage in der Werkstatt füllen lassen. Die folgenden Anzugsdrehmomente gelten: Motorhaube 25 Nm, vorderer Kotflügel 12 Nm, vorderes Blech 25 Nm. Die Scheinwerfereinstellung muss nach Einbau des Kühlers kontrolliert werden.

F- und K-Motoren ohne Klimaanlage

Der Aus- und Einbau geschieht in der oben beschriebenen Weise mit dem Unterschied, dass man keinen Kühlkreis der Klimaanlage entleeren und füllen lassen muss.

1.2-Liter-Motoren (D7F und D7F)

Vorbereitungsarbeiten wie oben beschrieben treffen, bis die Kühlanlage abgelassen wurde. Danach in folgender Reihenfolge den Luftansaugschlauch abschließen, Kabelstecker am Lüfter abziehen, Lüfter ausbauen, oberen Kühlmittelschlauch abschließen, Kühler vom Querträger abschrauben, das Luftleitblech abmontieren und den Kühler herausnehmen. Der Einbau findet in umgekehrter Reihenfolge statt.

Kühlerverschlusskappe und Kühler prüfen

Die Kühlanlage arbeitet unter Druck. Der Verschlussdeckel des Dehngefäßes (Ausgleichsbehälters) ist mit einem Ventil versehen, welches so ausgewählt ist, dass es öffnet, wenn der Druck auf 1,2 bar ansteigt. Aufgrund der Ausdehnung des Kühlmittels führt der zusätzliche Druck zur Erhöhung des Siedepunktes.

Zum Prüfen der Verschlusskappe ist eine Kühlerprüfpumpe erforderlich, deren Anwendung in Bild 195 gezeigt ist. Die Pumpe auf die Kappe schrauben und sie betätigen, bis das Ventil öffnet. Dies sollte innerhalb des angegebenen Drucks stattfinden. Falls

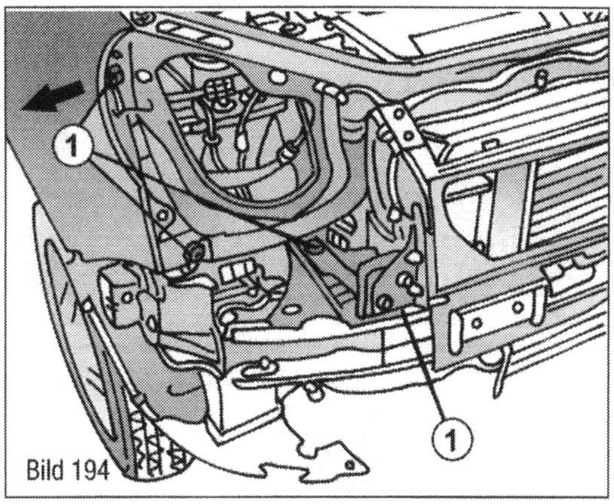

Bild 194

Bild 194
Schrauben (1) des vorderen Verkleidungsblechs lösen und das Blech in Pfeilrichtung herausziehen.

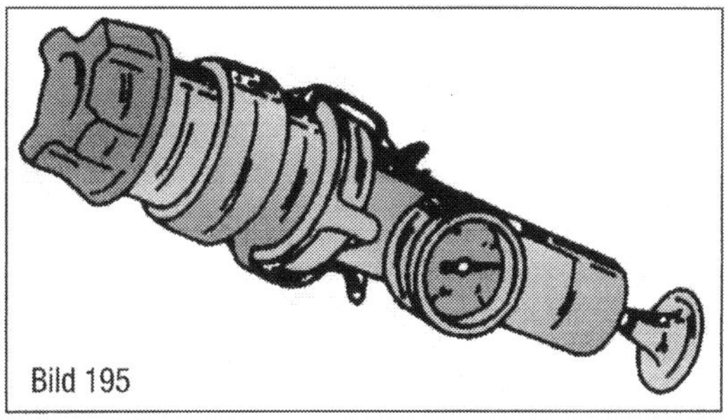

Bild 195

Bild 195
Der Verschlussdeckel des Dehngefäßes kann mit einer derartigen Pumpe auf Öffnungsdruck kontrolliert werden. Die gleiche Pumpe ebenfalls zum Abdrücken der Kühlanlage benutzen.

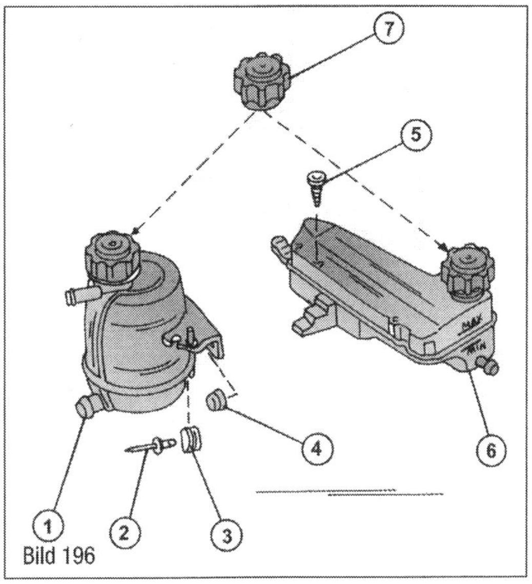

Bild 196

Bild 196
Der eingebaute Ausgleichsbehälter kann eines der beiden Aussehen haben und ist auch in unterschiedlicher Weise befestigt.

1 Ausgleichsbehälter
2 Befestigungsstift
3 Gummitülle
4 Gummitülle
5 Schraube
6 Ausgleichsbehälter
7 Verschlusskappe

dies nicht der Fall ist, muss die Verschraubung erneuert werden.

Mit derselben Abdrückpumpe kann die Kühlanlage in gleicher Weise auf Leckstellen kontrolliert werden, indem man die Pumpe am Dehngefäß anbringt. Wie Bild 196 zeigt, können je nach Motor zwei verschiedene Dehngefäße eingebaut sein. Den Druck auf ca. 1,0 bar bringen und kontrollieren, dass der Druckmesser diesen Druck mindestens 2 Minuten lang hält. Falls dies nicht der Fall ist, befindet sich eine Leckstelle in der Kühlanlage, welche durch den im Kühler befind-

Sichtprüfung Messen

Bild 197
Stromkreis zur Kontrolle eines Temperaturschalters.

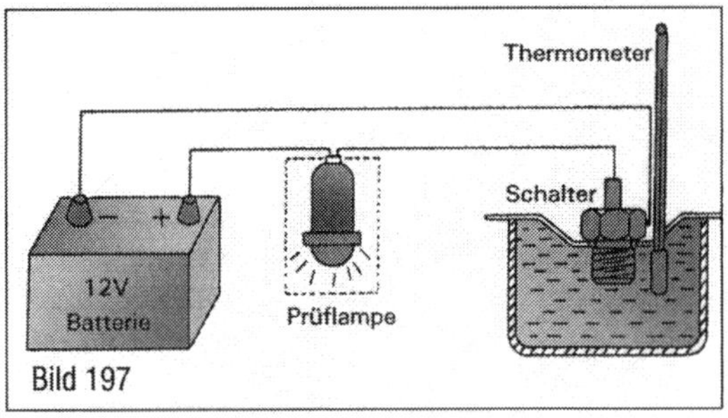

Bild 197

Bild 198
Die Wasserpumpe sowie die Spannrolle für den Zahnriemen werden beim genannten Motor zusammen ausgebaut.

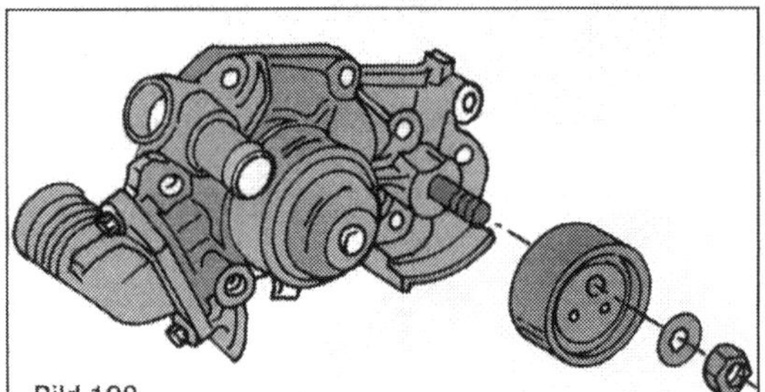
Bild 198

Bild 199
Hat das Wasserpumpengehäuse eine glatte Fläche an Stelle (1), wird sie mit einer Dichtung eingebaut.

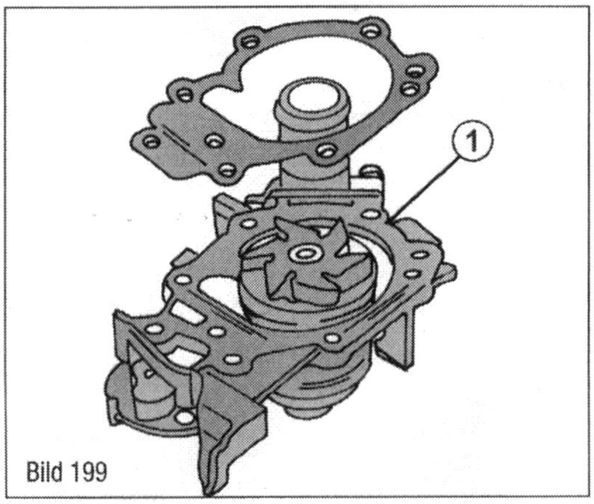

Bild 199

lichen Druck leichter herauszufinden ist (Auslaufen von Kühlmittel an der Leckstelle). Steht das Fahrzeug auf einer trockenen Stelle, kann man die Tropfstelle sehen.

Aus- und Einbau des Kühlungsventilators

■ Batterie abklemmen.
■ Den Verbindungsstecker von der Klemme des Ventilatormotors abziehen.
■ Die Befestigungsmuttern der Ventilatorverkleidung vom Kühler abschrauben (zwei oben und zwei unten) und die Verkleidung mit dem Motor herausheben.
Der Einbau geschieht in umgekehrter Reihenfolge wie der Ausbau. Nach dem Einbau die Arbeitsweise des Ventilators kontrollieren. Der Ventilator muss einschalten, nachdem der Motor warm gelaufen ist.

Temperaturschalter

Die Temperaturschalter können nicht eingestellt oder repariert werden. Der Schalter ist in das Gehäuse der Wasserpumpe oder in die Unterseite des Kühlers eingeschraubt. Die Funktion eines Temperaturschalters kann kontrolliert werden, indem man ihn in Wasser einhängt, welches langsam erwärmt wird. Ein Thermometer muss ebenfalls verwendet werden. Eine Prüflampe im Kreis mit einer Batterie an den beiden Schalterklemmen anschließen und das Fühlerende des Schalters in das Wasser halten. Bild 197 zeigt die Kontrolle des Schalters.
Kontrollieren, dass die Prüflampe bei einer Temperatur von ca. 88 °C aufleuchtet. Das Wasser danach abkühlen lassen und kontrollieren, ob die Prüflampe bei einer Temperatur von ca. 79 °C wieder schließt. Dies sind Mittelwerte, die Ihnen aber einen kurzen Überblick über die Arbeitsweise gestatten.

Die Wasserpumpe

Die Wasserpumpe kann nicht repariert werden. Falls eine Pumpe nicht mehr einwandfrei fördert oder Leckstellen sichtbar sind, muss eine neue Pumpe eingebaut werden. Der Steuerriemen muss ausgebaut werden. Nach Ausbau der Teile kann die Pumpe abgeschraubt werden.
Folgend sind noch einige Hinweise über den Ausbau bei den einzelnen Motoren gegeben:

1.2-Liter-Motor (alle)
■ Den Zahnriemen der Steuerung ausbauen, wie es für den betreffenden Motor beschrieben wurde.
■ Falls eine Servolenkung eingebaut ist, die Riemenscheibe der Lenkhilfspumpe abschrauben.
■ Die Schrauben der Befestigung der Leitung für die Servolenkung an der Seite des Zylinderblocks lösen und entfernen.
■ Die Lenkhilfspumpe von der Konsole abschrauben. Die Flüssigkeitsleitung dabei auf eine Seite drücken. Die Montagekonsole der Pumpe danach abschrauben.
■ An der Wasserpumpe angeschlossenen Schlauch abschließen.
■ Die Spannrolle für den Zahnriemen ab-

schrauben und danach die Pumpe entfernen. Bild 198 zeigt, wie die Pumpe mit der Spannrolle befestigt ist. Zu beachten ist, dass die Pumpe entweder mit einer Dichtung abgedichtet wird (neueste Ausführung, siehe Bild 199) oder beim Einbau mit der unten angegebenen Dichtungsmasse eingestrichen wird.

- Pumpenfläche reinigen. Beim Reinigen nicht die Oberfläche zerkratzen (Aluminium).

Beim Einbau folgendermaßen vorgehen:

- Falls die Fläche des Wasserpumpengehäuses an der mit (1) bezeichneten Stelle in Bild 198 flach ist, eine Dichtung in der gezeigten Weise auflegen. Bei der älteren Ausführung hat die Fläche der Pumpe eine Rille und wird mit Dichtungsmasse eingestrichen (in der Werkstatt wird Rhodorseal 5661 benutzt). Dabei eine Wulst Dichtungsmasse entsprechend Bild 200 auf die Fläche der Pumpe auftragen (nicht breiter als 3 mm). Falls der Stutzen an der Seite der Pumpe abgeschraubt wurde, muss er beim Einbau mit Dichtungsmasse »Loctite 518« eingeschmiert werden. Der Zahnriemen muss danach eingebaut und eingestellt werden, wie es weiter vorn für diese Motoren beschrieben wurde.
- Den Antriebsriemen montieren und einstellen, wie es untenstehend beschrieben ist.

Tipp: Die folgenden Anzugsdrehmomente sind zu beachten, die auch beim Einbau des Zahnriemens gelten:

Bild 200

Bild 200
Die Dichtfläche der Wasserpumpe beim genannten Motor in der gezeigten Weise mit einer Wulst Dichtungsmasse versehen, ehe sie wieder angeschraubt wird.

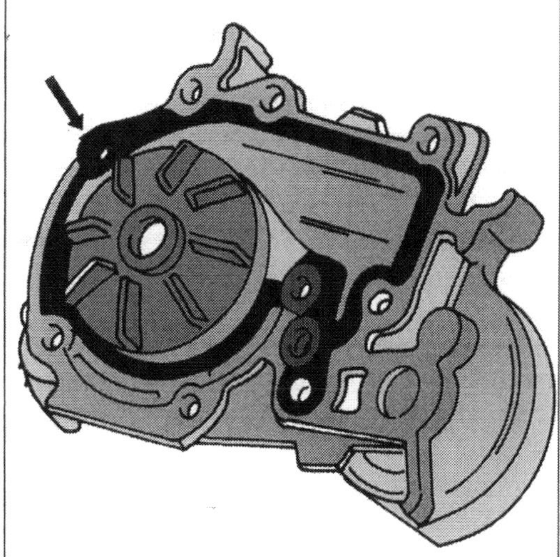

Bild 201

Bild 201
Die Wasserpumpe beim genannten Motor ringsherum mit einer Wulst der im Text genannten Dichtungsmasse abdichten.

Riemenscheibe der Kurbelwelle	40 Nm + 70°
Schraube der rechten Motoraufhängung an Motor	62 Nm
Schraube der rechten Motoraufhängung an Karosserie	62 Nm
Mutter der Zahnriemenspannrolle	50 Nm (D7F) oder 24 Nm (D4F)
Schrauben der Wasserpumpe	10 Nm

1.4-, 1.6- (K), und 2.0-Liter-Motor (F4R)

Der Aus- und Einbau der Pumpe ist bei diesen Motoren verhältnismäßig einfach. Nach Ausbau des Zahnriemens und der Spannrolle für den Zahnriemen die Pumpenschrauben lösen und die Pumpe vom Zylinderblock abnehmen. Beim Einbau die Pumpenfläche an der in Bild 201 gezeigten Stelle mit »Loctite 518« einschmieren (1 mm breit). Die M8-Schrauben werden mit 22 Nm, M6-Schrauben mit 10 Nm angezogen. Pumpenschrauben über Kreuz anziehen. Zu beachten ist das Anzugsdrehmoment der Kurbelwellenriemenscheibe nach Einbau des Zahnriemens. Bei beiden Motoren 30 Nm + 80°. Alle anderen Arbeiten in umgekehrter Reihenfolge durchführen.

Der Thermostat

Der Thermostat befindet sich im Wasserstutzen am inneren Ende des oberen Kühlers. Obwohl die Einbauweise nicht bei allen Motoren gleich ist, bleibt das Grundprinzip das gleiche. In Bildern 188 bis 191 ist im All-

Bild 202

Bild 202 Thermostatkontrolle.

gemeinen die Lage des Thermostats im Vergleich zu den anderen Teilen der Kühlanlage verdeutlicht.

Zum Ausbau die Kühlanlage entleeren und den Schlauch vom Anschluss am Stutzen nach Lockern der Schlauchschelle abziehen. Den Thermostat herausnehmen.

Ein Thermostat kann nicht repariert werden und ist im Schadensfall zu erneuern. Eine einfache Prüfung lässt sich folgendermaßen durchführen. Dazu braucht man ein feuerfestes Glasgefäß, ein Thermometer und eine Kochplatte. Die Anordnung ist in Bild 202 gezeigt.

- Thermostat an einem Stück Draht in einen Behälter mit kaltem Wasser einhängen.
- Ein Thermometer in ähnlicher Weise einhängen.
- Wasser allmählich erhitzen und kontrollieren, ob sich der Thermostat bei der eingeschlagenen Temperatur zu öffnen beginnt. Bei 98 °C muss der Thermostat vollkommen geöffnet sein.
- Der Thermostatstift muss bei dieser Kontrolle mindestens 7,5 mm aus dem Thermostat heraustreten. Falls der Thermostat diese Prüfungen nicht besteht, muss er erneuert werden.

Beim Einbau des Thermostats eine neue Abdichtung verwenden. Die Schlauchschellen kontrollieren, ehe sie wieder am Schlauch festgezogen werden. Die Kühlanlage auffüllen.

Störungen am Thermostat

Der Thermostat öffnet nicht, weil er klemmt oder eine Ventilplatte festklebt. Obwohl die Temperaturanzeige schon die rote Marke überschritten hat, fühlt sich dann der Kühler immer noch kalt an. Warten Sie, bis sich der Motor abgekühlt hat, schrauben Sie das Thermostatgehäuse auf und bauen Sie den Thermostat aus. Wenn Sie einige Zeit ohne Thermostat fahren, schadet dies dem Motor nicht. Wer hingegen mit geschlossenem Thermostat weiterfährt, riskiert einen gewaltigen Motorschaden. So kann die Zylinderkopfdichtung durchbrennen, der Zylinderkopf kann sich hoffnungslos verziehen oder gar Risse bekommen.

Der Thermostat schließt nicht mehr richtig, weil ihn ein Fremdkörper verklemmt hat. In diesem Fall wird der Kühler nach dem Kaltstart gleich warm wie beispielsweise das Thermostatgehäuse. Die Fahrzeugheizung kommt nur langsam in Schwung. Ersetzen Sie baldmöglichst den Thermostat, denn auf Dauer ist es unwirtschaftlich und für den Motor schädlich, wenn er seine Arbeitstemperatur nicht mehr erreicht.

Antriebsriemen

Die Verlegung des Antriebsriemens ist bei allen Motoren unterschiedlich. Zur Einstellung wird in der Werkstatt ein Spezialmessgerät benutzt, welches die Riemenspannung in so genannten SEEM-Einheiten angibt.

Da der Riemen der Drehstromlichtmaschine bei bestimmten Motoren nach Ausbau gespannt werden muss, wird auch der Riemen in diesem Kapitel behandelt. Ein einzelner Keilrippenriemen wird zum Antrieb aller Aggregate an der Stirnseite des Motors verwendet. Wie bereits erwähnt, werden unterschiedliche Riemen bei Fahrzeugen mit und ohne Klimaanlage eingebaut. Die entsprechenden Bilder zeigen die Verlegung der Riemenanordnungen bei den verschiedenen Motoren.

☞ Obwohl die Arbeiten nicht bei allen Motoren gleich sind, gelten die folgenden Allgemeinanweisungen:

- Der Motor muss kalt sein.
- Der Riemen muss nach Ausbau immer erneuert werden.
- Der Riemen muss immer erneuert werden, falls er abgenutzt, eingeschnitten oder eingerissen ist oder Gummireste in den Riemenscheiben festgestellt werden können. Verölte Riemen müssen immer erneuert werden. Falls ein Keilrippenriemen erneuert wird, müssen die Verzahnungen in den Innenseiten der Riemenscheiben immer gut gereinigt werden, um eine gute Mitnahme zu erzielen.

■ Die Spannung des Riemens wird immer in der Mitte seiner längsten Laufstrecke kontrolliert. Renault-Werkstätten benutzen ein Spezialwerkzeug zur Kontrolle der Keilrippenriemenspannung, jedoch ist es möglich, dass man die Kontrolle ohne dieses Werkzeug durchführt.
Zur Kontrolle den Riemen an der längsten Stelle zwischen zwei Riemenscheiben zwischen Daumen und Zeigefinger erfassen und mit gutem Druck hin- und herbewegen, um die allgemeine Spannung zu ermitteln. Danach mit gutem Daumendruck auf den Riemen drücken. Der Riemen sollte sich 2,5 bis 3,5 mm durchdrücken lassen, wenn der Motor kalt ist. Den Motor warm laufen lassen und kontrollieren, ob sich der Riemen jetzt 3,5 - 4,5 mm durchdrücken lässt. Eine Einstellung ist nicht erforderlich, solange sich der Riemen nicht um mehr als 5,0 mm durchdrücken lässt. Dies sind grobe Anhaltswerte.

1.4- und 1.6-Liter-Motor (Typ K) *– Bilder 203 und 204*

Bei eingebauter Klimaanlage wird die Spannung automatisch durch eine eingebaute Spannrolle hergestellt. Zum Ausbau des Riemens braucht man einen 13-mm-Gabelschlüssel sowie einen 6-mm-Innensechskantschlüssel. Massekabel der Batterie immer abklemmen. Das rechte Rad muss abgeschraubt werden.

■ Nach Ausbau der Verkleidung in der Innenseite des rechten Radkastens den Gabelschlüssel an der Schraube der Spannrolle (1) in Bild 205 ansetzen, die automatische Spannrolle mit dem genannten Innensechskantschlüssel (2) in Pfeilrichtung verdrehen und die Riemenscheibe unter Verwendung des genannten Innensechskantschlüssels festschrauben.

■ Den Riemen der Reihe nach von den einzelnen Riemenscheiben abnehmen.

Der Einbau findet in umgekehrter Reihenfolge statt. Den neuen Riemen entsprechend Bild 203 auflegen.

Beim Einbau eines Riemens in ein Fahrzeug mit Klimaanlage, einen 13-mm-Gabelschlüssel an der in Bild 206 gezeigten Spannrolle (2) ansetzen und die Spannrolle in Pfeilrichtung verdrehen, bis man den Inbusschlüssel herausziehen kann. Die Spannrolle zurücklassen, bis der Riemen

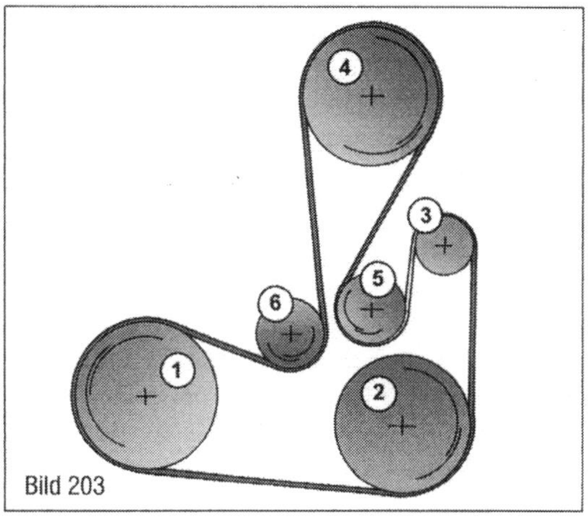

Bild 203
Verlegung des Antriebsriemens – 1.4- und 1.6-Liter-Motor mit Servolenkung und Klimaanlage.
1 Kurbelwelle
2 Kompressor (Klimaanlage)
3 Drehstromlichtmaschine
4 Servolenkung
5 Laufrolle
6 Automatische Spannrolle

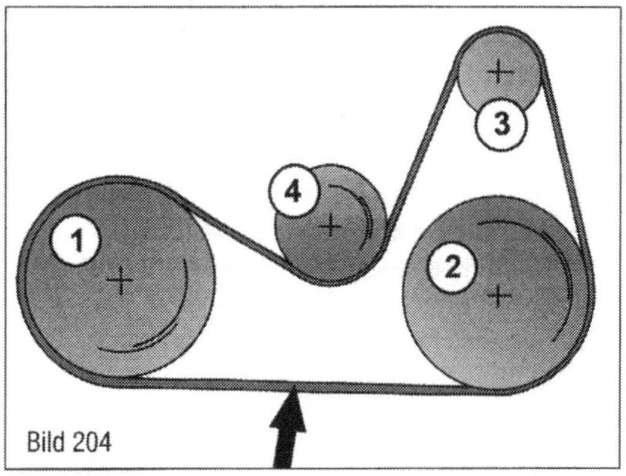

Bild 204
Verlegung des Antriebsriemens – 1.4- und 1.6-Liter-Motor mit Servolenkung.
1 Kurbelwelle
2 Drehstromlichtmaschine
3 Lenkhilfspumpe
4 Spannrolle

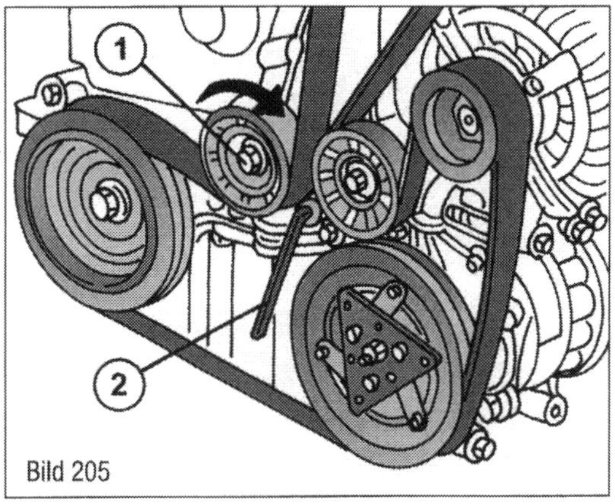

Bild 205
Zum Aus- und Einbau des Keilrippenriemens bei einem 1.4- oder 1.6-Liter-Motor. Die Spannrolle wird mit einem Inbusschlüssel (2) gesperrt. Die Spannrolle (1) mit einem Gabelschlüssel in Pfeilrichtung bewegen.

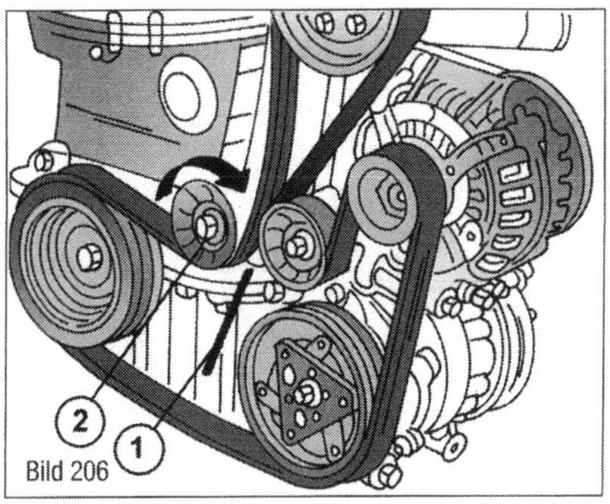

Bild 206
Beim Einbau des Keilrippenriemens bei einem 1.4- oder 1.6-Liter-Motor die Spannrolle (2) mit einem Gabelschlüssel in Pfeilrichtung bewegen, bis man den Inbusschlüssel (1) herausziehen kann.

Bild 207
Zum Einstellen der Riemenspannung bei einem Fahrzeug mit 1.4- oder 1.6-Liter-Motor ohne Klimaanlage. Die Einstellung erfolgt an der Schraube (1) nach Lockern der Kontermutter (2). An der Pfeilstelle muss die zusätzliche Rille sichtbar sein.

Bild 208
Anwendung des Messinstruments für die Spannung des Keilrippenriemens. Der Spannungsprüfer (2) wird am Riemen angesetzt, der Wert am Anzeigegerät (1) abgelesen.

Bild 209
Verlegung des Antriebsriemens bei den im Text genannten Motoren.
Linke Ansicht:
1 Kurbelwelle
2 Drehstromlichtmaschine
Mittlere Ansicht:
1 Kurbelwellenriemenscheibe
2 Spannrolle
3 Kompressor der Klimaanlage oder Riemenscheibe der Lenkhilfspumpe
Rechte Ansicht:
1 Kurbelwellenriemenscheibe
2 Riemenscheibe der Lenkhilfspumpe
3 Kompressor der Klimaanlage
4 Spannrolle
5 Laufrolle

sich gespannt hat. Den Riemen entsprechend Bild 203 auflegen. Die Spannrolle langsam zurücklassen. Der Riemen braucht danach nicht eingestellt werden.
Zum Einstellen der Riemenspannung bei einem Fahrzeug ohne Klimaanlage, irgendwelche Einstellungen unter Bezug auf Bild 207 vornehmen. Die Einstellung erfolgt mit Hilfe der Schraube (1), nachdem die Kontermutter (2) gelockert wurde. Die Schraube verstellen, bis die Spannung hergestellt wird (mit oder ohne Spezialmessgerät, siehe unten). Nach der Einstellung die Mutter (2) festziehen.
Die Kurbelwelle um zwei Umdrehungen durchdrehen und die Spannung erneut kontrollieren.

Hinweis: Der Keilrippenriemen hat fünf Rillen, die Riemenscheiben der Kurbelwelle und der Lenkhilfspumpe haben jedoch sechs. Nach Auflegen des Riemens müssen die beiden äußeren Rillen an der Außenseite sichtbar sein (Pfeilstelle in Bild 207).

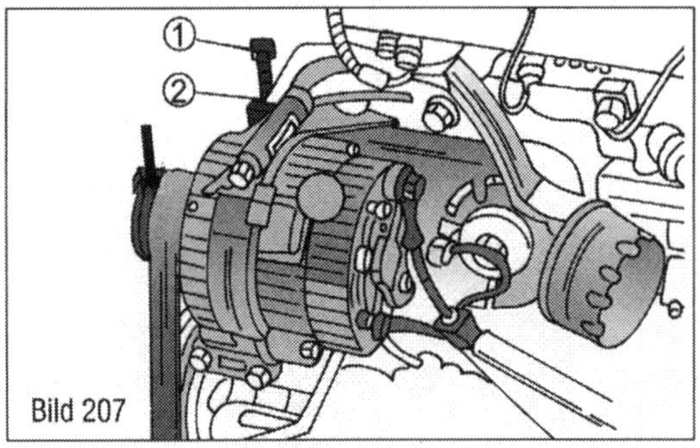

Bild 207

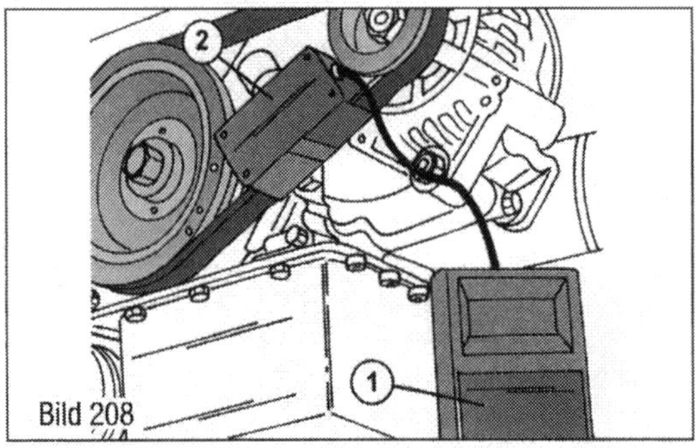

Bild 208

Um die Anweisungen zu vervollständigen, folgt jetzt die Gebrauchsanweisung des Messgeräts für die Riemenspannung, welches man in der in Bild 208 gezeigten Weise gegen den Riemen ansetzt (am Beispiel eines 1.6-Liter-Motors). Der gezeigte Riemenantrieb ist nicht der eingebaute, gibt aber eine gute Anzeige über die Messung. Die Anzeige der Riemenspannung erfolgt in so genannten »SEEM«-Einheiten.

- Das Messinstrument über den stramm montierten Riemen setzen (Pfeilstelle in Bild 201) und die Mutter verdrehen, bis eine Anzeige von 204 SEEM (plus oder minus 5 SEEM) erhalten wird. Eine Ausnahme bildet dabei ein Motor mit Klimaanlage, bei welchem die Spannung automatisch durch die Spannrolle hergestellt wird.
- Das Messinstrument abnehmen und die Kurbelwelle zwei volle Umdrehungen durchdrehen.
- Das Messgerät wieder wie im Bild gezeigt ansetzen und kontrollieren, dass sich die Anzeige nicht verändert hat.
- Das Gerät abnehmen und die Feststellschraube in der Mitte des Riemenspanners anziehen (21 Nm).
- Den Motor anlassen. Nachdem der Motor ca. 10 Minuten lang in Betrieb war, die Spannung des Riemens nachkontrollieren. Die Anzeige am Gerät sollte nicht unter dem angegebenen Mindestwert liegen. Andernfalls muss der Riemen nachgespannt werden.

Hinweis: Falls der Riemen ohne Messgerät eingestellt wird, kann man die Riemenspannung in einer Werkstatt nachkontrollieren lassen, wenn man nicht sicher ist, ob sie stimmt.

1.2-Liter-Motor – 16 Ventile (Typ D4F) und 8 Ventile (D7F)

Je nach Motor ist der Riemen in unterschiedlicher Weise verlegt. Bei den in Bild 209 gezeigten Beispielen handelt es sich um folgende Ausführungen:

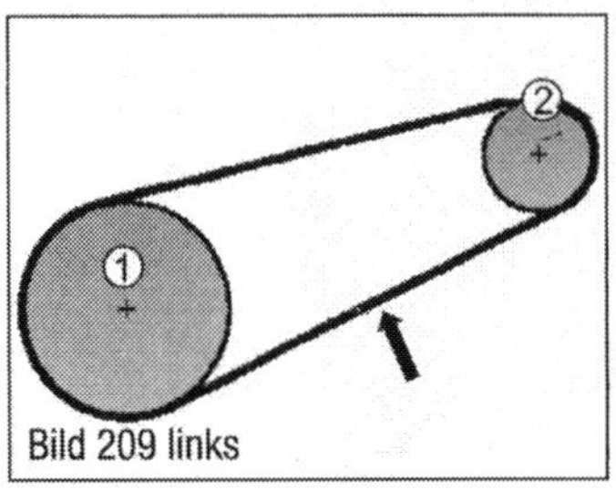

Bild 209 links

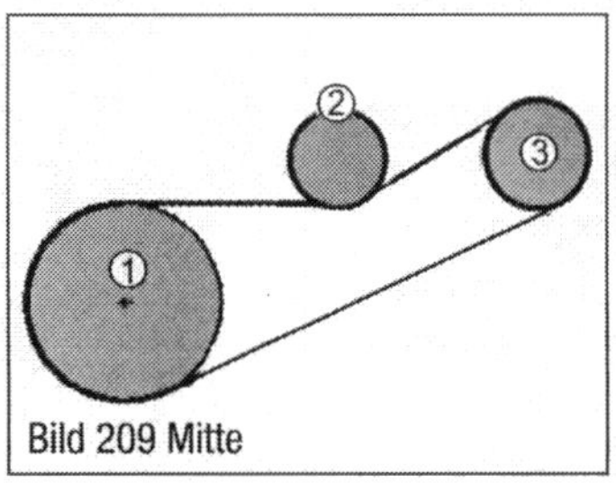

Bild 209 Mitte

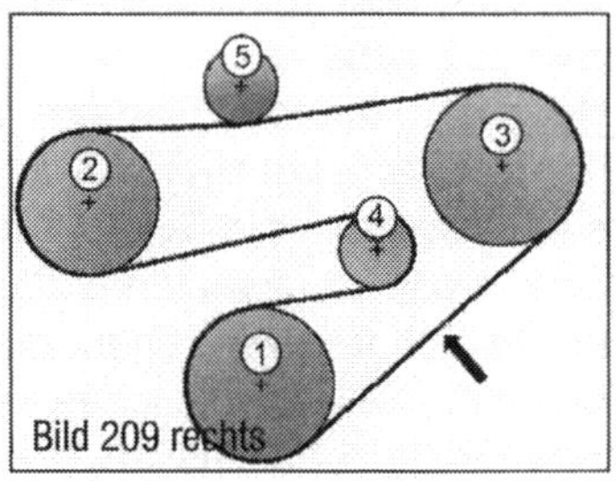

Bild 209 rechts

■ In der linken Ansicht – Nur zwischen Kurbelwelle und Drehstromlichtmaschine verlegt.
■ In der mittleren Ansicht – Mit mechanischer Lenkung und mit Klimaanlage.
■ In der rechten Ansicht – Mit Servolenkung und Klimaanlage.
In allen Fällen wird die Spannung an der unteren Laufstrecke gemessen (Pfeilstelle).

Beim Ausbau folgendermaßen vorgehen:
■ Fahrzeug vorn auf Böcke setzen, Batterie abklemmen, rechtes Vorderrad abschrauben und das Spritzblech in der Innenseite des Radkastens abmontieren.
■ Spannrolle, wo eingebaut lockern, Antriebsriemen abmontieren.
Der Einbau erfolgt in umgekehrter Reihenfolge. Falls das in Bild 208 gezeigte Messwerkzeug benutzt wird sind die folgenden Einstellwerte zu beachten (alle Werte plus oder minus 5 SEEM), jedoch gelten unterschiedliche Werte, je nach Motor:

D4F-Motor
■ In der linken Ansicht von Bild 209 gezeigter Riemen = 260 SEEM
■ In der mittleren Ansicht gezeigter Riemen = 210 SEEM
■ In der rechten Ansicht gezeigter Riemen = 210 SEEM

D7F-Motor
■ In der linken Ansicht von Bild 209 gezeigter Riemen = 244 SEEM
■ In der mittleren Ansicht gezeigter Riemen = 177 SEEM mit Klimaanlage und Servolenkung, 191 SEEM ohne Klimaanlage
■ In der rechten Ansicht gezeigter Riemen = 180 SEEM
Zu beachten sind noch einige Anzugsdrehmomente: Schraube der Spannrolle mit 37 Nm, Schraube der Laufrolle (falls eingebaut) mit 22 Nm anziehen.

Mit 2.0-Liter-Motor (F4R)
Zum Ausbau des Riemens braucht man einen 13-mm-Gabelschlüssel sowie einen 6-mm-Innensechskantschlüssel. Der Riemen ist in der in Bild 210 gezeigten Weise verlegt.
■ Fahrzeug vorn auf Böcke setzen.
■ Die Batterie abklemmen.
■ Die Verkleidung in der Innenseite des rechten Radkastens ausbauen.
■ Einen Ringschlüssel in der in Bild 211 gezeigten Weise an der Schraube der automatischen Spannrolle ansetzen und die Rolle in Pfeilrichtung verdrehen. Die automatische Spannrolle unter Verwendung des genannten Innensechskantschlüssels festschrauben.
■ Den Riemen der Reihe nach von den einzelnen Riemenscheibe abnehmen.
Der Einbau findet in umgekehrter Reihenfolge statt. Nachdem der Riemen entsprechend Bild 210 aufgelegt wurde, die Spannrolle langsam zurücklassen. Der Riemen braucht nicht eingestellt zu werden. Darauf achten, dass der Riemen einwandfrei auf allen Riemenscheiben liegt. An der Innenseite müssen die freien Rillen sichtbar sein (siehe Bild 212).

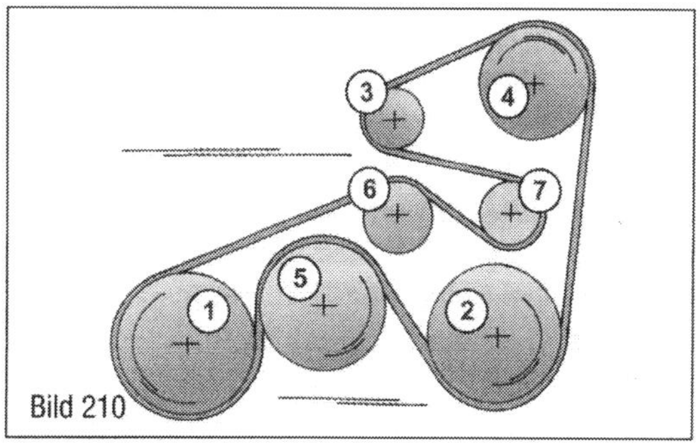

Bild 210

Bild 210
Verlegung des Antriebsriemens – 2.0-Liter-Motor mit Servolenkung und Klimaanlage.
1 Kurbelwelle
2 Kompressor, Klimaanlage
3 Drehstromlichtmaschine
4 Lenkhilfspumpe
5 Wasserpumpe
6 Feststehende Rolle
7 Automatische Spannrolle

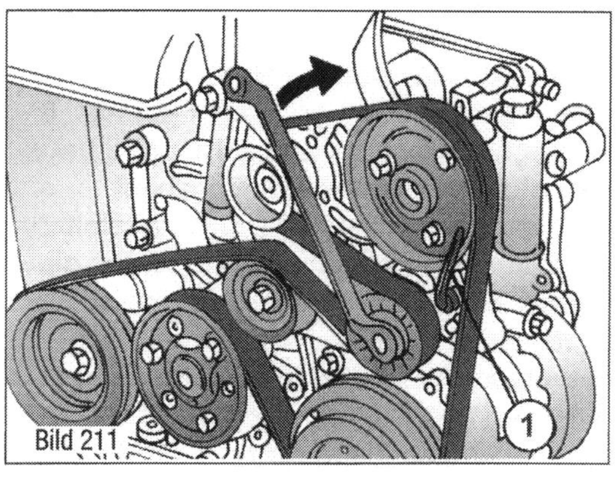

Bild 211

Bild 211
Beim Aus- und Einbau des Keilrippenriemens bei einem 2.0-Liter-Motor in der gezeigten Weise vorgehen. Nach Zurückdrehen der Spannrolle den genannten Inbusschlüssel an Stelle (1) einschieben.

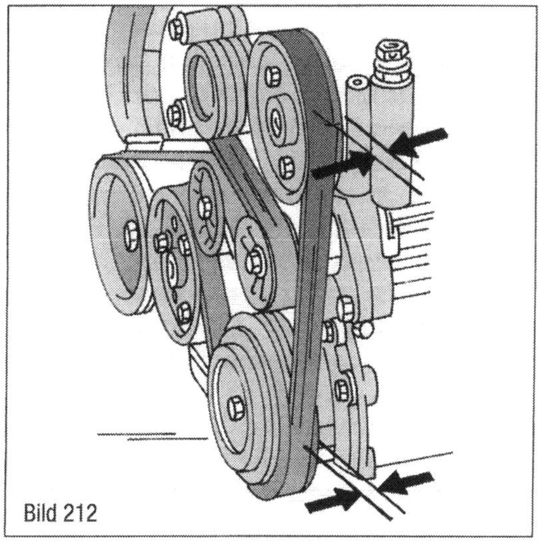
Bild 212

Bild 212
Beim Auflegen des Riemens bei einem 2.0-Liter-Motor ist zu beachten, dass die freie Rille an der Innenseite liegt.

5 Kraftstoffeinspritzanlage

Kurze Beschreibung

Bei den verschiedenen Motoren in der Renault Clio II-Baureihe werden unterschiedliche Kraftstoffeinspritzanlagen eingebaut, welche entweder von Siemens, Sagem oder Magneti-Marelli hergestellt werden. Alle arbeiten mit einem Katalysator. Alle Motoren sind mit einer so genannten sequentiellen Mehrpunkt-Einspritzanlage versehen. Die kleineren Motoren arbeiten ohne Geber für die Zylindererkennung und die Stellung der Nockenwelle, d. h. der Zündzeitpunkt wird durch den Stellungsgeber der Kurbelwelle bestimmt. Beim 2.0-Liter-Motor ist außerdem am Steuerrad der Einlassnockenwelle ein Phasenversteller angebracht, welcher im Zusammenhang mit der Zünd- und Einspritzanlage arbeitet. Jeder Zylinder hat sein eigenes Einspritzventil. Die Anlage bei einem Motor mit 8 Ventilen wird von Siemens hergestellt und unter der Bezeichnung »Sirius 34« geführt oder von Sagem (B2000). Eine Magneti-Marelli-Anlage (5NR) wird bei einem Motor mit 16 Ventilen eingebaut.
Bei normalem Betrieb wird der Kraftstoff Zylinder nach Zylinder eingespritzt, wenn die Kolben am Anfang der Einlassphase stehen. Jedes Einspritzventil wird getrennt vom Steuergerät reguliert (Nr. 1 auf der Schwungradseite) und das Steuergerät erkennt auch, welcher Zylinder in der Einlassphase steht. Dazu wird ein einzelner Geber benutzt. Dies ist der OT-Geber am Schwungradgehäuse, welcher auch die Drehzahl des Motors ermittelt. Der Geber erkennt, wenn Zylinder Nr. 1 und 4 oder Zylinder Nr. 2 und 3 auf OT stehen. Beim Abstellen des Motors speichert das Steuergerät, welches Einspritzventil zuletzt in Betrieb war. Beim Neuanlassen des Motors wird dieser Zylinder als Bezugspunkt benutzt.
Die Einspritzanlage ist mit verschiedenen Bauelementen versehen, auf welche wir kurz eingehen werden.
Die Anlage setzt sich aus drei Hauptabschnitten zusammen: der Kraftstoffanlage, dem Einspritzcomputer (Steuergerät) und den dazugehörigen Teilen sowie der zum Betrieb der Anlage notwendigen elektrischen und/oder elektronischen Teile.
Hauptteil der Anlage ist der Computer. Er ist auf einer gedruckten Schaltung montiert, arbeitet digital und hat einen Mikroprozessor. Der Computer der Einspritzanlage enthält die Schaltkreise für die Zündanlage.

Die elektrische Kraftstoffpumpe ist in den Kraftstofftank eingebaut. Der Tank muss ausgebaut werden, um an die Pumpe heranzukommen. Der Kraftstoff wird durch einen in die Zufuhrleitung eingesetzten Filter sauber gehalten. Der Filter befindet sich unmittelbar vor dem Tank an der Unterseite des Motors.

Die Kraftstoffeinspritzanlage wird durch verschiedene Sensoren und andere Faktoren reguliert und beeinflusst, auf welche untenstehend eingegangen wird.

Was geschieht mit der Ansaugluftströmung? Wenn die Drosselklappe durch Betätigung des Gaspedals geöffnet wird, wird der Öffnungswinkel der Klappe durch ein Potentiometer gemessen. Der Ansaugluftstrom wird dadurch durch die Stellung der Drosselklappe und die entsprechende Motordrehzahl bestimmt. Die Zündanlage überträgt die Betriebsdaten des Motors zum Steuergerät.

Die Temperatur des Motors wird durch einen Temperaturschalter gemessen. Der Schalter ist in die Kühlanlage eingesetzt und informiert das Steuergerät ständig über die im Motor herrschenden Temperaturen. Dieses kann dadurch die erforderlichen Korrekturen vornehmen.

Die Kraftstoffzufuhr ist eine hochtechnische Angelegenheit. Kurz gesagt, besitzt der Computer einen Mikroprozessor, ein Programm und einen Datenspeicher und außerdem einen Analog-Digitalwandler. Der Computer bestimmt die Einspritzzeit aus den erhaltenen Informationen über Drosselklappenwinkelstellung und Motordrehzahl. Aus den erhaltenen Daten wird ein Kennfeld aus verschiedenen Drosselklappenstellungen und Motordrehzahlen aufgebaut und im Speicher »gelagert«. Jedes Mal, wenn die beiden Kriterien abgeglichen sind, kommt die richtige Einspritzzeit zusammen mit dem richtigen Luft/Kraftstoffgemisch zustande, ganz gleich welchen Belastungen der Motor unterliegt.

Erwähnen möchten wir auch den *Klopfsensor*. Dieser ist in den Zylinderblock eingeschraubt und spürt ein »Klingeln« des Kraftstoffgemischs auf. Dieses wird sofort durch das Steuergerät durch Verstellen des Zündzeitpunktes berichtigt.

Das Kraftstoff/Luftgemisch wird außerdem durch die Lambda-Regulierung überwacht. Eine Lambda-Sonde, bei welcher es sich um einen Sensor für vorhandenen Sauerstoff handelt, ist in den Auspuffkrümmer eingeschraubt und gibt ständig ein elektrisches Signal ab, sodass das Steuergerät das Kraftstoff/Luftgemisch und damit die Einspritzzeit verkürzen oder verlängern kann. Die Lambda-Regulierung ermöglicht ein genaues Dosieren des Kraftstoffs und bestimmt dadurch den CO-Anteil des Gemischs.

Der Leerlauf ist selbstregelnd und wird automatisch verringert oder erhöht, wie dies durch die Betriebsbedingungen verlangt wird. Ein Stufenmotor (Magneti-Marelli) verändert die Stellung der Drosselklappe, wenn der programmierte Bezugswert der Motordrehzahl vom eigentlichen Wert abweicht. Der Bezugswert der Motordrehzahl hängt dabei von den von den verschiedenen Sensoren erhaltenen Daten ab und stellt die Drosselklappe auf den erforderlichen Winkel. Eine eingebaute Klimaanlage, beheizte Heckscheibe und die Batteriespannung spielen dabei eine Rolle. Das System erfordert keinerlei Einstellungen, da auch größere Änderungen des Leerlaufs ausgeglichen werden.

Zündanlage. Siehe nachfolgenden Abschnitt.

Vorsichtsmaßnahmen bei Arbeiten an der Einspritzanlage

Alle an der Einspritzanlage anfallenden Arbeiten sollten einer Werkstatt überlassen werden. Vor allem fehlt einfach der Platz, die bei den drei verschiedenen Motoren möglicherweise anfallenden Arbeiten zu beschreiben. Einige durchführbare Arbeiten sind jedoch untenstehend beschrieben. Falls Sie jedoch Arbeiten im Motorraum vornehmen, sind die folgenden Vorsichtsmaßnahmen zu treffen:

- Kein Wasser oder andere Flüssigkeiten auf Teile der Anlage spritzen oder den Motor einer Motorwäsche unterziehen.
- Bei allen Arbeiten an der elektrischen Anlage die Batterie abklemmen.
- Die Spannung der Zündanlage ist sehr hoch. Unter keinen Umständen Messungen mit Instrumenten durchführen, es sei denn, man ist mit der Autoelektrik vollkommen vertraut.
- Falls das Fahrzeug aufgrund von Zündschwierigkeiten abgeschleppt werden muss, das Steuergerät für die Einspritzanlage (welches auch die Zündanlage reguliert) aus dem Stromnetz isolieren.
- Falls Leitungen der Anschlüsse abgeschlossen werden, sollte man diese Arbeit nicht im Freien durchführen, um zu verhindern, dass Staubteile in die Anlage gelangen können.
- Keine Anschlüsse der Einspritzanlage kurzschließen, da man Schäden anrichten kann.

Personen mit Herzschrittmacher sollten keine Arbeiten an der Einspritzanlage und der damit verbundenen Zündanlage durchführen, wenn die Batterie angeschlossen ist. Ausschalten der Zündung reicht nicht aus.

Abschließen von Kraftstoffleitungen

Bei den Verbindungen handelt es sich um Schnellverschlüsse, die normalerweise mit einer Spezialvorrichtung geöffnet werden. In Bild 213 kann man sehen, wie diese Vorrichtung aussieht. Die Pfeilrichtungen zeigen wie das Werkzeug benutzt wird.

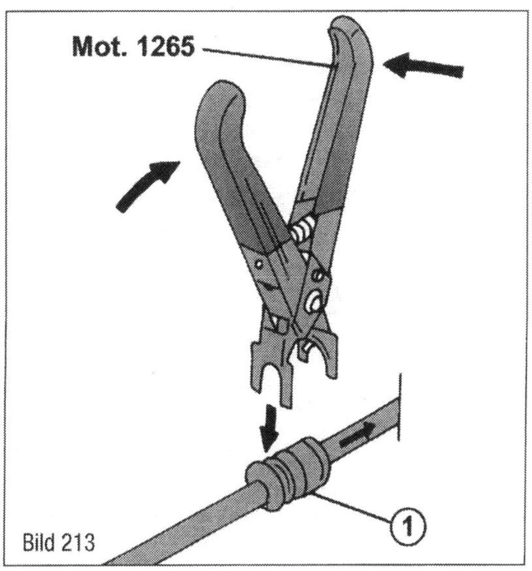

Bild 213
Zum Lösen der Schnellverschlüsse der Kraftstoffleitungen (1) wird in der Werkstatt das gezeigte Werkzeug benutzt.

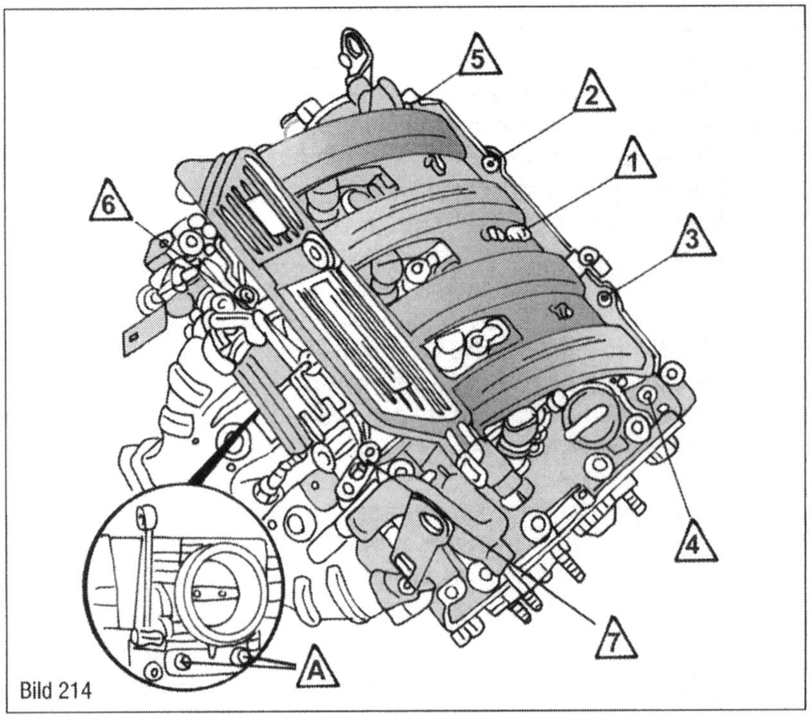

Bild 214

Bild 214
Zum Aus- und Einbau des Ansaugsammelrohrs (Ansaugkrümmer). Die Zahlen weisen auf die Anzugsreihenfolge hin. An Stelle »A« sind die Schrauben des Drosselklappengehäuses zu lösen.

Aus- und Einbau des Ansaugkrümmers (Ansaugsammelrohr)

Die Beschreibung gilt im Allgemeinen für alle Motoren, da es unmöglich ist auf alle einzelnen Motoren einzugehen.

- Luftfilter ausbauen, wie es nachfolgend beschrieben wird.
- Kabelstecker von den folgenden Teilen abziehen: Potentiometer der Drosselklappe, Drucksensor, Zündspulen und Lufttemperaturgeber. Die einzelnen Kabelstecker sind entsprechend aufzufinden und zu kennzeichnen, falls man im Zweifel ist, wo sie beim Einbau hingehören.
- Drosselklappenseil abschließen.
- Die beiden Befestigungsschrauben »A« des Drosselklappengehäuses in Bild 214 lösen und die mit den Zahlen gezeigten Schrauben des Krümmers lösen. Der Krümmer kann danach abgehoben werden (vorsichtig).

Der Einbau geschieht in umgekehrter Reihenfolge wie der Ausbau. Die Schrauben des Krümmers in der in Bild 214 gezeigten Reihenfolge mit 10 Nm anziehen, die beiden Schrauben des Drosselklappengehäuses mit 15 Nm. Luftfilterschrauben mit 9 Nm anziehen.

Aus- und Einbau des Auspuffkrümmers

Die Beschreibung gilt im Allgemeinen für alle Motoren, da es unmöglich ist auf alle einzelnen Motoren einzugehen.

- Massekabel der Batterie abklemmen und das Fahrzeug vorn auf Böcke setzen (oder auf eine Hebebühne fahren).
- Luftfilter ausbauen, wie es nachfolgend beschrieben wird.
- Den Kabelstecker vom Anschluss an der Lambda-Sonde an der Oberseite des Auspuffkrümmers abziehen und die Sonde ausschrauben (siehe Bild 215, links).
- Das Wärmeschild des Auspuffkrümmers an der Oberseite abschrauben und ein zweites Schild vom Nebenrahmen abbauen.
- Vorderes Auspuffrohr vom Auspuffkrümmer trennen.
- Den Katalysator ausbauen. Je nach Motor könnte es jedoch schwierig sein den Katalysator herauszunehmen. Eine Ausweichmethode wäre gegeben, wenn man den Nebenrahmen um einige Zentimeter absenkt. Dies ist natürlich eine umfangreiche Arbeit. Die entsprechenden Arbeitsgänge wurden beim Ausbau der Ölwanne/Ölpumpe im Kapitel »Motorschmierung« beschrieben. Beim Ausbau darauf achten, dass der Katalysator und das Wärmeschutzschild unter dem Wagenboden nicht beschädigt werden. Besonders der flexible Teil des Katalysators ist empfindlich. Der Katalysator wird wie in Bild 215 in der mittleren Ansicht herausgenommen und danach entsprechend der Pfeilrichtung in der rechten Ansicht entfernt.

Bild 215

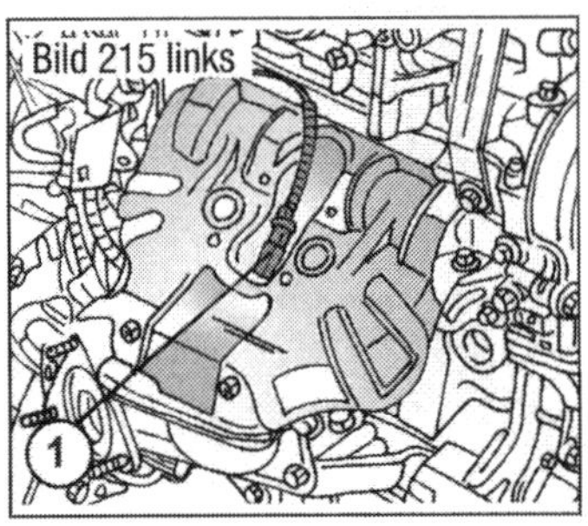

■ Die Stütze (1) in Bild 216 zwischen dem Auspuffkrümmer und dem Zylinderblock abschrauben und den Krümmer abschrauben. Zum Herausnehmen muss der Krümmer um ca. 45° (1/8 Umdrehung) verdreht werden, um an allen Teilen vorbeizukommen.
Der Einbau findet in umgekehrter Reihenfolge statt. Krümmerdichtung und Dichtung zwischen Krümmer und Katalysator immer erneuern. Neue Muttern müssen verwendet und mit 18 Nm angezogen werden. Die Verbindungsschrauben Katalysator/Auspuffrohr wird mit 20 Nm angezogen.
Falls das Wärmeschutzblech beschädigt ist, muss man es erneuern.

Einspritzventile – Aus- und Einbau

Die Beschreibung gilt im Allgemeinen für alle Motoren, da es unmöglich ist auf alle einzelnen Motoren einzugehen.
Die Einspritzventile werden mit Clips am Kraftstoffverteilerrohr gehalten. Das Rohr sitzt an der in Bild 217 gezeigten Stelle. Beim Ausbau des Verteilerrohres kann Kraftstoff auslaufen. Aus diesem Grund einen dicken Lappen auf die Drehstromlichtmaschine legen.

- Batterie abklemmen.
- Den Schutzdeckel über dem Kraftstoffverteilerrohr ausbauen.
- Kraftstoffleitungen abschließen, wie es bereits beschrieben wurde.
- Den Unterdruckschlauch vom Druckregler abziehen.
- Schrauben des Kraftstoffverteilerrohres lösen und das Rohr abnehmen. Dieses hat die in Bild 218 gezeigte Form. Nach Abziehen des Kabelsteckers (oder der Stecker) und Lösen der Clips (Clipse) kann man das oder die Einspritzventile herausziehen.
- Der Einbau findet in umgekehrter Reihenfolge statt. Die O-Dichtringe müssen immer erneuert werden. Die Schrauben des Verteilerrohres mit nicht mehr als 10 Nm anziehen.

Luftfilter

Die Zusammensetzung des Luftfilters ist in Bildern 219 bis 222 bei den verschiedenen Motoren gezeigt. Der Filter ist bei bestimmten Motoren mit einem Luftresonanzkasten versehen, welcher die Aufnahme von bestimmten Druckwellen und die Verringerung des Ansauggeräuschs erlaubt. Zum Ausbau des Luftfiltereinsatzes den Deckel abschrauben und den Filtereinsatz herausnehmen. Um den Filter zu reinigen, kann man ihn gegen eine harte Unterlage aufschlagen und den feinen Staub mit Pressluft ausblasen. Dabei den Luftstrahl seitlich an den Lamellen vorbei streichen lassen. Niemals die Luft direkt auf die Lamellen richten, da sonst der Staub nach innen gezwungen wird. Flüssigkeit darf nicht zum Reinigen benutzt werden. Das Filtergehäuse säubern, indem man es mit einem Lappen auswischt.

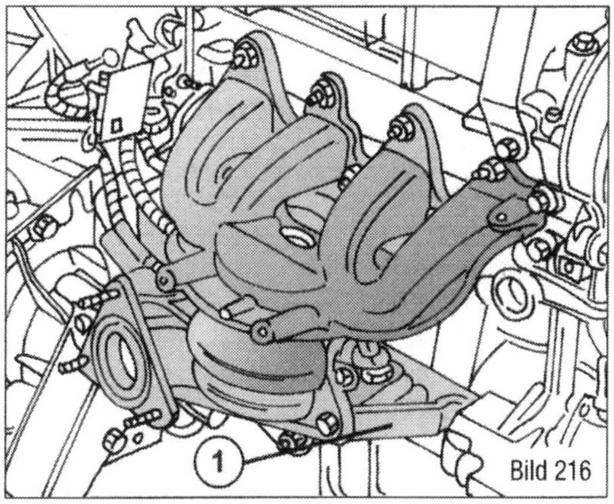

Bild 216
Eingebauter Auspuffkrümmer. Die Stütze (1) ist am Zylinderblock verschraubt.

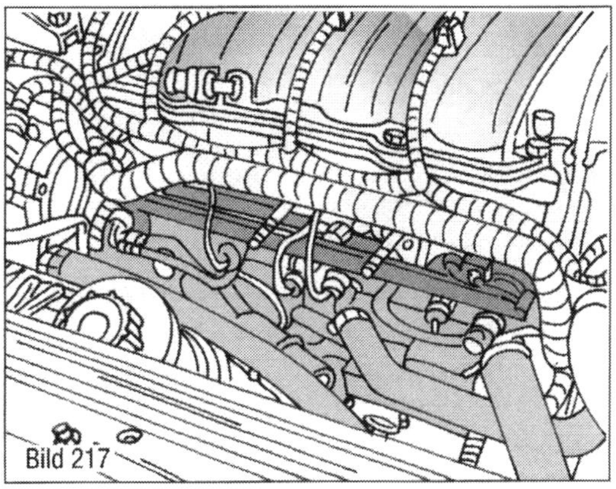

Bild 217
Das Kraftstoffverteilerrohr sitzt an der gezeigten Stelle an der Seite des Motors.

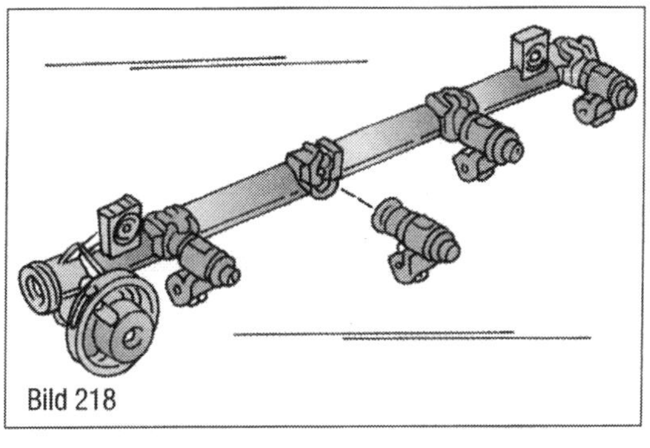

Bild 218
Ausgebautes Kraftstoffverteilerrohr. Die Einspritzventile werden an den gezeigten Stellen mit Clips gehalten. Links ist der Druckregler zu sehen.

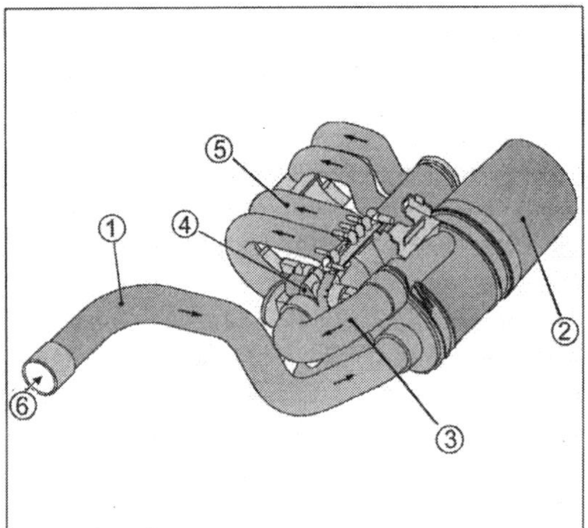

Bild 219

Bild 219
Luftfilter und Ansaugkrümmer beim 1.2-Liter-Motor mit 8 Ventilen. Die Pfeile weisen auf die Strömungsrichtung hin.
1 *Luftansaugrohr*
2 *Luftfilterkasten*
3 *Luftansaugrohr*
4 *Drosselklappenventil*
5 *Ansaugkrümmer (Ansaugsammelrohr)*
6 *Eintritt der Ansaugluft*

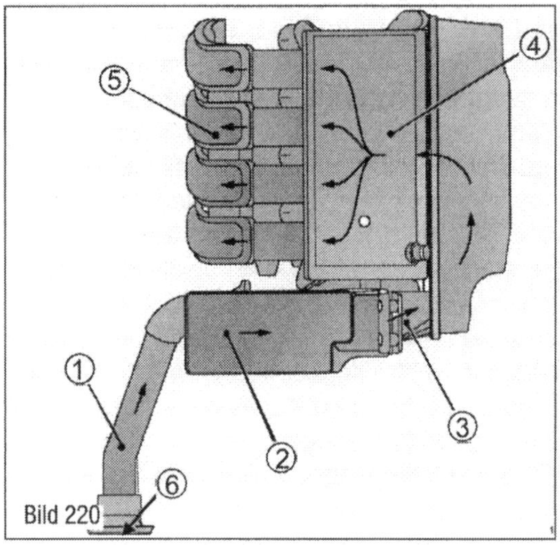

Bild 220

Bild 220
Luftströmungskreis beim 1.2-Liter-Motor mit 16 Ventilen (D4F). Die Pfeile weisen auf die Strömungsrichtung hin.
1 *Luftansaugrohr*
2 *Luftfilterkasten*
3 *Luftresonanzkasten*
4 *Drosselklappengehäuse*
5 *Ansaugkrümmer (Ansaugsammelrohr)*
6 *Eintritt der Ansaugluft*

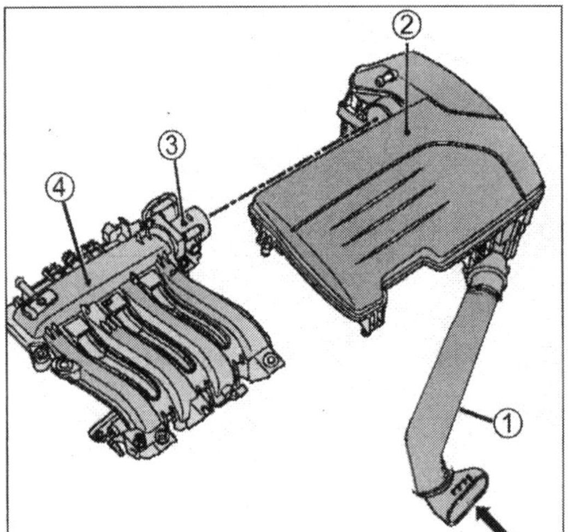

Bild 221

Bild 221
Luftfilter und Ansaugkrümmer beim 1.2-Liter-Motor mit 16 Ventilen (D4F).
1 *Luftansaugrohr*
2 *Luftfilterkasten*
3 *Drosselklappengehäuse*
4 *Ansaugkrümmer (Ansaugsammelrohr)*
5 *Eintritt der Ansaugluft*

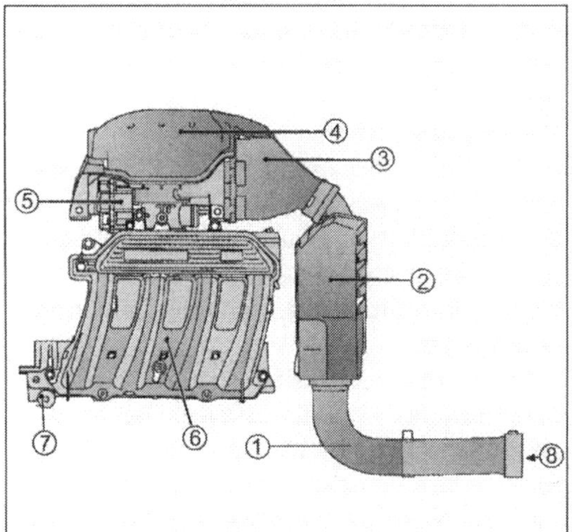

Bild 222

Bild 222
Luftfilter und Ansaugkrümmer beim 1.6-Liter-Motor mit 16 Ventilen (K4M).
1 *Luftansaugrohr*
2 *Luftresonanzkasten*
3 *Luftfiltergehäuse*
4 *Luftverteilerkasten*
5 *Drosselklappengehäuse*
6 *Ansaugkrümmer (Ansaugsammelrohr)*
7 *Scheibe für Einspritzventilhalterung*
8 *Eintritt der Ansaugluft*

Die Zusammensetzung des Luftfilters bei einem 1.4- und 1.6-Liter-Motor ist in Bild 223 gezeigt. Der Filter ist mit einem Luftresonanzkasten versehen, welcher die Aufnahme von bestimmten Druckwellen und die Verringerung des Ansauggeräuschs erlaubt. Zum Ausbau des Luftfilters sind einige Vorarbeiten zu treffen, ehe man an den Luftfilter heran kann.

- Massekabel der Batterie in der gewohnten Weise unter dem Sitz abklemmen.
- Den Unterdruckschlauch für den Bremskraftverstärker auf der Krümmerseite vom Anschluss abziehen.
- An der in Bild 224 gezeigten Stelle den Stecker (1) abziehen und den Schlauch (2) für die Kurbelgehäusebelüftung abschließen. Den Luftresonanzkasten ausbauen und die beiden Schrauben (3) der Luftfilterbefestigung lösen.
- Den Filter nach rechts schieben und zwischen der Windschutzscheibenöffnung, dem Motor und dem Bremskraftverstärker herausnehmen. Einige Versuche könnten erforderlich sein.
- Zum Ausbau des Luftfiltereinsatzes den Deckel abschrauben und den Filtereinsatz herausnehmen.

Lambda-Sonden

Zwei Lambda-Sonden sind eingebaut, welche nicht miteinander verwechselt werden können. Eine sitzt an der in Bild 225 gezeigten Stelle, die andere ist in den Katalysator an der in Bild 226 gezeigten Stelle eingeschraubt.
Beim Ausbau zuerst die Batterie abklemmen. Zum Ausbau der im Krümmer sitzenden Lambda-Sonde den Luftfilter ausbauen, den Kabelstecker abziehen und die Sonde ausschrauben. In der Werkstatt wird dazu ein Spezialschlüssel benutzt (Mot. 1495).
Zum Ausbau der im Katalysator sitzenden Lambda-Sonde die Abdeckung des Kabelsteckers entfernen, den Stecker abziehen und die Sonde mit einem Maulschlüssel ausschrauben.
Der Einbau findet in umgekehrter Reihenfolge statt. Beide Sonden mit 45 Nm anziehen.

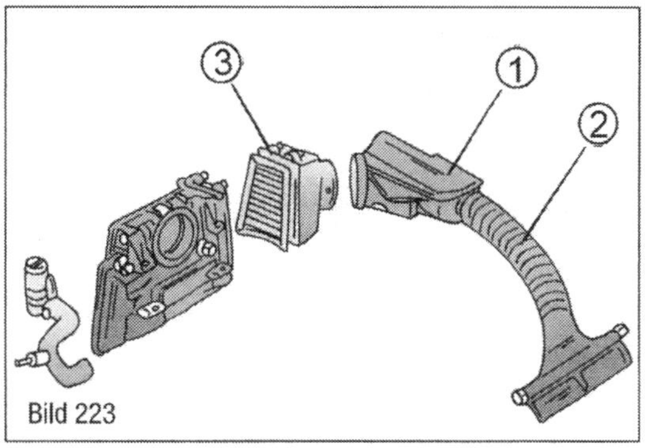

Bild 223

Bild 223
Die Luftfilteranlage beim 1.4- und 1.6-Liter-Motor. Der Resonanzkasten (1) ist zwischen dem Luftansaugschlauch (2) und dem Luftfiltergehäuse (3) eingesetzt.

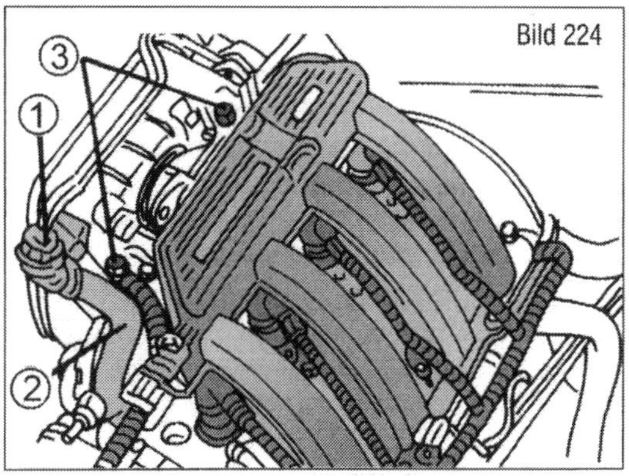

Bild 224

Bild 224
Einzelheiten zum Aus- und Einbau des Luftfilters.

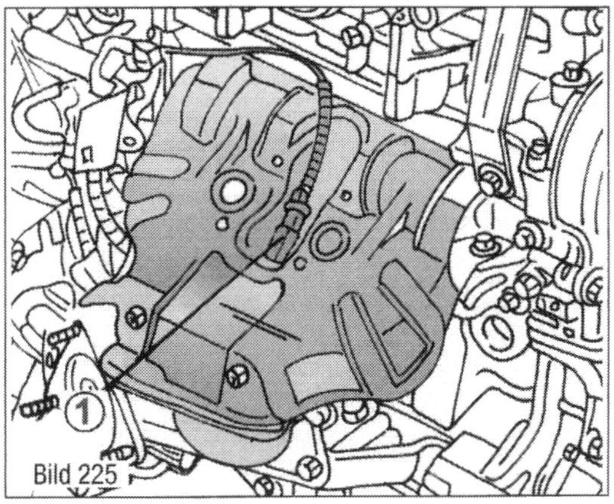

Bild 225

Bild 225
Eine der Lambda-Sonden sitzt in der Oberseite des Auspuffkrümmers (1).

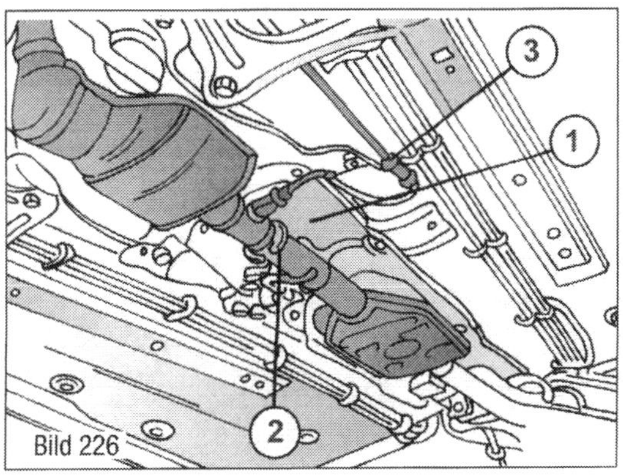

Bild 226

Bild 226
Eine der Lambda-Sonden sitzt im Katalysatorrohr. Das Fahrzeug muss zum Aus- und Einbau auf Böcken sitzen.
1 Wärmeschutzblech
2 Klemmschelle des Abgasrohres
3 Kabelstecker der Lambda-Sonde

6 Die Zündanlage

Kurze Beschreibung

Alle Motoren arbeiten mit einer so genannten statischen Zündanlage, d. h. kein Zündverteiler ist eingebaut. Die Anlage ist bei allen Motoren fast identisch, jedoch möchten wir kurz auf die Unterschiede eingehen:
Beim 1.4- und 1.6-Liter-Motor (»K«-Motor) und dem 2.0-Liter F4R-Motor werden vier Zündspulen eingebaut, welche direkt auf der Zündkerzen aufgesteckt sind und durch eine Schraube auf der Zylinderkopfhaube gehalten werden. Zündkerze und Zündspule sind in der in Bild 227 gezeigten Weise zusammengesetzt. Die vier Zündspulen sind in Serie gespeist, d. h. Zylinder Nr. 2 und 3 sowie Zylinder Nr. 1 und 4 werden von einer gemeinsamen Stromausgangsklemme am elektronischen Steuergerät gespeist.
Der 1.2-Liter-Motor mit 8 Ventilen (D7F) hat eine einzelne Zündspule, welche mit drei Schrauben befestigt ist.
Der 1.2-Liter-Motor mit 16 Ventilen (D4F) hat eine Zündspule. Bei diesem Motor kann man die Zündkerzenkabel nicht von der Zündspule trennen. Die Zündspule wird mit 4 Schrauben gehalten.
Das Steuergerät bestimmt anhand der von den verschiedenen Sensoren und Gebern erhaltenen Informationen und den Betriebsbedingungen des Motors (Motordrehzahl und Belastung) die Verstellung des Zündzeitpunkts. Es stellt ebenfalls fest, welcher Zylinder sich auf dem oberen Totpunkt im Zündzeitpunkt befindet und damit, welche Zündspulen Strom erhalten. Wie dies vor sich geht, wurde bereits kurz bei der Beschreibung der Einspritzanlage erwähnt.

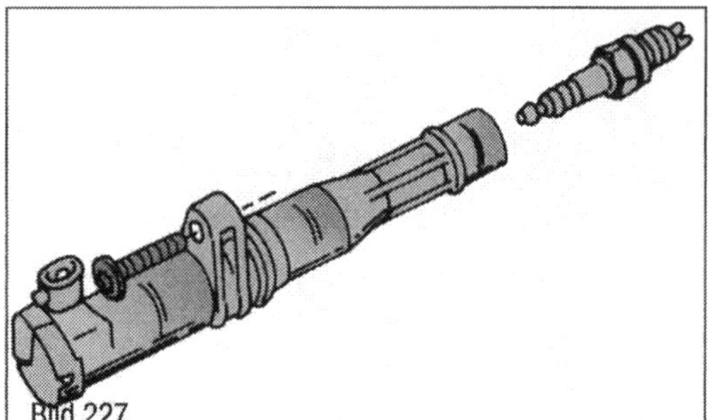
Bild 227

Bild 227 Zündspule und Zündkerze beim 1.6-Liter-Motor. Die Spule ist auf die Kerze aufgesteckt und wird mit der Schraube gehalten. Der Motor hat vier solche Spulen.

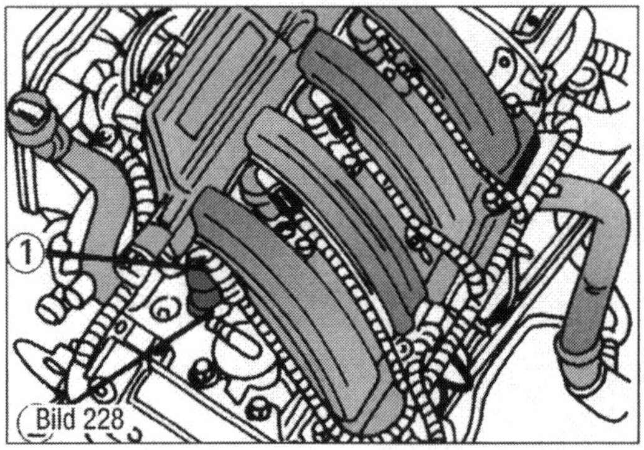

Bild 228

Bild 228 Ausbau von Zündspulen beim 1.4-/1.6-Liter-Motor. Die Zahlen werden im Text erwähnt.

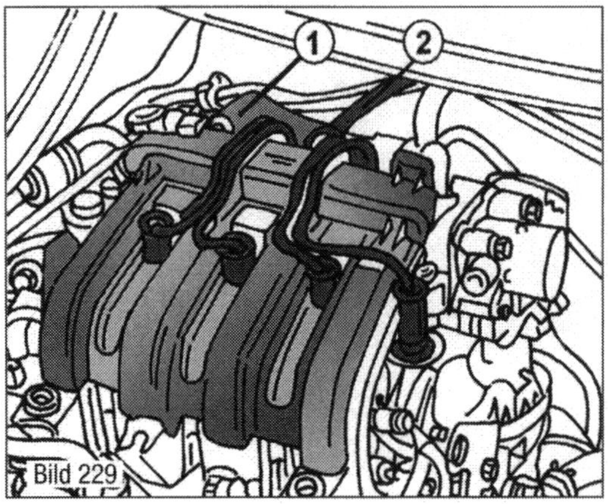

Bild 229

Bild 229 Ausbau von Zündspulen beim 1.2-Liter-Motor mit 16 Ventilen. Die Entlüftungsleitung (1) und Unterdruckleitung zum Bremskraftverstärker (2) müssen abgeschlossen werden.

Aus- und Einbau der Zündspule

Aus- und Einbau können ohne Schwierigkeiten durchgeführt werden:

■ **Beim K-Motor und dem 2.0-Liter-Motor** die Motorabdeckung abmontieren, die Batterie abklemmen und die Stecker von den Zündspulen abziehen. Die in Bild 227 gezeigte Schraube lösen und die Zündspule herausziehen. Der Einbau findet in umgekehrter Reihenfolge statt. Schraube mit 15 Nm anziehen. Bild 228 zeigt, wo man die Zündspulen finden kann. Stecker (1) abziehen und die Schrauben (2) lösen.

■ **Beim 1.2-Liter-Motor mit 8 Ventilen** die Batterie abklemmen, die Zündkerzenkabel abziehen und die Anschlussstecker von der Zündspule abziehen. Drei Schrauben der Zündspule herausdrehen und die Zündspule abnehmen. Der Einbau findet in umgekehrter Reihenfolge statt. Schrauben mit 15 Nm anziehen.

■ **Beim 1.2-Liter-Motor mit 16 Ventilen** die Batterie abklemmen und den Luftfilter ausbauen. Die Entlüftungsleitung (1) in Bild 229 abziehen, den Unterdruckschlauch (2) zum Bremskraftverstärker abschließen und den Stecker am Eingang der Leitung von der Zündspule abziehen. Die vier Schrauben der Spule entfernen und die Spule abnehmen. Der Einbau findet in umgekehrter Reihenfolge statt. Schrauben mit nur 7 Nm anziehen.

Zündzeitpunkteinstellung

Der Zündzeitpunkt kann nicht eingestellt werden. Die Kontrolle und auch die Grundeinstellung der Zündungscharakteristiken können nur unter Zuhilfenahme von Messgeräten durchgeführt werden und sind einer Werkstatt zu überlassen. Bei Störungen, welche man auf die Zündanlage zurückführen kann, können die folgenden Fehler vorliegen:

- Falls der Motor schlecht läuft, kann der Fehler im Positionsanzeiger, in der Zündspule und dem Steuergerät liegen.
- Läuft der Motor überhaupt nicht: Falls die Grundfunktionen der Zündanlage in Ordnung sind, muss man Fehler in der automatischen Zündverstellung vermuten. Die Ursachen dafür können in verschiedenen Abschnitten der Anlage liegen und nur die Werkstatt wird anhand des Fehleraufzeichnungsprogramms eine schnelle Abhilfe ermöglichen.

Vorsichtsmaßnahmen bei Arbeiten an der Anlage

Arbeiten an Zündanlage und der damit verbundenen Einspritzanlage sollten einer Werkstatt überlassen werden, um die empfindlichen und gleichzeitig kostspieligen Teile nicht kurzzuschließen, zu beschädigen oder auf andere Weise funktionsunfähig zu machen. Die in der Zündanlage entwickelte Hochspannung ist lebensgefährlich. Aus diesem Grund sind die folgenden Vorsichtsmaßnahmen durchzulesen, ehe man irgendwelche Arbeiten, gleich welcher Art, an der Zündanlage durchführt.

Personen mit Herzschrittmacher dürfen unter keinen Umständen an der Zündanlage arbeiten.

- Keine Kabel der Zündanlage abziehen, während der Motor läuft. Dies gilt ebenfalls, wenn der Motor mit dem Anlasser durchgedreht wird.
- Arbeiten an der Zündanlage – z. B. Kabel ab- und anschließen – nur durchführen, wenn der Motor stillsteht und die Zündung ausgeschaltet ist.
- Alle Messgeräte nur bei stillstehendem Motor und ausgeschalteter Zündung an- und abschließen.
- Keine Prüflampen an der Klemme der Zündspule anklemmen.
- Motor nicht mit dem Anlasser durchdrehen, falls nicht alle Teile der Zündung angeschlossen sind.
- Beim Durchdrehen des Motors mit dem Anlasser oder bei laufendem Motor keine Prüfungen vornehmen, bei welchen irgendwelche Kabel gegen Masse gehalten werden, wie man dies bei anderen Motoren früher einmal durchgeführt hat. Ebenfalls die Enden von Kerzenkabeln unter diesen Umständen nicht gegen Masse halten.

Die Zündanlage kann eine Spannung von bis zu 32 Kilo-Volt erzeugen – Lebensgefahr.

Zündkerzen

Die Zündkerzen haben einen Gewindedurchmesser von 14 mm. Vom Hersteller werden bestimmte Kerzen empfohlen, welche immer verwendet werden sollten, um den einwandfreien Betrieb des Motors zu gewährleisten:

- **Beim 1.2-Liter-Motor** werden Eyquem RCF 50 LZ 2E-Kerzen (8 Ventile) bzw. Champion REA 8 MCL-Kerzen (16 Ventile) eingebaut.
- **Beim 1.4- und 1.6-Liter-Motor** werden Bosch RFC 50LZ2E-Kerzen eingebaut.
- **Beim 2.0-Liter-Motor** werden Bosch FR7 LDC-Kerzen eingebaut.

Kerzen werden oftmals ohne vorherige Bekanntgabe geändert. Falls die Kerzen erneuert werden, sollte man immer den Empfehlungen des Lieferanten folgen. Ihre Ersatzteilbezugsquelle ist in der Lage Ihnen

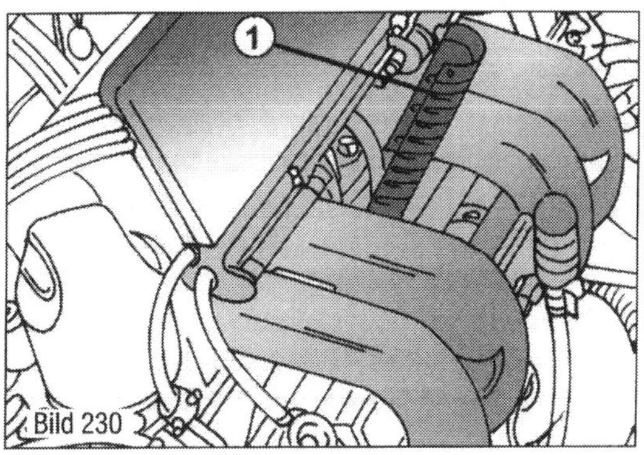

Bild 230
Der Spezialabzieher (1) für die Hochspannungskabel der Kerzen wird in der gezeigten Weise benutzt.

anhand der letzten Verzeichnisse die richtigen Kerzen zu verkaufen. Es könnte gut sein, dass Sie beim Kauf neuer Kerzen von Renault hergestellte erhalten. Der Elektrodenabstand der Kerzen wird auf 0,9 mm eingestellt, kann aber bei bestimmten Kerzen nicht verstellt werden. Das Anzugsdrehmoment beträgt 25 bis 30 Nm.
Auch beim Ausbau von Zündkerzen müssen alle bereits angegebenen Vorsichtsmaßnahmen beachtet werden. Die Batterie auf jeden Fall abklemmen. Zündung ausschalten. Beim 1.2-Liter-Motor (alle) wird ein Spezialwerkzeug in der in Bild 230 gezeigten Weise zum Abziehen der Kerzenkabelstecker benutzt. Ebenfalls die Zündkerzenkabel abziehen. Zusätzlich beim 16-Ventiler die Clips des Luftfilterdeckels vom Drosselklappengehäuse lösen, die Entlüftungsleitung des Motors abschließen und den Luftfilter abheben und nach rechts verschieben. Bei den anderen Motoren die Zündspule(n) ausbauen, ehe die Kerzen ausgeschraubt werden. Vor dem Ausschrauben der Kerzen kontrollieren, ob sich keine Fremdkörper in den Kerzenaufnahmevertiefungen befinden. Eine beim Ausschrauben der Kerze in die Kerzenbohrung fallende Scheibe, Schraube, ein Stein oder Ähnliches kann Ventile, Ventilsitze oder den Zylinderkopf beim ersten Lauf des Motors zerstören.
Auf die Zündfolge 1-3-4-2 achten, wenn die Zündkerzenkabel aufgesteckt werden. Kerzen mit 25 – 30 Nm anziehen.
Zündkerzen sollten entsprechend den gültigen Wartungsanweisungen erneuert werden. Aus dem Kerzengesicht lassen sich Schlüsse auf Eignung und einwandfreies Arbeiten der Kerzen, die Einstellung der Einspritzanlage, den Gemischzustand und den Zustand des Motors (Kolben, Kolbenringe, etc.) ziehen. Der folgende Text gibt einige typische Fehleranzeigen der Kerzengesichter, aus welchen die entsprechenden Schlüsse zu ziehen sind:

Kerzen einwandfrei
Isolatorfuß mit schwachem, graugelben bis braunen, meist pulverförmigen Niederschlag bedeckt. Die Elektroden weisen, abgesehen von der Abbrandfläche, graugelben bis braunen pulverförmigen Belag auf. Das Gehäuseinnere hat hellbraunen oder gelblichen bis schwarzbraunen Belag. Der Motor ist in Ordnung. Der Wärmewert der Kerze ist richtig gewählt.

Kerze verrußt
Isolatorfuß, Elektroden und Gehäuseinneres mit meist dickerem, pulvrigen, schwarzgrauen, samtartigen Belag bedeckt. Die Ursache dafür liegt an zu fettem Gemisch, zu wenig Luft, zu großer Elektrodenabstand, Kerze hat zu hohen Wärmewert und bleibt im Betrieb zu kalt.

Kerze verölt
Isolatorfuß, Elektroden und Kerzengehäuse mit fettem, ölglänzendem Ruß bedeckt. Ölkohlebildung. Die Ursache dafür kann im Eindringen von Motoröl in den Verbrennungsraum oder an verschlissenen Zylindern und Kolben liegen.

Kerze überhitzt
Isolatorfuß mit dunkelbraunem bis grauschwarzem, glasigem oder rauem festgebackenen Niederschlag bedeckt, meist starke Krusten und Perlenbildung am Isolatorfußende. Elektroden, besonders Mittelelektrode, angegriffen. Oberfläche meist aufgeraut, aufgequollen oder zerfressen.
Als Ursache kann man ein zu mageres Gemisch, eine lose Kerze, schlecht schließende Ventile oder eine Kerze mit zu niedrigem Wärmewert verantwortlich machen, die dadurch zu heiß wird. Ablagerungen zwischen dem Porzellanisolator der mittleren Elektrode und dem Kerzengehäuse sind möglichst durch Sandstrahl des Kerzenprüfgeräts zu reinigen. Beim Einschrauben der Kerzen ist unbedingt darauf zu achten, dass das Kerzengewinde vorher gründlich gereinigt wird. Es soll nochmals erwähnt werden, dass man nur den Schlüssel aus dem Fahrzeug verwendet.

Störungen in der Zündanlage

Kompliziert sieht sie aus, und manch einer wird sich fragen, ob hier die Störungssuche in Eigenregie durchgeführt werden kann. Versuchen kann man es nach folgendem System, wenn man sich in einer Notlage befindet:

- Zuerst die Sichtprüfung. Da fallen einfach zu behebende Fehler sofort auf.
- Die anschließende Funktionsprüfung zeigt, ob die Zündanlage einen Zündfunken zustande bringt.
- Als Nächstes wird die Spannungsversorgung des Steuergeräts geprüft.

■ War bis zu diesem Punkt kein Fehler zu finden (was recht unwahrscheinlich ist), kann es eigentlich nur noch am Steuergerät selbst oder an den Gebern liegen. Das Steuergerät ist voll diagnosefähig, d. h. die Renault-Werkstatt kann mit dem Service-Tester genau feststellen, wo der Defekt sitzt.

Sichtprüfung der Zündanlage

■ Sitzen alle Kabelanschlüsse und Steckkontakte an den Zündspulen fest?

■ Ist im Mehrfachstecker am Steuergerät der Einspritz/Zündanlage eventuell ein einzelner Steckkontakt zurückgerutscht?

■ Sind alle Teile der Zündanlage sauber und trocken? Feuchter Schmutz begünstigt Spannungsüberschläge.

7 Die Kupplung

Allgemeines über die Kupplung

Bei Fahrzeugen mit mechanischem Getriebe ist die Kupplung die Trennstelle zwischen dem Motor als Kraftquelle und den weiteren Teilen des Fahrzeugantriebes. Beim Anfahren verbindet die Kupplung sanft den drehenden Motor mit den noch stehenden Teilen der Kraft-Übertragung. So werden die Zahnräder und Gelenke vor übermäßigem Verschleiß verschont. Die Mitnehmerscheibe ist mit einem asbestfreien Belag versehen. Der Kupplungsdurchmesser und die Anpresskraft der Mitnehmerscheibe sind von der Motorleistung abhängig. Es sind unterschiedliche Kupplungen eingebaut, d. h. man bestellt Neuteile anhand des Motortyps und der Motornummer. Alle 1.2-Liter-Motoren haben die gleiche Kupplung und den gleichen Kupplungsdurchmesser (181,5 mm). Beim 1.4-Liter-Motor (K4J) und 1.6-Liter-Motor (K4M) wird eine Kupplung mit einem Durchmesser von 200,0 mm eingebaut. 215 mm beträgt der Kupplungsdurchmesser beim 2,0-Liter-Motor (F4R).
Bild 231 zeigt eine Ansicht der Kupplung sowie der Mitnehmerscheibe. Obwohl der Kupplungskörper (links) bei allen eingebauten Motoren ähnlich aussieht, möchten wir Ihnen anhand der Abbildung die wichtigen Merkmale der Mitnehmerscheibe näher erklären. Falls eine neue Kupplung eingebaut werden soll, können Sie sich anhand der Angaben überzeugen, dass die richtige Mitnehmerscheibe erhalten wurde.
Die Mitnehmerscheibe ist mit sechs farbigen Torsionsfedern (oder vier, siehe unten) versehen. Zu beachten:

- Beim 1.2-Liter-Motor (8 und 16 Ventile) sind sechs silberfarbige Federn eingebaut. Die Stärke der Mitnehmerscheibe (4) beträgt 6,7 mm. Der Durchmesser (181,5 mm) wird zwischen den Pfeilen gemessen. Die Kupplung beträgt die Bezeichnung 180 CP 3300.
- Beim 1.4-Liter-Motor (KJ4) und 1.6-Liter-Motor (K4M) sind zwei Federn (1) blaugrau, zwei Federn (2) lila-blau und zwei Federn (3) grün. Die Stärke der Kupplungsscheibe (4) beträgt 6,8 mm, der Durchmesser 200 mm. Der Kupplungskörper wird unter der Bezeichnung 200 CPO 3500 geführt.
- Beim 2.0-Liter-Motor (F4R) werden vier Federn in der Mitnehmerscheibe verwendet, die alle die gleiche Farbe haben. Die Stärke der Kupplungsscheibe beträgt 6,8 mm, der Durchmesser 215 mm. Die Kupplung wird unter der Bezeichnung 215 CPON 4600 geführt.

Die Kupplung in der Clio-Baureihe besteht aus den folgenden Bauteilen:
Zur Kupplungsbetätigung zählen: Kupplungspedal, Kupplungsseil, Ausrückhebel und Ausrücklager. Es folgt in der Getriebeglocke die eigentliche Kupplung. Sie besteht aus der Druckplatte, der Mitnehmerscheibe und einer Anlagefläche an der Schwungscheibe.
Beim Betätigen der Kupplung geschieht Folgendes:
Durch den Tritt auf das Kupplungspedal wird der Ausrückhebel gezogen. Daran ist das Ausrücklager befestigt, welches mit großer Kraft in Richtung Druckplatte bewegt wird. Dort drückt es gegen die Spitzen der Tellerfeder und übernimmt deren Anpresskraft. Die ringförmigen Reibflächen der Druckplatte werden so entlastet. Die Mitnehmerscheibe kann im Raum zwischen den Reibflächen von Druckplatte und Schwungscheibe frei drehen – es ist ausge-

Bild 231
Ansicht des Kupplungskörpers (links) und der Mitnehmerscheibe. Auf die Zahlen wird im Text eingegangen.

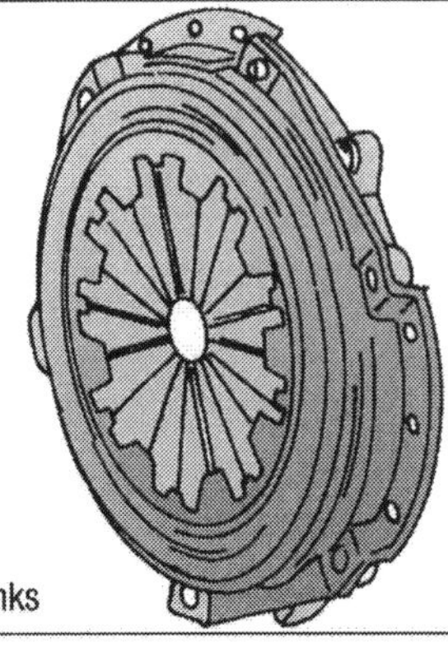

Bild 231 links

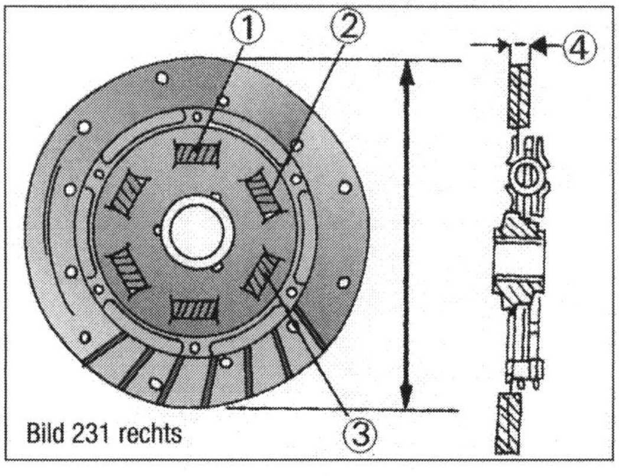

Bild 231 rechts

kuppelt. Wird das Kupplungspedal wieder entlastet, schließt die Tellerfeder den Zwischenraum wieder und klemmt die Mitnehmerscheibe ein.
Um die Einstellung des Kupplungsseils braucht man sich nicht zu kümmern, da diese automatisch stattfindet.

Störungen an der Kupplung

Rutschende Kupplung
Eine durchrutschende Kupplung bemerkt man erst beim Fahren im höchsten Gang (wobei die vom Motor geforderte Leistung am größten ist), wenn bei Belastung der Motor »durchdreht«, also auffallend schneller dreht, als es der Fahrgeschwindigkeit entspricht. Beim Anfahren fällt das Nachlassen der Kupplung weniger auf. Folgeschäden können sein, dass neben der Mitnehmerscheibe auch die Reibfläche von Druckplatte und Schwungrad stark verschlissen werden. Meist muss dann beim Austausch der Mitnehmerscheibe noch eine neue Druckplatte montiert werden.
Eine tadellose Kupplung übersteht folgende Gewaltprüfung: Handbremse anziehen, 3. Gang einlegen, langsam einkuppeln und Gas geben. Jetzt müsste (bei einwandfreier Handbremse) der Motor abgewürgt werden.

Schlechtes Ausrücken der Kupplung
Wird der Schaltvorgang durch kratzende oder krachende Geräusche begleitet, so trennt die Kupplung nicht mehr richtig. Als Erstes kontrollieren, ob sich eingelegte Fußmatten nicht verschoben haben.

Wenn Sie sich beim Herunterschalten verschalten, z. B. vom 5. Gang in den 2. Gang schalten, erhöht sich die Drehzahl der Kupplungsscheibe weit über die Motordrehzahl. Dabei braucht z. B. der 2. Gang noch gar nicht ganz eingelegt zu sein. Schon über die Synchronringe kann die Drehzahlerhöhung erfolgen. Infolge der extremen Drehzahlen ist es möglich, dass der Kupplungsbelag reißt und sich Teile übereinander schieben. Dadurch wird die Kupplungsscheibe unzulässig dick. Sie können dann das Kupplungspedal ganz durchtreten, ohne dass die Kupplung ausreichend trennt.

Rupfende Kupplung
Bei rupfender Kupplung setzt sich der Wagen gewissermaßen stotternd in Bewegung. Die Übertragung der Motordrehzahl auf die Antriebsräder erfolgt nicht gleichmäßig weich. Für diesen Effekt können unterschiedliche Ursachen verantwortlich sein:
- Motor- oder Getriebeaufhängung ist defekt oder hat sich gelockert. Der Antriebsblock (Motor und Getriebe) gerät beim Einkuppeln ins Schwingen.
- Der Kupplungsbelag auf der Mitnehmerscheibe ist verbrannt und verhärtet. Meist die Folge übermäßiger Belastung.
- Die Druckplatte hat sich verzogen oder weist an ihrer Reibfläche wenige Verwerfungen in geringer Höhe auf.
- Das Schwungrad hat auf seiner Reibfläche wellige Unebenheiten.

Die Erneuerung der Kupplung bedingt den Ausbau des Motors oder des Getriebes (ziemlich umfangreiche Arbeit). Systematisch müssen der Kupplungskörper, die Mitnehmerscheibe und das Ausrücklager ersetzt werden. Die Erneuerung des Kupplungsseils bedeutet den Ausbau des Kupplungspedals.

Kupplung ausbauen

Wichtiger Hinweis: Druckplatte und Tellerfeder können nicht zerlegt werden und sind bei Beschädigung zusammen zu erneuern. Kupplungen und Mitnehmerscheiben werden manchmal abgeändert, um bestimmte Eigenschaften weiterhin zu verbessern. Deshalb beim Einbau eines neuen Kupplungskörpers oder einer Mitnehmerscheibe immer die Fahrgestellnummer und auch die Motornummer angeben.

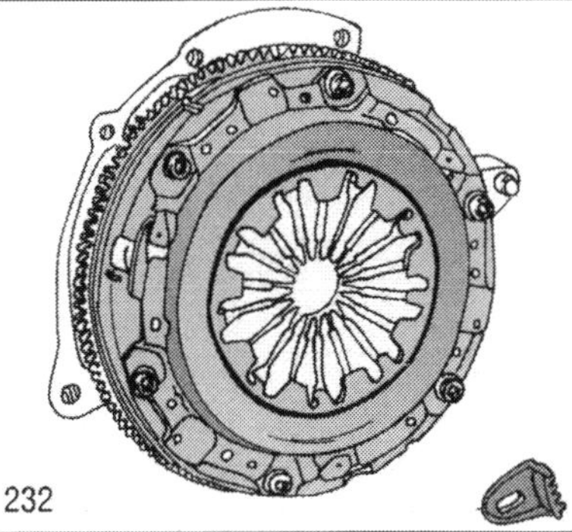
Bild 232

Bild 232
Unten rechts ist die »Schwungradbremse« gezeigt, die man in die Zähne des Schwungradzahnkranzes einsetzen kann.

Bild 233

Bild 233
Ausmessen einer Mitnehmerscheibe auf Schlag.

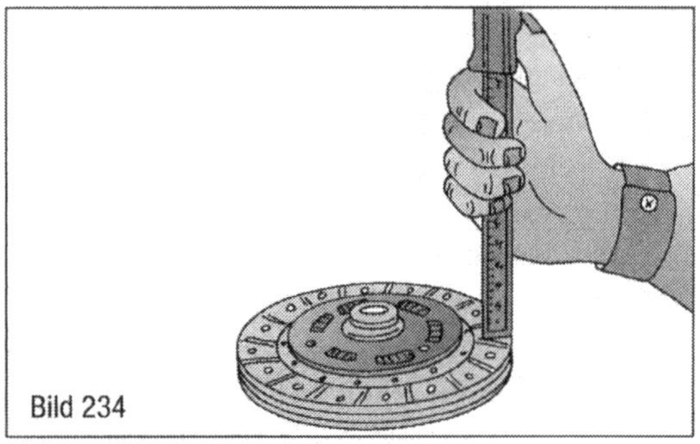
Bild 234

Bild 234
Ausmessen der Stärke des verbleibenden Belags auf der Mitnehmerscheibe.

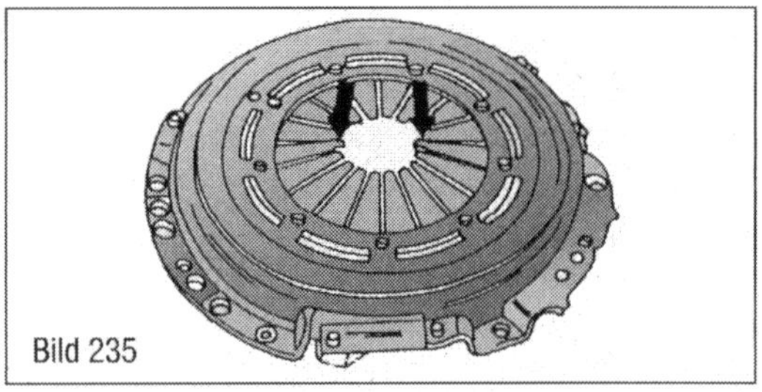
Bild 235

Bild 235
Die Finger der Tellerfeder unterliegen dem Verschleiß. Sie müssen alle auf der gleichen Höhe liegen.

Bild 236

Bild 236
Kontrolle der Kupplungsdruckscheibe auf Verzug an der Innenseite.

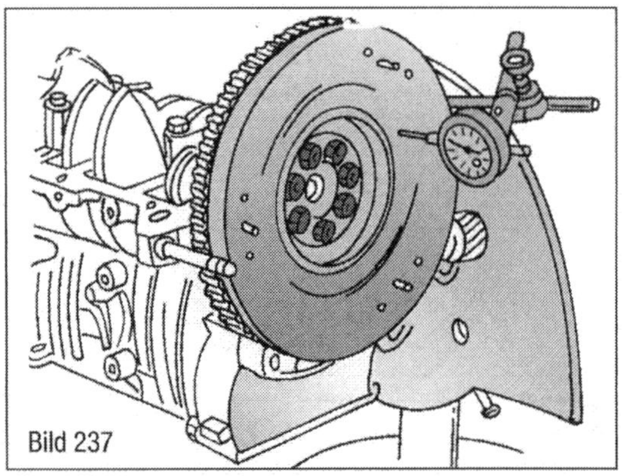
Bild 237

Bild 237
Ausmessen des Schwungrades auf Schlag.

Die Kupplung kann ohne Ausbau des Motors aus dem Fahrzeug ausgebaut werden. Bei allen Motoren geschieht der Ausbau in gleicher Weise.

■ Getriebe ausbauen.

■ Einbaulage der Kupplung im Verhältnis zum Schwungrad kennzeichnen. Dazu verwendet man einen Körner, mit welchem man in das Schwungrad und die Kupplung schlägt.

■ Die sechs Schrauben der Kupplung gleichmäßig über Kreuz lösen, bis der Federdruck entlastet ist. Danach die Schrauben der Reihe nach herausdrehen. Das Schwungrad muss dabei gegengehalten werden. Dazu entweder einen kräftigen Schraubendreher in die Zähne des Schwungradzahnkranzes einsetzen oder eine »Schwungradbremse« benutzen. Diese hat die in Bild 232 gezeigte Form und wird am Zylinderblock angeschraubt, sodass die Zähne in den Zahnkranz am Schwungrad eingreifen.

■ Die Kupplung abnehmen und die Mitnehmerscheibe herausnehmen. Mit einem Lappen sofort die Innenseite des Schwungrades auswischen und die Reibfläche des Schwungrades überprüfen. Falls die Mitnehmerscheibe bis auf die Nietenköpfe abgenutzt ist, könnte es sein, dass sich die Niete in die Schwungradfläche oder die Fläche der Kupplungsdruckplatte eingearbeitet haben.

Falls der Motor oder das Getriebe ausgebaut werden müssen, sollte die Kupplung immer abgeschraubt werden, sodass man die Teile kontrollieren kann.

Reparatur der Kupplung

■ Druckplatte und Deckel auf Beschädigung oder Verzug kontrollieren. Bei Schäden beide Teile im Satz erneuern.

■ Kontrollieren, ob die Federn der Mitnehmerscheibe noch einwandfrei sind und dass die Keilverzahnungen der Scheibe nicht übermäßig ausgeschlagen sind. Da verölte Kupplungsbeläge nicht gereinigt werden können, ist die Mitnehmerscheibe in derartigen Fällen zu erneuern. Aufnieten von neuen Belägen wird nicht länger durchgeführt.

Die Kupplungsbeläge auf Wiederverwendbarkeit kontrollieren, indem man mit einer Tiefenlehre von der Oberfläche der

Beläge bis auf die Oberseite der Nietenköpfe ausmisst. Falls das Maß weniger als 0,30 mm beträgt, muss die Scheibe erneuert werden. Die Scheibe ebenfalls erneuern, falls das Maß bald erreicht ist. Ebenfalls die Stärke der Scheibe ausmessen. Falls diese sehr unter den angegebenen Maßen liegt, wird es Zeit die Kupplungsscheibe zu ersetzen.

Um die Mitnehmerscheibe auf Schlag zu kontrollieren, spannt man sie auf einem passenden Dorn oder einer Kupplungswelle zwischen die Spitzen einer Drehbank. Eine Messuhr mit einem geeigneten Halter neben der Scheibe so aufsetzen, dass der Messfinger gegen den Rand der Scheibe anliegt und zwar an der Außenkante der Scheibe (Bild 233). Die Scheibe langsam durchdrehen und die Anzeige der Messuhr ablesen. Falls die Anzeige größer als 0,5 mm ist, kann man die Scheibe vorsichtig mit einer Zange richten. Anderenfalls die Scheibe erneuern.

- Die Scheiben entsprechend Bild 234 ausmessen. Falls das ermittelte Maß mehr als 0,30 mm beträgt, muss die Scheibe erneuert werden.
- Die Gleitpassung der Mitnehmerscheibennabe auf den Keilverzahnungen der Kupplungswelle kontrollieren. Dazu die Scheibe aufstecken und an der Außenkante zwischen Daumen und Zeigefinger erfassen. Die Scheibe im Drehsinn hin- und herbewegen. Falls ein Spiel von mehr als 0,4 mm festgestellt werden kann, liegt Verschleiß in den Keilverzahnungen vor. Die Ursache dafür ist meistens bei der Mitnehmerscheibe zu finden.

Die inneren Enden der Tellerfeder an den in Bild 235 gezeigten Stellen auf Abnutzung hin kontrollieren. Falls tiefe Einlaufstellen festgestellt werden (mehr als 0,3 mm), muss man die komplette Kupplung erneuern. Die Finger der Tellerfeder müssen alle auf der gleichen Höhe liegen. Falls dies nicht der Fall ist, kann man sie mit einer Zange nachbiegen. Man kann auch einen Stahlstreifen mit einem Schlitz versehen und die Enden biegen.

Ein Messlineal über die Reibfläche der Druckplatte auflegen, wie es in Bild 236 gezeigt ist, und mit Fühlerlehren den Spalt ausmessen. Falls der Spalt innen mehr als 0,3 mm beträgt, muss die Kupplung erneuert werden.

- Schlag des Schwungrades unter Bezug auf Bild 237 ausmessen (wenn eine Messuhr zur Verfügung steht). Beträgt der Schlag mehr als 0,10 mm, muss man die Ursache dafür feststellen.
- Falls man das Schwungrad ausbauen muss, dürfen die Schrauben nicht wieder verwenden. Beim Anschrauben die Schwungradfläche und Fläche an der Kurbelwelle gut reinigen. Die Schrauben mit 20 Nm anziehen und aus der Endstellung im Winkelanzug mit 60° nachziehen. Das Anziehen muss über Kreuz erfolgen.

Einbau der Kupplung

Der Einbau der Kupplung geschieht in umgekehrter Reihenfolge wie der Ausbau. Die Kupplung entsprechend der Körnerkennzeichnung am Schwungrad ansetzen, falls die ursprüngliche Kupplung wieder eingebaut wird. Die Mitnehmerscheibe ist unter Verwendung des Spezialzentrierdorns für das eingebaute Getriebe oder einer alten Kupplungswelle in der Innenseite des Schwungrades auszurichten, indem man den Dorn durch die Nabe der Mitnehmerscheibe und das Ende des Führungslagers einschiebt. Die angeschraubte Kupplung muss dann wie in Bild 238 gezeigt aussehen. Die Schrauben gleichmäßig über Kreuz auf ein Anzugsdrehmoment von 20 Nm anziehen, wenn die Kupplung einen Durchmesser von 160 oder 180 mm hat oder auf 23 Nm, wenn der Durchmesser der Kupplung 215 mm beträgt. Das Getriebe abschließend wieder einbauen.

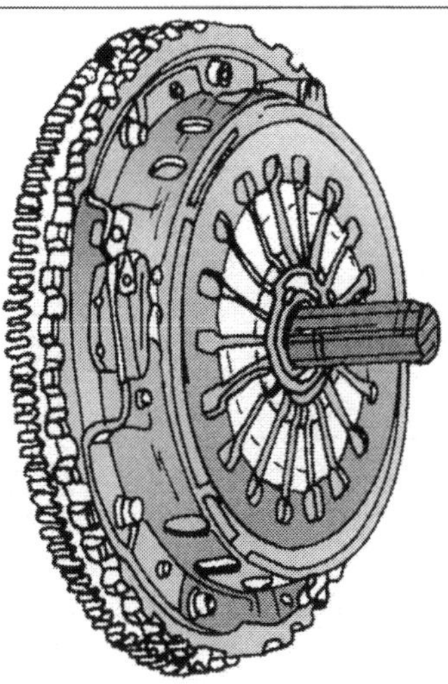

Bild 238

Bild 238
Den Zentrierdorn in der gezeigten Weise in die Mitnehmerscheibe einsetzen, wenn die Schrauben der Kupplung angezogen werden. Beim Anschrauben den Dorn gelegentlich hineinschieben und wieder herausziehen. Er darf sich nicht festklemmen.

Kupplungsausrückung

Das Kupplungsausrücklager kann bei ausgebautem Getriebe aus- und eingebaut werden. Dazu die Ausrückgabel ankippen und das Ausrücklager von der Gabel abnehmen. Bild 239 zeigt, wie das Ausrücklager mit dem Clip an der Ausrückgabel befestigt ist.
Die Führungsmuffe für das Ausrücklager und die Finger der Gabel mit Graphitfett einschmieren, jedoch nicht zu viel auftragen. Das Ausrücklager über die Muffe schieben und die Spange (1) in Bild 239 über die Gabel schnappen, wie es im Bild gezeigt ist.
Das Getriebe muss ebenfalls ausgebaut werden um die Ausrückgabel zu erneuern. Dazu die Gummiabdeckung abziehen und die Gabel nach der Innenseite des Getriebes schieben. Auf die genaue Einbaulage der Gabel achten und diese herausheben. Die Gabel in die ursprüngliche Lage einsetzen, d. h. man setzt sie in der in Bild 240 gezeigten Weise in das Ausrücklager ein.

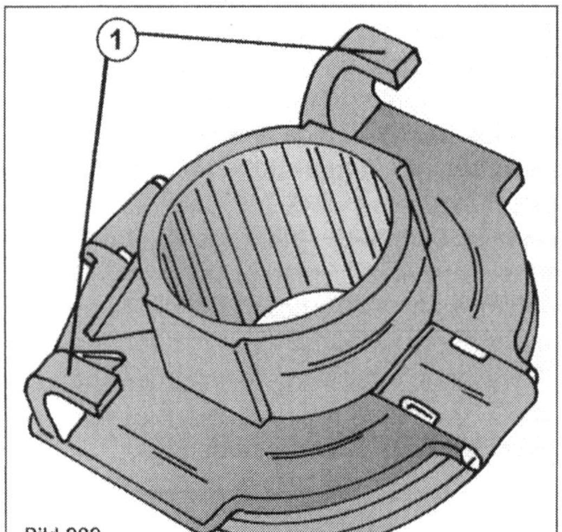

Bild 239

Bild 239
Die Sicherungsclips (1) in der gezeigten Weise in das Ausrücklager einschieben.

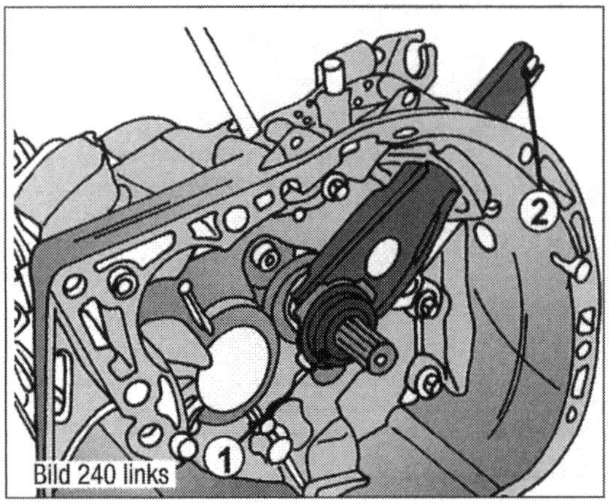

Bild 240 links

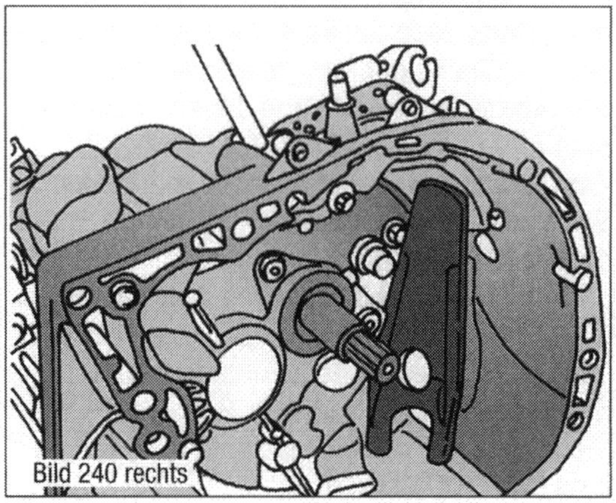

Bild 240 rechts

Bild 240
Das Ausrücklager der Kupplung (1) wie in der linken Ansicht gezeigt nach Ankippen der Ausrückgabel (2) in Pfeilrichtung herausnehmen. Die rechte Ansicht zeigt, wie die Kupplungsausrückgabel von innen eingesetzt und in Eingriff mit dem Ausrücklager gebracht wird.

☞ Bei Arbeiten, welche den Ausbau des Getriebes nicht erfordern, oder nach dem Einbau des Getriebes darf man den Ausrückhebel nicht anheben, da er dabei unbemerkt aus dem Eingriff mit dem Ausrücklager kommen könnte.

Kontrolle des Lagers: Um das Ausrücklager im ausgebauten Zustand zu kontrollieren, den Anpressring mit den Fingern durchdrehen. Dabei darf kein rauer oder hakender Lauf festgestellt werden. Das Lager sollte sich geschmeidig durchdrehen lassen.

Kupplungspedalspiel

Die Einstellung des Freispiels am Kupplungspedal wird automatisch hergestellt. Der Mechanismus arbeitet folgendermaßen:

- Feder (3) in Bild 241 übt einen ständigen Zug auf das Zahnsegment (2) aus. Das Kupplungsseil ist immer unter Spannung, d. h. das Ausrücklager ist ständig in Kontakt mit der Kupplungstellerfeder.
- Wenn das Kupplungspedal durchgetreten wird, greift der Nocken (1) in die Zähne des Segments ein, um dieses am Drehen zu hindern, sodass das Seil wieder stramm gezogen wird.
- Falls die Kupplung oder das Kupplungsseil ausgebaut wurde, das Pedal nach dem Einbau einige Male durchtreten, damit die Einstellung in die Grundstellung zurückgebracht wird.

Das Spiel kann man am Seilende kontrollieren, wie es im nächsten Kapitel beschrieben ist, falls man Zweifel über die Einstellung und die Arbeitsweise der Kupplung hat.

Erneuerung des Kupplungsseils

Bild 242 zeigt die Befestigung des Kupplungsseils am Kupplungspedalende und am Getriebe. Das Seil ist an der Oberseite in das in Bild 241 gezeigte Segment eingehängt. Beim Ausbau folgendermaßen vorgehen:

- Batterie abklemmen.
- Je nach Ausführung den Luftfilterkasten ausbauen (falls er den Zugang versperrt).
- Das Kupplungsseil am Gabelende aushängen. Dazu das Kupplungspedal durchtreten und am Seil ziehen. Das Seil am Nocken (1) in Bild 241 mit einer Hand halten und das Kupplungspedal zurücklassen. Das Seilende klinkt dabei aus dem Zahnsegment (2) aus.
- In der Innenseite des Fahrerraums die Mutter der Pedalachse abschrauben und die Achse weit genug herausziehen, um das Kupplungspedal abzunehmen.
- Die Seilhülle durch die Öffnung im Wagenboden schieben/ziehen (mit einem Schraubendreher nachhelfen) und von der Motorraumseite aus vollkommen herausziehen.
- Neues Seil von der Motorraumseite aus in das Innere des Fahrzeuges einführen, über den Nocken (1) in Bild 241 anbringen und in das Ende des Zahnsegments (2) einhängen, wie es im Bild gezeigt ist.
- Kupplungspedal wieder montieren.
- Das andere Ende des Seils an der Ausrückgabel anschließen.
- Das Kupplungspedal durchtreten, um die Seilhülle in das Loch im Wagenboden zu ziehen.
- Kupplungspedal einige Male betätigen, um die automatische Nachstellung in Gang zu setzen. Zur Kontrolle der einwandfreien Einstellung, den Ausrückhebel mit dem angeschlossenen Seil in der in Bild 243 gezeigten Weise am Ende erfassen und hin- und herbewegen. Ein Freispiel (Maß X) von 27,4 - 30,7 mm sollte dabei festgestellt werden. Dies sind die offiziellen Werte. Beim Erhalt von 27,5 bis 30,5 kann man ebenfalls zufrieden sein.
- Kontrollieren, ob die Kupplung einwandfrei aus- und einrückt. Dazu den Motor anlassen, das Kupplungspedal durchtreten und den Rückwärtsgang einschalten. Geräusche vom Getriebe weisen auf schlechte Ausrückung hin. Die Einzelteile der Kupplung sind in Bild 244 gezeigt.

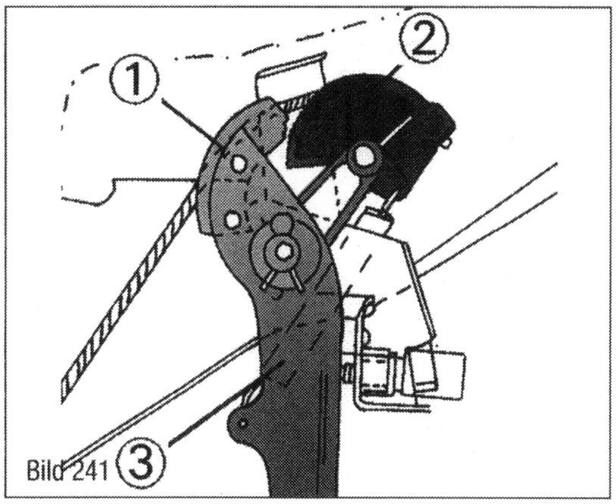

Bild 241
Der Selbstnachstellmechanismus der Kupplung. Auf die Zahlen wird im Text verwiesen.

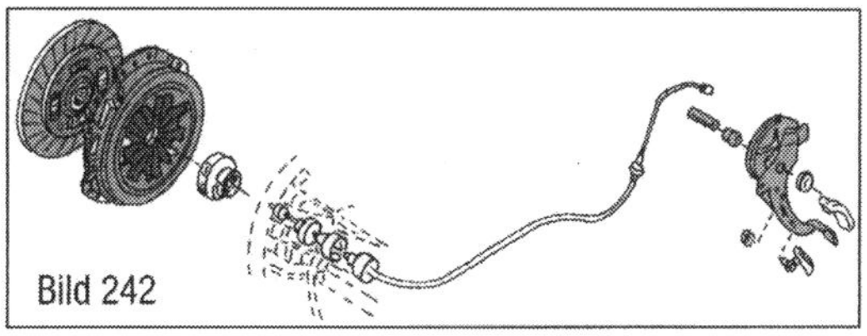

Bild 242
Die Verlegung des Kupplungsseils zusammen mit der Kupplung.

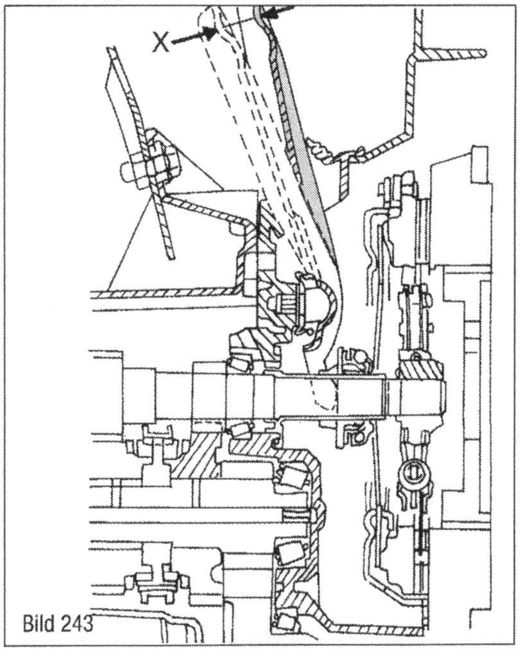

Bild 243
Kontrolle der automatischen Nachstellung nach Einbau des Kupplungsseils. Durch Hin- und Herbewegen des Ausrückhebels (Maß X) wird die Funktion bestätigt.

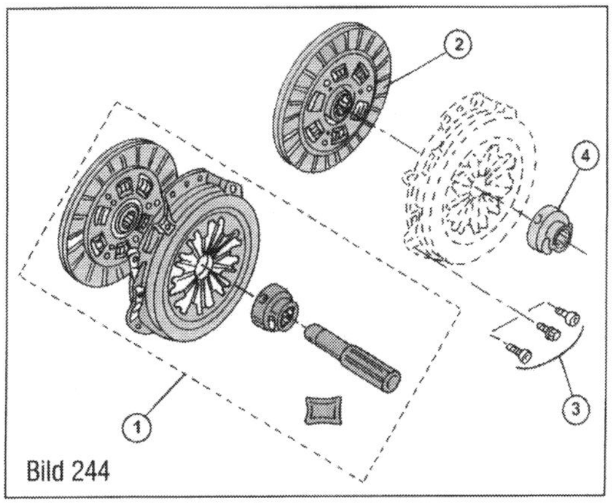

Bild 244
Die Einzelteile der Kupplung.
1 Kupplungsreparatursatz
2 Mitnehmerscheibe
3 Kupplungsschrauben
4 Kupplungsausrücklager (getrennt erhältlich)

Störungsbeistand an der Kupplung

Obwohl bereits auf Störungen an der Kupplung eingegangen wurde, kann man sich anhand der folgenden Schnelltabelle informieren, welche Defekte dafür verantwortlich sein könnten.

A) Kupplung rutscht	
1. Kupplung rutscht durch	Kupplungsscheibe ersetzen
2. Anpressdruck zu gering	Druckplatte ersetzen
3. Belag verölt	Kupplungsscheibe ersetzen, Leckstellen beheben
4. Kupplung hat sich überhitzt	Kupplungsscheibe und vielleicht Druckplatte neu
B) Kupplung rückt nicht aus	
1. Seil gerissen	Seil erneuern
2. Seilmechanismus defekt	Seil erneuern
3. Kupplungsscheibe hat Schlag	Kupplungsscheibe ersetzen
4. Kupplungsbeläge gebrochen	Kupplungsscheibe ersetzen
5. Kupplungsscheibe auf Welle verklemmt	Gangbar machen und einfetten
6. Belag an Schwungrad festgeklebt (nach langer Stillstandzeit des Wagens)	1. Gang einlegen und Pedal treten. Fahrzeug kurz bei ausgeschalteter Zündung schleppen lassen
C) Kupplung rupft	
1. Siehe unter Punkt A3	
2. Falsche Beläge (nach Reparatur)	Nachprüfen und Abhilfe schaffen
3. Ausrücklager drückt ungleichmäßig	Ausrückhebel kontrollieren
4. Druckplatte drückt einseitig	Druckplatte erneuern
5. Motor/Getriebeaufhängung defekt	Entsprechend erneuern
D) Kupplung trennt nicht und rutscht durch	
1. Kupplungsdruckplatte defekt	Druckplatte ersetzen
E) Geräusche von der Gegend der Kupplung	
1. Druckplatte/Kupplungsscheibe schlägt	Wie erforderlich erneuern
2. Mitnehmerscheibenfedern lose	Mitnehmerscheibe erneuern
3. Ausrücklager nicht mehr einwandfrei	Erneuern
4. Nietverbindung der Beläge lose	Wie erforderlich Scheibe erneuern

8 Das Schaltgetriebe

Das eingebaute Fünfganggetriebe ist nicht bei allen Modellen gleich: ein Getriebe des Typs »JB1«, »JB3« oder »JC5« kann eingebaut sein. Das Getriebe des Typs »JC5« ist bei Fahrzeugen mit dem 2.0-Liter-Motor F4R eingebaut. Da das Getriebe ebenfalls das Antriebsübersetzungsverhältnis bestimmt, muss man z. B. beim Erstehen eines Getriebes aus zweiter Hand darauf achten, dass das richtige Getriebe eingebaut wird. Falls Sie ein Austauschgetriebe einbauen wollen, wird Ihr Lieferant natürlich Bescheid darüber wissen. Um das Getriebe zu erkennen, kann man sich an Bild 245 halten:

- Ist ein »JB1«-Getriebe eingebaut, befindet sich an der in Bild 245 (oben) gezeigten Stelle ein angeschraubter Metallwinkel, welcher den Getriebetyp (A), die Getriebeendnummer (B), die laufende Seriennummer (C) und die Herstellerfirma (D) angibt.
- Ist ein »JC5«-Getriebe oder ein Getriebe des Typs »JB3« eingebaut, befindet sich das Typenschild an der in Bild 245 (unten) gezeigten Stelle, und gibt den Getriebetyp (A), die Getriebeendnummer (B), die Seriennummer (C) und die Herstellerfirma (D) an.

Die Ölfüllmenge des Getriebes ist bei allen Fahrzeugen mit »JB1«- oder »JB3«-Getriebe gleich (3,4 Liter). Das »JC5«-Getriebe hat eine Füllmenge von nur 3,1 Liter. Getriebeöl TRX 75W 80W ist zum Füllen des Getriebes vorgeschrieben.

Die Unterschiede zwischen den Getrieben der Ausführung »JB« und »JC« sind in der Innenseite zu finden. Da wir uns nicht mit der Zerlegung und dem Zusammenbau des Getriebes beschäftigen, sind sie zum Zweck dieser Anleitung nicht weiter wichtig.

Aus- und Einbau des Getriebes

Das Getriebe kann zusammen mit dem Motor oder getrennt ausgebaut werden, je nachdem um welche Fahrzeugausführung es sich handelt. Einzelheiten über den Ausbau des Motors zusammen mit dem Getrie-

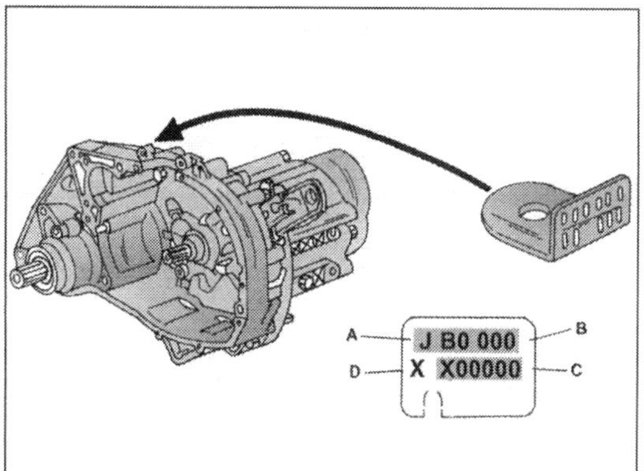

Bild 245 oben

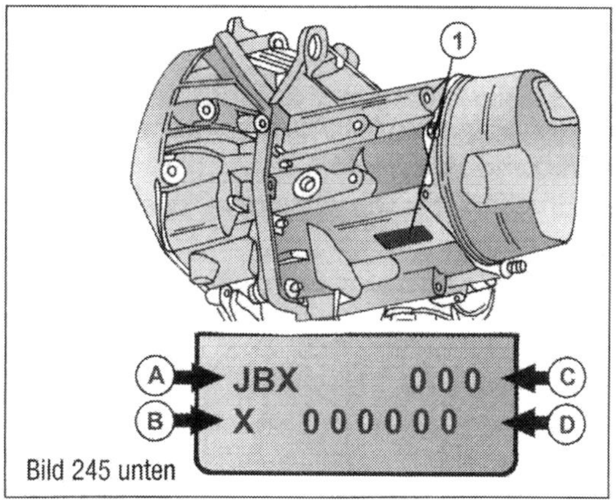

Bild 245 unten

Bild 245
Der kleine Winkel in der oberen Ansicht enthält die Angaben der Getriebekennzeichnung bei einem »JB1«-Getriebe. Auf die Buchstaben wird im Text eingegangen. Beim »JB3«- und »JC5«-Getriebe befindet sich das Typenschild an der Unterseite des Getriebes. Auf die Buchstaben wird im Text eingegangen.

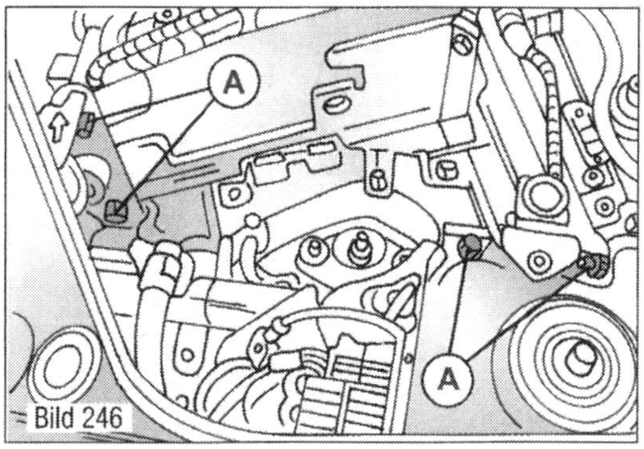

Bild 246

Bild 246
Die Schrauben (A) lösen und die Schutzverkleidung der Batterie ausbauen.

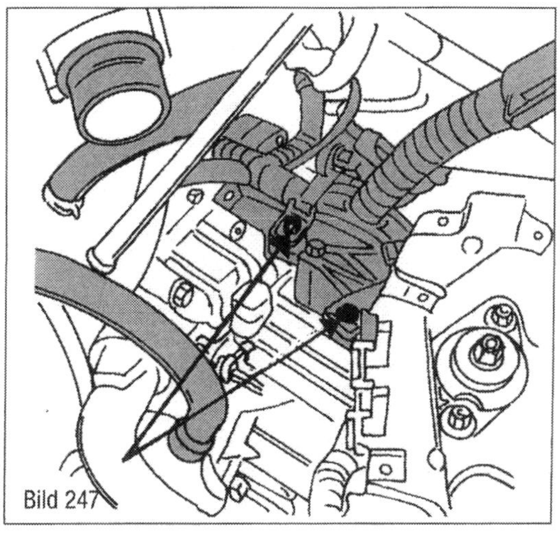
Bild 247

Bild 247
Die beiden mit den Pfeilen bezeichneten Schrauben müssen beim Ausbau des Getriebes ausgeschraubt werden.

Sichtprüfung Messen

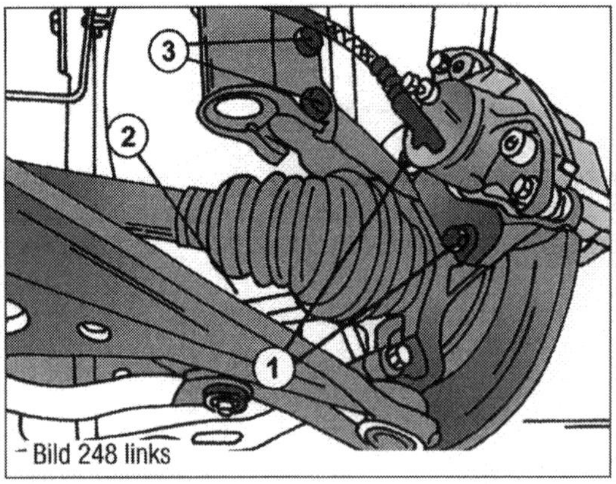

Bild 248 links

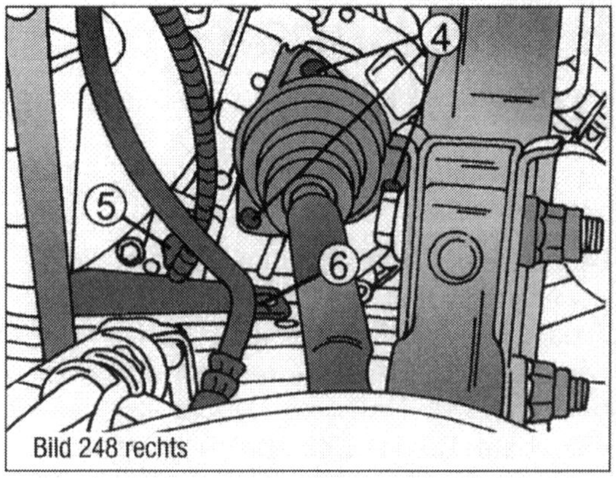

Bild 248 rechts

Bild 248
Zum Ausbau der Antriebswelle auf der linken Seite.
1 *Schrauben des Antriebswellenflansches*
2 *Kabelstecker des Schalters der Rückfahrleuchte*
3 *Befestigungsschraube der Flüssigkeitsleitung*
4 *Schrauben des Antriebswellenflansches*
5 *Kabelstecker des Schalters der Rückfahrleuchte*
6 *Befestigungsschraube der Flüssigkeitsleitung*

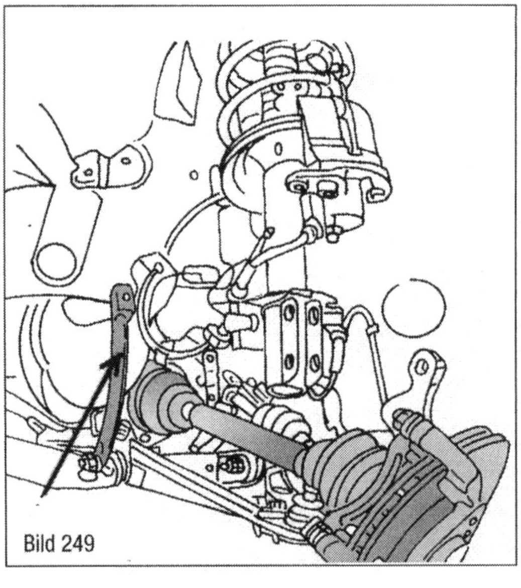
Bild 249

Bild 249
Eine Stützstrebe (Pfeil) ist auf jeder Seite zwischen dem Nebenrahmen und den Rahmenseitenträgern eingebaut und oben und unten befestigt.

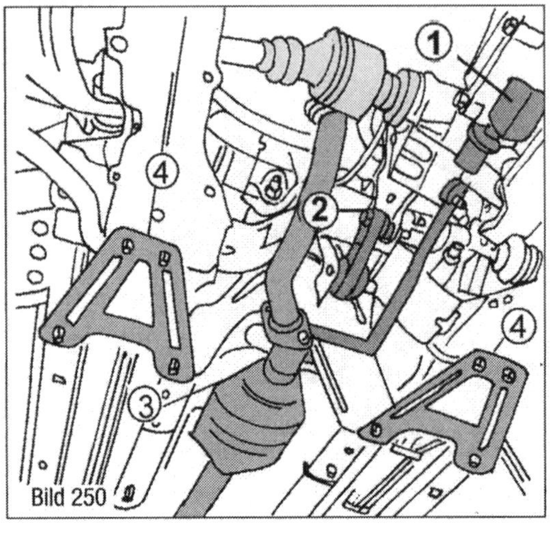

Bild 250

Bild 250
Die Gangschaltung an der gezeigten Stelle (1) ausbauen. Dazu die Schraube lösen und die 3 Schrauben des Wärmeschutzschildes entfernen, um an die Unterseite des Schalthebels zu kommen. Bei dieser Gelegenheit ebenfalls die Drehmomentstütze (2) vom Getriebe trennen und die beiden Versteifungsstreben (4) links und rechts neben dem Auspufftopf (3) ausbauen.

be wurden in den entsprechenden Kapiteln für das betreffende Modell gegeben. Dieser Abschnitt behandelt den Ausbau des Getriebes ohne Motor.

Wir möchten darauf hinweisen, dass zwei Hebezeuge erforderlich sind, um das Getriebe herauszuheben. Zwei Rollwagenheber sind ebenfalls nützlich. Außerdem braucht man einen Kugelbolzenabzieher für die Spurstangen und einen passenden Durchschlag zum Trennen einer der Antriebswellen. Der Nebenrahmen muss vom Aufbau abgeschraubt und abgesenkt werden, um das Getriebe auszubauen. Eine der Antriebswellen ist an der Innenseite des Getriebes verschraubt; die andere kommt zusammen mit dem Getriebe heraus. Lesen Sie die Anweisungen gut durch, ehe Sie mit den Ausbau beginnen.

■ Radmuttern und die Muttern der Antriebswellen lockern und die Vorderseite des Fahrzeuges auf Böcke setzen. Beide Vorderräder abschrauben.

■ Massekabel der Batterie abklemmen und die Batterie vollkommen ausbauen. Luftfilter ausbauen, falls man annimmt, dass er im Weg ist.

■ Unterschutzblech unter der Vorderseite des Fahrzeuges ausbauen und das Getriebeöl ablassen.

■ Die Befestigungsschrauben des Schutzblechs der Batterie an den in Bild 246 gezeigten Stellen entfernen und das Blech herausnehmen.

- Die zwei in Bild 247 gezeigten Schrauben herausdrehen. Diese halten einen Kabelstrang.
- Das Kupplungsseil vom Ausrückhebel abschließen.
- Die oberen Schrauben an der Kante des Getriebes und Anlassers herausdrehen. Eine der Schrauben (auf das Getriebe gesehen die rechte) kann man nur bis zu einem gewissen Maß herausdrehen, sie kommt nicht vollkommen heraus.
- Das Masseband vom Getriebe abschrauben und die Schrauben des OT-Gebers entfernen.

Auf der linken Seite des Fahrzeuges

- Die beiden Schrauben des Bremssattels (1) in Bild 248 aus dem Achsschenkel herausdrehen, den Bremssattel abnehmen und mit einer Drahtschlinge am Federbein befestigen. Nicht am Bremsschlauch herunterhängen lassen.
- Mutter (2) des Kugelgelenks der Spurstange abschrauben und das Gelenk mit einem geeigneten Abzieher vom Hebel am Achsschenkel trennen (siehe Kapitel »Lenkung«).
- Die beiden Schrauben (3) an der Unterseite des Federbeins/Stoßdämpfers lösen und ausschlagen.
- Die linke Antriebswelle wird zusammen mit dem Achsschenkel ausgebaut, jedoch muss man die drei Muttern (1) in Bild 248 (rechts) an der Innenseite der Welle entfernen, ehe die Welle herausgezogen wird. Bei dieser Welle darauf achten, dass die Lagerrollen nicht herausfallen können. Der Achsschenkel wird nach außen gezogen und die Welle aus dem Eingriff mit dem Getriebe gebracht.
- An Stelle (2) im Bild den Stecker vom Schalter der Rückfahrleuchte abziehen. An Stelle (3) die Befestigung der Leitung für die Servolenkung ausschrauben.

Auf der rechten Seite des Fahrzeuges

Der Ausbau geschieht in ähnlicher Weise wie es oben beschrieben wurde, mit dem Unterschied, dass man den Flansch der Achswelle an der Innenseite des Getriebes nicht abschrauben muss.

- Mutter des Spurstangenkugelgelenks vom Hebel am Achsschenkel lösen und die Kugelgelenke mit einem geeigneten Kugelbolzenabzieher trennen.

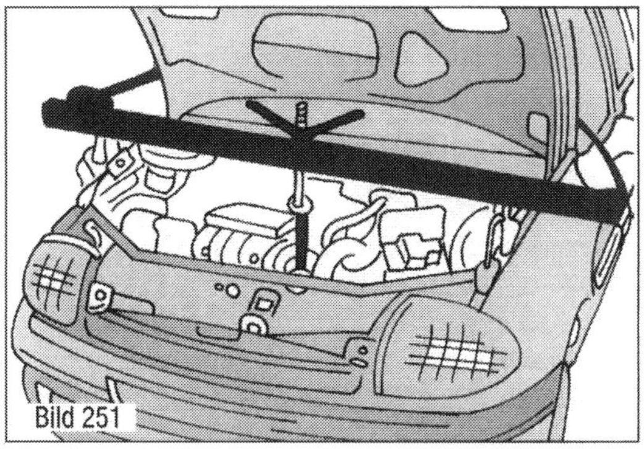

Bild 251
Der Motor kann mit einer Hebevorrichtung aus den Aufhängungen gehoben werden. Eine ähnliche Vorrichtung kann man sich leicht herstellen, jedoch dürfen dabei die Kotflügel nicht beschädigt werden.

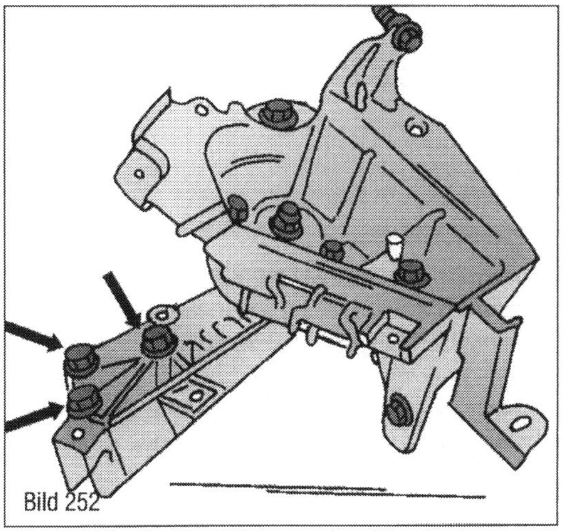

Bild 252
Die Getriebeaufhängung. Die drei Schrauben (Pfeile) lösen, um sie vom Getriebe freizumachen.

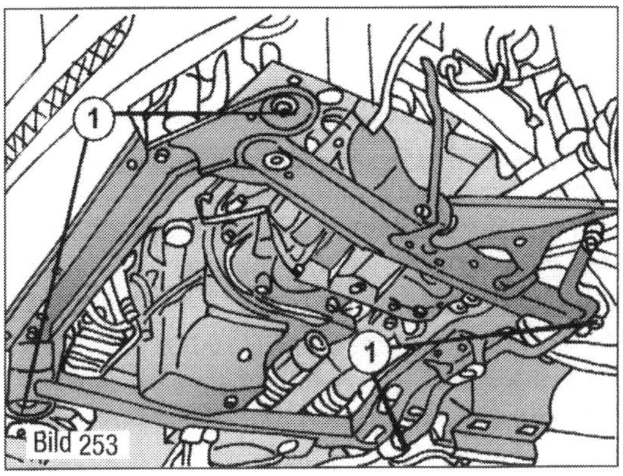

Bild 253
Die Befestigungsschrauben des Nebenrahmens sitzen an den Stellen (1) oder in unmittelbarer Nähe.

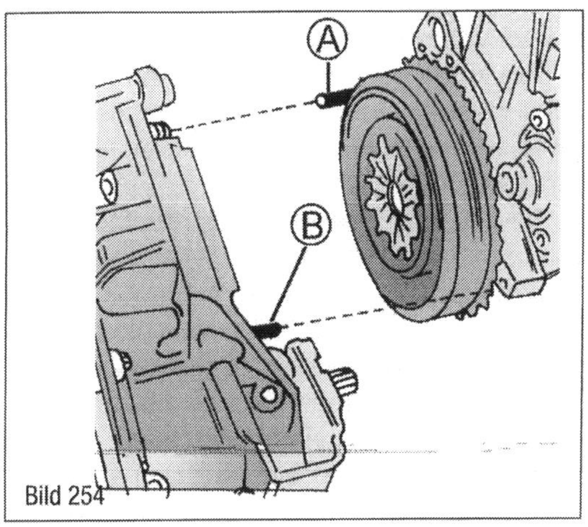

Bild 254
Zwei Stiftschrauben führen das Getriebe. Stiftschraube (A) muss ausgeschraubt werden. Stiftschraube (B) kann beim Ausbau eingeschraubt bleiben.

Sichtprüfung Messen

Bild 255 Kupplungsausrückgabel zurückdrücken.

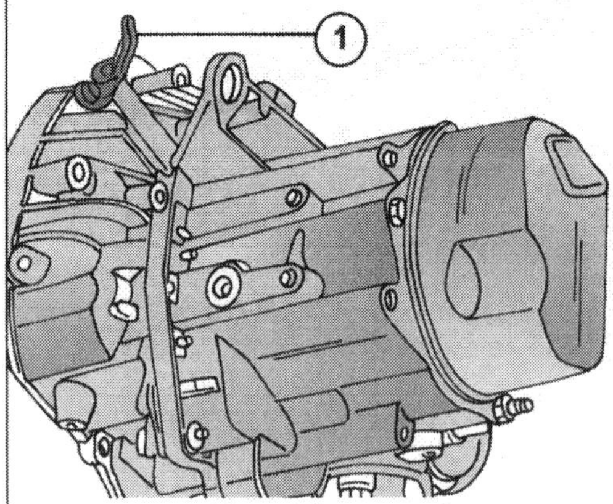

Bild 255

■ Auf beiden Seite die Verbindungsschrauben zwischen der Unterseite des Federbeins (Stoßdämpfers) entfernen. Ebenfalls auszubauen sind die Streben, welche zwischen dem Nebenrahmen und den Seitenträgern eingesetzt sind. Die Befestigung ist in Bild 249 zu sehen. Den gelösten Achsschenkel nach außen drücken, wie es im Bild zu sehen ist.

■ Von der Unterseite des Getriebes das Schaltgestänge abschließen. Die Anschlussstelle ist in Bild 250 gezeigt. Im gleichen Bild kann man die Drehmomentstütze zwischen Motor und Getriebe sehen. Diese muss an beiden Enden vollkommen gelöst und ausgebaut werden. Ebenfalls die beiden Versteifungsstreben (4) links und rechts des Auspufftopfes abschrauben.

■ Die elektrischen Kabel von den Anschlussklemmen des Anlassers und des Schalters der Rückfahrleuchten abklemmen. Den Anlasser danach ausbauen.

■ Den Kabelstecker vom Geber des Tachometers und dem Achsantrieb abziehen.

■ Das vordere Auspuffrohr vom Auspuffkrümmer abschrauben und in geeigneter Weise an der Unterseite festbinden. Nicht herunterhängen lassen.

■ Ein Seil oder eine Kette um den Motor legen und an ein Hebezeug hängen. Den Motor anheben, bis das obere hintere Gummilager auf der Seite des Getriebes nicht länger unter Spannung steht. Beim Herausheben des Motors kann man sich Bild 251 ansehen. Dieses zeigt eine Vorrichtung, mit welcher man das Getriebe aus den Aufhängungen heben kann.

■ Die Schrauben der Lenkungsbefestigung entfernen und die Lenkung in geeigneter Weise an den Seitenträgern festbinden, um sie in ihrer ungefähren Lage zu halten. Die Muttern müssen von der Unterseite auf beiden Seiten der Lenkung abgeschraubt werden.

■ Die drei in Bild 252 gezeigten Schrauben der Getriebeaufhängung herausdrehen und den Motor so weit wie möglich absenken. Einen Wagenheber unter den Vorderwagen untersetzen, um den Nebenrahmen abzustützen, und die vier Befestigungsschrauben des Rahmens auffinden und ausschrauben. Bild 253 zeigt eine typische Ansicht der Nebenrahmenbefestigung. Unbedingt darauf achten, dass das gesamte Aggregat sicher auf dem Wagenheber aufsitzt.

■ Einen Rollwagenheber unter das Getriebe untersetzen und anheben, bis das Getriebe soeben gehalten wird. Den Motor und das Getriebe jetzt trennen, indem man die in Bild 254 gezeigten Stiftschrauben ausschraubt. Die Stiftschraube (B) kann im Getriebe verbleiben.

■ Den Motor etwas anheben, bis genügend Raum vorhanden ist, und das Getriebe vollkommen herausziehen.

Der Einbau des Getriebes findet in umgekehrter Reihenfolge statt. Die folgenden Punkte sollten jedoch besonders beachtet werden:

Die Keilverzahnungen der Kupplungswelle mit Graphitfett einschmieren. Kontrollieren, dass die Ausrückgabel richtig gegen das Kupplungsausrücklager anliegt. Ebenfalls überzeugen, dass die beiden Zentrierringe für das Getriebe links und rechts in der Getriebefläche sitzen. Die Kupplungswelle mit der Nabe der Mitnehmerscheibe ausrichten und das Getriebe gegen den Motor drücken, bis der Spalt geschlossen ist.

■ Vor dem Anschließen des Getriebes an den Motor muss man die Kupplungsausrückgabel zurückdrücken und einstweilen festbinden, damit sie in der Innenseite nicht vom Kugelbolzen der Lagerung springen kann. Wie dies aussieht, kann man Bild 255 entnehmen.

■ Die beiden Stiftschrauben (A) und (B) in Bild 254 in gleicher Weise wie beim Ausbau wieder einschrauben.

■ Die Schrauben zwischen Motor und Getriebe oben und unten einsetzen und gleichmäßig ringsherum mit einem Anzugsdrehmoment von 45 Nm anziehen. Dabei beachten, dass sich der Spalt gleichmäßig schließen muss.

- Das vordere Auspuffrohr sollte angeschlossen werden, ehe man die rechte Antriebswelle einbaut.
- Darauf achten, dass der Anlasser richtig eingebaut wird. Bei der Beschreibung des Anlassers wird im betreffenden Kapitel darauf eingegangen.
- Die Antriebswellen montieren, wie es im betreffenden Abschnitt beschrieben ist.
- Abschließend das Getriebe mit Öl füllen.

Die folgenden Anzugsdrehmomente sind beim Einbau des Getriebes zu beachten:

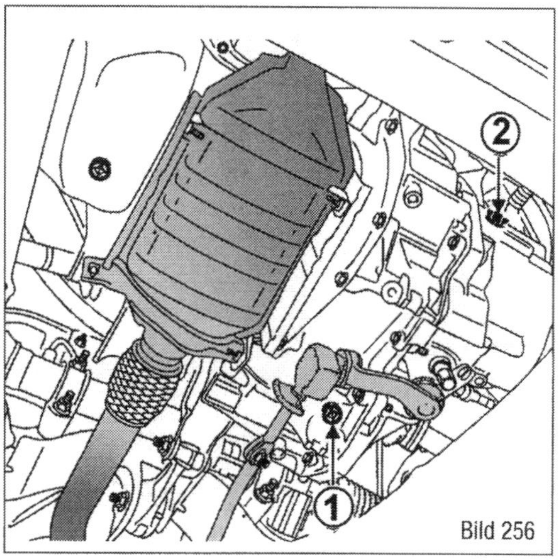

Bild 256
Die Lage des Ölablassstopfens (1) und Öleinfüllstopfens (2) bei eingebautem 1.2-, 1.4- und 1.6-Liter-Motor.

Muttern der unteren Aufhängungskugelgelenke	62 Nm
Muttern der Spurstangenkugelbolzen	40 Nm
Schraube an Unterseite der Federbeine	180 Nm
Motorstützstrebe an Getriebe	110 Nm
Anlasser an Getriebe	45 Nm
Muttern der Motoraufhängung an Getriebe	62 Nm
Lenkungsbefestigungsschrauben	50 Nm
Nebenrahmenschrauben, vorn	62 Nm
Nebenrahmenschrauben, hinten	105 Nm
Stützstrebenschrauben	21 Nm
Schrauben, Stützstreben an Seitenträger	30 Nm
Schrauben, Antriebswelle an Getriebe	25 Nm
Schrauben, Gangschaltungsgestänge	28 Nm

Getriebeüberholung

Da die Überholung des Getriebes eine ziemlich aufwändige Arbeit ist, empfehlen wir, dass man bei Getriebeschäden ein Austauschgetriebe einbaut. Dies vermindert die Stillstandszeit des Fahrzeuges und gibt Ihnen die gleiche Garantie, der ein von Renault geliefertes Neuteil unterliegt.
Wie bereits erwähnt, muss darauf geachtet werden, dass man das zum eingebauten Motor passende Getriebe einbaut.

Getriebeölstand und Getriebeölwechsel

Es dauert ziemlich lange, bis das Getriebe mit Öl gefüllt ist und den Ölstand kann man schlecht kontrollieren. Folgende Arbeiten sind beim Einfüllen des Öls durchführen.
Das Öl muss bis zur Oberkante der Gewin-

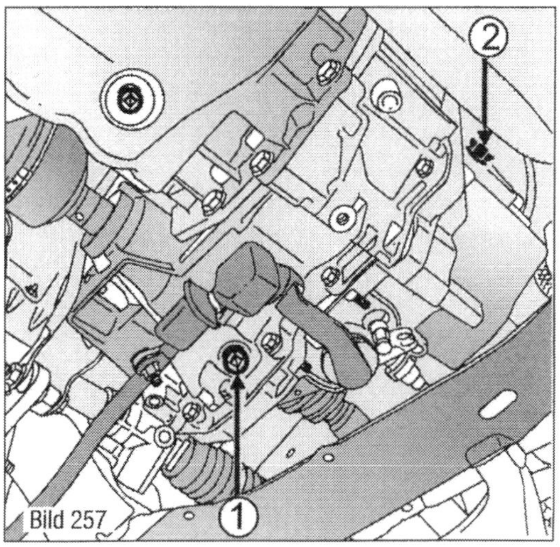

Bild 257
Die Lage des Ölablassstopfens (1) und des Öleinfüllstopfens (2) beim 2.0-Liter-Motor.

debohrung in der Oberseite des Getriebes stehen, nachdem man den Stopfen (2) in der Seite des Getriebes herausgeschraubt hat. Wie aus Bildern 256 und 257 ersichtlich ist, sitzt dieser nicht bei allen Getrieben an der gleichen Stelle.

Bild 258
Ansicht des Öleinfüllstopfens (auch bei der Ölstandskontrolle benutzt). Das Öl muss an der Unterkante der Stopfenöffnung stehen.
1 Öleinfüllstopfen

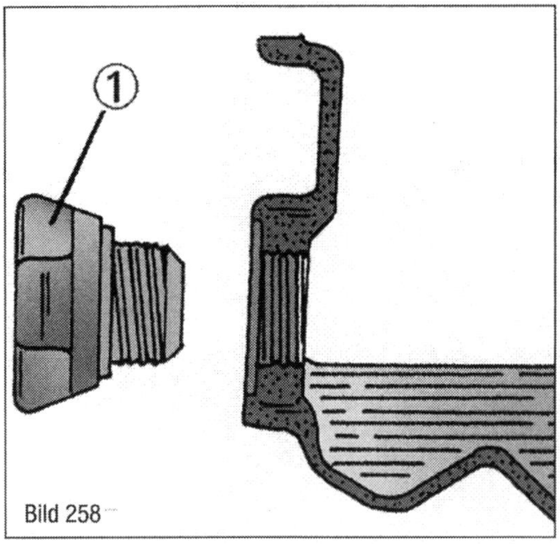

Bild 258

■ Den Ablassstopfen (1) an der Unterseite des Getriebes herausdrehen und das Getriebeöl ablaufen lassen. Ist das Öl warm, läuft es schneller ab.
■ Den Stopfen reinigen und wieder einschrauben.
■ Die Ölfüllmenge entsprechend dem Getriebetyp einfüllen (3,1 oder 3,4 Liter). Nur das vom Hersteller empfohlene Öl einfüllen.
■ Die abgemessene Getriebeölmenge durch die Einfüllöffnung nach Entfernen des Stopfens (2) in Bildern 256 und 257 einfüllen. Zum Einfüllen eignet sich eine mit dem Getriebeöl gefüllte Fettpresse (diese vorher gut reinigen).
■ Der Stopfen hat das in Bild 258 gezeigte Aussehen und das Öl muss bis zur Unterkante der Gewindebohrung stehen. Zur Kontrolle kann man den abgewinkelten Zeigefinger in die Bohrung stecken.
■ Das Getriebe füllen, bis der Ölstand nicht weiter absinkt.
■ Den Einfüllstopfen einschrauben.

Der Ölstand sollte im Rahmen der regelmäßigen Inspektionen alle 20 000 km kontrolliert werden.
Zum Nachfüllen oder zum Neufüllen des Getriebes sollte man immer das von Renault empfohlene Getriebeöl verwenden. Dies gibt Ihnen die Gewissheit, dass sich das Öl für das Getriebe eignet.

Ölfüllmengen und Öle

Fünfganggetriebe, JB1 und JB3	3,4 Liter
Fünfganggetriebe JC5	3,1 Liter
Empfohlenes Öl	Tranself TRX 75 W 80 W

9 Die Antriebswellen

Die Antriebswellen sind von unterschiedlicher Länge und Bauweise. Je nach eingebautem Getriebe sind außerdem Unterschiede zwischen der linken und rechten Welle vorhanden, d. h. je nachdem, ob sie links oder rechts eingebaut sind. Renault-Wellen sehen alle gleich aus. Falls eine Antriebswelle erneuert werden muss, unbedingt die richtige Welle kaufen. Auch die beiden Gleichlaufgelenke sind, je nach Welle links oder rechts, nicht an beiden Enden gleich. Das äußere Gleichlaufgelenk ist bei allen Wellen ein GE 86-Gelenk. Ein RC 462-Gelenk wird auf der Getriebeseite der rechten Welle, ein GI 69-Gelenk auf der Getriebeseite der linken Welle eingebaut. Falls Sie einmal ein Gelenk erneuern müssen, können Sie anhand dieser Angaben zum Ersatzteillager gehen.
»Loctite«-Sicherungsmittel muss zum Einbau der Welle in den Achsschenkel benutzt werden.
Das Typenschild des Getriebes und die dazugehörigen Antriebswellen sind durch Farbcodes gezeichnet, um dem betreffenden Fahrzeug die richtige Welle zuzuordnen. Die Farbkennzeichnung der Welle ist auf einem Aufkleber in der Nähe der Gummimanschette auf der Radseite zu sehen. Die Erkennung der Wellen durch die Farbkennzeichnungen ist jedoch ziemlich kompliziert, und es ist weitaus besser, wenn man die alte Welle zum Ersatzteillager mitnimmt. Im Allgemeinen wird man mit den Antriebswellen keine Probleme haben, jedoch hängt die Lebensdauer der Wellen auch von der Fahrweise ab. Schnellstarts mit eingeschlagenen Vorderrädern und Anfahren mit durchdrehenden Vorderrädern haben keine gute Einwirkung auf die Antriebswellen.
Anzeichen für fortgeschrittenen Verschleiß sind:

- Schlag- und Knackgeräusche beim Gasgeben und beim Zurücknehmen des Gaspedals. Verändern sich diese Geräusche abhängig vom Einschlag der Vorderräder, könnte es sein, dass die radseitigen Gelenke einer näheren Untersuchung bedürfen.
- Falls das Lenkrad beim Einschlagen der Räder vibriert oder zittert, ist dies eine weitere Anzeige, dass die radseitigen Gelenke bald erneuert werden müssen.

Wartung

Die Gelenke der Antriebswellen sind durch Gummimanschetten (Faltenbälge) vor Feuchtigkeit und Straßenschmutz geschützt. Aus diesem Grund ist die gelegentliche Überprüfung der Gummimanschetten angebracht, um die Manschetten auf undichte Stellen zu kontrollieren.

- Das Vorderrad anheben, Böcke untersetzen und das Rad von einem Helfer durchdrehen lassen, während man die Gummimanschette auf spröde Stellen, Löcher, Risse, usw. kontrolliert. Durch Eindrücken der Manschetten in der in Bild 259 gezeigten Weise, kann man leicht spröde, gebrochene Stellen herausfinden, die man sonst schlecht sehen kann. Eine verfettete Manschette kann auf ein Loch hinweisen.
- Kontrollieren, dass die Befestigungsbänder (1) einwandfrei sitzen.
- Falls man derartige Schäden festgestellt hat, muss man die Manschetten möglichst bald erneuern, da eindringendes Wasser die Gelenke bald zerstören wird (falls es nicht bereits zu spät ist).

Aus- und Einbau einer Antriebswelle

Tipp: Ehe man mit dem Ausbau einer Achswelle beginnt, muss man die folgenden Werkzeuge besorgen:

- Einen zylindrischen Durchschlag zum Ausschlagen des Sicherungsstiftes der Achswelle auf einer Seite.
- Eine Vorrichtung zum Gegenhalten der Radnabe beim Lösen der Achswellenmutter.

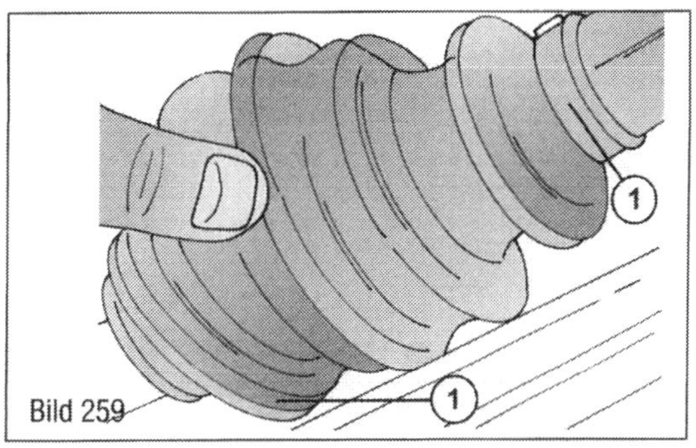

Bild 259
Kontrolle einer Antriebswellenmanschette. Die beiden Befestigungsschellen (1) müssen fest sitzen.

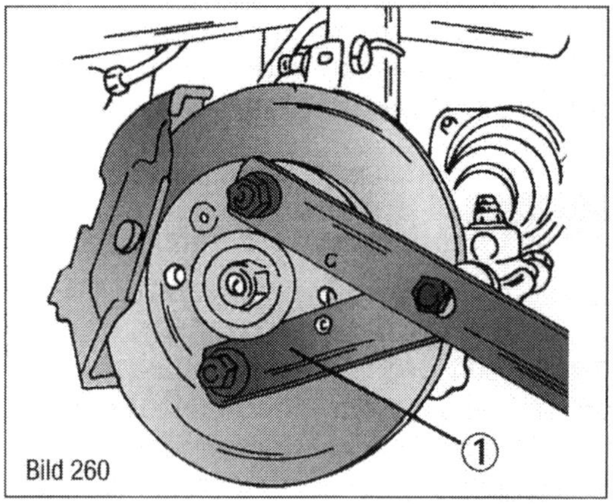

Bild 260

Bild 260
Gegenhalten der Radnabe mit dem Spezialwerkzeug (1). Eine ähnliche Vorrichtung kann man leicht selbst herstellen.

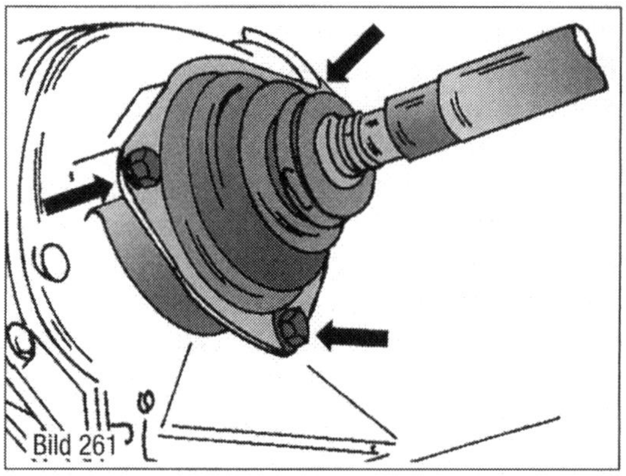
Bild 261

Bild 261
Die Befestigung der linken Antriebswelle am Getriebe.

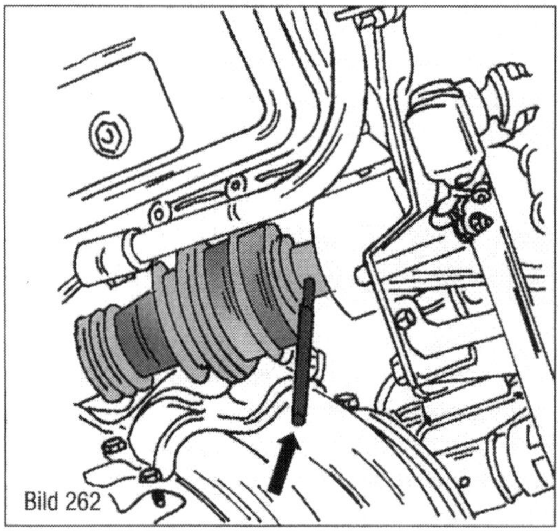
Bild 262

Bild 262
Ausschlagen des Verbindungsstiftes zwischen Antriebswelle und Differentialabtriebswelle mit einem Schaftdorn (Pfeil).

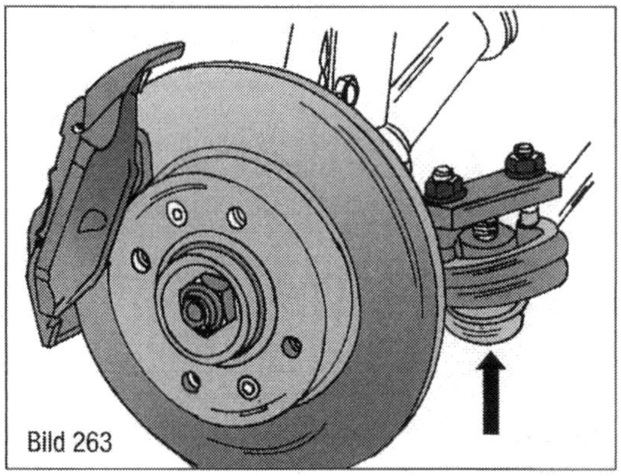
Bild 263

Bild 263
Abdrücken eines Spurstangengelenks mit dem Spezialabzieher. Ein ähnlicher Abzieher eignet sich zum Ausdrücken das Kugelgelenkbolzens.

- Einen Kugelbolzenabzieher zum Abdrücken des Spurstangenkopfes vom Lenkhebel am Achsschenkel.
- Einen Abzieher zum Ausdrücken der Achswelle auf dem Achsschenkel (siehe nachfolgende Beschreibung).

Ein neuer Dichtring muss vor Einbau der Welle in die Seite des Getriebes eingeschlagen werden, da der eingebaute höchstwahrscheinlich beschädigt wird.

Beim Ausbau der Welle folgendermaßen vorgehen:

- Radbolzen lockern, die Vorderseite des Fahrzeuges auf Böcke setzen und das Rad auf der betreffenden Seite abschrauben.
- Getriebeöl sofort ablassen.
- Die Mutter der Achswelle und die Scheibe entfernen. Zum Lösen muss man die Radnabe gegenhalten. Am besten ist es, wenn man sich eine Platte zurechtmacht, welche man an der Radnabe anschrauben kann, mit einer Verlängerung, die auf dem Boden aufsitzen kann (ähnlich wie in Bild 260 gezeigt).
- Den Bremssattel abschrauben und mit einem Stück Draht an der Vorderradaufhängung festbinden. Auf keinen Fall den Bremssattel am Schlauch herunterhängen lassen.
- Zum Trennen der linken Antriebswelle vom Getriebe die drei in Bild 261 gezeigten Schrauben lösen und die Welle vom Getriebeflansch trennen.
- Zum Trennen der rechten Antriebswelle einen Zylinderschaftdorn des passenden Durchmessers verwenden und den Federspannstift aus der Antriebswelle und dem Abtriebsrad des Differentials herausschlagen, wie es in Bild 262 gezeigt ist.
- Auf beiden Seiten die Muttern der beiden Spurstangengelenke entfernen und mit einem passenden Kugelbolzenabzieher die Gelenke von den Lenkhebeln abdrücken, wie man es in Bild 263 sehen kann.
- Die obere Befestigungsschraube an der Unterseite des Stoßdämpfers entfernen.
- Bei diesen Modellen sind die Verzahnungen der Antriebswelle mit »Loctite« in der Nabe gesichert, d. h. man wird einen Abzieher benötigen, welcher mit vier Schrauben in die Gewindelöcher der Radnabe einzuschrauben ist. Die mittlere Schraube anziehen, bis die Nabe herunterkommt. Bild 264 zeigt, wie ein solcher Abzieher angesetzt

wird. Wichtig ist, dass die Mittelschraube des Abziehers auf das Ende der Welle drücken kann. Dabei aber nicht das Gewinde beschädigen. Der Achsschenkel kann wieder angeschraubt werden, um die Arbeit zu erleichtern.

■ Die untere Befestigungsschraube an der Unterseite des Federbeins lösen und herausschlagen. Den Achsschenkel jetzt in der in Bild 265 gezeigten Weise nach außen ziehen, bis die Verzahnungen der Antriebswelle aus dem Eingriff in der Innenseite des Getriebes kommen. Dabei darauf achten, dass die Gummimanschette nicht beschädigt wird.

Der Einbau der Antriebswelle geschieht in umgekehrter Reihenfolge wie der Ausbau, unter Beachtung der folgenden Punkte:

■ Neue Antriebswellen werden mit Schutzhüllen aus Pappe für die Gummimanschetten geliefert und die beigelegten Einbauanweisungen sind zu beachten. Die Schutzhüllen muss man um die Manschetten lassen, bis die Antriebswelle wieder eingebaut ist. Beim Entfernen der Pappeumhüllungen darf man die Gummimanschette unter keinen Umständen durch Einschieben eines Schraubendrehers oder Ähnlichem beschädigen.

Auf der linken Seite

■ Die Schutzhülle von der Gummimanschette entfernen und die drei Arme des Gelenks mit den Ausschnitten des Differentialseitenrades in der Innenseite des Getriebes ausrichten. Die Welle vollkommen einschieben und die drei Schrauben in Bild 261 mit 25 Nm anziehen.

Auf der rechten Seite

■ Die Verzahnungen der Welle mit Molykote BR2-Graphitfett einschmieren. Die Löcher in der Antriebswelle und im Seitenrad in Flucht bringen und die Welle einschieben. Mit einem Zylinderschaftdorn die Löcher vollkommen ausfluchten und den neuen Federspannstift einschlagen. Bild 266 zeigt die Verbindung. Die Enden der Stifte müssen mit Abdichtmittel bestrichen werden. Dazu wird CAF 4160 THIXO-Dichtmittel oder auch Rhodorseal 5661 benutzt, welches Sie in einer Werkstatt erhalten.

■ Das verzahnte Ende der Welle mit »Loctite Scelblock« oder einem ähnlichen Sicherungs-

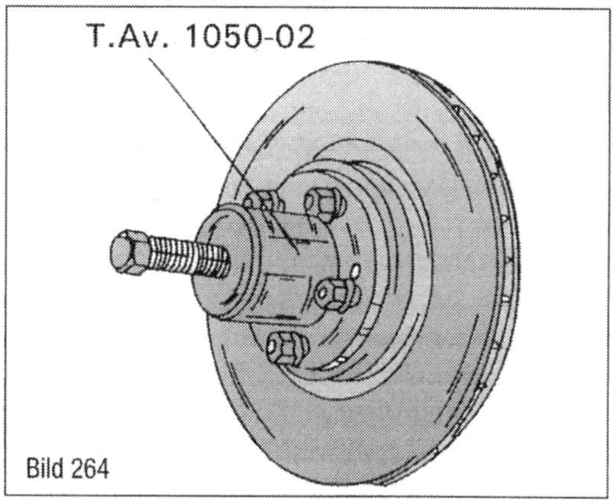

Bild 264

Bild 264
Abzieher zum Ausdrücken einer Achswelle im angesetzten Zustand.

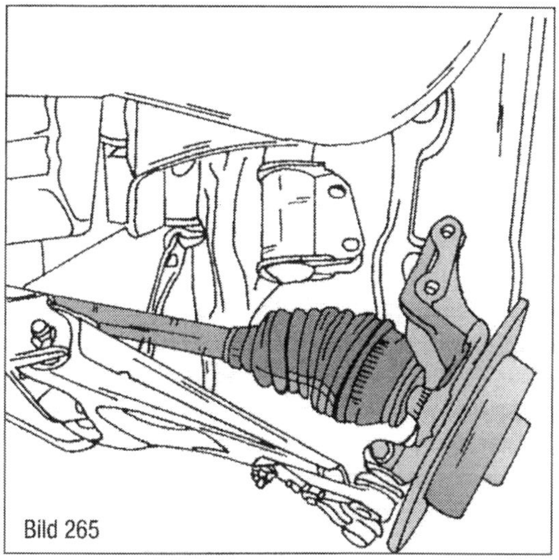
Bild 265

Bild 265
Den Achsschenkel in der gezeigten Weise nach außen ziehen, bis die Achswelle aus dem Eingriff mit dem Achsschenkel und der Innenseite des Differentials gezogen werden kann.

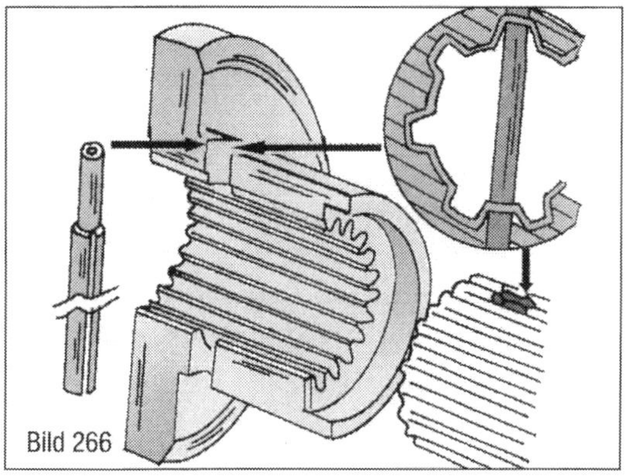
Bild 266

Bild 266
Die Verbindung zwischen der Antriebswelle und dem Seitenrad auf der rechten Seite.

Bild 267

Bild 267
Die Pappeumhüllungen in der gezeigten Weise auseinanderreißen.

mittel einschmieren und die Verzahnungen in die Innenseite der Radnabe einschieben. Den Achsschenkel nach oben kippen und an der Unterseite mit dem Stoßdämpfer verbinden. Die untere Befestigung mit 180 Nm anziehen. Die Muttern der Schraubverbindung müssen zum Bremssattel weisen.

■ Die Schrauben der Bremssattelbefestigung mit »Loctite«-Gewindesicherungsmittel einschmieren, den Bremssattel montieren und die Schrauben mit 100 Nm anziehen.

■ Die Spurstangen wieder mit den Lenkspurhebeln verbinden, die Kronenmuttern aufschrauben. Die Muttern mit 37 Nm anziehen und versplinten.

■ Das Fahrzeug wieder auf die Räder ablassen. Achswellenmutter mit 280 Nm anziehen. Falls der in Bild 260 gezeigte Gegenhalter benutzt wird, kann man die Mutter auch bei aufgebocktem Fahrzeug festziehen.

■ Die Radbolzen mit einem Anzugsdrehmoment von 90 Nm anziehen.

■ Die Pappeschutzhüllen müssen jetzt herausgezogen werden. Dazu werden sie mit einer Hand gehalten, während die andere Seite abgerissen wird, wie es Bild 267 zeigt. Keinen Schraubendreher benutzen um die Pappe zu zerstechen, da man leicht abrutschen und in die Manschette stoßen kann.

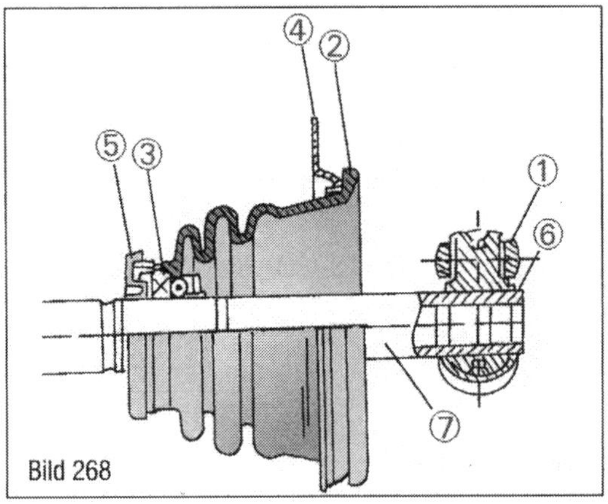

Bild 268

Bild 268
Schnittansicht des Gleichlaufgelenks GI 69 an der Innenseite der linken Antriebswelle.
1 Gelenkstern
2 Gummimanschette (Faltenbalg)
3 Lagerring
4 Befestigungsband
5 Abdeckscheibe
6 Sicherungsring
7 Antriebswelle

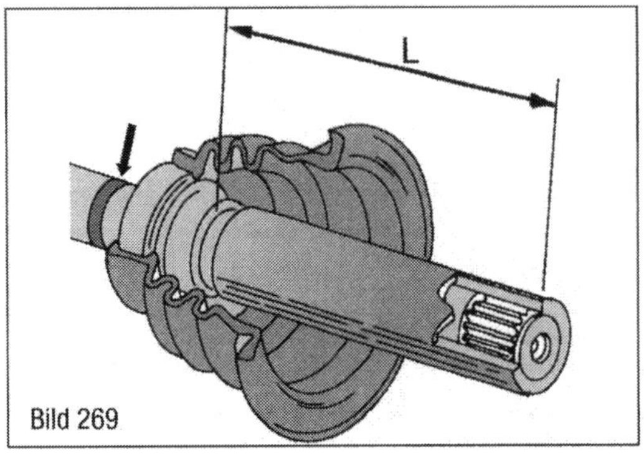

Bild 269

Bild 269
Das Maß »L« zwischen dem Ende der Welle und dem Lagerring auf 118 mm bringen. An der Pfeilstelle kann man eine Schraubzwinge befestigen, um die Welle beim Aufpressen des Lagerrings gut unterzulegen.

■ Das Getriebe mit Öl füllen (je nach eingebautem Getriebe 3,1 oder 3,4 Liter, siehe Kapitel »Getriebe«).

Antriebswellengelenke

Die Erneuerung der Gummimanschetten ist die einzige Arbeit, welche wir zur Reparatur einer Antriebswelle empfehlen. Verschleiß oder Beschädigung der Welle oder der Gelenke erfordern die Erneuerung des gesamten Teils. Die Gummimanschetten sind im Reparatursatz erhältlich. In diesem Satz ist auch die vorgeschriebene Fettmenge enthalten. Reparaturen von Wellengelenken sind immer eine schwierige Arbeit und aus diesem Grund empfehlen wir, dass man eine Welle mit einer beschädigten Manschette zur Erneuerung in eine Werkstatt bringt. Es ist leicht möglich, dass Straßenschmutz in das Gelenk eingedrungen ist, die Werkstatt wird auch in der Lage sein festzustellen, ob dieser bereits Verschleiß der Gelenkteile verursacht hat.
Bestimmte rechte Antriebswellen sind mit einem Schwingungsdämpfer versehen. Falls die thermoplastische Schutzmanschette beschädigt ist, muss in diesem Fall eine neue Antriebswelle eingebaut werden.
Vor dem Erneuern einer Gummimanschette muss man sich vergewissern, welches Gelenk eingebaut ist. Ihr Ersatzteillieferant wird Sie anhand der Fahrgestellnummer beraten. Auch daran denken, dass nicht alle Fahrzeuge die gleichen Wellen haben.
Beim Einbau einer neuen Welle unbedingt die Zuordnung des inneren und äußeren Gleichlaufgelenks beachten. Hier kann nur das Ersatzteillager helfen.
Nur wenn man einige Erfahrung mit Antriebswellen hat, sollte man die Gummimanschette(n) in der unten beschriebenen Weise erneuern. Wichtig ist dabei, dass man sich genau an die betreffende Welle sowie das zuständige Gelenk hält. Eine Handpresse muss zur Verfügung stehen.

Linke Welle, inneres Gelenk (Bild 268) – Gelenkbezeichnung GI 69

■ Die beiden Befestigungsbänder von der Manschette entfernen und die Manschette zurückdrücken.

■ Sprengring (6) ausfedern, die Welle unter eine Presse setzen und die Welle (7) durch den Gelenkstern pressen. Der Sitz des Gelenksterns muss vorher mit Farbe auf dem Wellenende gekennzeichnet werden.

■ Den Lagerring (3) in gleicher Weise von der Welle abpressen und mit der Manschette herunterziehen.

■ Alle Teile gründlich reinigen und einer kurzen Kontrolle unterziehen.

■ Den neuen Lagerring mit der Manschette über die Welle setzen. Der Lagerring muss um ein bestimmtes Maß auf die Welle aufgebracht werden. Dieses in Bild 269 gezeigte Maß muss 118 mm betragen (Toleranz 0,2 mm). Der Lagerring sollte unter einer Presse aufgezogen werden. Beim Aufschlagen könnte es vorkommen, dass man den im Lagerring eingesetzten Öldichtring beschädigt. Vorsichtiges Aufschlagen sollte jedoch zum Erfolg führen.

■ Den Gelenkstern entsprechend den eingezeichneten Kennzeichnungen auf die Welle schlagen oder pressen, und den Sprengring einsetzen.

■ Abschließend das im Reparatursatz enthaltene Fett gleichmäßig in der Innenseite des Gelenks verteilen.

Linke Welle, äußeres Gelenk (Bild 270) – Gelenkbezeichnung GE 86

Das gleiche Gelenk ist ebenfalls an der Außenseite der rechten Antriebswelle montiert. Falls nur die Manschette erneuert werden soll, kommt sie im Reparatursatz entsprechend der Ansicht von Bild 271.

■ Gelenkwelle in einen Schraubstock einspannen und die beiden Befestigungsbänder (6) zerschneiden. Die Manschette (5) zurückziehen und alles sichtbare Fett auswischen.

■ Das Gleichlaufgelenk an der Innenseite der Welle ausbauen, wie es oben beschrieben wurde. Die Manschette kann danach abgestreift werden.

■ Die neue Manschette in die richtige Lage bringen und das im Reparatursatz mitgelieferte Fett in der Innenseite des Gelenks verteilen. Das große Befestigungsband sofort anbringen, die kleine Seite der Manschette in die Rille einlegen.

■ Die Klinge eines Schraubendrehers vorsichtig auf der kleinen Seite zwischen Manschette und Achswelle einführen und die Manschette leicht zusammendrücken, um eingeschlossene Luft auszuscheiden. Schraubendreher herausziehen und das kleine Befestigungsband festziehen.

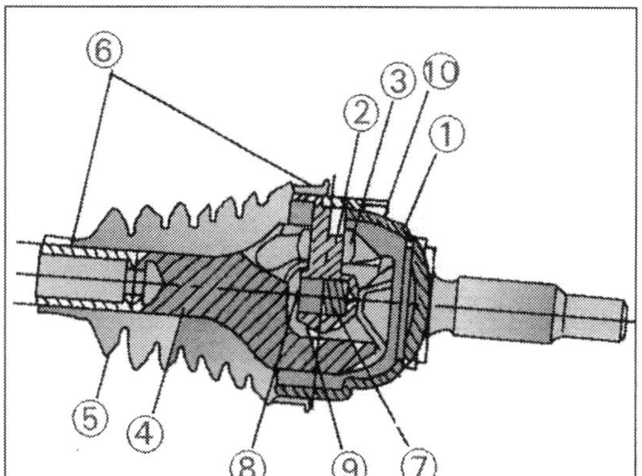

Bild 270

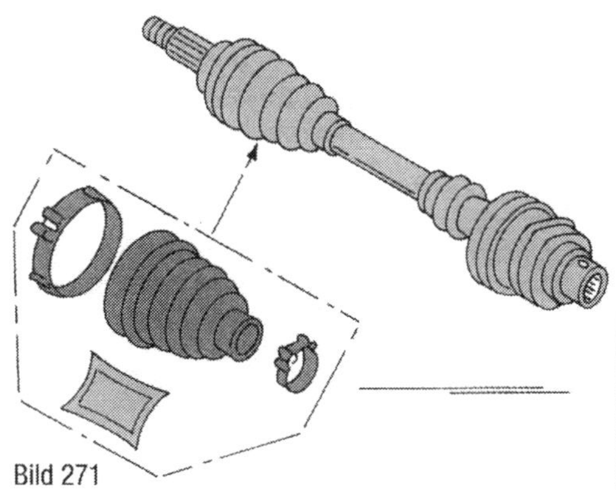

Bild 271

Bild 270
Schnittansicht des Gleichlaufgelenks GE 86 an der Außenseite der linken Antriebswelle.
1 *Gelenkkopf mit Achsstumpf*
2 *Sicherungsscheibe*
3 *Gelenkstern*
4 *Wellenkopf*
5 *Manschette (Faltenbalg)*
6 *Befestigungsspangen*
7 *Feder*
8 *Druckstück*
9 *Ausgleichsscheibe*
10 *Zahnkranz für Drehzahlgeber (ABS)*

Bild 271
Der Reparatursatz für die Gummimanschette (Faltenbalg).

Rechte Welle, äußeres Gelenk (Bild 272) – Bezeichnung RC 462

■ Die beiden Befestigungsbänder (5) zerschneiden, die Manschette (4) zurückziehen und alles sichtbare Fett aus dem Gelenk auswischen.

■ Den Gelenkkopf (1) herunterziehen.

■ Den Sicherungsring (3) aus dem Ende der Welle ausfedern, die genaue Lage des Gelenksterns auf der Welle kennzeichnen und das Gelenk abpressen, indem man es in geeigneter Weise auf Pressplatten auflegt und die Welle durchpresst. Mit Ausnahme des Gelenksterns alle Teile gründlich reinigen.

■ Die Manschette über die Welle schieben. Die Welle kann etwas eingefettet werden, damit die Manschette besser gleiten kann. Das kleine Ende sofort in die Rille der Welle einfügen.

■ Den Gelenkstern in die ursprüngliche Stellung setzen, vollkommen auf die Welle schlagen oder pressen, und den Sicherungsring einfedern.

■ Den Gelenkkopf (1) über den Gelenkstern (2) schieben und das mitgelieferte Fett gleichmäßig in der Manschette und im Ge-

Sichtprüfung Messen

Bild 272
Schnittansicht des Gleichlaufgelenks RC 462 an der Innenseite der rechten Antriebswelle.
1 Gelenkkopf
2 Gelenkstern
3 Sicherungsring
4 Manschette (Faltenbalg)
5 Befestigungsbänder

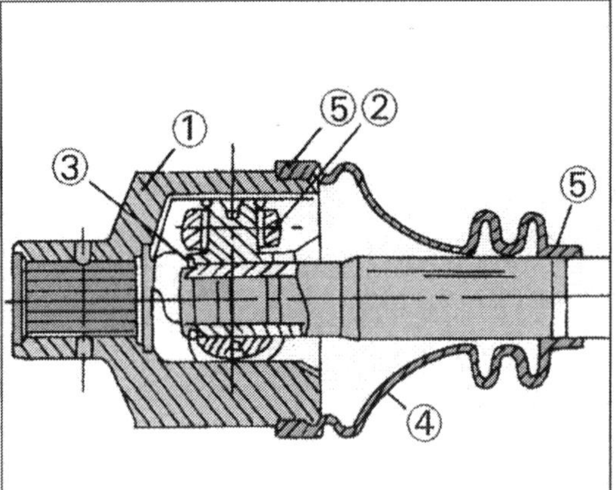

Bild 272

Bild 273
Die Länge der Manschette muss zwischen den Pfeilen auf 190 mm gebracht werden. Der eingeschobene Dorn ermöglicht das Ausscheiden von eingeschlossener Luft.

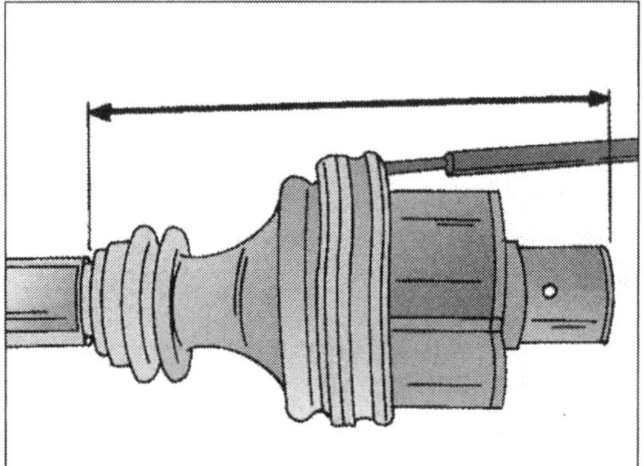
Bild 273

lenkkopf verteilen. Das große Ende der Manschette in die Rille des Gelenkkopfes einfügen.

■ Einen runden Dorn ohne scharfen Kanten in der in Bild 273 gezeigten Weise in die Manschette einsetzen und die Manschette etwas zusammendrücken, um eingeschlossene Luft auszuscheiden.

Die Länge der Manschette muss jetzt entsprechend Bild 273 auf das richtige Maß gebracht werden (190 mm). Dazu die Manschette auseinanderziehen, bis man das Maß erhalten hat und den Dorn in dieser Stellung herausziehen. Gemessen wird zwischen dem Ende des Gleichlaufgelenks und der Fläche des kleineren Durchmessers der Gelenkbüchse.

■ Die beiden Befestigungsbänder (5) jetzt befestigen.

Die beiden Antriebswellen sind in ihrer Gesamtheit nochmals in Bild 274 gezeigt. Bild 275 zeigt die beiden eingebauten Wellen. Die linke Welle in der linken Ansicht ist an der Innenseite mit dem Flansch am Getriebe verschraubt, bei der rechten Welle in der rechten Ansicht fehlt er.

Bild 274
Ansicht der beiden Antriebswellen.
1 Öldichtring im Differential
2 Manschette, äußeres Gelenk
3 Schwingungsdämpfer, falls eingebaut
4 Inneres Gleichlaufgelenk
5 Sicherungsstift der Welle
6 Inneres Gleichlaufgelenk
7 Manschette, inneres Gelenk
8 Antriebswelle
9 Manschette, äußeres Gelenk
10 Öldichtring im Differential

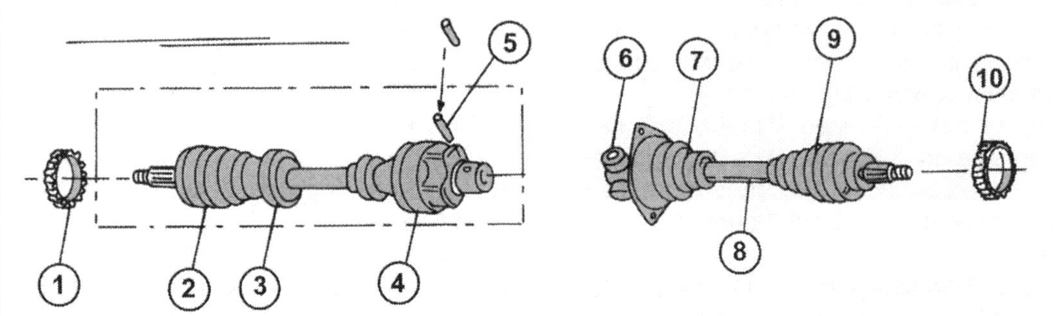

Bild 274

Bild 275
Ansicht der linken Antriebswelle auf der linken Seite und der rechten Welle auf der rechten Seite.

Bild 275 links

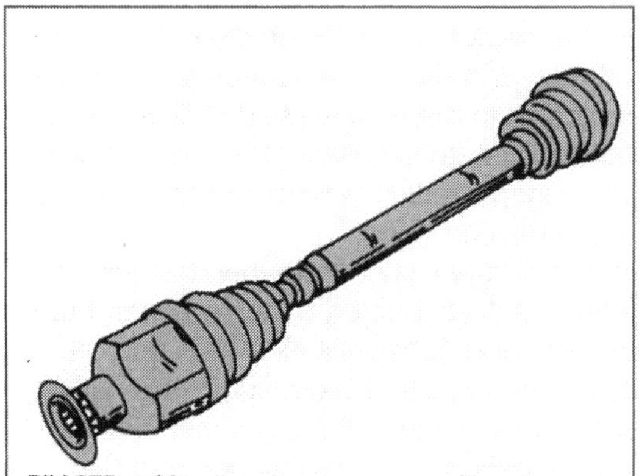
Bild 275 rechts

10 Die Lenkung

Die in dieser Ausgabe behandelten Renault-Fahrzeuge sind mit einer mechanisch arbeitenden Servolenkung versehen. Die zum Betrieb der Anlage erforderliche Lenkhilfspumpe wird durch einen Riemen angetrieben.

Wartungsarbeiten an der Lenkung

Manschetten des Lenkgetriebes kontrollieren: Die Zahnstange der Lenkung wird an beiden Enden mit einer schwarzen Manschette verschlossen, einem so genannten Faltenbalg. Diese müssen regelmäßig kontrolliert werden, da ein rissiger Faltenbalg Wasser, Staub oder Straßenschmutz in das Innere des Lenkgetriebes eindringen lässt. In Verbindung mit dem Schmiermittel der Lenkung wird dadurch eine Art Schleifpaste hergestellt, die zum Abrieb an der Zahnstange und an der Zahnstangenführung führt. Eine regelmäßige Kontrolle erspart Ihnen spätere Kosten.

Zur Kontrolle den Faltenbalg mit der Hand auseinanderziehen oder die Lenkung vollkommen einschlagen, sodass sich die Manschetten strecken können. Das Material sorgfältig auf Risse kontrollieren. Eine nicht mehr einwandfreie Manschette muss sofort erneuert werden.
Die Befestigungsschellen an den Enden der Faltenbälge müssen fest sitzen.

Staubschutzkappen und Spiel der Spurstangenköpfe prüfen: Die Spurstangengelenke an den äußeren Enden der Spurstangen bestehen aus Stahlkugelköpfen, die mit ein wenig Fett wartungsfrei in eine Kunststoffschale eingesetzt sind. Schutz vor Staub oder Feuchtigkeit gewährleistet in diesem Fall eine Gummikappe. Um den Gelenken eine lange Lebensdauer zu geben, muss man sie im Rahmen der Wartungsarbeiten kontrollieren.

- Die Staubschutzkappen ringsherum auf Rissstellen kontrollieren. Falls man diese feststellen kann, muss man die Spurstangenköpfe erneuern, wie es anschließend beschrieben wird.
- Die Gelenke kann man ebenfalls auf übermäßiges Spiel kontrollieren. Dazu das Fahrzeug vorn auf Böcke setzen und das Rad hin- und herbewegen. Ebenfalls kann man die Spurstange am Rohrstück erfassen und kräftig schütteln. Falls Sie einen Helfer zur Hand haben, erfassen Sie das Gelenk am Eingang in den Lenkhebel (Räder auf dem Boden) und lassen das Lenkrad hin- und herdrehen. Dadurch wird Spiel wird an den Gelenken angezeigt. Auch in diesem Fall das Spurstangengelenk erneuern.
- Die inneren Gelenke können in ähnlicher Weise kontrolliert werden, jedoch ist dies schwieriger. In diesem Fall muss jedoch die gesamte Spurstange erneuert werden.

Lenkungsspiel kontrollieren: Bei geöffneten Fester das Lenkrad erfassen und kurz hin- und herbewegen. Dabei das linke Vorderrad beobachten. Dieses muss sich sofort mit dem Lenkrad »mitbewegen«. Ist dies nicht der Fall, können die folgenden Defekte vorliegen:

- Spiel in der Zahnstange des Lenkgetriebes (in der Werkstatt einstellen lassen).
- Ausgeschlagene Spurstangengelenke außen oder innen (äußeres Gelenk erneuern, inneres mit der Spurstange erneuern).
- Ausgeschlagenes Kreuzgelenk an der Verbindung der Lenkwelle.

Aus- und Einbau der Lenkung

Wichtiger Hinweis: Vor dem Trennen der Lenksäule vom Ritzel der Zahnstange muss man das Lenkrad gegen Verdrehung sperren, wenn die Räder in Geradeausstellung stehen, um den unter dem Lenkrad sitzenden Schalter nicht zu beschädigen. Auch nach dem Ausbau des Lenkgetriebes darf das Lenkrad unter keinen Umständen verdreht werden. Wir schlagen vor, dass Sie das Lenkrad mit einem Stück Schnur festbinden.

Arbeiten an Fahrzeugen mit Airbag unterliegen dem Sprengstoffgesetz. Wir möchten darauf hinweisen, dass Sie nur Arbeiten an einer solchen Lenkung durchführen, wenn Sie einige Erfahrung haben.

Reparaturhinweis: Wir müssen darauf hinweisen, dass der vordere Nebenrahmen gelöst und ca. 10 cm abgesenkt

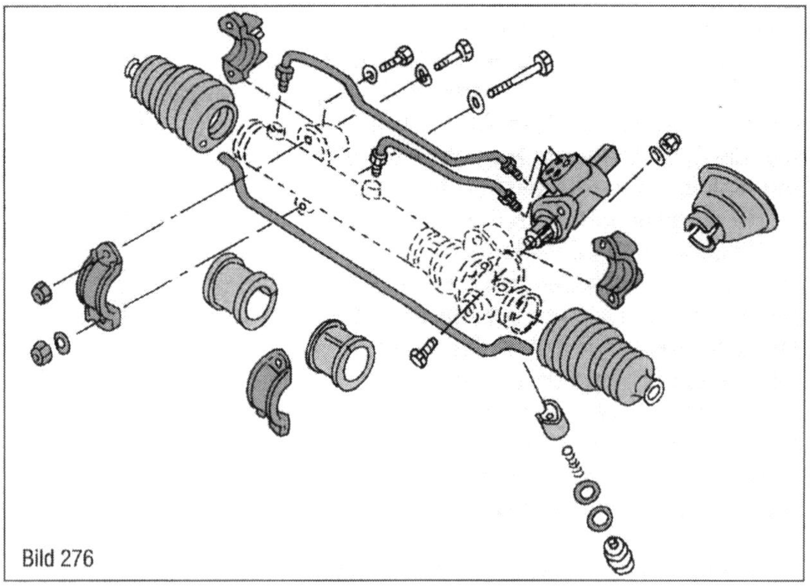

Bild 276

Bild 276
Die Einzelteile der Servolenkung zusammen mit den Befestigungsteilen.

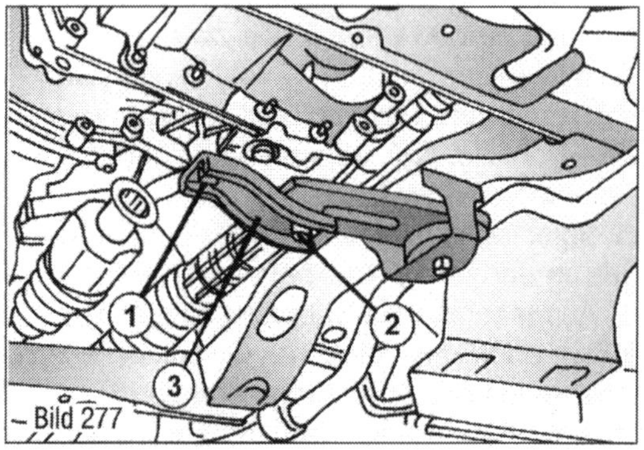

Bild 277
Zum Ausbau der Stütze an der Unterseite des Motors. Teile (1) bis (3) entsprechend der Beschreibung ausbauen.

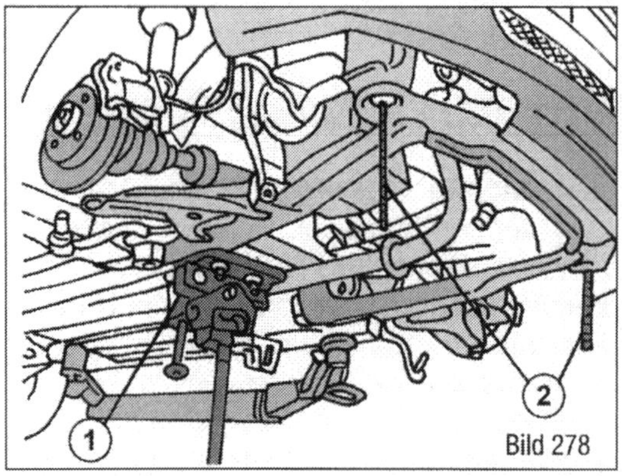

Bild 278
Zum Absenken des Nebenrahmens eine Hebevorrichtung (1) an der gezeigten Stelle ansetzen. Nach Lösen der Nebenrahmenschrauben die Stiftschrauben (2) wie gezeigt einschrauben.

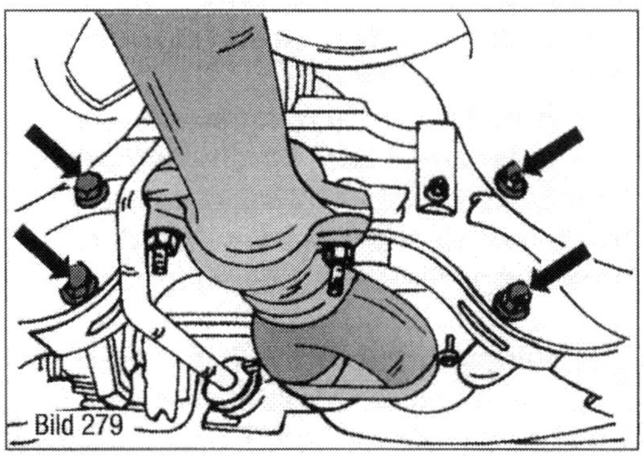

Bild 279
Die Pfeile weisen auf die Befestigungsschrauben der Servolenkung.

werden muss, um die Lenkung auszubauen. Der Nebenrahmen muss dabei in geeigneter Weise angehoben werden. Außerdem werden lange Stiftschrauben gebraucht, welche anstelle der vorderen Nebenrahmenschrauben eingeschraubt werden, wie es beschrieben wird. Bauen Sie die Lenkung nur aus, wenn Sie über einige Erfahrung verfügen.

Bild 276 zeigt, wie die Lenkung im Fahrzeug eingebaut ist. Ein Kugelbolzenabzieher ist zum Abdrücken der Spurstangenkugelgelenke erforderlich. Außerdem ist es von Vorteil, wenn man zwei Zwingen zur Verfügung hat, um die Lenkungsschläuche abzuklemmen. Dadurch wird ein Entleeren der kompletten Lenkungsanlage vermieden.

- Bei allen Fahrzeugen die Batterie abklemmen.
- Radschrauben lockern, die Vorderseite des Fahrzeuges auf Böcke setzen und die beiden Räder abnehmen. Die Verkleidungen in der Innenseite der Radkästen ausbauen und den Unterschutz unter dem Vorderwagen ausbauen.
- Die Verbindung des Auspuffrohres vom Auspuffkrümmer (Abgaskrümmer) trennen.
- Die Muttern der Spurstangenkugelgelenke entfernen und die Kugelgelenke mit einem geeigneten Abzieher (siehe Bild 263) von den Lenkhebeln abdrücken.
- Die Gummiabdeckung über der Lenkwellenverbindung zur Stirnwand zurückschieben (den Befestigungsclip zerschneiden) und die Klemmschraube des Kreuzgelenkes der Lenkwelle am Lenkritzel entfernen. Die Lage des Kreuzgelenks am Lenkritzel kennzeichnen (mit Farbe, falls möglich), um das richtige Verhältnis beim Einbau wieder herzustellen.
- Die beiden erwähnten Zwingen um die beiden vom Vorratsbehälter kommenden Flüssigkeitsschläuche legen und die Zwingen vorsichtig anziehen, bis die Schläuche zusammengeklemmt sind. Die Hochdruckleitungen können nicht zusammengequetscht werden.
- Die in Bild 277 gezeigten Teile ausbauen. Zuerst die Schraube (1) der Stütze (3) lockern, danach die Schraube (2) der Drehmomentstütze ausschrauben und danach die Stütze (3) herausnehmen.
- Einen Wagenheber mit einer geeigneten Hebevorrichtung an der in Bild 278 gezeigten Stelle unter die Rückseite des Neben-

rahmens untersetzen und den Rahmen anheben, bis er unter Spannung steht. Die beiden vorderen Schrauben werden jetzt herausgedreht und durch lange Stiftschrauben und Muttern entsprechend Bild 278 ersetzt. Die Schrauben anstelle der Befestigungsschrauben eindrehen und die Muttern fest anziehen.

- Den Kabelstecker von der Lambda-Sonde am Katalysator abziehen.
- Die motorseitige Schraube (1) der Drehmomentstütze in Bild 27 entfernen und danach die hinteren Schrauben des Nebenrahmens herausdrehen. Motor mit dem Getriebe nach vorn abkippen. Einen Holzklotz einschieben, um den Motor in dieser Lage zu halten.
- Die Hochdruckleitung (19-mm-Schlüssel) und die Niederdruckleitung (17-mm-Schlüssel) vom Zahnstangengehäuse abschließen. Dabei wird etwas Flüssigkeit auslaufen, welche man in geeigneter Weise auffangen muss. Die Mutter der Leitungsschelle lösen, um die Leitung freizulegen. Die offenen Enden der Leitungen sofort mit etwas Klebband verschließen, um Eindringen von Schmutz zu vermeiden.
- Den Wagenheber mit der Hebevorrichtung senken, bis die Lenkung frei ist und nach links herausgezogen werden kann. Die beiden Muttern der Stiftschrauben müssen entsprechend gelockert werden, bis sich der Nebenrahmen auf dieser Seite genügend weit gesenkt hat.
- Zwei Muttern des Wärmeschutzschildes auf der rechten Seite der Lenkungsbefestigung lösen und das Schild herausnehmen. Die vier Befestigungsschrauben der Lenkung am Nebenrahmen abschrauben und die Lenkung nach links herausnehmen. Bild 279 zeigt, wo die Schrauben der Lenkungsbefestigung sitzen.
- Die axialen Kugelgelenke an der Lenkungszahnstange dürfen nicht abmontiert werden, es sei denn, man muss sie erneuern (siehe nachfolgende Beschreibung).

Der Einbau der Lenkung geschieht in umgekehrter Reihenfolge wie der Ausbau, falls keine anderen Arbeiten durchgeführt wurden. Die Endstellung der Lenkung muss der ursprünglichen Lage entsprechen, um das Verhältnis zwischen Lenkrad, Kreuzgelenk und Lenkungsgehäuse beizubehalten. Die folgenden Punkte sind besonders zu beachten:

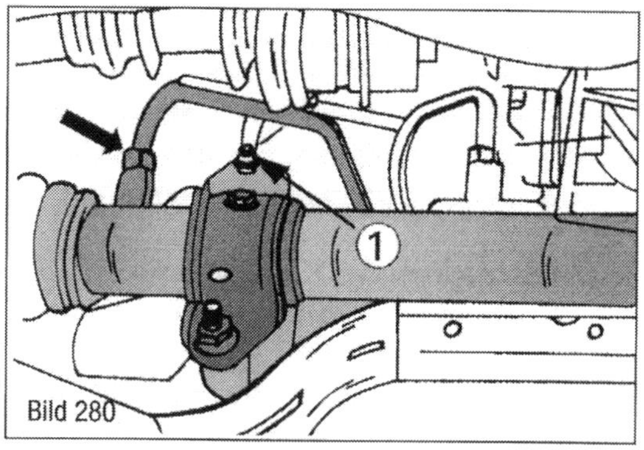

Bild 280
Die Pfeile zeigen, wo die beiden Leitungen an der Lenkung angeschlossen sind. Die Mutter (1) lösen, ehe die anderen Befestigungsschrauben herausgedreht werden.

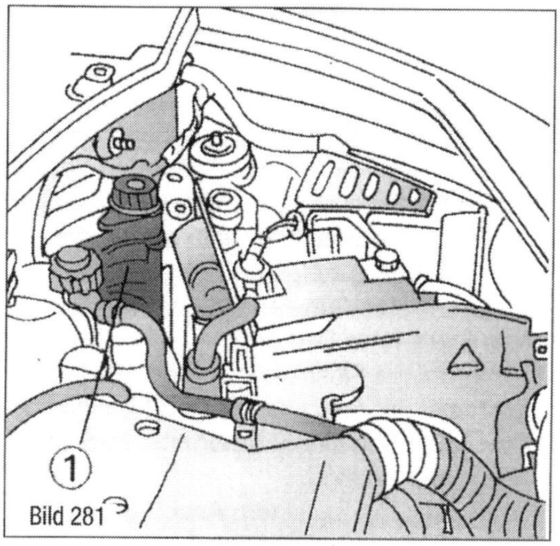

Bild 281
Der Vorratsbehälter für die Bremsflüssigkeit sitzt an der gezeigten Stelle.

- Den Nebenrahmen wieder in die richtige Lage heben und zuerst die hinteren Schrauben einsetzen und anziehen (105 Nm). Danach die Stiftschrauben/Muttern ausschrauben, die Nebenrahmenschrauben eindrehen und anziehen (105 Nm). Die Befestigungsschrauben der Lenkung mit 105 Nm anziehen.
- Die Leitungen zwischen Lenkungszylinder und Drehschieber und der Lenkung verlegen. Die Überwurfmuttern der Leitung einschrauben und handfest anziehen.
- Die rechte Lagerung zusammen mit der zum Lenkungszylinder führenden Leitung von der alten Lenkung abnehmen, die Lenkung in die richtige Lage setzen und die rechte Lagerung sowie die in Bild 280 gezeigte Schraube (1) an der Lenkung montieren.
- Die vier Befestigungsschrauben der Lenkung (Bild 279) einschrauben und gleichmäßig über Kreuz mit 50 Nm anziehen. Danach die Überwurfmuttern der Leitungen und die Schraube der rechten Lagerung anziehen.
- Die zum Drehschieber führenden Leitungen anschließen. Darauf achten, dass die Niederdruckleitung richtig verlegt wird. Die Überwurfmuttern anziehen.

Sichtprüfung Messen

■ Den Schlauch zwischen den beiden Leitungsenden anschließen und befestigen. Die verbleibenden Arbeiten in umgekehrter Reihenfolge durchführen, bis man die Zwingen der beiden Schläuche abgenommen hat.
■ Die Schrauben des Kreuzgelenkes mit 25 Nm, die Muttern der Spurstangengelenke mit 37 Nm anziehen, die Schraube (27) in Bild 36 mit 105 Nm anziehen. Nachdem das Fahrzeug wieder auf den Rädern aufsteht, die Räder mit 90 Nm anziehen.
■ Die Lenkungsanlage wird jetzt in folgender Weise gefüllt:
■ Den Vorratsbehälter mit der vorgeschriebenen Flüssigkeit füllen. Der Behälter hat eine »Maxi«- und eine »Mini«-Marke an der Außenseite. Beim anderen Vorratsbehälter muss die Flüssigkeit innerhalb der beiden mit den Pfeilen gezeigten Marken stehen. Bei den meisten Fahrzeugen sitzt der Behälter an Stelle (1) in Bild 281.
■ Empfohlene Flüssigkeiten sind Elf Renault Matic D2 oder Mobil ATF 220, Flüssigkeiten, wie sie in einem automatischen Getriebe eingefüllt sind.
■ Die Lenkung aus einem Anschlag in den anderen drehen (das Fahrzeug muss immer noch aufgebockt sein) und, falls erforderlich, weitere Flüssigkeit nachfüllen.
■ Fahrzeug auf den Boden ablassen, den Motor starten und das Lenkrad erneut aus einem Anschlag in den anderen drehen. Diese Drehbewegungen durchführen, bis der Spiegel im Vorratsbehälter nicht weiter abfällt. Die Kappe wieder aufschrauben.
■ Nach fertigem Einbau die Einstellung der Radspur kontrollieren, wie es später beschrieben wird.

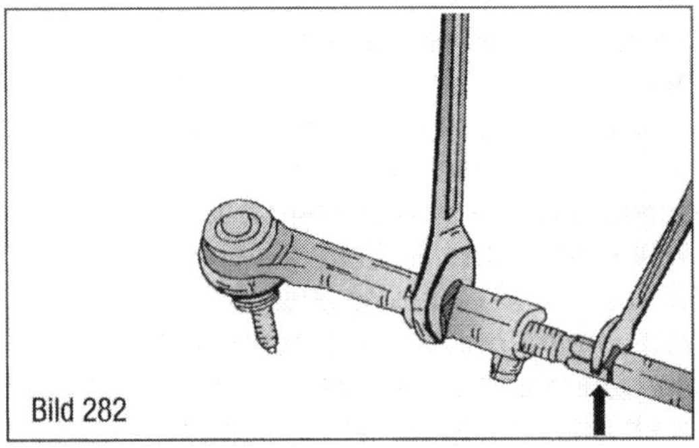

Bild 282

Bild 282
Abdrücken eines Spurstangengelenks. Der Abzieher kann durch einen normalen Kugelbolzenabzieher ersetzt werden. Die Mutter vom Bolzen abschrauben, bis die Fläche bündig mit dem Ende des Gewindes abschneidet (schützt das Gewinde).

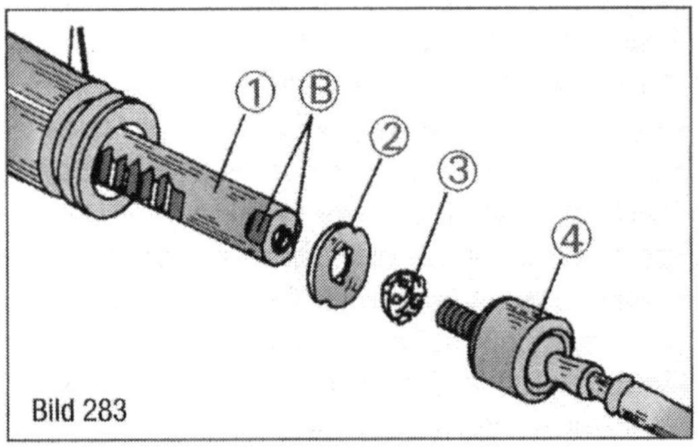

Bild 283

Bild 283
Die Teile auf jedem Ende der Spurstange.
1 Zahnstange
2 Anschlagscheibe
3 Sicherungsblech
4 Kugelgelenkgehäuse
B Fläche an der Zahnstange

Reparatur der Lenkung

Falls die Lenkung erneuert werden soll, müssen die beiden Spurstangenköpfe und die inneren Kugelgelenke ausgetauscht werden:
■ Spurstange mit Schutzbacken in einen Schraubstock einspannen.
■ Einen Gabelschlüssel an der Zahnstange an der in Bild 282 gezeigten Stelle ansetzen, um das Kugelgelenk gegen Mitdrehen zu sichern. Das Kugelgelenk mit einem zweiten Gabelschlüssel abschrauben, wie es im Bild gezeigt ist.
■ Kugelgelenk abschrauben, aber gleichzeitig die Anzahl der dazu erforderlichen Umdrehungen zählen. Diese seitenmäßig aufschreiben.
■ Um die inneren Kugelgelenkgehäuse auszubauen, die Lenkmanschetten entfernen und das Sicherungsblech zurückbiegen, welches das Kugelgelenkgehäuse an der Zahnstange hält. Die Zahnstange mit einem Gabelschlüssel gegenhalten und das Gelenkgehäuse abschrauben.
■ Sicherungsblech, Anlaufscheibe und die Anschlagscheibe der Reihe nach vom Ende der Zahnstange entfernen. Bild 283 zeigt die auf der Zahnstange angebrachten Teile.
■ Neue Teile in der in Bild 283 gezeigten Reihenfolge anbringen. Falls möglich das Gewinde in der Innenseite der Zahnstange mit einem M12 x 100-Gewindeschneider nachschneiden, um altes Gewindesicherungsmittel zu entfernen. Das Gewinde des Spurstangenendes/Kugelgehäuses danach mit »Loctite«-Gewindesicherungsmittel einschmieren.
■ Die Kugelgelenkgehäuse müssen mit 50 Nm angezogen werden. Da normalerweise Spezialwerkzeuge verwendet werden, um einen Drehmomentschlüssel anzusetzen, ist es wichtig, dass man das Drehmoment richtig einschätzt, wenn die Gehäuse auf andere Weise angezogen werden.
■ Das Sicherungsblech in den Schlitz jedes Kugelgelenkgehäuses einbiegen, nachdem die Gelenkgehäuse angezogen sind.

■ Jeden Spurstangenkopf um die gleiche Anzahl Umdrehungen wie beim Ausbau wieder einschrauben. Die Kontermuttern noch nicht anziehen, da die Vorspur geprüft und, falls erforderlich, eingestellt werden muss.

Erneuerung der Spurstangenköpfe

Die Spurstangenköpfe können bei eingebauter Lenkung erneuert werden, falls sie ausgeschlagen sind und die Lenkung noch in gutem Zustand ist.

■ Radbolzen lösen, die Vorderseite des Fahrzeuges auf Böcke setzen und das Vorderrad auf der betreffenden Seite abschrauben.

■ Unter Bezug auf Bild 284 das innere Kugelgelenk (1) am inneren Ende der Spurstange mit einem Gabelschlüssel gegenhalten und die Kontermutter der Spurstange (2) lockern.

■ Die Mutter des Kugelbolzens des Spurstangengelenks abschrauben und die Gelenkverbindung in der in Bild 282 gezeigten Weise trennen.

■ Das Spurstangengelenk unter genauer Zählung der Umdrehungen von der Spurstange abschrauben und notieren (man kann dies leicht vergessen).

■ Das neue Spurstangengelenk um die gleiche Anzahl Umdrehungen auf die Spurstange aufschrauben und den Kugelbolzen wieder am Lenkhebel anschließen. Die Mutter mit 37 Nm anziehen.

■ Das innere Kugelgelenk (1) in Bild 284 mit dem Gabelschlüssel gegenhalten und die Kontermutter (2) mit 50 Nm anziehen.

■ Die Vorspur sollte abschließend ausgemessen werden.

Einstellen der Lenkung

Falls die Lenkung geräuschvoll ist, könnte es sein, dass die so genannte Flatterbremse (die Teile auf der rechten Seite von Bild 276) nicht länger den vorgeschriebenen Druck auf die Zahnstange ausübt. Ehe man sich entschließt eine neue Lenkung einzubauen, raten wir Ihnen, dass sie sich an eine Werkstatt wenden, da diese die Lenkung bis zu einem gewissen Ausmaß nachstellen kann. Ist der Verschleiß bereits zu weit fortgeschritten, muss die Lenkung erneuert werden.

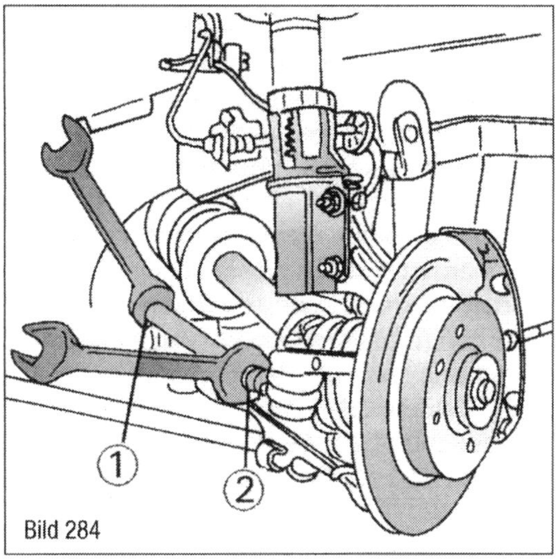

Bild 284

Bild 284
Aus- und Einbau eines Spurstangenkugelgelenks.
1 Gabelschlüssel
2 Kontermutter

Lenkrad und Lenksäule

Arbeiten an Fahrzeugen mit Airbag unterliegen dem Sprengstoffgesetz. Wir möchten darauf hinweisen, dass Sie nur Arbeiten an einem Fahrzeug mit Airbag durchführen, wenn Sie einige Erfahrung mitbringen.

Alle Fahrzeuge sind mit einer zusammenstauchbaren Lenkwelle, einer Lenkradwelle und einer Lenksäulenwelle versehen. Die Lenksäule als solche bildet eine Einheit, die man nicht in ihre Einzelteile zerlegen kann. In sehr seltenen Fällen ist es möglich, dass sich die Klemmschraube des Kreuzgelenks nicht länger einschieben lässt, da die am Lenkritzel angeschlossene Welle nicht mehr die ursprüngliche Länge hat.
Da Arbeiten an der Lenkung zwecks Fahrsicherheit immer mit der größten Sorgfalt

Bild 285
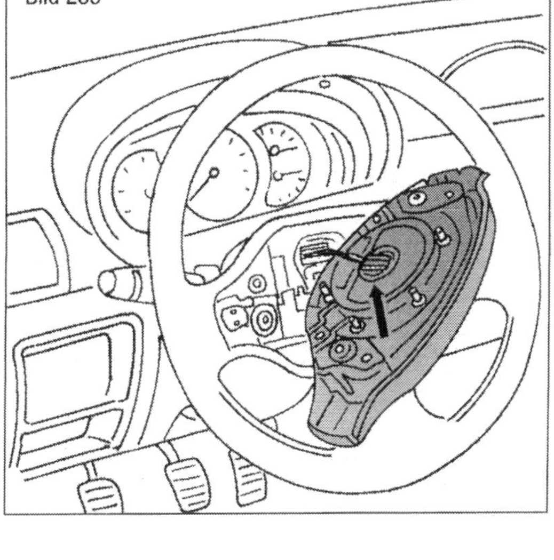

Bild 285
Zum Ausbau des Airbags. Den Airbag in die gezeigte Lage bringen und den Kabelstecker an der Pfeilstelle abziehen.

durchzuführen sind, raten wir Ihnen, die Lenksäule in der Werkstatt erneuern zu lassen. Die Lenksäule muss eine bestimmte Länge haben, die Ihre Werkstatt bei dieser Gelegenheit auch ausmessen kann.
Zur Erneuerung der Lenksäule muss praktisch das gesamte Armaturenbrett ausgebaut werden und aus diesem Grund, verbunden mit den Einschränkungen des eingebauten Airbags, sehen wir von einer Beschreibung des Aus- und Einbaus ab.

- Die beiden Kabel von den Polen der Batterie abschrauben, die Polklemmen herunterziehen und die Kabel gut zur Seite legen.
- Bei einem Fahrzeug ohne Airbag die Abdeckung in der Mitte des Lenkrades ausbauen. Diese ist nur eingeclipst.
- Bei einem Fahrzeug mit Airbag von der Rückseite des Lenkrades aus zwei Schrauben herausdrehen. Dazu wird ein Torx-Kopf-Schlüsseleinsatz der Größe T30 gebraucht. Den Airbag vorsichtig nach vorn ziehen, wie es in Bild 285 zu sehen ist. In der Mitte befindet sich ein Kabelstecker (Pfeilstelle), welche man abziehen muss.
- Bei allen Ausführungen das Lenkrad in die Mittelstellung drehen (Räder in Geradeausstellung) und die Schraube in der Mitte des Lenkrades herausdrehen. Dabei das Lenkrad an der Felge gegenhalten.
- Das Lenkrad durch Hin- und Herbewegung herunterziehen.

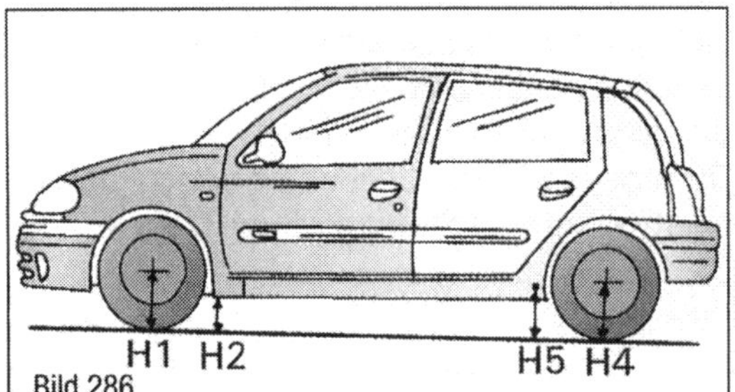

Bild 286

Bild 286
Die Messstellen zur Kontrolle der Sturz- und Nachlaufwerte. Gemessen wird zwischen den Pfeilstellen. Maße »H2« und »H5« werden an den genannten Stellen gemessen.

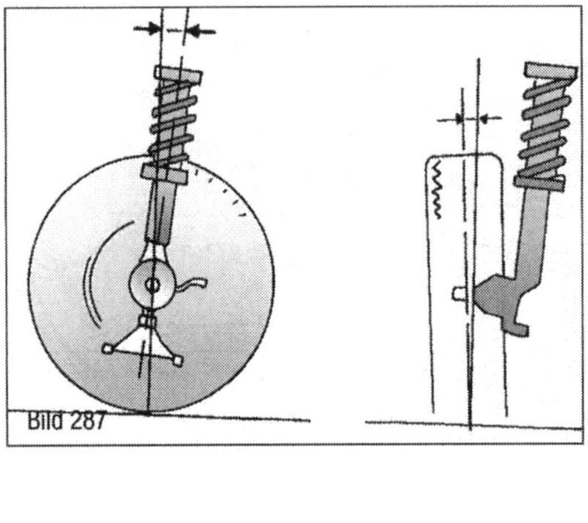
Bild 287

Bild 287
Darstellung des Nachlaufwinkels auf der linken Seite und des Sturzwinkels auf der rechten Seite.

Der Einbau geschieht in umgekehrter Reihenfolge wie der Ausbau. Die Schraube des Lenkrades immer erneuern, da sie nicht ein zweites Mal verwendet werden kann. Schraube mit 45 Nm anziehen. Die Torx-Kopf-Schrauben des Airbags werden nur leicht angezogen (5 Nm). Nach dem Einbau kontrollieren, dass die Räder in der Geradeausstellung stehen, wenn das Lenkrad in der Mittelstellung steht.

Lenkungsmittelpunkt

Die Stellung muss bei bestimmten Arbeiten, z. B. beim Einstellen der Vorspur oder bei Montage des Lenkrades, in die Mittelstellung gebracht werden. Falls dies verlangt wird, sind die folgenden Arbeiten durchzuführen:

- Lenkrad in einen Einschlag drehen und die Oberseite des Lenkrades mit einem Bleistift anzeichnen.
- Das Lenkrad in den entgegengesetzten Einschlag drehen, während die Anzahl der Umdrehungen gezählt wird.
- Das Lenkrad genau um die Hälfte der gezählten Umdrehungen zurückdrehen.
- Die Lenkung steht jetzt in der Mittelstellung (Spureinstellung, Lenkradmittelstellung).

Vorderradeinstellung

Die Einstellung der Vorderräder muss auf ebenem Boden in der angeführten Reihenfolge durchgeführt werden, da die Einstellwerte miteinander verbunden sind:

1. Nachlauf
2. Spreizung
3. Sturz

Nachlauf
Der Nachlauf hängt von der Wagenhöhe des Fahrzeuges ab, sodass es zuerst erforderlich ist diese auszumessen. Dazu die Höhen »H2« und »H5« in Bild 286 ausmessen und den Unterschied zwischen den beiden gefundenen Werten ausrechnen. Die Höhen werden von einem ebenen Boden bis zu den gezeigten Stellen ausgemessen.
Aus diesen Werten ergeben sich die Nachlaufwerte. Da diese bei den verschiedenen Höhen unterschiedlich sind, werden sie in der Maß- und Einstelltabelle angegeben.

Der Nachlaufwinkel ist nicht bei allen Fahrzeugen gleich.
Bei der Kontrolle des Nachlaufs muss das Fahrzeug leer, d. h. im Betriebszustand sein. Der Nachlauf kann nicht eingestellt werden. Zur Kontrolle des Nachlaufs können handelsübliche Geräte benutzt werden, jedoch ist den Anweisungen des Geräteherstellers genau zu folgen. Falls der Wert bei einer bestimmten Höhe nicht stimmt, oder der Unterschied zwischen den beiden Seiten beträgt mehr als 1°, muss die Vorderradaufhängung auf Verzug oder Beschädigung kontrolliert werden.
Es passiert öfters, dass man die Ausdrücke »Nachlauf« und »Sturz« verwechselt. Aus diesem Grund sollte man sich Bild 287 ansehen. Links ist der Nachlauf, rechts ist der Sturz gezeigt.

Spreizung
Die Spreizung kann mit handelsüblichen Geräten ausgemessen werden, lässt sich jedoch nicht einstellen. Die Messung erfolgt bei unbelastetem (unbeladenem) Fahrzeug. Der Spreizungswinkel ist in der Maß- und Einstelltabelle angegeben, mit einer Toleranz von plus oder minus 30' (Minuten). Wie beim Nachlauf ändert sich der Winkel mit der Höhe der Vorderradaufhängung, jedoch muss in diesem Fall der Unterschied zwischen den Höhen »H1« und »H2« errechnet werden. Wiederum sollte die angegebene Tabelle dabei helfen. Bei der Ermittlung des Richtwerts wird das Maß »H2« vom ermittelten Maß »H1« abgezogen. Falls der Unterschied zwischen der rechten und linken Seite mehr als 1° beträgt, ist etwas verzogen. Die Spreizung ist nicht bei allen Fahrzeugen gleich.

Sturz
Den Sturz der beiden Vorderräder mit einer Sturzlehre ermitteln. Beim Messen muss das Fahrzeug unbelastet sein. Wie beim Nachlauf verändert sich der Sturz mit der Höhe der Vorderradaufhängung. Bei dieser Messung die Höhen »H1« und »H2« in Bild 286 ausmessen. Höhe »H2« wird von einem ebenen Boden bis zur Unterseite des Seitenträgers in Höhe der Radnabe an der Fläche (1) in Bild 288 gemessen. Höhe »H1« wird von der Mitte der Radnabe bis zum Boden ausgemessen. Das Maß »H2« vom Maß »H1« abziehen und aus den erhaltenen Werten den Sturz mit den in der Maß und Einstelltabelle angegebenen Werten vergleichen. Wiederum sind einige Unterschiede in der Vorderradgeometrie entsprechend des eingebauten Motors zu beachten.
Der Sturz kann nicht eingestellt werden. Liegen die Werte einschließlich einer Plus- oder Minustoleranz von 30' (Minuten) außerhalb der Grenzen oder der Unterschied zwischen der linken und der rechten Seite beträgt mehr als 1°, sollte man den Vorderwagen fachmännisch ausmessen lassen. In den meisten Fällen ist ein Teil der Vorderradaufhängung verzogen. Ein hartes Auffahren auf einen Bordstein zum Beispiel kann unter unglücklichen Verhältnissen bereits zu Verzug führen.

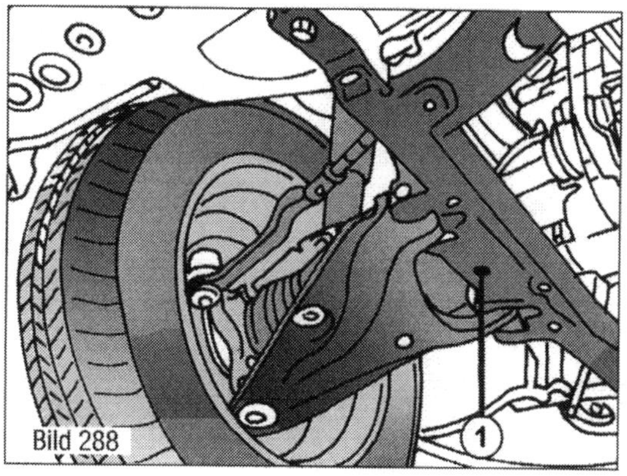

Bild 288
An der Vorderseite das Maß »H1« in Bild 286 von ebenem Boden bis zur Pfeilstelle (1) ausmessen.

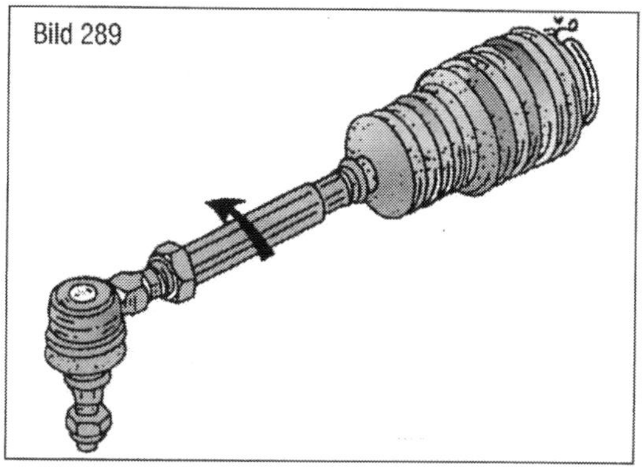

Bild 289
Einstellen der Vorspur der Vorderräder. Die Spurstange in Pfeilrichtung verdrehen, um Nachspur zu erhalten.

Spureinstellung
Übermäßige Nachspur der Vorderräder kann an Verschleiß an den Innenseiten der Reifen erkannt werden; Verschleiß an den Außenseiten der Reifen lässt übermäßige Vorspur erkennen.
Die Spureinstellung der Vorderräder kann nur mit den vorgeschriebenen Geräten genau kontrolliert werden, da es wichtig ist, dass die Räder genau parallel mit der Fahrzeugachse stehen. Falls es jedoch unumgänglich ist, dass man die Spureinstellung überprüfen muss, kann man notfalls eine gewöhnliche Spurlehre, ein so genanntes Spurmaß verwenden:

Sichtprüfung Messen

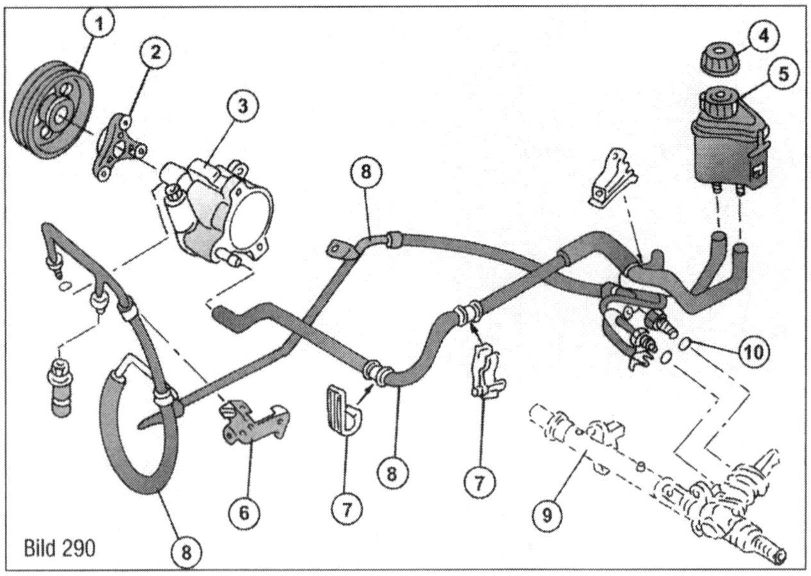

Bild 290

Bild 290
Die Teile der hydraulischen Anlage der mechanischen Servolenkung.
1 *Riemenscheibe*
2 *Nabe der Lenkhilfspumpe*
3 *Lenkhilfspumpe*
4 *Verschlussverschraubung*
5 *Flüssigkeitsvorratsbehälter*
6 *Halter*
7 *Leitungsschelle*
8 *Flüssigkeitsschlauch/ Leitung*
9 *Servolenkung*
10 *Dichtring*

■ Vorderräder in die Geradeausstellung bringen. Da der Mittelpunkt der Lenkung genau gefunden werden muss, den bereits gegebenen Anweisungen folgen. Von der Vorderseite des Fahrzeuges aus kontrollieren, ob eines der Räder einen Winkel mit dem anderen Rad bildet. Falls dies nicht der Fall ist, kann man die Spur ausmessen.
■ Das Spurmaß gegen die Vorderkanten der Radfelgen in Höhe mit den Radnaben ansetzen und das Spurmaß auf Null stellen.
■ Die Ansatzstellen der Messstifte an der Felge mit Kreide anzeichnen.
■ Fahrzeug um eine halbe Umdrehung der Vorderräder nach vorn schieben, bis die Kreidezeichen an den Felgen sich an der Rückseite befinden, wiederum in der Höhe der Radnaben.
■ Spurmaß hinter den Felgen an den Kreidestellen ansetzen und den angezeigten Wert ablesen. Dieser kann entweder größer an der Vorderseite (Nachspur) oder an der Rückseite (Vorspur) sein.
■ Falls der angezeigte Wert nicht innerhalb 1,0 mm ± 1,0 mm Nachspur beträgt (die Räder stehen vorn weiter auseinander), die Mutter der Spurstange in Bild 289 an der Außenseite mit einem Gabelschlüssel lockern. Darauf achten, dass sich die Gummimanschette an der Innenseite leicht mitdrehen kann, und das Rohr der Spurstange in die erforderliche Richtung drehen. Wird die Spurstange in die durch den Pfeil angezeigte Richtung gedreht, erhält man Nachspur. Beide Spurstangen müssen um den gleichen Wert verstellt werden. Eine komplette Umdrehung der Spurstange ändert die Spureinstellung um 3,0 mm. Die Kontermutter nach der Einstellung wieder anziehen (50 Nm).

Bei ständigem Reifenverschleiß den Vorderwagen fachmännisch vermessen lassen, da irgendetwas nicht stimmt.

Lenkhilfspumpe

Obwohl es sehr selten vorkommen wird, dass man eine Lenkhilfspumpe erneuern muss (sie haben eine lange Lebensdauer), könnte es vorkommen, dass man die Pumpe ausbauen muss, um an andere Teile im Motorraum zu kommen. Die Anschlussweise der Lenkhilfspumpe, der Lenkung und der damit verbundenen Leitungen und Schläuche sind in Bild 290 gezeigt. Die Arbeiten sind unterschiedlich bei Fahrzeugen mit und ohne Klimaanlage. Die folgenden Anweisungen sind deshalb nur als Richtlinie gedacht und beziehen sich nur auf Fahrzeuge ohne Klimaanlage.

Fahrzeuge ohne Klimaanlage
■ Batterie abschließen.
■ Fahrzeuge vorn auf Böcke setzen, das rechte Vorderrad abnehmen und das Spritzblech in der Innenseite des Radkastens abschrauben.
■ Den rechten Scheinwerfer ausbauen.
■ Das Kühlergitter ausbauen. Dazu jeweils auf jeder Seite drei Schrauben herausdrehen. Zwei sitzen neben dem Scheinwerfer, die dritte etwas weiter entfernt zur Mitte zu.
■ Die Schrauben vom oberen Querträger an der Unterseite lösen und den Querträger herausnehmen.
■ Antriebsriemen der Aggregate ausbauen (siehe Kapitel »Kühlanlage«).
■ Den Kabelstecker vom Druckschalter der Lenkung abziehen.
■ Schläuche jeweils mit einer Zwinge zusammendrücken, um die Flüssigkeit in der Anlage zu halten, und die Schläuche abschließen. Die unter der Pumpe liegende Drehstromlichtmaschine mit einem dicken Lappen abdecken.
■ Die hinter der Pumpe sitzende Kraftstoffleitung vom Kraftstoffverteilerrohr lösen, um an die dahinter sitzende Schraube zu kommen. Die an der in Bild 291 gezeigten Stelle sitzende Schraube mit einem Torx-Kopf-Steckeinsatz (T40) herausdrehen.

■ Die vier Schrauben der Pumpe entsprechend Bild 292 lösen und die Pumpe herausnehmen. Eine der Schrauben ist von der Rückseite (rechter Pfeil) eingesetzt.

■ Falls eine neue Pumpe eingebaut werden soll, muss man die Riemenscheibe abschrauben und übertragen. Die Riemenscheibe muss von der Welle heruntergezogen werden. Vor dem Abziehen jedoch das Maß von der Außenseite der Riemenscheibe bis zum Ende der Welle ausmessen, damit man die Riemenscheibe in gleicher Weise wieder auf die neue Pumpe aufbringen kann.

■ Der Einbau der Pumpe geschieht in umgekehrter Reihenfolge wie der Ausbau. Die Pumpenschrauben mit 20 Nm. Den Antriebsriemen montieren, wie es im Kapitel »Kühlanlage« beschrieben wurde.

■ Abschließend die Lenkungsanlage mit der vorgeschriebenen Flüssigkeit füllen (oder den Flüssigkeitsspiegel im Vorratsbehälter berichtigen) und die Anlage entsprechend der Beschreibung beim Einbau der Lenkung entlüften.

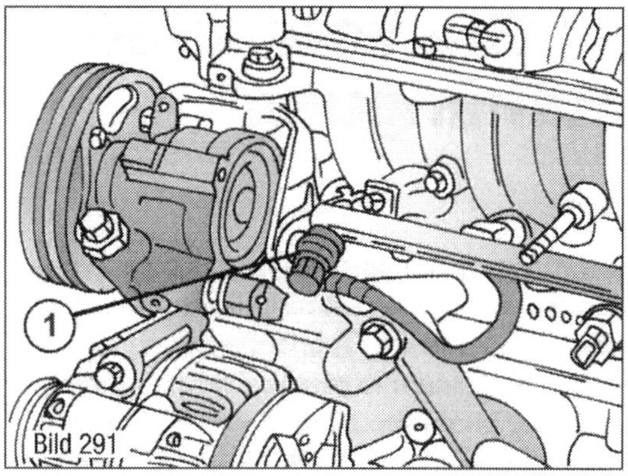

Bild 291
Eine Befestigungsschraube (1) der Lenkhilfspumpe sitzt an der gezeigten Stelle oberhalb der Lichtmaschine. Die Kraftstoffvorlaufleitung muss vom Verteilerrohr abgeschlossen werden, um an die Schraube zu kommen.

Bild 292
Die Befestigungsschrauben der Lenkhilfspumpe sind mit den Pfeilen gezeigt.

11 Die Vorderradaufhängung

Die Vorderradaufhängung setzt sich aus Federbeinen mit koaxialen Stoßdämpfern, doppelseitigen unteren Querlenkern, Schraubenfedern und einem Kurvenstabilisator zusammen. Die Schraubenfedern sind für das betreffende Fahrzeugmodell ausgewählt worden und nur zwei Federn mit der gleichen Farbkennzeichnung dürfen eingebaut werden.

Die Radschrauben werden mit 90 Nm angezogen. Bei den Arbeitsbeschreibungen wird dies nicht erneut erwähnt.

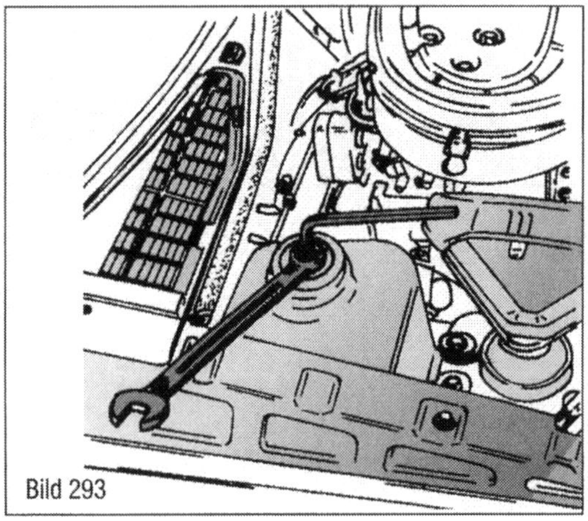
Bild 293

Bild 293
Lösen oder Anziehen der Mutter in der Mitte der oberen Federbeinlagerung. Ein Innensechskantschlüssel (Inbusschlüssel) wird in das Ende der Kolbenstange eingesetzt, während man die Mutter mit einem Ringschlüssel lockert.

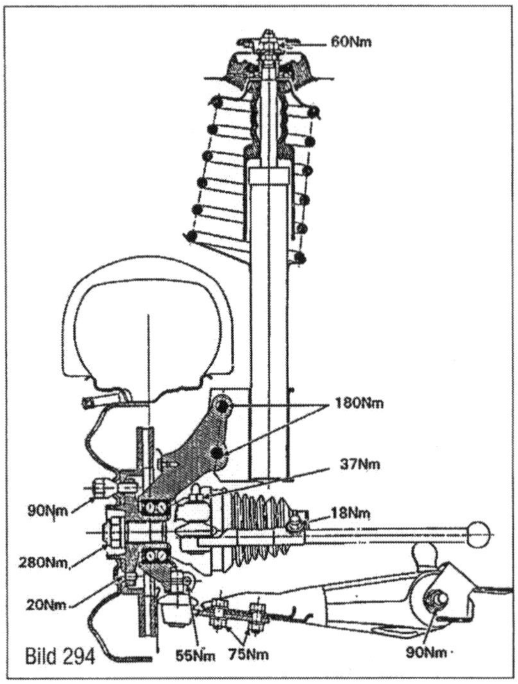

Bild 294

Bild 294
Schnitt durch eine Seite der Vorderradaufhängung mit den wichtigen Anzugsdrehmomenten.

Wartungsarbeiten an der Vorderachse

Die Achsgelenke an der Vorderachse zwischen den Querlenkern und dem Radlagergehäuse (auch Achsschenkel genannt) sind wartungsfrei. Zum Schutz gegen Eindringen von Schmutz oder Nässe dienen Staubschutzkappen. Eingedrungener Staub führt zum Abrieb, eingedrungene Feuchtigkeit führt im Laufe der Zeit zu Rostbildung. Im Rahmen der Routine-Wartungsarbeiten sollte man die Gelenke deshalb in folgender Weise kontrollieren:

- Das Fahrzeug vorn auf Böcke setzen und die Lenkung nach einer Seite einschlagen.

Die Staubschutzkappen rechts und links auf Einschnitte, Risse, usw. kontrollieren. Eine schadhafte Staubschutzkappe muss zusammen mit dem Gelenk erneuert werden. Abgesehen davon, dass es keine Kappen als Ersatzteil gibt, könnte bereits Schmutz oder Wasser eingedrungen sein, sodass die Gelenke bereits verschlissen sind.

Federbein – Aus- und Einbau

Der folgende Text beschreibt den Ausbau des kompletten Federbeins zusammen mit dem unteren Querlenker und der Antriebswelle. Im Allgemeinen ist diese Ganzarbeit

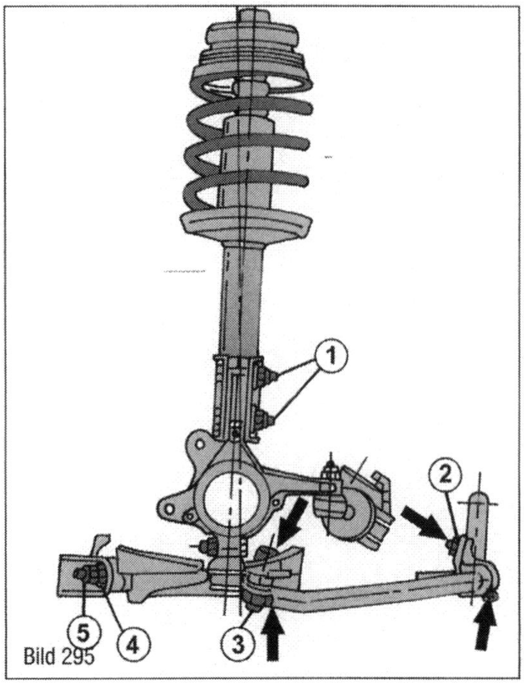

Bild 295

Bild 295
Schnitt durch die Befestigung des Kurvenstabilisators an der Unterseite der Radaufhängung. Zum Anziehen des Stabilisatorlagers am Querlenker muss die Verbindung an der oberen Pfeilstelle nach unten und an der unteren Pfeilstelle nach oben gedrückt werden. In ähnlicher Weise die Lagerung auf der rechten Seite zusammenziehen.
1 180 Nm
2 30 Nm
3 140 Nm
4 110 Nm
5 90 Nm

nur erforderlich, falls Karosserieschäden entstanden sind. Alle anderen am Federbein montierten Teile können getrennt ausgebaut werden; die betreffenden Arbeiten werden ebenfalls beschrieben. Beim Ausbau folgendermaßen vorgehen:

■ Fahrzeug vorn auf Böcke setzen und das Rad abschrauben. Falls das Federbein zerlegt werden soll, muss die Achswellenmutter gelockert werden, solange das Rad auf dem Boden aufsteht.

■ Den Bremssattel abschrauben und mit einem Stück Draht an der Karosserie festbinden. Nicht den Sattel am Schlauch herunterhängen lassen. Falls ABS eingebaut ist, müssen der Kabelstecker abgezogen und das Kabel an der Unterseite des Federbeins gelöst werden.

■ Die Mutter des Spurstangengelenks lösen und das Spurstangengelenk mit einem geeigneten Abdrücker trennen (siehe Bild 263).

■ Die Antriebswelle aus dem Getriebe befreien, wie es für die betreffende Welle im Kapitel »Antriebswellen« beschrieben wurde.

■ Kurvenstabilisator von der Befestigung am Querlenker lösen (Muttern).

■ Mutter und Schraube des Querlenkers an der Innenseite lösen und die Schraube vorsichtig herausschlagen.

■ Das Federbein ist in der Innenseite des Motorraums an der Innenseite des Kotflügels befestigt. Eine einzelne Mutter wird zur Befestigung benutzt, die man in der in Bild 293 gezeigten Weise lockert und abschraubt.

■ Das gesamte Federbein mit allen daran angebrachten Teilen herausheben.

Der Einbau geschieht in umgekehrter Reihenfolge wie der Ausbau unter Beachtung der folgenden Punkte:

■ Das Federbein in die obere Führung einsetzen und die Mutter fingerfest anziehen.

■ Den Querlenker in die Lagerung an der Innenseite einsetzen, die Schraube von der Außenseite auf einer Seite des Querlenkers und die Schelle für die Gummimetallbüchse auf der anderen Seite montieren. Die Schrauben nur fingerfest anziehen.

■ Antriebswelle entsprechend den Anweisungen im Kapitel »Antriebswellen« anschließen.

■ Spurstange anschließen und die Mutter mit 37 Nm anziehen. Eine neue Mutter muss verwendet werden.

■ Das Fahrzeug auf den Boden ablassen und die Querlenkerbefestigung sowie das Federbeinlager an der Oberseite auf das vorgeschriebene Anzugsdrehmoment anziehen. Die Mutter in Bild 293 wird mit 44 Nm angezogen. Die anderen Anzugsdrehmomente sind in den Bildern 294 und 295 für die Federbeine gezeigt.

■ Falls erforderlich die Bremsen entlüften (wenn der Bremsschlauch abgeschlossen wurde).

■ Achswellenmutter mit 280 Nm anziehen, falls sie während des Ausbaus gelockert wurde.

Zerlegung des Federbeins

Die folgende Beschreibung befasst sich mit dem Zerlegen eines Federbeins, wenn dieses wie soeben beschrieben aus dem Fahrzeug ausgebaut wurde. Bild 294 zeigt eine Schnittansicht des Federbeins mit allen dazugehörigen Teilen auf einer Seite und kann beim Zerlegen und Zusammenbau hinzugezogen werden. Das Bild zeigt ebenfalls die geltenden Anzugsdrehmomente. Bild 295 zeigt eine Ansicht von einer anderen Seite.

Querlenker

■ Die Antriebswelle aus dem Achsschenkel ausbauen.

■ Um den Querlenker vom Achsschenkel zu lösen, die Mutter und Klemmschraube des Querlenkers an der Außenseite lösen (2, Bild 296) und den Lenkerarm abnehmen. Die Schraube ist in eine Rille des Kugelgelenkschaftes eingesetzt, muss also vollkommen ausgeschlagen werden. Andernfalls kann man auch die beiden Schrauben und Muttern lösen, die den Querlenker mit der Kugelge-

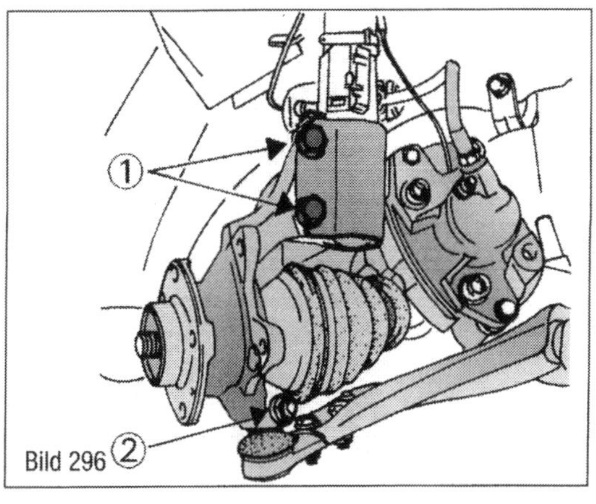

Bild 296 Befestigung des Federbeins. Mit den Schrauben (1) wird es am Achsschenkel gehalten (18 Nm), mit der Klemmschraube (2) am unteren Querlenker (55 Nm).

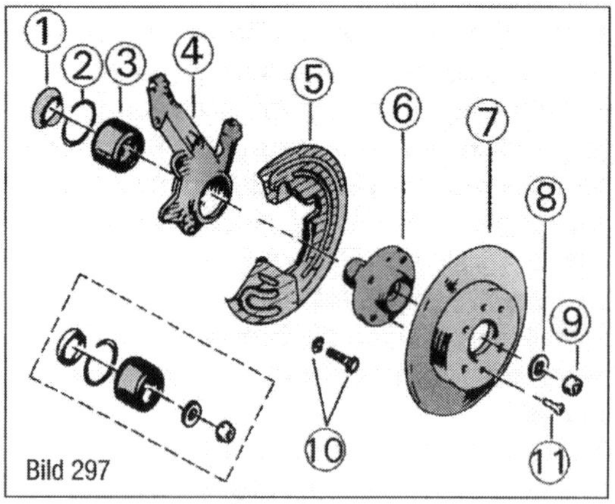

Bild 297

Bild 297
Montagebild eines Radlagers. Im Ausschnitt ist der Reparatursatz gezeigt.
1 Lagerlaufring
2 Lagersprengring
3 Radlager
4 Achsschenkel
5 Spritzblech
6 Radnabe
7 Bremsscheibe
8 Unterlegscheibe
9 Achswellenmutter
10 Schraube, Federring (Spritzblech)
11 Bremsscheibenschraube

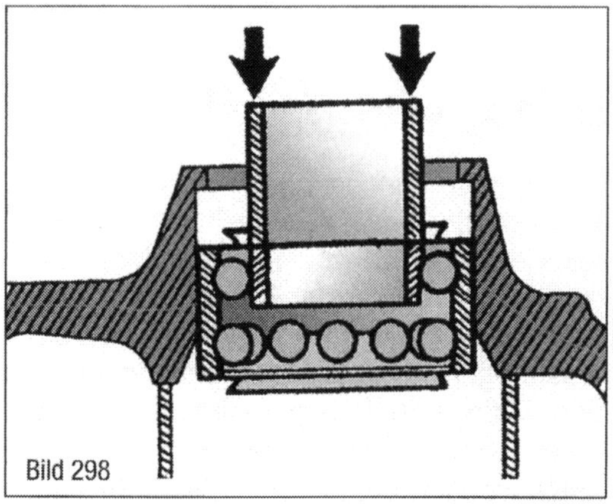

Bild 298

Bild 298
Auspressen des äußeren Lagerringes der Radlager aus dem Achsschenkel (Radlagergehäuse).

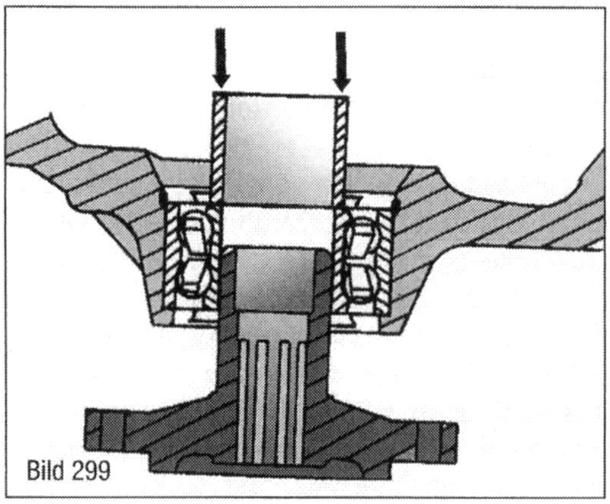

Bild 299

Bild 299
Einbau des Lagergehäuses (Achsschenkels) über die Radnabe. Ein Stück Rohr mit den angegebenen Abmessungen an den Pfeilstellen ansetzen.

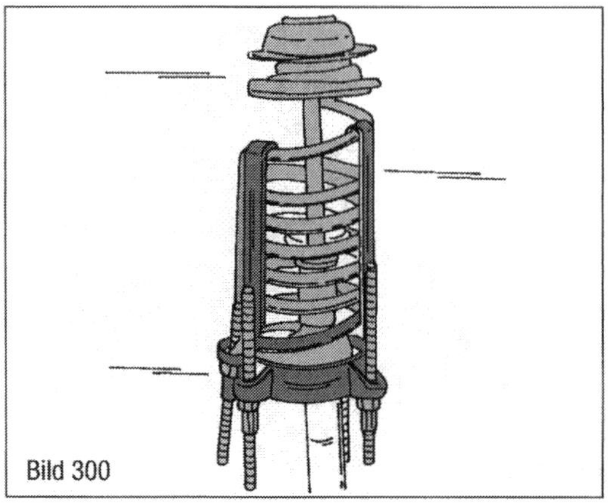

Bild 300

Bild 300
Verwendung eines Federspanners zum Zusammendrücken einer Schraubenfeder. Das nächste Bild zeigt einen Federspannhakensatz, welcher sich ohne Probleme verwenden lässt.

lenkträgerplatte verbinden, und die Verbindung trennen. Falls erforderlich einen kräftigen Schraubendreher in den Schlitz des Achsschenkels einsetzen, um diesen zu öffnen. Der Kugelbolzenschaft wird dadurch frei.

Achsschenkel
Um den Achsschenkel vom Federbein zu trennen, die Muttern beider Schrauben (1) in Bild 296 lösen und die Schrauben entfernen. Die Schrauben müssen vorsichtig ausgeschlagen werden, ohne deren Gewinde zu beschädigen. Einen Schraubendreher hinter den Montageansatz des Radlagergehäuses ansetzen und den Achsschenkel aus dem Federbein herausheben.

Radlager *(Bild 297)*
■ Achsschenkel in geeigneter Weise unterlegen und die Radnabe auspressen. Der äußere Lagerlaufring verbleibt auf der Radnabe und muss mit einem Abzieher heruntergezogen werden.
■ Sprengring von der Innenseite des Radlagergehäuses entfernen und das Lager mit dem inneren Lagerlaufring von außen nach innen auspressen. Das Lagergehäuse (Achsschenkel) wird in der in Bild 298 gezeigten Weise auf den Pressentisch aufgelegt.
■ Das neue Lager von der Innenseite aus einpressen. Ein Stück Rohr von geeignetem Außendurchmesser (70 mm) und Innendurchmesser (66 mm) sollte zum Einpressen des Lagers benutzt werden. Den Druck nur auf den äußeren Lagerring ausüben. Die Kunststoffhülse nach dem Einpressen entfernen.
■ Den Sprengring einfedern.
■ Beide Dichtringe mit Mehrzweckfett einschmieren und den Achsschenkel auf die Radnabe aufpressen. Die Radnabe wird auf den Pressentisch aufgelegt, wie es in Bild 299 gezeigt ist. Ein Stück Rohr von 48 mm Außendurchmesser und 42 mm Innendurchmesser eignet sich zum Aufpressen. Den Druck nur auf den inneren Lagerring ausüben.

Schraubenfeder und Stoßdämpfer
■ Mit einem Federspanner, wie er in Bild 300 gezeigt ist, die Schraubenfeder zusammendrücken, bis alle Spannung von den Federsitzen entfernt ist. Falls man eine derartige Vorrichtung nicht besorgen kann, eignen sich auch Federspannhaken, die auf dem in Bild 301 gezeigten Arbeitsprinzip funktionie-

ren. Die Spannhaken zusammenspannen, bis sich die Feder oben und unten abhebt.

- Die Mutter in der Mitte des oberen Federbeinlagers lösen. Um ein Mitdrehen der Kolbenstange zu vermeiden, ist ein Innensechskantschlüssel in die Kolbenstange einzusetzen (siehe auch Bild 293). Die losen Teile, einschließlich der Schraubenfeder, von der Oberseite des Federbeins abnehmen, jedoch die folgenden Punkte beachten:
- Die Schraubenfedern sind für das betreffende Fahrzeugmodell bestimmt. Wenn Federn erneuert werden, darf man nur für dieses Modell bestimmte Federn verwenden. Das untere Ende der Feder ist mit einem Farbtupfen gezeichnet.
- Nach dem Ausbau der Schraubenfeder den Stoßdämpfer auf einwandfreies Funktionieren kontrollieren. Dazu das untere Ende des Stoßdämpfers in einen Schraubstock einspannen und die Kolbenstange langsam herausziehen und wieder hineinschieben. Der gesamte Arbeitsweg sollte einen gleichmäßigen Widerstand bieten, ohne totes Spiel aufzuweisen. Falls der Stoßdämpfer in waagerechter Lage abgelegt wurde, muss man ihn vor dem Einbau einige Male durchpumpen, um alle Luft zu entfernen. Um dies zu verhindern, sollte man das Federbein in senkrechter Lage aufbewahren. Falls Leckstellen an der oberen Verschlussstelle des Stoßdämpfers festgestellt werden, einen neuen Stoßdämpfer einbauen.

Reparatur der Radaufhängung

Bild 294 zeigt einen Schnitt durch die Vorderradaufhängung auf einer Seite und kann bei den folgenden Arbeiten hinzugezogen werden. Ebenfalls im Bild sind die wichtigen Anzugsdrehmomente gezeigt. Die verbleibenden Anzugsdrehmomente können Bild 295 entnommen werden.

Querlenker

Das Kugelgelenk und die Gummibüchsen der Querlenker können erneuert werden. Beim Erneuern der Büchsen muss man jede Büchse getrennt erneuern. Die erste Büchse mit einem Rohrstück von 30 mm Durchmesser auspressen und danach die neue Büchse einpressen, bis das Maß »A« in Bild 302 genau 146,5 mm beträgt.
Die zweite Büchse auspressen und die neue Büchse einpressen, bis das gleiche Maß wieder erhalten wird.

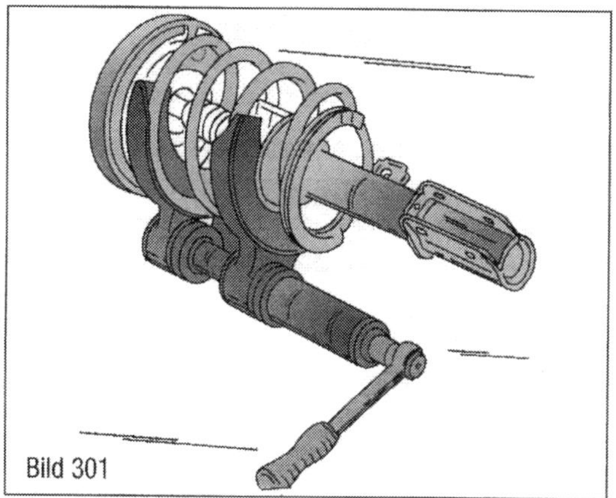
Bild 301

Bild 301
Benutzung von Federspannhaken zum Zusammenspannen von Vorderfedern.

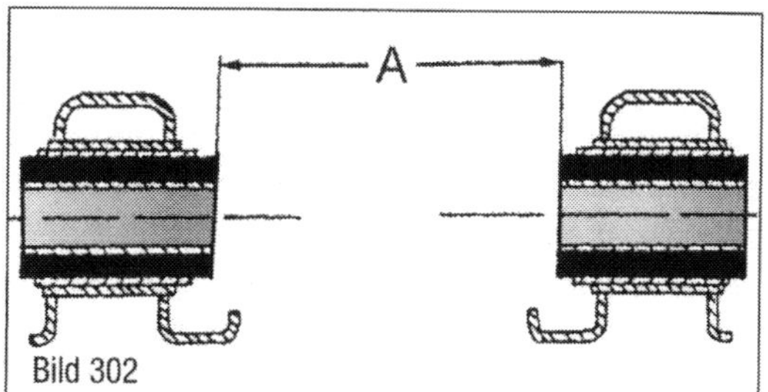

Bild 302

Bild 302
Einbau neuer Büchsen in den Querlenker. Das Maß »A« muss der Anlage im Text entsprechen.

Der Querlenker kann im Fahrzeug verbleiben, falls das Kugelgelenk erneuert werden soll. Die folgende Beschreibung geht davon aus, dass der Querlenker ausgebaut ist:

- Die Befestigungsschrauben der Trägerplatte für das Kugelgelenk vom Querlenker abschrauben und die Platte abnehmen.
- Neues Kugelgelenk anschrauben und die beiden Schrauben mit 75 Nm anziehen.
- Wird das Kugelgelenk bei eingebautem Querlenker erneuert, siehe »Aus- und Einbau eines Querlenkers«.

Achsschenkel

Die Reparatur des Achsschenkels schließt – wie bereits beschrieben – die Erneuerung der Radlager und der Radnabe ein.

Schraubenfedern

Die Schraubenfedern und Stoßdämpfer können nicht repariert werden und sind im Schadensfall zu erneuern. Federn auf Risse oder sichtbare Verformung kontrollieren. Falls beide Federn ausgebaut wurden, kontrollieren, dass sie beide ungefähr die gleiche Länge haben. Beim Bestellen von neuen Federn immer das Fahrzeugmodell und das Baujahr angeben. Federn sind auf ein bestimmtes Fahrzeugmodell abgestimmt, d. h. der Einbau einer falschen Feder hat negativen Einfluss auf die Fahreigenschaften, die Straßenlage des Fahrzeuges und den Fahrkomfort.

Zusammenbau eines Federbeins

Der Zusammenbau eines Federbeins geschieht in umgekehrter Reihenfolge wie das Zerlegen, jedoch sind die folgenden Punkte bei den einzelnen Bauteilen zu beachten.

Federbeine

■ Die Feder auf den unteren Federsitz aufsetzen. Kontrollieren, dass das Ende der Feder gegen den Anschlag im Federsitz anliegt.

■ Alle abgenommenen Teile über die zusammengespannte Feder setzen, die Scheibe auflegen und die Mutter aufschrauben.

■ Die Schutzkappe über das zusammengebaute Federbein aufsetzen und den Federspanner langsam zurücklassen. Dabei ständig kontrollieren, dass die Feder unten und oben in die richtige Einbaulage kommt.

■ Die Kolbenstange mit einem Innensechskantschlüssel gegenhalten und die Kolbenstangenmutter auf 60 Nm anziehen. Da man die Mutter bei eingesetztem Inbusschlüssel nicht mit einer Stecknuss und einem Drehmomentschlüssel anziehen kann, benutzt man einen Ringschlüssel in der in Bild 293 gezeigten Weise. Nach einer Weile wird sich die Kolbenstange nicht länger mitdrehen, sodass man Stecknuss und Drehmomentschlüssel ansetzen kann.

■ Das untere Ende des Federbeins mit dem Achsschenkel verbinden. Die beiden Schrauben und Muttern (1) in Bild 296 mit 180 Nm anziehen. Bremssattel wieder montieren (siehe Kapitel »Bremsen«). Die Bremsanlage muss entlüftet werden, wenn man die Anlage an den Bremsschläuchen oder Bremsleitungen geöffnet hat.

Querlenker

Den Schaft des Kugelgelenks in den Achsschenkel einführen, die Schraube vorsichtig einschlagen und die Mutter mit einem Anzugsdrehmoment von 55 Nm anziehen. Die Montage des Querlenkers am Fahrgestell wird im nächsten Abschnitt beschrieben.

Achsschenkel

Den Montageansatz zwischen die beiden Flächen an der Unterseite des Federbeins einsetzen und die beiden Schrauben und Muttern (1) in Bild 296 anbringen. Dabei nicht die Gewinde der Schrauben beschädigen. Die Schrauben müssen von der richtigen Seite aus eingeschlagen werden. Die Muttern mit 180 Nm anziehen.

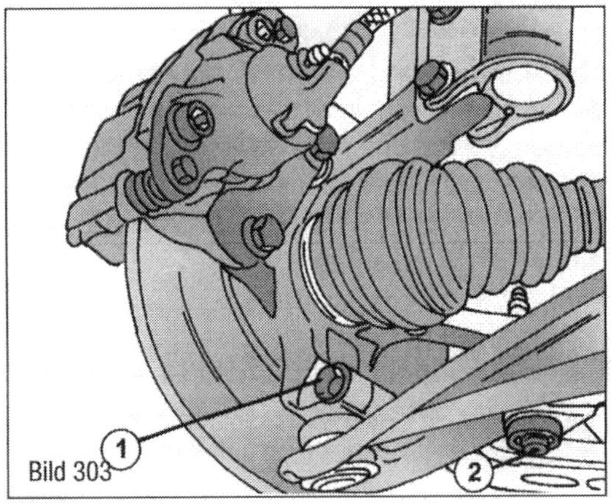

Bild 303
Zum Ausbau eines Querlenkers. Schraube (1) des Kugelgelenks und die Mutter (2) der Verbindungsstange des Kurvenstabilisators müssen gelöst werden.

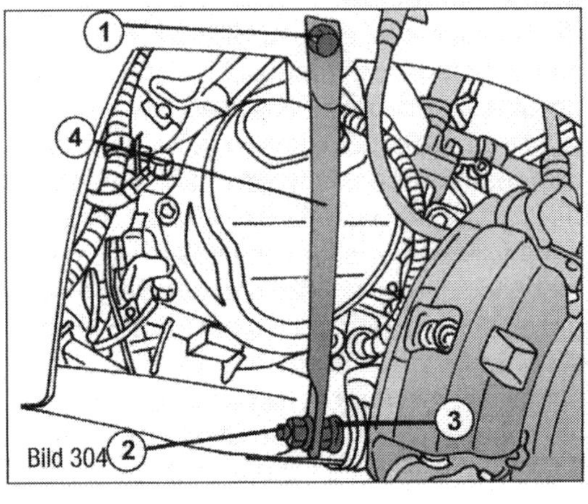

Bild 304
Gezeigte Teile beim Ausbau des Querlenkers lösen (siehe Text).

Aus- und Einbau der Querlenker

Bei der folgenden Beschreibung wird der Querlenker ausgebaut. Die verbleibenden Teile der Radaufhängung verbleiben am Fahrgestell. Zu beachten ist, dass die Querlenker in einer bestimmten Weise angezogen werden müssen.

☞ Wenn man das Fahrzeug nicht auf eine Hebebühne oder über eine Montagegrube fahren kann, wird es ziemlich schwer sein an die Schrauben der Querlenker heranzukommen und außerdem die erforderliche Messung durchzuführen.

Ehe die Vorderseite des Fahrzeuges auf Böcke gesetzt wird, muss man den Kurvenstabilisator von der Unterseite des Querlenkers abschrauben, um dem Querlenker die Spannung zu entnehmen. Da der Raum zum Arbeiten sehr begrenzt ist, wenn das Fahrzeug auf den Rädern aufsteht, sollte man

sich Auffahrrampen besorgen und die Vorderräder auf die Rampen auffahren. Die Muttern (1) in Bild 303 müssen auf jeder Seite gelöst werden, um die äußeren Enden des Kurvenstabilisators von der Aufhängung zu trennen. Der Kurvenstabilisator kann am Fahrgestell gelassen werden.
Beim Ausbau jetzt folgendermaßen vorgehen:

- Radbolzen lockern und die Vorderseite des Fahrzeuges auf Böcke setzen. Den Stabilisator so weit wie möglich nach unten drücken.
- Das Rad abnehmen und die Verkleidung aus der Innenseite des Radkastens abschrauben.
- Unter Bezug auf Bild 303 die Schraube (2) entfernen. Diese klemmt den Kugelgelenkschaft am Achsschenkel. Ein Hebel kann benutzt werden, um den Querlenker nach unten zu drücken. Auf dem Kugelbolzenzapfen ist eine Kunststoffscheibe aufgelegt, welche man nicht verlieren darf.
- Die nächsten Arbeiten unter Bezug Bild 304 durchführen. Zu lösen sind an der Oberseite der Stützstrebe (4) die Schraube (1) und an der Unterseite die Mutter (2). Nach Lösen der hinteren und vorderen Querlenkerschraube (3) kann der Querlenker herausgenommen werden.
- An der Innenseite des Querlenkers die Mutter des Lagerbolzens (1) in Bild 305 entfernen und den Bolzen vorsichtig herausschlagen.
- Den Querlenker herausheben. Wiederum darauf achten, dass die kleine Kunststoffscheibe über dem Kugelbolzenschaft (in Bild 305 mit »2« angegeben) nicht verlorengeht.

Der Einbau des Querlenkers geschieht in umgekehrter Reihenfolge wie der Ausbau:

- Den Querlenker mit dem Lagerbolzen an der Innenseite befestigen und die Mutter fingerfest anziehen.
- Kontrollieren, dass die kleine Kunststoffscheibe (2) auf dem Kugelbolzenschaft sitzt (Bild 305) und den Schaft in die Unterseite des Achsschenkels einführen. Kontrollieren, dass er einwandfrei sitzt.
- Die Klemmschraube vorsichtig einschlagen. Dabei darauf achten, dass die Löcher genau ausgerichtet sind.
- Die Mutter aufschrauben und sofort mit 55 Nm anziehen.

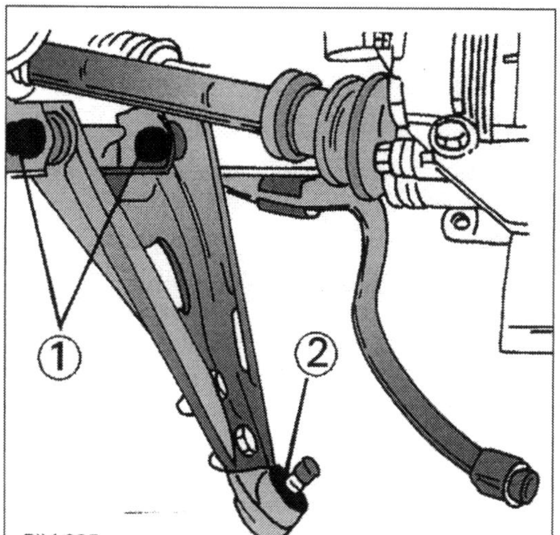

Bild 305

Bild 305
Die Schrauben und Muttern (1) halten den Querlenker an der Innenseite am Nebenrahmen. Beim Einbau des Querlenkers nicht vergessen die Kunststoffscheibe (2) auf den Kugelbolzenschaft aufzulegen.

- Kurvenstabilisator montieren ohne die Muttern vollkommen anzuziehen. Einzelheiten dazu werden beim Aus- und Einbau des Kurvenstabilisators beschrieben.
- Rad wieder anschrauben und das Fahrzeug auf den Boden ablassen. Rad mit 90 Nm anziehen.
- Fahrzeug einige Male vorwärts und rückwärts schieben und einige Male »durchschwingen«, um die Gummilager einzuspielen.

Beim Anziehen der Querlenker müssen jetzt laut Werksangaben die folgenden Arbeiten durchgeführt werden, damit die Querlenkerbüchsen die richtige Vorspannung erhalten. Dies setzt die folgenden Bedingungen voraus:

- Die Räder müssen abmontiert sein.
- Die Stützstreben zwischen dem Nebenrahmen und der Karosserie (Bild 304) müssen abgeschraubt sein.
- Die unteren Befestigungsschrauben des Stoßdämpfers (Federbeins) müssen ausgeschraubt werden.
- Die Muttern der Querlenkerschrauben müssen locker sein.
- Falls die Arbeiten nur an einem Querlenker durchgeführt werden, muss der Lenkerarm auf der anderen Seite in gleicher Weise angezogen werden.

Bei Durchführung dieser Arbeit muss das Federbein auf eine Seite gedrückt und der Achsschenkel gerade gehalten werden. Dies bedeutet, dass man einen Helfer braucht.

Bild 306
Einzelheiten zum Festziehen der Querlenker am Nebenrahmen. Auf die Bezeichnungen wird im Text eingegangen.

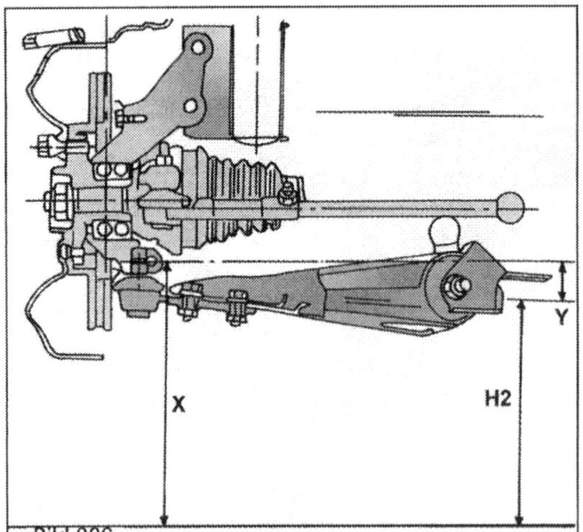

Bild 306

Beim Anziehen jetzt folgendermaßen vorgehen:

- Einen Wagenheber unter den betreffenden Querlenker untersetzen und den Querlenker anheben, bis das Maß zwischen der Auflagefläche des Fahrzeuges (entweder Boden oder Hebebühne) und der Klemmschraube des Aufhängungskugelgelenks genau 148,5 mm beträgt, wie es in Bild 306 mit »X« angegeben ist. Dies schließt ebenfalls das Maß »Y« ein, welches 36,5 mm beträgt. Dabei wird angenommen, dass das Maß »H2« in Bild 286 bis zur Fläche »1« in Bild 288 stimmt. Dies gewährleistet, dass der Querlenker in waagerechter Stellung liegt.
- In dieser Querlenkerstellung die Mutter des Lagerbolzens mit 90 anziehen.
- Die Klemmschelle der Kurvenstabilisatorlager mit 30 Nm anziehen. Vor dem Anziehen der besagten Befestigungen kontrollieren, dass sich keine zusätzlichen Gewichte im Kofferraum befinden, da das Fahrzeug unbeladen sein muss.
- Stoßdämpfer (Federbein) wieder befestigen und die Schraubverbindung mit 180 Nm anziehen.
- Falls die Kugelgelenkträgerplatte vom Querlenker abgeschraubt wurde, die beiden Muttern und Schrauben bei der Montage der Platte mit 75 Nm anziehen.

Bild 307
Zum Ausbau eines Achsschenkels zu lösende Teile.
1 Bremssattelträgerschrauben
2 Mutter des Spurstangenkugelgelenks
3 Schraube des Aufhängungskugelgelenks
4 Untere Befestigungsschrauben des Federbeins

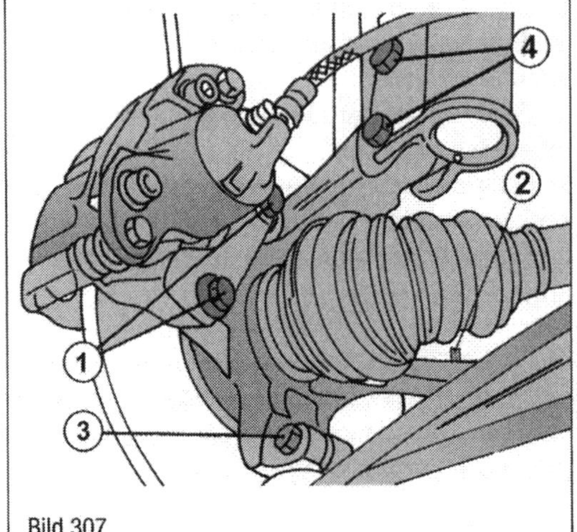

Bild 307

Achsschenkel – Aus- und Einbau

Da die Antriebswelle mit »Loctite« in die Radnabe eingesetzt wird, muss man sich dieses besorgen, ehe man die Arbeit vornimmt. Ebenfalls die beim Aus- und Einbau der Antriebswelle im betreffenden Abschnitt erwähnten Werkzeuge besorgen.

- Radbolzen lockern und Mutter der Antriebswelle lockern, während die Räder auf dem Boden aufsitzen.
- Vorderseite des Fahrzeuges auf Böcke setzen. Das Lenkrad entsperren.
- Halter für den Drehzahlmesser (ABS) abschrauben und das Kabel vom Clip befreien.
- Schrauben (1) in Bild 307 vom Montagerahmen des Bremssattels lösen und den Rahmen zusammen mit dem Bremssattel mit einem Stück Draht an der Vorderradaufhängung festbinden. Nicht herunterhängen lassen.
- Spurstangengelenk mit einem geeigneten Abzieher (siehe Bild 263) vom Lenkhebel abdrücken.
- Die Vorderradnabe ausbauen, wie es beim Ausbau der Antriebswelle beschrieben wurde.
- Querlenker von der Unterseite des Achsschenkels abmontieren, wie es im letzten Abschnitt beschrieben wurde.
- Schrauben an der Unterseite des Federbeins vom Achsschenkel lösen (die beiden oberen Schrauben (4) in Bild 307) und den Achsschenkel herausziehen, wobei er gleichzeitig vom Ende der Antriebswelle zu ziehen ist.

Der Einbau geschieht in umgekehrter Reihenfolge wie der Ausbau. Die Antriebswelle entsprechend der Beschreibung in Kapitel »Antriebswellen« montieren. Alle Befestigungen auf das vorgeschriebene Anzugsdrehmoment anziehen.

Alle gummigelagerten Stellen, welche während der Reparatur gelockert wurden, müssen angezogen werden, wenn das Fahrzeug wieder mit den Rädern auf dem Boden aufsteht. Auffahrrampen werden hier empfohlen, um an die einzelnen Verbindungen zu gelangen.

Schraubenfedern

Der Ausbau der Schraubenfeder erfordert den Ausbau des gesamten Federbeins. Diese Arbeiten wurden bereits beschrieben. Die Anzugsdrehmomente beachten.

Aus- und Einbau des Kurvenstabilisators

Die Gummilager der Stabilisatorbefestigung sowie die Lager am Nebenrahmen müssen zusammengedrückt werden, damit man in der Lage ist die Muttern aufzuschrauben. In der folgenden Beschreibung zeigen wir die in der Werkstatt benutzten Werkzeuge. Beim Anbringen der Stabilisatorenden an der Vorderradaufhängung wird es möglich sein, einen kleinen Wagenheber (z. B. einen hydraulischen) unter das Ende des Kurvenstabilisators unterzusetzen und den Stabilisator damit anzuheben, bis man die Mutter anschrauben kann. Die mittleren Gummilager müssen ebenfalls zusammengedrückt werden, um die Muttern anzuschrauben. Dazu benutzt man einen Hebel, welcher ebenfalls gezeigt wird.

- Vorderseite des Fahrzeuges auf Böcke setzen.
- Von der Unterseite des Fahrzeuges die beiden in Bild 308 gezeigten Versteifungsplatten für den Nebenrahmen abschrauben. Jeweils vier Schrauben lösen.
- Das Auspuffrohr von der Verbindung am Schalldämpfer abschrauben. Diese sind in Bild 308 mit den Pfeilen bezeichnet.
- Unter Bezug auf Bild 309 das Kurvenstabilisatorlager (1) vom Nebenrahmen und das Lager (2) auf jeder Seite vom Querlenker abschrauben und den Stabilisator (3) herausheben.

Den Zustand der Lager und Büchsen kontrollieren und diese wie erforderlich erneuern. Die Büchsen mit Mehrzweckfett einschmieren.

Bild 308
Die beiden Versteifungsplatten (Pfeile) sind am Nebenrahmen angeschraubt. Die Pfeile in der Mitte weisen auf die Befestigung des Auspuffrohres hin.

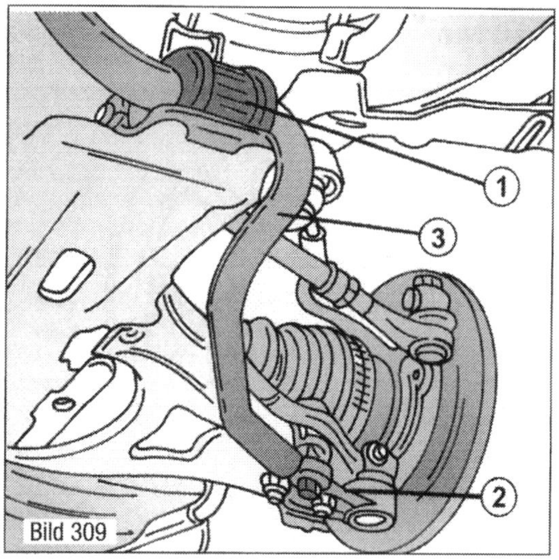

Bild 309
Die Befestigung des Kurvenstabilisators.
1 Lager am Nebenrahmen
2 Lager am Querlenker
3 Kurvenstabilisator

Der Einbau geschieht in umgekehrter Reihenfolge. Grundsätzlich gilt, dass die Lagerungen des Kurvenstabilisators angezogen werden müssen, wenn das Gewicht des Fahrzeuges auf den Rädern ruht. Vorher muss man jedoch die Enden des Stabilisators und die mittleren Lager montieren. Die Schnittansicht der Befestigung in Bild 310 wird bei der Montage der Stabilisatorstange helfen.

- Die Enden des Kurvenstabilisators mit den eingesetzten Gummilagern an der Unterseite des Querlenkers anbringen. In der Werkstatt wird jetzt das in Bild 311 gezeigte Spannwerkzeug benutzt. Dieses wird mit der Schraube auf die Oberseite des Bolzens aufgesetzt (siehe Pfeilstelle in Bild 310) und unten gegen das Lager angesetzt. Der Bolzen an der Oberseite wird jetzt angezogen, bis das Lager ausreichend zusammengedrückt ist, um die Mutter aufzuschrauben. Ohne Werkzeug kann man versuchen die Teile mit einer Zwinge zusammenzuziehen

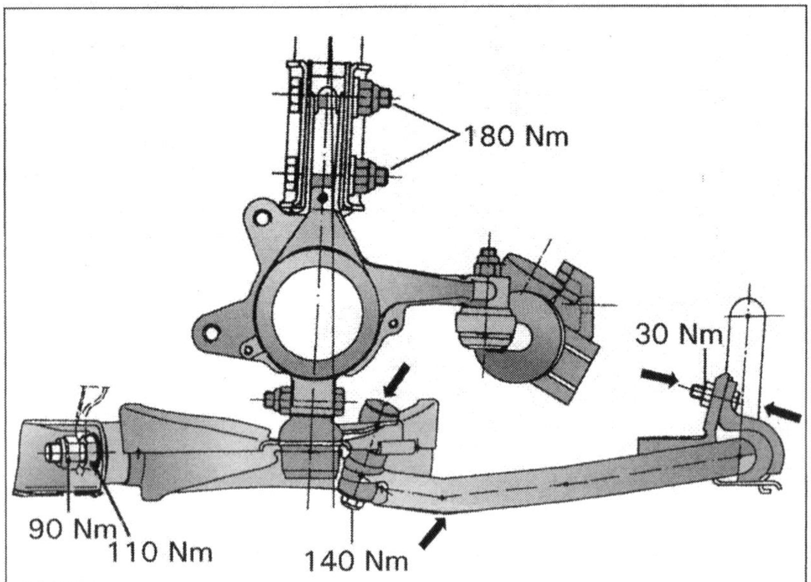

Bild 310

Bild 310
Schnitt durch die Befestigung des Kurvenstabilisators an der Unterseite der Radaufhängung. Zum Anziehen des Stabilisatorlagers am Querlenker muss die Verbindung an der oberen Pfeilstelle nach unten und an der unteren Pfeilstelle nach oben gedrückt werden. In ähnlicher Weise die Lagerung auf der rechten Seite zusammenziehen.

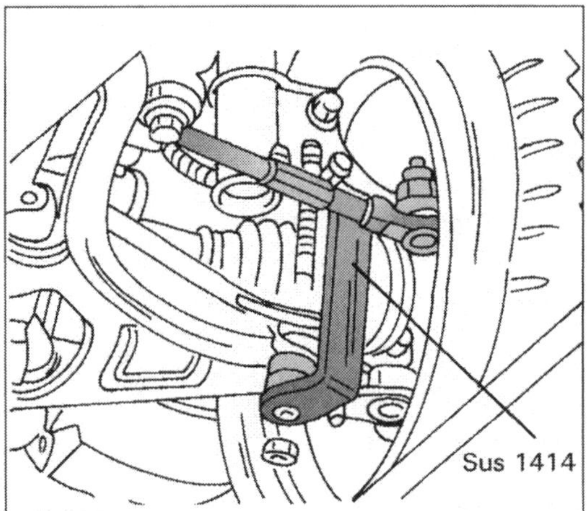

Bild 311

Bild 311
Eingesetztes Spezialwerkzeug Sus. 1414 zum Zusammenziehen des Stabilisatorlagers am Querlenker.

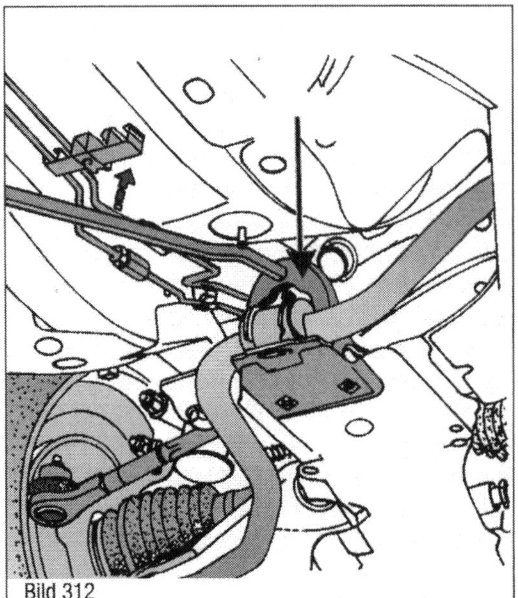
Bild 312

Bild 312
Gummilager mit dem gezeigten Hebel (Sus. 1413) zusammendrücken, bis man die Mutter aufschrauben kann (auf beiden Seiten).

(Stabilisator gegen den Querlenker ziehen), bis man die Mutter aufschrauben kann. Die Muttern einstweilen handfest anziehen.

■ Den Kurvenstabilisator am Nebenrahmen ansetzen und die Montageschellen entsprechend Bild 310 (rechts) anbringen. Wiederum muss man die Gummilager zusammendrücken, bis man die Mutter jedes Lagers aufschrauben kann. In diesem Fall wird der in Bild 312 gezeigte Hebel benutzt. Anhand des Bildes sind Sie bestimmt in der Lage sich eine ähnliche Hebelvorrichtung herzustellen. Die Muttern einstweilen handfest anziehen.

■ Die in Bild 308 gezeigten Versteifungsplatten wieder anschrauben und die Verbindung am Auspuffrohr herstellen.

■ Das Fahrzeug wieder auf die Räder ablassen und einige Male durchfedern, damit sich die Gummilager einspielen können. Die Befestigungen des Kurvenstabilisators werden jetzt mit 30 Nm am Nebenrahmen und mit 15 Nm an den Querlenkern festgezogen. Falls man Auffahrrampen zur Verfügung hat, sollte man diese benutzen, um besser an die Befestigungen zu kommen. Ideal wäre eine Hebebühne oder eine Montagegrube.

Aus- und Einbau eines Aufhängungskugelgelenks (Querlenker eingebaut)

■ Vorderseite des Fahrzeuges auf Böcke setzen und das Rad auf der betreffenden Seite abnehmen.

■ Die Schraube (3) in Bild 307 entfernen und das Kugelgelenk aus dem Achsschenkel herausziehen. Nicht die Kunststoffscheibe (2) in Bild 305 verlieren.

■ Die Trägerplatte des Kugelgelenks vom Querlenker abschrauben.

Der Einbau geschieht in umgekehrter Reihenfolge. Die Schrauben und Muttern auf das vorgeschriebene Anzugsdrehmoment anziehen. Klemmschraube des Kugelbolzenzapfens mit 55 Nm, Kugelgelenkplatte an Querträger mit 75 Nm.

Vorderradgeometrie

Alle sich mit der Vorderradeinstellung befassenden Themen sind im Kapitel »Lenkung« behandelt.

12 Die Hinterradaufhängung

Beim Clio II wurde auch eine neue Hinterradaufhängung, bzw. Hinterachse eingebaut. Nicht länger eingebaut sind die Torsionsdrehstäbe, wie bei der älteren Ausführung des Clios, jetzt wird eine so genannte Torsionskurbelachse eingebaut. Wie die Achse von unten gesehen eingebaut ist, kann man Bild 313 entnehmen. An der Außenseite sitzende Schraubenfedern und Teleskop-Stoßdämpfer sowie ein Kurvenstabilisator vervollständigen die Hinterradaufhängung.

Wartungsarbeiten an der Hinterachse

Wenn man die Hinterradbremsen sowie die Handbremse als getrennte Einheiten betrachtet, ist die Hinterradaufhängung im Allgemeinen wartungsfrei. Defekte können schon einmal an den Hinterradlagern und an den Stoßdämpfern vorkommen, die man in der beschriebenen Weise kontrollieren kann.

Radlagerspiel prüfen

Die Hinterradnaben laufen auf Kugellagern, in welche die Radnaben eingepresst sind. Die letzteren sind in die abschraubbaren Radnabenträger eingepresst und werden mit der aufgeschraubten Radnabe fest in ihrer Lage gehalten. Die Lager können nicht eingestellt werden. Die Radlager sind mit Dauerfett geschmiert und halten im Allgemeinen sehr lange. 100 000 km sind keine Ausnahme. Bei der Schnellkontrolle ist der Radlager wie folgt vorgehen:

- Falls Sie annehmen, dass eines der Radlager ausgeschlagen ist, das betreffende Rad anheben und einige Male durchdrehen. Ist der Verschleiß fortgeschritten, wird man dies durch raue Laufgeräusche feststellen.
- Fahrzeug auf eine ebene Fläche fahren und die Räder der Reihe nach oben und unten fest erfassen und nach innen und außen bewegen. Falls man Spiel feststellt, kann man die gleiche Prüfung bei hinten aufgebockten Rädern durchführen. Kann man immer noch ein Seitenspiel feststellen, die nächste Prüfung vornehmen.
- Von einem Helfer die Fußbremse betätigen lassen und die Prüfung wiederholen. Das Spiel sollte jetzt verschwunden sein. Ist dies der Fall, muss man das oder die Radlager erneuern. Ist das Spiel immer noch vorhanden, die Hinterradaufhängung kontrollieren, da etwas lose sein könnte.

Stoßdämpfer kontrollieren

Die Stoßdämpfer haben die Aufgabe die Schwingungen der Achse und der Karosserie zu unterdrücken und wieder zur Ruhe zu bringen. Bei den eingebauten Teleskopstoßdämpfern wird ein Zylinder verwendet, in welchem ein mit einer Kolbenstange versehener Kolben auf und ab gleitet. Bei der Bewegung der Feder wird der Stoßdämpfer zusammengeschoben, wodurch das in der Innenseite befindliche Stoßdämpferöl durch Ventile gepresst wird. Da dies eine bestimmte Zeit beansprucht, wird die Kolbenbewegung verlangsamt und damit die Schwingung des betreffenden Rades gedämpft.
Auch Stoßdämpfer halten lange und werden nie von heute auf morgen ausfallen. Dagegen lässt deren Wirkung allmählich nach, was man kaum feststellt. Eine Faustregel besagt, dass pro zwei Reifensätze ein Satz Stoßdämpfer eine gute Vorsichtsmaßnahme ist. Falls man sich der Funktion der Stoßdämpfer nicht sicher ist (siehe untenstehende Fehlerquellen), kann man die Stoßdämpfer in einer Werkstatt kontrollieren lassen, die dazu einen speziellen Prüfstand hat. Die folgenden Anzeichen werden Ihnen jedoch behilflich sein, einen schadhaften Stoß-

Bild 313
Schnittansicht der Hinterradaufhängung auf einer Seite mit Angabe der wichtigen Anzugsdrehmomente. Diese sind bei allen Arbeiten zu beachten.

1. *Gummilagermutter, 125 Nm*
2. *Lagerungsschrauben, 55 Nm*
3. *Untere Stoßdämpferschraube, 105 Nm*
4. *Bremstrommelmutter, 175 Nm*
5. *Bremsleitung an Zylinder, 14 Nm*
6. *Bremsleitung an Bremsschlauch, 14 Nm*
7. *Bremsträgerplatte, 80 Nm*

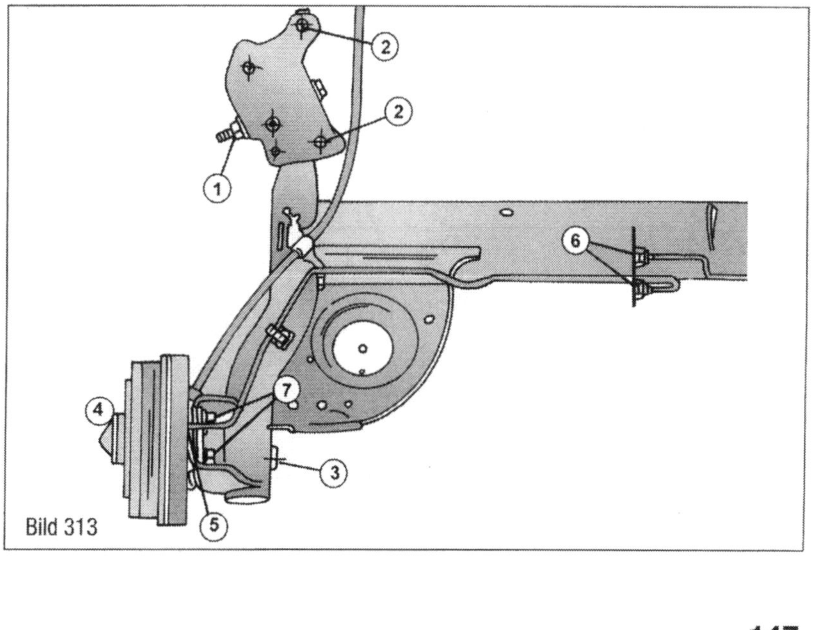

Bild 313

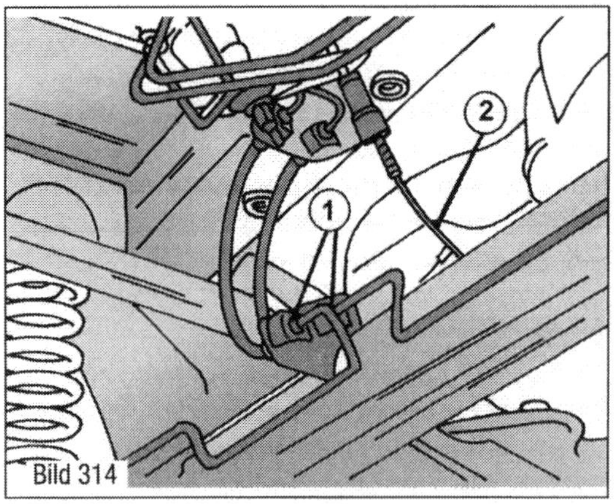

Bild 314

Bild 314
Die Bremsleitungen sind an den gezeigten Stellen (1) an den Bremsschläuchen angeschlossen und müssen an der Achse getrennt werden. An Stelle (2) sitzt die Verbindungsstange zum Bremskraftregler.

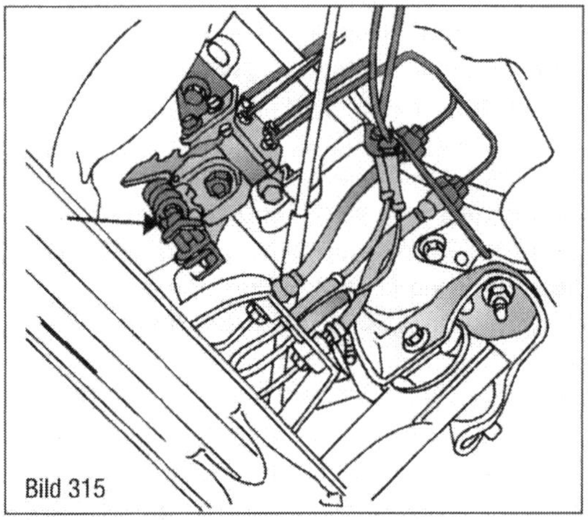
Bild 315

Bild 315
Die Lage des Bremskraftverstärkers (Pfeil).

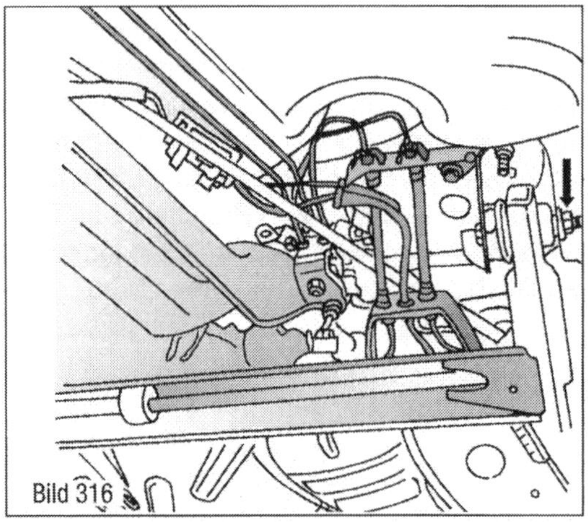
Bild 316

Bild 316
Bremsleitungen können an den gezeigten Stellen an den Bremsschläuchen angeschlossen sein und müssen an der Achse getrennt werden. Rechts ist mit dem Pfeil der Lagerbolzen der Achse an der Konsole gezeigt.

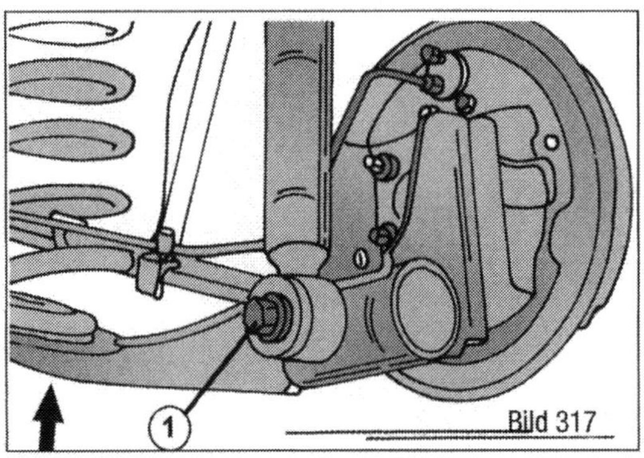

Bild 317

Bild 317
Wagenheber an der Pfeilstelle untersetzen, ehe die Schrauben (1) der Stoßdämpfer gelöst werden.

dämpfer selbst zu bestimmen. Dies bezieht sich auch auf die Stoßdämpfer in den Federbeinen der Vorderradaufhängung:

■ **Die Lenkung flattert.** Dies bezieht sich nur auf die Vorderradaufhängung. Der Grund dafür ist, dass die Reifen keinen ständigen Kontakt mit der Fahrbahn halten können.

■ Die Karosserie, d. h. der gesamte Wagen, schwingt nach Überfahren von Unebenheiten nach.

■ **Unsicheres Verhalten bei Kurvenfahrten.** Grund: Die kurveninneren Räder werden nicht ausreichend genug auf den Boden der Fahrbahn gedrückt, die kurvenäußeren Räder werden nicht weit genug entlastet.

■ **Bei einer Vollbremsung ist die Bremsspur unterbrochen.** Grund: Die Räder springen und heben sich dabei gelegentlich von der Fahrbahn ab. Bei eingebautem ABS wird dies von der Anlage unterbunden.

■ **Ungleichmäßiger Reifenverschleiß an einem Rad.** Grund: Ungewöhnliche Bewegung des Rades.

■ **Die Stoßdämpfer sind mit Öl verschmutzt.** Falls Sie dies feststellen, muss der Dämpfer bestimmt erneuert werden. Leichte Ölspuren sind jedoch keine Alarmzeichen.

Aus- und Einbau der Hinterachse

Obwohl es nur in den seltensten Fällen vorkommen wird, soll diese Arbeit als Erstes beschrieben werden. Ein Rollwagenheber muss zur Verfügung stehen, um die Achse beim Lösen von unten abzustützen. Da die Achse nach Lösen der Befestigungsschrauben abkippen wird, muss auch ein Helfer hinzugezogen werden, um die gesamte Achse auf dem Wagenheber zu halten. Die Achse ist mit drei Muttern auf der rechten Seite und drei auf der linken Seite des Aufbaus befestigt.

■ Rückseite des Fahrzeuges auf Böcke setzen und die beiden Räder abschrauben.

■ Bremstrommeln ausbauen und das Handbremsseil abschließen, wie es im Kapitel »Bremsanlage« beschrieben ist. Bei Scheibenbremsen ebenfalls das Handbremsseil abschließen.

■ Den Verschlussdeckel des Vorratsbehälters für die Bremsflüssigkeit abschrauben, den Behälter bis zum Rand mit Bremsflüssigkeit auffüllen, ein Stück einer Plastiktüte über die Öffnung des Behälters legen und die Verschraubung wieder aufdrehen. Durch diese »luftdichte« Verschraubung wird die meiste Bremsflüssigkeit in der Anlage gehalten, wenn die Bremsanlage geöffnet wird.

■ An der Unterseite des Fahrzeuges die beiden in Bild 314 gezeigten Bremsschläuche (1) abschließen. Dazu die Überwurfmuttern der Leitungen lösen und abschrauben, die Haltebleche der Schläuche ausschlagen und die Schläuche aus den Haltewinkeln herausziehen. Die offenen Enden in geeigneter Weise verschließen, um Eindringen von Schmutz zu vermeiden.

■ Den Bremsdruckregler anhand von Bild 315 ausfindig machen und einen Clip an der Hinterachse entfernen. Den Bolzen herausziehen. Das Verbindungsgestänge zum Bremskraftregler ist in Bild 314 mit (2) bezeichnet.

■ Im Innenraum das Handbremsseil abschließen, wie es im Kapitel »Bremsanlage« beschrieben wird.

■ Unter dem Fahrzeug die beiden hinteren Wärmeschutzbleche ausbauen und die Handbremsseile von der Befestigung an der Karosserie befreien.

■ Die in Bild 316 mit dem Pfeil bezeichnete Schraube (auf der rechten Seite) durch Abschrauben der Mutter lockern. Die Schraube bleibt in der Verbindung. Die gleiche Arbeit auf der gegenüberliegenden Seite durchführen.

■ Einen Wagenheber unter den rechten Längslenkerarm untersetzen (Pfeilstelle in Bild 317, unter die Schraubenfedergegend) und den Wagenheber anheben, ohne jedoch übermäßige Kraft aufzuwenden. Der Lenkerarm muss soeben unter Spannung stehen.

■ Die mit (1) bezeichnete Schraube der Stoßdämpferbefestigung (auf beiden Seiten) in Bild 317 lösen. Dazu ist eine lange Stecknuss erforderlich. Falls die Achse zum Ausschlagen der Schrauben nicht weit genug angehoben wurde, kann man eine Metallstange in der in Bild 318 gezeigten Weise in das Ende der Achse einschieben und die Achse damit anheben. Auf diese Weise kann man ebenfalls die Spannung der beiden Schraubenfedern unter Kontrolle halten.

■ Den Wagenheber danach absenken und herausziehen.

Tipp: Sobald die zweite Stoßdämpferschraube ausgeschlagen wird, kann die Achse durch den Druck der Schraubenfedern abkippen. Ein Helfer sollte die Achse auf der gegenüberliegenden Seite halten. Danach die Achse kontrolliert abkippen lassen. Dadurch werden die Schraubenfedern frei und können herausgenommen werden. Die Achse muss weiterhin sicher auf dem Wagenheber ruhen.

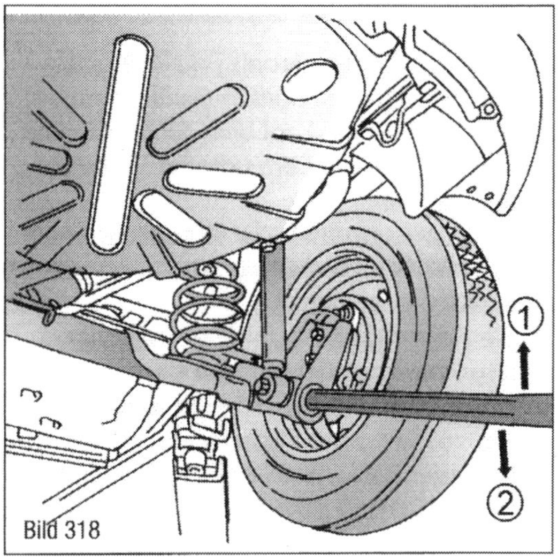

Bild 318
Um die Hinterachse beim Aus- und Einbau eines Stoßdämpfers oder einer Schraubenfeder anzuheben, eine Metallstange an der gezeigten Stelle einschieben. Die Stange in Richtung Pfeil 1 bewegen, um den Stoßdämpfer zu lösen; in Richtung Pfeil 2 bewegen, um die Feder zu entlasten.

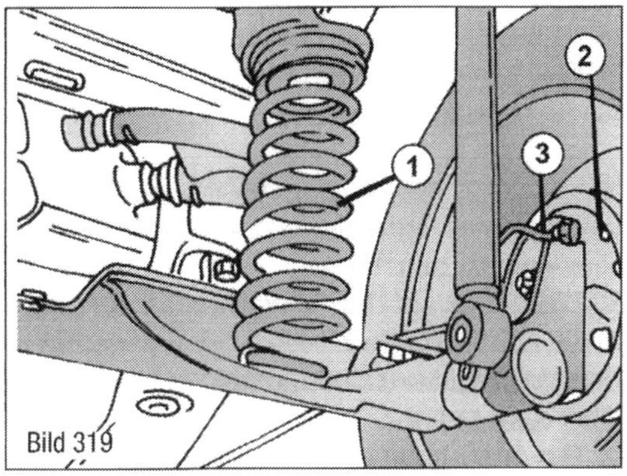

Bild 319
Zum Ausbau einer Hinterfeder (siehe Text).

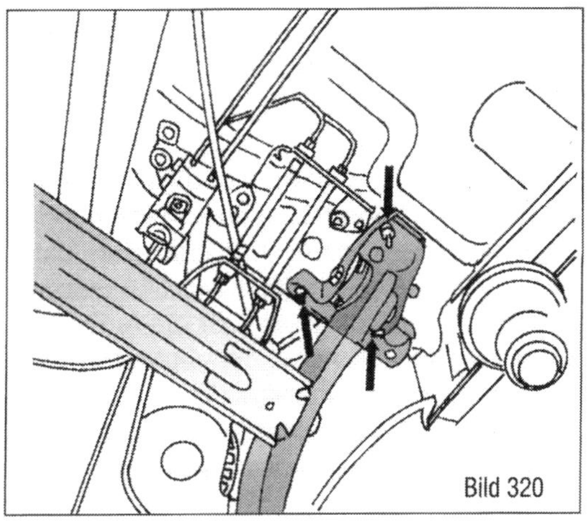

Bild 320
Die Achse ist auf jeder Seite mit drei Muttern befestigt (Pfeile).

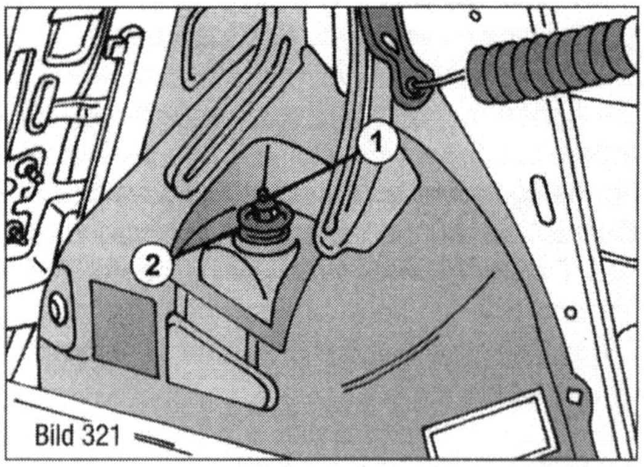

Bild 321
Befestigung der Stoßdämpfer in der Innenseite des Kofferraums.
1 Mutter
2 Gummilager

■ Bei der nächsten Arbeit Bild 319 hinzuziehen. Arbeiten auf beiden Seiten durchführen. Die Feder (1) auf eine Seite drücken und zusammen mit dem unteren Federsitz herausnehmen.
■ Die Überwurfmutter der Bremsleitungen (3) von den Radbremszylindern lösen und die Leitungen abziehen.
■ Die Bremsträgerplatten (2) ausbauen.
■ Den Rollwagenheber unter die Hinterachse untersetzen und diese leicht anheben, bis sie soeben unter Spannung steht.
■ Auf jeder Seite der Achse die drei Befestigungsmuttern der Montagekonsole an den in Bild 320 gezeigten Stellen lösen und abschrauben. Natürlich muss die Achse wieder gut vom Helfer gehalten werden.
■ Wagenheber absenken und die Hinterachse herausziehen.

Beim Einbau der Achse, im Allgemeinen in umgekehrter Reihenfolge, sind folgende Hinweise zu beachten:
■ Die Achse auf dem Wagenheber ruhend in die richtige Lage bringen. Die Passstifte in den Montagekonsolen müssen sich an der Oberseite befinden.
■ Die Aufnahmebohrungen der Konsolen über die Schrauben führen und die drei Muttern auf jeder Seite aufschrauben. Die Muttern mit einem Anzugsdrehmoment von 55 Nm anziehen.
■ Die Achse muss jetzt wieder in die richtige Lage gekippt werden, wobei gleichzeitig die Schraubenfedern zwischen Achse und Karosserie einzusetzen sind. Nachdem die Federn richtig sitzen, die in Bild 318 gezeigte Metallstange einsetzen und die Achse weiter anheben, bis man die untere Stoßdämpferschraube einsetzen kann. Die Schrauben nicht festziehen. Die Stoßdämpfer festziehen, wie es anschließend beschrieben wird.

■ Alle weiteren Arbeiten in umgekehrter Reihenfolge wie beim Ausbau durchführen. Auf die richtige Einbauweise der Wärmeschutzbleche achten und die Bremsanlage entlüften.

Hintere Stoßdämpfer

⚠ Niemals beide Stoßdämpfer auf einmal lösen. Falls beide erneuert werden müssen, zuerst eine Seite vornehmen und danach die andere. Wird dies nicht beachtet, kippt die Achse durch die Federkraft der Schraubenfedern ab.

Um einen Stoßdämpfer auszutauschen:
■ Solange das Fahrzeug noch auf den Rädern aufsteht, den Kofferraum öffnen und die Abdeckung der oberen Stoßdämpferbefestigung abziehen. Dabei bietet sich das in Bild 321 gezeigte Bild. Die Kolbenstange des Stoßdämpfers gegenhalten, die Mutter (1) abschrauben, die Scheibe herunternehmen und die Gummibüchse (2) herunternehmen.
■ Fahrzeug auf Böcke setzen und das Rad auf der betreffenden Seite abschrauben.
■ Bei abgenommenem Rad einen Wagenheber unter die Bremstrommel untersetzen und die Radaufhängung etwas anheben, um den Stoßdämpfer zusammenzuschieben.
■ Die untere Befestigungsschraube des Stoßdämpfers in Bild 318 lösen und den Stoßdämpfer herausnehmen. Den Wagenheber unbedingt unter der Bremstrommel lassen.

☞ Vor dem Einbau eines neuen Stoßdämpfers sollten Sie wissen: Stoßdämpfer werden in waagerechter Lage gelagert, sodass sich das Öl versetzen kann. Aus diesem Grund muss man einen neuen Stoßdämpfer vor dem Einbau aufrecht in einen Schraubstock einspannen und das Oberteil auseinanderziehen und zusammenschieben. Durch die Pumpbewegung wird das Öl wieder verteilt.

Der Einbau des Stoßdämpfers geschieht in umgekehrter Reihenfolge, unter Beachtung der folgenden Punkte:
■ Der Stoßdämpfer wird von unten mit der Kolbenstange durch die Öffnung im Kofferraum geführt (Gummilager auf der Kolbenstange) und nach Auflegen des Gummila-

gers und der Scheibe festgezogen (20 Nm). Danach die Gummikappe über die Öffnung drücken.

■ Falls der Wagenheber nicht bewegt wurde, lässt sich die Stoßdämpferschraube leicht einschrauben (Bild 317). Die Schraube im Moment nur handfest anziehen.

■ Das endgültige Anziehen der unteren Schraube findet statt, wenn das Fahrzeug wieder auf dem Boden aufsitzt. Da man schlecht an die Schraubverbindungen kommt, ist es ratsam, dass man die Rückseite des Fahrzeuges auf Auffahrrampen fährt. Die Schraube mit einem Anzugsdrehmoment von 105 Nm anziehen.

■ Radschrauben mit 90 Nm anziehen, nachdem die Räder auf dem Boden aufstehen.

Hintere Schraubenfedern

Niemals beide Federn auf einmal ausbauen. Falls beide erneuert werden müssen, zuerst eine Seite vornehmen und danach die andere. Wird dies nicht beachtet, kippt die Achse durch die Federkraft der Schraubenfedern ab.

Der Ausbau geschieht in ähnlicher Weise wie der Ausbau eines Stoßdämpfers.

■ Die untere Stoßdämpferbefestigung lösen, wie es im letzten Abschnitt beschrieben wurde. Um die Arbeit zu erleichtern, kann man die in Bild 318 gezeigte Metallstange einschieben und in Pfeilrichtung (1) bewegen, um die Spannung der Schraubenfeder zu entlasten. Nach Lösen der Schraube die Spannung mit der Metallstange regulieren.

■ Die Metallstange langsam in Richtung des Pfeils (2) bewegen, bis die Feder locker genug ist, um sie herauszunehmen.

Der Einbau findet in umgekehrter Reihenfolge statt. Die Feder kann man verkehrt herum einbauen. Aus diesem Grund ist die grüne Farbkennzeichnung an der Feder (in Bild 322 mit »1« bezeichnet, grüner Punkt) an die Oberseite zu bringen. Die Feder dann verdrehen, bis die Kennzeichnung zur Rückseite des Fahrzeuges weist. Die Hinterachse wird mit der Metallstange oder dem Wagenheber angehoben, bis man den Stoßdämpfer wieder anbringen kann. Den Stoßdämpfer danach festziehen, wie es im letzten Abschnitt beschrieben wurde.

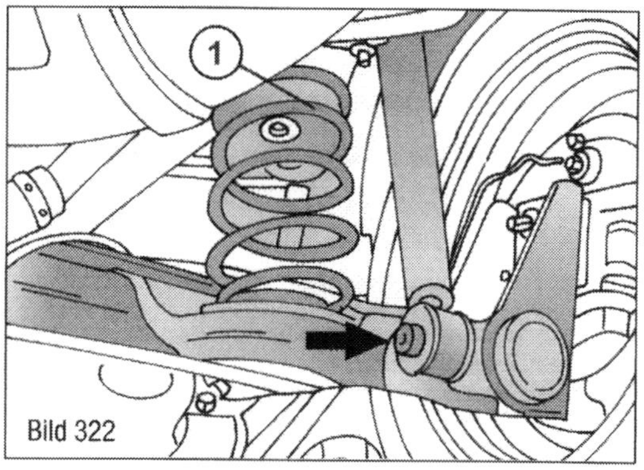

Bild 322

Bild 322
Mit der Zahl (1) ist die Lage der Farbkennzeichnung gezeigt. Die Feder muss beim Einbau in dieser Lage stehen. Der Pfeil weist auf die untere Stoßdämpferschraube.

Erneuerung der Hinterradlager/Radnabe – Trommelbremsen

Bei Fahrzeugen mit Scheibenbremsen werden diese Arbeiten im Zusammenhang mit der Scheibenbremse an den Hinterrädern beschrieben.

Radlager haben ein Axialspiel von 0 bis 0,3 mm. Das Spiel muss mit einer Messuhr gemessen werden. Dazu bei abgeschraubtem Rad eine Messuhr mit einem geeigneten Ständer vor der Hinterradnabe aufsetzen und den Messfinger auf die Fläche der Bremstrommel setzen. Messuhr auf Null stellen und die Bremstrommel hin- und herziehen. Die Anzeige ist das Axialspiel. Aus dem Ergebnis kann der Zustand der Radlager erkannt werden. Um ein Radlager auszubauen, sind die folgenden Arbeiten durchzuführen:

■ Rückseite des Fahrzeuges auf Böcke setzen und das Hinterrad abschrauben. Die Vorderräder verkeilen, damit das Fahrzeug nicht von den Böcken rollen kann.

■ Das Handbremsseil von der Unterseite des Fahrzeuges lockern.

■ Einen Schraubenzieher durch eines der Schraubenlöcher in die Bremstrommel einsetzen, wie es in Bild 323 gezeigt ist, und den Handbremsbetätigungshebel in der Innenseite der Bremstrommel zur Mitte des Fahrzeuges drücken. Ein kleiner Stift im Bremsbacken wird dabei vom Hebel frei. Der Hebel kann jetzt nach hinten gedrückt werden, um die automatische Nachstellung zum Abziehen der Bremstrommel freizumachen.

■ Nabenfettkappe vorsichtig mit einem Schraubendreher und einem Hammer von der Bremstrommel abschlagen. Da in der

Bild 323
Lösen der automatischen Bremsennachstellung von der Außenseite der Bremstrommel. Den Schraubendreher wie gezeigt einsetzen. Dieser drückt dabei gegen den Hebel des Bremsbackens und löst ihn vom Arretierstift.

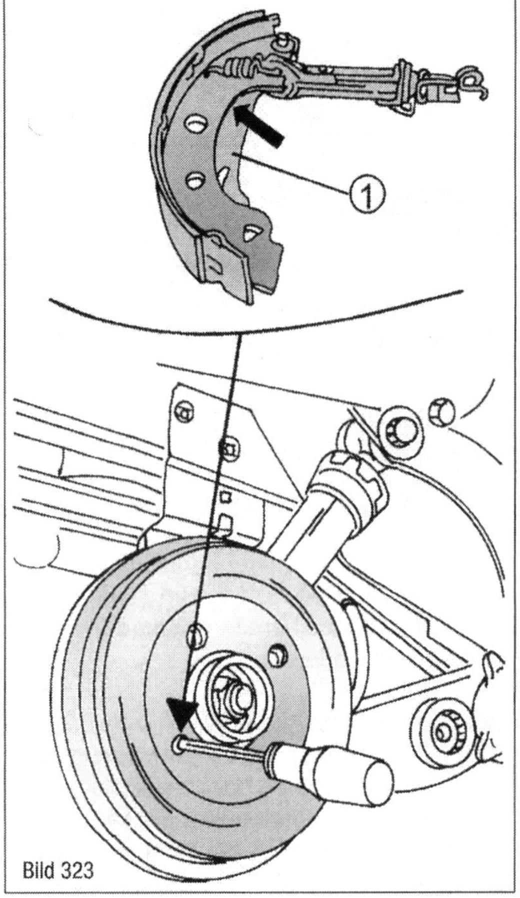

Bild 323

Bild 324
Die Einzelteile eines Hinterradlagers zusammen mit der Bremstrommel.
1 Bremstrommel
2 Ölabweiser
3 Lagersprengring
4 Radlager
5 Unterlegscheibe
6 Radnabenmutter
7 Nabenfettkappe

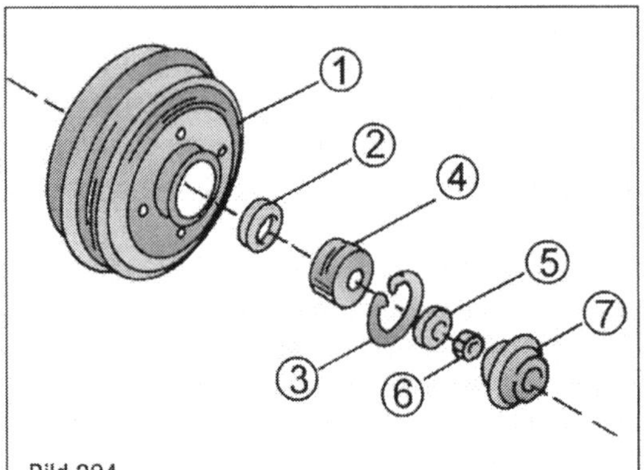

Bild 324

Werkstatt dazu ein Abzieher mit einem daran angebrachten Schlaghammer benutzt wird, muss man beim Ausbau der Nabenfettkappe besonders vorsichtig vorgehen.
- Nabenmutter abschrauben.
- Die Bremstrommel zusammen mit der Radnabe herunterziehen. Eine festsitzende Bremstrommel kann mit einem Abzieher heruntergezogen werden, welchen man mit Hilfe der Radbolzen anschraubt. Unbedingt überzeugen, dass der Grund einer festsitzenden Trommel nicht in hängenden Bremsbacken liegt.
- Den Sprengring von der Außenseite der Bremstrommel entfernen.
- Die Bremstrommel mit der Außenseite über die geöffneten Backen eines Schraubstocks auflegen. Mit einem passenden Dorn das Lager nach außen aus der Bremstrommel ausschlagen. Bild 324 zeigt die Teile eines Radlagers zusammen mit der Bremstrommel.
- Den Zustand der Achswelle kontrollieren. Falls Fressstellen festgestellt werden, muss das gesamte Radlagergehäuse von der Achse abgeschraubt werden (Anzugsdrehmoment 55 Nm).

Das Radlager wieder folgendermaßen montieren:
- Das neue Radlager gut einfetten und von der Außenseite mit einem passenden Dorn bis zum Anschlag in die Bremstrommel einschlagen.
- Den Sprengring in der Innenseite der Bremstrommel einfedern, aber darauf achten, dass er ringsherum einwandfrei sitzt.
- Bremstrommel aufstecken und falls erforderlich mit einem Gummihammer aufschlagen.
- Scheibe aufstecken und eine neue Mutter aufschrauben. Die Mutter mit einem Anzugsdrehmoment von 175 Nm anziehen.
- Nabenfettkappe mit etwas Fett füllen und auf die Bremstrommel aufschlagen.
- Rad anschrauben und das Bremspedal einige Male durchtreten, um den Nachstellmechanismus der Hinterradbremsen in Gang zu setzen.
- Abschließend die Handbremse einstellen, wie es in Kapitel »Bremsanlage« beschrieben ist.
- Fahrzeug auf den Boden absenken und die Räder mit 90 Nm anziehen.

Hinterradeinstellung

Nur zwei Werte können an den Hinterrädern ausgemessen werden: die Spurstellung der Hinterräder sowie der Sturz. Beide lassen sich nicht einstellen. Beide sind in unbeladenem Zustand unter Verwendung optischer Instrumente zu messen. Am besten ist es, wenn man dies in einer Werkstatt durchführen lässt.

13 Die Bremsanlage

Die Straßenverkehrs-Zulassungsordnung (StVZO) in Deutschland oder entsprechende Gesetze in anderen Ländern schreiben vor, dass ein Pkw stets mit zwei Bremsanlagen – der Feststellbremse (Handbremse) und der hydraulischen Betriebsbremse (Fußbremse) – ausgestattet ist, die unabhängig voneinander arbeiten. Sinn dieser Vorschrift: Fällt ein System aus, kann das andere das Fahrzeug immer noch abbremsen. Die Bremsanlage des Clio erfüllt diese Bestimmung mit einer Handbremse sowie einer diagonal geteilten Zweikreisbremsanlage, deren Anordnung in Bild 325 zu sehen ist. Dabei ist ein Bremskreis jeweils für ein Vorderrad und das gegenüberliegende Hinterrad zuständig. Fällt ein Bremskreis aus, bleiben Vorderrad und Hinterrad des anderen Kreises bremsfähig. In diesem Fall müssen Sie freilich stärker aufs Bremspedal treten, um die gleiche Wirkung zu erreichen wie bei einer intakten Anlage. Das Pedal lässt sich weiter durchtreten und der Anhalteweg wird wesentlich länger.

Die Konstruktion der Bremsen

Für die Vorderräder und die Hinterräder werden je nach Modellvariante Scheibenbremsen/Trommelbremsen oder Scheibenbremsen/Scheibenbremsen verwendet. Gleitbremssättel, auch als Faustsättel bekannt, werden an den Vorderrädern sowie auch an den Hinterrädern eingebaut, falls letztere Kombination vorgefunden wird. Die Hinterrad-Trommelbremsen sind von herkömmlicher Bauweise mit Anlaufbacken und Ablaufbacken.
Die Anlage ist als Zweikreissystem ausgebildet, d. h. jeder Abschnitt des Hauptbremszylinders übernimmt einen Bremskreis. Die Bremsanlage ist serienmäßig mit einem Bremskraftverstärker ausgerüstet, welcher seinen Unterdruck aus dem Ansaugsammelrohr des Motors erhält.
Eine Antiblockier-Bremsanlage (ABS) ist entweder auf Sonderwunsch oder serienmäßig eingebaut.
An der Vorderachse und an der Hinterachse verzögern die Bremsen die Fahrgeschwindigkeit des Fahrzeuges. Beim Tritt aufs Bremspedal presst eine mit dem Pedal verbundene Druckstange zwei hintereinanderliegende Kolben in den Hauptbremszylinder, der im Motorraum an den Bremskraftverstärker montiert ist. Die Kolben übertragen die Fußkraft auf die im Hauptbremszylinder eingeschlossene Bremsflüssigkeit. Dadurch entsteht ein hydraulischer Druck, der sich über Rohr- und Schlauchleitungen zu den Bremszangenzylindern bzw. Radbremszylindern fortsetzt. Dabei drücken im Fall der Scheibenbremsen die Kolben die Bremsklötze gegen die Bremsscheiben. Drücken ist dabei nur grob gesagt. Im Fall jedes vorderen Bremssattels (oder auch des hinteren Bremssattels), der nur einen Kolben hat, drückt der hergestellte Bremsdruck gegen diesen Kolben, welcher dabei den Bremsklotz gegen die Bremsscheibe drückt. Sobald der Kolben nicht weiter kann, wird der gesamte Bremssattel auf einem Mechanismus von Gleitbolzen auf die andere Seite gedrückt, wobei der zweite Bremsklotz gegen die andere Seite der Bremsscheibe gepresst wird. Die Bremsung ist damit komplett. Anders sieht es bei den eingebauten Trommelbremsen statt. Hier wird zuerst der Anlaufbacken gegen die Fläche der Bremstrommel gedrückt und unmittelbar durch das Andrücken des Ablaufbackens gefolgt.

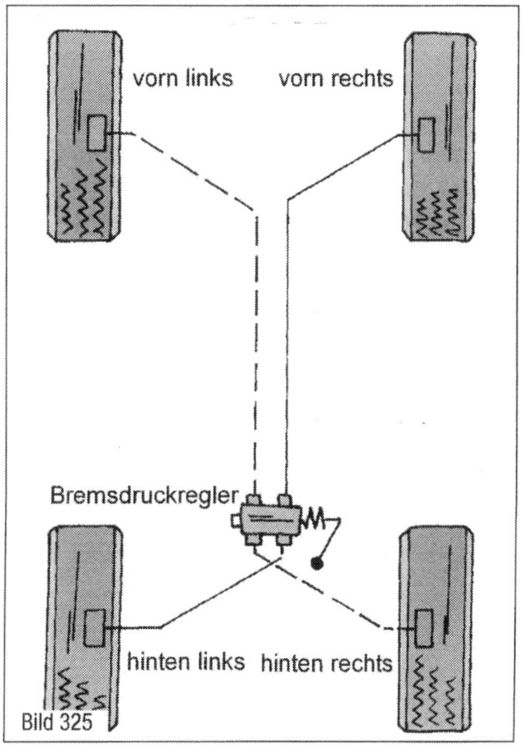

Bild 325
Diagramm der Zweikreisbremsanlage. An der Rückseite ist der Bremsdruckregler eingebaut (Fahrzeuge ohne ABS).

Sichtprüfung Messen

Die Handbremse wirkt über einen Hebel- und Seilmechanismus auf die Hinterradbremsen. Wenn der Hebel in der Mitte des Fahrerraums gezogen wird, spannt sich das vordere Bremsseil. Dies führt zum Seilzugausgleich. Von dort verläuft je ein Bremsseil zur jeweiligen Hinterradbremse. Die Bremsbacken werden durch die eingebaute Hebelanordnung auseinanderbewegt und legen sich gegen die Fläche der Bremstrommel an.
Vorder- und Hinterradbremsen stellen sich übrigens selbst nach, eine regelmäßige Kontrolle der Einstellung ist nicht erforderlich.

Wartungsarbeiten an den Bremsen – Im Zweifel in die Werkstatt

Die Bremsen entscheiden im Straßenverkehr über Ihre Sicherheit und die anderer Verkehrsteilnehmer. Deshalb ist eine regelmäßige Kontrolle der Bremsanlage Ihre beste Lebensversicherung. Scheuen Sie sich nicht, die Räder abzunehmen und den Zustand der Bremsklotzbeläge oder Bremsbackenbeläge zu prüfen. Die meisten Arbeiten an den Bremsen sind nicht zu schwierig. Auf besondere Arbeiten, die wir nicht empfehlen können, weisen wir hin. Trotzdem sollten Sie sich nur ans Schrauben machen, wenn Sie sich Ihrer Sache wirklich sicher sind. Überlassen Sie Arbeiten an der Bremse im Zweifelsfall lieber einer Fachwerkstatt.
Falls Ihnen einige der mit der Bremsanlage verbundenen Teile nicht genau bekannt sind, wird Ihnen die folgende Beschreibung zum besseren Verständnis helfen:

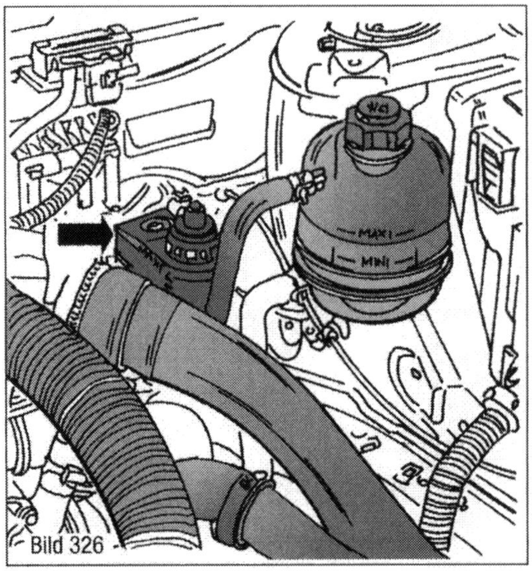

Bild 326

Bild 326
Der Pfeil zeigt Ihnen, wo der Vorratsbehälter des Hauptbremszylinders sitzt.

Zweikreisbremsanlage. Diagonal geteilte hydraulische Anlage. Jeweils ein Bremskreis für Vorderrad und schräg gegenüber liegendes Hinterrad.
Hauptbremszylinder. Wandelt die mechanische Kraft des Bremspedals in hydraulische Kraft um. Sorgt für schnellen Druckabbau im System beim Lösen der Bremsen.
Bremskraftverstärker. Sitzt links im Motorraum hinter dem Hauptbremszylinder. Bringt etwa 60 Prozent der Bremskraft. Bezieht seine Kraft beim Benziner über einen Schlauch durch Unterdruck im Ansaugrohr oder beim Diesel von einer getrennten Unterdruckpumpe. Beim Bremsen reagiert eine elastische Membrane auf den Druckunterschied zwischen äußerem Luftdruck und dem Unterdruck aus dem Ansaugrohr. Sie drückt zusätzlich auf die Kolben im Hauptbremszylinder.
Bremsflüssigkeit: Die Flüssigkeit in den Bremsleitungen und Bremszylindern ist eine Mischung aus Glykol, Polyglykoläther und ein paar weiteren Bestandteilen. Diese meistens gelbliche bis farblose – übrigens giftige und gegen Autolack aggressive – Flüssigkeit greift die Metall- und Gummiteile des Bremssystems nicht an, sie bleibt selbst bei -40 °C noch ausreichend dünnflüssig, und sie hat trotz ihrer Dünnflüssigkeit den extrem hohen Siedepunkt von ca. 290 °C.
Aber die Bremsflüssigkeit hat auch eine sehr unangenehme Eigenschaft: Sie nimmt gern Wasser auf, sie ist »hygroskopisch«. Bei lediglich 2,5% Wassergehalt liegt der Siedepunkt nur noch bei 150 °C. Das wird bei starker Belastung der Bremsen gefährlich. In der Nähe der erhitzten Bremsen können sich in der Hydraulikflüssigkeit Dampfblasen bilden, die sich zusammenpressen lassen – das Bremspedal lässt sich tief durchtreten, manchmal tritt man sogar ins Leere (in diesem Fall hilft bisweilen noch schnelles Pumpen mit dem Bremspedal).

Die folgende Beschreibung soll Sie mit den an der Bremsanlage durchzuführenden Wartungsarbeiten vertraut machen, ehe Sie sich an die komplizierteren Arbeiten herantrauen.

Stand der Bremsflüssigkeit prüfen
Der Bremsflüssigkeitsbehälter sitzt im Motorraum links hinten auf dem Hauptbremszylinder. Im durchscheinenden Behälter muss die Bremsflüssigkeit stets zwischen den Markierungen »MINI« und »MAXI« stehen. In Bild 326 können Sie an der Pfeilstelle sehen, wo der Flüssigkeitsstand abgelesen werden kann.
Bedingt durch die im Durchmesser verhältnismäßig großen Kolben in den Bremssätteln sinkt der Flüssigkeitsspiegel ein wenig, wenn die Kolben durch die verschleißenden Bremsklötze weiter herauswandern und Bremsflüssigkeit nachfließt. Ein gewisses, minimales Absinken der Bremsflüssigkeit muss also nicht unbedingt alarmierend sein. Fällt der Stand der Bremsflüssigkeit innerhalb kurzer Zeitabstände immer wieder unter die »MINI«-Marke, muss dringend nach den Ursachen geforscht werden.

Bremsflüssigkeit austauschen
Wie Sie im letzen Abschnitt lesen konnten, spricht einiges dafür, die Bremsflüssigkeit entsprechend den Angaben im Wartungsscheckheft zu wechseln. Absichtlich geben wir dabei keine Zeitintervalle an, da Autohersteller diese dem Stand der Technik nach abändern, und eine im Moment gültige Zeitangabe könnte in einigen Jahren nicht mehr stimmen. Für diese Arbeit sind Sie in der Werkstatt gut aufgehoben. Im Allgemeinen gilt, dass man die Bremsflüssigkeit alle 60 000 km wechseln sollte. Falls Sie dies befolgen, liegen Sie richtig. Wer unbedingt den Ehrgeiz zum Selbermachen besitzt, geht ähnlich vor wie beim Entlüften der Bremsanlage. Das Folgende nur in Stichwortform:
- Den Bremsflüssigkeitsbehälter mit einer Spritze o. Ä. bis auf etwa 1 cm leer saugen.
- Mit neuer Bremsflüssigkeit (DOT 3 oder 4) auffüllen.
- Nacheinander an jeder Radbremse die Entlüftungsschrauben öffnen und mit dem Bremspedal langsam Bremsflüssigkeit herauspumpen. Das Bremspedal pro Bremse 10 Mal durchtreten.
- Unbedingt auf den Stand der Bremsflüssigkeit im Vorratsbehälter achten und rechtzeitig Bremsflüssigkeit nachfüllen, bevor Luft angesaugt wird.
- An der rechten Hinterradbremse beginnen (am weitesten entfernt).

Bremsen überprüfen
Am besten suchen Sie eine wenig befahrene Straße oder einen leeren Parkplatz. Auf solch einer ebenen und trockenen Teststrecke bremsen Sie mehrmals mehr oder weniger stark ab. Zieht der Wagen einseitig nach rechts, ist die Wirkung der linken Vorder- oder Hinterradbremse zu schwach. Ungleich lange Bremsspuren – sie werden durch kurze Vollbremsungen aus ca. 40 km/h erzeugt – weisen ebenfalls auf ungleiche Bremswirkung hin. Bei einer weiteren Prüfung können Sie noch das Lenkrad leicht loslassen (Hände griffbereit!) und fühlen, ob es während des Bremsens einzuschlagen versucht. Bei kräftigem Treten des Pedals müssen sich gleich lange Bremsspuren ergeben. Die Feststellbremse prüfen Sie beim Ausrollenlassen des Wagens. Genauer ist der preisgünstige Bremsentest auf einem Prüfstand in der Werkstatt. Den Test spätestens vor jeder TÜV/DEKRA-Untersuchung (Deutschland) oder den entsprechenden technischen Untersuchungen in anderen Ländern durchführen lassen.

Durch Streusalzeinwirkung auf Bremsscheibe und Bremsbeläge kann sich besonders bei überwiegendem Stadtverkehr die Bremswirkung deutlich verschlechtern. Zur Abhilfe das Fahrzeug mehrmals aus ca. 80 km/h kräftig abbremsen. Unfallgefahr beachten.

Bremsanlage auf Dichtheit und Beschädigung prüfen
- Verfolgen Sie die Bremsleitungen unter dem Wagen: Sie dürfen nicht angerostet, geknickt oder plattgedrückt sein. Schwarzer feuchter Schmutz an den Leitungsanschlüssen deutet auf undichte Stellen hin. Die Bremsschläuche dürfen nicht spröde oder angescheuert sein.
- Feuchter dunkler Schmutz an den Bremssätteln, an den Entlüftungsventilen und am Anschluss des Bremsschlauches lässt Undichtheit vermuten.
- Alle Staubschutzkappen auf den Entlüftungsventilen vorhanden?
- Zuletzt eine provisorische Bremsdruckprüfung: Treten Sie mit großer Kraft (rund 300 Nm) auf das Bremspedal. Der harte Widerstand darf auch nach einigen Minuten nicht nachgeben. Sonst ist das System irgendwo undicht oder der Hauptbremszylinder ist defekt.

Bremsklötze kontrollieren

Für denjenigen, der seine Bremsanlage selbst wartet, ist diese Arbeit mit die wichtigste. Pünktlich ist die Kontrolle durchzuführen. Die Bremsklötze der Vorderachse verschleißen relativ schnell, besonders bei Automatik-Fahrzeugen.

Im Armaturenbrett ist eine Bremsbelagverschleißanzeige zu finden (nicht bei allen Modellen). Diese leuchtet beim Bremsen auf, wenn der bremskolbenseitige Bremsbelag einer Vorderradbremse eine bestimmte Stärke hat. Von den Bremsklotzbelägen ist dann so viel abgeschliffen, dass alle vier vorderen Bremsklötze erneuert werden müssen.

- Die hinteren Bremsbacken sind immer dann zu prüfen, wenn vorne neue Bremsklötze eingebaut werden.
- Zur Kontrolle der Bremsbelagdicke das jeweilige Rad abmontieren.

Feststellbremse nachstellen

Die Arbeiten sind unter der entsprechenden Überschrift beschrieben.

Allgemeine Anweisungen bei Arbeiten an der Bremsanlage

Es ist äußerst wichtig, dass man beim Bestellen von Teilen der Bremse sich über die genaue Ausführung im Klaren ist (siehe oben). Die vorderen Bremsscheiben sind je nach eingebautem Motor unterschiedlich in ihrer Stärke (20,6 oder 20,0 mm ohne ABS bei den kleineren Motoren oder 24,0 mm mit 2.0-Liter-Motor), wodurch auch die Minimalstärke der Bremsklötze (einschließlich der Metallplatte) betroffen ist. Falls Sie beim Messen unter die in der Maßtabelle angegebene Stärke kommen, wenden Sie sich an die Werkstatt. Scheibenbremsen können nachgearbeitet werden, jedoch ist bei bestimmten Ausführungen ein Nachschleifen nicht gestattet.

Scheibenbremsen und Trommelbremsen stellen sich automatisch nach.

Die Bremsklötze oder die Bremsbeläge dürfen nur in kompletten Sätzen gewechselt werden. Niemals Bremsteile verschiedener Hersteller an einem Fahrzeug vermischen.

Bei der behandelten Baureihe kommen Trommelbremsen zweier verschiedener Durchmesser (203,2 oder 228,3 mm) zum Einbau, jedoch ist der Durchmesser der Radbremszylinder bei allen Ausführungen gleich.

Falls hydraulische Zylinder zerlegt werden, müssen die Gummimanschetten immer erneuert werden. Reparatursätze stehen zur Überholung zur Verfügung, und alle im Satz enthaltenen Teile sind beim Zusammenbau zu verwenden. Ehe man jedoch einen hydraulischen Zylinder zerlegt, sollte man sich erkundigen, ob ein Reparatursatz erhältlich ist, da nicht mehr alle Hydraulikteile überholt werden.

Mineralfette oder -öle müssen von Teilen der Bremse fern gehalten werden. Alle Überholungsarbeiten müssen unter den saubersten Bedingungen durchgeführt werden. Dies bezieht sich ebenfalls auf Werkzeuge und die Hände.

Manschetten dürfen nur mit den Fingern von den Kolben gezogen werden und sind vor dem Einbau in saubere Bremsflüssigkeit einzulegen. Verschlissene oder festgefressene Zylinder immer als Ganzteil erneuern. Leichte Druckstellen einer Zylinderbohrung können mit sehr feinem Sandpapier herauspoliert werden.

Bremsflüssigkeit von Lackstellen des Fahrzeuges fern halten. Niemals aus der Anlage ausgestoßene Bremsflüssigkeit wieder zum Nachfüllen verwenden. Auch keine Bremsflüssigkeit verwenden, welche lange ohne Verschluss gestanden hat. Beim Entlüften der Bremsanlage das Bremspedal durchpumpen, bis frische Bremsflüssigkeit wieder herauskommt.

Vordere Scheibenbremsen

Bremsklötze erneuern

Die Bremsklötze müssen erneuert werden, wenn die Gesamtstärke der Klötze, einschließlich der Metallplatte, bis auf 6 mm abgenutzt ist (bei allen Fahrzeugmodellen). Das Maß kann mit einem Messlineal wie in Bild 327 gezeigt ausgemessen werden, ohne dass man die Bremsklötze ausbaut. Die beiden Räder müssen dazu abgeschraubt werden, damit man die Bremsklötze sehen kann. Niemals nur eine Seite kontrollieren, da sich die Bremsklötze durchaus auf beiden Seiten unterschiedlich abnutzen können. Bremsklötze werden immer im Satz erneuert. Beim Ausbau der Bremsklötze folgendermaßen vorgehen:

■ Radbolzen lockern, die Vorderseite des Fahrzeuges auf Böcke setzen und die Räder abschrauben.
■ Das Kabel vom Verschleißanzeiger der Bremsklötze abschließen (nicht bei allen Fahrzeugen).
■ Den Bremssattel erfassen und mit einem kurzen Ruck nach außen bewegen. Dabei wird der Kolben vollkommen in die Bohrung des Zylinders gestoßen.
■ Unter Bezug auf Bild 328 die beiden Gleitbolzen (1) herausdrehen.
■ Den Gleitsattel an der Unterseite erfassen und nach oben schwenken. Die Bremsklötze links und rechts der Bremsscheibe abnehmen.

⚠ Das Bremspedal nicht betätigen, wenn Bremsklötze oder Bremssattel ausgebaut wurden.

Den Zustand der Staubschutzringe kontrollieren und ebenfalls überzeugen, dass die beiden Gummiabdichtungen für den Schutz der Gleitstifte in gutem Zustand sind. Falls sie erneuert werden müssen, das Ende des Kolbens und die beiden Stifte mit sauberer Bremsflüssigkeit reinigen und mit Bremsfett einschmieren. Die neuen Gummiteile montieren. Beim Einbau folgendermaßen vorgehen:
■ Den Kolben in die Bohrung zurückstoßen. Dazu entweder eine Kolbenspannzwinge in der in Bild 329 gezeigten Weise verwenden (bei ausgebautem Bremssattel gezeigt) oder einen Holzblock ansetzen und den Kolben vorsichtig mit einem großen Schraubendreher in die Bohrung drücken.
■ Die neuen Bremsklötze mit den Federn einsetzen. Dabei besonders auf das richtige Anbringen der Federn achten, wobei man Bild 330 hinzuziehen kann. Der Bremsklotz mit dem Kabel für die Verschleißanzeige kommt an die Innenseite. Bei den neueren Ausführungen wurde die Bremsbelagverschleißanzeige weggelassen, d. h. beide Bremsklötze kommen ohne Anschlusskabel.
■ Den Bremssattel vorsichtig über die beiden Bremsklötze setzen und zuerst mit der unteren Schraube befestigen. *Das Gewinde der Schraube mit »Loctite« einschmieren, falls die alten Schrauben verwendet werden.*
■ Beide Schrauben jetzt mit einem Anzugsdrehmoment von 40 Nm anziehen. Zuerst die obere und danach die untere Schraube anziehen.

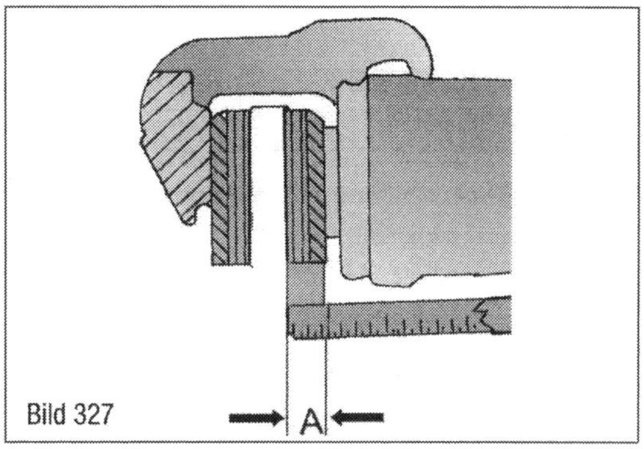

Bild 327

Bild 327
Ausmessen der Stärke der Bremsklotzbeläge im eingebauten Zustand. Das Maß »A« darf nicht weniger betragen, als für das betreffende Modell in der Maß- und Einstelltabelle angegeben.

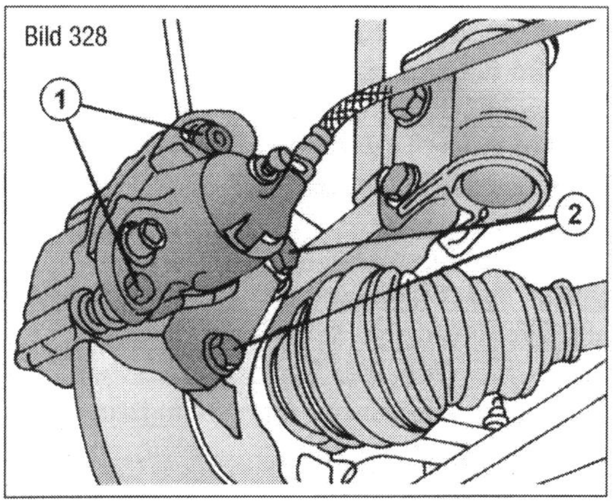

Bild 328

Bild 328
Die Schrauben (1) sind die Gleitbolzen, welche die Bremssättel am Bremssattelträger halten. Schrauben (2) halten den Träger am Achsschenkel.

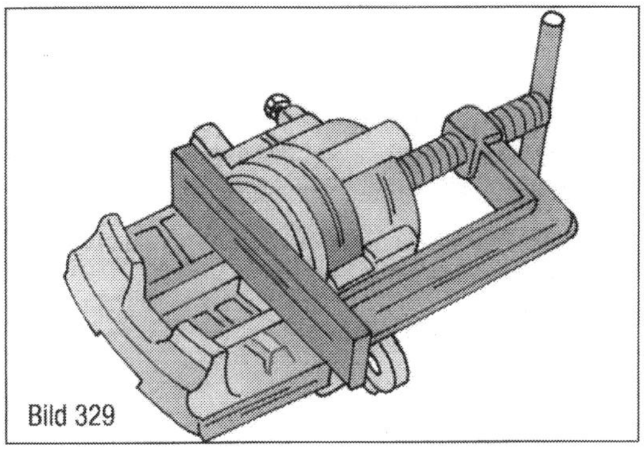
Bild 329

Bild 329
Eine Zwinge kann benutzt werden, um den Zylinder in den Kolben zu drücken.

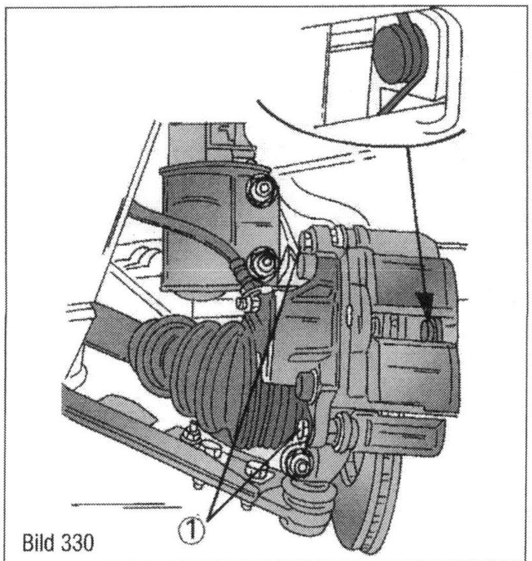

Bild 330

Bild 330
Vor Anziehen der beiden Führungsbolzen (40 Nm) kontrollieren, dass die Federn in der gezeigten Weise eingebaut sind.

■ Das Kabel für den Verschleißanzeiger mit dem Stecker verbinden (falls vorhanden).
■ Das Bremspedal einige Male durchtreten, um die Bremsklötze an die Bremsscheibe zu bringen. Daran denken, dass sich neue Bremsklötze eine Weile »einbremsen« müssen.

Aus- und Einbau eines Bremssattels

Der Aus- und Einbau eines Bremssattels folgt im Allgemeinen den Anweisungen im letzten Abschnitt, mit dem Unterschied, dass man nach Lösen des Bremssattels beide Schrauben (1) in Bild 328 ausschrauben muss. Der Bremssattel kann nach Ausbau der Bremsklötze abgeschraubt werden oder ist frei. Der Bremssattelträger kann ebenfalls ausgebaut werden. In diesem Fall die Schrauben (2) in Bild 328 ausschrauben. Nach dem Ausbau hat man die in Bild 331 gezeigten Teile vor sich.
■ Der Bremsschlauch kann entweder vom Bremssattel abgeschraubt werden oder ist an der Verbindung an der Bremsleitung zu trennen. Im ersten Fall ist es besser, wenn man den Schlauch am Sechskant vom Bremssattel abschraubt (nur lockern), ehe die in Bild 328 gezeigten Schrauben gelöst werden; im letzteren Fall die Überwurfmutter lockern und danach die Federplatte aus dem Metallhalter ausschlagen.

Hinweis in beiden Fällen: Um ein Auslaufen der Bremsflüssigkeit zu vermeiden, den Deckel des Vorratsbehälters abschrauben, den Behälter bis zur Oberkante füllen, ein Stück einer Kunststofftüte auf den Behälter legen und den Deckel wieder aufschrauben. Durch die luftdichte Verbindung wird die Bremsflüssigkeit nur austropfen.

■ Beim Anschließen des Bremsschlauchs eine neue Kupferscheibe zwischen Schlauch und Bremssattel einsetzen. Wurde der Bremsschlauch am Bremssattel abgeschraubt, schraubt man den Bremssattel an den Schlauch an, bis er fast ansitzt. Dabei mit einem am Sechskant angesetzten Gabelschlüssel den Schlauch festziehen. Das endgültige Festziehen findet nach Einbau des Bremssattels statt.
■ Die Befestigungsschrauben des Bremssattels mit 100 Nm anziehen, falls der komplette Bremssattel eingebaut wurde. Die Führungsschrauben des Zylinders (entweder neue oder die alten mit »Loctite« einschmieren) mit 40 Nm anziehen.
■ Falls der Schlauch von der Bremsleitung abgeschlossen wurde, muss der Schlauch ohne Verspannung oder Verdrehung wieder angeschlossen werden. Zur Kontrolle die Räder aus einem Einschlag in den anderen drehen lassen und beobachten, dass der Schlauch nirgends anstoßen kann. Die Überwurfmutter anziehen, während das Sechskant des Schlauchs gegengehalten wird.

Die Bremsanlage nach Einbau des Bremssattels entlüften. Wurde der Behälter luftdicht verschlossen, muss man die Flüssigkeit zuerst auf das vorschriftsmäßige Niveau bringen. Um das Entlüften zu beschleunigen, kann man bei ausgebautem Bremssattel etwas Bremsflüssigkeit durch die Anschlussöffnung für den Bremsschlauch füllen, ehe der Schlauch angeschlossen wird (falls diese Ausbauvariante befolgt wurde). Nach dem Einbau das Bremspedal einige Male betätigen, damit sich die Bremsklötze einwandfrei gegen die Bremsscheibe ansetzen können.

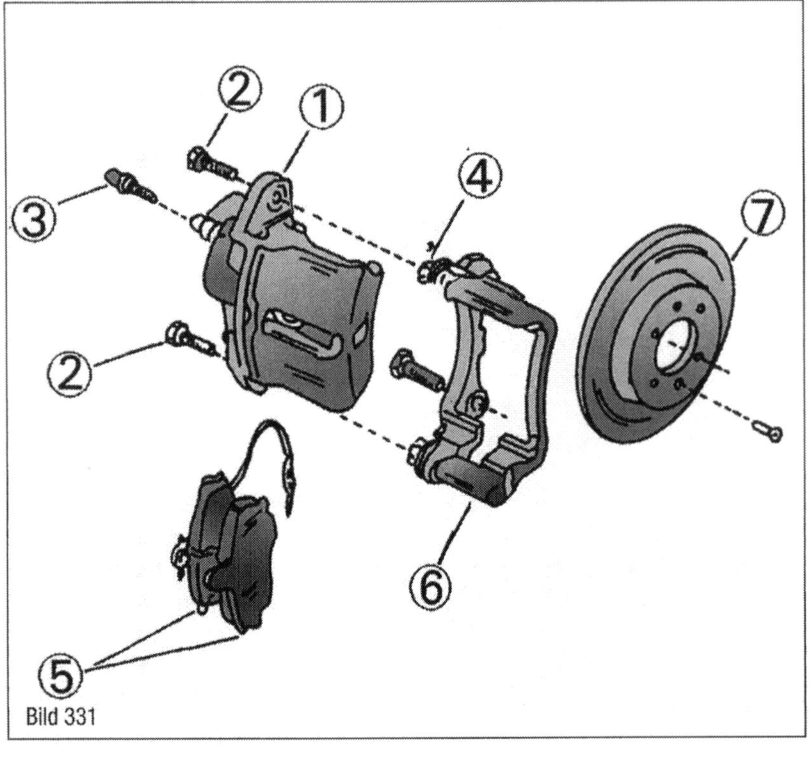

Bild 331

Bild 331
Die Einzelteile eines vorderen Bremssattels. Die Bremsscheiben können entweder aus Festmaterial hergestellt sein oder sind belüftet.
1 Bremssattelzylinder
2 Sattelbefestigungsschraube
3 Entlüftungsschraube
4 Bremssattelträgerschraube
5 Bremsklötze
6 Bremssattelträger
7 Bremsscheibe

Bremssattel überholen

Ehe man einen Bremssattel zerlegt, sollte man sich erkundigen, ob ein Reparatursatz vor Ort erhältlich ist. Bei der folgenden Beschreibung setzen wir voraus, dass Sie einige Erfahrung mit der Überholung von Bremssätteln haben.

- Staubschutzabdeckung entfernen. Vorher einen Befestigungsring abnehmen.
- Einen Holzklotz zwischen den Kolben und den Bremssattel einlegen und den Kolben vorsichtig mit Pressluft ausblasen. Das Holzstück wird dabei in der in Bild 332 gezeigten Weise in die Öffnung des Bremssattels eingesetzt.
- Den Dichtring mit einem stumpfen Gegenstand aus der Innenseite der Bohrung herausheben. Eine stumpfe Blattfühlerlehre kann, wie in Bild 333 gezeigt, dazu verwendet werden.
- Alle Teile in Spiritus reinigen und auf Verschleiß, Riefenbildung oder Korrosion von Zylinder oder Kolben überprüfen. Keines dieser Teile sollte wieder verwendet werden, falls derartige Schäden sichtbar sind. Mit dem Finger die Innenseite der Kolbenbohrung »abfühlen«. Falls man Riefen oder Scharten feststellen kann, sollte der Zylinder ohne weitere Reparatur erneuert werden.
- Einen neuen Dichtring in die Rille der Zylinderbohrung einsetzen und den Kolben sowie den Dichtring mit sauberer Bremsflüssigkeit einschmieren.
- Kolben einschieben und den Staubschutzdichtring anbringen. Den Befestigungsring am Bremssattel befestigen.

Bremsscheiben

Bremsscheiben können nicht nachgeschliffen werden und müssen bei übermäßigem Verschleiß erneuert werden. Der Verschleiß der Bremsscheibe darf 0,5 mm auf beiden Seiten der Scheibe nicht überschreiten. Die Bremsscheibe kann mit einer Messuhr auf Schlag kontrolliert werden. Dazu die Messuhr mit einem Halter so anbringen, dass der Messstift ca. 5 mm von der Außenkante angesetzt wird. Beim Durchdrehen der Scheibe sollte die Nadel nicht um mehr als 0,07 mm ausschlagen.

Bild 332

Bild 332
Ausbau eines Kolbens. Ein Holzstück unter den Kolben untersetzen.

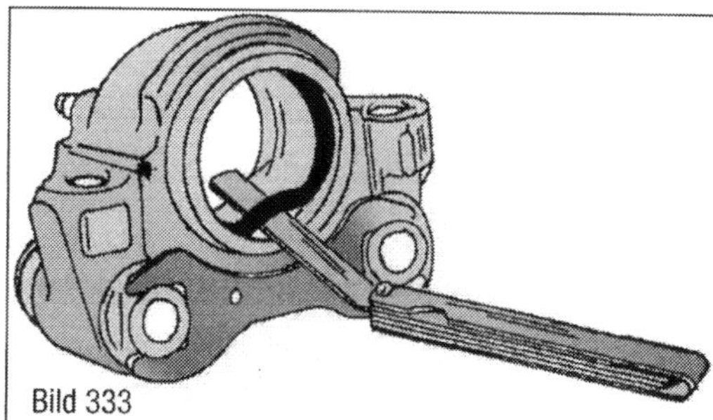

Bild 333

Bild 333
Herausheben des Dichtringes aus der Bohrung des Bremssattelzylinders.

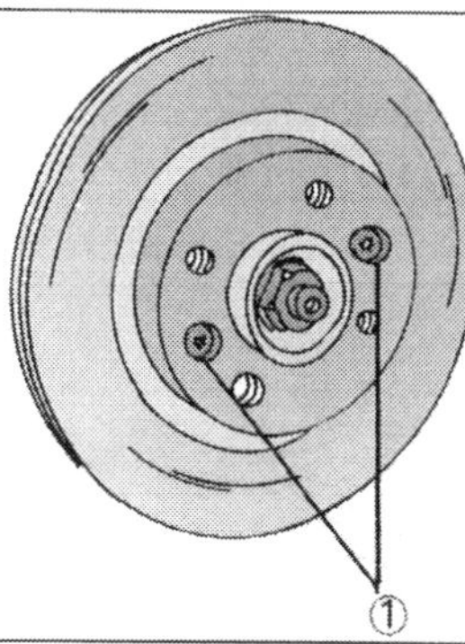

Bild 334

Bild 334
Die Bremsscheiben werden mit Schrauben (Torx-Kopf) an der Radnabe gehalten.

Um die Scheibe auszubauen, die Bremsklötze ausbauen, wie es bereits beschrieben wurde, und die beiden Befestigungsschrauben des Bremssattels lösen, worauf der Bremssattel abgenommen werden kann.
Die beiden Schrauben (Bild 334) in der Stirnfläche der Bremsscheibe entfernen und die Bremsscheibe abnehmen. Ein Spezial-Torx-40-Schlüssel wird dazu verwendet, dessen Form man dem Schraubenkopf entnehmen kann. Die Scheibe mit einem Gummihammer abschlagen, falls sie festsitzen sollte.
Der Einbau der Bremsscheibe geschieht in umgekehrter Reihenfolge. Die beiden Schrauben des Bremssattels mit 100 Nm anziehen. Abschließend die Bremsklötze wieder einbauen, wie es bereits beschrieben wurde. Das Fahrzeug Probe fahren und die Bremsen überprüfen. Manchmal dauert es eine Weile, bis die Bremsen ihre volle Leistungsfähigkeit erhalten haben – Vorsicht!

Bild 335
Einzelheiten zum Aus- und Einbau des Hauptbremszylinders. Die Zahlen in der linken Ansicht werden im Text erwähnt. Die rechte Ansicht zeigt:
1 Aufnahmen für Vorratsbehälter
2 Dichtring
3 Befestigungsmuttern, 21 Nm
4 Hauptbremszylinder

Bild 336
Das Maß »X« auf 22,3 mm einstellen, indem man die Stößelstange (1) nach Lockern der Kontermutter verstellt. Dadurch wird das vorgeschriebene Spiel für die Kolben des Hauptbremszylinders hergestellt.

Bild 337
Ansicht des Hauptbremszylinders, wie er aus dem Ersatzteillager erhalten wird. Der Stopfen (1) wird nicht bei allen Ausführungen verwendet. Die Muttern (2) werden immer erneuert.

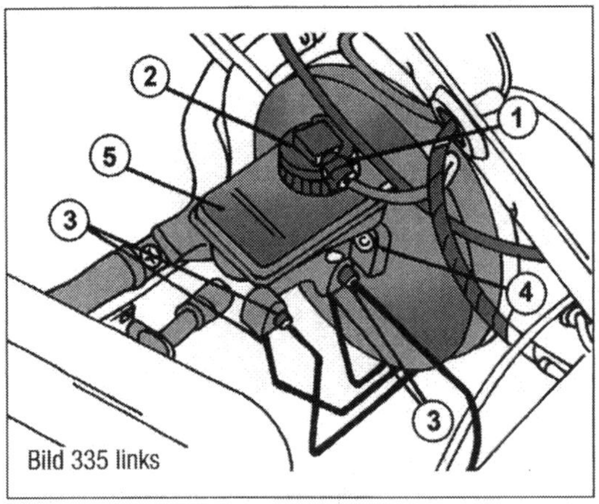

Bild 335 links

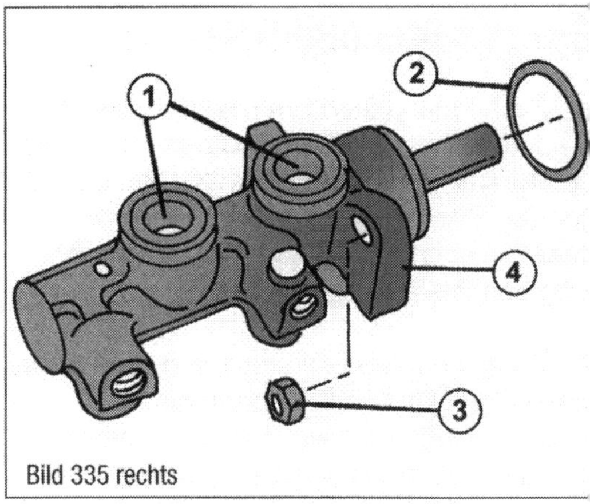

Bild 335 rechts

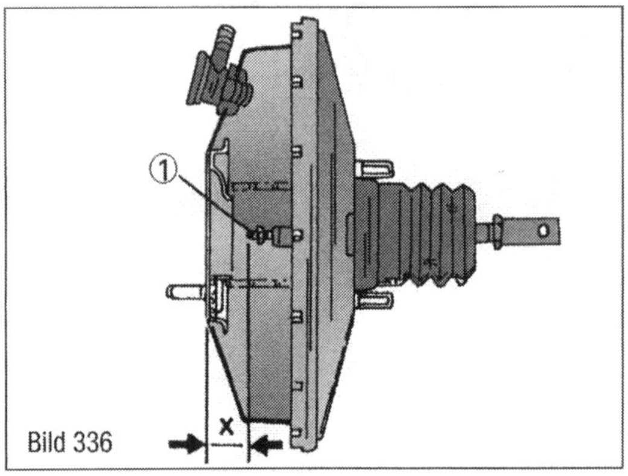

Bild 336

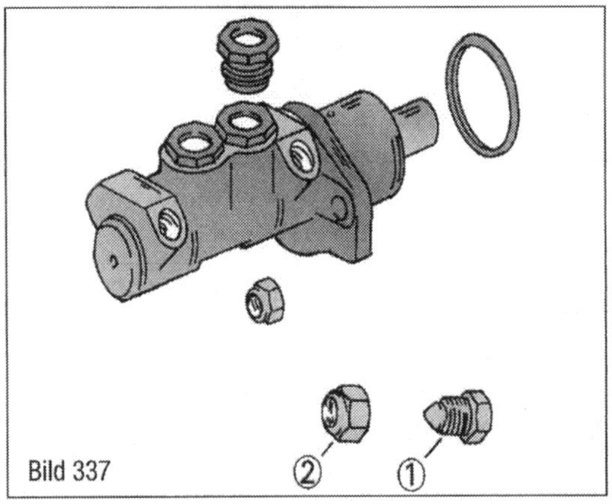

Bild 337

Der Hauptbremszylinder

Aus- und Einbau

☞ Bei bestimmten Fahrzeugen muss man das elektronische Steuergerät der Einspritz/Zündanlage ausbauen. Sie müssen selbst entscheiden, ob es im Wege sein könnte.

■ Massekabel der Batterie abklemmen.
■ Unter Bezug auf Bild 335 (linke Ansicht) den Kabelstecker (1) für den Warnschalter/Bremsflüssigkeitsstand von der Seite der Verschlusskappe (2) abziehen.
■ Falls erforderlich jetzt das Steuergerät der Einspritz/Zündanlage ausbauen und auf einer Seite ablegen.
■ Die Gegend um den Verschluss des Vorratsbehälters für den Hauptbremszylinder und der Bremsleitungsanschlüsse gut säubern, die Verschlusskappe entfernen und die Bremsflüssigkeit mit einem Sauger aus dem Vorratsbehälter entfernen. Dazu lässt sich zum Beispiel ein Batteriesäureheber verwenden, welchen man vorher jedoch einwandfrei säubern muss. In Bild 326 kann man sehen, wo der Zylinder sitzt.
■ Den Vorratsbehälter (5) durch Hin- und Herwackeln aus dem Hauptbremszylinder herausziehen.
■ Die Überwurfmuttern (3) der Bremsleitungen lösen und die beiden Befestigungsmuttern (4) des Hauptbremszylinders entfernen. Darauf achten, wo die einzelnen Leitungen angeschlossen sind und den Zylinder vorsichtig herausheben. In diesem Zusammenhang sollte man sich die linke Ansicht von Bild 335 ansehen und die nachstehenden Hinweise beachten. Darauf achten, dass keine Bremsflüssigkeit auf die Lackstellen tropfen kann.

Falls ein neuer Hauptbremszylinder eingebaut wird, muss man zuerst die im Anschluss der Einbaubeschreibung gegebenen Hinweise über neue Zylinder durchlesen.

Auf der Anschlussfläche des Zylinders ist ein Dichtring aufgelegt (2, Bild 335, rechts), welchen man immer erneuern muss.

Der Einbau geschieht in umgekehrter Reihenfolge. Den Dichtring (2, Bild 335, rechts) auf die Flanschfläche auflegen und den Zylinder anbringen. Die beiden Muttern (3) gleichmäßig mit 21 Nm anziehen.

Falls der Bremskraftverstärker ausgetauscht wurde, das herausstehende Ende der Stößelstange in der Endfläche des Bremsgerätes ausmessen. Dabei vom Ende der Stößelstange zur Montagefläche für den Zylinder messen, wie es durch »X« in Bild 336 angegeben ist. Falls dieses Maß nicht 22,3 mm beträgt, die Kontermutter lockern und die Stößelstange (1) entsprechend verstellen. Wir müssen darauf hinweisen, dass die Einstellung nicht bei allen Ausführungen des Bremskraftverstärkers möglich ist, ohne dass wir Ihnen darüber genaue Anweisungen geben können. Hat die Stößelstange eine Kontermutter, kann sie verstellt werden. Den Vorratsbehälter wieder montieren. Dazu den Behälter in die Gummitüllen des Zylinders drücken, bis er einschnappt. Die Anlage mit frischer Bremsflüssigkeit füllen und die Bremsanlage entlüften, wie es später beschrieben ist.

Hauptbremszylinder überholen

Die Überholung des Hauptbremszylinders ist bei diesen Fahrzeugen nicht länger möglich. Hat der Hauptbremszylinder Schaden erlitten, muss ein neuer Zylinder eingebaut werden.

Beim Erneuern des Zylinders folgende Hinweise beachten:

Der Zylinder kommt in der in Bild 337 gezeigten Form. Der Zylinder hat vier Leitungsanschlussstellen, zwei Stopfen (1) und zwei Muttern (2). Daraus ergibt sich Folgendes:

- Falls das Fahrzeug ohne ABS arbeitet, werden alle vier Anschlussstellen benutzt.
- Ist das Fahrzeug mit ABS ausgerüstet, werden die beiden Stopfen (1) in die nicht benutzten Leitungsanschlussstellen eingeschraubt.

Hinterradtrommelbremsen

Aus- und Einbau der Bremstrommel

Die Bremstrommeln werden aus- und eingebaut, wie es in Kapitel »Hinterradaufhängung« beim Erneuern der Hinterradlager beschrieben wurde. Der Bremsennachsteller muss vorher gelöst werden, wie es im gleichen Abschnitt beschrieben ist. In diesem Zusammenhang verweisen wir auf Bild 323. Die Nabenfettkappe kann man mit einem Schraubendreher vorsichtig abschlagen. Nach dem Einbau die Radlagermutter auf das angegebene Anzugsdrehmoment von 175 Nm anziehen. Die Handbremseinstellung kontrollieren und ggf. berichtigen.

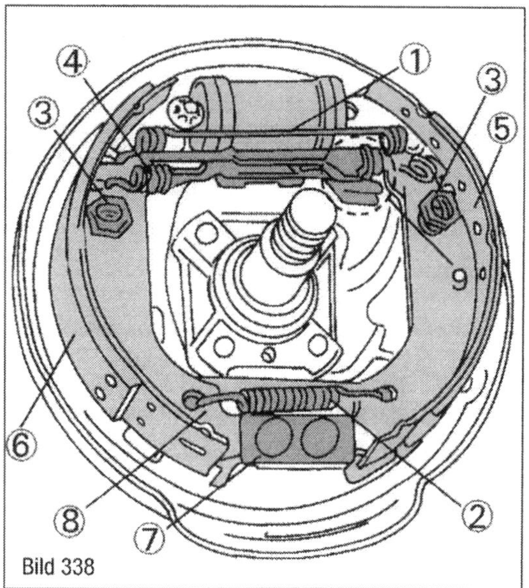

Bild 338
Ansicht einer eingebauten Hinterradbremse.
1 Obere Backenrückzugfeder
2 Untere Backenrückzugfeder
3 Bremsbackenankerstifte
4 Rückzugfeder des Handbremshebels
5 Anlaufbremsbacken
6 Ablaufbremsbacken
7 Backenwiderlager
8 Backen in Widerlager eingesetzt
9 Nachstellmechanismus

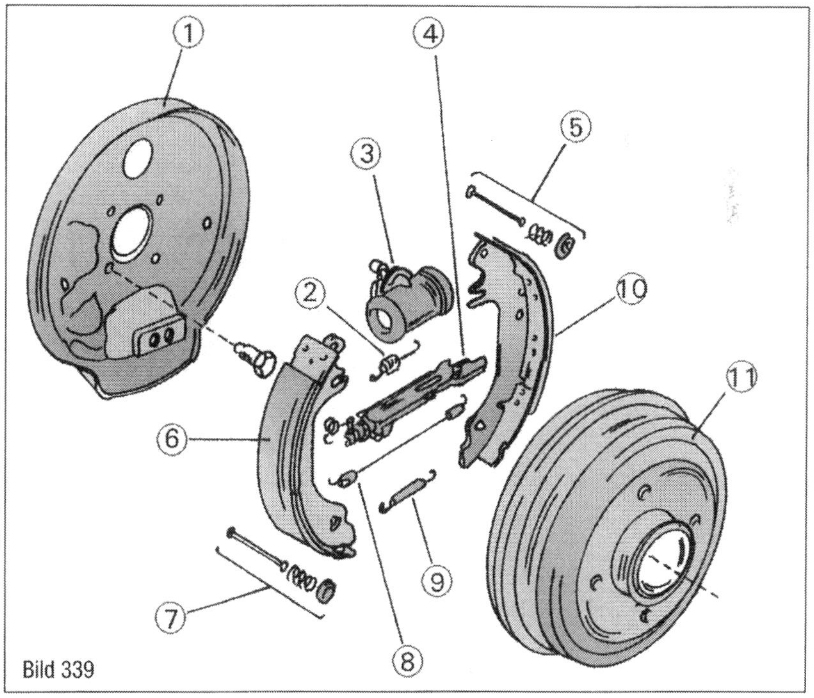

Bild 339
Zerlegte Hinterradbremse.
1 Bremsträgerplatte
2 Rückzugfeder des Verstellmechanismus
3 Radbremszylinder
4 Druckstange mit Backenversteller
5 Bremsbackenankerstifte
6 Bremsbacken
7 Bremsbackenankerstift
8 Obere Rückzugfeder
9 Untere Rückzugfeder
10 Bremsbacken
11 Bremstrommel

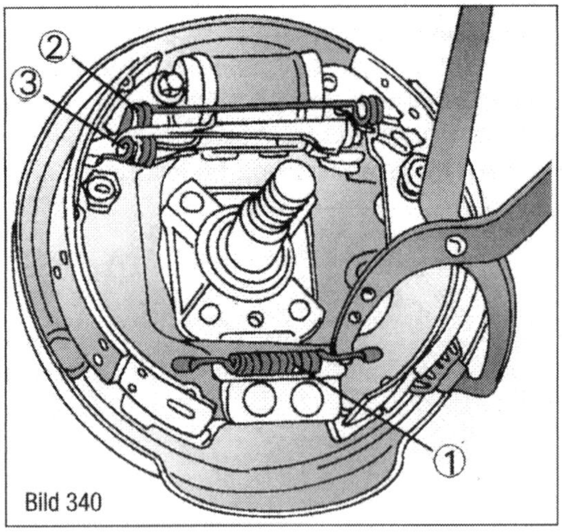

Bild 340

Bild 340
Die untere Feder (1) zwischen den Bremsbacken in der gezeigten Weise aushängen. Die beiden anderen Federn (2) und (3) werden beim Zerlegen der Backen aus dem Eingriff gebracht.

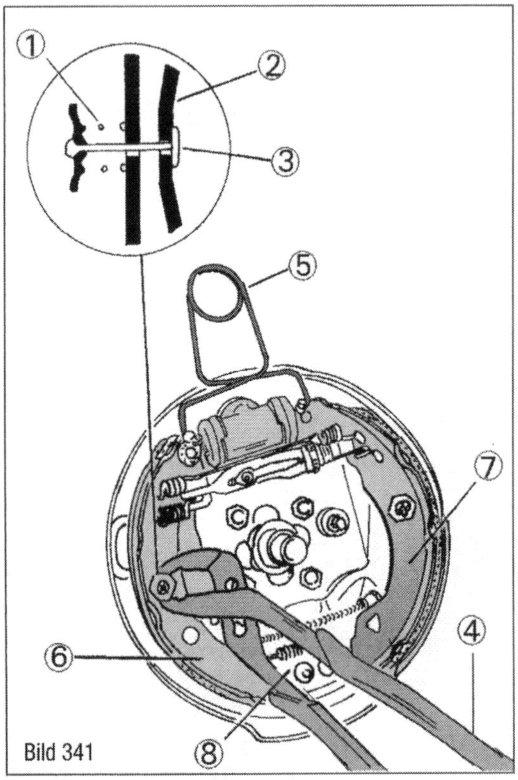

Bild 341

Bild 341
Einzelheiten zum Aus- und Einbau der Hinterradbremsen. Der Kreisausschnitt zeigt die Befestigungsweise der Bremsbackenankerstifte.
1 Feder
2 Bremsträgerplatte
3 Ankerstift
4 Wasserpumpenzange
5 Spannfeder für Radbremszylinder
6 Ablaufbacken
7 Anlaufbacken
8 Backenwiderlager

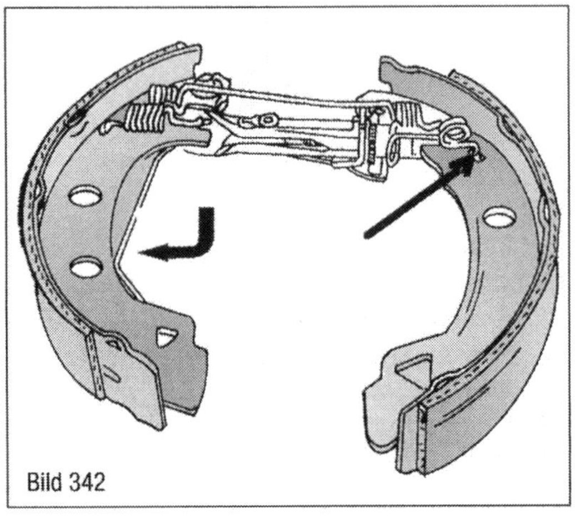
Bild 342

Bild 342
Zerlegung der ausgebauten Bremsbacken (siehe Text).

Bremsbacken ausbauen
Unterschiedliche Hinterradbremsen werden in die in dieser Reparaturanleitung behandelten Fahrzeuge eingebaut. Der Unterschied liegt jedoch nur im Durchmesser der Bremstrommeln, der je nach Fahrzeugausführung 203,2 mm oder 228,3 mm betragen kann. Beim Kauf von Neuteilen sind diese Hinweise zu beachten.
Nach Ausbau der Bremstrommel ist es am besten, wenn man sich eine Skizze anfertigt, um die Einbaulage aller Teile zu registrieren. Dies gilt besonders auf die Eingriffsweise der Enden von Backenrückzugfedern.

Es soll nochmals erwähnt werden, dass Bremsbacken nur im Satz ausgetauscht werden dürfen. Außerdem darf man keine Bremsbacken von unterschiedlichen Herstellern oder mit unterschiedlichem Belagmaterial einbauen. Halten Sie sich an die Originalteile des Fahrzeugherstellers. Bei diesen Fahrzeugen werden von Bendix hergestellte Hinterradbremsen eingebaut.

Nach Ausbau der Bremstrommel (siehe betreffendes Kapitel beim Ausbau der Hinterradlager), wird man die in Bild 338 gezeigte Konstruktion der Bremsen sehen. Beim Ausbau folgendermaßen vorgehen, jedoch möchten wir darauf aufmerksam machen, dass diese Arbeit komplizierter ist, als dies normalerweise bei Renault der Fall ist. Nach dem Ausbau der Bremsbacken wird man die in Bild 339 gezeigten Einzelteile haben.

- Die untere Backenrückzugfeder mit einer Zange aus dem Eingriff mit dem Bremsbacken bringen. Falls man die in Bild 340 gezeigte Zange nicht zur Verfügung hat, muss man darauf achten, dass man beim Aushängen mit einer anderen Zange nicht abrutscht – Verletzungsgefahr.
- Die Bremsbacken von den Ankerstiften lösen. Die Arbeit ist in Bild 341 gezeigt. Von der Rückseite der Bremsträgerplatte mit einem Finger gegen den Stift (3) drücken und von vorn mit einer Wasserpumpenzange den Federsitz (2) in der gezeigten Weise verdrehen, bis man den Stift durch das Loch im Federsitz führen kann. Zange zurücklassen und den Federsitz und die Feder (1) abnehmen. Diese Arbeiten auf beiden Seiten durchführen.
- Die Unterseite der beiden Bremsbacken (6) und (7) aus dem unteren Widerlager (8)

herausheben. Die Rückzugfeder wird dabei frei und kann abgenommen werden.

■ Die beiden Backen unten gegeneinanderdrücken und an der Oberseite aus dem Eingriff mit den Kolben der Radbremszylinder bringen. Sofort ein Gummiband um die beiden Kolben des Radbremszylinders wickeln, damit die Kolben nicht herausgedrückt werden. In Bild 341 wird eine Federspange gezeigt, die man ebenfalls benutzen kann.

■ Die Bremsbacken können jetzt abgenommen werden. Die Feder des Handbremsseils zusammendrücken und das Handbremsseil aus dem Betätigungshebel aushängen.

■ Falls die Backen erneuert werden, muss man die beiden Backen voneinander trennen. Dazu die Backen in der in Bild 342 gezeigten Weise auf die Werkbank auflegen und den linken Backen in Pfeilrichtung schwenken, bis er oben aus dem Eingriff kommt, d. h. beide Rückzugfedern werden frei. An der Pfeilstelle rechts einen Schraubendreher unter die Feder untersetzen und das Federende aus der Verankerung herausheben. Die Backen auf der rechten Seite jetzt oben verdrehen, bis das Ende der Druckstange aus dem Eingriff kommt. Die obere Rückzugfeder wird dabei frei. Die Druckstange ist immer noch am linken Backen befestigt. Zum Ausbau die Druckstange nach außen ziehen, bis die Feder weit genug gestreckt ist, um die Stange im 90°-Winkel abzukippen. Beim Ausbau der Druckstangen, d. h. der Versteller für die automatische Nachstellung und des Verstellmechanismus, ist jedoch auf die Unterschiede zwischen der linken und der rechten Seite zu achten. Vor dem Zerlegen genau den Zusammenbau des Verstellers einprägen.

– Auf der linken Seite ist eine Schraube mit Linksgewinde mit einer Mutter mit zwei Rillen eingebaut.

– Auf der rechten Seite ist eine Schraube mit Rechtsgewinde mit einer Mutter mit einer Rille eingebaut.

■ Der linke Verstellmechanismus ist in Bild 343 gezeigt und wird in der gezeigten Weise eingebaut.

■ Der rechte Verstellmechanismus wird verkehrt herum eingebaut, jedoch verbleibt die Sicherungsfeder (1) an der Oberseite.

■ Beim Zusammenbau des Verstellers darf man die Schraube nicht vollkommen gegen die Mutter schrauben, an Stelle »S« sollte ein kleines Spiel verbleiben.

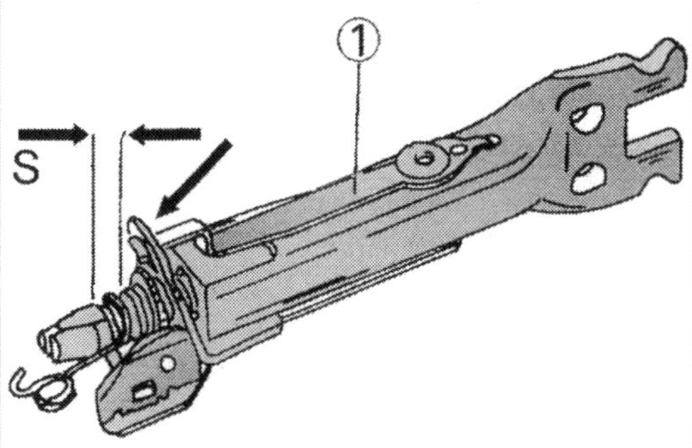

Bild 343

Bild 343
Ansicht des zusammengebauten Verstellers auf der linken Seite. Die Sperrfeder (1) muss auf beiden Seiten an der Oberseite sitzen. An Stelle »S« muss ein Spiel hinterlassen werden.

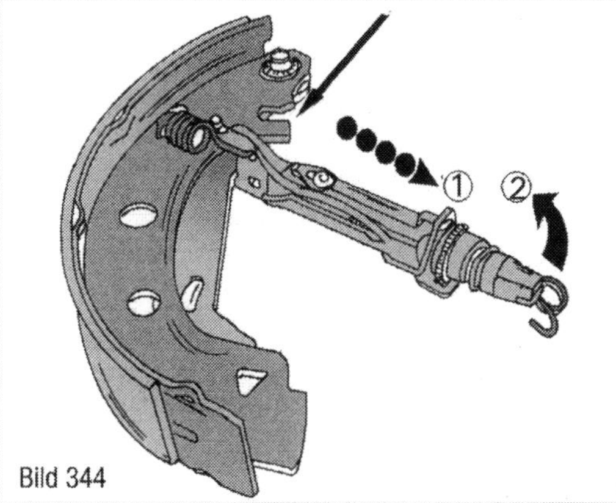

Bild 344

Bild 344
Anbringen des Bremsbackenverstellers am Ablaufbacken. Die Feder strecken, indem der Versteller in Pfeilrichtung 1 gezogen wird und danach in Pfeilrichtung 2 verdrehen, um ihn in den Bremsbacken einzusetzen.

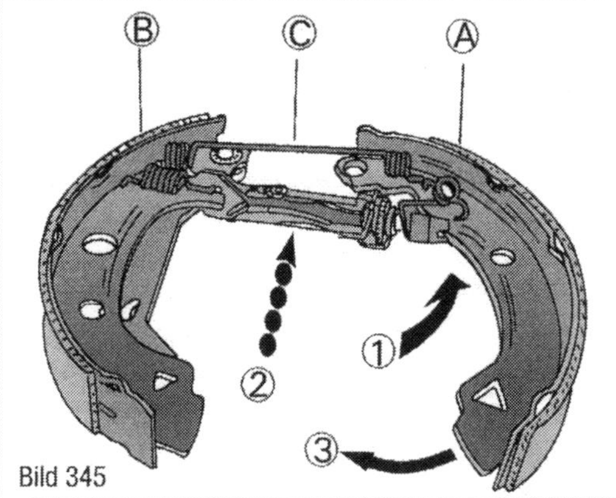

Bild 345

Bild 345
Anbringen des Anlaufbackens (A) an den Ablaufbacken (B). Zuerst wird die Feder (C) eingehängt.

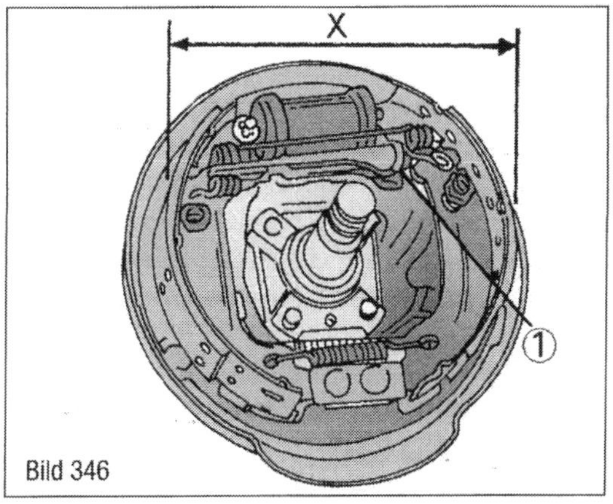

Bild 346

Bild 346
Den Durchmesser der eingebauten Bremsbacken auf den im Text angegebenen Wert bringen, indem man das Verstellrädchen (1) verstellt. Der Versteller ist dazu entsprechend zu verdrehen.

Bild 347
Zum Einstellen der Handbremse bei ausgebauter Bremstrommel. Der Handbremshebel (1) ist entsprechend den Anweisungen in der Beschreibung zu beobachten.

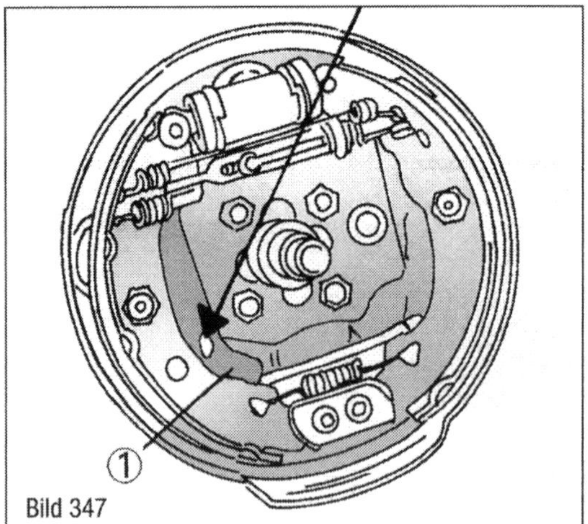

Bild 347

Alle Teile, einschließlich der Bremsträgerplatte, einwandfrei reinigen. Falls Waschbenzin dazu verwendet wird, darf dieses nicht an die Gummikappen der Radbremszylinder kommen. Ist die Stärke der Bremsbeläge bis auf eine Stärke von 1 mm über den Nietenköpfen abgenutzt, baut man neue Bremsbacken ein. Falls die Radbremszylinder Zeichen von Leckstellen aufweisen, sind sie zu erneuern.

Beim Zusammenbau und Einbau der Bremsbacken folgendermaßen vorgehen. Backen und Versteller werden auf der Werkbank vormontiert.

■ Werden die Bremsbacken erneuert, den Handbremshebel vom Backen abmontieren und mit einer neuen Sicherungsspange am neuen Bremsbacken anbringen. Die kleine Feder an der Oberseite mit dem kurzen Ende in den Bremsbacken einhängen, den zusammengebauten Einsteller (Seitenzugehörigkeit beachten, siehe oben) mit dem Ende in die Feder einhängen und die Feder damit strecken, wie es durch den Pfeil (1) in Bild 344 gezeigt ist. Sobald es möglich ist, das Verstellergestänge in den Ausschnitt des Bremsbackens hineinheben, wie es durch Pfeil (2) gezeigt ist.

■ Den Anlaufbacken (A) in Bild 345 mit der Feder (C) am Ablaufbacken befestigen und die Backen entsprechend den Pfeilrichtungen zusammensetzen. Nachdem das Verstellergestänge sitzt, die Feder oben rechts mit dem Ende in den Bremsbacken einhängen.

■ Die Bremsbacken jetzt an der Bremsträgerplatte ansetzen. Als Erstes das Handbremsseil einhängen.

■ Die Backen an der Unterseite zusammendrücken und die oberen Enden in die Kolben des Radbremszylinders einsetzen, ohne die Gummikappen zu beschädigen. Das Gummiband oder die benutzte Spange vorher entfernen.

■ Bremsbacken unten in das Widerlager heben und die Backen an der Bremsträgerplatte befestigen. Dazu die Ankerstifte von der Rückseite einsetzen und vorn die Feder und den Federsitz aufsetzen. Den Ankerstift von hinten gegenhalten, den Federsitz mit einer Zange erfassen und über den Stift drücken. Wenn der Stift durch die Öffnung kommt, den Federsitz verdrehen, bis er mit dem Stift gesperrt ist.

■ Die untere Feder einhängen, wie es in Bild 338 gezeigt wurde.

■ Den Durchmesser der Bremsbacken auf den betreffenden Durchmesser der Bremstrommel einstellen, indem man das Rädchen des Einstellers mit einem Schraubendreher verstellt. Dadurch wird der Nachstellmechanismus in die Grundstellung gebracht. Gemessen wird dabei entsprechend Bild 346. Diese Arbeit auf beiden Seiten durchführen.

■ Die Bremstrommeln montieren, ohne die Muttern anzuziehen.

■ Das Bremspedal jetzt ca. 20 Mal betätigen lassen. Wenn man das Ohr an die Bremstrommel hält, kann man ein »Klicken« vernehmen, welches auf das Funktionieren des Nachstellers hinweist. Besser ist es, wenn eine weitere Person die gegenüberliegende Seite kontrolliert.

■ Die Bremstrommel wieder abmontieren und kontrollieren, dass die Handbremsbetätigungshebel gegen die Bremsbacken anliegen.

■ Das Handbremsseil langsam am Ausgleichshebel anziehen, bis sich die Hebel an den Bremsbacken bewegen, wenn der Handbremshebel im Wageninneren zwischen die erste oder zweite Raste gezogen wird (natürlich von einem Helfer) und beim Anziehen auf die zweite Raste sich nicht weiter bewegen. Dies ist der in Bild 347 gezeigte Hebel. Der Hebel auf der anderen Seite muss ebenfalls kontrolliert werden. Die Kontermutter am Handbremseinsteller in dieser Stellung festziehen.

■ Die Bremstrommeln montieren und die Muttern mit 175 Nm anziehen.

■ Alle anderen Arbeiten in umgekehrter Reihenfolge durchführen.

Radbremszylinder

Radbremszylinder können nicht repariert werden. Im Schadensfall muss man einen neuen Zylinder einbauen (Achtung: Auf richtigen Durchmesser achten, da Radbremszylinder manchmal geändert werden). Zur Erneuerung eines Zylinders die Bremsbacken ausbauen, wie es oben beschrieben wurde, die Bremsleitung an der Rückseite des Zylinders (Überwurfmutter) und den Zylinder abschrauben. Wir möchten jedoch darauf hinweisen, dass man den Zylinder ebenfalls ausbauen kann, ohne die Bremsbacken vollkommen herauszunehmen. In diesem Fall die obere Rückzugfeder der Backen aushängen und nach Lösen des Zylinders die Backen oben auseinanderdrücken, bis man den Zylinder herausnehmen kann.
Beim Einbau darf man auf keinen Fall die Staubschutzkappen des Zylinders an den scharfen Kanten der Bremsbacken beschädigen.
Der Einbau geschieht in umgekehrter Reihenfolge. Die Überwurfmutter der Leitung mit 17 Nm anziehen, die Zylinderschrauben mit 13 Nm.

Hinterrad-Scheibenbremsen

Bremsklötze erneuern
Die folgende Beschreibung bezieht sich auf zwei verschiedene Bremssattelausführungen, welche beim Clio der behandelten Baujahre eingebaut sein können. Wie bei den Vorderradbremsen dürfen die Bremsbeläge nur im Satz erneuert werden. Beim Ausbau folgendermaßen vorgehen:

In Bild 348 gezeigte Bremssättel:

- Räder abnehmen und die Rückseite des Fahrzeuges auf Böcke setzen.
- Eine Federspange (1) in Bild 348 herausziehen und einen der Führungskeile (2) mit einem kleinen Dorn herausschlagen.
- Die Bremsklötze herausziehen, zuerst den äußeren Bremsklotz und danach den inneren. Das Bremspedal jetzt nicht mehr betätigen.

Den Zustand der Staubschutzringe kontrollieren und ebenfalls überzeugen, dass die beiden Gummiabdichtungen für den Schutz der Gleitbolzen in gutem Zustand sind. Falls sie erneuert werden müs-

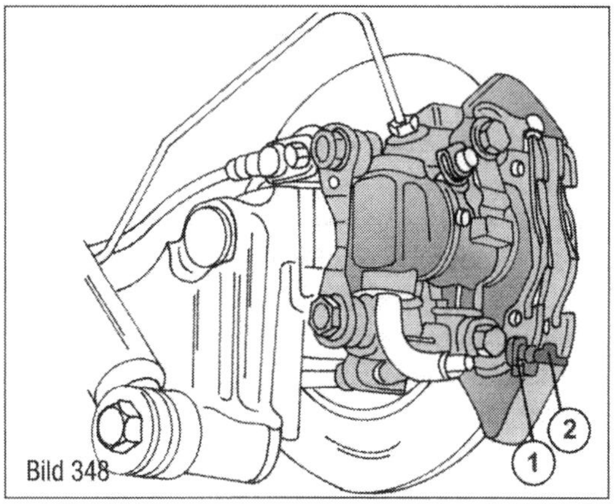

Bild 348

Bild 348
Zum Ausbau eines hinteren Bremssattels, falls diese Ausführung eingebaut ist. Clip (1) und Führungsstift (2) müssen entfernt werden.

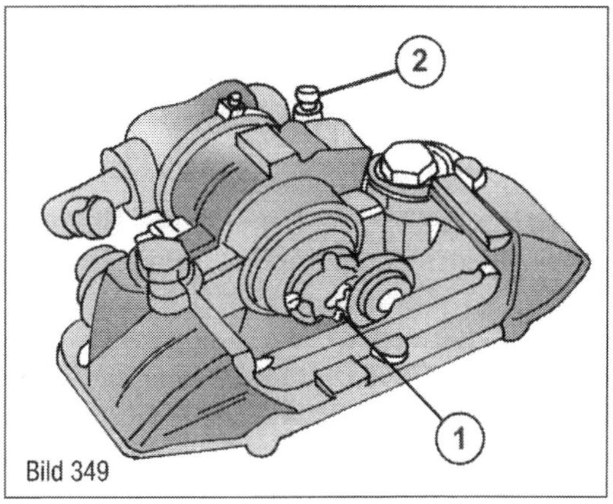

Bild 349

Bild 349
Den Kolben in der beschriebenen Weise verdrehen, bis die Markierung (1) im Kolben gegenüber der Entlüftungsschraube (2) steht.

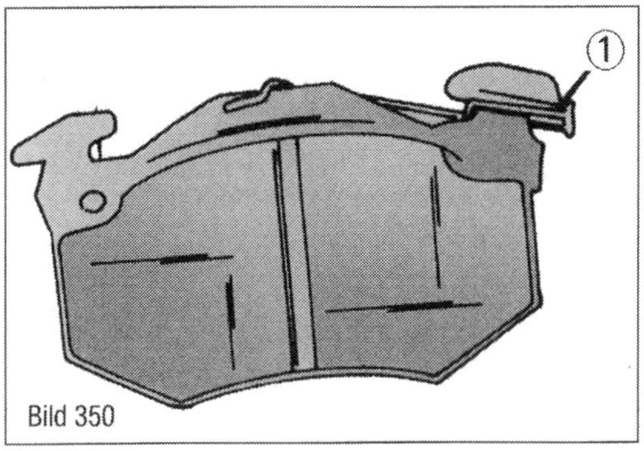

Bild 350

Bild 350
Richtiger Einbau der Spannfedern (1) an den neuen Bremsklötzen.

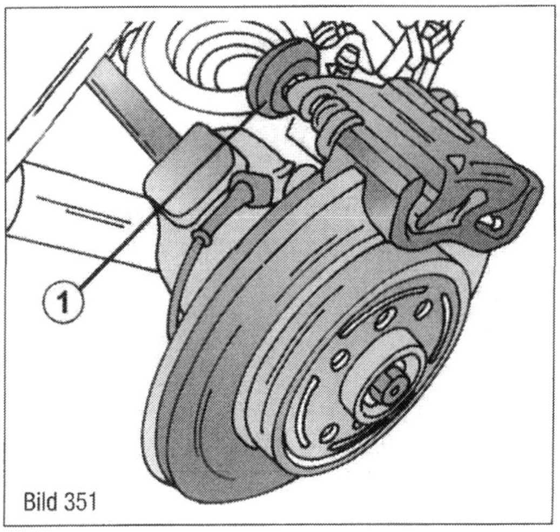

Bild 351

Bild 351
Bei der gezeigten Bremssattelausführung muss das Gewicht (1) ausgebaut werden, ehe man die Führungsbolzen ausschrauben kann.

sen, das Ende des Kolbens und die beiden Bolzen mit sauberer Bremsflüssigkeit reinigen und mit Bremsfett einschmieren. Die neuen Gummiteile montieren.

Beim Einbau folgendermaßen vorgehen:
- Den Kolben in die Bohrung zurückstoßen. Dazu einen Schraubenzieher (quadratischer Schaft) in zwei der Schlitze in der Stirnfläche des Kolbens einsetzen und den Kolben hineindrehen, bis er sich nicht weiter drehen lässt. Aus dieser Stellung herausdrehen, bis die Markierung (1) in der Kolbenfläche in Bild 349 in einer Linie mit der Entlüftungsschraube (2) im Bremssattel steht.
- Die beiden Federn an den neuen Bremsklötzen anbringen, wie es in Bild 350 gezeigt ist.
- Die Bremsklötze einsetzen.
- Die Bremsklötze im Schacht des Bremssattels ausrichten und den Führungskeil einsetzen und einschlagen. Den Keil mit der Federspange sichern. Die Spange wird an der Innenseite des Bremssattels in der Nähe der Bremssattelrahmenschraube eingesetzt.

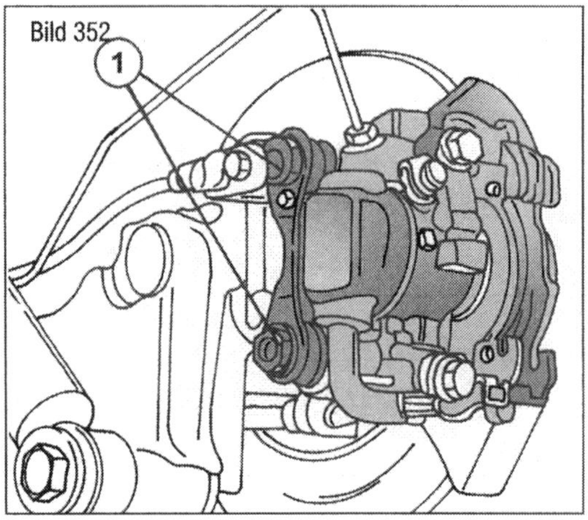

Bild 352
Die Schrauben (1) müssen zum Lösen des Bremssattelträgers gelöst werden.

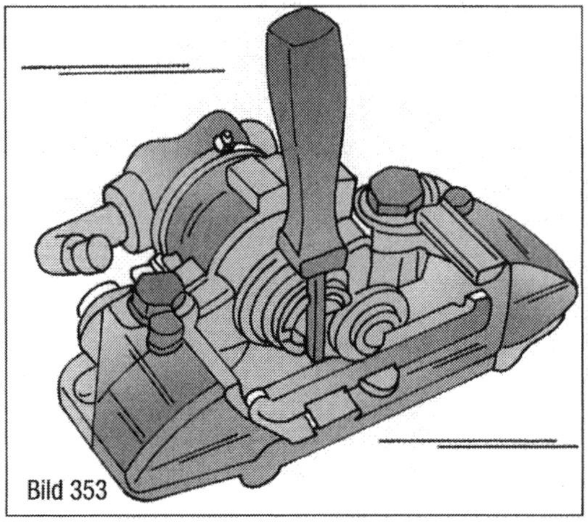

Bild 353
Ausbau des Kolbens aus einem hinteren Bremssattel. Den Schraubendreher in der gezeigten Weise einsetzen.

- Nach fertigem Einbau das Bremspedal einige Male betätigen, um die Bremsklötze an die Bremsscheibe heranzustellen.

In Bild 351 gezeigte Bremssättel:
- Räder abnehmen und die Rückseite des Fahrzeuges auf Böcke setzen.
- Handbremsseile von der Hinterachse lösen und das Seil von den Bremssätteln abschließen.
- Falls der Bremssattel vollkommen ausgebaut werden soll, den Bremsschlauch vom Sattel abschrauben.
- Das im Bild gezeigt Gewicht vom Führungsbolzen des Bremssattels entfernen und die beiden Führungsbolzen ausschrauben.
- Bremssattel abnehmen und die Bremsklötze herausziehen. Den Bremssattel mit einer Drahtschlinge an der Hinterradaufhängung festbinden, falls nur die Bremsklötze erneuert werden.

Der Einbau findet in umgekehrter Reihenfolge statt. Kolben in ähnlicher Weise wie bei den Vorderradbremsen in die Zylinderbohrung eindrücken (siehe Bild 330). Bremsschlauch anschließen, falls er abgeschraubt wurde, und mit 17 Nm anziehen. Die beiden Führungsbolzen werden mit 7 Nm angezogen. Nach dem Einbau die Bremsanlage entlüften, falls der Bremsschlauch abgeschlossen wurde.

Aus- und Einbau eines Bremssattels

- Die Bremsklötze ausbauen, wie es oben beschrieben wurde.
- Die Bremsleitung vom Bremssattel abschrauben.
- Das Handbremsseil abschließen.
- Die beiden in Bild 352 gezeigten Schrauben (1) entfernen.
- DenBremssattelzylinder vom Bremsschlauch abschrauben. Einen Behälter darunter halten, um die Bremsflüssigkeit aufzufangen.

Beim Einbau des Bremssattels folgendermaßen vorgehen. Die Anweisungen für die in Bild 351 gezeigte Bremssattelausführung wurden bereits beim Einbau der Bremsklötze angeführt:
- Den Bremsschlauch anschrauben und die Bremsleitung am Bremssattel befestigen und ziemlich fest anziehen.

■ Die Entlüftungsschraube öffnen und abwarten, bis Bremsflüssigkeit heraustropft. Die Schraube wieder anziehen.
■ Bremssattelzylinder ansetzen und die Schrauben in Bild 352 mit 100 Nm anziehen. Die Gewinde mit Dichtungsmasse »Loctite« einschmieren.
■ Bremsklötze wieder montieren, wie es bereits beschrieben wurde.
■ Bremsanlage nach Einbau des Bremssattels entlüften. Das Entlüften wird erleichtert, wenn der Bremssattel durch den Anschluss für den Schlauch vorher mit Bremsflüssigkeit gefüllt wird.

Bremssattel überholen
Die Überholung eines hinteren Bremssattels findet in ähnlicher Weise statt, wie es bei den vorderen Bremssätteln beschrieben wurde, mit dem Unterschied, dass der Kolben aus der Zylinderbohrung ausgeschraubt werden muss. Dazu den Bremssattel mit Blechbacken in einen Schraubstock einspannen.
■ Den Staubschutzring entfernen.
■ Den Kolben ausbauen, wie es in Bild 353 gezeigt ist (Schraubendreher mit Vierkantschaft), bis er sich frei drehen lässt.
■ Einen Holzklotz zwischen den Kolben und den Bremssattel einlegen (ähnlich wie es in Bild 332 bei einem vorderen Bremssattel gezeigt ist) und den Kolben vorsichtig mit Pressluft ausblasen.
■ Den Dichtring mit einem stumpfen Gegenstand aus der Innenseite der Bohrung herausheben. Eine stumpfe Blattfühlerlehre kann, wie bereits bei der Vorderradbremse gezeigt, dazu verwendet werden (siehe auch Bild 333).
■ Alle Teile in Spiritus reinigen und auf Verschleiß, Riefenbildung oder Korrosion von Zylinder oder Kolben überprüfen. Keine dieser Teile sollten wieder verwendet werden, falls derartige Schäden sichtbar sind.
■ Einen neuen Dichtring in die Rille der Zylinderbohrung einsetzen und den Kolben sowie den Dichtring mit sauberer Bremsflüssigkeit einschmieren.
■ Den Kolben einschieben, bis er nicht weiter eingesetzt werden kann, und dann mit einem Schraubendreher weiter einschrauben, bis die Markierung in der Kolbenfläche (1) in einer Linie mit der Entlüftungsschraube (2) liegt. Die Anweisungen beziehen sich auf Bild 349. Dies gewährleistet eine vorschriftsmäßige Entlüftung des Bremssattels und den richtigen Einbau der Bremsklötze.
■ Den Staubschutzdichtring anbringen.
■ Falls erforderlich, die in Bild 354 gezeigten Teile des Bremssattels ebenfalls erneuern.

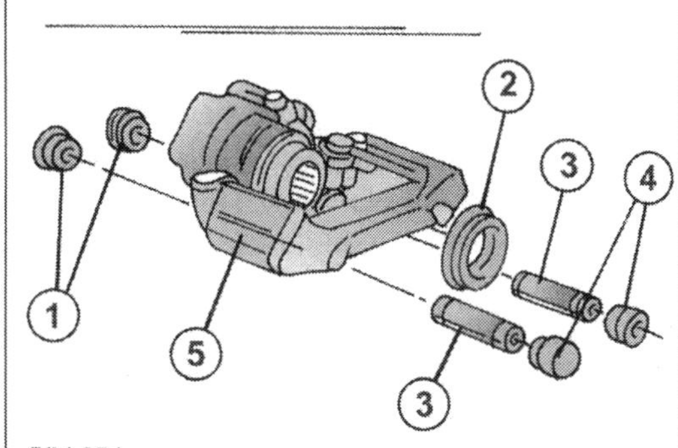

Bild 354

Bild 354
Ansicht eines zerlegten, hinteren Bremssattels.
1 Gummibüchse
2 Staubschutzring
3 Gleithülsen
4 Gummibüchse
5 Bremssattelgehäuse

Radnaben und Bremsscheiben

Verschiedene Bremsscheiben werden eingebaut. Bei einigen Fahrzeugen sind die Bremsscheiben zusammen mit den Naben gebaut und werden als Gesamteinheit aus- und eingebaut. Bei anderen Fahrzeugen sind die Scheiben an den Radnaben angeschraubt und können getrennt erneuert werden. Das Radlager kann unter einer Presse erneuert werden.
■ Rückseite des Fahrzeuges auf Böcke setzen und das Rad oder die Räder abschrauben (falls beide Bremsscheiben ausgebaut werden müssen).
■ Die Bremsklötze und den Bremssattelträger ausbauen, wie es bereits beschrieben wurde und den Bremssattel mit einer Drahtschlinge an der Hinterradaufhängung befestigen.

Bild 355

Bild 355
Nach Ausbau von Bremsscheibe und Radnabe den Ölabweisring (1) vom Achsstumpf abnehmen. Richtig herum aufsetzen, Anschrägung nach innen (nur falls die Bremsscheibe zusammen mit der Radnabe ausgebaut wird).

■ Je nach Ausführung die Mutter in der Mitte von Bremsscheibe/Radnabe abschrauben und die Scheibe/Nabe herunterziehen. Auf dem Achsstumpf sitzt ein Ölabweisring. Diesen in Bild 355 gezeigten Ring abnehmen und einen neuen einbauen.

■ Bei der anderen Ausführung wird man die Bremsscheibe wie in Bild 334 gezeigt sehen. In diesem Fall die beiden Schrauben herausdrehen und die Scheibe abnehmen. Ein Kunststoff- oder Gummihammer kann zum Abschlagen benutzt werden.

Die Stärke der Bremsscheibe vor dem Einbau mit einem Mikrometer ausmessen. Falls sie weniger als 11,0 mm beträgt, muss eine neue Scheibe eingebaut werden.

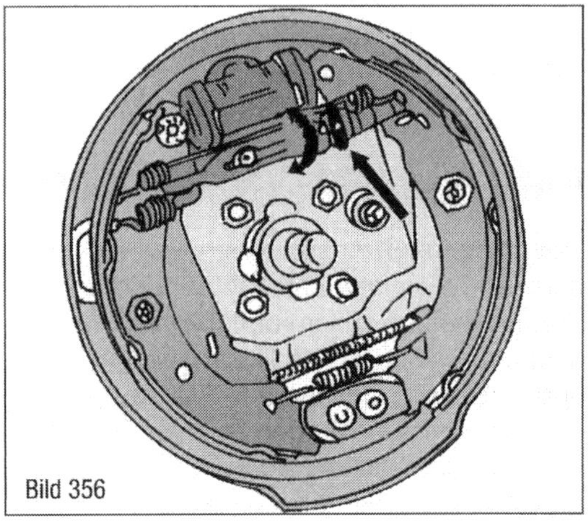
Bild 356

Bild 356
Das Verstellerrädchen (Pfeilstelle) an der Oberseite der Bremsträgerplatte hin- und herdrehen, um den Mechanismus auf Leichtgängigkeit zu kontrollieren.

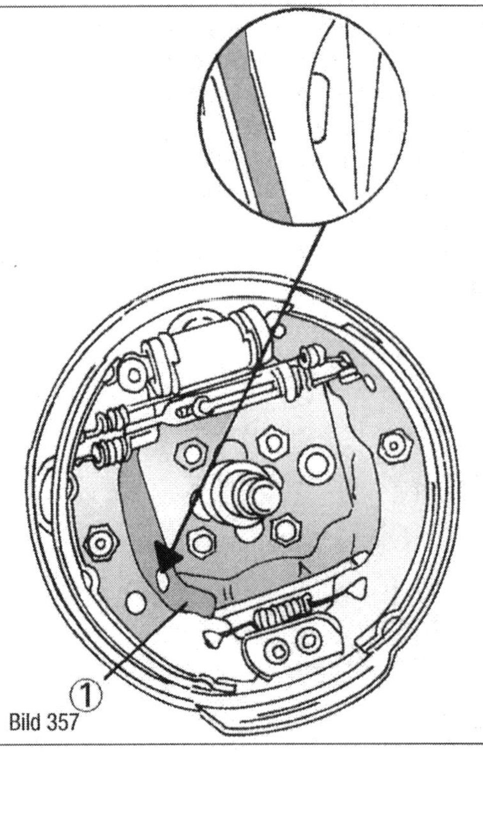

Bild 357

Bild 357
Zum Einstellen der Handbremse bei eingebauten Trommelbremsen. Die Bewegung des Handbremshebels (1) ist entsprechend den Anweisungen in der Beschreibung zu beachten.

In diesem Fall ebenfalls neue Bremsklötze einbauen.
Bremsscheiben können nicht nachgeschliffen werden und müssen bei übermäßigem Verschleiß erneuert werden. Der Verschleiß der Bremsscheibe darf 0,5 mm auf beiden Seiten der Scheibe nicht überschreiten. Die Bremsscheibe kann mit einer Messuhr auf Schlag kontrolliert werden. Dazu die Messuhr mit einem Halter so anbringen, dass der Messstift auf einem Durchmesser von 228 mm an der Außenseite angesetzt wird. Beim Durchdrehen der Scheibe sollte die Nadel nicht um mehr als 0,07 mm ausschlagen.

Der Einbau findet in umgekehrter Reihenfolge statt. Falls die in Bild 334 gezeigte Ausführung eingebaut ist, die Schrauben (1) mit 8 Nm anziehen. Bei der anderen Ausführung den Ölabweisring mit der Anschrägung zum Achsstumpf weisend aufschieben. Die Schrauben der Bremssattelträgerbefestigung mit »Loctite« einschmieren und mit 105 Nm anziehen. Die Mutter der Radnabe/Bremsscheibe mit 175 Nm anziehen (falls Radnabe ausgebaut wurden), die Räder mit 90 Nm anziehen.

Handbremse

Einstellung

Die Handbremse braucht nur eingestellt werden, wenn die Bremsbacken erneuert oder neue Handbremsseile eingebaut wurden. Dies gilt ebenfalls bei der Erneuerung des Handbremshebels, was natürlich kaum vorkommen sollte. Die Handbremsseile müssen in bestimmter Weise eingestellt werden, damit die Selbstnachstellung einwandfrei arbeiten kann.
Bei der Einstellung der Handbremse folgendermaßen vorgehen. Dazu muss man sich Zugang zum zentralen Seileinsteller unter dem Fahrzeug verschaffen:

Mit Trommelbremsen

■ Die Radbolzen lockern und das Fahrzeug vorn und hinten auf Böcke setzen.

■ Die beiden Hinterräder abschrauben und die Bremstrommeln abmontieren, wie es bei der Erneuerung der Radlager im Kapitel »Hinterradaufhängung« beschrieben wurde.

■ Die Arbeitsweise des Verstellmechanismus kontrollieren, indem man das Verstellrädchen (Pfeil, Bild 356) hin- und herdreht. Es muss sich frei drehen lassen. Das Rädchen danach um 5 bis 6 Zähne zurückdrehen.

- Kontrollieren, dass die Handbremsseile nicht festgefressen sind und dass die Betätigungshebel der Handbremshebel auf beiden Seiten gegen die Bremsbacken anliegen. Dabei muss man sich an Bild 357 halten.
- An der Unterseite des Fahrzeuges das Wärmeschutzschild lösen. Der Seileinsteller kann danach an der in Bild 358 gezeigten Stelle gesehen werden.
- Die beiden Seile durch Anziehen der Mutter am Seilausgleichshebel (Pfeil) straffen, bis sich die beiden Hebel an den Bremsbacken bewegen, wenn der Handbremshebel im Fahrzeug zwischen der ersten und zweiten Raste angezogen wird. Steht der Hebel auf der zweiten Raste, müssen die Betätigungshebel an den Backen in dieser Stellung verbleiben. Dies muss man wieder durch Beobachtung des Hebels in Bild 357 kontrollieren. Die Kontermutter der Einstellmutter in dieser Stellung anziehen.
- Räder anschrauben (90 Nm), das Fahrzeug wieder auf den Boden ablassen und von einem Helfer das Bremspedal betätigen lassen. Dabei an den beiden Hinterrädern auf das hörbare »Klicken« des Verstellmechanismus achten. Da dies auf beiden Seiten gleichzeitig stattfindet, muss ein weiterer Helfer auf der anderen Seite auf das »Klicken« achten.
- Rückseite des Fahrzeuges erneut anheben, den Handbremshebel im Wageninneren vollkommen zurückstellen und die Hinterräder durchdrehen. Beide Räder müssen sich ohne Schleifgeräusche drehen lassen.

Mit Scheibenbremsen

- Die Handbremsseile am Einsteller unter dem Fahrzeug vollkommen lockern, bis ein Spalt von ca. 5 mm zwischen der Bremsseilführung und dem Hebel des Bremssattels erhalten wird, wie es in Bild 359 gezeigt ist.
- Das Bremspedal einige Male durchtreten.
- Die Hebel an den hinteren Bremssätteln einige Male betätigen und kontrollieren, dass sie ohne Unterstützung ungezwungen und vollkommen zurückkehren.
- Den Einsteller der Seile wieder anziehen, bis der Spalt an der gezeigten Stelle in Bild 359 nicht mehr vorhanden ist.

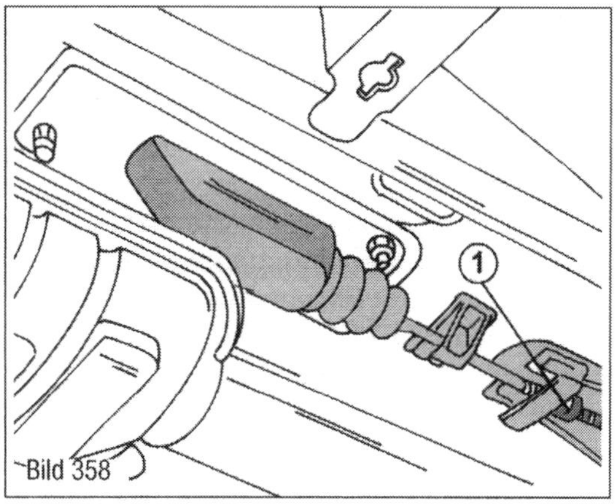

Bild 358
Die Lage des Ausgleichshebels der Handbremsseile an der Unterseite des Fahrzeuges. Die Einstellung erfolgt an der Mutter (1).

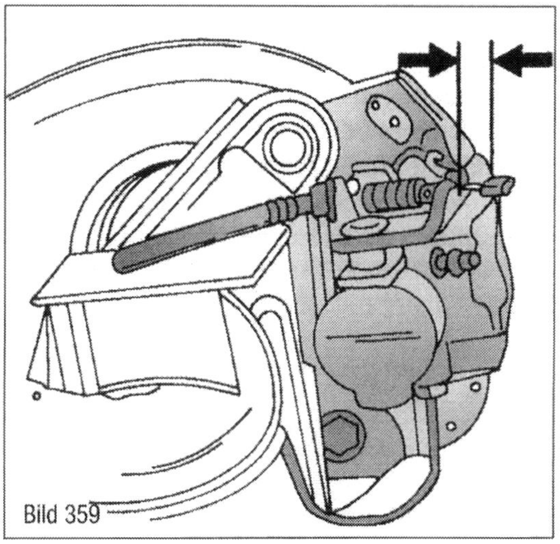

Bild 359
Einzelheiten zum Einstellen der Handbremse bei eingebauten Scheibenbremsen.

- Kontrollieren, dass die Räder feststehen, wenn der Handbremshebel 10 bis 11 Rasten angezogen wird. Die Räder müssen sich ohne Schleifgeräusche durchdrehen lassen, wenn der Hebel zurückgelassen ist.

Entlüften der Bremsanlage

Achtung: Falls ABS eingebaut ist, sind die in Abschnitt »ABS-Anlage« gegebenen Anweisungen zu beachten.

Ein Entlüften der hydraulischen Anlage ist erforderlich, falls das Bremsleitungsnetz an irgendeiner Stelle geöffnet wurde oder Luft auf andere Weise in die Anlage gekommen ist.
Vor der Entlüftung der Anlage sind Schmutz und Fremdkörper von den Entlüftungsstellen und dem Einfüllverschluss des Vorratsbehälters zu entfernen.
Falls nur ein Radbremszylinder oder ein Bremssattel abgeschlossen wurde, könnte es ausreichen, wenn man nur diesen betref-

Sichtprüfung Messen

fenden Bremskreis entlüftet, d. h. hinten rechts und vorn links oder hinten links und vorn rechts. Bei einer Entlüftung der gesamten Anlage immer an den Hinterradbremsen anfangen.
In der Werkstatt werden die Bremsen mit Hilfe eines Druckentlüftungsgeräts entlüftet. Bei der folgenden Beschreibung können wir nur auf die überlieferte Entlüftungsweise durch »Aufpumpen« der Bremsanlage eingehen.

■ Einen durchsichtigen Kunststoffschlauch nach Entfernen der Staubschutzkappe auf das betreffende Entlüftungsventil aufstecken. Das andere Ende des Schlauches in ein mit etwas Bremsflüssigkeit gefülltes Glasgefäß einhängen.

■ Das Bremspedal von einer zweiten Person auf den Boden durchtreten lassen. Die Entlüftungsschraube um eine halbe Umdrehung öffnen, wenn das Pedal auf dem Boden aufsitzt. Den aus dem Schlauch austretenden Flüssigkeitsstrom beobachten.

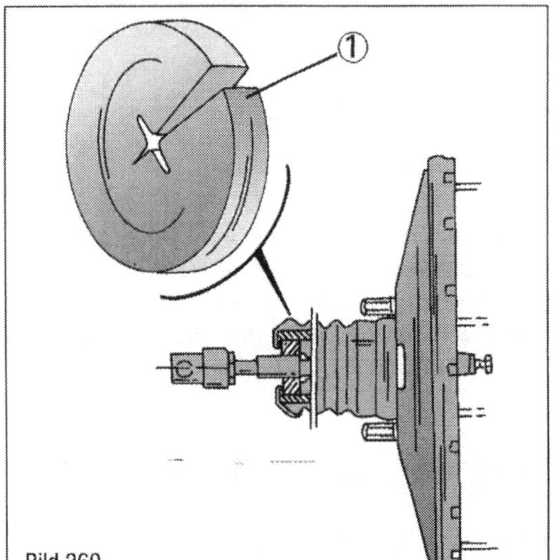

Bild 360

Bild 360
Die Lage des Filters im Bremskraftverstärker (2). Den Filter (1) zerschneiden und beim Einbau über die Stößelstange und in das Verstärkergerät einfügen.

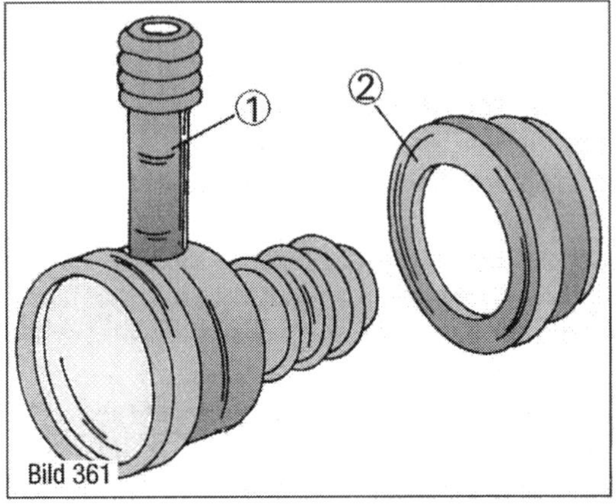

Bild 361

Bild 361
Ansicht des Rückschlagventils im Bremskraftverstärker. Der Anschluss (1) ist mit dem Unterdruckschlauch verbunden. Das Ventil wird in die Gummiabdichtung (2) eingedrückt.

■ Sobald keine Luftblasen mehr herauskommen, ist alle Luft aus der Anlage ausgeschieden. Das Bremspedal beim letzten Hub auf dem Boden halten und das Entlüftungsventil schließen. Das Pedal langsam zurückkehren lassen.

■ Gleiche Arbeiten in der angegebenen Reihenfolge an den anderen Entlüftungsschrauben durchführen.
Es wird nochmals darauf hingewiesen, dass der Stand der Bremsflüssigkeit laufend kontrolliert werden muss, sodass keine Luft in die Anlage gesaugt wird. Niemals aus der Anlage ausgepumpte Flüssigkeit wieder in den Behälter einfüllen. Auch keine Flüssigkeit verwenden, welche längere Zeit ohne Verschluss gestanden hat. Verwenden Sie die von Renault empfohlene Bremsflüssigkeit.

Bremsdruckregler

Der Bremsdruckregler kann nicht repariert werden und ist im Schadensfall zu erneuern. Die Einstellung des Bremsdruckreglers ist möglich und erfolgt durch Verlängerung oder Verkürzung des Reglergestänges.
Die Einstellung des Absperrdrucks des Reglers ist eine Arbeit, die man in einer Renault-Werkstatt durchführen lässt. Zwei Druckmanometer sind zur Kontrolle erforderlich und außerdem liegt eine Tabelle vor, die die Druckabgleichung zwischen den Vorder- und den Hinterradbremsen angibt.

Aus- und Einbau

Da der Bremsdruckregler nach Einbau vorschriftsmäßig eingestellt werden muss, sollte man die gesamte Arbeit der Erneuerung des Reglers einer Werkstatt überlassen. Ein Anzeichen des Ausfalls des Druckreglers ist z. B. ein Ihnen unbekanntes Blockieren der Hinterräder.

Bremskraftverstärker (Servo)

Eine Überholung des Bremskraftverstärkers sollte nicht vorgenommen werden, da zum Zerlegen und Zusammenbauen Spezialwerkzeuge erforderlich sind. Ein Ausfall des Bremskraftverstärkers bedeutet keinen Verlust der Bremsleistung, lediglich ist der Kraftaufwand am Bremspedal größer, um den gleichen Bremsweg einzuhalten.

Falls Sie das Fahrzeug ohne laufenden Motor eine Steigung herunterrollen lassen, sollten Sie daran denken, dass sich der Unterdruck nach einigen Betätigungen der Bremsen aufbraucht und die Bremsanlage danach ohne Servounterstützung arbeitet. Der Kraftaufwand wird entsprechend größer.
Ehe Sie irgendwelche Arbeiten am Bremskraftverstärker durchführen, können Sie die Anlage folgendermaßen kontrollieren:
- Den Motor abstellen und das Bremspedal mehrere Male betätigen, um jegliche Unterdruck aus der Anlage auszuscheiden.
- Das Pedal fest auf den Boden drücken und den Motor anlassen. Das Pedal muss jetzt fühlbar nachgeben. Falls dies nicht der Fall ist, kann man annehmen, dass irgendetwas nicht stimmt. Die einzige Kontrolle, die Ihnen verbleibt, ist die Überprüfung der richtigen Anschlussweise des Unterdruckschlauchs am Bremskraftverstärker oder auf der anderen Seite am Ansaugsammelrohr oder an der Unterdruckpumpe.

Der Hauptbremszylinder muss ausgebaut werden, ehe man an den Bremskraftverstärker heran kann. Außerdem die Schutzeinfassung der Batterie (4 Schrauben, 1 Mutter) sowie den Ausgleichsbehälter der Kühlanlage ausbauen. Letzteren in Richtung Motor verlegen, um mehr Raum zu schaffen. Eine Federspange und ein Splintbolzen werden zum Befestigen der Stößelstange am Bremspedal verwendet. Zum Lösen der Federspange die Unterseite nach außen ziehen und die Spange danach nach oben abziehen. Den Unterdruckschlauch vom Anschluss abziehen.
Der Filter am Stößelstangenende des Bremsgeräts kann erneuert werden. Dazu mit einem spitzen Gegenstand in den Filter stoßen und diesen herausdrücken. Den neuen Filter aufschneiden, um ihn über die Stößelstange zu setzen. Bild 360 zeigt eine Darstellung der Erneuerung.
Das Rückschlagventil hat das in Bild 361 gezeigte Aussehen. Auf das obere Ventil (1) ist der Unterdruckschlauch aufgesteckt, die andere Seite ist in die in den Bremskraftverstärker eingesetzte Gummiabdichtung (2) eingeschoben. Zur Erneuerung den Schlauch abziehen und das Ventil an der Außenseite erfassen. Das Ventil unter gleichzeitigem Hin- und Herwackeln aus dem Bremsservo herausziehen. Kontrollieren, ob die Gummiabdichtung noch einwandfrei aussieht, und das neue Ventil fest einschieben. Den Schlauch danach wieder aufstecken und befestigen.

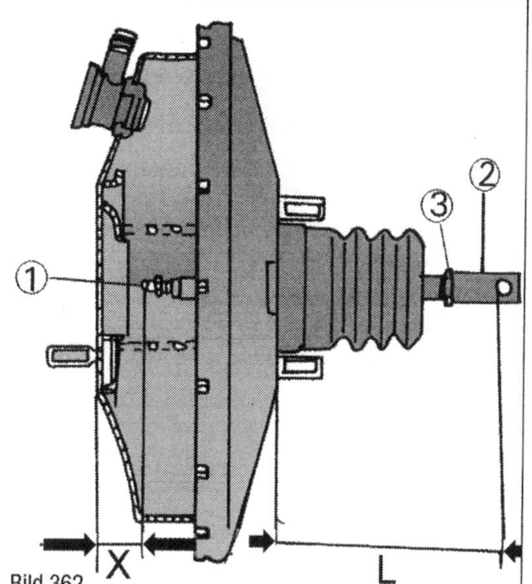

Bild 362

Bild 362
Einstelleinzelheiten für den Bremskraftverstärker. Die Größe des Maßes »X« und »L« sind im Text angegeben.
1 Stößelstange
2 Gabelkopf
3 Kontermutter

Falls ein neuer Bremskraftverstärker eingebaut wird, muss die Länge der Stößelstange neu eingestellt werden. Die Länge »L« in Bild 362 muss auf ein Maß von 104,8 mm gebracht werden. Die geschieht nach Lockern der Kontermutter (3) und Verstellen des Gabelkopfes (2). Auf der anderen Seite des Bremskraftverstärkers das hervorstehende Ende der Stößelstange für den Hauptbremszylinder ausmessen. Das Maß »X« muss 22,2 mm betragen und die Stößelstange muss nach Lockern der Kontermutter auf dieses Maß gebracht werden. Die Kontermutter nach der Einstellung wieder anziehen. Wie bereits weiter vorn erwähnt, ist diese Einstellung nicht bei allen Fahrzeugausführungen möglich.

ABS-Anlage

Es ist normalerweise nicht der Sinn des Buches auf die Arbeitsweise der ABS-Anlage einzugehen, jedoch werden Sie Ihre Anlage besser verstehen, wenn Sie wissen, wie sie arbeitet. Als Erstes sollte man Folgendes wissen:
- Die eingebaute Anlage ist von Bosch hergestellt und trägt die Bezeichnung 5.3.
- Der entscheidende Sicherheitsfaktor der ABS-Anlage ist die Fähigkeit, die Räder am Blockieren zu hindern, wenn das Fahrzeug heftig abgebremst wird, wodurch die Ge-

Bild 363
Die Lage des Drehzahlfühlers an der Vorderradbremse ist mit dem Pfeil gezeigt.

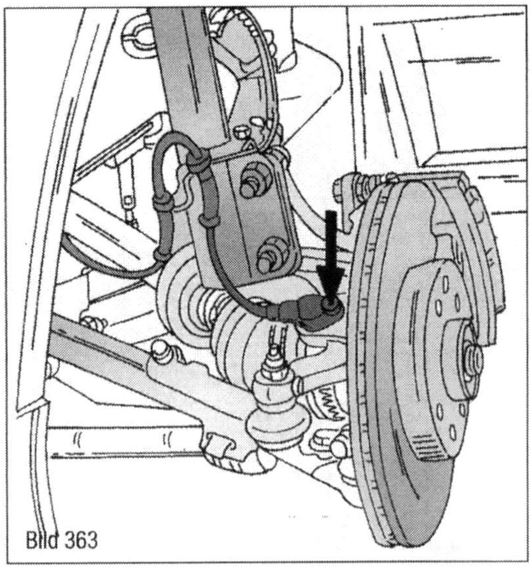

Bild 363

Bild 364
Der Drehzahlfühler sitzt bei der Trommelbremse an der mit dem Pfeil gezeigten Stelle.

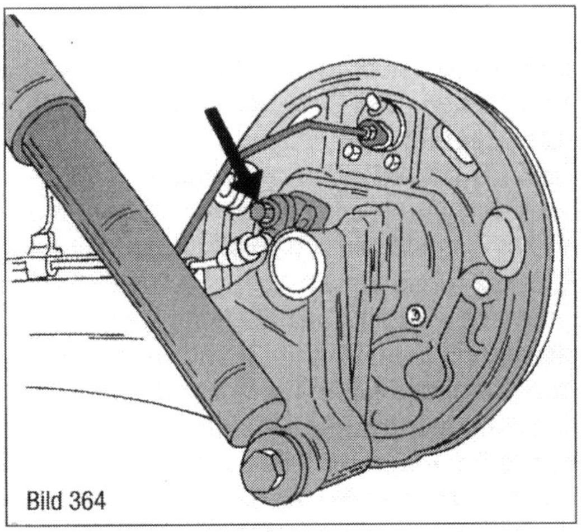

Bild 364

währleistung besteht, dass man das Fahrzeug noch lenken kann. Auch bei einer Notbremsung besteht immer noch die Chance, dass man ein Hindernis umfahren kann, ohne dass die Hinterräder ausbrechen. Man darf aber nie vergessen, dass eine ABS-Anlage keine Wunder vollbringen kann. Falls die physikalischen Grenzen der Anlage überschritten werden, d. h. die Geschwindigkeiten sind zu hoch, kann auch ein Fahrzeug mit ABS-Anlage ins Schleudern geraten.

■ Vier elektronische Fühler zur Aufnahme der Raddrehzahl, die in die Achsschenkel oder den hinteren Radnabenträger eingesetzt sind, überwachen unabhängig voneinander die Drehzahl jedes Rades, indem sie die Drehzahl der am Achsenstumpf angebrachten Zahnkränze »überwachen«. Unabhängig bedeutet jedoch, dass die beiden Vorderräder getrennt reguliert werden. Die beiden Hinterräder werden jedoch gleichzeitig reguliert. Sobald eines der Räder blockiert, tritt eine Gesamtregulierung der Hinterräder ein. Normalerweise haben die Fahrzeuge Scheibenbremsen an allen Rädern, wenn ABS eingebaut ist. Bei diesen Fahrzeugen werden jedoch auch Trommelbremsen an der Hinterachse verwendet. Bilder 363 und 364 zeigen, wo die Fühler und die darunterliegenden Zahnkränze sitzen, wenn eine ABS-Anlage eingebaut ist. Ein Computer nimmt diese Drehzahlsignale auf und wertet alle Abnormitäten im Verhältnis zu den vorprogrammierten Werten aus. Durch diesen Prozess wird der Bremsdruck auf das betreffende Rad vier bis zehn Mal in der Sekunde in Verbindung mit der hydraulischen Anlage verringert oder erhöht, viel schneller, als man dies durch »stotterndes« Betätigen des Bremspedals durchführen kann. Außerdem wird die Bremsregulierung an jedem Rad einzeln vorgenommen und nicht an allen vier Rädern gleichzeitig, wie dies durch Betätigung des Bremspedals bei Fahrzeugen ohne ABS-Anlage der Fall ist.

■ Zwei hydraulische Ventile verteilen genau den erforderlichen Bremsdruck an die Vorderradbremsen in Abhängigkeit von der Straßenbeschaffenheit. Ein weiteres Regelventil steuert die Hinterradbremsen. In diesem Fall reagiert das elektronische Steuersystem zuerst auf das zuerst blockierte Rad. Bei optimaler Abbremsung bleibt das Fahrzeug lenkbar, die Richtungsstabilität wird beibehalten und das Fahrzeug kann unter Kontrolle gehalten werden.

Da Ihnen die ABS-Anlage zusätzliche Sicherheit geben soll, empfehlen wir nicht, dass irgendwelche anderen Arbeiten daran durchgeführt werden. Es werden aber immer Arbeiten am Fahrzeug vorkommen, die ohne Zweifel die ABS-Anlage beeinflussen. Aus diesem Grund müssen die folgenden Vorschriften bei jeglichen Arbeiten an der Bremsanlage beachtet werden:

■ Alle Anschlüsse und deren unmittelbare Umgebung einwandfrei reinigen, ehe sie gelöst werden.

■ Ausgebaute Teile auf eine saubere Fläche ablegen und mit Kunststofffolie oder sauberem Papier abdecken. Keine flusenden Lappen dazu verwenden.

■ Geöffnete Teile der Anlage gut abdecken oder verschließen, falls die Reparatur nicht sofort durchgeführt werden kann. Dies gilt besonders, wenn man das Fahrzeug im Freien abstellen muss.

■ Nur vollkommen saubere Teile einbauen. Auf keinen Fall Teile wieder verwenden, welche längere Zeit gelegen haben.
■ Mit dem Vorhandensein von Luftkompressoren, die man anstelle des Zigarrenanzünders einstecken kann, ist es immer verlockend Pressluft zum Reinigen von Teilen zu verwenden. Dies auf keinen Fall durchführen, falls Anschlüsse der Anlage geöffnet sind.
Nach Einschalten der Zündanlage baut die Hydraulikpumpe innerhalb 60 Sekunden den Betriebsdruck für die Anlage auf. Die ABS-Warnleuchte leuchtet 2 bis 20 Sekunden auf, je, nachdem, wie hoch der Druck in der Anlage ist. Das elektronische Steuergerät in der Anlage überprüft jetzt die einzelnen Komponenten. Werden dabei irgendwelche Störungen festgestellt, arbeitet die Bremsanlage wie eine konventionelle Anlage ohne ABS-Anlage. Falls dies vorkommt, d. h. die Warnleuchte bleibt erhellt, muss man sich an eine Werkstatt wenden.
Diese ist in der Lage anhand einer Störungsdiagnose den Fehler in der Anlage mit Spezialgeräten herauszufinden, welcher entweder elektrischer oder hydraulischer Natur sein kann.
Die folgenden Arbeiten könnten jedoch schon einmal erforderlich sein und sollen aus diesem Grund beschrieben werden.

Aus- und Einbau von Teilen der ABS-Anlage

Aus- und Einbau des Drehzahlfühlers an der Vorderachse

■ Fahrzeug vorn auf Böcke setzen und das Vorderrad abschrauben.
■ Die Schraube (Pfeil in Bild 363) herausdrehen (Torx-Kopf) und den Raddrehzahlfühler aus dem Achsschenkel herausziehen.
■ Das Kabel von den im Bild gezeigten Befestigungen lösen und den Stecker neben der vorderen Aufhängung des Motornebenrahmens trennen.
■ Die Innenseite der Bohrung im Radlagergehäuse einwandfrei reinigen und den neuen Drehzahlfühler in die Bohrung des Radlagergehäuses einschieben (vorher mit etwas Mehrzweckfett einschmieren), die Schraube eindrehen und mit einem Drehmoment von 8 Nm anziehen.
■ Den Kabelstecker wieder aufstecken und das Kabel befestigen.
■ Die Räder vollkommen in beide Einschläge einschlagen und kontrollieren, dass sich das Kabel in keiner Stellung anderen Teilen der Radaufhängung nähern kann.

Aus- und Einbau des Drehzahlfühlers an der Hinterachse

■ Fahrzeug hinten auf Böcke setzen und das Rad abschrauben.
■ Unter Bezug auf Bild 364 die Schraube (Pfeil) mit einem Ringschlüssel von S/W 10 aus der Achse herausdrehen.
■ Das Kabel von den Befestigungsschellen freimachen und den Stecker der Kabelverbindung trennen.
■ Den Drehzahlfühler aus der Achse herausziehen.
■ Die Innenseite der Bohrung einwandfrei reinigen, den neuen Drehzahlfühler ringsherum gut mit dem bereits genannten Fett einschmieren und die Schraube eindrehen. Die Schraube mit 8 Nm anziehen.
■ Den Kabelstecker wieder aufstecken und das Kabel befestigen.

Hydrogerät und elektronisches Steuergerät

Da das Entlüften der Bremsanlage eine heikle Angelegenheit ist, sehen wir von der Beschreibung des Aus- und Einbaus ab. Ein neues Hydrogerät kommt vorgefüllt mit Bremsflüssigkeit. Der Grund dafür liegt in der Konstruktion des Geräts. Falls die elektrische Pumpe Luft in das Hydrogerät ansaugen kann, wird es sehr schwer oder sogar unmöglich sein das Gerät zu entlüften, d. h. es wird nutzlos. Falls Fehler im Hydrogerät vermutet werden, müssen wir Sie deshalb an eine Werkstatt verweisen.

Entlüften der hydraulischen Anlage

(Tipp) Falls nach Entlüften der Anlage in der unten beschriebenen Weise kein einwandfreier Druck zustande kommt, muss das Hydrogerät entlüftet werden. In diesem Fall müssen Sie sich an eine Werkstatt wenden. Die Fahrt dahin mit der notwendigen Vorsicht vornehmen (vorausgesetzt, dass überhaupt Druck vorhanden ist).

Je nach durchgeführten Arbeiten sind unterschiedliche Arbeiten beim Entlüften der Bremsanlage zu befolgen. Das Entlüften des Hydrogeräts wurde aus den oben beschriebenen Gründen weggelassen. Die anderen

Sichtprüfung Messen

Arbeiten können jedoch durchgeführt werden, ohne dass das Hydrogerät davon betroffen wird.

Nach Aus- und Einbau eines Bremssattels

- Vorratsbehälter mit Flüssigkeit füllen.
- Einen Entlüftungsschlauch auf die Entlüftungsschraube des betreffenden Bremssattels aufstecken, die Entlüftungsschraube um eine halbe Umdrehung öffnen und das Bremspedal durchtreten und auf dem Boden halten lassen. Die Schraube wieder festziehen und das Pedal zurückkommen lassen. Ungefähr 3 Sekunden warten.
- Diesen Entlüftungsvorgang ca. 10 Mal wiederholen, bis die in das Glasgefäß einströmende Flüssigkeit frei von Luftblasen ist.
- Das Bremspedal jetzt zwei- oder dreimal durchpumpen lassen und danach die Entlüftungsschraube öffnen, bis das Pedal auf dem Boden ansitzt. Die Schraube jetzt schließen. Die gleiche Arbeit wiederholen.
- Den Behälter auf den vorschriftsmäßigen Flüssigkeitsstand füllen.

Entlüften nach Einbau des Hauptbremszylinders

Um den Hauptbremszylinder vorschriftsmäßig zu füllen, muss man die Auslassanschlüsse des Zylinders verschließen. Dies muss man durch Einschrauben von Entlüftungsschrauben durchführen, mit deren Hilfe dann auch der Zylinder entlüftet werden kann.

- Vorratsbehälter füllen und die Entlüftungsschraube des Hauptdruckkreises (neben dem Bremskraftverstärker) des Hauptbremszylinders öffnen, das Bremspedal durchtreten und auf dem Boden halten lassen.
- Entlüftungsschraube schließen und das Bremspedal langsam zurückkommen lassen. Drei Sekunden warten, damit sich der Zylinder wieder füllen kann.
- Die beschriebenen Entlüftungsarbeiten 5 bis 6 Mal wiederholen.
- Den Bremszwischenkreis in gleicher Weise entlüften.
- Vor dem Anschließen der Bremsleitungen am Zylinder das Bremspedal mindestens 30 mm durchtreten lassen, damit keine Flüssigkeit aus dem Vorratsbehälter in den Zylinder laufen kann und auch keine Flüssigkeit aus dem Zylinder auslaufen kann.
- Die Leitungen jetzt am Zylinder anschließen.
- Die Bremsanlage jetzt entlüften, wie es bereits nach Einbau eines Bremssattels beschrieben wurde. Die Reihenfolge lautet: vorn links, hinten rechts, vorn rechts und hinten links.

14 Elektrische Anlage

Alle in dieser Ausgabe behandelten Fahrzeuge sind mit einer elektrischen Anlage mit einer Spannungsstärke von 12 Volt ausgerüstet. Die Masserückstromführung erfolgt über die Minusklemme der Batterie. Die Batterie befindet sich im Motorraum und hat im Allgemeinen eine Kapazität von 40 Ah. Ein Schubtriebanlasser wird zum Anlassen des Motors verwendet. Der Anlassschalter bildet einen Teil des Zündschalters und erregt bei Betätigung einen im Anlasser montierten Einrückmagnetschalter. Der Anlasser ist je nach eingebautem Motor unterschiedlich, da Renault während der Produktion von Valeo oder Bosch hergestellte Anlasser einbaut.
Die eingebaute Drehstromlichtmaschine hat je nach eingebautem Motor und eingebauter Ausrüstung eine unterschiedliche Leistung. Dies bedeutet, dass man bei einem Austausch den genauen Motor angeben muss. Die Lichtmaschine wird über einen Riemen von der Kurbelwelle aus angetrieben. Ein elektromechanischer Regler dient zur Regulierung des Ladestromes und befindet sich auf dem hinteren Deckel.
Eine in die Instrumententafel eingesetzte Ladekontrollleuchte gibt eine Anzeige über das einwandfreie Funktionieren der elektrischen Anlage, so weit die Aufladung der Batterie betroffen ist.

Allgemeine Begriffe

Batterie, Generator und Anlasser – Die Grundbegriffe der Elektrik

Elektrischer Strom kann nur in einem geschlossenen Stromkreis fließen. Der besteht aus Erzeuger (z. B. Batterie), Verbraucher (z. B. Glühlampe, Anlasser) und den Leitungen (Kabel), mit denen Erzeuger und Verbraucher verbunden sind. Die Grundbegriffe der Elektrik veranschaulicht folgendes Beispiel. Stellen Sie sich eine Wasserleitung vor, durch die unter einem bestimmten Druck eine bestimmte Menge Wasser fließt. Dieses System lässt sich mit einem Stromkreis vergleichen.

Spannung. Sie entspricht dem Druck in der Wasserleitung. Wird in Volt (V) gemessen.
Strom. Entspricht der Wassermenge, die in einer bestimmten Zeit durch die Leitung fließt. Maßeinheit ist Ampere (A).
Leistung. Das Produkt aus Spannung und Strom gibt an, welche elektrische Arbeit ein Stromerzeuger an einen Verbraucher abgibt. Wird in Watt (W) angegeben.
Widerstand. Vergleichbar mit dem Absperrhahn der Wasserleitung. Ist er ganz geöffnet, fließt das Wasser ungehindert (Widerstand 0). Dreht man den Hahn zu, erhöht sich der Widerstand, bis das Wasser nicht mehr fließen kann (Widerstand ∞). Maßeinheit ist Ohm (Ω).
Kabel. Entsprechen der Wasserleitung. Die Dicke der Leitung (Querschnitt) hängt vom Verbraucher ab. Ein Kontrolllämpchen kommt mit einer Kabelstärke von 0,5 mm^2 aus, der Anlasser braucht dagegen eine 16-mm^2-Leitung. Ein zu dünnes Kabel heizt sich auf – die Spannung fällt ab. Dann kommen zum Beispiel am Scheinwerfer nicht 12 Volt, sondern nur 10 oder 9,5 Volt an – das Licht wird trübe.

Spannung, Strom und Widerstand messen

Wenn Sie wissen wollen, ob die verschiedenen elektrischen Systeme Ihres Fahrzeuges in Ordnung sind, brauchen Sie nicht gleich einen Elektriker. Im Handel gibt es eine Reihe von Prüfgeräten, mit denen Sie sich selbst über den Zustand der elektrischen Anlage informieren können.
Prüflampe (mit Nadelkontakt). Damit testen Sie, ob Spannung in einem Stromkreis anliegt. Je heller die Lampe leuchtet, desto mehr Spannung ist vorhanden. Mit der Nadel der Lampe die Isolierung des zu prüfenden Kabels durchstechen. Die Klemme am Kabel der Lampe wird am blanken Metall angeclipst (Masse). Vorsicht: Die Prüflampe nimmt viel Leistung auf und eignet sich daher nicht für Messungen an elektronischen Bauteilen (z. B. Steuergerät). Hier müssen Sie einen Spannungsprüfer mit Leuchtdioden verwenden.
Spannungsprüfer mit Leuchtdioden. Je nach Ausführung zeigt dieses Gerät Gleich- und Wechselspannungen zwischen sechs und rund 700 Volt an. Die Spannungsanzeige erfolgt optisch über die Leuchtdioden. Einfache Geräte gibt's im Handel bereits sehr preisgünstig.

Multimeter (Vielfachinstrument). Damit lassen sich Spannung, Strom (Gleich-/Wechselstrom) und Widerstand messen. Geeignete Geräte mit digitaler Anzeige gibt's in Zubehörgeschäften zu einem angemessenen Preis. Die Stromversorgung des Multimeters erfolgt in der Regel durch eine Batterie.

Spannung messen. Um mit einem Multimeter zum Beispiel die Ruhespannung der Batterie zu messen, müssen Sie das mit »–« gekennzeichnete Kabel an den Minuspol der Batterie oder Masse anklemmen. Das »+«-Kabel des Messgeräts an den Pluspol der Batterie oder die zu messende Leitung klemmen. Zeigt das Instrument etwa nur 10,4 Volt an, deutet das auf einen Kurzschluss in einer Batteriezelle hin. Prüfen Sie einmal die Spannung der Batterie, während der Anlasser betätigt wird – ein Messergebnis von 5 Volt bedeutet, dass es um den Akku nicht mehr gut steht.

Strom messen. Dazu müssen Sie den Stromkreis auftrennen und das Messgerät dazwischenschalten. Bei einer Reihe von Messungen in Ihrem Fahrzeug genügt es, wenn Sie einen Steckkontakt abziehen und dann das Messgerät zwischen Stecker und Kontaktzunge schalten. Vorsicht: Achten Sie stets auf den Messbereich Ihres Multimeters. In Verbrauchern wie Anlasser und Glühkerzen (Dieselmotor) fließen sehr hohe Ströme, die Ihr Gerät bei einer Messung beschädigen könnten.

Widerstand messen. Mit dem Multimeter prüfen Sie, ob eine Leitung oder ein Schalter Durchgang hat. Fließt der Strom ungehindert, zeigt das Gerät den Messwert 0. Ist der Stromweg jedoch an einer Stelle unterbrochen, erhalten Sie den Messwert unendlich (∞). Außerdem können Sie feststellen, welchen Innenwiderstand ein bestimmtes Bauteil hat.

Der Schub-Schraubtrieb-Anlasser

- Beim Drehen des Zündschlüssels in Richtung »Start« liefert eine Klemme am Zündschloss über ein Kabel Spannung an den Magnetschalter, der oben auf dem Anlasser sitzt.
- Eine Einrückgabel schiebt das Zahnritzel des Anlassers auf einem Steilgewinde der Ankerwelle in den Zahnkranz des Motorschwungrads (Schubweg).
- Das Ritzel greift ein, dann schaltet der Magnetschalter über die Hauptkontakte den vollen Batteriestrom ein. Das Ritzel schraubt sich in den Zahnkranz und stellt so den Kraftschluss her (Schraubweg) – der Anlasser dreht den Motor durch.
- Ist der Motor angesprungen und wird der Zündschlüssel losgelassen, bricht das magnetische Feld in der Haltewicklung des Magnetschalters zusammen. Die Einrückgabel wird durch eine Rückzugfeder in die Ruhestellung gezogen. Das Ritzel spurt aus und die Stromzufuhr zum Anlasser wird unterbrochen.

Die Batterie

Die eingebaute 12-Volt-Batterie besitzt sechs Zellen, die aus positiven und negativen Platten bestehen, welche in eine Schwefelsäurelösung eingetaucht sind. Die Batterie hat die Aufgabe, den Strom zum Anlassen des Fahrzeugs, zur Beleuchtung des Fahrzeugs sowie für andere Stromverbraucher zu liefern. Die Batterie sitzt auf der linken Seite des Fahrzeuges (von vorn gesehen rechts) im Motorraum, wie es in Bild 365 gezeigt ist.

Die folgenden Arbeiten sind von Zeit zu Zeit durchzuführen, um der Batterie eine lange Lebensdauer zu geben und deren Leistung

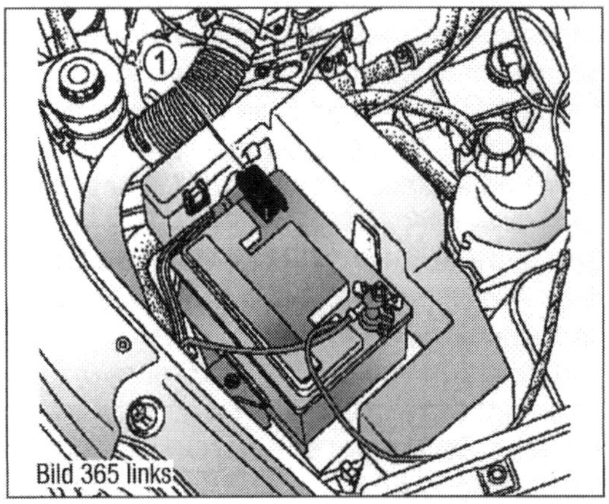

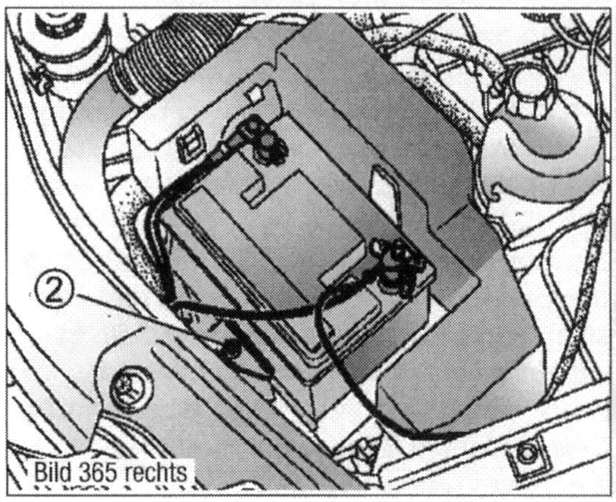

Bild 365
Zum Ausbau der Batterie. Nach Entfernen der Abdeckung (1), Abschließen der Batteriekabel und Lösen der Montageschelle (2) kann die Batterie herausgehoben werden.

immer auf dem Höhepunkt zu halten. Die Batterie kann man als wartungsfrei bezeichnen, unter normalen Betriebsbedingungen sollte es nicht notwendig sein sie nachzufüllen. Manchmal passiert es jedoch, dass der Flüssigkeitsspiegel durch bestimmte Umstände absinkt.

- Batterie und die sie umgebenden Teile immer sauber halten. Die Oberfläche der Batterie muss immer gut trocken sein, da sich sonst zwischen den einzelnen Zellen Kriechströme entwickeln können, wovon sich die Batterie von selbst entladen kann.
- Die Batteriesäure muss jederzeit bis zur Höhe des unteren Striches an der Außenseite des Batteriegehäuses stehen (falls eine Batterie mit durchsichtigem Gehäuse eingebaut ist) oder man entfernt die Batterieabdeckung mit der Hand oder einem spachtelähnlichen Werkzeug und kontrolliert, dass die Batteriesäure oberhalb der Trennplatten in der Innenseite der Batterie steht. Zum Nachfüllen destilliertes Wasser verwenden – niemals Batteriesäure nachfüllen.
- Bei kaltem Wetter die Batterie nicht in ungeladenem Zustand stehen lassen, da sie sonst einfriert. Schwach geladene Batterien frieren eher ein als geladene.

Prüfen der Batterie

Säurestand: Die Batterie ist mit Schwefelsäure gefüllt, die mit destilliertem Wasser verdünnt wurde. Da die Wasseranteile verdunsten können, muss man gelegentlich den Säurestand überprüfen und ggf. destilliertes Wasser nachfüllen. Die Batteriesäure muss zwischen den Markierungen am Batteriegehäuse oder oberhalb der Trennplatten in der Batterie liegen. Zum Nachfüllen muss die Abdeckung abgenommen werden (entweder mit der Hand abziehen oder ein spachtelähnliches Werkzeug benutzen), um destilliertes Wasser einzufüllen, bis der Säurestand stimmt.

Ladezustand: Zur Kontrolle des Ladezustandes ist ein Säureheber erforderlich. Zur Kontrolle die Abdeckung abhebeln und die Spitze des Säurehebers in die sichtbare Batteriesäure eintauchen. Mit Hilfe des Gummiballs genügend Säure ansaugen, dass der Schwimmer frei schwimmen kann. Je nach Ladezustand besitzt die Säure ein unterschiedliches spezifisches Gewicht, welches durch das Eintauchen des Schwimmers in die Säure angezeigt wird. Bei einer Anzeige von 1,28 ist die Batterie voll geladen; bei 1,12 ist die Batterie vollkommen entladen. Dazwischen liegende Werte weisen auf die entsprechende Ladestärke hin. Die Anzeigen am Säureheber sind in kg/l gegeben. Bild 366 zeigt, wie ein solcher Säureheber aussieht. Andere Ausführungen können jedoch ebenfalls benutzt werden.

Aufladen der Batterie

Eine sehr entladene Batterie sollte erst nach dem Aufladen mit destilliertem Wasser aufgefüllt werden. Beim Laden steigt der Säurestand an und eine vorschriftsmäßig gefüllte Batterie könnte aus diesem Grund »überkochen«. Der Ladestrom sollte am Anfang 10% der Batteriekapazität (4,0 A) nicht überschreiten. Man muss sich deshalb vergewissern, mit welcher Batterie man es zu tun hat. Je nach Aufbau des verwendeten Batterieladegeräts, wird sich der Ladestrom allmählich automatisch verringern. Die Batterie ist voll geladen, wenn sich die Säuredichte innerhalb zwei aufeinanderfolgender Stunden nicht verändert. Manchmal ist eine Batterie von mehr als 40 A eingebaut. Immer überzeugen, welche Kapazität die Batterie hat.

Die Verschlussstopfen der Batterie sollten ausgeschraubt und lose auf die Einfüllöffnungen gelegt werden. Damit kann das aus Sauerstoff und Wasserstoff entstehende Knallgas entweichen. Da bei lebhafter Aufladung ein Spritzen der Säure unvermeidlich ist, die Umgebung der Batterie mit Zeitungen oder Ähnlichem schützen. Wird die Aufladung in einem geschlossenen Raum durchgeführt, muss dieser gut belüftet sein. Auf keinen Fall mit nackter Flamme in die Batterieöffnungen leuchten.

Bei Verwendung eines Heimladegeräts kann die Batterie im Auto verbleiben. Auch die Kabel braucht man nicht abzuschließen. Anders ist es bei der Verwendung eines

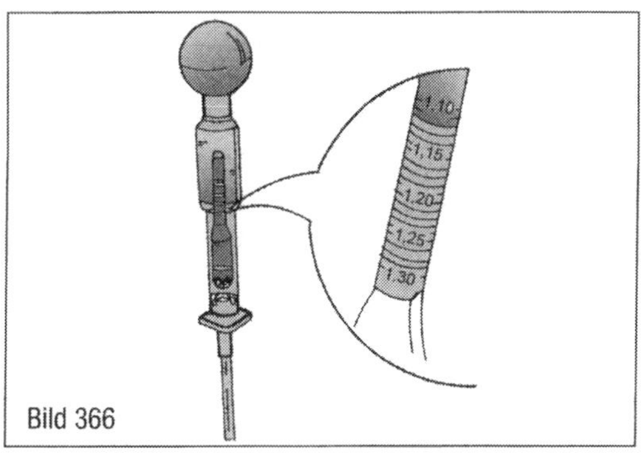

Bild 366

Bild 366
Ansicht eines Säurehebers zur Kontrolle des spez. Gewichts der Batteriesäure. Die Säuredichte wird direkt an der Skala abgelesen.

Schnellladegeräts. Beide Batteriekabel abklemmen, um die Dioden der Drehstromlichtmaschine, die elektronischen Schaltgeräte, Autoradio, usw. nicht zu gefährden.

Aus- und Einbau der Batterie

Die Batterie sitzt an der in Bild 365 gezeigten Stelle. Vor dem Ausbau die beiden Batteriekabel von den Polen abschrauben. Die positive Klemme liegt unter der Abdeckklappe. Immer zuerst das Minuskabel abklemmen. Zum Ausbau die Befestigung an Stelle (2) im Bild mit einer Stecknuss und Verlängerung benutzen.

Beim Einbau der Original-Batterie zuerst die Polköpfe reinigen und mit einem guten Polfett einschmieren. Zuerst das Pluskabel anschließen und festschrauben. Unbedingt kontrollieren, dass die Klemmen fest angezogen sind, da eine schlechte Strom- oder Masseverbindung zu Störungen führen kann. Abgesehen davon kann es zur Funkenbildung und in schlimmen Fällen dabei zu Feuer kommen.

Bei einem Autoradio mit Diebstahlcode muss die Eingabenummer zur Hand sein, um das Radio wieder in Gang zu setzen. Ebenfalls die Zeituhr stellen. Nach Anschließen der Batterie das Fahrzeug eine Strecke fahren, damit das Steuergerät der Einspritz- und Zündanlage »neu lernen« kann.

Start mit leerer Batterie

Am einfachsten ist die Verwendung von Starthilfekabeln, die aber einen kräftigen Querschnitt und starke Anschlussklemmen haben müssen, um den Strom von einer Batterie zur anderen durchzulassen. Beim Anschaffen solcher Kabel sollte man immer etwas tiefer in die Tasche greifen, um Kupferkabel zu kaufen. Aluminiumkabel sind zwar billiger, werden aber sehr heiß, sodass die Isolierung schmilzt und man sich beim Abnehmen der Klemmen die Finger verbrennen kann. Zuerst das Pluskabel an die beiden Pluskabel anklemmen und danach erst die Minuskabel anschließen. Der »Helfer« sollte den Motor anlassen und mit mittleren Drehzahlen laufen lassen, damit die Lichtmaschine zusätzlichen Strom aufbauen kann.

Anschieben oder Anrollen lassen sowie Anschleppen sind die bekanntesten Methoden zum Anlassen eines Motors mit schwacher Batterie.

Wagen anschieben: Mit zwei Helfern lässt sich der Renault bei gutem Motorzustand anschieben, jedoch ein Wort der Warnung: Bei einem heißen Katalysator sammelt sich unverbrannter Kraftstoff im Katalysator an, welcher sich beim Motorstart entzünden und durch Explosion des Katalysators die Innenteile beschädigen kann. Nur wenn der Motor aufgrund einer leeren Batterie nicht anspringt sollte man das Anschieben versuchen. Außerdem muss der Motor kalt sein.

- Zündung einschalten.
- Gang einlegen.
- Kupplung durchtreten, Wagen anschieben lassen, bis er eine gute Geschwindigkeit erreicht hat.
- Kupplungspedal schnell zurücklassen. Der Motor wird dadurch durchgedreht und sollte anspringen.
- Kupplung sofort durchtreten und Gas geben.

Wagen anschleppen: Anschleppen lassen hat immer Nachteile, da manchmal durch Ungeschicklichkeit größere Schäden entstehen können. Denken Sie daran, dass bei stillstehendem Motor die Servounterstützung der Bremsanlage und der Lenkung nicht arbeiten. Ebenfalls die obige Warnung über den Katalysator beachten. Aus diesem Grund wollen wir keine Anweisungen zum Anschleppen geben, mit der Ausnahme, dass man ein Abschleppseil nur an der Abschleppöse festbinden darf. Falls Sie selbst ein anderes Auto abschleppen wollen, muss das Abschleppseil an der Abschleppöse an der Rückseite befestigt werden.

Obwohl die Abschleppöse kräftig genug ist, um das Fahrzeug abzuschleppen, sollte man niemals das Fahrzeug durch Untersetzen eines Wagenhebers an dieser Stelle anheben. Das Gleiche gilt für die Abschleppöse an der Rückseite.

Wissenswertes über die Batterie

Nennspannung. Die allgemeine Spannungsabgabe (Maßeinheit »V«). Beträgt bei allen 12 Volt. Die tatsächliche Spannung hängt vom Ladezustand der Batterie ab. Sie kann größer oder kleiner sein als die Nennspannung.

Nennkapazität. Eine Batterienorm. Steht für das Speichervermögen einer Batterie (Maßeinheit »Ah«). Die Kapazität, die eine voll geladene Batterie bei einer Temperatur von 27 Grad in 20 Stunden abgeben kann, ohne dass dabei die Spannung unter 10,5 Volt absinkt (Entladeschlussspannung). Das Standlicht Ihres Fahrzeuges nimmt zum Beispiel ca. 25 Watt auf. Bei der Bordspannung von 12 Volt gibt die Batterie einen Strom von 2,08 Ampere ab, nach der Formel »Strom (A) = Leistung (W)/Spannung (V)«. Mit einer 40-Ah-Batterie könnten Sie Ihr Fahrzeug also theoretisch ca. 25 Stunden mit eingeschaltetem Parklicht parken. Lassen Sie Ihr Fahrzeug mit Standlicht stehen, wird die Batterie bereits nach ca. 10 bis 15 Stunden leer sein. Die eingeschalteten Warnblinker zehren den Batteriestrom bereits nach ca. 8 Stunden auf. Dies sind nur einige typische Beispiele, die Ihnen jedoch beim Betrieb Ihres Fahrzeuges helfen können.

Kapazität. Die entnehmbare Strommenge in Amperestunden (Ah). Sie hängt vor allem ab vom Entladestrom, der Temperatur, dem Ladezustand und dem Allgemeinzustand (Alter) der Batterie.

Kälteprüfstrom. Steht für die Startfähigkeit einer Batterie bei Kälte (Maßeinheit »A«). Ein definierter Entladestrom, der einer 12-Volt-Batterie bei -18 Grad entnommen werden kann, ohne dass die Spannung innerhalb von 30 Sekunden unter 9 Volt, innerhalb von 150 Sekunden unter 6 Volt absinkt.

Selbstentladung. Chemische Vorgänge im Inneren der Batterie führen zur Entladung, auch wenn kein Verbraucher angeschlossen ist. Eine geladene Starterbatterie verliert täglich etwa 0,5 Prozent ihrer Ladung. Hohe Temperaturen, Beschädigung und Verschmutzung des Batteriedeckels beschleunigen die Selbstentladung.

Defekten Verbraucher ermitteln

Liefert die am Vortag intakte Batterie keinen Strom, hat vielleicht ein defekter Verbraucher im Bordnetz den Akku über Nacht leer gesaugt. Das überprüfen Sie zunächst mit einer Strom-Messung. Wenn nötig, ermitteln Sie dann den betreffenden Verbraucher.

- Batterie-Minuskabel abnehmen, Kabel des Multimeters zwischen Minuspol und Batteriekabel anschließen. Zeigt das Gerät einen Stromfluss an, ist ein Verbraucher defekt.
- Massekabel anschließen, Sicherungskasten öffnen und eine Sicherung herausnehmen. An die Kontakte das Multimeter anschließen. Fließt kein Strom, ist der betreffende Stromkreis in Ordnung. Auch ein geringer Stromfluss ist kein Alarmsignal. Geräte wie Bordcomputer, Uhren, Radios und Alarmanlagen zehren ständig Energie von der Batterie. Der Stromfluss ist freilich viel geringer als bei einem defekten Verbraucher.
- Wiederholen Sie die Messungen, bis das Gerät einen höheren Stromfluss anzeigt. Die Sicherungstabelle zeigt Ihnen, welche Verbraucher zu diesem Stromkreis gehören.
- Die Verbraucher der Reihe nach ausbauen und jeweils den Strom messen. Wenn das Multimeter keinen Strom mehr anzeigt, haben Sie den Übeltäter ermittelt.

Die Drehstromlichtmaschine

In der Autofahrersprache hat sich der Begriff Lichtmaschine oder Generator für den Stromerzeuger fest eingebürgert, obwohl es schon sehr lange her ist, dass der erzeugte Strom ausschließlich zur Fahrzeugbeleuchtung diente: Heute wollen noch zahlreiche andere Stromverbraucher mit elektrischer Energie gespeist werden. Bei stehendem Motor besorgt dies die Batterie. Sobald der Motor läuft und sich die Lichtmaschine dreht, tritt sie als Stromquelle in Aktion.

Die wartungsfreie Drehstrom-Lichtmaschine erzeugt trotz ihrer relativ kleinen Baugröße recht viel Strom. Allerdings hat sie noch mehr Vorzüge. Bereits bei Leerlaufdrehzahl des Motors werden ca. 25 A geliefert, und bei 2400/min wird bereits die Maximalleistung abgegeben. Dies sind natürlich nur Richtwerte. Ferner halten die Schleifkohlen weit über 100 000 km. Die Lichtmaschine wird über einen Riemen an der Vorderseite des Motors angetrieben. Getreu ihrem Namen kann die Lichtmaschine nur Drehstrom erzeugen. Diesen können wir jedoch im Fahrzeug nicht gebrauchen, denn die Batterie kann nur Gleichstrom speichern. In der Lichtmaschine sind deshalb mehrere Dioden eingebaut, die den Drehstrom in einen Gleichstrom umwandeln. Diese Dioden sind empfindlich gegen Spannungsspitzen.

Um schon bei möglichst tiefer Motordrehzahl die beste Leistung der Lichtmaschine zu erzielen, dreht die Lichtmaschine schneller als die Kurbelwelle. Man erreicht diese

Drehzahlsteigerung, indem man die Riemenscheibe der Lichtmaschine kleiner wählt als die Kurbelwellen-Riemenscheibe. Der Spannungsregler ist an die Rückseite der Lichtmaschine geschraubt.

Vorsichtsmaßnahmen bei Arbeiten an der Ladestromanlage

Ehe irgendwelche Arbeiten an der Ladestromanlage durchgeführt werden, müssen die folgenden Vorsichtsmaßnahmen unbedingt eingeprägt werden:

- Niemals die Batterie oder den Spannungsregler abklemmen, während der Motor und somit die Lichtmaschine laufen. Ansonsten entstehen Spannungsspitzen, die den elektronischen Geräten schaden können.
- Niemals die Erregerklemme (Feldklemme) der Lichtmaschine oder das daran befestigte Kabel in Berührung mit Masse kommen lassen.
- Niemals die beiden Leitungen des Spannungsreglers verwechseln.
- Niemals den Spannungsregler in Betrieb bringen, wenn er mit Masse verbunden ist (sofortige Beschädigung).
- Niemals die Lichtmaschine ausbauen, wenn die Batterie nicht vorher aus dem Stromkreis genommen wurde (mindestens Minusklemme abschrauben). Andernfalls können irreparable Schäden auftreten.
- Beim Einbau der Batterie darauf achten, dass die Minusklemme an Masse angeschlossen wird.
- Niemals eine Prüflampe verwenden, die direkt an das Hauptstromnetz (110 oder 220 V) angeschlossen ist. Nur eine Prüflampe mit einer Spannungsstärke von 12 V benutzen.
- Falls eine Batterie im eingebauten Zustand mit einem Batterieladegerät aufgeladen wird, müssen die beiden Batteriekabel abgeklemmt werden. Die positive Klemme des Ladegerätes an den positiven Pol der Batterie und die negative Klemme des Ladegerätes an den negativen Pol der Batterie anschließen. Verwechseln kann man die Klemmen kaum, da sie einen unterschiedlichen Innendurchmesser haben.
- Falsches Anschließen der Leitungen führt zur Zerstörung der Gleichrichter und des Spannungsreglers sowie anderer elektrischer/elektronischer Bauteile.

Eingebaute Drehstromlichtmaschine prüfen

Während normaler Fahrt muss die Ladekontrollleuchte erlöschen. Falls dies nicht der Fall ist, liegt ein Fehler in der Drehstromlichtmaschine oder im Spannungsregler vor. Als Erstes alle Stromverbindungsanschlüsse der Drehstromlichtmaschine prüfen. Kontrollieren, ob der Antriebsriemen einwandfrei gespannt wird. Weitere Überprüfungen sollten in einer Werkstatt durchgeführt werden, da es leicht möglich ist, dass man beim Anschließen von Prüfgeräten an der falschen Klemme die gesamte Anlage untauglich machen kann.

Eine einfache Prüfung kann man jedoch ohne Gefahr der Beschädigung durchführen:

- Ein Voltmeter an den beiden Batterieklemmen anlegen und den Motor anlassen.
- Die Motordrehzahl bei gleichzeitiger Beobachtung des Voltmeters erhöhen und kontrollieren, dass die Anzeige zwischen 13,5 und 14,8 V liegt.
- Motor weiterhin mit dieser Drehzahl laufen lassen und möglichst viele Stromabnehmer einschalten. Die Spannung muss weiterhin innerhalb der angegebenen Werte verbleiben. Falls dies nicht der Fall ist, muss der Fehler im Regler liegen oder die Kohlen der Lichtmaschine sind abgenutzt. Bei hoher Anzeige (um die 20 Volt herum), können die Dioden ausgebrannt sein.

Ergibt die Prüfung, dass die Lichtmaschine defekt ist, können Sie sich günstigen Ersatz auf folgende Arten beschaffen:

- Die defekte Lichtmaschine ausbauen und in eine Autoelektrik-Werkstatt bringen. Prüfung und Reparaturen, wie das Ersetzen der Schleifkohlen oder den Einbau eines neuen Spannungsreglers, können Sie dort durchführen lassen.

Aus- und Einbau der Drehstromlichtmaschine

Beim Ausbau der Drehstromlichtmaschine muss man den Anweisungen entsprechend dem eingebauten Motor folgen. Der Aus- und Einbau des Keilrippenriemens wird im Kapitel »Kühlanlage« beschrieben.

Bild 367 links

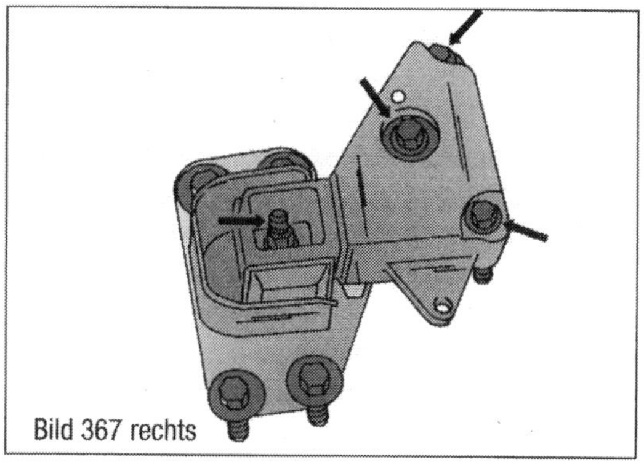

Bild 367 rechts

Bild 367
Den oberen Querträger an der Unterseite lösen und auf dem Motor ablegen. Beim Ausbau einer Drehstromlichtmaschine beim 1.4-Liter-Motor muss die gezeigte Motoraufhängung an den Pfeilstellen abgeschraubt werden.

1.4-/1.6-/2.0-Liter-Motor

Der Ausbau der Lichtmaschine ist komplizierter als zu erwarten ist, da man die Maschine von der Unterseite des Fahrzeuges lösen, aber von oben herausnehmen muss. Das Fahrzeug dabei auf Böcke setzen oder auf eine Hebebühne/über eine Montagegrube fahren.

- Batteriekabel abklemmen.
- Das rechte Rad abschrauben und die Abdeckung in der Innenseite des Radkastens ausbauen.
- Kühlergitter ausbauen. Beim 2.0-Liter-Motor ebenfalls den Stoßfänger ausbauen.
- Den oberen Querträger nach Lösen der beiden unteren Befestigungsschrauben lösen und auf dem Motor ablegen (siehe Bild 367).
- Motor aus den Aufhängungen heben, bis die in Bild 367 auf der rechten Seite gezeigte Motoraufhängung nicht länger unter Spannung steht, die mit den Pfeilen gezeigten Schrauben und Muttern lösen und die Abdeckung der Aufhängung abnehmen.
- Die Abdeckung des Kraftstoffverteilerrohres an der Vorderseite des Motors ausbauen (nur »K«-Motoren).
- Die Riemenscheibe der Lenkhilfspumpe abschrauben (»K«-Motoren).
- Die Kraftstoffvorlaufleitung unter Beachtung der Vorsichtsmaßnahmen entsprechend der Beschreibung im Kapitel »Kraftstoffeinspritzanlage« mit dem gezeigten Spezialwerkzeug vom Kraftstoffverteilerrohr trennen und bei einem »K«-Motor den Kabelstecker vom Einspritzventil Nr. 1 abziehen.
- Die Lenkhilfspumpe ausbauen (nur »K«-Motoren). Die Leitung der Lenkhilfspumpe von der Befestigung lösen.
- Von der Stirnseite aus die Schraube der Spannvorrichtung für den Keilrippenriemen der Lichtmaschine ausbauen. Dazu die Kontermutter (2) in Bild 368 lockern und die Schraube (1) herausdrehen, bis die Spannvorrichtung ausreichend gelockert ist, um den Antriebsriemen abzunehmen.

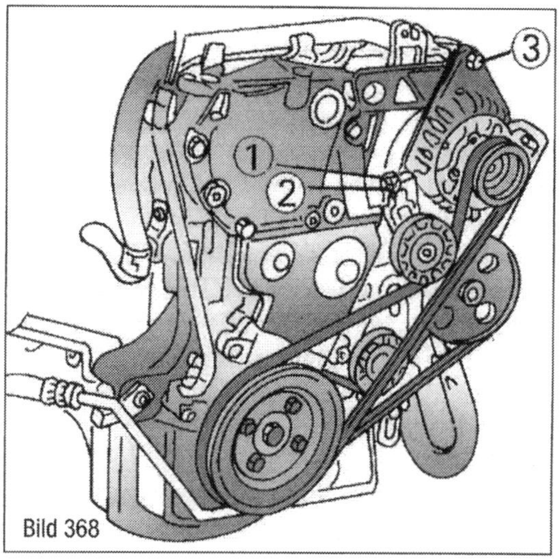

Bild 368

Bild 368
Zum Aus- und Einbau der Lichtmaschine bei einem 1.4-Liter-Motor.
1 Schraube der Spannvorrichtung
2 Kontermutter
3 Befestigungsschraube

- Falls eine Klimaanlage eingebaut ist, wird man neben dem Luftfilter ein Gehäuse sehen. Dazu die Schraube (3) in Bild 368 an der Oberseite und eine ähnliche Schraube an der Unterseite ausschrauben und das Teil abnehmen.
- Die elektrischen Kabel an der Rückseite der Drehstromlichtmaschine abklemmen.
- Die Lichtmaschine abschrauben und herausnehmen. Die Lenkhilfspumpe eines »K«-Motors muss dabei auf eine Seite geschoben werden.

Der Einbau geschieht in umgekehrter Reihenfolge wie der Ausbau. Der Antriebsriemen sollte am besten immer erneuert werden, da er bestimmt eine lange Betriebszeit hinter sich hat, wenn man die Lichtmaschine ausbauen musste. Die Riemenspannung herstellen, wie es im Kapitel »Kühlanlage« für den entsprechenden Motor beschrieben ist. Die Motoraufhängung anziehen, nachdem der Motor wieder in die Aufhängung gesenkt wurde.

Alle 1.2-Liter-Motoren
Der Ausbau der Drehstromlichtmaschine ist bei diesem Motor etwas komplizierter, da einige Teile ausgebaut werden müssen um an die Befestigung der Lichtmaschine zu kommen. Das Fahrzeug muss auf Unterstellböcken sitzen.

- Massekabel der Batterie abklemmen.
- Den oder die Antriebsriemen ausbauen, wie es für den in Frage kommenden Motor beschrieben wurde.
- Die elektrischen Kabel an der Rückseite der Drehstromlichtmaschine abklemmen (Mutter und Kabelstecker).
- Die Schraube (1) in Bild 369 lösen und ausschlagen und die Schraube (2) der Lichtmaschine an der gezeigten Stelle entfernen. Die Lichtmaschine kann jetzt herausgehoben werden.
- Bei eingebauter Klimaanlage müssen das Kühlergitter und die obere Kühlerbefestigung gelöst werden. Danach den Kühler anheben und den Kühlungslüfter von unten abschrauben. Die Lichtmaschine kann danach ausgebaut werden.

Der Einbau geschieht in umgekehrter Reihenfolge wie der Ausbau. Der Antriebsriemen sollte am besten immer erneuert werden, da er bestimmt eine lange Betriebszeit hinter sich hat, wenn man die Lichtmaschine ausbauen musste. Die Riemenspannung einstellen, wie es für den entsprechenden Motor beschrieben ist. Die Schraube der Lichtmaschine an der Unterseite mit 50 Nm und an der Oberseite mit 25 Nm anziehen. Abschließend die Batterie wieder anschließen.

Bild 369
Zum Ausbau der Drehstromlichtmaschine eines 1.2-Liter-Motors die Schrauben (1) und (2) an den gezeigten Stellen lösen und herausziehen.

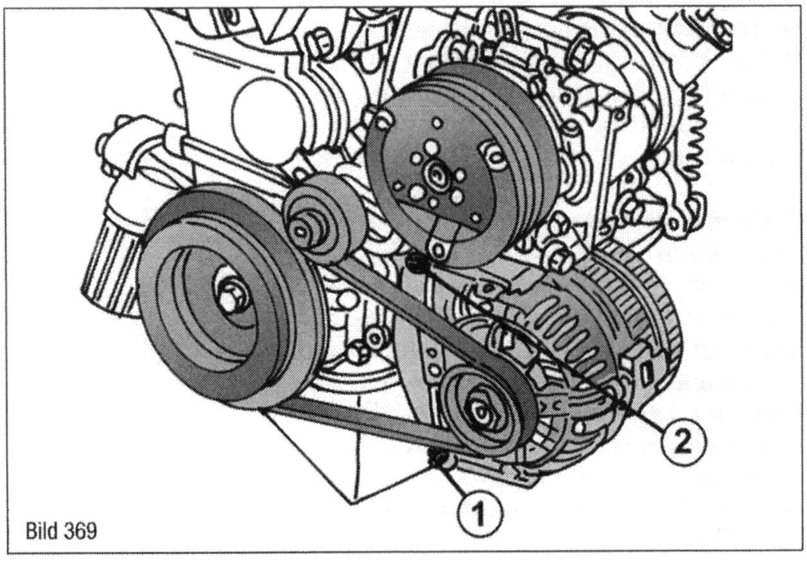

Bild 369

Drehstromlichtmaschine reparieren
Die Drehstromlichtmaschine und der damit verbundene Regler sollten nicht eingestellt oder repariert werden, wenn man nicht über die notwendige Erfahrung verfügt. Eine nicht mehr aufladende Drehstromlichtmaschine ist im Austausch gegen Rückgabe des alten Aggregates erhältlich und sollte immer eingebaut werden. Kleinere Reparaturen, wie z. B. das Erneuern der Schleifbürsten, kann man in einer Elektro-Werkstatt durchführen lassen.
Die Drehstromlichtmaschine ist mit Lagern versehen, welche auf Lebenszeit geschmiert sind und keine regelmäßige Wartung verlangen. Die Außenseite der Lichtmaschine sauber halten und kein Wasser oder andere Lösungsmittel darüber laufen lassen.
Die Bürsten der Drehstromlichtmaschine laufen auf glatten Schleifringen und haben aus diesem Grund eine sehr lange Lebensdauer. Falls man ein Nachlassen der Lichtmaschinenleistung auf die Bürsten zurückführen kann, sollte man auch hier eine Elektro-Werkstatt aufsuchen.

Der Anlasser

Der Anlasser bekommt beim Durchdrehen des Zündschlüssels erst an der Hauptklemme Strom. Zunächst wird also der Magnetschalter (auch als Einschaltrelais bezeichnet) aktiviert. Dessen Einrückhebel schiebt das Anlasserritzel in Richtung Zahnkranz auf der Schwungscheibe des Motors. Rutscht das Ritzel direkt in den Zahnkranz, schließt hinten im Magnetschalter eine Kontaktplatte den Stromkreis zum Anlassermotor – der Anlasser dreht kraftvoll los. Stoßen hingegen Zähne von Anlasserritzel und Zahnkranz aufeinander, sorgt ein steiles Gewinde dafür, dass sich das Anlasserritzel etwas verdrehen kann, sich also in den Zahnkranz »hineinschraubt«. Erst anschließend läuft der Anlassermotor los.
Wenn der Fahrzeugmotor angesprungen ist und sich der Zahnkranz schneller dreht als das Anlasserritzel, sorgt ein Rollenfreilauf dafür, dass sich die Verbindung zwischen Ankerwelle und Anlasserritzel löst. Das Ritzel wird aus dem Zahnkranz ausgespurt, der Kontakt im Magnetschalter öffnet, und der Anlassermotor wird stromlos.

Arbeitet der Anlasser nicht?

Schadhafte Anlasser zeigen oft folgendes Verhalten:

■ In Startstellung »klickt« es aus Richtung Anlasser, der Startermotor dreht aber nur kurz mit rauem Laufgeräusch oder gar nicht. Legen Sie den 1. Gang ein und halten Sie den Zündschlüssel in Startstellung, während ein Helfer etwas am Fahrzeug schiebt bzw. daran hin und her ruckelt. Dreht der Anlasser jetzt los, sind entweder seine Kohlen abgenutzt, die Ankerwicklung stellenweise durchgebrannt, oder der Kollektor ist stark eingelaufen.

■ Bisweilen kommt es auch vor, dass nach langer Fahrt der heiße Anlasser streikt. Dieser Effekt ist auf ungünstige Maßpaarungen von Ankerwelle und Ritzel zurückzuführen. Bei starker Erwärmung klemmen dann diese Teile gegeneinander, das Ritzel kann nicht mehr verschoben werden, und folglich wird auch der Kontakt im Magnetschalter nicht mehr geschlossen. Manchmal hilft dann ein Hammerschlag auf die Seite des Anlassers, während ein Helfer gleichzeitig den Zündschlüssel in Startstellung hält.

Anlasser prüfen

Um den Anlasser unter voller Batteriespannung zu kontrollieren, sind die große Klemme und die danebenliegende kleine Klemme mit einem Kabel von mindestens 4,0 mm^2 Querschnitt zu verbinden. Falls der Anlasser jetzt einwandfrei arbeitet, ist die Zuleitung zum Anlasser zu kontrollieren. Spurt der Anlasser nicht ein, muss er ausgebaut und überprüft werden.

Eine einwandfreie Prüfung des Anlassers in einer Prüfbank sollte von einer Elektrowerkstatt durchgeführt werden. Die Renault-Werkstatt hat eine OPTIMA 5800-Diagnosestation, welche den Betrieb des Anlassers schnell kontrollieren und irgendwelche Defekte dabei sofort feststellen kann.

Tipp: Falls man den Motor mit dem Anlasser durchdrehen will, ohne dass er anspringt, kann man dies folgendermaßen tun: Den Stecker vom Geber für die OT-Anzeige (ebenfalls Drehzahlgeber) abziehen.

Anlasser aus- und einbauen

Der Aus- und Einbau des Anlassers ist bei den verschiedenen Motoren in unterschiedlicher Weise durchzuführen.

Mit 1.4- und 1.6-Liter-Motor (K-Motor)

Das Fahrzeug sollte vorn auf Unterstellböcken ruhen, um besser an die Befestigung des Anlassers heranzukommen. Bei diesen Fahrzeugen ist der Ausbau umfangreicher, da man die Antriebswelle sowie den Achsschenkel teilweise ausbauen muss.

■ Massekabel der Batterie abklemmen.

■ Das rechte Vorderrad abschrauben.

■ Den Luftresonanzkasten ausbauen.

■ Auf der rechten Seite des Fahrzeuges die Antriebswelle durch Herausschlagen des Verbindungsstiftes trennen (siehe Kapitel »Antriebswellen«), die Verbindung der Spurstange am Spurstangenhebel trennen und die obere Schraube der Federbeinverbindung entfernen, die untere Schraube nur lockern.

■ Die Batterie ausbauen.

■ Den Kabelstecker vom Steuergerät der Einspritzanlage und vom Schalter der Notabstellung abziehen und die Befestigung des Steuergeräts lösen (siehe Bild 370).

■ Die nächsten Arbeiten unter Bezug auf Bild 371 durchführen. Das Wärmeschutzblech (1) des Katalysators abschrauben und den Kabelstecker des Motorölstandsgeber (2) abziehen. Kabelstrang auf eine Seite drücken.

■ Die Kabelverbindungen an der Rückseite des Anlassers abklemmen.

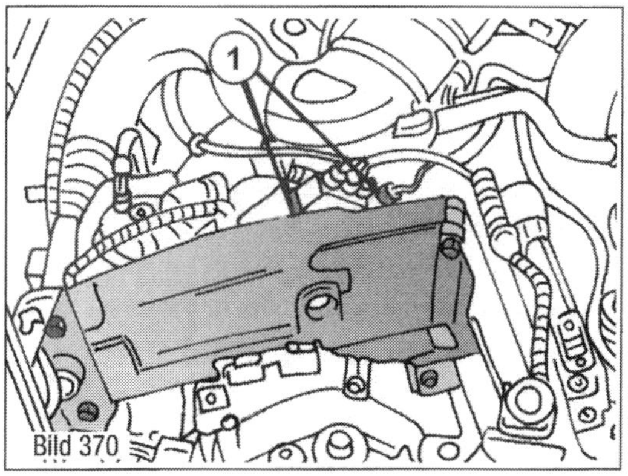

Bild 370
Zum Aus- und Einbau des Anlassers beim 1.4- und 1.6-Liter-Motor. Die beiden Kabelstecker (1) abziehen, um das Steuergerät abzunehmen.

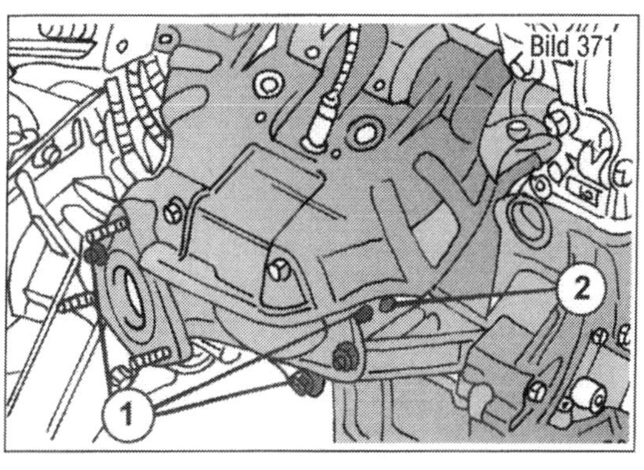

Bild 371
Anlasserausbau bei einem »K«-Motor. Wärmeschutzschild (1) muss ausgebaut, Kabelstecker des Motorölstandsteckers (2) muss abgezogen werden.

Sichtprüfung Messen

■ Die Schrauben der Anlasserbefestigung lösen und den Anlasser von der Unterseite des Fahrzeuges herausziehen.
Der Einbau geschieht in umgekehrter Reihenfolge wie der Ausbau. Darauf achten, dass die Führungsbüchse für den Anlasser eingebaut ist.

Mit 2.0-Liter-Motor (F4R-Motor)
■ Massekabel der Batterie abklemmen.
■ Von der Unterseite des Fahrzeuges das Schutzblech abschrauben.

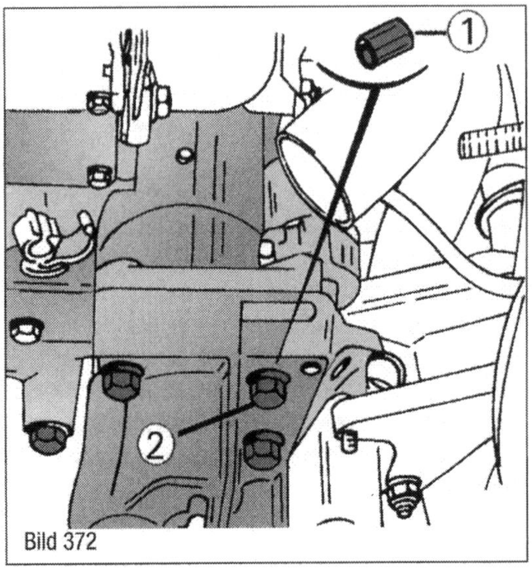

Bild 372
Einbauweise des Anlassers. Die Büchse (1) wird je nach Motor an unterschiedlicher Stelle entweder im Loch der Schraube (2) oder in das danebenliegende Loch eingesetzt (siehe Text).

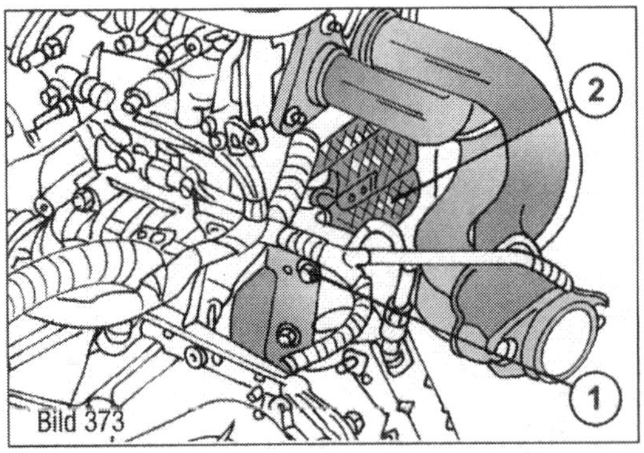

Bild 373
Anlassereinbau beim 2.0-Liter-Motor. Auf richtigen Sitz der Führungsbüchse (1) und des Wärmeschutzblechs (2) achten.

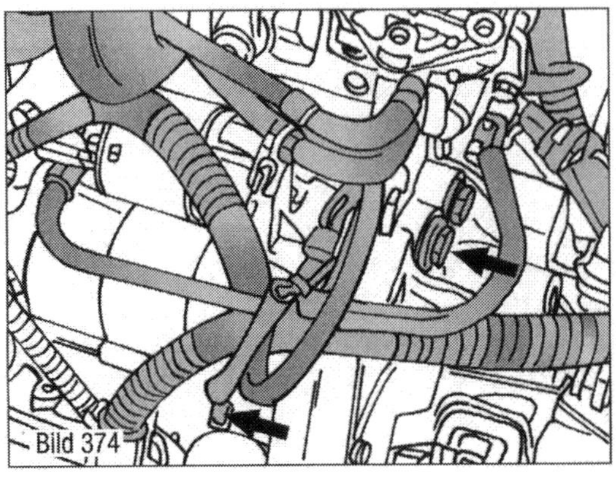

Bild 374
Die beiden mit den Pfeilen gezeigten Schrauben beim Ausbau des Anlassers eines 1.2-Liter-Motors herausdrehen.

■ Von der Unterseite des Fahrzeuges die Kabelanschlüsse vom Anlasser lösen und die Stützstrebe des Motors ausbauen, von der Oberseite aus das Luftansaugrohr ausbauen und die Schrauben des Anlassers lösen.
■ Das Wärmeschutzblech am Anlasser abschrauben und den Anlasser durch den Radkasten herausnehmen.
Der Einbau findet in umgekehrter Reihenfolge statt. Darauf achten, dass der Anlasser durch eine Passhülse geführt wird, die an der richtigen Stelle einzusetzen ist.

Wichtiger Hinweis: Beim Einbau des Anlassers bei einem 1.4-/1.6-/2.0-Liter-Motor ist es wichtig, dass die Führungsbüchse in das richtige Loch kommt, da dies nicht bei allen Motoren gleich ist. Falls der Anlasser nicht einwandfrei geführt wird, kann er sich verklemmen und muss noch einmal ausgebaut werden.
Ist ein 1.4-/1.6-Liter Benzinmotor eingebaut, kommt die Büchse in das in Bild 372 gezeigte Loch in welche im Bild durch die Schraube (2) eingenommen wird. Ist ein Dieselmotor eingebaut, kommt die Büchse in das neben der Schraube (2) sichtbare Loch, wo auch dann die Schraube eingedreht wird.
Beim 2.0-Liter-Motor muss die Führungsbüchse an der Stelle (1) in Bild 373 eingesetzt werden.

Mit 1.2-Liter-Motor (alle)
Der Ausbau erfolgt vom Motorraum aus.
■ Massekabel der Batterie abklemmen.
■ Die Kabelverbindungen an der Rückseite des Anlassers abklemmen.
■ Die beiden in Bild 374 mit den Pfeilen gezeigten Schrauben der Anlasserbefestigung lösen und den Anlasser waagrecht herausziehen. Die Schrauben sind anhand der sie umgebenden Teile zu finden.
Der Einbau geschieht in umgekehrter Reihenfolge wie der Ausbau. Schrauben mit 45 Nm anziehen. Abschließend die Batterie anschließen.

Anlasserreparaturen
Falls der Anlasser Schaden erlitten hat, ist es am besten, wenn man einen Austauschanlasser gegen Rückgabe des alten Aggregats bezieht. Dieser unterliegt der gleichen Garantie wie ein Neuteil und gibt Ihnen die erforderliche Betriebszuverlässigkeit. Außerdem wird die Stillstandszeit des Fahrzeuges

weitgehend verringert. Folgend sind jedoch einige Arbeiten angeführt, die Sie vielleicht selbst durchführen können:

- **Magnetschalter** ersetzen: Kabel zum Startermotor vom unteren Anschlussbolzen losschrauben. Den Magnetschalter vorne vom Anlassergehäuse abschrauben (Schlitzschrauben) und vom Einrückhebel aushängen. Neuen Magnetschalter in umgekehrter Arbeitsfolge einbauen.
- **Kohlebürsten** ersetzen: Den hinteren Deckel mit dem Kollektorlager abschrauben. Die Bürstenfedern abheben und die Kohlebürsten losschrauben oder ablöten. Neue Kohlen in umgekehrter Reihenfolge einbauen.

Wenn der Anlasser schon einige Jahre in Betrieb ist, sollte man von Reparaturversuchen absehen und besser gleich einen Tausch-Anlasser einbauen. Diesen können Sie auch beim Bosch-Dienst erhalten oder in den entsprechenden Werkstätten, die sich auf Valeo-Anlasser spezialisiert haben. Andernfalls verbleibt Ihnen nur die Renault-Werkstatt.

Falls es beim Betätigen des Anlassers einmal nur klicken sollte, ist es möglich, dass der elektrische Kontakt am Massepol der Batterie keine einwandfreie Verbindung herstellt. Ebenfalls Anschlüsse des Massekabels an anderen Stellen kontrollieren.

Die Beleuchtung

Nacht und Nebel machen dem Fahrer das Leben schwer, da ist gutes Licht von höchster Wichtigkeit. Einerseits, damit Sie sehen, wohin Sie fahren und andererseits, damit andere Verkehrsteilnehmer rechtzeitig Ihren Renault erkennen. Im Innenraum sorgen viele Lämpchen für gutes Zurechtfinden bei Nacht.

Ständige Kontrolle der Beleuchtung

Der Gesetzgeber schreibt vor, dass Sie sich vor Antritt jeder Fahrt vergewissern, ob auch alle Lampen am Auto brennen. So häufig wird wohl kaum jemand die Beleuchtung prüfen, aber einmal in der Woche ist durchaus angebracht. Bei Dunkelheit geht die Kontrolle am einfachsten vor sich. In einer Kolonne reflektieren Vordermänner das Licht beider Abblendscheinwerfer oft durch die Stoßstange oder die Lackierung.

Ersatzglühbirnen sollten mitgeführt werden

Ein entsprechend gefüllter Ersatzlampenkasten sollte immer an Bord sein, damit Sie unterwegs einen Lampendefekt beheben können. Als Ersatzlampen für Ihren Renault benötigen Sie Halogen-Zweifadenlampen für Fern- und Abblendlicht (H4 55/60 W), Halogen-Einfadenlampe H1 für die Nebelscheinwerfer, Birnen für die Blinkleuchten vorn und hinten (21 W), Rückfahrleuchte (21 W), Nebelschlussleuchte (21 W), Birne für das Standlicht (5 W), die Schluss/Bremsleuchten (21/5 Watt), die Kennzeichenleuchten (5 W), Seitenblinkleuchten (5 W).

Scheinwerfer erneuern

Da die Erneuerung der Scheinwerfer immer eine Einstellung zur Folge hat, und diese in einer Elektro- oder in der Renault-Werkstatt durchgeführt werden muss, sehen wir im Allgemeinen von einer Beschreibung der Arbeiten ab. Falls Sie jedoch die Absicht haben den Scheinwerfer selbst zu erneuern, können Sie die Arbeit durchaus durchführen, vorausgesetzt, dass Sie die Scheinwerfereinstellung anschließend in einer Werkstatt kontrollieren lassen. Zu sagen wäre noch, dass vor Durchführung irgendwelcher Arbeiten am Scheinwerfer die Batterie abgeklemmt werden muss. Die Leuchteinheit und die Blinkleuchten bilden eine Einheit.

Bei Arbeiten an den Scheinwerfern sind außerdem folgende Hinweise zu beachten:

- Die Streuscheiben der Scheinwerfer, mit anderen Worten die »Scheinwerfergläser« sind aus Kunststoff hergestellt. Bei Erneuerung der Scheinwerferbirnen für Abblend- und Fernlicht dürfen nur zugelassene Glühlampen eingebaut werden (H4).
- Zum Reinigen der Streuscheiben nur einen in Seifenwasser getauchten weichen Lappen oder Watte benutzen. Auf Alkohol aufgebaute Mittel dürfen nicht verwendet werden.

Bei der Erneuerung eines Scheinwerfers folgendermaßen vorgehen:

- Von der Innenseite des Motorraums her die Abdeckkappe über dem Scheinwerfereinsatz entfernen. Dabei werden die Kabelstecker sichtbar, die man der Reihe nach abzieht.
- Das Kühlergitter ausbauen. Die unmittelbar neben dem Scheinwerfer sitzenden Schrauben dazu lösen.

Bild 375
Die Befestigungsschrauben (1) des Scheinwerfers: eine oben, zwei unten. Auf der anderen Seite sieht es spiegelbildlich aus.

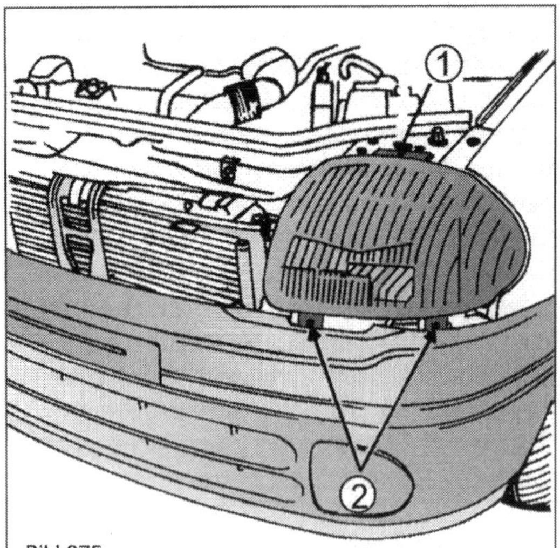

Bild 375

Bild 376
Die Halterung (1) mit einem Seitenschneider abkneifen, das Teil (2) abbrechen.

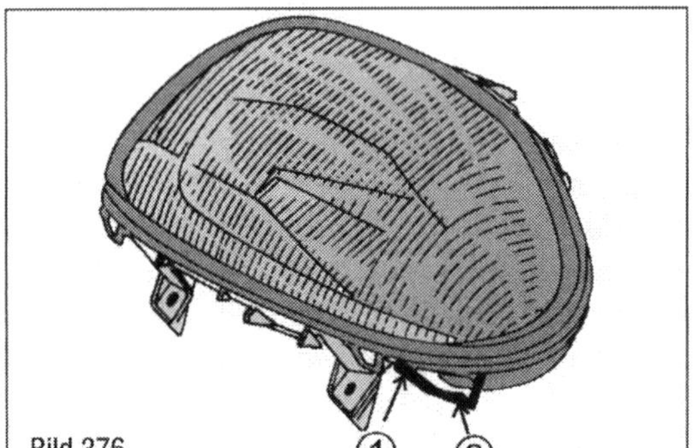

Bild 376

Bild 377
Die beiden Einstellschrauben des Scheinwerfers. An der Pfeilstelle sitzt der Motor für die Strahlenverstellung.
1 Höheneinstellschraube
2 Seiteneinstellschraube

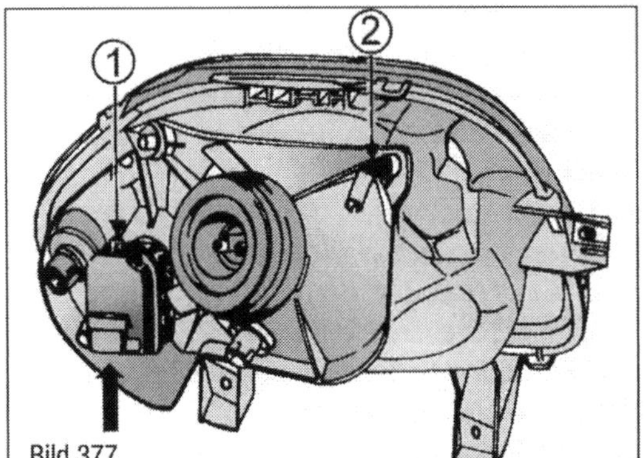

Bild 377

■ Die drei in Bild 375 gezeigten Befestigungsschrauben des Scheinwerfers lösen und den Scheinwerfer herausziehen.

☞ Laut Renault kann man den Ausbau des Scheinwerfers erleichtern, indem man den Bügel (1) in Bild 376 mit einem Seitenschneider zerschneidet und das Teil (2) abbricht.

Der Einbau geschieht in umgekehrter Reihenfolge wie der Ausbau. Nach dem Einbau die Scheinwerfer einstellen lassen. Provisorisch können sie entsprechend den nachfolgenden Anweisungen eingestellt werden.

Scheinwerfer einstellen

Die Einstellung der Scheinwerfer erfolgt von der Rückseite. Die Scheinwerfer müssen mit einem optischen Gerät eingestellt werden. Um die strikten Gesetze nicht zu verletzen, sehen wir deshalb von einer genauen Beschreibung ab.

Die billige, bisweilen sogar kostenlose Einstellarbeit überlässt man der Werkstatt, einer Tankstelle oder dem mobilen Prüfstand eines Autoclubs. Behelfsmäßig gibt es verschiedene unterschiedlich genaue Methoden. Dabei immer den Motor kurz starten und die Leuchtweiten-Regulierung auf »O« stellen (falls damit ausgerüstet).

■ Wagen möglichst im rechten Winkel in fünf Meter Abstand vor eine helle Wand stellen.. Erneuerten Scheinwerfer in der Höhe dem unveränderten gleichstellen. Eine Seitenkorrektur ist so allerdings nicht möglich.

■ Nach einer genauen Einstellung mit dem Messgerät die Abknickpunkte (in diesen Punkten steigt der Abblend-Lichtstrahl um 15' nach oben an) an der Garagenwand anzeichnen. Dazu den Renault am Garagentor abstellen. So lässt sich später bei gleicher Fahrzeugstellung auch die Lichtstrahl-Seitenrichtung überprüfen.

■ Falls Einstellungen durchgeführt werden, bedient man sich der beiden Einstellschrauben in Bild 377. Um die Scheinwerferstrahlen in der Höhe einzustellen (senkrechte Verstellung), die Schraube (1) verstellen; um die Scheinwerferstrahlen nach links oder rechts zu verstellen (Seiteneinstellung), die Schraube (2) verstellen.

Leuchtweitenregulierung

Im Fahrzeug kann eine Leuchtweiten-Regulierung eingebaut sein. Falls dies der Fall ist, wird man neben der in Bild 376 gezeigten Scheinwerfereinstellschraube (1) einen kleinen Empfänger (Motor) sehen. Zum Ausbau den Stecker (Pfeil) abziehen und den Empfänger um eine Achtelumdrehung in Richtung Kotflügel verdrehen, um ihn aus der Leuchteinheit freizumachen. Das Kugelgelenk aus dem Eingriff bringen und den Empfänger herausnehmen.

Der Einbau geschieht in umgekehrter Reihenfolge.

Blinkleuchten

Wie bereits erwähnt, bilden die vorderen Blinkleuchten einen Teil der Scheinwerferleuchteinheit.

Die Rundumwarnblinkanlage wird ständig mit Strom versorgt. Drücken Sie bei ausgeschalteter Zündung auf den roten Wippschalter. Alle 4 Blinkerlampen und der transparente Schalterknopf leuchten im gleichen Rhythmus auf.
Zur Kontrolle der Richtungsblinker muss die Zündung eingeschaltet, aber die Warnblinkanlage ausgeschaltet sein, denn die Warnblinker überlagern die Richtungsblinker. Bei gedrücktem Blinkerhebel müssen eine Blinkerseite und die entsprechende grüne Kontrollleuchte in regelmäßigen Abständen aufleuchten. Die gesamte Blinkanlage ist etwas kompliziert, weil vorschriftsgemäß die Warnblinkanlage ständig funktionieren muss. Der Warnblinkschalter bezieht den Strom über eine Sicherung direkt von der Batterie. Die Richtungsblinker erhalten dagegen nur bei eingeschalteter Zündung Strom, ebenfalls über eine Sicherung.
Störungen gibt es schon einmal an der Blinkanlage und die folgenden Anregungen könnten Ihnen im Notfall helfen:
■ Wenn die Blinkerkontrolle in irgendeiner Weise nicht einwandfrei funktioniert oder nur rhythmisch kurz aufblitzt, ist meist eine Blinkerlampe defekt.
■ Bleibt der Blinkrhythmus oder Warnblinkanlage aus, brennt also Dauerlicht statt Blinklicht, liegt der Fehler im Blinkrelais.
■ Leuchten die Blinker mal in langsamer Folge, mal schnell und sind alle Steckverbindungen einschließlich der Massekabel in Ordnung, muss das Relais erneuert werden.
■ Leuchten die Warnblinker auf, während die Richtungsblinker bei eingeschalteter Zündung dunkel bleiben, ist die Sicherung defekt.
■ Wenn weder Warn- noch Richtungsblinken funktioniert, ist das Blinkrelais schuld.
Neben den Blinkerkontrollen, die im Blinkrhythmus mitblinken, werden Sie durch ein akustisches Geräusch ans Blinken erinnert. Das Klacken stammt von einem Relais.

Windschutzscheibenwischer

Scheibenwischerblatt erneuern

Nach etwa einem halben Jahr ist das Wischergummi so weit verschlissen, dass es besonders auf einer verregneten Nachtfahrt nicht mehr für einen verkehrssicheren »Durchblick« sorgen kann. Entscheiden Sie sich, ob das komplette Wischerblatt oder nur der Wischergummi erneuert werden soll. Zuerst den Wischerarm ausbauen:
■ Zündung ausschalten. Kontrollieren, dass die Scheibenwischerblätter in der richtigen Stellung »geparkt« sind. Die Batterie abklemmen.
■ Die Abdeckkappe am Wischerlager zurückklappen.
■ Die Mutter des Scheibenwischerarms entfernen.
■ Den Wischerarm an der Gelenkstelle halten und von der Spindel herunterziehen. Darauf achten, dass der Arm nicht auf die Windschutzscheibe aufschlagen kann. In der Werkstatt wird zum Herunterziehen der Scheibenwischerarme ein Abzieher benutzt, falls es Schwierigkeiten beim Abziehen geben sollte. Sie müssen also darauf vorbereitet sein, dass der Wischerarm klemmt.
Die Wischergummis können getrennt erneuert werden. Verschiedene Firmen stellen Wischerblätter für alle gängigen Fahrzeugmodelle her. Erkundigen Sie sich in Ihrem Autozubehörgeschäft. In den meisten Fällen können Sie die Gummis durch die gut erklärten Montageanweisungen ohne Schwierigkeiten montieren.
Der Einbau des Wischerarms geschieht in umgekehrter Reihenfolge wie der Ausbau. Den Wischerarm auf die Spindel aufstecken, wenn diese in der Ruhestellung (Parkstellung) steht. Nach dem Einbau kontrollieren, dass der Wischerarm seinen vorgeschriebenen Wischbogen ausführt.

Falls bei starkem Schneetreiben der Wischerarm nicht mehr in die Endstellung zurückkehren kann, steht der Wischermotor weiterhin unter Spannung und die Wicklung kann durchbrennen, wenn man dies eine geraume Zeit zulässt. In diesem Fall so schnell wie möglich anhalten und den Wischerarm von der Scheibe abheben, damit er wieder in die Endposition zurückkehren kann. Hält das Wischerblatt jedoch in der Mitte der Scheibe an, wenn die Zündung ausgeschaltet wird, ist dies nur ein Schönheitsfehler, welcher keinen Schaden anrichtet. Zündung erneut einschalten. Der Wischer wird jetzt in die Ruhestellung zurückkehren.

Aus- und Einbau des Wischersystems

■ Kontrollieren, dass die Scheibenwischerblätter in der Ruhestellung stehen, die Zündung ausschalten und Batterie abklemmen.

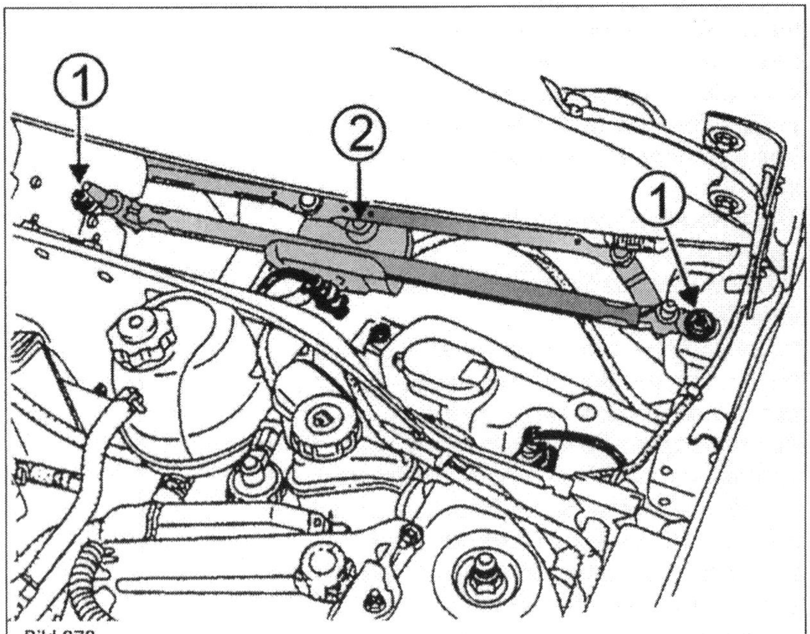

Bild 378

Bild 378
Zum Ausbau des Scheibenwischergestänges mit dem Motor.
1 Schrauben des Wischerrahmens
2 Mutter an der Motorwelle

- Scheibenwischerarme ausbauen (siehe oben).
- Motorhaube öffnen.
- Die Abdichtung des Luftgitters vor der Windschutzscheibe lösen und die beiden Clips des Luftgitters entfernen, indem man gegen die Mitte der Clips drückt. Das Luftgitter danach herausnehmen.
- Es bietet sich jetzt der in Bild 378 gezeigte Anblick. Die beiden Schrauben (1) von den Scheibenwischerspindeln abschrauben, den Kabelstecker vom Scheibenwischermotor abziehen und den gesamten Scheibenwischerrahmen von der Befestigungsstelle an der Rückseite frei machen. Der Motor mit den daran angebrachten Gestängen kann jetzt herausgenommen werden.

Der Einbau geschieht in umgekehrter Reihenfolge wie der Ausbau. Den Stecker erst nach Einbau des Mechanismus auf den Motor aufstecken. Vor dem Aufstecken der Wischerarme kontrollieren, dass der Motor in der Parkstellung abgestellt hat. Die Verzahnungen der Scheibenwischerspindeln gut mit einer Drahtbürste reinigen, ehe die Arme aufgesteckt werden. Die Muttern mit 18 Nm anziehen.
Nach dem Einbau nochmals den Wischer einschalten, um zu kontrollieren, dass die Wischerarme ihren vorgeschriebenen Wischbogen ausführen und beim Ausschalten in der richtigen Stellung parken.

Aus- und Einbau des Scheibenwischermotors
Der Ausbau des Scheibenwischermotors erfolgt nach Ausbau der Scheibenwischereinheit in der oben beschriebenen Weise. Zu lösen ist die Mutter (2) von der Welle des Wischermotors. Auf die genaue Zusammengehörigkeit des Wischergestänges achten und den Motor von den drei Befestigungsstellen lösen.
Der Einbau findet in umgekehrter Reihenfolge statt.

Scheibenwaschanlage

Wenn die Kontrollleuchte im Armaturenbrett aufleuchtet, ist es Zeit nachzufüllen. Um der Verschmierung beim Wischvorgang entgegenzuwirken, sollten Sie dem Wischwasser stets Reinigungsmittel zugeben. Abgasrückstände, Öldunst und Silikon aus Lackpflegemitteln können sich so weniger hartnäckig auf die flach eingebaute Windschutzscheibe setzen.
Renault bietet ein besonderes Konzentrat zum besseren Reinigen Ihrer Scheibe an. Zusätzlich ist noch zu beachten, dass dieses für Sommer oder Winter verkauft wird. Das Konzentrat darf nicht mit anderen Zusatzmitteln vermischt werden.
Spätestens beim Nachfüllen des Waschwassers sollten Sie die Windschutzscheibe unter Beachtung des folgenden Ratgebers gründlich reinigen. Besser ist es jedoch, wenn Sie dies alle zwei Wochen tun.
Damit sich Zusatzmittel und Wasser gut durchmischen, erst das Zusatzmittel, dann das Wasser in den Waschwasserbehälter einfüllen. In der kalten Jahreszeit Zusatzmittel mit Frostschutz verwenden bzw. dem Waschwasser 1/3 Brennspiritus beimischen.

Wenn beim Wischen das Sichtfeld trotz Reinigungsmittel im Waschwasser verschmiert bleibt, muss die Scheibe gründlich gereinigt werden. Dazu ein gutes Scheibenreinigungsmittel auftragen und die Scheibe anschließend mit zusammengeknülltem Zeitungspapier recht kräftig abreiben. So wird der Film regelrecht abgeschabt. Lappen oder Fensterleder sind hierfür zu weich. Versuche haben gezeigt, dass mit Haushalt-Glasreinigern die besten Ergebnisse erzielt werden.

Die Sicherungen

Die Sicherungen sind in einem Sicherungskasten untergebracht, der sich im Fahrgastraum auf der linken Seite des Lenkrades am Ende des Armaturenbretts (mit einem Deckel verschlossen) befindet. Je nach Modell ist die Sicherungsbestückung unterschiedlich. Auf jede einzelne einzugehen ist nicht die Absicht dieser Anleitung. Außerdem besteht immer die Möglichkeit, dass die Anordnung der Sicherungen innerhalb der behandelten Baujahre geändert wird.

Auf der Innenseite der Abdeckung finden Sie die Sicherungstabelle, in Symbolen ausgedrückt. Die Stärke der Sicherungen ist unterschiedlich und liegt zwischen 5 A und 30 A. Auch hier raten wir Ihnen, sich in der Werkstatt zu erkundigen, wenn eine Sicherung erneuert werden soll. Zu beachten ist jedoch, dass bestimmte Sicherungen außer dem gut erkennbaren und übersetzbaren Symbol auch andere Stromabnehmer schützen. Besonders erwähnt werden soll das Symbol STOP: Durch diese Sicherungen werden ebenfalls die Instrumententafel und die Diagnosesteckdose abgesichert. Andere Ausnahmen sind das Zeichen der Heckscheibenbeheizung (mit Computer der Klimaanlage und Heckscheibenwischern), das Radiozeichen (mit Zigarrenanzünder und Zeituhr).

- Eine Sicherung brennt selten wegen Überlastung durch. Entweder wird bei Basteleien ein Kurzschluss verursacht, oder ein Gerät ist schadhaft. Meist ist irgendwo eine Verbindung zur Fahrzeugmasse entstanden. Wird der Fehler nicht gefunden, nützt der Austausch einer durchgebrannten Sicherung nichts.
- Mit dem Schaltplan klären, wann die Sicherung Strom erhält. Dies kann entweder ständig sein oder erst bei entsprechender Zündschlüsselstellung. Klären Sie, welche Verbraucher an die Sicherung angeschlossen sind.
- Statt einer neuen Sicherung verwendet man nun ein Drahtstück und überbrückt die beiden Halteklemmen der Sicherung ganz kurz (ca. 1 Sekunde). Funkt es kräftig, besteht im entsprechenden Zweig der Fahrzeugelektrik irgendwo ein Kurzschluss. Nacheinander versuchsweise die Leitungsverbindungen zu den angeschlossenen Verbrauchern auftrennen. Verschwindet das starke Funken, am gerade abgeklemmten Verbraucher den Fehler weiter suchen.
- Funkt es beim Überbrücken nicht gleich, den Zündschlüssel so weit drehen, bis an die Sicherung Strom gelangt – Nachweis mit einer Prüflampe. Entsteht beim Überbrücken nun der starke Funke, wie beschrieben die Verbraucher durchprüfen.
- Bisweilen entsteht der Kurzschluss erst dann, wenn der defekte Verbraucher eingeschaltet wird (z. B. Heckscheibenheizung, Scheibenwischer, Blinklichter, Bremslichter usw.). Die »Funkenprobe« wird dann schwieriger und es ist mehr Erfahrung nötig – vielleicht sollte hier ein Autoelektriker hinzugezogen werden. Leichteres Funken ist jetzt normal, weil ja Strom zum eingeschalteten Verbraucher fließt. Starkes Funken deutet hingegen weiter auf einen Kurzschluss hin. Verwendet man statt der Drahtbrücke ein Amperemeter im etwa 30-Ampere-Bereich, kann man dies besser klären. Schlagartiger Vollausschlag des Zeigers zeigt den Kurzschluss an (Messkabel sofort wieder wegziehen).

Wenn ein Stromverbraucher ausfällt, liegt es bisweilen auch daran, dass die Haltezungen der betreffenden Sicherung lose oder oxidiert sind, sodass der Strom nicht hindurchfließen kann. Sicherungen herausnehmen, Haltezungen sauber kratzen und neue Sicherung einsetzen.

Sichtprüfung Messen

15 Die Auspuffanlage

Aufgrund der vielen in dieser Ausgabe behandelten Fahrzeugmodelle gibt es offensichtlich Unterschiede in der Ausführung der Auspuffanlage. Bilder 379 bis 381 zeigen Ansichten von Teilen der Auspuffanlage. Eine der gezeigten Anlagen wird in Ihrem Fahrzeug eingebaut sein.

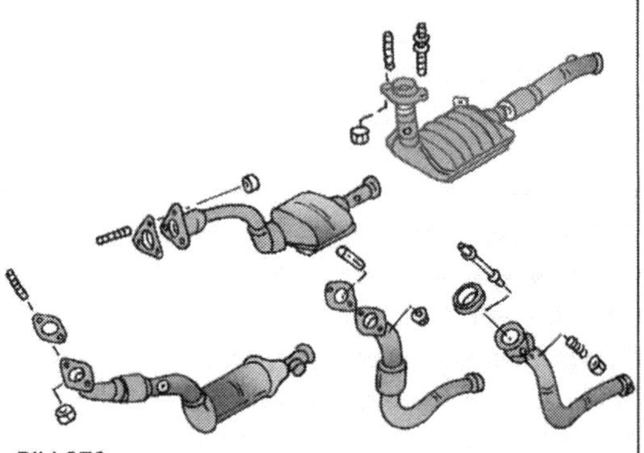

Bild 379

Bild 379
Verschiedene vordere Auspuffrohre und Schalldämpfer. Eine Ausführung davon ist in Ihrem Fahrzeug eingebaut.

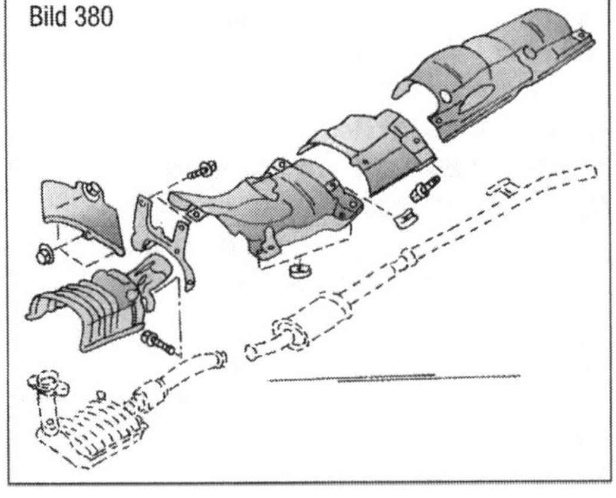

Bild 380

Bild 380
Lage der Wärmeschutzbleche über der Auspuffanlage bei bestimmten Motoren.

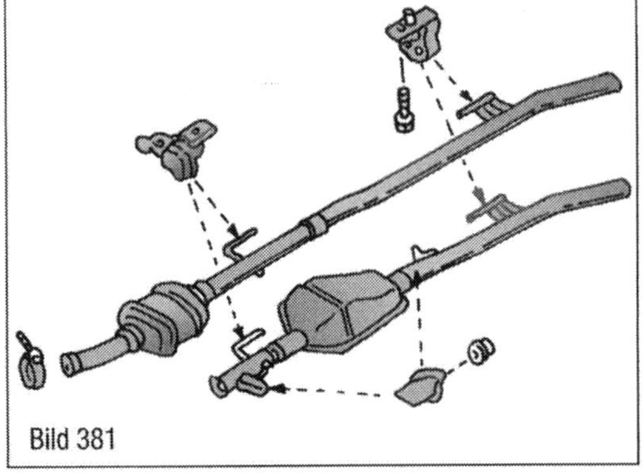

Bild 381

Bild 381
Ansicht des mittleren Abschnitts der Auspuffanlage. An der Rückseite der Rohre sitzt der Nachschalldämpfer (nicht gezeigt).

Die Auspuffanlage ist mit Gummiaufhängungen an der Unterseite des Fahrzeuges angebracht, die sich normalerweise nach Anheben des Auspuffrohres aushängen lassen. In bestimmten Fällen könnte es jedoch erforderlich sein, dass man die gesamte Aufhängung abschrauben muss, um den Aufhängungsring auszuhängen.
Die Auspuffrohre sind in einem Stück hergestellt, d. h. die Teile vom Ansaugkrümmer bis zum Katalysator oder zum Schalldämpfer können nicht einfach abgeschraubt und wieder angeschraubt werden. Einzelne Teilabschnitte der Auspuffanlage sind jedoch vom Ersatzteillager erhältlich. Um diese einzubauen, muss man das alte Rohr ungefähr in der Mitte des Auspuffrohres zerschneiden und das Neuteil mit einer Rohrschelle befestigen. Die Trennlinie des Rohrstücks wird durch zwei Punktmarkierungen angezeigt (siehe Bild 382), die 90 mm voneinander wegstehen. Das Rohr genau in der Mitte durchsägen. Das Rohr kann an zwei verschiedenen Stellen zerschnitten werden. Beim Einbau des neuen Rohrteils bezieht man ebenfalls die Rohrschelle. Die Schelle zuerst über das alte, noch vorhandene Rohrende schieben, bis das Rohr in der Innenseite der Schelle anschlägt. Die Schelle leicht anziehen. Danach das Neuteil auf der anderen Seite bis zum Anschlag in die Schelle einschieben. Um die Abdichtung zu verbessern, kann man Auspuffdichtmasse an die Verbindungen schmieren. Wichtig ist, dass man die Schraube und Mutter der Rohrschelle senkrecht anordnet, um ein Anschlagen gegen die Karosserie zu vermeiden.
Die Mutter der Schelle anziehen, bis die in die Mutter eingearbeitete Rille nicht länger sichtbar ist. Dies entspricht einem Anzugsdrehmoment von 25 Nm.
Ebenfalls bei Arbeiten an der Auspuffanlage beachten:

- Wir raten Ihnen die Vorsichtsmaßnahmen beim Betrieb eines Fahrzeuges mit Katalysator im nächsten Kapitel durchzulesen. Einige könnten Ihnen bekannt sein, andere nicht.
- Hitzebeständiges Fett muss vor Einbau der Lambda-Sonde an die Gewinde geschmiert werden. Die Sonde mit einem Anzugsdrehmoment von 27 - 34 Nm anziehen. Wir möchten darauf hinweisen, dass man eine neue Lambda-Sonde einbauen muss, wenn die Leitungen beschädigt wurden.

■ Die Teile der Aufhängung nach Ausbau von Teilen der Anlage kontrollieren. Beim Einbau der Anlage dürfen die Aufhängungen nicht unter Spannung sitzen, da sie sonst bald reißen werden. Der Auspuff muss gut federnd gehalten werden.
■ Dichtung zwischen Auspuffrohr und Auspuffkrümmer immer erneuern.

Katalysator

Ehe man einen Katalysator erneuert, müssen die folgenden Voraussetzungen gegeben sein:
■ Das Fahrzeug muss sich in gutem Zustand befinden.
■ Kraftstoffanlage, Zündanlage und Lambda-Regulierung müssen sich in gutem Zustand befinden. Der Luftfiltereinsatz muss erneuert werden, falls er bereits 20 000 km in Betrieb war.
■ Die verbleibenden Teile der Auspuffanlage dürfen keine Leckstellen haben.
■ Nicht alle Fahrzeuge haben den gleichen Katalysator. Beim Kauf eines neuen Katalysators immer die Motor- und Fahrgestellnummer angeben.
Ebenfalls muss man bei einem eingebauten Katalysator Folgendes beachten:
■ Niemals das Fahrzeug bei laufendem Motor abstellen, wo leicht brennender Unterboden sich durch den heißen Katalysator entzünden kann.

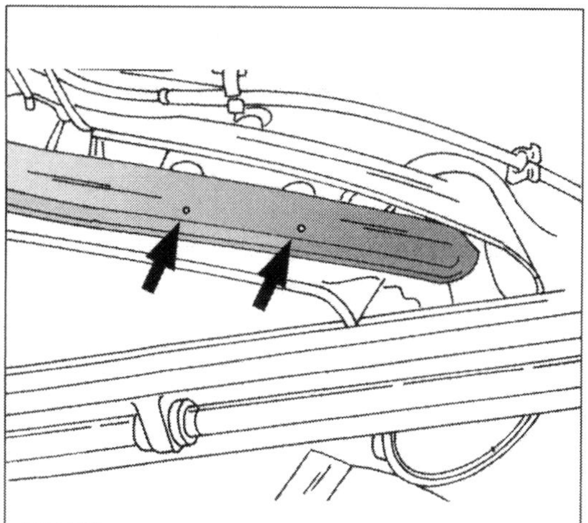
Bild 382

Bild 382
Am Auspuffrohr kann man an zwei Stellen zwei eingestanzte Markierungen sehen.

■ Die Ölwanne nicht überfüllen. Durch den Motor in die Auspuffanlage kommendes Öl kann den Katalysator beschädigen.
■ Unbedingt vermeiden, dass man den Tank vollkommen leer fährt.
■ Der Katalysator darf sich nicht überhitzen. Einspritz- und Zündanlage müssen in gutem Betriebszustand sein. Auch ein defekter Katalysator kann zu Überhitzungen führen.
■ Der Motor sollte sofort abgestellt werden, falls man Fehlzündungen (z. B. »Knallen«) feststellt.
■ Beim Anschleppen eines Fahrzeuges mit Katalysator muss die Anschleppstrecke auf einem Minimum gehalten werden, da ein plötzlich anspringender Motor den Katalysator beschädigen kann.

16 Das automatische Getriebe

Auf Wunsch kann ein Viergang-Automatik-Getriebe, welches mit einem eigenen Computer arbeitet, in verschiedene Modelle eingebaut sein (darunter mit 1.4-Liter-Motor und 1.6-Liter-Motor). Das Getriebe hat einige bestimmte Merkmale. So ist es zum Beispiel nicht möglich den Schaltwählhebel zu bewegen, ohne dass man den Fuß auf dem Bremspedal hat. Ihre Betriebsanleitung wird Ihnen weitere Mitteilungen geben, z. B. was man tut, wenn die Batterie entladen ist.
Die Übersetzungsänderung erfolgt beim automatischen Getriebe durch Zusammenschalten verschiedener Zahnräder unter Betätigung von Kupplungen und Bremsbändern durch das hydraulische Steuersystem. Das geschieht je nach Gaspedalstellung und Motordrehzahl über das Steuergerät der Motorelektronik und ein getrenntes Steuergerät für das Getriebe. Es würde zu weit führen auf jede Einzelheit der Funktion der Steuerung einzugehen.

Hinweis zum Aus- und Einbau des Getriebes: Das Getriebe kann getrennt ausgebaut werden, jedoch muss man den Motor fast ausbauen, bis man den Motor so weit wie möglich nach unten abkippen kann, um das Getriebe abzuflanschen. Da man dazu auch den Nebenrahmen ausbauen muss, raten wir Ihnen nicht die Arbeit selbst durchzuführen.

Anschleppen mit eingebauter Automatik?
Aufgrund der Konstruktion des Getriebes darf der Motor nicht durch Anschleppen angelassen werden. Auch ein Anschieben oder das Schieben zur nächsten Tankstelle muss unterlassen werden. Im letzteren Fall kann das Fahrzeug wie unten beschrieben bewegt werden.

Abschleppen mit eingebauter Automatik
Das Automatik-Fahrzeug darf nicht unbedacht abgeschleppt werden, weil sonst das Getriebe Schaden nimmt. Es ist hierbei nur eine Geschwindigkeit von 40 km/h erlaubt, und nicht weiter als 50 km darf geschleppt werden, sonst den Wagen verladen.

Automatik überprüfen

Bei der Prüfung der Funktion und besonders bei notwendigen Reparaturen am Getriebe sind dem Heimwerker enge Grenzen gesetzt. Schnell wird hierzu Spezialgerät und gezielte Erfahrung nötig. Nachfolgend eine Aufzählung von eher einfacheren Prüfungen, mit denen Sie Fehler besser einkreisen oder gar beheben können.

- Der ATF-Stand im Getriebe ist bei Störungen als Erstes zu prüfen zu lassen (siehe nachfolgend).
- Auf einer Probefahrt können die Schaltpunkte überprüft werden.
- Die Einstellung des Steuerzuges zwischen Getriebe und Gasgestänge ist eine wichtige Voraussetzung für fehlerfreie Arbeitsweise. Hier sollten jedoch keine Defekte auftreten.
- Druckmessungen von Arbeits-, Regler- und Modulierdruck (Werkstattsache).
- Beurteilen der Schaltvorgänge. Die Leerlaufdrehzahl muss exakt stimmen, sonst ist keine Beurteilung möglich.

Flüssigkeitsstand prüfen/ Flüssigkeit wechseln

Der Flüssigkeit im Getriebe kann nur mit einem Renault-Gerät überprüft werden, welches unter der Bezeichnung »XR 25« läuft. Es verbleibt also nur eine Kontrolle in der Werkstatt.
Leichter ist es jedoch die Flüssigkeit im Getriebe zu wechseln, da man durch Einfüllen von 3,5 Liter Flüssigkeit das Niveau auf den richtigen Stand bringen wird. Wartungsmäßig gesehen sollte die Getriebeflüssigkeit alle 60 000 km gewechselt werden. Den Flüssigkeitsstand sollte man alle 15 000 km kontrollieren lassen. Machen Sie eine Notiz, bei welchem Kilometerstand das Öl gewechselt wurde (siehe nachstehender Hinweis).

Bild 383 zeigt das Getriebe von der Unterseite mit der Lage des Ablassstopfens. Der Einfüllstopfen sollte normalerweise nicht herausgeschraubt werden, da er nur zum Füllen des Getriebes mit dem genannten Renault-Gerät benutzt wird. Nur bei Neufüllung des Getriebes kann man ihn ausschrauben. Die Lage des Stopfens ist in Bild 384 ge-

zeigt. Um den richtigen Flüssigkeitsstand zu erhalten, muss man die Getriebeflüssigkeit gut ablaufen lassen.
Ist die Flüssigkeit schwarz oder riecht sie verbrannt, lässt dies auf einen Getriebeschaden schließen. Verwenden Sie nur Automatik-Getriebeöl Elf Renaultmatic D3 SYN oder Dexron III. Andere Flüssigkeiten nur nach Freigabe durch eine Renault-Werkstatt einfüllen.
Das Einfüllen der Flüssigkeit erfolgt durch das in Bild 384 gezeigte Einfüllloch.

Die obigen Anweisungen sind nicht als komplett anzusehen, da man den Flüssigkeitsstand bei der nächsten Gelegenheit in einer Werkstatt kontrollieren lassen sollte. Haben Sie das Öl selbst gewechselt, teilen Sie der Werkstatt den entsprechenden Kilometerstand mit. Bei dieser Gelegenheit wird der Mechaniker eine Eingabe in das Steuergerät des Getriebes machen. Der Computer weiß dadurch, wie alt die Flüssigkeit ist.

Aus- und Einbau des Getriebes

Wie bereits erwähnt, wird das Getriebe praktisch zusammen mit dem Motor ausgebaut und den entsprechenden Anweisungen im Kapitel »Motor« ist zu folgen.
Das Getriebe wird dann vom Motor getrennt. Drei Muttern halten die Antriebsscheibe an der Kurbelwelle am Drehmomentwandler. Um an die Muttern heranzukommen, dreht man die Kurbelwelle durch, bis die Muttern der Reihe nach an der Unterseite erscheinen. Das Abdeckblech unter dem Wandlergehäuse muss vorher abgeschraubt werden.

Bild 383

Bild 383
Die Lage des Ablassstopfens an der Unterseite des Getriebes.

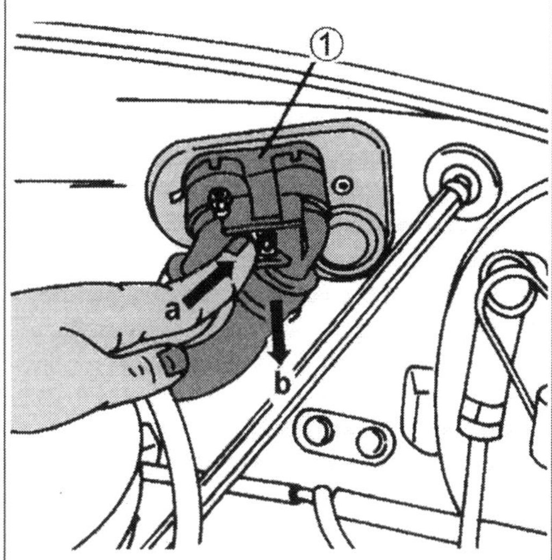

Bild 384

Bild 384
Die Lage des Einfülllochs für die Getriebeflüssigkeit ist mit dem Pfeil gezeigt.

17 Wartung und Pflege

Die meisten Wartungsarbeiten können selbst durchgeführt werden. Manchmal ist es jedoch zweckmäßiger die Wartung in einer Werkstatt durchführen zu lassen, d. h. es fehlen die notwendigen Einrichtungen oder Erfahrung, Messgeräte sind erforderlich oder die Werkstatt kann die Arbeit einfach schneller durchführen. Wichtig sind vor allem die regelmäßigen Inspektionen und Kontrollen, welche untenstehend angeführt sind. Nach einer bestimmten Fahrstrecke oder nach Ablauf einer gewissen Zeit durchzuführende Wartungsarbeiten werden meistens in der Betriebsanleitung oder im Wartungsscheckheft angegeben.

Regelmäßige Wartungsarbeiten

Im Allgemeinen empfehlen wir, dass Sie sich bei der Durchführung der Wartungsarbeiten an die im Wartungsscheckheft angegebenen Wartungsintervalle halten. Schmieren und Ölen von beweglichen Teilen (z. B. Scharniere, usw.) werden in den folgenden Angaben nicht berücksichtigt, da sie als selbstverständlich anzusehen sind.

Motorölstand kontrollieren
Der Stand des Motoröls sollte etwa alle 600 km kontrolliert werden. Dazu den Ölmessstab herausziehen und mit einem sauberen Lappen abwischen. Messstab nochmals hineinschieben und ihn wieder herausziehen. Das Öl muss bei waagerecht stehendem Fahrzeug zwischen der oberen und unteren Markierung liegen. Zwei Kerben sind in den Ölmessstab eingearbeitet, um Ihnen das Ablesen zu erleichtern. Liegt der Ölstand an der unteren Markierung, muss nachgefüllt werden. Der Ölmessstab ist mit ein »Max«-Marke und einer »Min«-Marke gezeichnet. Die Ölmenge zwischen den beiden Markierungen beträgt ca. 1,5 Liter, sodass Sie daraus schließen können, wie viel Öl fehlt. Auf keinen Fall den Motor überfüllen, d. h. das Öl darf nicht über die obere Marke steigen. *Falls Ihnen dies nicht bekannt ist: Der eingebaute Katalysator könnte dadurch beschädigt werden.*

Bremsflüssigkeitsstand kontrollieren
Der Behälter für die Bremsflüssigkeit sitzt an der Oberseite des Hauptbremszylinders, wie man es in Bild 326 sehen kann. Der Behälter ist durchsichtig, sodass die Bremsflüssigkeit von der Außenseite gesehen werden kann Den Flüssigkeitsstand immer soeben an der »Max«-Markierung halten. Falls erforderlich die Verschraubung abdrehen und frische Bremsflüssigkeit nachfüllen. Liegt der Flüssigkeitsspiegel niedriger als erwartet, muss man den Verschleiß der Bremsklotzbeläge kontrollieren. *Beim Einfüllen keine Bremsflüssigkeit auf Lackstellen tropfen lassen.*

Bremsleuchten überprüfen
Die Arbeitsweise der Bremsleuchten kann mit Hilfe einer zweiten Person oder auch allein kontrolliert werden. Bei der ersten Methode auf die Bremse treten, während die zweite Person das Aufleuchten der Lampen kontrolliert. Sind Sie allein, rückwärts vor die Garagentür fahren und auf die Bremse treten. Die Lampen scheinen rot gegen die Garagentür. Falls eine Lampe nicht aufleuchtet, die Glühbirne ersetzen; leuchten beide Lampen nicht auf, könnte der Bremslichtschalter defekt sein.

Beleuchtung kontrollieren
Alle Beleuchtungskörper (einschließlich Hupe und Warnblinkanlage) der Reihe nach durchschalten und deren Funktion kontrollieren. Rücklichter und Rückfahrscheinwerfer können am besten im Dunkeln vor der Garagentür kontrolliert werden, ohne dass man aus dem Fahrzeug aussteigt. Lassen Sie die Einstellung in einer Werkstatt prüfen, wenn Sie nicht sicher sind.

Reifendruck und Reifenzustand kontrollieren
Den Reifendruck an einer Tankstelle kontrollieren. Falls Sie den Druck nicht auswendig wissen, ist es am besten, wenn man sich an die an Tankstellen ausgehängten Tabellen hält. Unbedingt unter den betreffenden Reifen nachlesen, mit welchen Ihr Fahrzeug versehen ist. Außerdem gibt der Ihnen bekannte Reifendruckaufkleber den Druck für die serienmäßig montierten Reifen an. Drücke können je nach aufmontierten Reifen unterschiedlich sein. Falls man größere Reisen mit höheren Geschwindigkeiten vorhat, kann man den Reifendruck etwas erhöhen.

Bei aufgezogenen Winterreifen gelten ebenfalls unterschiedliche Reifendrücke.
Nach einer gewissen Kilometerleistung sollte man die verbleibende Profiltiefe des Reifens kontrollieren. Von Reifenherstellern werden dazu kleine Messlehren hergestellt, die man in der in Bild 385 gezeigten Weise auf den Reifen aufsetzt. Aus der Anzeige kann man die verbleibende Reifenprofiltiefe ersehen, welche laut Gesetz in allen europäischen Ländern mindestens 1,6 mm betragen muss.

Kühlmittelstand kontrollieren
Das kalte Kühlmittel muss zwischen den »Mini«- und »Maxi«-Markierungen am Ausgleichsbehälter stehen. Falls erforderlich abwarten, bis das Kühlmittel abgekühlt ist und zusätzliches Frostschutzmittel einfüllen. Die Temperatur des Motors darf nicht mehr als 50 °C betragen und der Motor muss abgestellt sein. Ist der Motor heiß, den Verschlussdeckel des Ausgleichsbehälters bis zur ersten Raste lösen und abwarten, bis der Druck abgefallen ist. Danach den Deckel vollkommen abschrauben.
Vor Anbruch des Winters sollte man die Gelegenheit wahrnehmen und die Stärke des Frostschutzmittels kontrollieren. Bis mindestens -30 °C muss der Gefrierschutz reichen. Einzelheiten darüber in Kapitel »Kühlanlage«. Zum Ergänzen kleiner Kühlmittelverluste normales Wasser verwenden. Mit völlig kalkfreiem Wasser, Regenwasser, destilliertem oder entsalztem Wasser tun Sie der Kühlanlage keinen Gefallen, weil diese Wasserarten korrosiver wirken.
Falls Sie unterwegs erhebliche Wassermengen aus dem Kühlsystem verloren haben, soll bei heißer Maschine kein kaltes Wasser nachgegossen werden, denn der Zylinderkopf kann sich verziehen oder gar Spannungsrisse bekommen. Kleinere Wassermengen dürfen aber auch bei warmem Motor nachgegossen werden.

Ölstand im automatischen Getriebe kontrollieren
Da ein automatisches Getriebe bei fehlender Flüssigkeit nicht einwandfrei durchschalten kann, sollte die Flüssigkeit regelmäßig kontrolliert werden. Leider kann man den Flüssigkeitsstand nur mit einem Renault-Gerät in einer Werkstatt überprüft werden, welches unter der Bezeichnung »XR 25« läuft.

Bild 385

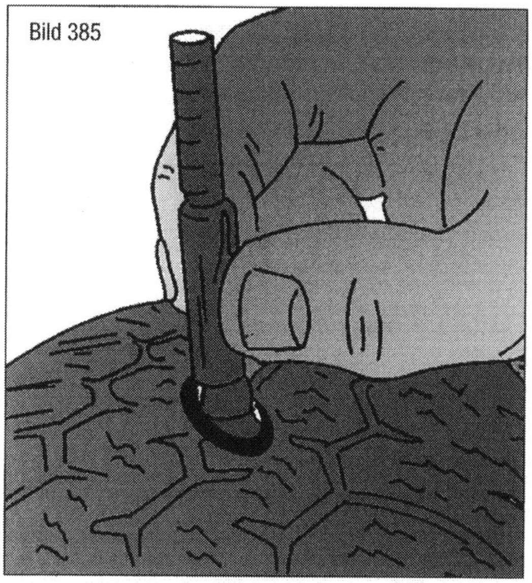

Bild 385
Kontrolle der Tiefe des Reifenprofils mit dem Prüfgerät der Reifenhersteller.

Ölstand im Schaltgetriebe prüfen
Der Motor muss abgestellt sein, wenn der Ölstand in einem Schaltgetriebe kontrolliert wird. Ein Öleinfüllstopfen ist in die Seite des Getriebes eingesetzt. Im Kapitel »Schaltgetriebe« sind genauere Einzelheiten darüber angegeben. Nur das empfohlene Öl einfüllen.

Kontrolle der Keilriemen (Antriebsriemen) kontrollieren
Je nach eingebauten Aggregaten ist die Anordnung der einzelnen Keilriemen nicht bei allen Ausführungen gleich. Im Kapitel »Kühlanlage« wird in Einzelheiten auf den Antriebsriemen eingegangen. Wenn der Riemen kontrolliert wird, muss man den oder die Riemen auf Risse, ausgefranste Seiten oder Lösen der Gummischichten kontrollieren. Falls der Riemen bis zum Boden der Riemenscheiben aufliegt, muss er erneuert werden. Die Spannung der Riemen wird in der Mitte zwischen den Riemenscheiben kontrolliert.

Die Spannung eines Keilriemens nur bei kaltem Motor überprüfen. Ist der Motor heiß, muss man ihn mindestens 30 Minuten lang stehen lassen, ehe man die Riemenspannung kontrolliert.

Handbremse einstellen
Durch die Abnutzung der Bremsbeläge wird der zum Anziehen der Handbremse benutzte Weg des Handbremshebels nach einer gewissen Zeit länger. Falls die Hinterräder nicht feststehen, nachdem man den Hand-

bremshebel bis zu 12 Zähne angezogen hat (die Hinterräder müssen angehoben sein), ist eine Nachstellung durchzuführen. Die Einstellung erfolgt an der Unterseite des Fahrzeuges und ist im Kapitel »Bremsen« beschrieben. Nach der Einstellung die Handbremse lösen und kontrollieren, dass die Räder frei drehbar sind.

Luftfiltereinsatz erneuern
Der Papierfiltereinsatz sollte alle 30 000 km erneuert werden, öfters, wenn das Fahrzeug unter staubigen Verhältnissen gefahren wird. Je nach Ausführung wird der Deckel des Luftfiltergehäuses mit Schrauben oder Federklammern an der Seite gehalten. Nach Ausbau des Deckels den Filtereinsatz herausnehmen. Innenseite des Filtergehäuses einwandfrei reinigen und den neuen Einsatz in umgekehrter Reihenfolge wieder einbauen. Den Deckel wieder montieren,
Um den Filter zu reinigen, kann man ihn gegen eine harte Unterlage aufschlagen und den feinen Staub mit Pressluft ausblasen. Dabei den Luftstrahl seitlich an den Lamellen vorbei streichen lassen. Niemals die Luft direkt auf die Lamellen richten, da sonst der Staub nach innen gezwungen wird. Flüssigkeit darf nicht zum Reinigen benutzt werden. Das Filtergehäuse säubern, indem man es mit einem Lappen auswischt.

Flüssigkeitsstand der Servolenkung
Der Behälter für die Flüssigkeit der Servolenkungsanlage befindet sich im Motorraum an der Vorderseite des Motors, von vorn gesehen auf der rechten Seite. Die Kontrolle des Flüssigkeitsstands geschieht durch Sichtprüfung des Behälters. Die Lenkungsflüssigkeit muss dabei betriebswarm sein, der Motor muss abgestellt sein. Falls bei einer Kontrolle mehr Flüssigkeit als bei früheren Kontrollen fehlt, muss man die Anlage auf Leckstellen kontrollieren.
Zum Einfüllen nur die von Renault empfohlene Flüssigkeit »ELF RENAULTMATIC D2« oder »MOBIL ATF 220« benutzen. Dies ist die gleiche Flüssigkeit wie sie in einem automatischen Getriebe eingefüllt ist.
Nach Nachfüllen der Flüssigkeit den Motor anlassen und das Lenkrad langsam aus einem Anschlag in den anderen drehen. Den Flüssigkeitsstand erneut kontrollieren und falls erforderlich nochmals nachfüllen.

Nicht genannte Wartungsarbeiten
Viele der als Wartungsarbeiten zu betrachtenden Arbeiten, wie z. B. Kontrolle des Säurestands der Batterie, Wechsel des Ölfilters oder Austausch des Kraftstofffilters, Kontrolle des Verschleißes der Bremsklotz- und Bremsbackenbeläge, usw. sind in den dafür zuständigen Kapiteln beschrieben.

18 Maß- und Einstelltabelle

Eingebaute Motoren:
1,2 Liter, 8V, D7F-Motor
1,2 Liter, 16V D4F-Motor
1,4 Liter, 16V, K4J-Motor
1,6 Liter, 16V, K4M-Motor
2,0 Liter, 16V, F4R-Motor

1.2-Liter-Motor (D7F, 8 Ventile und D4F, 16 Ventile)

Allgemeine Angaben

Bauart	Vierzylinder-Viertaktmotor, mit hängenden Ventilen und Nockenwelle im Zylinderkopf. Nockenwelle durch Zahnriemen angetrieben.
Anzahl der Zylinder	4
Zylinderbohrung	69,00 mm
Kolbenhub	76,80 mm
Zündfolge	1-3-4-2
Verdichtungsverhältnis	9,6 : 1 (D7F), 9,8 : 1 (DF4)
Motorleistung:	
– 1,2 Liter (D7F) – bis 2001	44 kW (60 PS) bei 5250/min
– 1,2 Liter (D7F) – 2002 bis 2004	43 kW (58 PS) bei 5250/min
– 1,2 Liter (D4F) – 2002 bis 2004	55 kW (75 PS) bei 5500/min
– 1,2 Liter (D4F) – ab 2005 – einige Motoren	48 kW (65 PS) bei 6100/min
Max. Drehmoment:	
– 1,2 Liter (D7F) – ab 2001	93 Nm bei 2500/min
– 1,2 Liter (D4F) – 2001	97 Nm bei 2500/min
– 1,2 Liter (D4F) – 2002 bis 2005	107 Nm bei 3500/min
– 1,2 Liter (D4F) – ab 2006	105 Nm bei 4250/min

Hinweis: Die obigen Leistungsangaben sind allgemeine Angaben, die in einigen Zulassungsländern leicht abweichen können. Genaue Werte dem Fahrzeugzulassungsschein oder der Verkaufslektüre entnehmen.

Zylinderkopf

Werkstoff	Spezialaluminiumlegierung mit halbrunden Verbrennungskammern, mit auswechselbaren Ventilsitzringen und Ventilführungen. Nockenwelle läuft direkt ohne Lager im Zylinderkopf. Zylinderkopf auf dem Block durch Passhülse zentriert.
Kopfhöhe, Fläche zu Fläche	113,5 ± 0,05 mm (D7F), 99,0 mm (D4F)
Stärke der Zylinderkopfdichtung	1,2 mm ± 0,05 mm
Nachschleifhöhe	Nachschleifen nicht zulässig
Max. Verzug der Zylinderkopffläche	0,05 mm

Zylinderkopfdichtung	Synthetischer Werkstoff, trocken montiert
Montagerichtung	»TOP« von oben lesbar
Stärke der Dichtung	1,2 mm (Nennmaß)
Ventilführungen	
Außendurchmesser – Nennmaß	11,0 oder 12,0 mm
Innendurchmesser – Nennmaß	6,0 mm
Ventilsitze	
Ventilsitzwinkel:	
– Einlassventile	90° oder 120° (D7F)
– Auslassventile	90°
Ventilsitzbreite:	
– D7F-Motor	1,7 mm
– D4F-Motor	0,99 mm
Sitzaußendurchmesser:	
– Einlassventile – D7F-Motor	33,5 mm
– Einlassventile – D74-Motor	27,995 – 28,005 mm
– Auslassventile – D7F-Motor	30,5 mm
– Auslassventile – D4F-Motor	23,995 – 24,005 mm
Ventile	
Schaftdurchmesser – Einlassventile (D7F)	6,00 mm
Schaftdurchmesser – Einlassventile (D4F)	5,48 mm
Ventilfedern	
Drahtdurchmesser – D7F	3,90 mm
Drahtdurchmesser – D4F	3,10 mm
Innendurchmesser – D7F	20,2 mm
Innendurchmesser – D4F	Oben 14,10 mm, unten 16,8 mm
Ungespannte Länge – D7F	43,00 mm
Ungespannte Länge – D4F	40,20 mm
Ventilspiele	
– Motor kalt – Einlassventile – D7F	0,10 mm
– Motor kalt – Einlassventile – D4F	0,05 – 0,12 mm
– Motor kalt – Auslassventile– D7F	0,20 mm
– Motor kalt – Auslassventile– D4F	0,15 – 0,22 mm
– Motor warm	Nicht gestattet
Kolben und Pleuelstangen	
Kolbenausführung	Aluminiumlegierung und drei Kolbenringe
Kolbenbolzenpassung	Presspassung in Pleuelauge und schwimmend in Kolben gelagert. Mit Sprengring gesichert.
Einbaurichtung der Kolben	Pfeil zur Schwungradseite gerichtet
Kolbengrößen	Zwei Größenklassen
Kolbendurchmesser:	
– Kolbenkennzeichnung A	68,965 mm
– Kolbenkennzeichnung B	68,975 mm
– Größentoleranz	0,005 mm
Kolbenbolzendurchmesser – D7F und D4F	19,985 – 19,991 mm
Kolbenringe	
Anzahl der Ringe	2 Verdichtungsringe, 1 Ölabstreifring
Montagerichtung	»TOP« von oben lesbar

Kolbenringstoßspiele	Voreingestellt, darf nicht verändert werden
Stärke der Kolbenringe:	
– Oben und Mitte – D7F	1,47 – 1,49 mm
– Ölabstreifringe	2,47 – 2,49 mm
Pleuelstangen und Pleuellager	
Werkstoff	Geschmiedeter Stahl, »I«-Querschnitt
Bauart	Lagerschalen
Material	Aluminium-Zinn
Axialspiel der Pleuellager	0,22 – 0,40 mm
Kurbelwelle	
Anzahl der Lager	5
Bauart der Lagerung	Lagerschalen
Material des Lagermetalls	Aluminium/Zinn
Axialspiel der Kurbelwelle	0,06 – 0,235 mm (D7F), 0,02 – 0,046 mm (D4F)
Anordnung der Kurbelwellenlagerschalen	Lagerschalen mit Ölschmiernut auf Blockseite, ohne Schmiernut in Lagerdeckel, Lagerschale mit Flanschen am mittleren Lager in Zylinderblock.
Durchmesser der Lagerzapfendurchmesser	44,00 mm (Reparaturgröße 43,750 mm)
Durchmesser der Pleuellagerzapfen	40,00 mm (Reparaturgröße 39,75 mm)
Nockenwelle und Steuerung	
Anzahl der Wellenlager	5, in Zylinderkopf eingearbeitet
Nockenwellenantrieb	Durch Zahnriemen. Spannungseinstellung durch Exzenterspannrolle. Handeinstellung unter Verwendung von Spezialspannungsmessgerät.
Zahnriemen:	
– Drehrichtung	Durch Pfeil eingezeichnet
– Spannungseinstellung	Sollte mit Messinstrument eingestellt werden
Regelmäßige Erneuerung (empfohlen)	Alle 120 000 km oder 5 Jahre
Nockenwellenaxialspiel	0,07 – 0,148 mm
Zylinderblock	
Bauweise	Zylinderbohrungen direkt in Zylinderblock eingearbeitet. Zwei Bohrungs-Größenklassen, in Zylinderblock eingezeichnet, können eingebaut sein (auf Auspuffkrümmerseite über dem Ölfilter).
Zylinderdurchmesser:	
– Klasse A	69,000 – 69,015 mm
– Klasse B	69,015 – 69,030 mm

1.4-Liter (K4J), 1.6-Liter- (K4M) und 2.0-Liter-Motor (F4R)

Allgemeine Angaben

Bauart	Vierzylinder-Viertaktmotor, mit vier in V-Anordnung eingebauten Ventilen, zwei Nockenwellen im Zylinderkopf. Nockenwellen durch Zahnriemen angetrieben.
Anzahl der Zylinder	4
Zylinderbohrung:	
– 1,4 Liter (K4J)	79,5 mm
– 1,6 Liter (K4M)	79,5 mm
– 2,0 Liter (F4R)	82,7 mm
Kolbenhub:	
– 1,4 Liter	70,0 mm
– 1,6 Liter	80,5 mm
– 2,0 Liter	93,0 mm
Zündfolge	1-3-4-2
Verdichtungsverhältnis:	
– 1,4 Liter	10,0 : 1
– 1,6 Liter	10,0 : 1
– 2,0 Liter	9,8 : 1
Hubraum:	
– 1,4 Liter (K4J)	1390 ccm
– 1,6 Liter (K4M)	1598 ccm
– 2,0 Liter (F4R)	1998 ccm
Motorleistung:	
– 1,4 Liter	72 kW (98 PS) bei 6000/min
– 1,6 Liter – bis 2005	79 kW (107 PS) bei 5750/min
– 1,6 Liter – ab 2006	82 kW (112 PS) bei 6000/min
– 2,0 Liter – 2000 bis 2003	124 kW (169 PS) bei 6250/min
– 2,0 Liter – ab 2004	132 kW (179 PS) bei 6500/min
Max. Drehmoment:	
– 1,4 Liter – 2000 bis 2005	129 Nm bei 3750/min
– 1,4 Liter – 2006	127 Nm bei 4250/min
– 1,6 Liter	151 Nm bei 3750/min
– 2,0 Liter	204 Nm bei 5400/min

Hinweis: Die obigen Angaben sind allgemeine Angaben, die in einigen Zulassungsländern leicht abweichen können. Genaue Werte dem Fahrzeugzulassungsschein oder der Verkaufslektüre entnehmen. Dies trifft besonders auf Fahrzeuge vor Baujahr 2001 zu.

Zylinderkopf

Werkstoff	Spezialaluminiumlegierung mit halbrunden Verbrennungskammern, mit auswechselbaren Ventilsitzringen und Ventilführungen. Nockenwellen werden durch ein getrenntes Gehäuse (Zylinderkopfhaube) auf dem Zylinderkopf montiert.

Kopfhöhe, Fläche zu Fläche	
(nur 1,4-/1,6-Liter-Motor)	137 mm
Nachschleifhöhe (K4J/K4M)	Nachschleifen nicht zulässig
Max. Verzug der Zylinderkopffläche	0,05 mm
Zylinderkopfdichtung	Synthetischer Werkstoff, trocken montiert
Montagerichtung	»TOP« von oben lesbar
Stärke der Dichtung	0,96 mm (Nennmaß)
Ventilführungen	
– Außendurchmesser alle Motoren – Nenngröße	11,00 mm
– Reparaturgrößen	Nicht angeführt
– Innendurchmesser – Alle Motoren	5,5 mm (eingebaut)
– Einbauwinkel der Führungen	Schrägstellung 63° 30' (Einlass), 66° (Auslass)
– Einbauhöhe	11 mm Vorstehmaß
– Toleranz der Einbauhöhe	Plus oder minus 0,15 mm
Ventilsitze	
Ventilsitzwinkel	90°, alle Ventile
Breite des Ventilsitzes	1,3 mm (Einlass), 1,4 mm (Auslass)
Außendurchmesser der Ventilsitze:	
– Einlassventile	33,542 mm (1,4/1,6 Liter)
– Auslassventile	28,792 mm (1,4/1,6 Liter)
Ventile (nicht alle Daten vorhanden)	
Ventilschaftdurchmesser, alle Ventile und Motoren	5,484 mm (Einlass), 5,473 mm (Auslass)
Ventiltellerwinkel	90°
Ventiltellerdurchmesser:	
– Einlassventile	32,7 mm (1,4/1,6 Liter)
– Auslassventile – alle Motoren	27,96 mm (1,4/1,6 Liter)
Ventillänge	109,32 mm (Einlass), 107,64 mm (Auslass)
Ventilfedern	
Drahtdurchmesser – K4J/K4M	3,90 mm
Außendurchmesser – Alle Motoren	27,0 mm – alle Federn
Innendurchmesser – K4J/K4M	18,8 mm
Ungespannte Länge – K4F/K4M	41,30 mm
Ungespannte Länge – F4R	43,570 mm

Hinweis: *Federn in einer Werkstatt fachmännisch kontrollieren lassen.*

Ventilsteuerung	Kann nicht geprüft werden
Kolben und Pleuelstangen	
Kolbenausführung	Aluminiumlegierung, drei Kolbenringe
Kolbenbolzenpassung	Presspassung in Pleuelauge und schwimmend in Kolben gelagert.
Einbaurichtung der Kolben	»V«-Zeichen im Kolbenboden, I zur Schwungradseite gerichtet.
Kolbengrößen	Drei Größenklassen
Kolbendurchmesser – 1,4- und 1,6-Liter-Motor:	
– Kolbenkennzeichnung A	79,470 – 79,480 mm
– Kolbenkennzeichnung B	79,480 – 79,490 mm

– Kolbenkennzeichnung C	79,490 – 79,500 mm
Kolbendurchmesser – 2,0-Liter-Motor:	
– Kolbenkennzeichnung 2 oder B	82,680 – 82,690 mm
– Kolbenkennzeichnung 3 oder C	82,690 – 82,700 mm
Kolbenbolzen	
Länge	61,70 mm
Außendurchmesser:	
– Außer 2,0-Liter-Motor	19,985 – 19,991 mm
– 2,0-Liter-Motor	20,985 – 20,991 mm
Innendurchmesser	11,6 mm (2,0-Liter unbekannt)
Kolbenringe	
Anzahl der Ringe	2 Verdichtungsringe, 1 dreiteiliger Ölabstreifring
Montagerichtung	»TOP« von oben lesbar
Stärke der Kolbenringe:	
– Oberer Ring	1,20 mm
– Mittlerer Ring	1,50 mm
– Ölabstreifring	2,5 mm
Kolbenringstoßspiele	Voreingestellt, darf nicht verändert werden
Pleuelstangen und Pleuellager	
Werkstoff	Geschmiedeter Stahl, »I«-Querschnitt
Bauart	Lagerschalen
Material	Aluminium-Zinn
Axialspiel der Pleuellager:	
– 1,4/1,6 Liter	0,310 – 0,604 mm
– 2,0 Liter	0,22 – 0,402 mm
Pleuellagerzapfendurchmesser:	
– 1,4/1,6 Liter	48,50 mm
– 2,0 Liter	48,00 mm
Pleuelaugendurchmesser, mit Lagerbüchse:	
– 1,4/1,6 Liter	19,945 – 19,958 mm
– 2,0 Liter	21,000 mm + 0,02 mm
Pleuellagerlaufspiel	0,02 – 0,071 mm
Kurbelwelle	
Anzahl der Lager	5
Bauart der Lagerung	Lagerschalen
Material des Lagermetalls	Aluminium/Zinn
Hauptlagerzapfendurchmesser:	
– Nenndurchmesser – 1,4/1,6 Liter	47,990 – 47,997 mm
– Nenndurchmesser – 2,0 Liter	54,795 ± 0,01 mm
– Reparaturdurchmesser	Werkstattsache
Axialspiel der Kurbelwelle:	
– 1,4/1,6 Liter (neu)	0,045 – 0,252 mm
– 1,4/1,6 Liter (bereits gelaufen)	0,045 – 0,085 mm
– 2,0 Liter	0,07 – 0,23 mm
Lagerlaufspiel	0,04 – 0,075 mm

Motorschmierung

Ölfüllmenge:	
– 1,2 Liter – ohne/mit Ölfilter	3,86/4,0 Liter
– 1,4 Liter – ohne/mit Ölfilter	4,6/5,0 Liter
– 1,6 Liter – ohne/mit Ölfilter	4,65/4,8 Liter
– 2,0 Liter – ohne/mit Ölfilter	4.9/5,3 Liter
Unterschied zwischen »Min« und »Max«	ca. 1,0 Liter
Zulässiger Ölverbrauch	ca. 1,0 Liter pro 1000 km (alle Motoren)
Ölsorte	Nach Norm API SF, SG oder CCMC G4, G5
Min. Öldruck	1,0 bar im Leerlauf
Öldruck bei 80 °C	Siehe Haupttext
Ölfilter	Mit auswechselbarem Filtereinsatz, an der Vorderseite des Motors montiert. Ölkühler beim 2.0-Liter-Motor.
Empfohlener Filtereinsatz	Nur von Renault empfohlene Filter
Wechselzeiten	Zusammen mit dem Motoröl (alle 15 000 km oder mindestens einmal im Jahr)
Bauart	Antrieb durch getrennte Kette von der Kurbelwelle.

Kühlanlage

Bauart	Verschlossene Anlage mit Pumpenumlaufunterstützung. Anlage bestehend aus: Kühler, Ausgleichsbehälter (Dehngefäß), Wasserpumpe, Kühlmittelregler (Thermostat) und elektrischer Ventilator, geschaltet durch Thermoschalter in der Unterseite des Kühlers.
Wasserpumpe	Durch Steuerzahnriemen von der Kurbelwelle aus angetrieben.
Kühler	Aluminium-Kühler mit Wasserkasten. Vor dem Motor am vorderen Querträger montiert.
Ausgleichsbehälter	Kunststoffbehälter, am linken Kotflügelseitenteil montiert.
Öffnungsdruckwert der Verschlusskappe	1,2 bar (Kennfarbe braun)
Kühlungsventilator	Elektrischer Ventilator, hinter dem Kühler montiert und durch Thermoschalter betätigt. Innenwiderstand 0,5 Ohm. Thermoschalter unten links in Kühler eingesetzt.
Thermostat	Wachselement, in eigenem Gehäuse auf der linken Seite des Zylinderkopfes untergebracht.
– Öffnungstemperatur	89 °C
– Vollkommen geöffnet bei	101 °C
– Weg des Thermostatstiftes bei dieser Temperatur	7,5 mm
Füllmenge der Anlage:	
– Alle Motoren	7,9 Liter
Frostschutzmittel (empfohlen)	Glaceol RX

Kraftstoffeinspritzanlage – 1,2-/1,4-/1,6-Liter-Motor

Bauart	Mehrpunkt-Einspritzanlage (indirekt und semi-sequentiell) mit gemeinsamen Steuergerät für die Zündanlage. Ausführung Siemens »Sirius« oder Sagem. Auch Magneti-Marelli. Die Einspritzventile werden in Paaren gesteuert. Daten wie Druck im Ansaugsammelrohr, Stellung der Drosselklappe, Drehzahl und Stellung der Drosselklappe, Temperatur des Kühlmittels, usw. bestimmen die Einspritzung. Anreicherung des Kraftstoffeinspritzgemischs wird durch die Lambda-Sonde reguliert.Statische Zündanlage mit Zündkennfeld. Statische Zündung mit vier Zündspulen, direkt vom elektronischen Steuergerät gesteuert
Elektronisches Steuergerät	Gemeinsam für Einspritz- und Zündanlage, mit 90 Steckklemmen, erhält die Daten von den verschiedenen Gebern und Sensoren. Automatische Fehleraufzeichnung und Drehzahlbegrenzung (6500/min) im Steuergerät integriert.
Zündspulen	Vier Zündspulen, eine pro Zylinder. Widerstand des Primärstromkreises 0,5 Ohm, Widerstand des Sekundärstromkreises 10 Kilo-Ohm. 1,2-Liter-Motoren mit einzelner Zündspule.
Zündverteiler	Wird durch die Zündspulen und die statische Zündung ersetzt.
Anzahl der Einspritzventile	4
Wiederverbrennung der Kraftstoffdämpfe	Durch Aktivkohlebehälter. Schaltventil von Sagem im Behälter.
Kraftstoffbehälter (Tank)	Aus Kunststoff hergestellt, Kraftstoff mit 95 oder 98 Oktan einfüllen.
Kraftstofftankgeber	In die Oberseite des Tanks eingesetzt. Arbeitet als Schwimmer durch elektrischen Widerstand. Zugang von der Innenseite des Fahrzeuges möglich. Sitzt in der Nähe des hinteren, rechten Fahrgastsitzes.
Kraftstoffpumpe	Elektrische Pumpe, in den Tank eingesetzt. Durch elektronisches Steuergerät über ein Relais betätigt. Zugang wie zum Tankgeber (siehe oben). Druck 3,5 bar. Min. Fördermenge 130 Liter/Stunde.
Kraftstofffilter:	
– Einbaulage	Unter dem Wagenboden, gegen und vor dem Kraftstofftank montiert.
– Einbaurichtung	Pfeil im Filtergehäuse in Strömungsrichtung des Kraftstoffs oder Bezeichnung OUT in der Seite des Filters muss auf rechter Seite des Fahrzeuges liegen.

– Regelmäßige Erneuerung (empfohlen)	Alle 60 000 km
Einspritzventile:	
– Bauart	Vier elektro-magnetische Einspritzventile im Kraftstoffverteilerrohr
– Hersteller	Weber
– Widerstand	14,5 Ohm
Aktivkohlebehälter und Schaltventil:	
– Bauart	Mit Aktivkohle gefüllter Behälter, vorn rechts im Motorraum.
– Spannungszufuhr	12 Volt
– Hersteller und Typ	Sagem
– Innenwiderstand des Schaltventils	26 ± 4 Ohm bis 23 °C
Ansauglufttemperaturgeber	Von Jaeger hergestellt
Luftfilter:	
– Bauart	Trockenpapierfiltereinsatz in der Innenseite des Gehäuses auf der linken Seite des Motorraums montiert.
– Regelmäßige Erneuerung	Alle 30 000 km
Drosselklappengehäuse:	
– Bauart und Einbaulage	Leichtmetalllegierungsgehäuse auf dem Ansaugsammelrohr mit einer Drosselklappe.
Leerlaufregler	Stufenmotor von Magneti-Marelli am Drosselklappengehäuse.
Geber für Motordrehzahl und Stellung der Kurbelwelle	Sitzt an der Oberseite des Kupplungsgehäuses.
Kühlmitteltemperaturgeber	Sitzt im Thermostatgehäuse (weißer Stecker). Arbeitet im direkten Verhältnis zwischen Temperatur und Widerstand.
Lambda-Sonde	Mit elektrischer Beheizung. Im vorderen Auspuffrohr. Je nach Motor zweite Sonde nach dem Katalysator. Hersteller Bosch. Führt dem Steuergerät eine Spannung zur Abregelung der Gemischanreicherung zu.
Notabstellschalter	Sitzt in Radkastennähe. Schaltet die elektrische Stromzufuhr zum Kraftstoffpumpenrelais aus, wenn das Fahrzeug einen Unfall erlitten hat. Wird durch plötzlichen Schockaufprall ausgelöst, durch Druck auf einen Knopf wieder in Betrieb gebracht.
Druckschalter der Servolenkung	Sitzt am Ausgang des Hochdrucks an der Lenkhilfspumpe. Gleicht den Leerlaufverlust durch Betrieb der Servolenkung ab.
Zündkerzen	Je nach Motor, von Eyquem, Champion oder Bosch hergestellt.
Leerlaufdrehzahl	750 ± 50/min bei Betriebstemperatur (80 °C). Motordrehzahl 30 Sekunden lang mit 2500/min stabilisieren, ehe sie in den Leerlauf zurückgebracht wird.
CO-Anteil	Höchstwert 0,5 %

Kraftstoffeinspritzanlage – 2,0-Liter-Motor

Bauart	Mehrpunkt-Einspritzanlage (indirekt und semisequentiell) und Phasenversteller der Einlassnockenwelle. Mit gemeinsamem Steuergerät für die Zündanlage. Ausführung Siemens »Sirius«. Die Einspritzventile werden in Paaren gesteuert. Daten wie Druck im Ansaugsammelrohr, Drehzahl und Stellung der Drosselklappe, Temperatur des Kühlmittels, usw. bestimmen die Einspritzung. Anreicherung des Kraftstoffeinspritzgemischs wird durch die Lambda-Sonde reguliert. Statische Zündanlage mit Zündkennfeld. Statische Zündung mit einer Zündspule und vier Ausgängen, direkt vom elektronischen Steuergerät gesteuert. Zylinder 2 und 3 sowie Zylinder 1 und 4 gleichzeitig angesteuert. Von Sagem hergestellt.
Elektronisches Steuergerät	Gemeinsam für Einspritz- und Zündanlage, erhält die Daten von den verschiedenen Gebern und Sensoren. Automatische Fehleraufzeichnung und Drehzahlbegrenzung (6700/min bis 7200/min, je nach eingeschaltetem Gang) im Steuergerät integriert.
Zündspulen	Eine Zündspule (vier Ausgänge), Zylinder 2 und 3 sowie Zylinder 1 und 4 gleichzeitig angesteuert. Widerstand des Primärstromkreises 0,5 Ohm, Widerstand des Sekundärstromkreises 11 Kilo-Ohm.
Zündverteiler	Wird durch die Zündspulen und die statische Zündung ersetzt
Anzahl der Einspritzventile	4
Wiederverbrennung der Kraftstoffdämpfe	Durch Aktivkohlebehälter. Schaltventil von Sagem im Behälter.
Kraftstoffbehälter (Tank)	Aus Kunststoff hergestellt, Kraftstoff mit 95 oder 98 Oktan einfüllen.
Kraftstofftankgeber	In die Oberseite des Tanks eingesetzt. Arbeitet als Schwimmer durch elektrischen Widerstand. Zugang von der Innenseite des Fahrzeuges möglich. Sitzt in der Nähe des hinteren, rechten Fahrgastsitzes.
Kraftstoffpumpe	Elektrische Pumpe, in den Tank eingesetzt. Durch elektronisches Steuergerät über ein Relais betätigt. Zugang wie zum Tankgeber (siehe oben). Druck 3,0 bar. Min. Fördermenge 80 Liter/Stunde.
Kraftstofffilter:	
– Einbaulage	Unter dem Wagenboden, gegen und vor dem Kraftstofftank montiert.
– Einbaurichtung	Pfeil im Filtergehäuse in Strömungsrichtung des Kraftstoffs oder Bezeichnung OUT in der Seite des Filters muss auf rechter Seite des Fahrzeuges liegen.
– Regelmäßige Erneuerung (empfohlen)	Alle 60 000 km

Einspritzventile:	
– Bauart	Vier elektro-magnetische Einspritzventile im Kraftstoffverteilerrohr (Magneti Pico).
– Hersteller	Weber
– Widerstand	14,5 Ohm
Aktivkohlebehälter und Schaltventil:	
– Bauart	Mit Aktivkohle gefüllter Behälter, vorn rechts im Motorraum. Ventil von Sagem hergestellt.
– Spannungszufuhr	12 Volt
– Innenwiderstand des Schaltventils	26 ± 4 Ohm bis 23 °C
Ansauglufttemperaturgeber	Von Jaeger hergestellt
Luftfilter:	
– Bauart	Trockenpapierfiltereinsatz in der Innenseite des Gehäuses auf der linken Seite des Motorraums montiert.
– Regelmäßige Erneuerung	Alle 30 000 km
Drosselklappengehäuse:	
– Bauart und Einbaulage	Leichtmetalllegierungsgehäuse auf dem Ansaugsammelrohr mit einer Drosselklappe
Leerlaufregler	Stufenmotor am Drosselklappengehäuse. Widerstand 50 Ohm bei 25 °C.
Geber für Motordrehzahl und Stellung der Kurbelwelle	Sitzt an der Oberseite des Kupplungsgehäuses (Siemens).
Kühlmitteltemperaturgeber	Sitzt im Thermostatgehäuse (weißer Stecker). Arbeitet im direkten Verhältnis zwischen Temperatur und Widerstand.
Lambda-Sonde	Mit elektrischer Beheizung. Im vorderen Auspuffrohr. Hersteller Bosch. Führt dem Steuergerät eine Spannung zur Abregelung der Gemischanreicherung zu.
Notabstellschalter	Sitzt in Radkastennähe. Schaltet die elektrische Stromzufuhr zum Kraftstoffpumpenrelais aus, wenn das Fahrzeug einen Unfall erlitten hat. Wird durch plötzlichen Schockaufprall ausgelöst, durch Druck auf einen Knopf wieder in Betrieb gebracht.
Druckschalter der Servolenkung	Sitzt am Ausgang des Hochdrucks an der Lenkhilfspumpe. Gleicht den Leerlaufverlust durch Betrieb der Servolenkung ab.
Zündkerzen	Bosch FR7 LDC, Anzugsdrehmoment 25 bis 30 Nm
Leerlaufdrehzahl	800 ± 50/min bei Betriebstemperatur (80 °C). Motordrehzahl 30 Sekunden lang mit 2500/min stabilisieren, ehe sie in den Leerlauf zurückgebracht wird.
CO-Anteil	Höchstwert 0,5 %

Kupplung

Bauart	Einscheibentrockenkupplung mit Tellerfeder
Betätigung	Durch Kupplungsseil
Pedaleinstellung	Automatische Nachstellung
Kupplungsdrucklager	Verkapseltes Kugellager, in ständiger Verbindung mit dem Kupplungskörper
Kupplungsausführung:	
– 1,2-Liter-Motor (alle)	Valeo 200 CPO 3300
– 1,4-Liter-Motor	Valeo 200 CPO 3500
– 1,6-Liter-Motor	Valeo 200 CPO 4000
– 2,0-Liter-Motor	Valeo 215 CPO 4600
Kupplungsdurchmesser:	
– 1,2-Liter-Motor (alle)	181,5 mm
– 1,4-/1,6-Liter-Motor	200 mm
– 2,0-Liter-Motor	215,0 mm
Farbe der Torsionsfedern in der Mitnehmerscheibe	Siehe Kapitel »Kupplung«
Stärke der Mitnehmerscheibe:	
– Alle außer 1,2-Liter-Motor	6,8 mm
– 1,2-Liter-Motor	6,7 mm
Wichtige Anzugsdrehmomente:	
Getriebegehäuse an Motor	50 Nm
Kupplung an Schwungrad	20 Nm

Mechanisches Getriebe und Differential

Eingebaute Getriebe:	
– 1,2-Liter-Motor	JB1
– 1,4-Liter-Motor	JB3
– 1,6-Liter-Motor	JB3
– 2,0-Liter-Motor	JC5
Getriebeübersetzungen	
Alle JB1-Getriebe:	
– 1. Gang	3.727 : 1
– 2. Gang	2.048 : 1
– 3. Gang	1.393 : 1
– 4. Gang	1.029 : 1
– 5. Gang	0.821 : 1
– Rückwärtsgang	4.500 : 1 (D7F-Motor 4,214 : 1)
JB3-Getriebe (1,4/1,6-Liter):	
– 1. Gang	3.364 : 1
– 2. Gang	1.864 : 1
– 3. Gang	1.321 : 1
– 4. Gang	1.029 : 1
– 5. Gang	0.821 : 1 (1,4 Liter); 0.799 : 1 (1,6 Liter)
– Rückwärtsgang	3.550 : 1

JC5-Getriebe (2,0 Liter):	
– 1. Gang	3.091 : 1
– 2. Gang	1.864 : 1
– 3. Gang	1.321 : 1
– 4. Gang	1.029 : 1
– 5. Gang	0.795 : 1
– Rückwärtsgang	3.550 : 1

Getriebeöl

Füllmenge:	
– JB1 und JB3	3,4 Liter
– JC5	3,1 Liter
Ölstandskontrolle	Alle 60 000 km
Ölwechsel	Nicht vorgesehen
Ölsorte	SAE 75W/80W nach API GL5
Empfohlenes Öl	Tranself TRX

Automatisches Getriebe

Eingebautes Getriebe	Computergesteuertes Vierganggetriebe des Typs DP0 002
Getriebeübersetzungen:	
– 1. Gang	2.72 : 1
– 2. Gang	1.60 : 1
– 3. Gang	1.00 : 1
– 4. Gang	0,71 : 1
– Rückwärtsgang	2.11 : 1
– Achsantriebsübersetzung	3.96 : 1

Getriebeflüssigkeit:	
– Gesamtfüllmenge	6,0 Liter
– Bei Ölwechsel	3,5 Liter
Ölsorte	Elf Renaultmatic D3 SYN, Dexron III
Ölwechsel	Auf Lebenszeit gefüllt

Antriebswellen

Eingebaute Gelenke:	
– Rechte Antriebswelle – Radseite	Dreisterngelenk GE 86
– Rechte Antriebswelle– Getriebeseite	Dreisterngelenk RC 462
– Linke Antriebswelle – Radseite	Dreisterngelenk GE 86
– Linke Antriebswelle – Getriebeseite	Dreisterngelenk GI 69

Fettfüllmenge (wie vorhanden):	
– GE 86-Gelenk	180 g, im Reparatursatz enthalten
– RC 462-Gelenk	110 g, im Reparatursatz enthalten

Lenkung

Bauart	Servolenkung, Zahnstangenlenkung. Mit Airbag auf Fahrer- und Beifahrerseite (Sonderwunsch).
Wendekreis:	
– Zwischen Bordsteinen	10,70 m
– Zwischen Wänden	11,40 m
Lenkhilfspumpe:	
– Antrieb	Durch Keilrippenriemen
– Druck – Räder in Geradeausstellung	5 bis 7 bar
– Räder im Einschlag	79 bis 86 bar
Lenkungsflüssigkeit:	
– Füllmenge	1,1 Liter
– Flüssigkeitssorte	Elf Renault Matic D2 oder Mobil ATF 220
– Flüssigkeitsstandkontrolle	Alle 10 000 km

Vorderradaufhängung

Bauart	Einzelradabfederung mit Federbeinen, unteren Dreiecksquerlenkern, Schraubenfedern und Kurvenstabilisator. Federbeine und Stoßdämpfer formen die Aufhängungselemente.
Schraubenfedern	Konzentrisch um die Stoßdämpfer herum montiert. Einbaurichtung ist wichtig.
Kurvenstabilisator:	
– Montageweise	Mit Montageschellen und Gummilagern am Querträger und an den Querlenkern verschraubt.

Vorderradgeometrie
Hinweis: Die Vorderradgeometrie sollte in einer Werkstatt kontrolliert werden. Siehe Haupttext unter der entsprechenden Überschrift.

Vorderradlager

Bauart	Radnabe auf einem Doppelreihenkugellager montiert und in Achsschenkel eingepresst.
Radlageraxialspiel	0 bis 0,05 mm

Hinterradaufhängung

Bauart	Torsionskurbelachse, Schraubenfedern und Teleskop-Stoßdämpfer. Mit Kurvenstabilisator.
Radeinstelldaten (nicht verstellbar)	
– Sturzwinkel	-0° 57' ± 20'
– Spureinstellung der Räder	-4 mm ± 3 mm (Nachspur)

Bremsanlage

Bauart	Zweikreisbremsanlage, System diagonal geteilt, mit lastenabhängigem Bremsdruckregler bei Ausführungen ohne ABS. Alle Fahrzeuge mit Bremskraftverstärker. Handbremse wirkt auf Hinterräder. Auf Sonderwunsch oder serienmäßig mit Bosch-ABS-Anlage.

Vorderradbremsen

Bauart	Scheibenbremsen mit Gleitbremssätteln, von Lucas (Girling) hergestellt.
Bremsscheibenausführung	Belüftet
Bremssattelzylinderdurchmesser:	
– Alle Ausführungen	54,0 mm
Bremsscheibendurchmesser:	
– mit 1,2/1,4/1,6-Liter-Motor	259,0 mm
– mit 2,0-Liter-Motor	280,0 mm
Bremsscheibenstärke:	
– mit 1,2/1,4/1,6-Liter-Motor	20,6 mm (mit ABS), 20,0 mm (ohne ABS)
– mit 2,0-Liter-Motor	24,0 mm
Mindestzulässige Bremsscheibenstärke:	
– 20-mm-Scheiben	17,7 mm
– 20,6-mm-Scheiben	17,6 mm
– 24-mm-Scheiben	21,8 mm
Max. Seitenschlag der Bremsscheibe	0,07 mm
Bremsklotzstärke (neu) – alle Bremsen mit ABS	18,2 mm
Bremsklotzstärke (neu) – alle Bremsen ohne ABS	17,8 mm
Min. Bremsklotzstärke (einschließlich Metallplatte) – Alle	6,0 mm

Hinterrad-Trommelbremsen

Hersteller	Bendix, mit automatischer Nachstellung
Radbremszylinderdurchmesser:	
– Ohne ABS	19,0 mm
– Alle anderen	17,5 mm
Bremstrommeldurchmesser	203,2 oder 228,3 mm
Max. zulässiger Bremstrommeldurchmesser – 203-mm-Trommeln	204,20 mm

Max. zulässiger Bremstrommeldurchmesser – 208-mm-Trommeln	229,50 mm
– Anlaufbacken mit ABS	3,15 mm
– Anlaufbacken ohne ABS	2,80 mm
– Ablaufbacken mit ABS	4,60 mm
– Ablaufbacken ohne ABS	4,80 mm
Min. Stärke der Bremsbeläge	2,0 mm

Hinterrad-Scheibenbremsen

Hersteller	Bendix, belüftet
Durchmesser des Bremssattelkolben	30,0 mm
Bremsscheibendurchmesser:	
– 1,4/1,6/2,0-Liter-Motor	230,0 mm oder 240,0 mm
Max. Schlag der Bremsscheibe	0,07 mm
Bremsscheibenstärke, neu	12 mm
Mindestzulässige Bremsscheibenstärke	11 mm
Stärke der Bremsklötze, neu	16,9 mm, mit Metallplatte
Mindestzulässige Starke der Bremsklötze mit Metallplatte	7,5 mm

Hauptbremszylinder

Kolbendurchmesser – Alle Modelle	20,60 mm

Bremsflüssigkeit	Nach Norm SAE J 1703 DOT 4
Füllmenge	0,7 Liter (ohne ABS), 1 Liter (mit ABS)
Regelmäßige Erneuerung	Alle 60 000 km

Elektrische Anlage

Batterie

Spannung	12 Volt
Kapazität	40 oder 70 Ah
Einbaulage der Batterie	Motorraum

Drehstromlichtmaschine

Eingebaute Lichtmaschine:	
– 1,2 Liter	75 A Valeo SG12 (D4F auch SG9 8035)
– 1,4 und 1,6 Liter	Bosch 100 A
– 2,0 Liter	Valeo 110 A

Leistung der Lichtmaschine:	**75 A**	**100 A**	**110 A**
Maximale Stromleistung	75 A	100 A	110 A
Min. Leistung bei voller Belastung	45 A	63 A	80 A
Leistung bei 13.5 V, Lichtmaschine warm:			
– Bei 2000/min	68 A	63 A	94 A
– Bei 3000/min	71 A	86 A	105 A
– Bei 4000/min	72 A	95 A	108 A

Lichtmaschinenantriebsriemen	Siehe betreffender Abschnitt

Anlasser

Eingebaute Anlasser	
– 1,4/1,6-Liter-Motor	Valeo D7 E6

Glühbirnentabelle

Hauptscheinwerfer	H4 55/60 Watt
Nebelscheinwerfer	H1
Brems/Schlussleuchte	21/5 Watt
Nebelschlussleuchte	21 Watt
Rückfahrleuchte	21 Watt
Blinkleuchten	21 Watt
Zusätzliche Rückleuchte	5 Watt
Kennzeichenleuchten	5 Watt
Standleuchten, vorn	5 Watt
Dritte Bremsleuchte	5 Watt

Füllmengen

Motor	Siehe unter »Motorschmierung« in diesem Kapitel
Schaltgetriebe	3,4 Liter oder 3,1 Liter (JC5-Getriebe)
Automatisches Getriebe (bei Flüssigkeitswechsel)	3,5 Liter
Bremsanlage:	
– Ohne ABS	0,7 Liter
– Mit ABS	1,0 Liter
Kraftstofftank	50 Liter
Servolenkung	1,1 Liter
Kühlanlage	Siehe unter »Kühlanlage« in diesem Kapitel

Abmessungen (anhand von Baujahr 2006)

Länge über alles	3985 mm
Breite über alles (Karosserie)	1720 mm
Höhe über alles	1495 mm
Radstand	2575 mm
Spurweite, vorn	1470 mm
Spurweite, hinten	1470 mm
Wendekreis	10,3 m (zwischen Bordsteinen)

Gewichte (typische Angaben)

Hinweis: Die Gewichte des in Frage kommenden Fahrzeuges sind im Typenschild angegeben. Dies sind Renault-Werksangaben, welche innerhalb der Zulassungsländer abweichen können.

Leergewicht:	
– Mit 1,2-Liter-Motor, 8 Ventile (Baujahr 2001)	880 kg
– Mit 1,2-Liter-Motor, 8 Ventile (Baujahre 2002-2005)	915 kg
– Mit 1,2-Liter-Motor, 16 Ventile (Baujahre 2002-2005)	945 kg
– Mit 1,2-Liter-Motor (Baujahr 2006)	1035 kg
– Mit 1,4-Liter-Motor (Baujahr 2001)	ab 980 kg
– Mit 1,4-Liter-Motor (Baujahr 2002/2003)	ab 1020 kg
– Mit 1,4-Liter-Motor (Baujahr 2004/2005)	ab 980 kg
– Mit 1,4-Liter-Motor (Baujahr 2006)	ab 1135 kg
– Mit 1,6-Liter-Motor (Baujahr 2001)	995 kg
– Mit 1,6-Liter-Motor (Baujahr 2002 bis 2005)	1020 kg
– Mit 1,6-Liter-Motor (Baujahr 2006)	1140 kg
– Mit 2,0-Liter-Motor (Baujahr 2001)	1035 kg
– Mit 2,0-Liter-Motor (Baujahr 2002/2003)	ab 1060 kg
– Mit 2,0-Liter-Motor (Baujahr 2004)	ab 1305 kg
– Mit 2,0-Liter-Motor (Baujahr 2005)	1060 kg
Zulässiges Gesamtgewicht:	Unbedingt den Unterlagen des in Frage kommenden Fahrzeugs zu entnehmen.

19 Anzugs-drehmomente

Motoren

Alle wichtigen Anzugsdrehmomente sind im Allgemeinen bei den Arbeitsbeschreibungen über den Zusammenbau und den Einbau in den einzelnen Abschnitten für die zutreffenden Motoren angegeben.

Antriebswellen

Spurstangenkugelgelenk	37 Nm
Bremssattelschrauben an Achsschenkel	100 Nm
Führungsbolzen der Bremssättel	40 Nm
Antriebswelle an Getriebe (links)	25 Nm
Antriebswellenmutter	280 Nm
Radbolzen	90 Nm
Stoßdämpfer, unten	180 Nm

Vorderradaufhängung

Siehe auch Abbildungen im betreffenden Kapitel.

Querlenker an Nebenrahmen	90 Nm
Zapfen des Querlenkers an Achsschenkel (Klemmschraube)	55 Nm
Mutter des Spurstangengelenks	37 Nm
Achsschenkel an Federbein	180 Nm
Kugelgelenkplatte an Querlenker	75 Nm
Linke Achswelle an Getriebe	25 Nm
Lagerung des Kurvenstabilisators	15 Nm
Kurvenstabilisator an Querlenker	30 Nm
Oberes Federbeinlager an Karosserie	60 Nm
Radbolzen	90 Nm
Achswellenmutter	280 Nm
Bremssattelschrauben (Montagerahmen)	100 Nm
Führungsschrauben (Bremssättel)	40 Nm
Kontermutter des Spurstangengel.	50 Nm
Bremsscheibe an Radnabe	7 Nm
ABS-Drehzahlfühler	10 Nm

Hinterradaufhängung

Achswellenmutter hinten	175 Nm
Radbolzen	90 Nm
Muttern der Achsenbefestigung	55 Nm
Stoßdämpferbefestigung, oben	20 Nm
Stoßdämpferbefestigung, unten	105 Nm
Achsstumpf an Hinterachsrohr:	
– M10-Schrauben	37 Nm
– M8-Schrauben	30 Nm
ABS-Fühler an Hinterachse	8 Nm

Lenkung

Schrauben der Lenkungsbefestigung	50 Nm
Muttern der Spurstangengelenke	35–37 Nm
Kontermuttern der Gelenke an der Innenseite der Spurstangen	50 Nm
Kontermutter am Spurstangenrohr	18 Nm
Radbolzen	90 Nm
Klemmschraube des Lenkungsgelenks	25 Nm
Lenkradmutter	40 Nm
Hochdruckleitungsanschlüsse	40 Nm
Niederdruckleitung an Lenkung:	
– Aluminiumleitung	22 Nm
– Stahlleitung	28 Nm

Bremsanlage

Entlüftungsschrauben	8 Nm
Bremsschlauchanschlüsse	17 Nm
Überwurfmuttern der Bremsleitungen	14 Nm
Schrauben der vorderen Bremsscheiben	7 Nm
Schrauben des Bremssattelträgers, vorn	100 Nm
Führungsschrauben der Bremssättel, vorn	40 Nm
Schraube des Bremssattelträgers, hinten	105 Nm
Führungsschrauben der Bremssättel, hinten	40 Nm
Entlüftungsschraube, hintere Bremssättel	6 Nm
Bremsleitungsanschlüsse, hinten	20 Nm
Mutter der Hinterradnaben	175 Nm
Mutter der Vorderradnaben (Achswellen)	280 Nm
Radbolzen	90 Nm
Leitungen der Radbremszylinder (hinten)	17 Nm
Leitungen des Hauptbremszylinders	13 Nm
Muttern des Hauptbremszylinders	13 Nm
Muttern des Bremskraftverstärkers	13 Nm

20 Schaltpläne

Schaltplanverzeichnis

Kabelfarbenerklärung

BA	=	Weiß
BE	=	Blau
BJ	=	Beige
CY	=	Durchsichtig
GR	=	Grau
JA	=	Gelb
MA	=	Braun
NO	=	Schwarz
OR	=	Orangefarben
RG	=	Rot
SA	=	Rosa
VE	=	Grün
V	=	Lila

Legende zu den Schaltplänen

Die folgenden Zahlenangaben beziehen sich auf die in den verschiedenen Schaltplänen gezeigten Nummern. Nicht alle Stromabnehmer sind in alle Modelle eingebaut. Viele der Zahlen beziehen sich im Allgemeinen auf die Bezeichnung von Stromabnehmern, welche Renault in allen Fahrzeugen verwendet. Auf Dieselmotoren verweisende Zahlen können übersehen werden.

1 Nur für Fahrschulfahrzeuge
2 Batterieabsperrschalter
3 Tachograph
4 Türschließschalter, rechts
5 Türschließschalter, links
6 Elektronisches Modul, Klimaanlage
7 Widerstand für (6)
8 Leitungsdruckfühler (Automatik)
9 Magnetschaltventil
11 Differentialsperrschalter
12 Masserelais, Abblendlicht
13 Rückstellschalter
14 Türschließschalter, hinten
15 Warnleuchte, Türverschließung, hinten
16 Verstellmagnetschalterrelais für Einspritzpumpe
17 Temperaturschalter für Einspritzverstellung der Einspritzpumpe
18 Temperaturfühler, Gebläseluft
19 Elektronischer Thermostat
20 Aschenbecherbeleuchtung, vorn
21 Alarmanzeigen-Diode
22 Gasstütze der Heckklappe
23 Relais für Tür- und Heckklappenverschließung
24 Sensor für ABS
25 Türöffnungsmotor, rechts
26 Türöffnungsmotor, links
27 Abschaltrelais für Kühlungsventilator
28 Türschließrelais, rechts
29 Türschließrelais, links
30 Warndiode, Türverschließung
31 Diode, Nebelschlussleuchte
32 Diode, Aktivkohlebehälter
33 Zeitrelais für elektronischen Tankgeber
34 Deckenleuchten
35 Sensor, Niveauregulierung der Radaufhängung
36 Kompressor für Niveauregulierung
37 Zentrales Steuergerät für Zubehör
38 Steuergerät für Scheinwerfereinzug
39 Regelmotor für Scheinwerfereinzug, rechts
40 Regelmotor für Scheinwerfereinzug, links
41 Computer für Niveauregulierung
42 Regel-Computer für EGR-Steuerventil
43 Warnleuchte, Startvorrichtung
44 Warnleuchte, Sitzheizung
45 Schaltgerät für Startvorrichtung
46 Kaltstart-Schaltventil (nur Diesel)
47 Anzeigegerät für Motorölstand
48 Rechtes Fernlicht
49 Linkes Fernlicht
50 Rechtes Abblendlicht
51 Linkes Abblendlicht
52 Schlüssel für Alarm
53 Diode für Lüftereinheit
54 Filter für Scheibenwischermotor (Radioentstörung)
55 Relais für Scheinwerfereinzug
56 Widerstandsschalter, Beleuchtung
57 Ventilatorrelais
58 Limitschalter
59 Luftverteilermotor
60 Entfrostermotor
61 Anschlussplatte für Einspritzeinheit
62 Mikroschalter 1, EGR-Vorheizung
63 Mikroschalter 2, EGR-Vorheizung
64 Temperaturschalter, 110-115 °C, Abstellung der Einspritzanlage
65 Schaltventil, Luftumwälzung
66 Relais, Schiebedach
67 Relais, Innenraumventilation
68 Stufenrelais, Innenraumventilation
69 Geber, Außentemperatur
70 Nur mit Dieselmotor
71 Elektrisches Schloss, Tür
72 Elektrisches Schloss, Schiebetür
73 Diebstahlsperre, Motor
74 Relais, Innenleuchte
75 CD-Eingabe
76 Anschluss für Steuerung
77 Dieselmotor
78 Dieselmotor
101 Zigarrenanzünder
102 Zündverteiler
103 Drehstromlichtmaschine
104 Lenkschloss/Zündschloss
105 Signalhupe
106 Signalhupe (elektro-pneumatisch)

107 Batterie
108 Zündspule
109 Bord-Computer
110 Bremsdruckregelgerät
111 Zündungssteuerteil
112 Zeitschalter, hinterer Scheibenwischer
113 Zeitschalter, Windschutzscheibenwischer
114 Abblend/Aufblendrelais
115 Steuerteil für elektrische Pumpe
116 Zeitsteuerung für Scheinwerferwaschanlage
117 Warnsummer, Licht eingeschaltet
118 ABS-Computer
119 Computer, Getriebeautomatik
120 Einspritz-Computer
121 Schalter, Nebelschlussleuchte
122 Schalter, Nebelleuchten
123 Türschließschalter
124 Heizungsschalter
125 Schalter, Rundumblinkanlage
126 Schalter, Kaltluftgebläse
127 Schalter, Scheibenwischer, hinten
128 Schalter, beheizte Heckscheibe
129 Regelschalter, Schaltstufen, Getriebeautomatik
130 Fensterschalter, hinten rechts
131 Fensterschalter, hinten links
132 Fensterschalter, vorn links
133 Fensterschalter, vorn rechts
134 Schalter, Rückblickspiegel
135 Sperrschalter, Fensterbetätigung, hinten
136 Betätigung, Startvorrichtung
137 Blinkrelais
138 Sperrschalter, rechte Hintertür
139 Sperrschalter, linke Hintertür
140 Sperrschalter, linke Vordertür
141 Sperrschalter, rechte Vordertür
142 Sperrschalter, Heckklappe
143 Sensor, Behälter der Scheibenwaschanlage
144 Sensor, Kühlmittelanzeige
145 Wischer-Kombischalter
146 Klopfsensor (Motor)
147 Atmosphärendrucksensor
148 Öldruckgeber
149 OT-Geber
150 Sensor, ABS, hinten rechts
151 Sensor, ABS, hinten links
152 Sensor, ABS, vorn rechts
153 Sensor, ABS, vorn links
154 Schalter, Heckklappe
155 Schalter, Rückfahrleuchte
156 Schalter an Handbremse
157 Bremspedalschalter
158 Volllast-Drosselklappenschalter
159 Leerlauf-Schalter
160 Bremslichtschalter
161 Schalter, Handschuhkastenleuchte
162 Luftströmungsmesser
163 Anlasser
164 Kaltluftgebläse
165 Kofferraumleuchte
166 Kennzeichenleuchte, rechts
167 Kennzeichenleuchte, links
168 Handschuhkastenleuchte
169 Magnetschaltventil, Abgasrückführung
170 Magnetschaltventil, Lenkung
171 Schalter, Klimaanlage
172 Schlussleuchte, rechts
173 Schlussleuchte, links
174 Nebelschlussleuchte, #rechts
176 Nebelschlussleuchte, links
176 Nebelleuchte, rechts
177 Nebelleuchte, links
178 Türschalter, hinten rechts
179 Türschalter, hinten links
180 Türschalter, vom links
181 Türschalter, vom rechts
182 Rückfahrleuchte, rechts
183 Rückfahrleuchte, links
184 Seitenleuchte, rechts
185 Seitenleuchte, links
186 Elektrische Lenkhilfspumpe
187 Heizungsgebläse
188 Kühlungsventilatormotor
189 Lautsprecher, hinten rechts
190 Lautsprecher, hinten links
191 Lautsprecher, vorn rechts
192 Lautsprecher, vom links
193 Einspritzventil Nr. 1
194 Einspritzventil Nr. 2
195 Einspritzventil Nr. 3
196 Einspritzventil Nr. 4
197 Einspritzventil Nr. 5
198 Einspritzventil Nr. 6
199 Kraftstoffuhr
200 Beheizte Heckscheibe
201 Fensterschalter, hinten rechts
202 Fensterschalter, hinten links
203 Fensterschalter, vom links
204 Fensterschalter, vom rechts
205 Druckschalter
206 Druckschalter, Klimaanlage
207 Bremsflüssigkeitsschalter
208 Elektronisches Steuergerät (Zündung)
209 Hupen- und Lichtschalter

210 Zeituhr
211 Scheibenwischermotor, hinten
212 Scheibenwischermotor, vorn
213 Vordere Innenleuchte
214 Hintere, rechte Innenleuchte
215 Hintere, linke Innenleuchte
216 Verschleißanzeige, Bremsklötze, vorn rechts
217 Verschleißanzeige, Bremsklötze, vorn links
218 Kraftstoffpumpe
219 Pumpe, Scheinwerferreinigung
220 Pumpe, Heckscheibenwaschanlage
221 Pumpe, Windschutzscheibenwaschanlage
222 Drosselklappen-Potentiometer
223 Leerlauf-Potentiometer
224 Druckschalter, Servolenkung
225 Diagnosesteckdose
226 Scheinwerfer, rechts
227 Scheinwerfer, links
228 Leerlaufregelmotor
229 Hupenrelais
230 Relais, Nebelschlussleuchte
231 Relais, Nebelleuchten
232 Relais, Anlasser
233 Relais, Kaltluftgebläse
234 Relais, elektrischer Ventilator
235 Relais, beheizte Heckscheibe
236 Relais, Kraftstoffpumpe
237 Relais, Doppelscheinwerfer
238 Sperrrelais, Einspritzung
239 Elektrischer Spiegel, links
240 Elektrischer Spiegel, rechts
241 Widerstandsschalter, Instrumentbeleuchtung
242 Lambda-Sonde
243 Ölstandsgeber
244 Sensor, Kühlmittel
245 Sensor, Außentemperatur
246 Elektrische Abstellung
247 Armaturenbrett
248 Temperaturschalter, Ventilator
249 Infrarot-Transmitter
250 Drehzahl-Sensor
251 Temperaturschalter
252 Radiotelefonfilter
253 Lautsprecher, vom rechts
254 Lautsprecher, vom links
255 Rechte Blinkkontrollleuchte
256 Linke Blinkkontrollleuchte
257 Vorglühsteuergerät
258 Vorglühkerzen
259 Temperaturschalter
260 Sicherungskasten
261 Autoradio
262 Ventilator, Klimaanlage
263 Schalter, Scheibenwischer, hinten
264 Türschlosszeitschalter
265 Kartenleselampe
266 Drosselklappen/Leerlaufschalter
267 Wiederholblinkleuchte, rechts
268 Wiederholblinkleuchte, links
269 Leerlaufabsperrung
270 8°-Temperaturschalter
271 Thermistor
272 Sensor, Lufttemperatur
273 Sensor, Motordrehzahl
274 Schaltventil, Klimaanlage
276 Schalter, Fensterbetätigung
277 Warneinrichtung, Birnenausfall
278 Klopfsensor, Nr.2
280 Elektronische Zündanlagenunterbrechung
281 Relais, Abblendlicht
282 Tankdeckelverschluss
283 Zusatzkraftstoffpumpe
284 Wischermotor, Scheinwerfer, rechts
285 Wischermotor, Scheinwerfer, links
286 Schalter, Heckscheibenwascher
287 Relais, Zündspulenwiderstand
288 Relais, Beleuchtung
289 Relais, Standleuchten
290 Relais, Abblendlicht
291 Magnetventil, Vergaser
292 Relais, Instrumentbeleuchtung
293 Stromzufuhr
294 Zeitschalter, Heckscheibe
295 Warnleuchtengerät
296 Relais, Nebelleuchten
297 Vordere Nebelleuchten
298 Heizung
299 Anschlussleiste
300 Hintere Innenleuchte
301 Relais, Pumpe, ABS
302 Relais, Lenkhilfspumpe
303 Beleuchtung, Gangwählhebel
304 Schiebedach
305 Schaltventil, Verstellkorrektur
306 Temperaturschalter
307 Masse, Zubehör
309 Mehrfunktion-Summer
310 Strom-Modul, Einspritzung
311 Zeitschalter, Innenleuchte
313 Relais, Tachometer
314 Relais, Scheinwerferreinigung
315 Relais, Scheibenwischer, Schnellstufe
316 4°-Zündanlagenrelais
317 Schalter, Schiebedach

328 Innenleuchte, vom links
329 Innenleuchte, vom rechts
330 Zigarrenanzünder, hinten
331 Temporegulierung
332 Schalter, Fensterbetätigung
333 Schalter, Sitzgurt
334 Thermal-Stromkreisunterbrecher
335 Relais, Kühlungsventilator
336 Relais, Kühlungsventilator
337 Relais, Kühlungsventilator
338 Turbo-Druckregler
339 Kaltstart-Einspritzer
340 Temperaturschalter
341 Leerlaufregelventil
333 Öltemperaturgeber
347 Radioanschluss
349 Zündschalter
350 Verschleißanzeige, Bremsklötze, hinten links
351 Verschleißgrenze, Bremsklötze, hinten rechts
361 Hydrauliksteuerung, ABS
362 Batterie-Plusanschluss
370 Widerstand, Scheinwerfer
379 Schnellleerlauf-Relais
383 Temperaturschalter, Ansaugkrümmer
384 Ansaugkrümmervorheizung
389 Mittlerer Lautsprecher
390 Anschluss, Nebelschlussleuchten
391 Zeitschalter, Heckscheiben-Scheibenwischer
394 Elektrische Antenne
396 Drosselklappenschalter
402 Öldruckschalter
406 Temperaturschalter, Glühkerzen (Diesel)
409 Relais, Lenkhilfspumpe
410 Leerlaufabsperrrelais
412 Magnetschalter, Schnellleerlauf
415 Schaltventil, Scheinwerferreinigung
421 Kupplungspedalschalter
425 ABS-Anschlussleiste
428 Bosch-ABS-Relais
429 Bosch-ABS-Zusatzrelais
430 Bosch-ABS-Diode
432 ABS-Hauptrelais
435 ABS-Schieberventileinheit
438 Motorhaubenschalter
439 ABS-Computer-Relais
441 Automatisches Getriebe
444 Kartenleselampe
458 Nebel- und Nebelschlussleuchte
459 Zeitschalter, Heckscheibenwischer
460 Hinterachsenschalter (nicht Clio)
461 ABS-Überlastungsschutzrelais
462 Kennzeichenleuchte (Heckklappe)
463 Leuchte, am Seitenblech (nicht Clio)
464 Innenleuchtenschalter
467 Relais, Außenbeleuchtung
485 Mehrfunktionsschalter
486 Sitzgurtschalter, rechts
504 Leseleuchte, hinten rechts
505 Leseleuchte, hinten links
506 Steckdose
507 Mehrfunktionsschalter
508 Kofferraumleuchte, rechts
509 Kofferraumleuchte
512 Schalter, Kartenleseleuchte
519 Türleuchte, vorn links
520 Türleuchte, vorn rechts
521 Türleuchte, hinten rechts
522 Türleuchte, hinten links
523 Leuchte, Vordertür links
524 Leuchte, Vordertür rechts
525 Leuchte, Hintertür, rechts
526 Leuchte, Hintertür, links
527 Fahrerschalter, für rechtes Hintertürfenster
528 Fahrerschalter, für linkes Hintertürfenster
529 Mittlere Innenleuchte
530 Abstellschalter (nur bei Cruise Control)
531 Nur bei Cruise Control
537 Korrekturmotor, linker Scheinwerfer
538 Korrekturmotor, rechter Scheinwerfer
539 Schalter, Motorraumleuchte
541 Schminkspiegel
560 Betätigung der Heckklappe
562 Einstellschalter, Scheinwerfer
583 Sensor für Schwungrad-Stellung
586 Schalter, Rundumblinkanlage
590 Alarmschalter
591 Temperaturschalter, Katalysator
594 Warnleuchte, Katalysator
597 Sicherungsdose, Motor
600 Heizungsgebläsemotor
601 Temperaturschalter, Heizungswasser
602 Relais, Rückfahrleuchten
610 ABS-Diagnoseschalter
611 Windschutzscheibenheizung, links
612 Relais, Entfrostung, Windschutzscheibe, links
613 Entfrostungsrelais, Windschutzscheibe
614 Schalter, elektrische Fensterbetätigung
615 Schalter, beheizter Fahrersitz

616 Schalter, beheizter Beifahrersitz
629 Entfrostungsrelais, Windschutzscheibe, rechts
630 Windschutzscheibenheizung, rechts
646 Relais, beheizte Heckscheibe
647 Beheizte Heckscheibe
655 Sensor, Motordrehzahl
663 Doppelzündspule Nr. 1
664 Doppelzündspule Nr. 2
665 Doppelzündspule Nr. 3
688 Sensor, Ölstand und Temperatur
703 Relais, Fensterbetätigung
704 Summer, Motorhaube
705 Gebläserelais
706 Schalter, Motorhaube
707 Schalter
709 Diode, Servolenkung
710 Sicherung
711 Dieselpumpe
712 Kühlungseinheit
713 Anschluss, Wohnwagen
714 Diode, Klimaanlage, Diesel
716 Rechter, vorderer Stoßdämpfer (nicht Clio)
717 Linker, vorderer Stoßdämpfer (nicht Clio)
718 Rechter, hinterer Stoßdämpfer (nicht Clio)
719 Linker, hinterer Stoßdämpfer (nicht Clio)
720 Abstellrelais, Klimaanlage
721 Computer, ABS-Hydrogerät
722 Doppelschalter, beheizte Windschutz- und Heckscheibe
723 Diode, automatische Kupplung
724 Pumpe, automatische Kupplung
725 Schaltventil, automatische Kupplung
726 Geber, Gang eingeschaltet
727 Geber, Kupplungsstellung
728 Geber, Schalthebelstellung
729 Geber, Gaspedalstellung
730 Computer, automatische Kupplung
731 Zeitschalter, Heckscheibenbeheizung
734 Schnellschalter, Fensterbetätigung
735 Warnsummer, Sicherheitsgurte
736 Magnetometer
738 Geber, Hubsensor für Einspritzdüse Nr. 3 (Diesel)
739 Geber, Flüssigkeitsstand im Behälter der Scheibenwaschanlage
741 Höhenmesserkapsel
742 Verstellschalter, Dieseleinspritzung
743 Relais, Höhenmessung
744 AGR-Relais (Diesel)
745 Relais, Kraftstoffvorwärmung (Diesel)
746 Geber, Nockenwellenstellung
747 Schalter, linker Rücksitz
748 Schalter, rechter Rücksitz
749 Schalter, linke, vordere Kopfstütze
750 Relais
751 Relais Nr. 1, nach Zündschalter
752 Relais Nr. 2, nach Zündschalter
753 Relais, Scheinwerferreinigungsanlage
756 Computer, Airbag
757 Sicherheitsgurtstraffer, Fahrerseite
758 Sicherheitsgurtstraffer, Beifahrerseite
759 Schalter, Heckklappe
760 Schalter, beheizte Windschutz- und Heckscheibe
762 Relais, Pumpe der automatischen Kupplung
763 Warnsummer, automatische Kupplung
771 Warngerät, Tür, Kofferraumdeckel, Sitzgurt geöffnet
772 Heizungsrelais
773 Heizung
774 Gurtstraffereinheit
800 Regelrelais, Gebläse
801 Diode, Ladestromkreis
805 Relais, beheizte Windschutzscheibe
808 Stromrelais, Zündung
809 Airbag, Beifahrerseite
813 Zündleistungsstufe Nr. 1
814 Zündleistungsstufe Nr. 2
815 Zündpille, Airbag, Beifahrerseite
826 Kassettenspieler
831 Bedienungstafel, Klimaanlage, Fahrerseite
832 Bedienungstafel, Klimaanlage, Beifahrerseite
833 Geber, Kraftstoffpumpe
855 Kraftstoffabsperrschalter mit Wegfahrsperre
858 Verdunkelschalter, Armaturenbrettbeleuchtung
860 Drehkontakt, unter Lenkrad
861 Airbag, Beifahrerseite
866 Einspritzcomputer, Diesel
869 Türkontaktschalter, vorn links
870 Türkontaktschalter, vorn rechts
871 Türkontaktschalter, Hintertür
882 Entsperrschalter, Motorhaube
897 Widerstand, Nebelleuchten
899 Airbag, Fahrerseite
907 Unterdruckpumpe

Erklärung der Schaltpläne

Eine Anzahl Schaltpläne folgen auf den nächsten Seiten, welche einen Querschnitt der Stromlinienführung des Fahrzeuges geben, jedoch möchten wir darauf hinweisen, dass es aufgrund der vielen Varianten unmöglich ist auf alle Fahrzeuge und Stromabschnitte einzugehen.
Renault-Schaltpläne sind schwer zu verstehen, es sei denn man hat die erforderliche Fachschulung. Einige Zahlen weisen beispielsweise nur auf eine Kabel- oder Anschlussnummer hin. So braucht man z. B. in einem Rechteck eingesetzte Zahlen nicht weiter zu beachten. Eine Zahl mit einem davorstehenden »R« ist eine Kabelverbindung. Diese können nicht alle einzeln angeführt werden. Eine Masseverbindung wird durch den Buchstaben »M« angegeben, welchem normalerweise eine Zahl oder ein Buchstabe folgt. Elektronische Masseverbindungen werden durch den Buchstaben »N« angegeben. Elektrische Stromabnehmer werden normalerweise durch leicht verständliche Symbole angegeben.
Kabel werden durch eine Zahl und zwei Buchstaben angegeben. Die Zahl weist auf die Kabelnummer und ist nicht so wichtig. Die Buchstaben sind jedoch die Kabelfarben, die untenstehend nochmals angegeben sind.
Folgend sind einige Hinweise, welche Ihnen helfen werden bestimmte Kabelstränge zu finden. Alle Kabel vor der Zündung haben eine rote Farbe (RG), alle Kabel nach der Zündung haben eine graue Farbe (GR), alle zu den Stand- und Schlussleuchten sowie dem Armaturenbrett gehörenden Kabel haben eine grüne Farbe (VE). Alle Massekabel sind schwarz (NO). Ebenfalls sind die folgenden Abkürzungen eine Hilfe:

AEI	Elektronische Zündung
Alim	Stromzufuhr
Cig.	Zigarrenanzünder
+ APC	Nach dem Zündschloss
ARD	Hinten rechts
ARG	Hinten links
AV	Vorn
+ AVC	Vor dem Zündschloss
Bat.	Batterie
CDE	Schalter
CPE	Türschlösser, elektr.
CTR	Schalter
DDIDG	Rechts/Linkslenker
Dim.	Abblendlicht
Eis	Scheibenwischer, hinten
EPJ	Scheinwerferreinigung
EPP	Kennzeichenleuchten
F.A.M.	Handbremse
F.R.	Rückfahrleuchten
Hay	Heckklappe
LVE	Elektrische Fenster
Mot.	Motor
Pav.	Schiebedach
Plaf	Innenleuchte
PDS	Armaturenbrett
Racc.	Kabelverzweigung
Rel	Relais
+ S	Zubehör »+«
T.T.	Alle Modelle
TUP	Bremsklotzverschleiß
TO	Temperatur
LARC	Beh. Heckscheibe

Kabelfarbenerklärung

BA	=	Weiß
BE	=	Blau
BJ	=	Beige
CY	=	Durchsichtig
GR	=	Grau
JA	=	Gelb
MA	=	Braun
NO	=	Schwarz
OR	=	Orangefarben
RG	=	Rot
SA	=	Rosa
VE	=	Grün
V	=	Lila

Beleuchtung

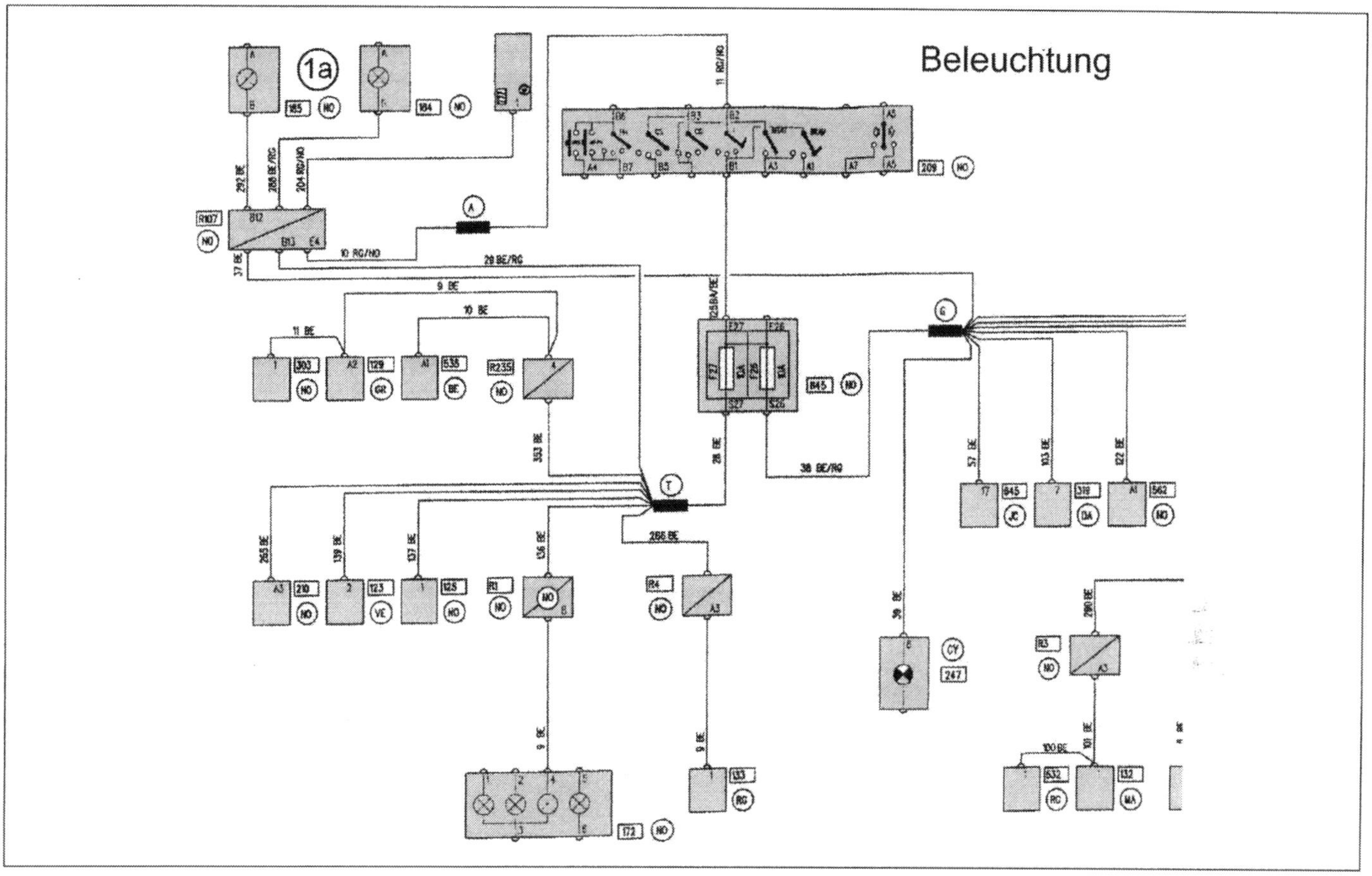

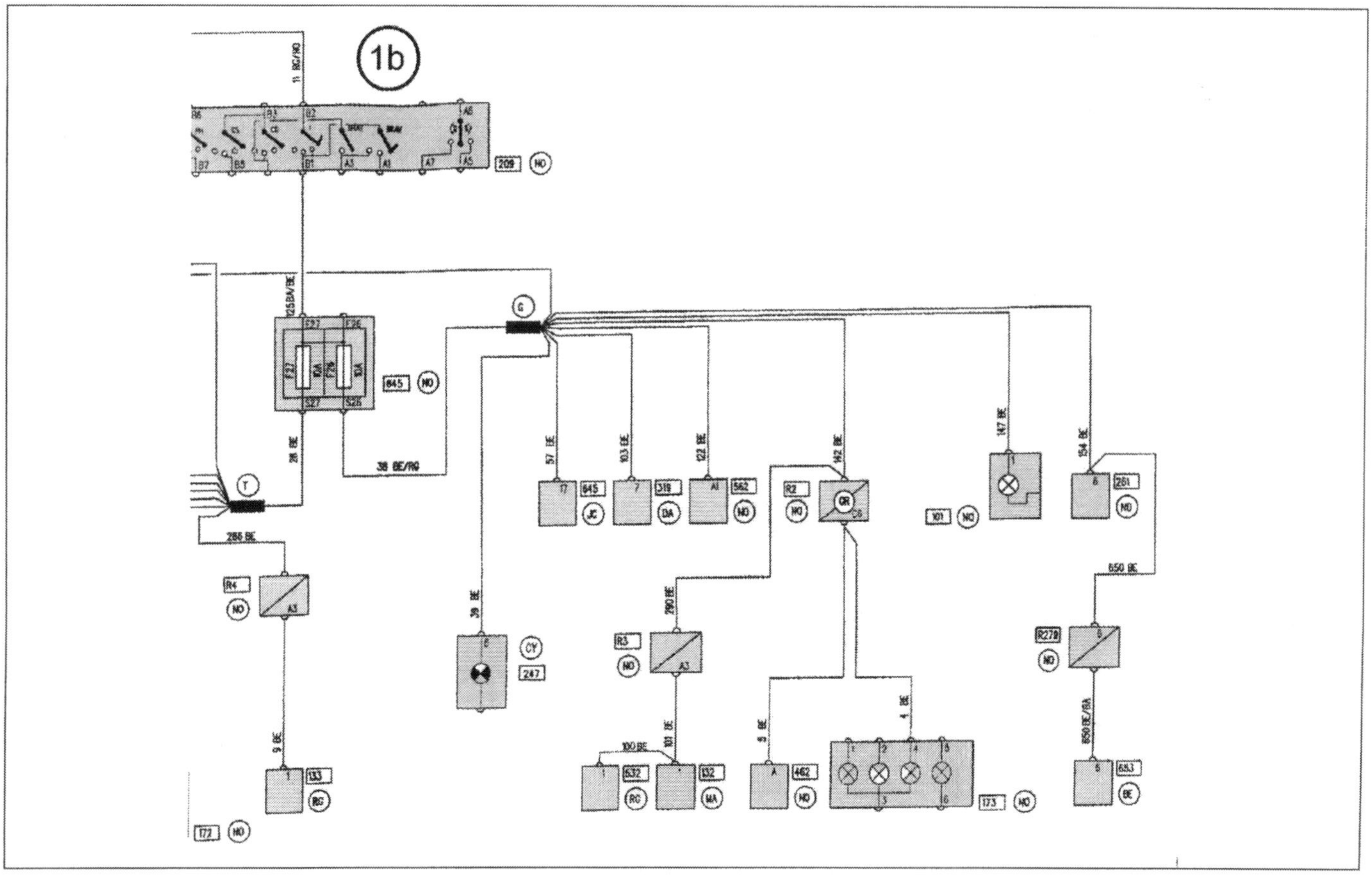

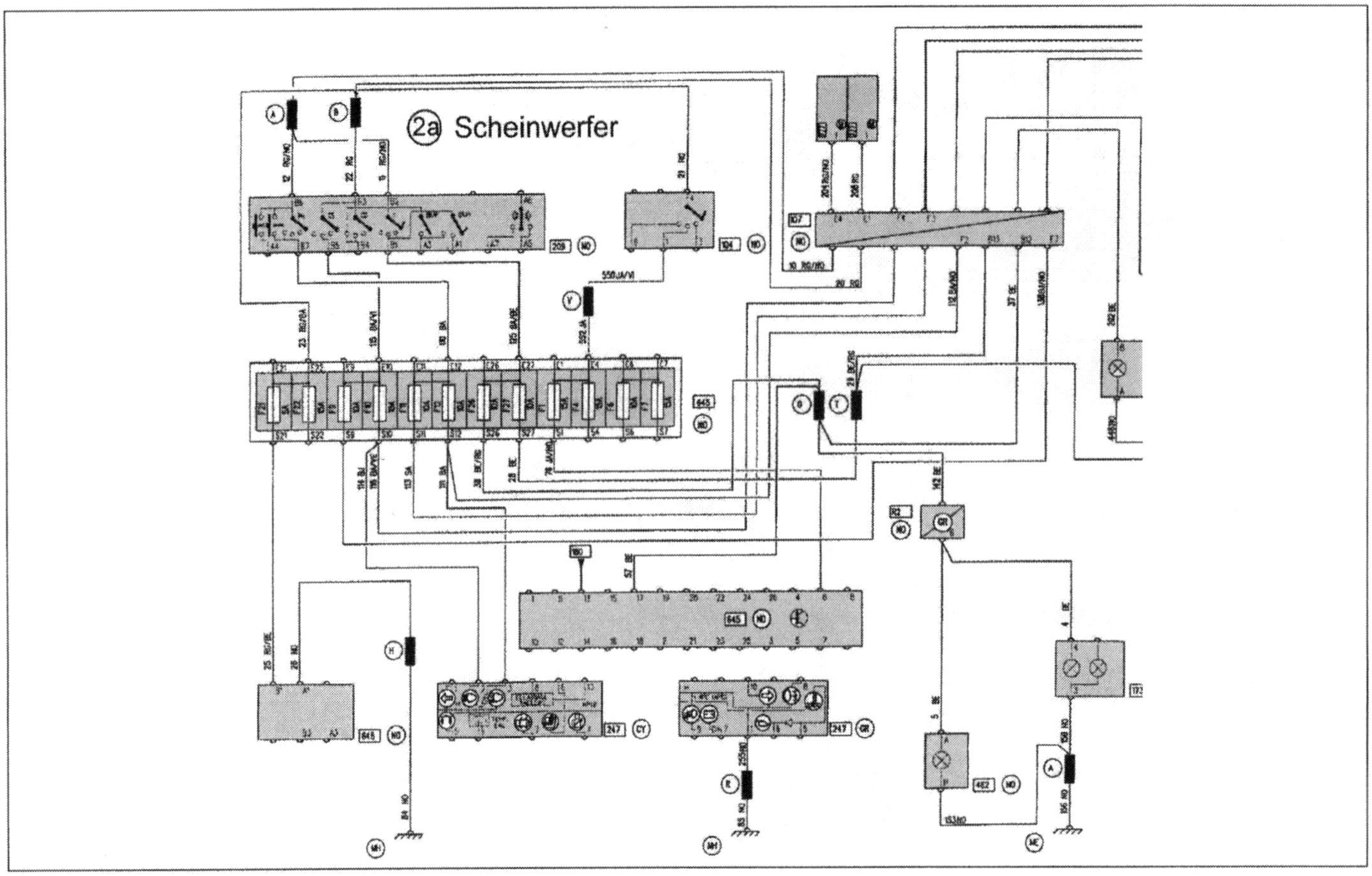
2a Scheinwerfer

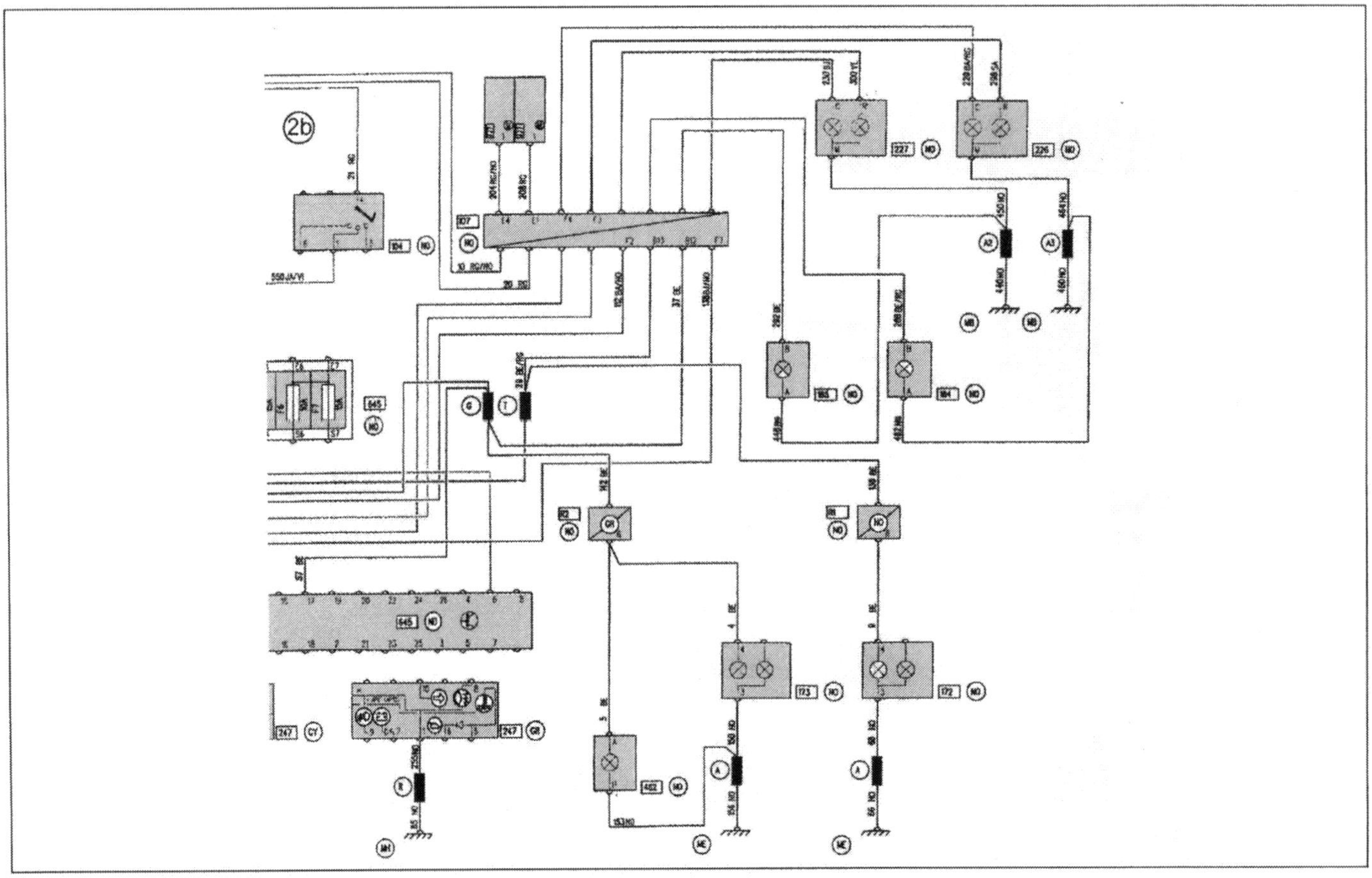
2b

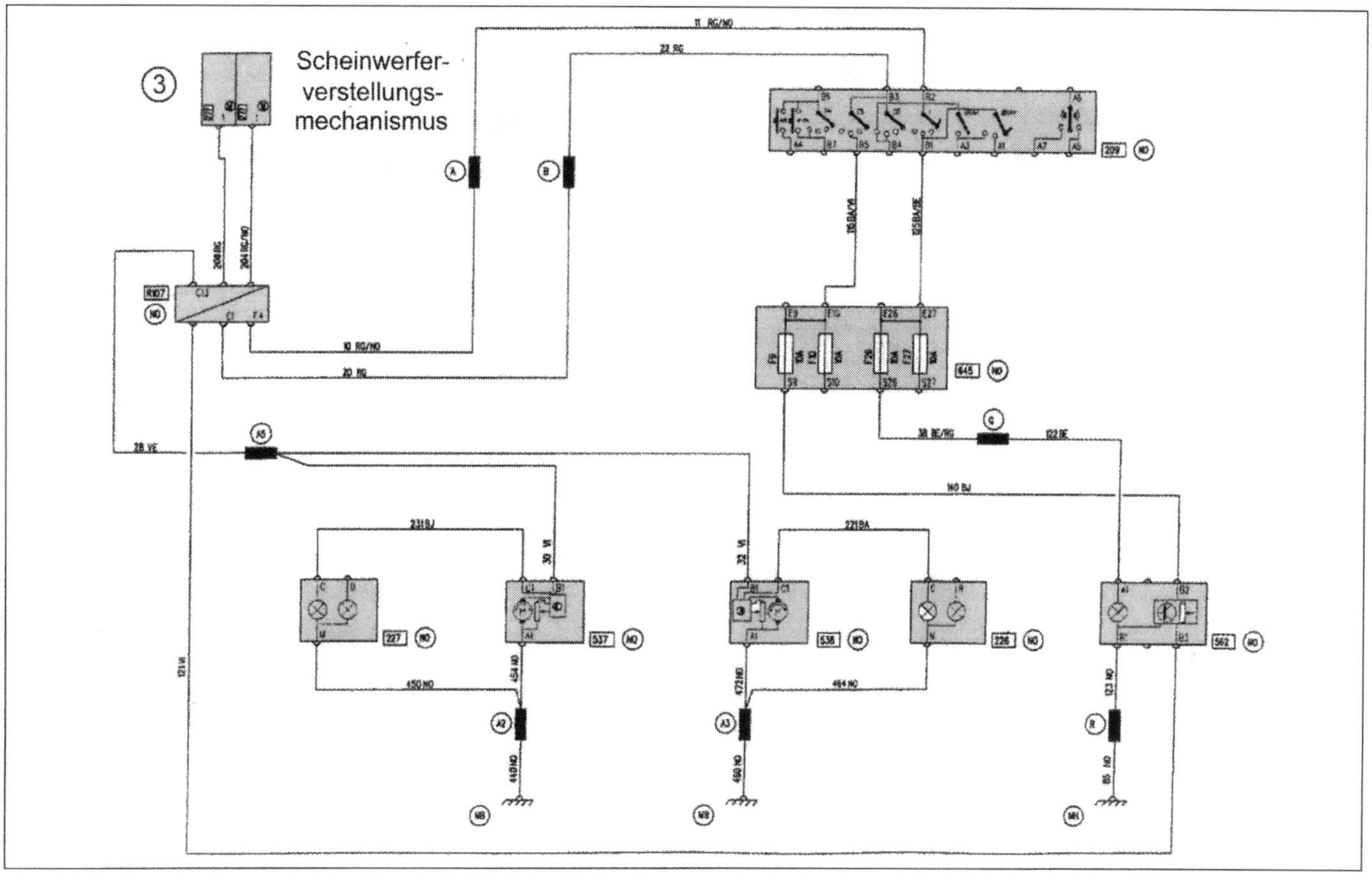
3
Scheinwerfer-
verstellungs-
mechanismus
R107
645
209
227
537
538
226
562

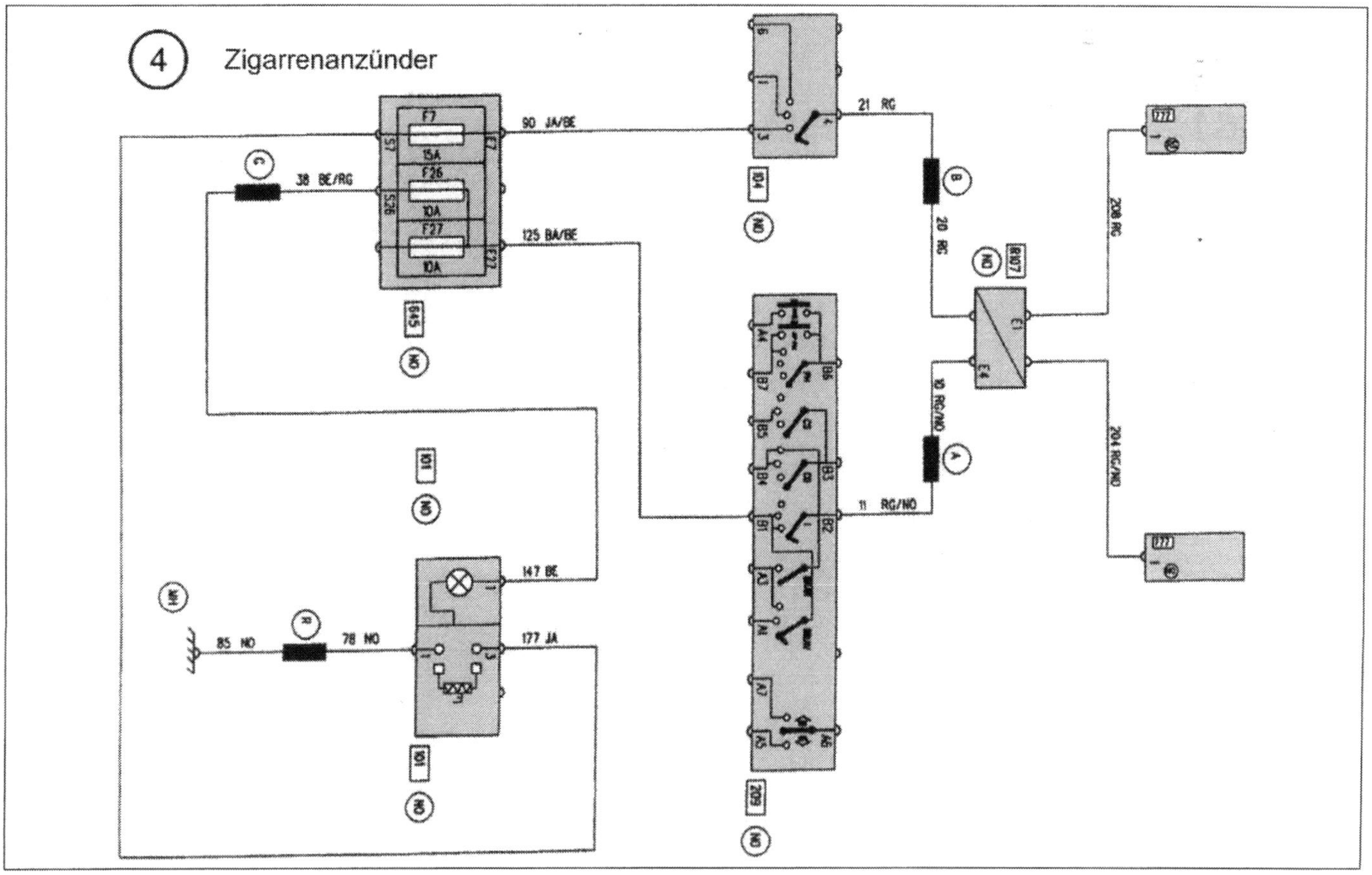
4
Zigarrenanzünder
F7
15A
F26
10A
F27
10A
S7
E7
S26
E27
645
90 JA/BE
38 BE/RG
125 BA/BE
21 RG
20 RG
10 RG/NO
11 RG/NO
208 RG
204 RG/NO
R107
E1
E4
177
104
101
209
147 BE
85 NO
78 NO
177 JA

(5) Rückfahrleuchten

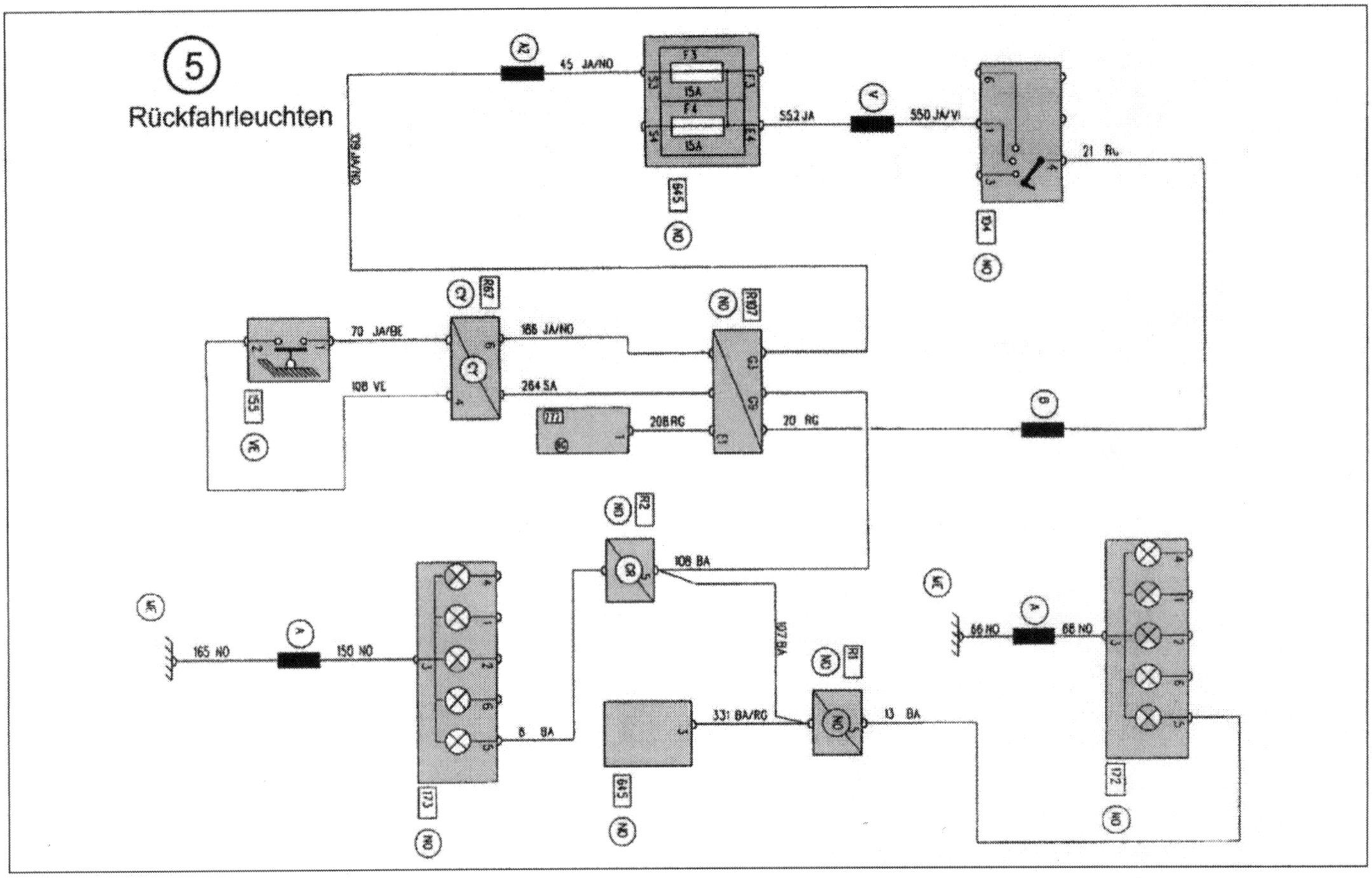

Nebelschlussleuchten

(6)

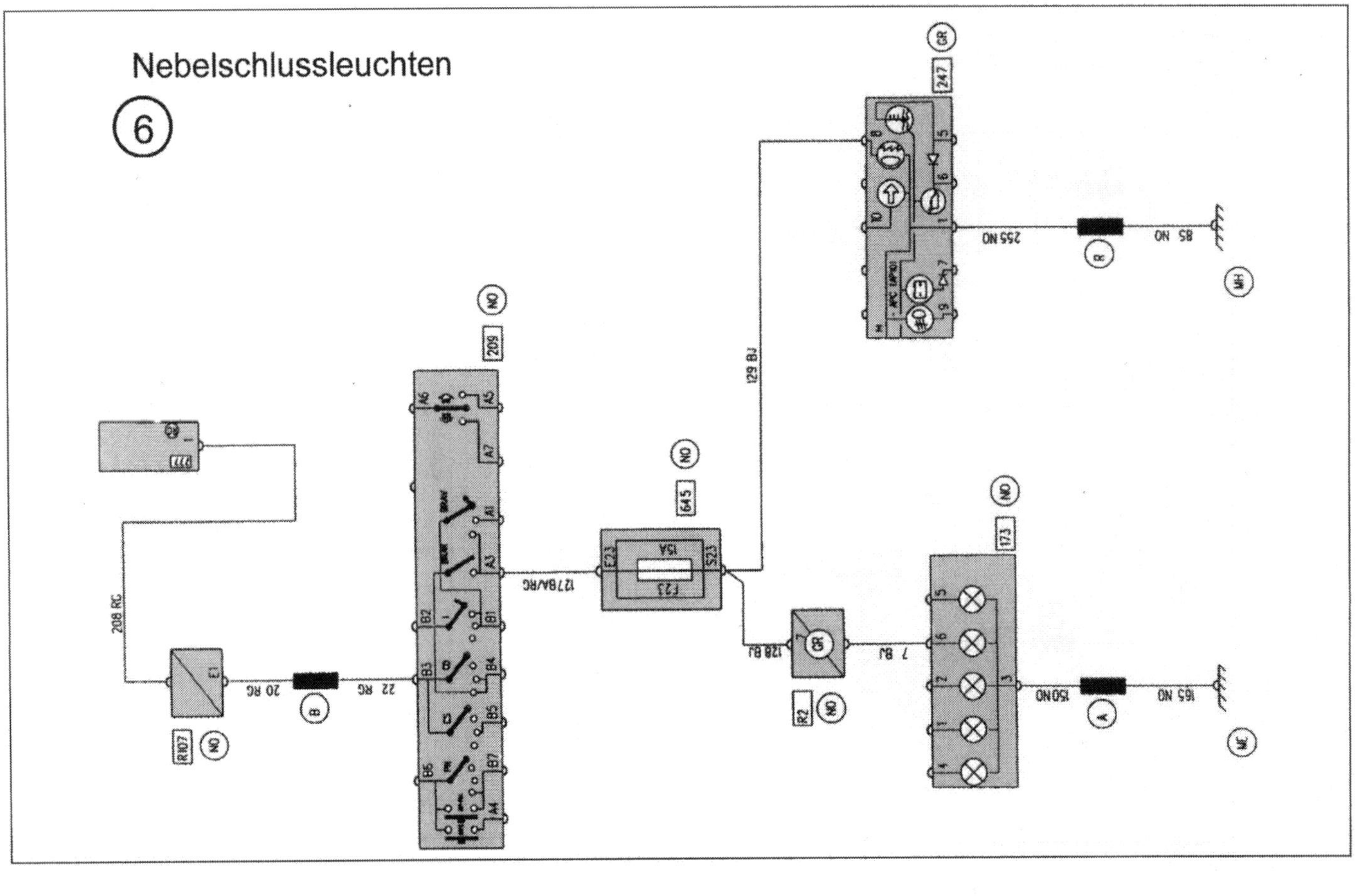

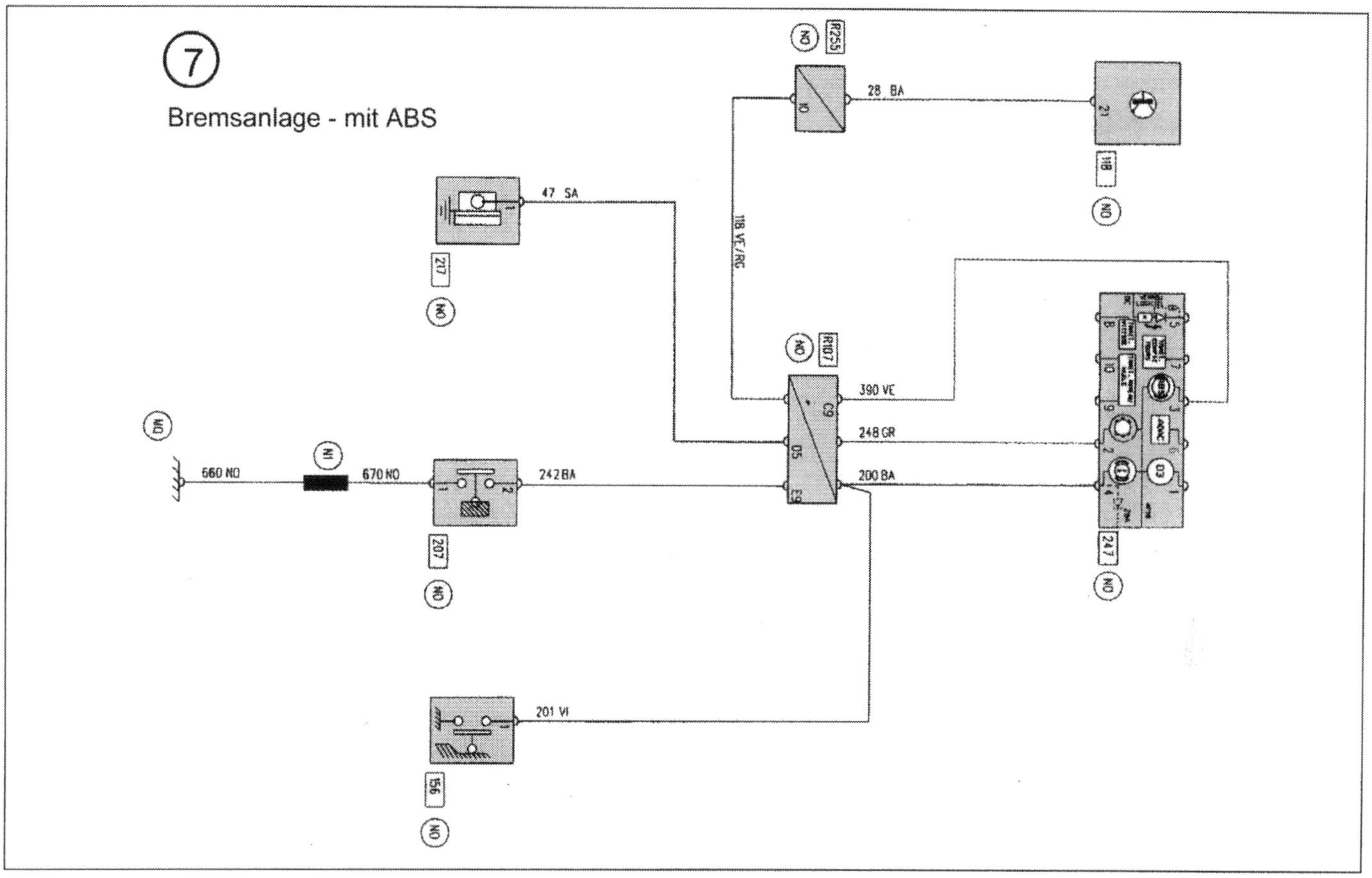
7
Bremsanlage - mit ABS
R255
28 BA
118 VE/RG
118
217
47 SA
R107
390 VE
248 GR
200 BA
242 BA
660 NO
670 NO
N1
207
247
201 VI
156

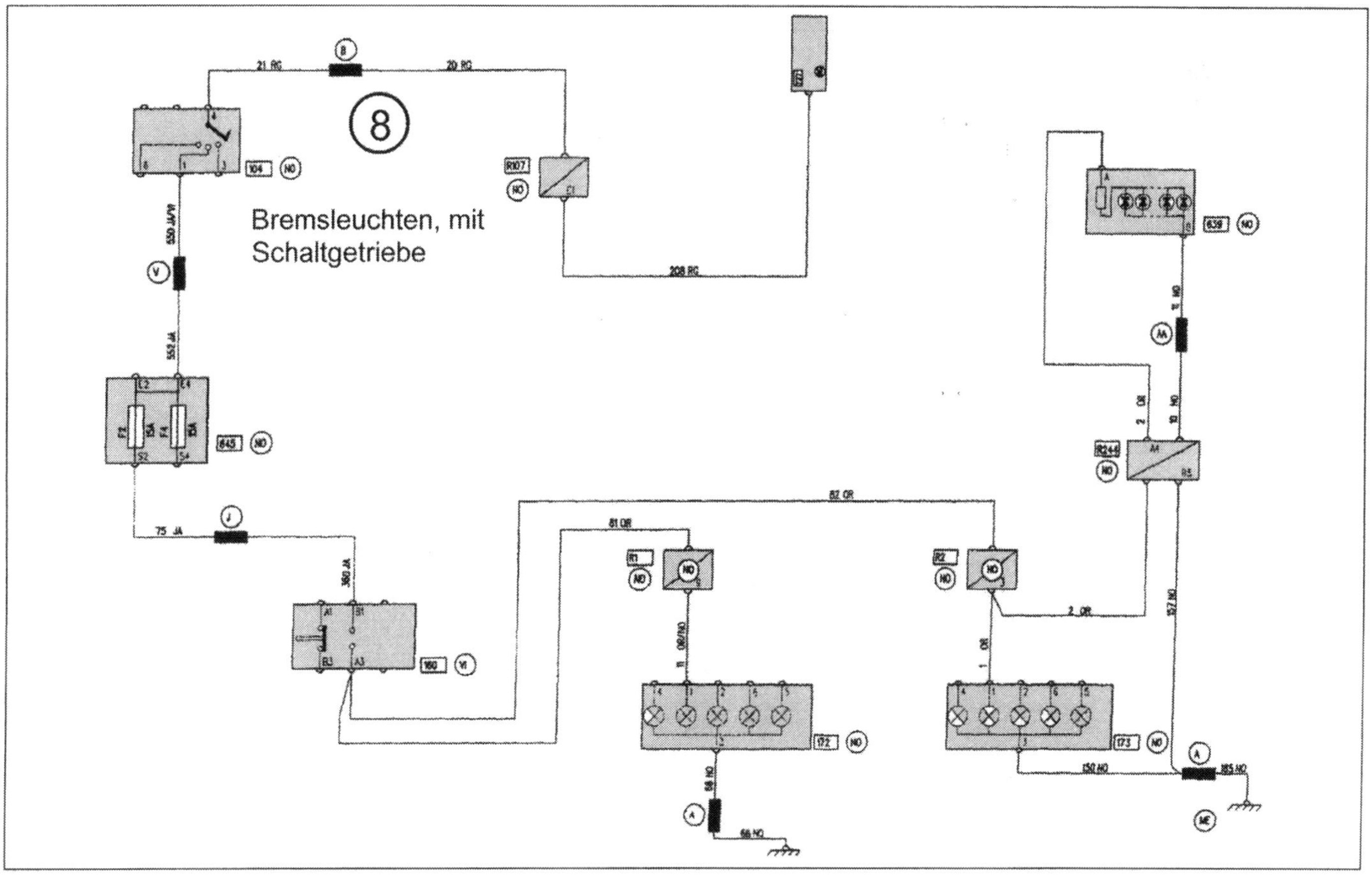
8
Bremsleuchten, mit Schaltgetriebe
21 RG
20 RG
104
R107
208 RG
550 JA
555 JA
845
75 JA
380 JA
160
81 OR
82 OR
R1
R2
172
173
639
R244
2 OR
150 NO
185 NO
66 NO
ME

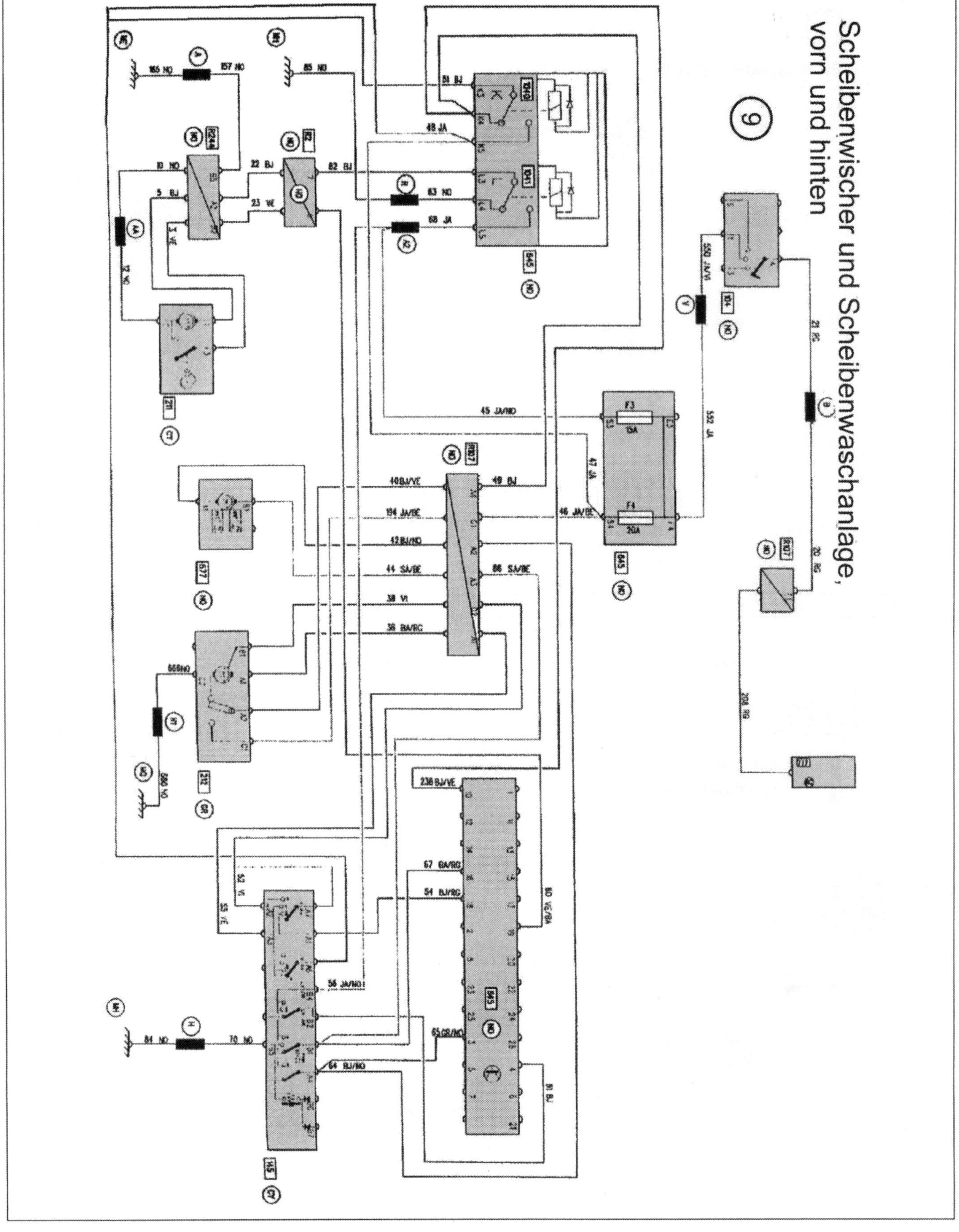

Scheibenwischer und Scheibenwaschanlage, vorn und hinten
9

10 Blinkleuchten und Warnblinkleuchten

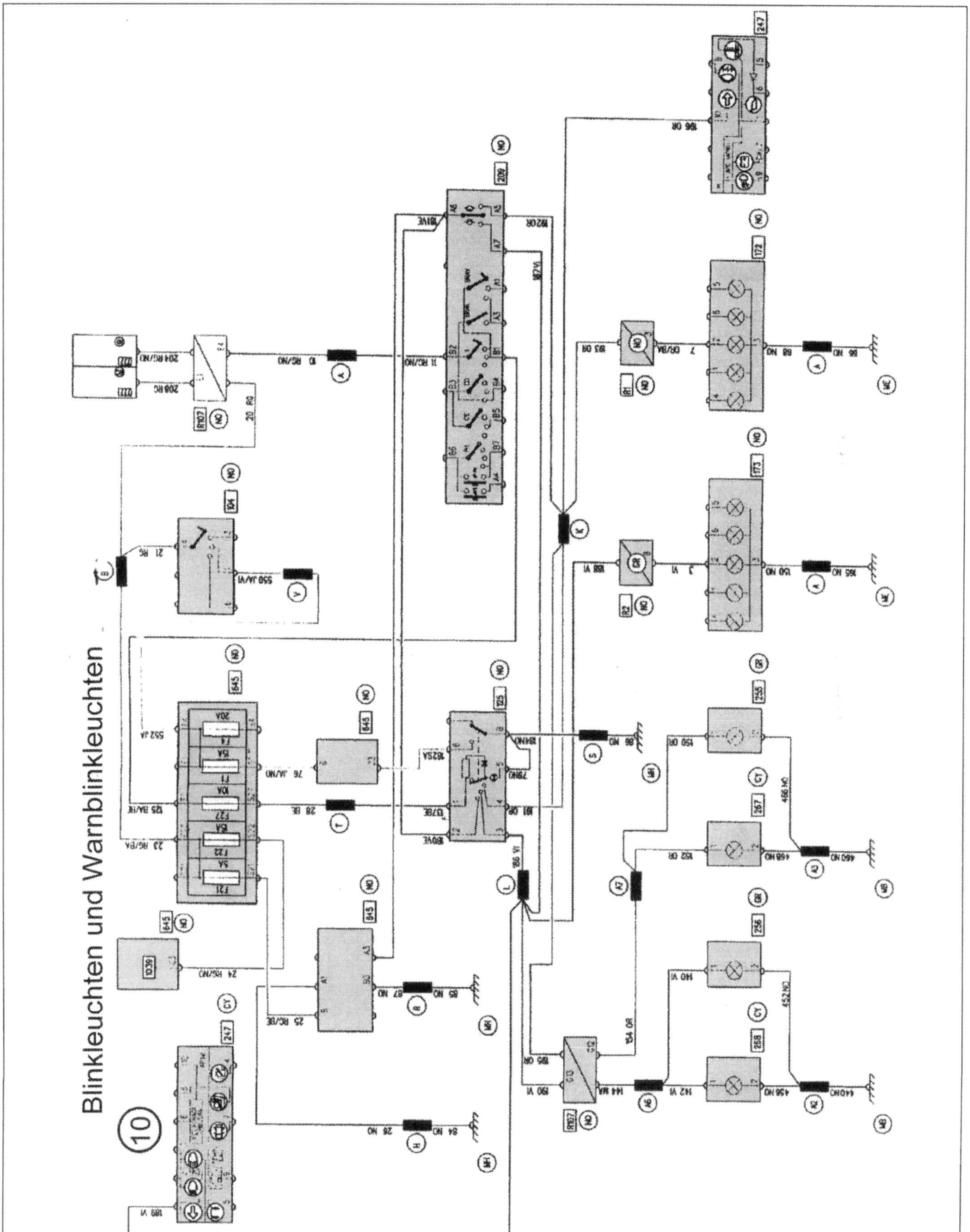

(11) Bremsanlage - ohne ABS

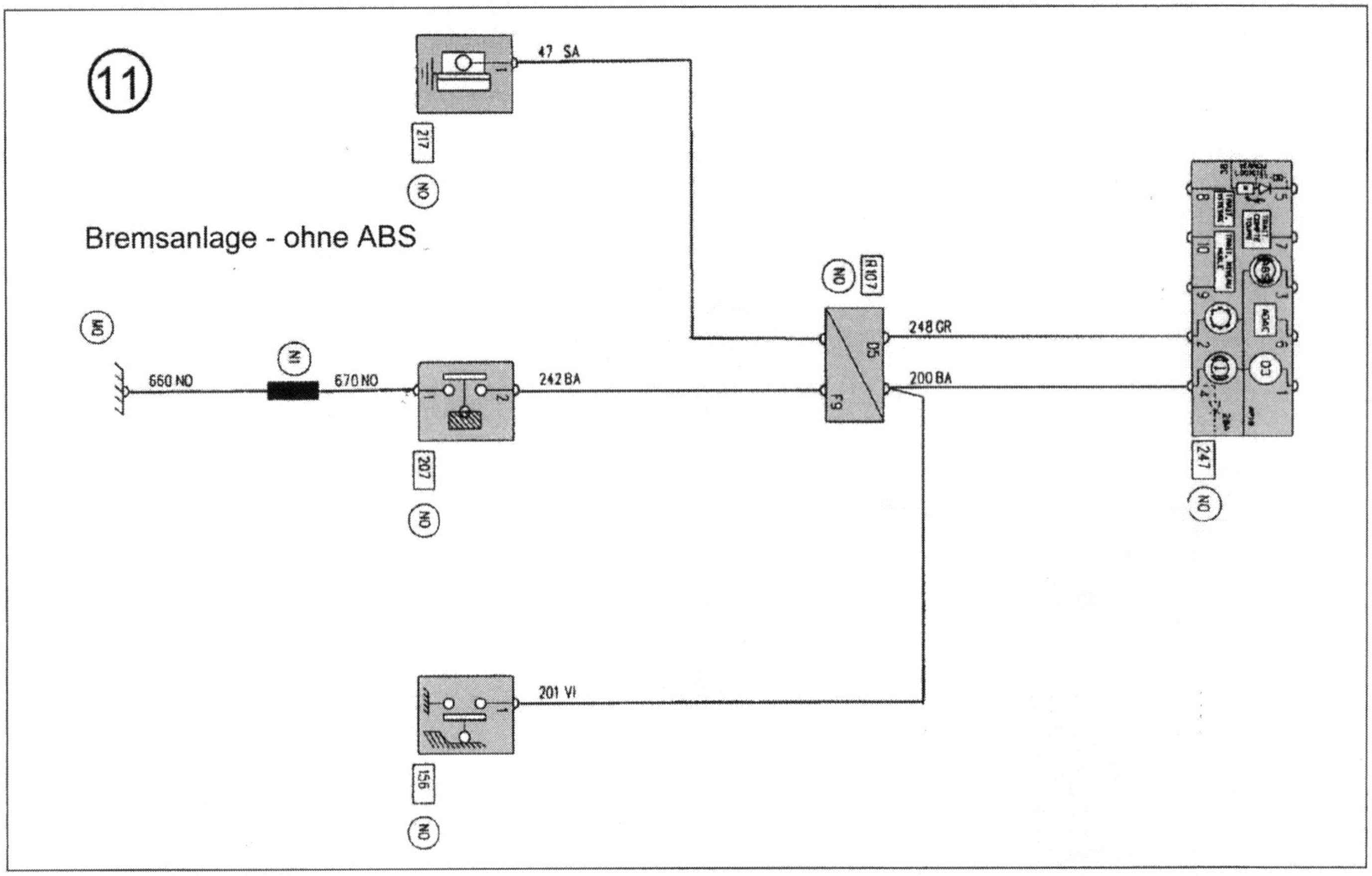

(12) Vordere Innenleuchten

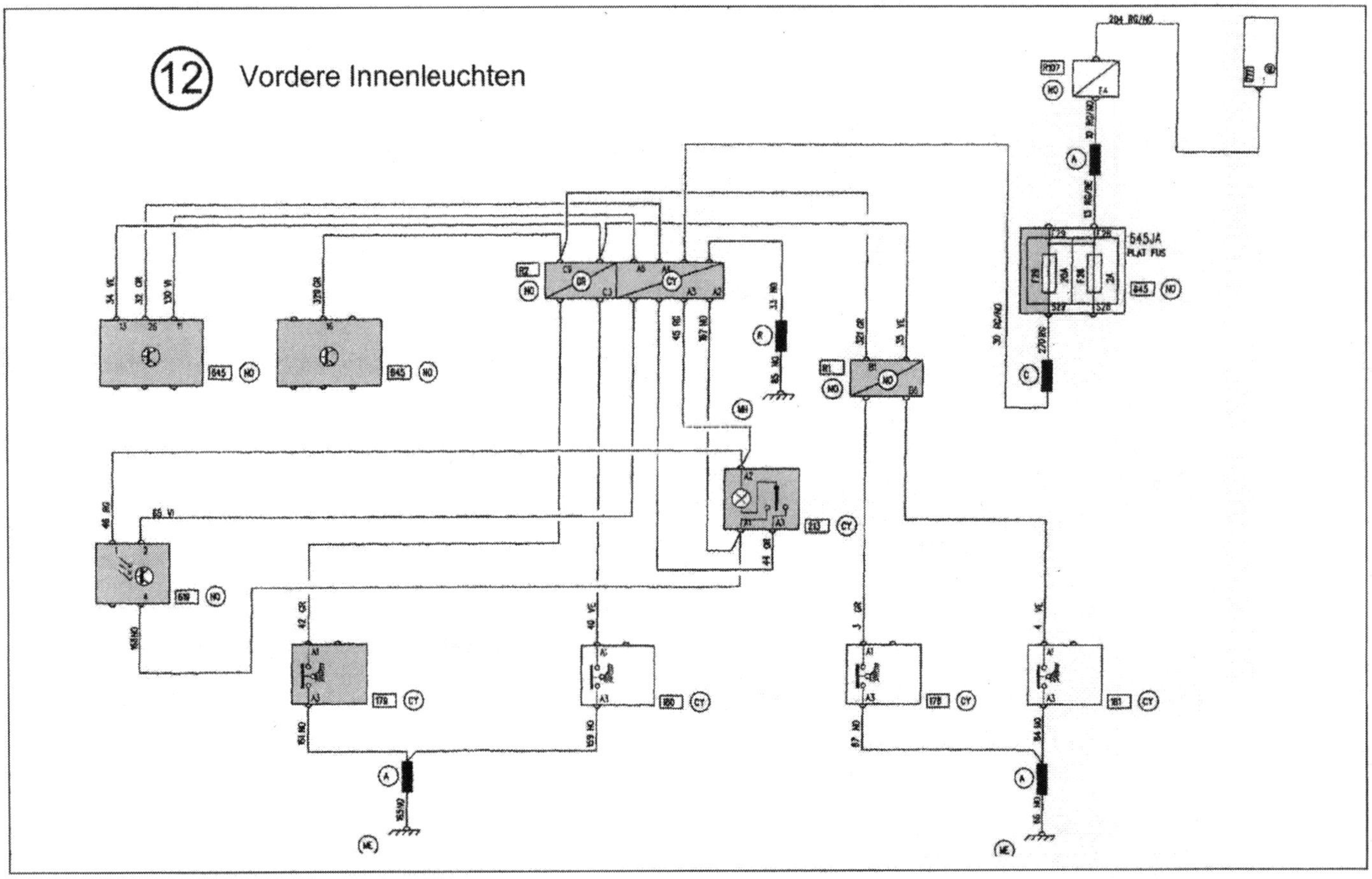

(13) Instrumententafel

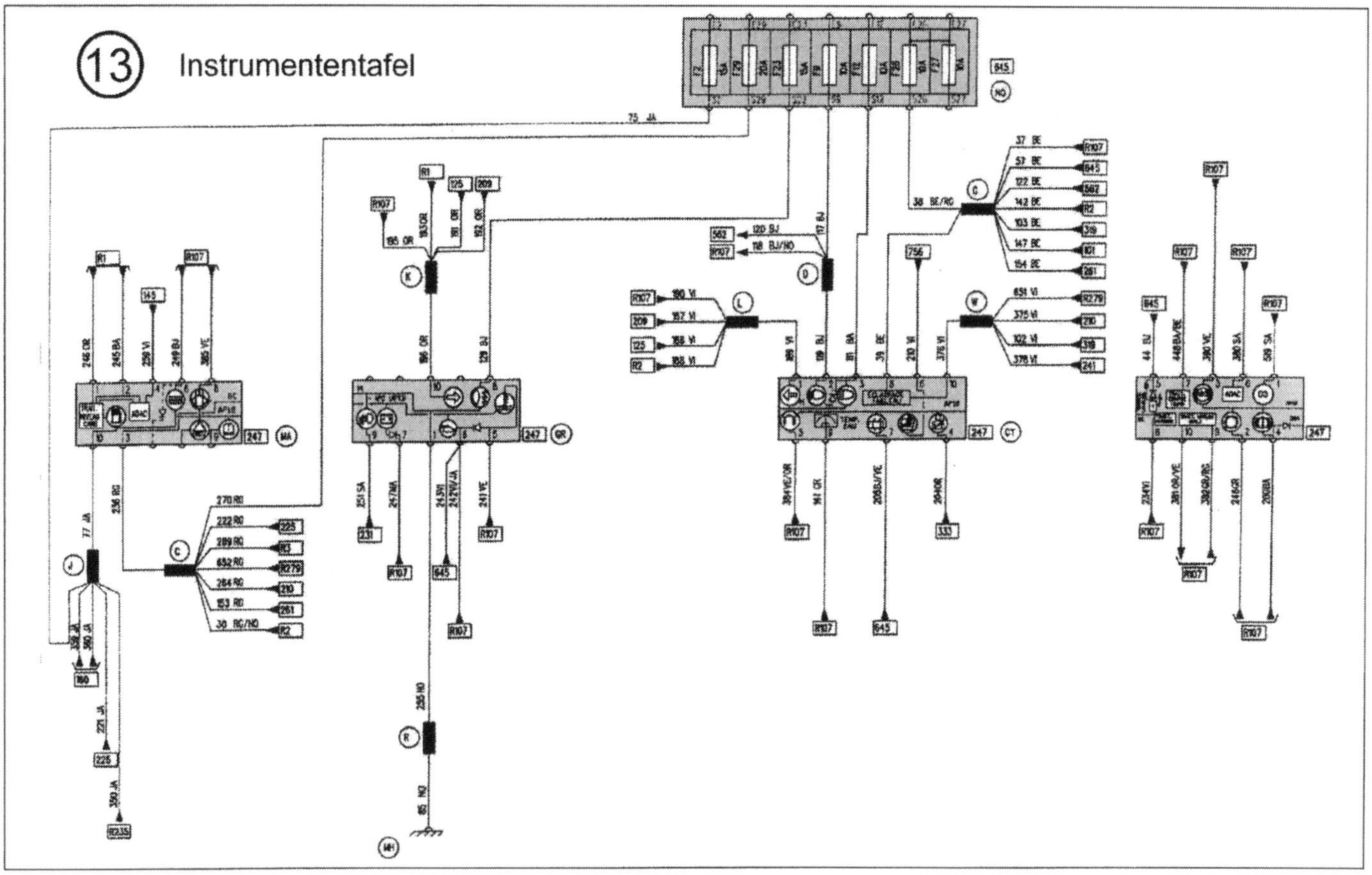

(14) Warnleuchten, Türöffnung

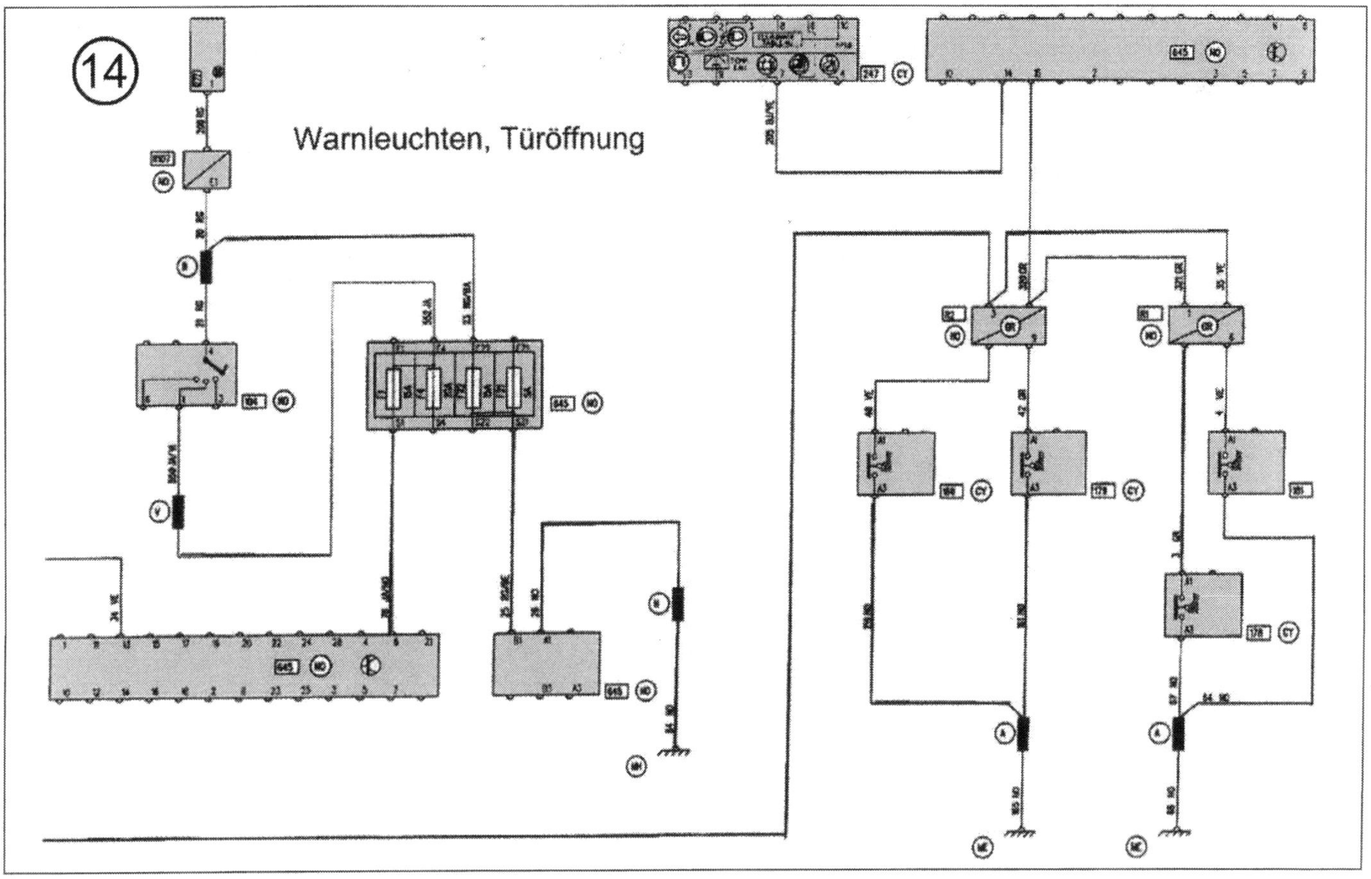

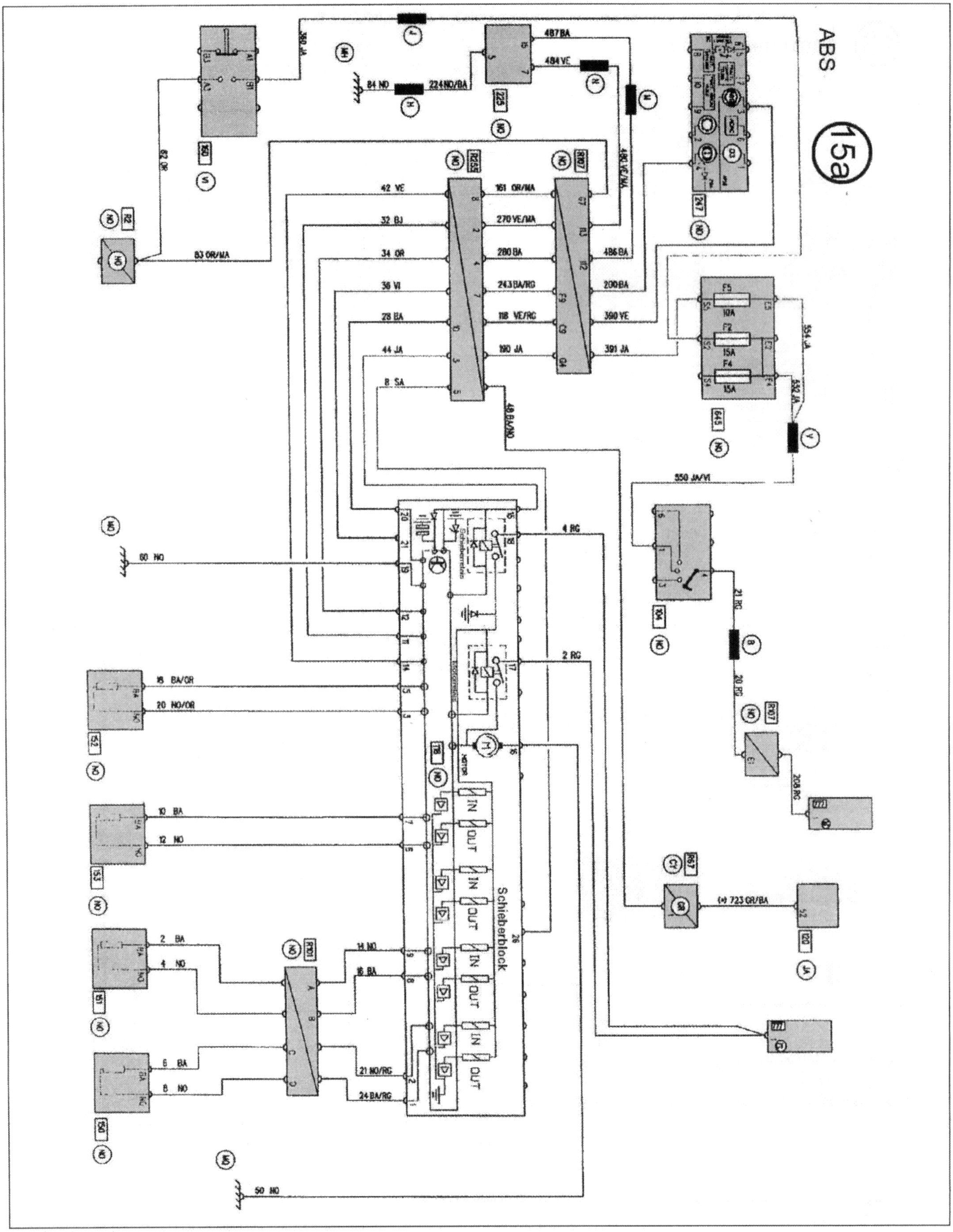
ABS
15a
Schieberblock
MOTOR

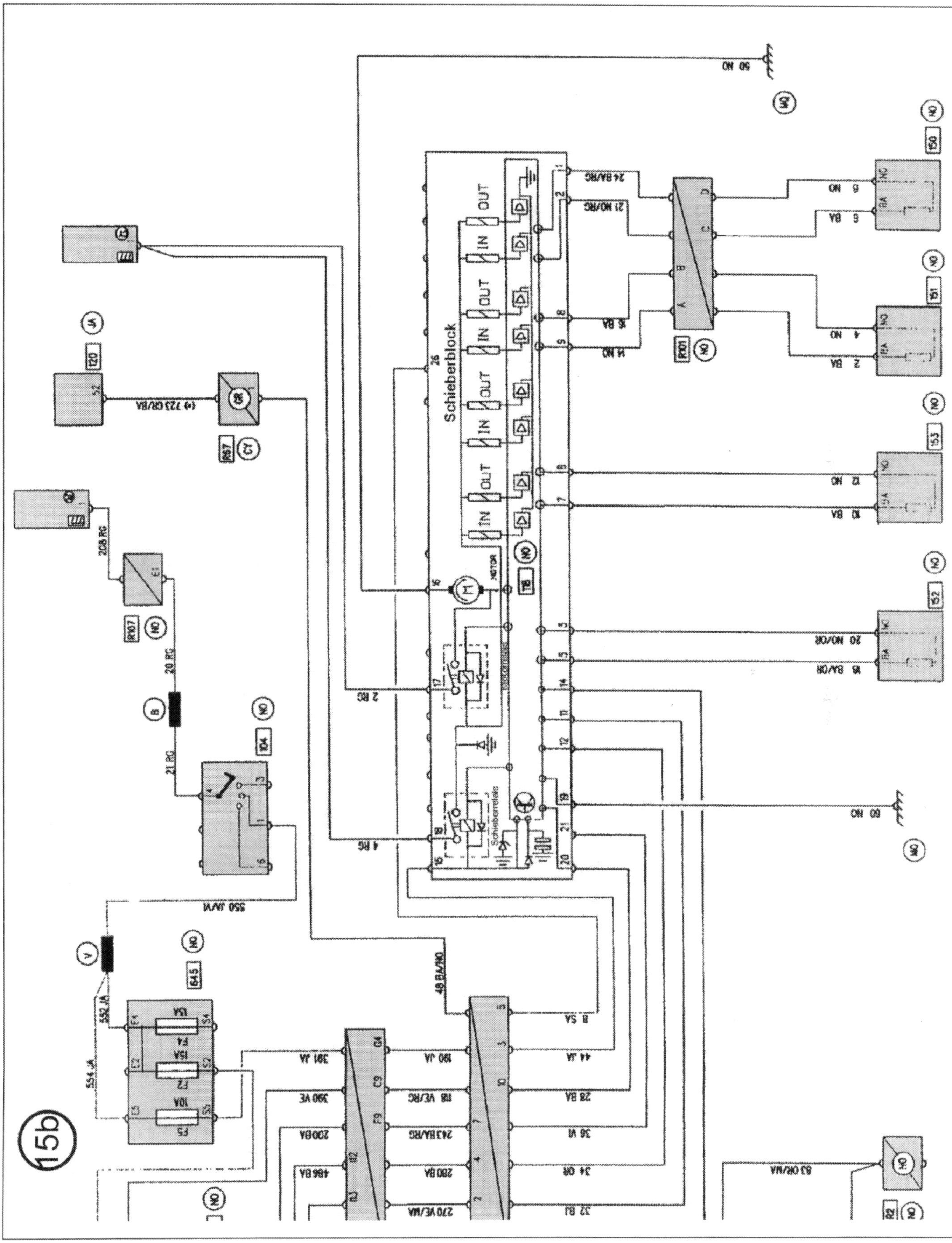
15b
Schieberblock

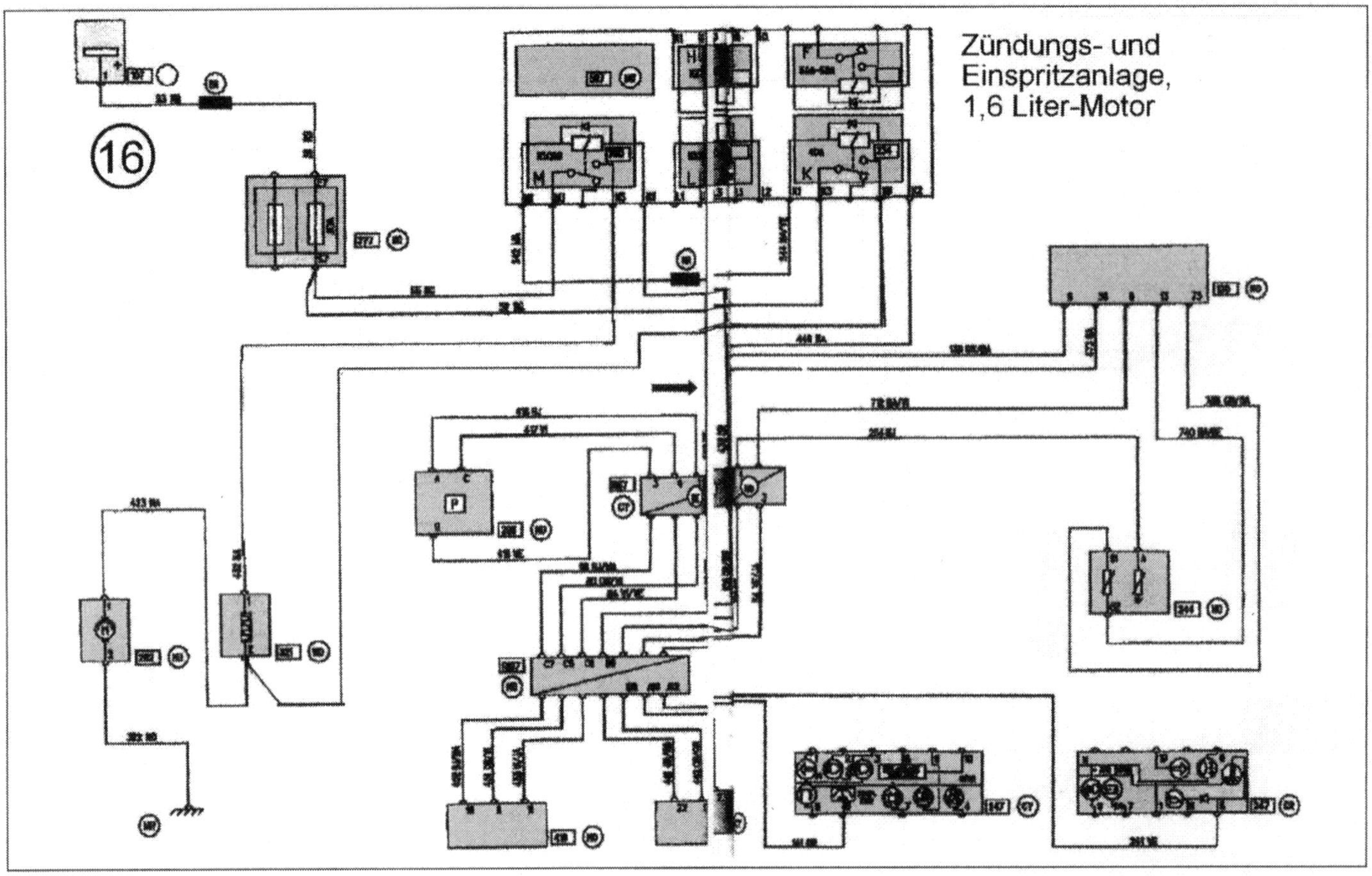

Zündungs- und Einspritzanlage, 1,6 Liter-Motor

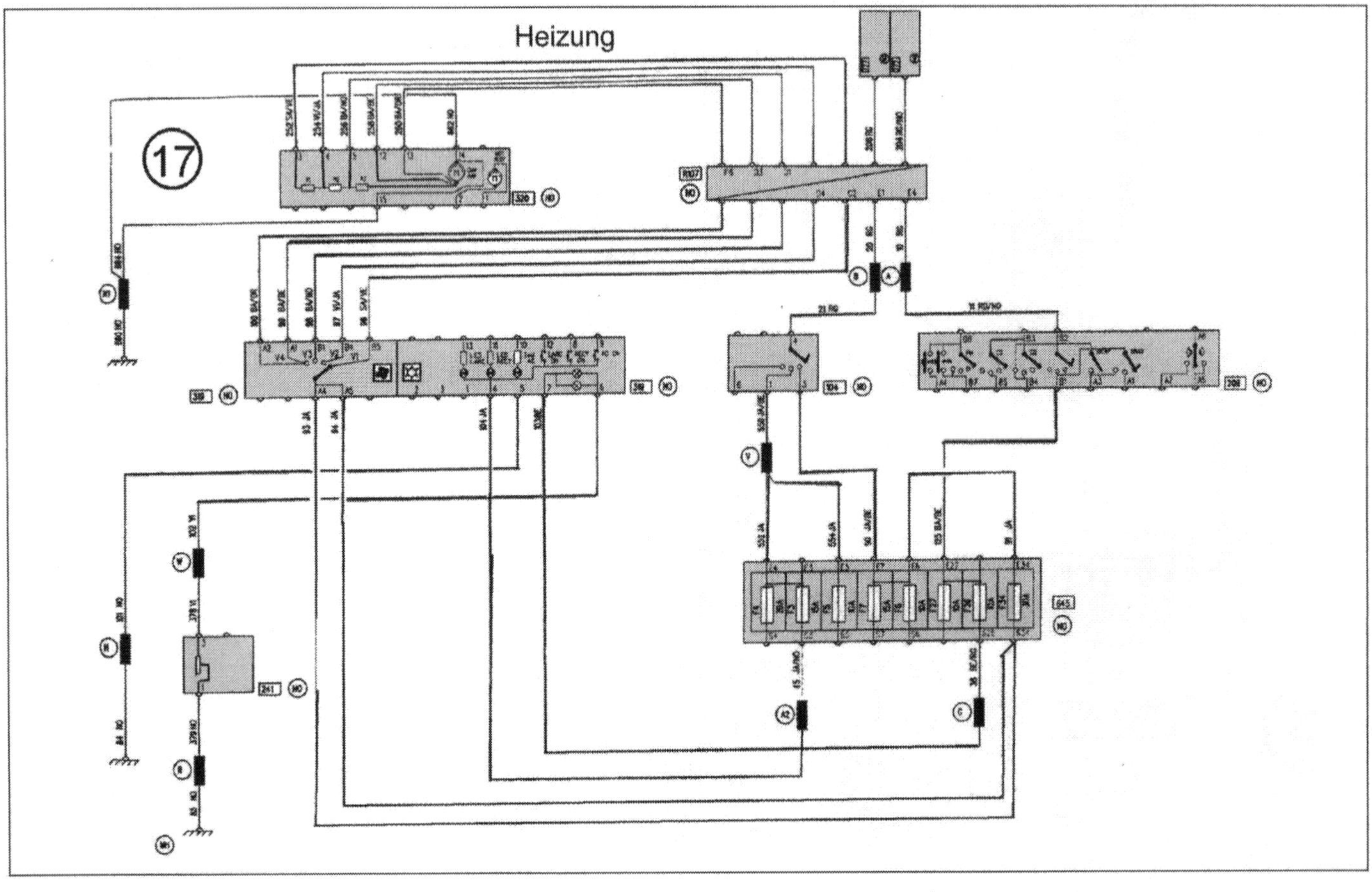

Heizung

Einspritz- und Zündanlage,
2,0 Liter-Motor - Fortsetzung

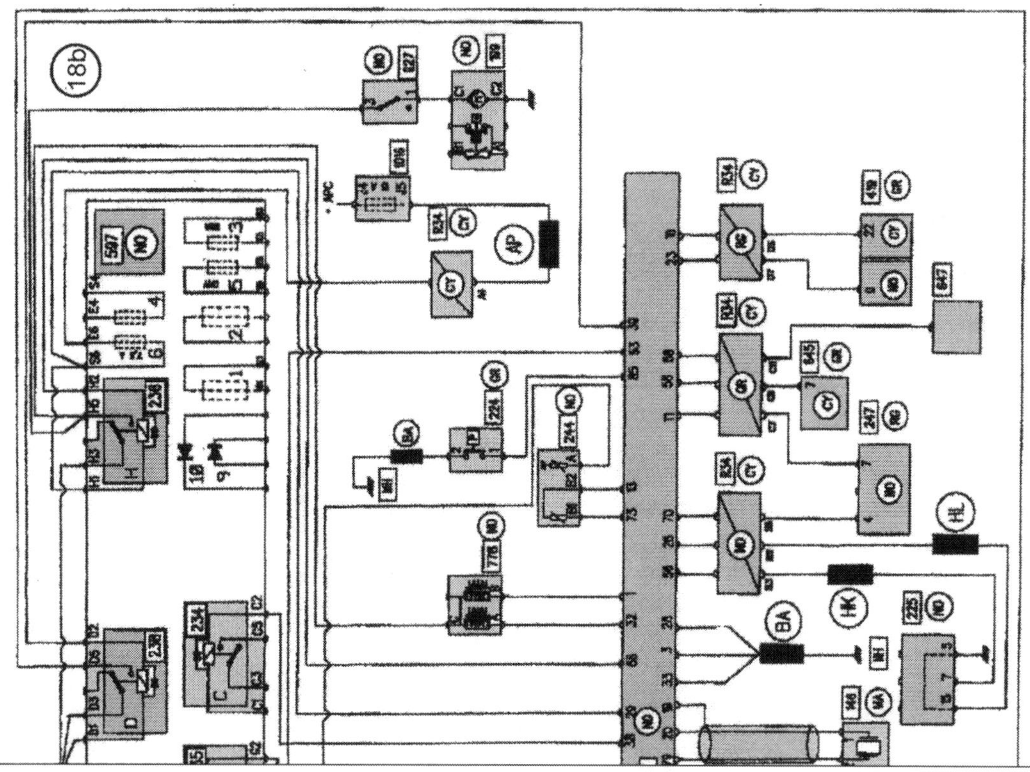

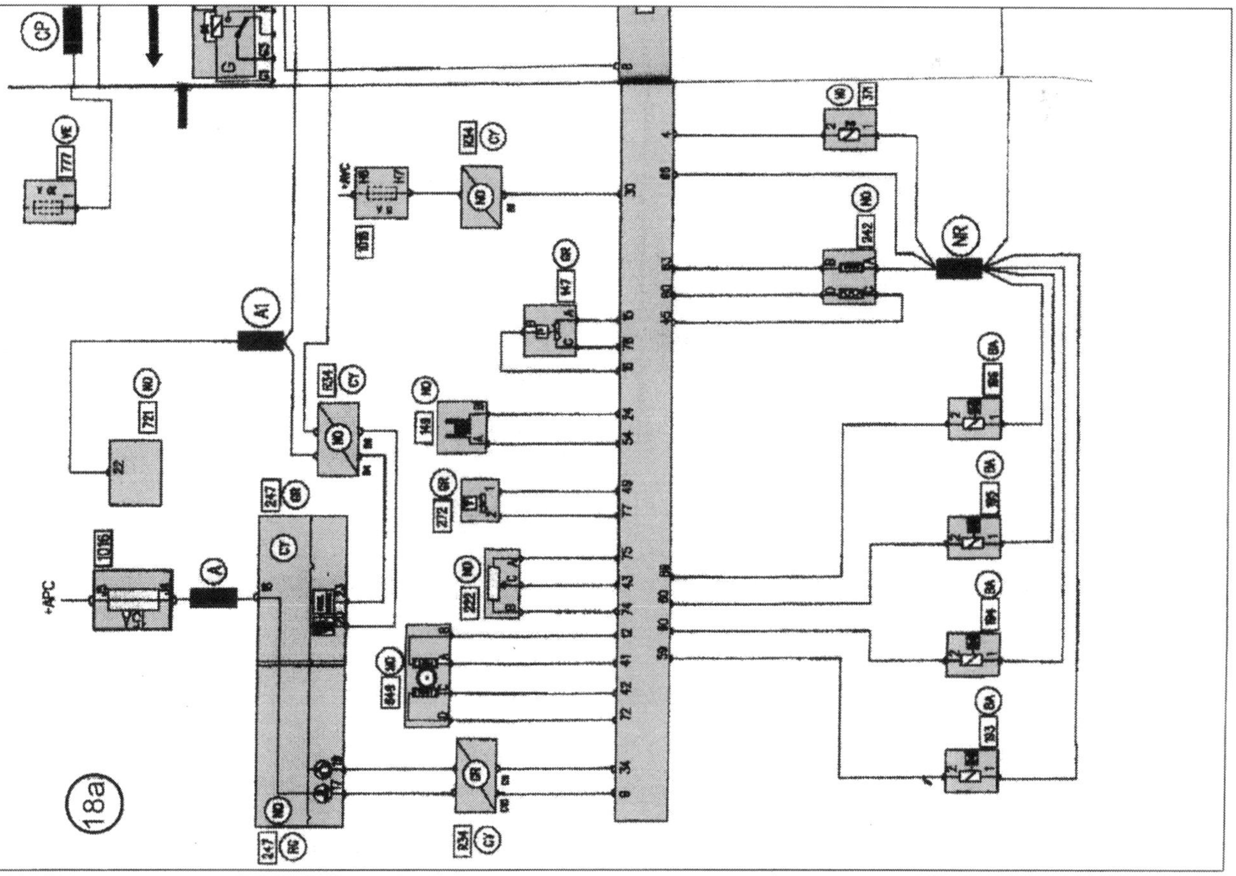

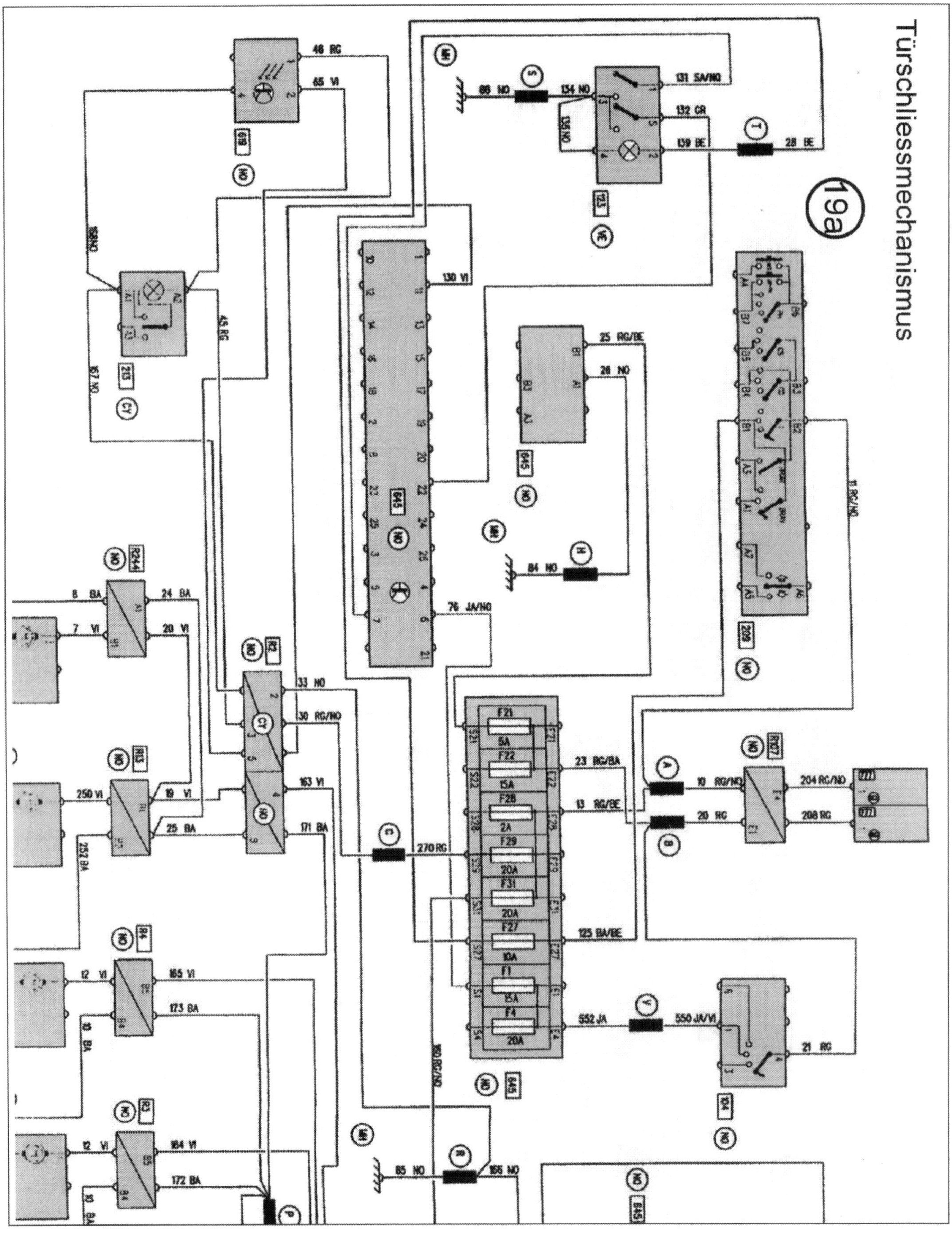
Türschliessmechanismus
19a

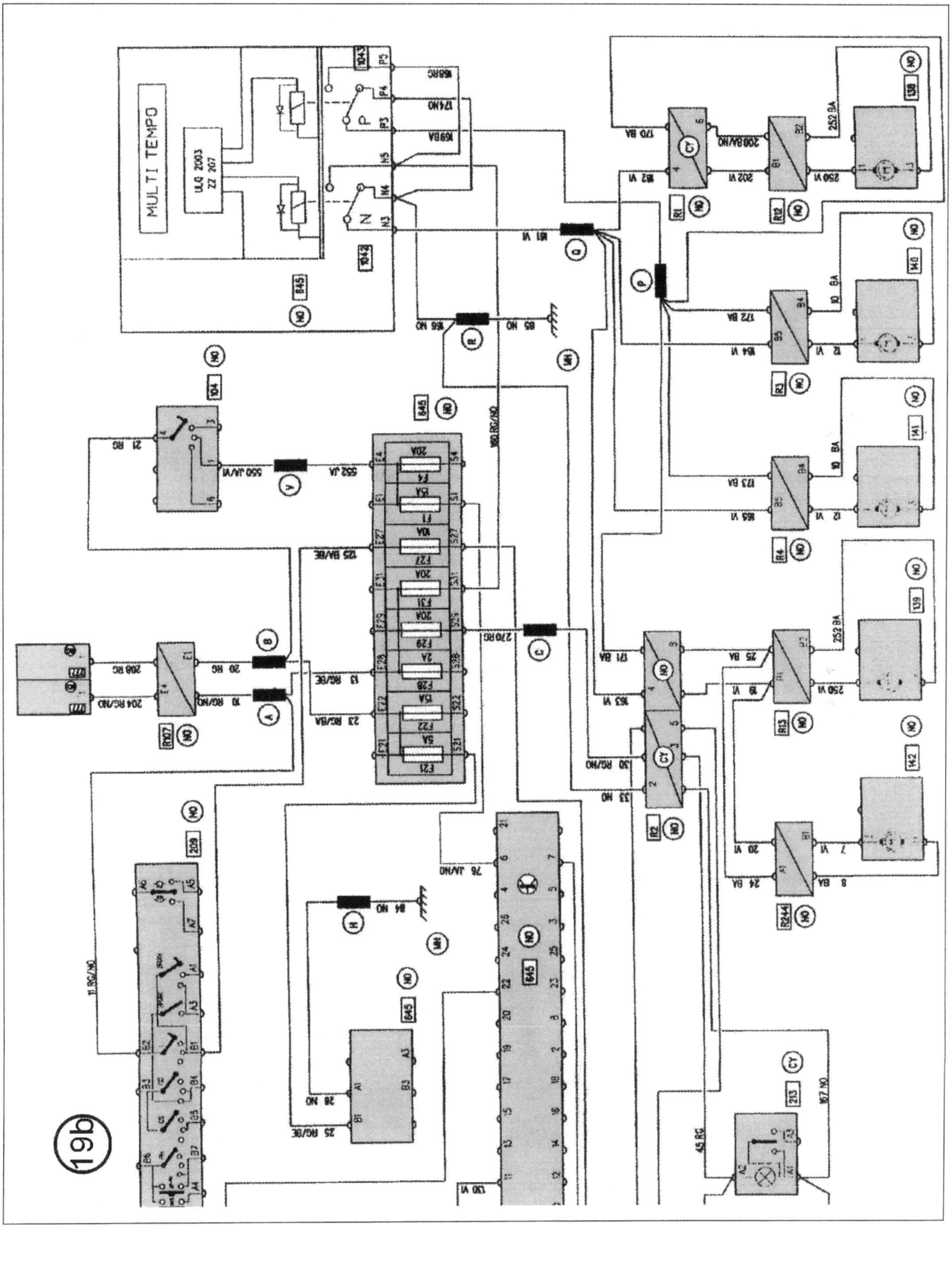
19b
MULTI TEMPO
ULQ 2003
ZZ 207

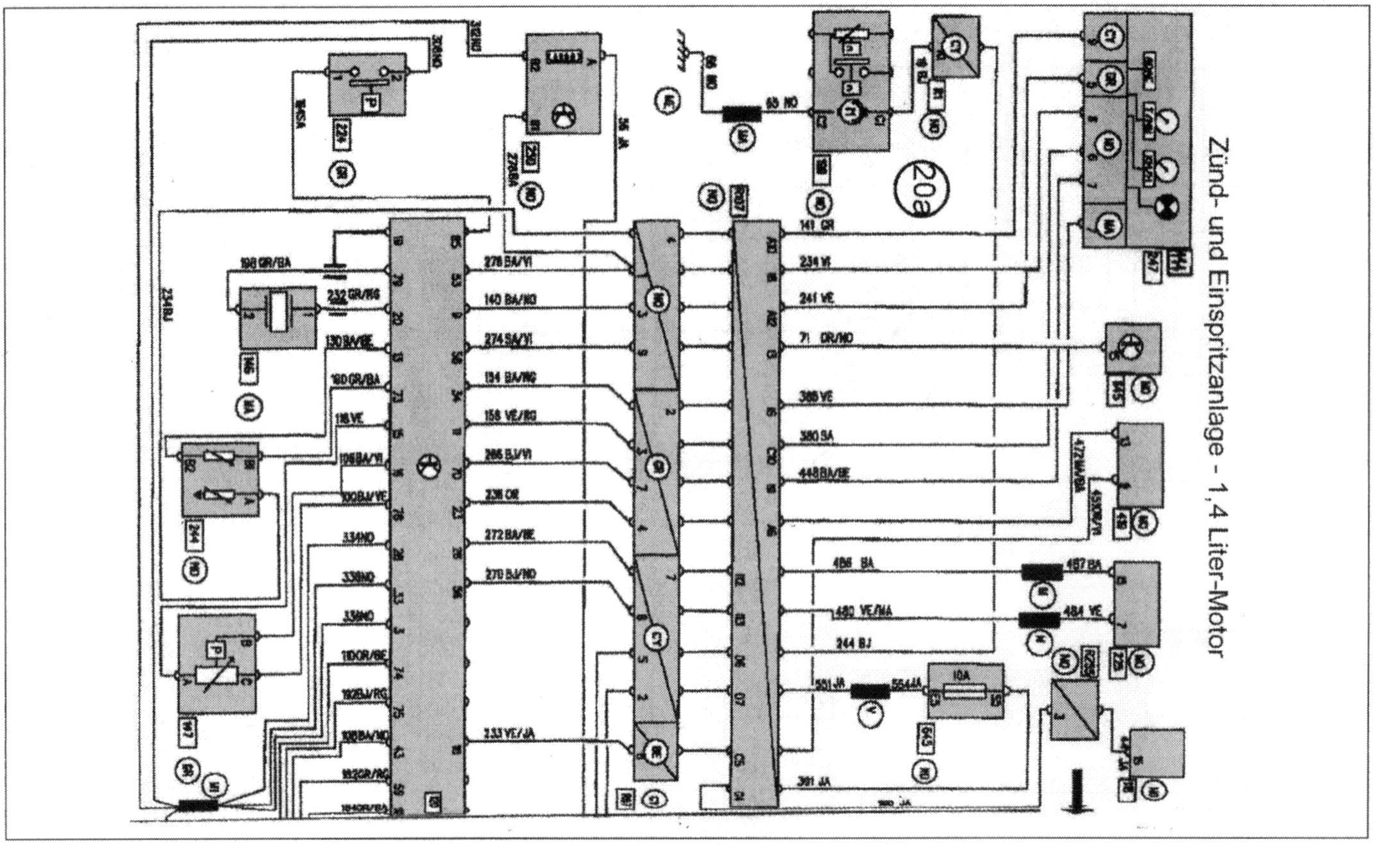

Zünd- und Einspritzanlage - 1,4 Liter-Motor

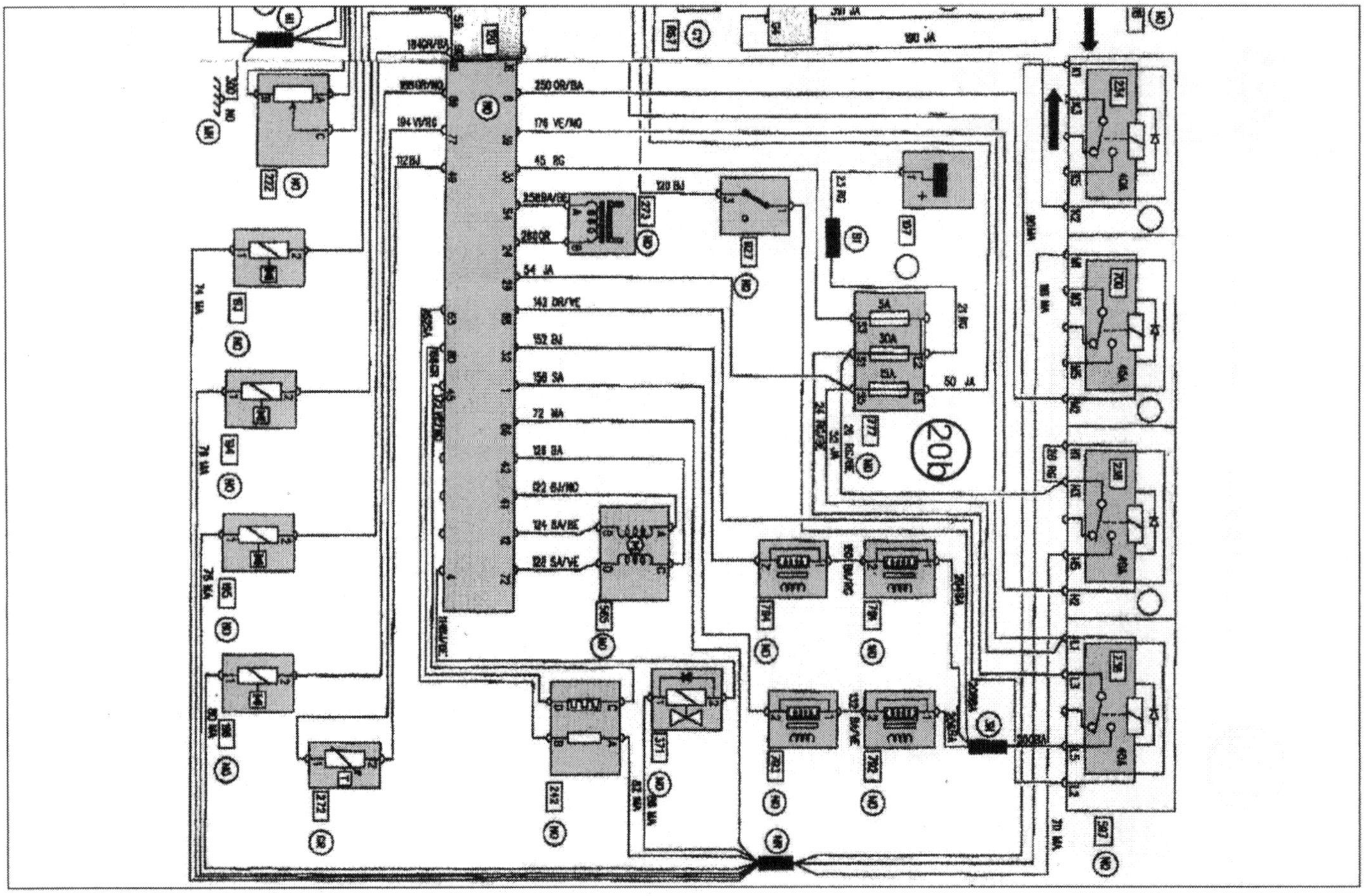

Einspritzanlage - 1,2 Liter - mit Klimaanlage/Servolenkung

(21)

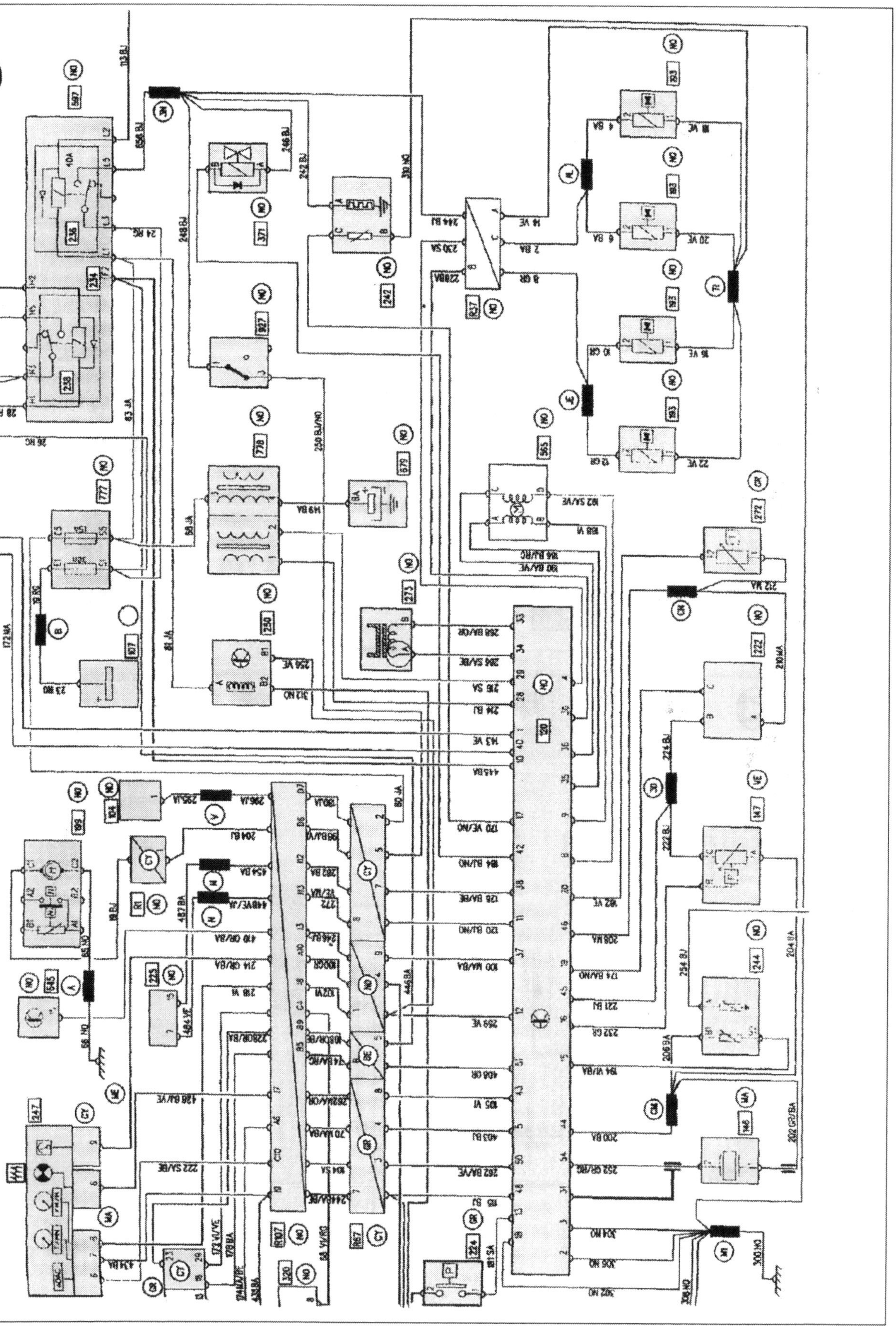

(22) Signalhupe

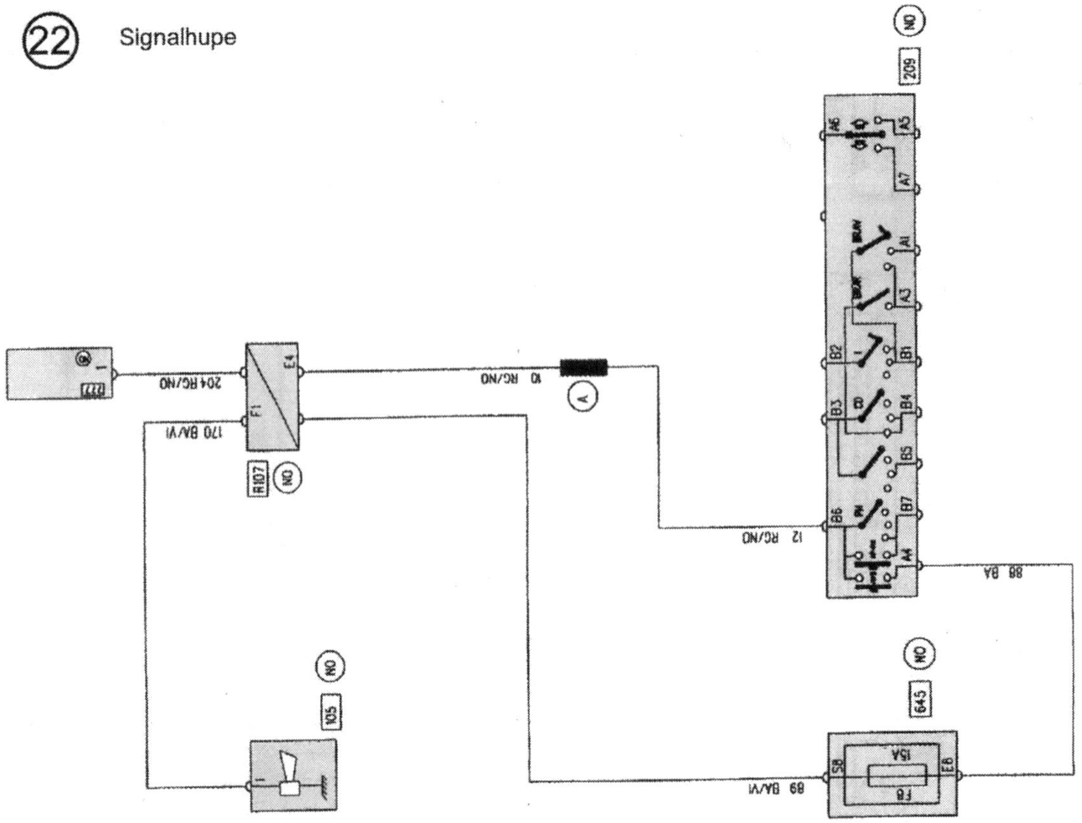

(23) Fernlicht-Doppelscheinwerfer

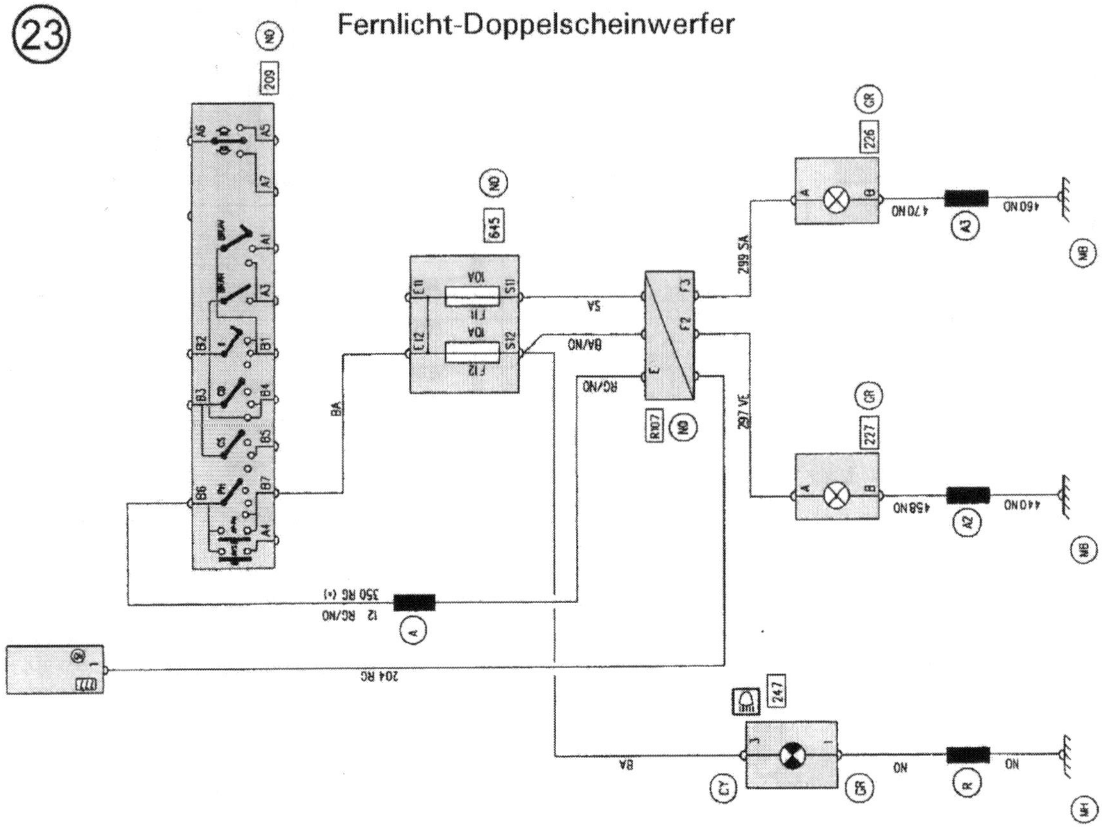

Zeitfracht Medien GmbH
Ferdinand-Jühlke-Straße 7,
99095 - DE, Erfurt
produktsicherheit@zeitfracht.de

FSC
www.fsc.org
MIX
Papier | Fördert
gute Waldnutzung
FSC® C083411

Druck:
CPI Druckdienstleistungen GmbH
im Auftrag der
Zeitfracht Medien GmbH
Ein Unternehmen der Zeitfracht - Gruppe
Ferdinand-Jühlke-Str. 7
99095 Erfurt